워런 버핏 바이블

버핏이 직접 말해주는 투자와 경영의 지혜 1: 1991~2017

워런 버핏 바이블

Warren Buffett on Business

버핏이 직접 말해주는 투자와 경영의 지혜 1: 1991~2017

워런 버핏, 리처드 코너스 지음 | 이건 편역 | 신진오 감수

에프엔미디어

일러두기

1. '[2016] = 2016년 주주 서한'. 2016년 버크셔 해서웨이 연차보고서에 실렸으며, 2017년 2월 25일 발표되었음. 일반적으로 n년도 주주 서한은 n+1년 2월 말에 발표된다.
2. '[Q 2017-3] = 2017년 주주총회 3번째 질의응답'. 2017년 주주총회는 2017년 5월 6일 열렸음. 일반적으로 n년도 주주총회는 n년도 5월 초에 열린다.
3. 본문의 주주 서한과 주주총회 질의응답 내용 중 2010~2017년 치는 옮긴이가 추가로 번역해 엮은 것이다.

이 책에 쏟아진 찬사들

워런 버핏의 생각이라는 탁월한 재료에 주제별로 재구성한 편집과 깔끔한 번역이 더해져 가치투자자를 위한 최고의 앙상블이 탄생했다. 줄 치며 읽다 보니 거의 전체가 형광색이 되었을 정도로 흘려 넘길 구절이 없다. 바이블이라는 책 제목이 딱이다.

– 최준철(브이아이피자산운용 대표)

워런 버핏은 버크셔 해서웨이를 통해 주식뿐 아니라 기업 인수, 채권, 파생상품, 외환 등, 벤처 투자를 제외한 거의 모든 분야에 투자하는, 한마디로 표현하기 어렵고 그 누구도 흉내 내기 어려운 투자가다. 버핏은 세계에서 가장 유명한 투자가지만 그의 실제 투자와 기업 경영 전반에 대해선 금융 분야 전문가조차 정확하게 이해하는 이가 많지 않을 정도다.

아주 다양한 분야에 걸쳐 버핏의 원칙과 지혜가 집약된 주주 서한을 공부하면 어떤 경영대학원 과정보다 투자에 대해 더 많이 배울 수 있다고도 한다. 《워런 버핏 바이블》은 버크셔의 50여 년 치 주주 서한을 모두 찾아 읽는 것보다 더 효율적으로 공부할 수 있도록 정리된 책이다. 이런 책이 나온 것은 국내 투자자들에게 큰 행운이다.

– 용환석(페트라자산운용 대표)

버핏의 주주 서한은 볼 때마다 새로운 깨달음을 주는 지혜의 보물창고다. 가치투자가 힘들어지는 시기가 오면 많은 사람이 이제 가치투자의 시대는 끝났다고, 버핏 방식은 미국에서 특별한 시기였기에 가능했다고 한다. 하지만 이는 버핏의 투자 철학을 피상적인 투자 기법으로 받아들여 조급하게 성과를 거두려 하기 때문이다. "가치투자가 한물가는 일은 절대 없을 것"이며 "투자의 원칙은 국경을 초월한다"고 멍거와 버핏은 단언한다. 250년 전 출간된 《국부론》의 통찰이 여전히 빛을 발하는 것처럼, 주주 서한에 담긴 투자의 원칙은 250년 후에도 여전히 의미를 지닐 것이다.

《워런 버핏 바이블》은 투자뿐 아니라 자본주의와 시장경제, 올바른 기업문화와 지배구조, 바람직한 삶의 자세와 태도에 대해서도 많은 것을 깨우쳐준다. 버핏과 멍거는 서로를 '학습 기계'라 부르며 끊임없이 배우고 발전한다. 가장 최근의 주주 서한과 주주와의 질의응답 내용까지 공들여 담아낸 이 책은 원서 이상의 가치를 지닌다. 버핏이 아낌없이 나눠주는 투자와 삶의 지혜를 한껏 누리길 바란다.

– 박성진(이언투자자문 대표)

버핏이 직접 쓴 주주 서한과 버핏이 직접 주주들과 나눈 대화를 주제별로 엮은 이 책은 가치투자자의 바이블이다. 늘 곁에 두고 새기면 투자뿐 아니라 삶에도 만족할 만한 수익을 가져다줄 것이다.

– 장홍래(포컴에셋 대표)

지금까지 버핏 책을 100권 이상 읽었지만 모두 관찰자의 시각으로 쓴 내용이었다. 《워런 버핏 바이블》은 다르다. 예컨대, 버핏이 상가에 투자하며 "부동산에서 나오는 수익만 고려하지, 매일의 가격 변동을 전혀 생각하지 않는다"는 등의 부동산 투자 이야기는 기존의 어떤 책에서도 보지 못했다. 《워런 버핏 바이블》은 마치 버스의 CCTV처럼 그동안 오해했던 버핏의 참모습을 적나라하게 보여준다.

– 김철광('보수적인 투자자는 마음이 편하다' 카페 운영자)

워런 버핏의 주주 서한을 정리한 책은 다 탐독했으나 항상 아쉬움이 가시질 않았다. 주주 서한은 투자와 경영의 경전으로 일컬어질 만큼 큰 울림을 주지만 궁금증을 해소할 방법이 없었다. 버핏과 멍거가 버크셔 주총 현장에서 긴 시간 동안 주주와 질의응답을 함으로써 주는 생생한 가르침을 얻을 수 없기 때문이다.

《워런 버핏 바이블》은 이런 나의 바람을 알고 있었다는 듯이, 최신 내용을 포함한 주주 서한과 주총 질의응답을 주제별로 함께 엮어놓았다. 마치 교과서가 잘 이해되지 않아 답답할 때 바로 참고서를 찾는 것처럼, 그간의 궁금증을 시원하게 해결할 수 있도록 배려한 듯했다. 나에게 이 책의 압권은 주총 답변이었다!

– 숙향(《이웃집 워런 버핏, 숙향의 투자 일기》 저자)

버핏을 제대로 이해하려면 인수 기업들에 대한 버핏의 사업 견해를 유심히 살펴봐야 한다. 버핏의 기업 인수는 핵심으로 자리 잡은 보험업, 강력한 브랜드의 소비재사업들을 거쳐 대규모 투자가 필요한 철도와 에너지사업에 이르고 있다. 그러나 기존의 버핏 책들은 유가증권 투자에 국한된 투자 원칙을 소개하는 데 여념이 없었다. 버핏이 직접 쓴 주주 서한으로 구성된 책마저 일반적인 경영 원칙을 덧붙이고 있지만 '주식 투자'에 주안점을 둬 버핏을 깊이 이해하는 데 한계가 있다.

《워런 버핏 바이블》은 기업 인수에 많은 지면을 할애해 버핏을 입체적으로 이해할 수 있게 한다. 최신 주주 서한과 주주총회 질의응답 내용도 공개해 끊임없이 진화하는 버핏의 속내를 들여다볼 수 있도록 배려했다.

버핏은 최근 두 후계자 토드 콤즈와 테드 웨슐러에게 90억 달러에 이르는 투자 포트폴리오를 맡기고 인수 기업들의 이사직도 권하고 있다. 사업 경험이 투자에 도움이 된다는 지론을 후계자들이 직접 느끼게 한 것이다. 이 책을 통해 버핏의 지혜를 완벽하게 소화한다면 두 후계자처럼 버핏 밑에서 투자를 배울 필요가 없을지도 모르겠다. 그만큼 《워런 버핏 바이블》은 버핏의 모든 것을 담고 있다.

– 이은원(《워런 버핏처럼 적정주가 구하는 법》 저자)

투자자에게 투자 전략이 중요하지만 그 전략은 도구에 불과할 뿐이다. 같은 도구라도 쓰는 사람에 따라서 결과물은 다르게 나타난다. 그 차이를 만드는 게 바로 '심리적 해자'다. 야성적 충동으로부터 스스로를 보호할 심리적 해자는 가치투자자가 경제적 해자를 갖춘 기업을 찾는 일만큼 중요하다.

《워런 버핏 바이블》은 워런 버핏의 철학과 혜안을 엿볼 수 있을 뿐 아니라 버핏이 시기에 따라 심리적 해자를 발전시켜나가는 과정을 확인할 수 있다. 현명한 투자 전략을 선택하고 지킬 수 있게 하는 심리적 해자를 구축하는 데 큰 도움을 주는 책이다.

– 김영준(《골목의 전쟁》 저자)

버핏은 1960년대 후반 뼈저린 실패를 겪고 나서 스승 벤저민 그레이엄의 가치투자 방식에서 벗어났다. 이후 안전마진 등 몇 가지 원칙을 제외하고 10년 주기로 과감한 변화를 시도하며 자신의 가치투자를 발전시켰다.

지금 버핏의 투자는 어떤 모습일까? 《워런 버핏 바이블》은 이 질문에 답을 할 수 있는 유일한 책이다. 최근 10년간 버크셔 주주총회와 버핏의 말을 모두 따라갔지만 이처럼 체계적으로 잘 정리된 책은 없었다.

– 황준호(칼럼니스트, 〈워런 버핏을 만나다〉 저자)

추천사

버크셔의 놀라운 성과, 버핏의 단순한 비결

홍춘욱(EAR리서치 대표)

투자 분야 전문 번역가 이건 선생님의 번역서는 한국 증권업계에서는 일종의 브랜드처럼 받아들여집니다. 원체 번역이 매끄러울 뿐만 아니라 번역하는 책마다 품질이 좋기 때문에 독자들이 '이건 선생님 번역'이라면 덮어놓고 구입하게 되는 겁니다. 예를 들어 제가 '인생의 책'이라고 자주 거론하는 《행운에 속지 마라》의 경우, 이건 선생님이 아니었으면 과연 국내 독자가 읽을 수 있는 책이 되었을지 의문이 듭니다. 저자 나심 탈레브는 뛰어난 인사이트를 제공하지만 글이 난해하기로 유명하니까요.

벤저민 그레이엄의 《증권분석》도 이건 선생님의 매끄러운 번역 덕분에 더 많은 투자자들에게 가치투자의 방법을 전달할 수 있었습니다. 이번에 번역된 책 《워런 버핏 바이블》은 저에게 또 한 권의 '인생의 책'이 될 듯합니다. 사실 워런 버핏에 대한 책이 이미 너무나 많이 나온 터라 "이제 새로운 게 있겠어?"라는 의심스러운 마음으로 번역 원고를 읽기 시작했는데 그만 압도당하고 말았습니다. 버핏이 버크셔 해서웨이 주주총회장에서 주주들에게 귀한 조언을 해주는 것은 익히 알고 있었지만, 이번에 《워런 버핏 바이블》에 실린 내용은 처음 접하는 이야기가 많았고 무엇보다 내용의 깊이가 대단했습니다.

이 대목에서 잠깐 옆길로 새자면, 버크셔 해서웨이는 최근 조사에서 미국 주식시장에 상장된 기업 중 시가총액 기준으로 7위에 올랐습니다. 1위는 애플, 2위는 구글의 지주회사인 알파벳이지요. 이런 거대 기업들과 이름을 나란히 할 정도로 버크셔 해서웨이가 성장할 수 있었던 이유는 어디에 있을까요? 최근 예일 대학교의 교수님들이 쓴 흥미로운 논문 〈Buffett's Alpha〉에서 버핏의 성공 요인을 자세히 분석했습니다. 버크셔 해서웨이가 그토록 놀라운 실적을 거둔 것은 버핏이 가치투자 전략을 오랫동안 실천한 데 있다고 밝혔습니다.

버크셔 해서웨이와 뮤추얼 펀드의 성과를 비교한 그래프를 보면 버크셔 해서웨이가 오른쪽 끝에 있습니다. 그림의 가로축에 있는 숫자는 '연평균 수

버크셔 해서웨이와 뮤추얼 펀드의 성과 비교(정보비율 기준)

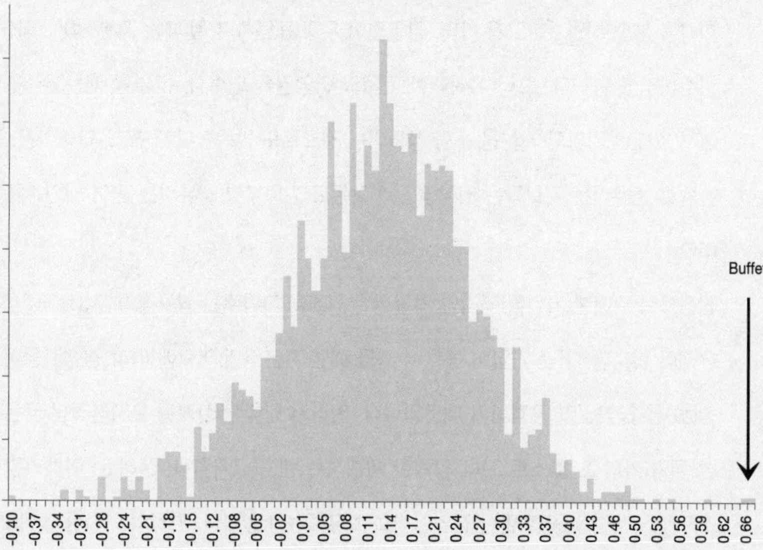

출처: <Buffett's Alpha> 42쪽

익률'과 '트래킹 에러(TE)'의 상대적인 비율, 즉 정보비율(IR)을 의미합니다. 트래킹 에러는 벤치마크(S&P500)에 비해 얼마나 차이가 나는지 측정한 것입니다. 따라서 벤치마크 지수와 전혀 다른 포트폴리오를 짠다는 것은 위험을 그만큼 감수한다는 뜻이니, 트래킹 에러가 높을수록 수익률도 높아야 합니다. 그런데 버핏이 이끄는 버크셔 해서웨이는 이 모든 위험을 감안하고도 압도적인 성과를 기록했음을 알 수 있습니다.

버핏은 대체 어떻게 해서 이런 놀라운 성과를 기록했을까요? 버핏은 다음과 같이 설명합니다.

> 찰리와 내가 찾는 기업은 (a) 우리가 그 사업을 이해하고, (b) 장기 경제성이 좋으며, (c) 경영진이 유능하고 믿을 수 있고, (d) 인수 가격이 합리적인 기업입니다. 우리는 회사를 통째로 인수하고자 하며, 경영진이 우리 동업자가 될 때는 지분 80% 이상을 인수하려고 합니다. 그러나 위대한 기업의 경영권을 인수할 수 없을 때는 주식시장에서 위대한 기업의 지분을 소량 사들이는 것으로도 만족합니다. 모조 다이아몬드를 통째로 소유하는 것보다는 최상급 다이아몬드의 일부를 소유하는 편이 낫기 때문입니다.
>
> 진정으로 위대한 기업이 되려면 탁월한 수익률을 지켜주는 항구적 '해자(垓子)'를 보유해야 합니다. 어떤 기업이 높은 수익을 내면 자본주의 역학에 따라 경쟁자들이 그 성(城)을 끊임없이 공격하기 때문입니다. 따라서 탁월한 실적을 유지하려면 낮은 생산 원가(가이코, 코스트코)나 강력한 세계적 브랜드(코카콜라, 질레트, 아메리칸 익스프레스)처럼 가공할 만한 진입장벽을 보유해야만 합니다. 기업의 역사를 돌아보면, 견고해 보이던 해자가 순식간에 사라져버린 '로마 폭죽' 같은 기업들이 넘쳐납니다.

따라서 계속해서 빠르게 변화하는 산업에 속한 기업들은 '항구적' 해자 기준에 따라 우리 관심 대상에서 탈락합니다. 자본주의의 '창조적 파괴'가 사회에는 매우 이롭지만, 투자에 대해서는 불확실성을 높이기 때문입니다. 해자를 계속 다시 만들어야 한다면 해자가 없는 것과 마찬가지입니다. (59쪽)

다른 기업들이 넘볼 수 없는 경쟁우위(해자)를 보유한 기업이 싸게 거래될 때 매수하여 장기 보유하는 게 워런 버핏의 성공 원칙임을 알 수 있습니다. 이 대목에서 한 가지 의문이 제기됩니다. 버핏은 어떤 기업을 기피할까요?

이번에는 끔찍한 기업을 보겠습니다. 최악의 기업은 고속으로 성장하고, 이 과정에서 막대한 자본이 들어가지만, 이익은 거의 나오지 않는 기업입니다. 항공사들을 생각해 보십시오. 라이트 형제가 비행기를 발명한 이래로 항공사들은 항구적 경쟁우위를 확보하기가 어려웠습니다. 당시 키티호크(라이트 형제가 처음으로 비행기를 시승한 곳)에 선견지명을 갖춘 자본가가 있어서 오빌의 비행기를 격추했다면 이후 자본가들이 큰 덕을 보았을 것입니다.
라이트 형제의 첫 비행 이후 항공산업은 끝없이 자본을 요구했습니다. 투자자들은 항공산업의 성장성에 매력을 느껴 밑 빠진 독에 돈을 쏟아부었습니다. 그러나 그 성장성은 혐오해야 옳았습니다. 부끄럽게도 나 역시 1989년 'US에어' 우선주를 사면서 이 바보들의 행진에 동참했습니다. 우리가 건넨 수표의 잉크가 마르기도 전에 회사 주가가 폭락했고, 머지않아 우선주의 배당 지급도 중단되었습니다. 그러나 우리는 정말 운이 좋았습니다. 사람들의 착각 덕분에 항공산업에 대한 낙관론이 또다시 살아나던 1998년, 우리는 큰 이익을 남기고 우선주를 팔아넘길 수 있었습니다. 우리가 팔고 나서 회사는 2000년이 오기도 전에 파산했습니다. 그것도 두 번이나.

> 지금까지 설명한 세 가지 기업은 세 가지 '저축계좌'로 비유할 수 있습니다. 위대한 저축계좌는 금리가 이례적으로 높은 데다, 해가 갈수록 금리가 상승합니다. 좋은 저축계좌는 금리가 매력적이고, 추가 예금에 대해서도 매력적인 금리를 줍니다. 끝으로, 끔찍한 저축계좌는 금리도 낮은 데다, 이렇게 낮은 금리로 계속 예금을 추가해야 합니다. (63~64쪽)

버핏은 글도 참 잘 씁니다. 한국에 워런 버핏에 관해 수많은 책이 출간되어 있습니다만, 이번에 번역된 《워런 버핏 바이블》이야말로 주식 투자자들의 갈증을 풀어주기에 가장 적합한 책이 아닐까 생각합니다. 다시 한 번 귀한 책을 발굴해 방대한 양의 번역서를 낸 이건 선생님과 에프엔미디어에 감사하다는 말씀 전합니다.

추천사

버핏과 멍거의 무한 매력에 빠지다

문병로(서울대 컴퓨터공학부 교수)

제가 주식 투자를 연구한 지 18년쯤 되었습니다. 회상해보면 그동안 주식 투자 관련 책을 참 많이도 읽었네요. 저는 책의 저자들만 기억하고 있었는데, 어느 날 제가 소중하게 소장하고 있는 명저들의 상당수를 이건 선생님이 번역했다는 사실을 발견하고 깜짝 놀란 적이 있습니다. 이후로 이건 선생님이 번역한 책은 믿고 보는 습관이 생겼습니다. 존경하는 번역가 이건 선생님이 야심 차게 준비한《워런 버핏 바이블》의 추천사를 쓰게 되어 영광으로 생각합니다.

《워런 버핏 바이블》과 유사한 책으로 역시 이건 선생님이 번역한《워런 버핏의 주주 서한》이 있습니다. 버핏이 33년간 주주들에게 보낸 서한을 정리한 것입니다.《워런 버핏 바이블》에는《워런 버핏의 주주 서한》이후 최근 7년 치 서한을 더 담았습니다. 이보다 더 주목해야 할 사항은 버크셔 해서웨이의 주총 답변입니다. 아마도 이 책에서 처음으로 공개되는 내용이지요. 주주 서한이 버핏 자신이 시간을 들여 정성스럽게 쓴 글이라면, 주총 답변은 주주들의 질문에 버핏이 즉흥적으로 답한 내용입니다. 버핏의 주총 답변을 보면 그의 투자 철학이나 깊은 지식은 물론 그의 인간적 매력까지 느낄 수 있습니다. 어쩌면 여러분이 어떤 자리에서 인용할 만한 유머 코드를 찾을 수도 있습니다. 버핏의 유머를 즐기다 보면 저도 버핏처럼 나이 들고 싶다는 생각이 듭니다.

이 책은 시간순으로 단순하게 배열한 것이 아니라 주제별로 독자들이 공부할 수 있게 정리해놓았습니다. 매우 체계적입니다. 버핏의 철학이 거의 다 드러납니다. 앞쪽은 투자의 기본, 채권, 외환, 파생상품, 기업 회계, 기업 지배구조 등을 설명합니다. 버크셔가 소유한 기업 중 가장 중요한 분야가 보험업인 만큼 보험업에 많은 분량을 할애하는군요. 보험업을 통해 세상을 보는 눈을 관찰할 수 있습니다. 금융업과 제조업도 한 챕터씩 할애되고 있습니다. 특히 눈여겨볼 부분 중 하나는 13장의 경영 실적 보고입니다. 경제의 맥락을 읽어내는 그의 시각을 볼 수 있고, 경제 자체에 대해서도 많이 배울 수 있습니다.

마지막 장은 그의 인생관, 배움에 대한 태도 등을 볼 수 있는 찰리 멍거와의 대담인데, 이 부분을 읽는 재미가 쏠쏠합니다. 버핏이야 말할 것도 없는 현자지만, 저는 그의 평생 파트너인 찰리 멍거의 지혜로운 유머 감각에 감탄했습니다. 너무 재미있어서 그들의 대화 중 일부를 발췌해봅니다.

> 멍거: 돌아보면 (중략) 더 빨리 현명해지지 못해서 유감스러울 뿐입니다. 그래도 다행스러운 것은, 내 나이 92세에도 여전히 무식해서 배울 것이 많다는 사실입니다.
>
> …
>
> 버핏: 유머 감각은 나보다 찰리가 더 좋습니다. 찰리는 유머 감각을 어디에서 얻는지 들어봅시다.
>
> 멍거: 세상을 정확하게 바라보면 웃을 수밖에 없습니다. 터무니없으니까요.

…

멍거: 내가 워런에게 자신의 장례식에서 듣고 싶은 말이 무엇이냐고 물었을 때, 그가 이렇게 말했던 기억이 납니다. "지금까지 본 중 가장 늙어 보이는 시체라고 모두가 말하면 좋겠네."

버핏: 아마 지금까지 내가 한 말 중 가장 재치 있는 말일 겁니다.

《워런 버핏 바이블》은 이렇듯 웃을 것도 많고 배울 것도 굉장히 많은 책입니다. 학습과 재미를 겸한 책으로, 주식 투자자라면 꼭 일독하기를 권합니다.

역자 서문

버핏 책을 고르는 방법, 읽는 방법

한 온라인 서점에서 '워런 버핏'으로 책을 검색해보니 411권이 쏟아졌고, 경제 · 경영 분야에서만 100권이 나왔다. 그러나 열거된 책들을 훑어보면서 떠오르는 생각은 "소문난 잔치에 먹을 만한 음식이 없다"는 격이다. 버핏을 정확하게 이해하려면 이 많은 책 중 과연 어느 것을 골라야 할까?

버핏이 자신의 생각을 직접 공개하는 주된 경로는 둘이다. 하나는 버핏이 매년 버크셔 연차보고서에 싣는 '주주 서한'이다. 1년 동안 버크셔를 경영해서 거둔 성과를 설명하면서 자신의 경험과 생각을 공들여 정리한 글로서, 세계 투자자들의 필독서로 꼽히는 보석 같은 자료다(berkshirehathaway.com/letters/letters.html).

또 하나는 매년 주주총회에서 버핏이 주주들의 질문에 솔직하게 제시하는 답변이다. 주주들이 던지는 단도직입적인 질문에 대해 버핏은 사업상의 비밀이 노출되지 않는 범위에서 최대한 솔직하게 답한다. 게다가 옆에 앉은 찰리 멍거가 간간이 던지는 특유의 재치와 독설 덕분에 사람들은 웃음을 터뜨리면서 더욱 쉽게 깨닫는다. 주주 서한만으로는 풀리지 않던 궁금증을 시원하게 해소해주는 사이다 같은 해설이다.

2015년까지만 해도 오마하 주주총회에 참석하지 않으면 버핏의 '주총 답변'을 들을 수가 없었다. 게다가 주총 회의장에는 녹음 장비 반입이 허용되지 않았으므로, 참석하지 않은 사람들은 정확한 주총 답변 내용을 전해 들을 방법도 없었다. 그러나 2016년부터 버크셔 주주총회가 인터넷 생방송되고 있으므로 누구든지 버핏의 답변을 생생하게 들을 수 있다(finance.yahoo.com/brklivestream).

버핏 책 고르는 방법

요컨대 버핏의 생각을 직접 접할 수 있는 양대 축은 주주 서한과 주총 답변이며, 영어에 능통한 사람은 인터넷을 통해서 언제든 무료로 볼 수 있다. 그러나 책을 통해서 버핏의 생각을 찬찬히 살펴보고자 한다면, 주주 서한과 주총 답변을 근간으로 삼는 책을 선택해야 할 것이다. 이미 시중에 나와 있는 책 중에서 한 권을 고른다면, 나는 주저 없이 《워런 버핏의 주주 서한*The Essays of Warren Buffett*》을 선택하겠다. 주주 서한을 섬세하게 정리해서 버핏의 생각을 상당히 충실하게 전달하는 책이기 때문이다. 그러나 안타깝게도 이 책에는 몇 가지 한계가 있다.

첫째, 《워런 버핏의 주주 서한》은 1979년부터 2011년까지 33년을 다루므로, 2012~2017년의 최근 6년이 누락되어 있다. 이 6년이 중요할까? 너무 중요하다! 2017년 주주총회에서 버핏은 자신의 IBM 투자가 실패했다고 인정하면서 "최근에는 애플에 거액을 투자했습니다"라고 밝혔다. 이에 대해 멍거는 버핏의 애플 매수가 "둘 중 하나를 가리키는 신호인데, 그가 미쳤거나 지금도 배우고 있다는 신호이지요. 나는 그가 배우고 있다는 신호로 해석하고 싶습니다"라고 말했다(120쪽, [Q 2017-42]). 버핏의 크나큰 장점 하나는 끊임없이 배우면서 발전한다는 점이다.

버핏이 미국 시가총액 5대 기업(애플, 알파벳, 마이크로소프트, 아마존, 페이스북)을 가리키면서 하는 말은 더 충격적이다. "우리 자본주의 시스템은 유형자산을 바탕으로 발명과 혁신과 재투자를 거듭하면서 발전했습니다. 하지만 자본을 전혀 들이지 않고 무형자산을 바탕으로 수천억 달러에 이르는 가치를 창출할 수 있다면 이 방식이 훨씬 낫습니다. 지금 이 세상은 과거에 존재하던 세상이 아닙니다. 그러나 앞으로는 이런 세상이 이어질 것입니다. 이런 추세는 절대 꺾이지 않을 것으로 생각합니다."(114쪽, [Q 2017-18]) 현재의 버핏은 몇 년 전 당신이 알던 버핏과 많이 다를 수 있다. 이 책《워런 버핏 바이블》은 버핏의 최근 생각을 중시해 2012~2017년의 최근 6년에 많은 비중을 할애했다.

둘째,《워런 버핏의 주주 서한》에는 가려운 곳을 긁어주는 '주총 답변'이 없다. 2013년, 버핏은 주주 서한에 다음과 같이 썼다. "내 유산 중 현금은 아내를 수익자로 해 수탁자에게 전달될 것입니다. 내가 수탁자에게 주는 조언은 더할 수 없이 단순합니다. 현금의 10%는 단기 국채에 넣고, 90%는 저비용 S&P500 인덱스펀드에 넣으라고 했습니다."(80쪽, [2013]) 역자도 궁금했다. 버핏은 왜 버크셔 주식 대신 S&P500 인덱스펀드를 선택했을까? 인덱스펀드의 수익률이 버크셔 주식보다 높을 것으로 예상했을까? 멍거는 어떻게 생각할까? 그러나 주주 서한을 아무리 뒤져보아도 이에 대해서는 설명이 없었다.

아니나 다를까 주주총회에서 이 질문이 나왔다. 버핏은 주저 없이 답했다. "아내가 투자하는 목적은 재산을 극대화하는 것이 아닙니다. 남은 생애에 돈 걱정을 전혀 하지 않는 것입니다. (중략) 재산을 모두 버크셔 주식으로 보유하고 있다면, 주위 사람들은 버핏이 살아 있으면 이런저런 말을 했을 것이라고 조언할 것입니다. 심지어 버크셔 주식을 한 주만 갖고 있더라도, (선의든 아니든) 이웃과 친구와 친척 들의 조언 탓에 마음의 평정을 상실할 가능성이 있습니다."(109쪽, [Q 2017-13]) 버핏의 지혜와 배려가 돋보이는 대답이다.

한편 멍거는 "내 가족은 버크셔 주식을 보유하면 좋겠습니다"라고 말했다. 멍거의 생각이 항상 버핏과 일치하는 것은 아니다. 주총 답변은 버핏이 일반인의 눈높이에 맞춰 궁금증을 해소해주는 사이다 해설이라 하겠다. 이 책《워런 버핏 바이블》은 2015~2017년 3년 동안 주주총회에서 버핏이 제시한 답변 약 160개 중 국내 독자들에게 유용하리라 판단되는 답변 100개를 선정해서 소개한다.

셋째,《워런 버핏의 주주 서한》은 가독성을 높이려고 주주 서한 내용 중 어려운 부분을 일부 생략했다. 이 과정에서 누락된 중요한 부분 중 하나가 보험사업이다. 버크셔는 금융업종으로 분류된다. 다양한 사업을 영위하고 있지만, 주력 사업이 보험이기 때문이다. 그래서 버핏은 매년 사업 실적을 설명할 때 "이제 버크셔의 다양한 사업 중에서 먼저 가장 중요한 섹터인 보험을 보겠습니다. 손해보험은 … 우리 사업의 확장을 견인한 엔진입니다"라고 말한다. 그러고서 보험사업 설명에 지면을 아낌없이 할애한다.

버핏이 입에 침이 마르도록 칭찬하는 경영자가 보험사업을 이끄는 아지트 자인이다. 버핏은 심지어 이런 말까지 했다. "찰리와 나와 아지트가 탄 보트가 침몰한다면, 그리고 우리 중 한 사람만 구할 수 있다면 아지트를 구하십시오."(479쪽, [2009]) 그런데 보험사업은 이해하기가 쉽지 않다. 용어도 생소하고, 개념도 난해하다. 만일 플로트float가 왜 중요한지 모르겠다면 버핏의 기본 전략을 모른다고 보아야 한다. 이 책《워런 버핏 바이블》은 보험사업을 포함해서 다소 어렵더라도 중요하다고 판단되는 주주 서한 내용은 최대한 소개하려고 노력했다.

요컨대《워런 버핏의 주주 서한》이 '기본 수학의 정석'이라면, 이 책《워런 버핏 바이블》은 '실력 수학의 정석+해설'이라 하겠다. 즉, '주주 서한' 부분은 다소 난해한 내용도 소개하므로 더 어렵지만, '주총 답변'은 일반인의 눈높이에 맞춰 쉽게 설명해주는 사이다 해설에 해당한다.

이 책을 읽는 방법

이 책의 성격을 한마디로 표현하면 '버핏에 관한 백과사전'이다. 그러나 버핏의 흥미로운 신변잡기까지 다루는 백과사전은 아니다. 버핏이 직접 쓴 글과 직접 한 말로 버핏의 투자와 경영과 사상을 체계적으로 정리한 백과사전이다. 그러므로 다루는 주제가 다양하고, 일부 내용은 난해하며, 분량도 방대하다. 버핏의 광팬이 아니라면, 첫 장부터 끝까지 단숨에 읽으려는 시도는 바람직하지 않다. 자신의 취향에 따라 관심 분야부터 천천히 읽어나가는 방법을 권한다. 몇 가지 예를 들어보겠다.

주주총회 답변부터 읽기

질의응답 형식이며 구어체 표현이므로 이해하기 쉽다. 질문 대부분이 직설적이고, 답변도 솔직 담백하며, 주제도 최근 일반인의 관심사이므로 흥미롭다. 과거에 버핏의 글을 읽어본 독자라면, 최근 버핏의 생각이 어떻게 바뀌었는지 확인해본다는 의미도 있다.

주제별로 읽기

투자에 관심 많은 독자라면 '1장. 주식 투자'부터 읽으면 된다. 버핏의 경영 노하우를 배우고 싶은 기업의 임원이나 임원을 꿈꾸는 중간관리자라면 '10장. 보험업'과 '11장. 금융업', '12장. 제조, 서비스업'이 유용할지 모르겠다. 시장의 큰 흐름을 보는 버핏의 관점이 궁금하다면 '8장. 시장에 대한 관점'이 흥미로울 것이다. 버핏으로부터 학습과 삶에 대한 지혜를 얻고 싶은 젊은이에게는 '14장. 학습과 삶의 지혜'를 권한다.

난해한 주제는 반복해서 도전

일부 주제는 대부분 독자에게 어려울 것이다. 그래도 실망하거나 스트레스 받을 필요 없다. 내용이 깊은 글은 쉽게 읽히지 않는 법이다. 제목에 표시를 해두고, 다른 부분을 읽고 나서 나중에 다시 읽어보기 바란다. 자신이 성장하는 모습을 확인할 수 있을 것이다.

더 실감 나게 읽고 싶다면

이 책은 버핏이 주주들에게 말하는 형식이다. 즉, 버핏이 독자가 아니라 제3자를 대상으로 하는 말이다. 그래서 대부분 독자들에게는 '남의 이야기처럼' 들릴 것이고, 일부 독자는 소외감까지 느낄지 모른다. 버핏이 직접 나에게 해주는 말이라면 훨씬 더 실감 나지 않겠는가? 방법이 있다. 어렵지도 않다. 당신도 버크셔 주주가 되는 방법이다.

현재 버크셔 A주는 27만 달러 수준이어서 1주만 사려 해도 약 3억 원이 들지만, B주는 180달러 수준이어서 약 20만 원이면 1주를 살 수 있다. 대부분 증권사에서 외국 주식을 손쉽게 매매하는 시스템을 제공하므로, 약 20만

원이면 당신도 버크셔 주주가 될 수 있다. 그러면 버핏이 하는 말은 동업자인 당신에게 직접 하는 말이 된다. 게다가 B주 1주만 있어도 오마하에서 열리는 주주총회에 참석할 수 있고, 운 좋으면 버핏에게 직접 질문할 기회까지 잡을 수도 있다. 혹시 오로지 한국 주식만 보유하고 있다면, 이참에 국제 분산투자를 고려해보기 바란다.

그러나 유의할 점이 있다. 누군가 주식 매매를 권유할 때는 숨은 의도가 있는지 의심해보아야 한다. 역자는 이미 버크셔 주식을 보유하고 있는 이해 당사자다. 독자들에게 버크셔 매수를 유도해 주가를 띄우고 나서 주식을 팔고 달아나는 이른바 먹튀가 될지 누가 알겠는가? 나중에 버크셔 주가가 떨어져서 독자가 손해를 보게 되더라도 책임질 사람이 절대 아니다. 투자는 반드시 본인의 판단과 책임으로 해야 한다는 점을 꼭 기억하기 바란다.

이 책은 리처드 코너스가 워런 버핏의 말을 편집한 《Warren Buffett on Business》를 편역(編譯)한 책이다. 코너스는 버크셔 주주 서한과 주주총회 질의응답, 그리고 각종 인터뷰와 도서 등 다양한 자료에서 선택한 버핏의 말로 원서를 구성했다. 역자는 국내 독자에게 유용한 번역서를 만들려고 다음 세 가지 방식으로 원서를 편역했다.

(1) 원서의 내용 중 국내 독자에게 유용성이 높지 않다고 판단되는 부분은 상당량을 과감하게 덜어냈다.

(2) 원서에는 포함되지 않았으나 국내 독자에게 유용성이 높다고 판단되는 주주 서한과 주총 답변 상당량을 번역서에 새로 포함했다.

(3) 버핏의 아이디어를 최대한 충실하게 전달하려고, 번역서의 틀을 주주 서한과 비슷하게 구성했다.

이와 같은 편역 과정에서 번역서의 모습이 원서와 많이 달라졌음을 밝혀 둔다. 이 책이 당신 곁에서 항상 지혜와 용기와 위안을 아낌없이 나누어주는 버핏의 분신이 되기를 바라는 마음이다.

이건

2017년 버크셔 해서웨이 주주총회 전경. © 황준호

차례

2장 | 채권, 외환, 파생상품 투자

3 장 | 기업 인수

4 장 | 자본배분

5 장 | 회계, 평가

6 장 | 지배구조

7 장 | 버크셔의 기업문화

8 장 | 시장에 대한 관점

11장 | 금융업

12장 | 제조, 서비스업

13장 | 버크셔 경영 실적 보고

14장 | 학습과 삶의 지혜

서문

워런 버핏에 관한 책 대부분은 주로 버핏의 투자 기법을 설명한다. 누군가 "어떻게 하면 워런 버핏처럼 투자할 수 있나요?"라고 물으면 내 대답은 단순명료하다. 버크셔 A주나 B주를 사라고 말한다. 버핏도 1987년 버크셔 주주 서한에서 이렇게 말했다. "실제로 버크셔가 사는 종목을 따라 사고 싶다면 아예 버크셔 주식을 사면 됩니다. 그러나 아마도 너무 싱거운 방법이라고 생각하겠죠." 또한 버핏은 대부분 개인 투자자들은 인덱스펀드를 사야 한다고 말한다. 비용이 매우 저렴한 데다, 투자수익률도 대부분 투자 전문가들보다 잘 나오기 때문이다. 2008년 1월, 버핏은 자신의 견해를 입증하려고 50만 달러짜리 내기를 공개적으로 제안했다. 그는 어떤 헤지펀드도 장기적으로는 보수가 매우 낮은 S&P500 인덱스펀드의 수익률을 따라갈 수 없다고 주장하면서 프로테제 파트너스Protege Partners와 내기를 했는데, 10년 후 뱅가드Vanguard S&P500 펀드의 수익률이 더 높다는 쪽에 돈을 걸었다. 이때 프로테제 파트너스 대표는 이렇게 말했다. "버핏의 수익률이 아니라 S&P500의 수익률과 경쟁하게 되어서 다행입니다."•

• Carol J. Loomis, "Buffett's Big Bet(버핏의 큼직한 내기)," 〈Fortune〉(2008. 9. 6.)

지난 3년 동안 나는 워싱턴 대학교 세인트루이스 캠퍼스 평생교육원에서 버핏에 관한 강좌를 진행했다. 2006년 4월, 나는 이 강좌를 시작한다고 설명하는 편지를 버핏에게 보냈다. 나흘 뒤 버핏은 나의 강좌를 격려하고 지지하는 답신을 보내주었다. 답신을 받고 몹시 흥분한 나는 버핏의 편지를 액자에 넣어 내 사무실 벽에 걸었다. 이후 버핏과 나는 강좌에 관해서 자주 이메일을 주고받았다. 2007년 1월, 버핏의 초대를 받은 나는 오마하 사무실로 가서 그를 만났다. 바쁜 중에도 버핏은 항상 내게 시간을 내주었다.

이 책은 다르다. 버핏의 투자 기법을 설명하는 책이 아니다. 이 책은 주로 버핏의 경영 원칙과 관행을 다룬다. 여기서 다루는 내용은 종업원 및 주주들과 정직하게 소통하면서 이들을 공정하게 대우하는 방식, 책임감 있는 기업 지배구조, 윤리적 행동, 인내, 실수 인정, 일에 대한 열정, 유머 감각 등이다. 이 모든 것을 한 사람에게서 배울 수 있을까? 나는 가능하다고 본다. 지극히 훌륭하고 매우 특별해서 어떤 말로도 제대로 평가할 수 없는 인물도 있는 법이다. 버핏의 천재성은 그의 인품에서 비롯된다. 그의 진정성은 비길 사람이 없다. 그의 인내, 절제력, 합리성은 비범하다.

버핏의 기업 경영 방식은 모든 경영진, 기업가, 경영대학원생 들은 물론 주주, 종업원, 대중에게도 귀감이 될 만하다. 버핏이 떠난 뒤에도 그의 사상과 철학은 오래도록 남을 것이다. 버핏의 경영 방식은 놀라울 정도로 단순 명료하다. 그는 자신의 경영 원칙이 "단순하고, 오래되었으며, 소수에 불과"하다고 설명한다.•

찰리 로즈Charlie Rose는 이렇게 말했다. "다양한 장소에서 1년 정도 대화를

• Carol J. Loomis, "The Inside Story of Warren Buffett(워런 버핏의 비화秘話)," 〈Fortune〉(1968. 4. 11.)

나눠보면 그가 어떤 사람인지 알 수 있습니다. 워런 버핏과 그런 방식으로 대화해보면 무엇을 알 수 있을까요? 그는 회사에 열정적이고, 친구들에게 열정적이며, 일에 열정적이고, 삶에도 열정적입니다. 버핏은 즐겁게 살아가는 사람입니다."•

이 책은 버핏이 버크셔 주주 서한에 직접 쓴 글을 주제별로 엄선해서 정리한 책이다. 나는 어떤 글을 제외해야 할지 결정하기가 가장 어려웠다. 여러분은 버핏의 주주 서한을 모두 읽어보시라고 강력하게 권하는 바다. 버크셔 해서웨이 웹사이트(berkshirehathaway.com/)에서 누구나 무료로 읽어볼 수 있다. 또한 벤저민 그레이엄의 《현명한 투자자*The Intelligent Investor*》도 추천한다.

이 책이 여러분에게 유용하길 기대한다.

• "In His Own Words – Conversation with Charlie Rose(그 자신의 말 – 찰리 로즈 대담)," PBS(2004. 5. 2.)

1장
주식 투자

찰리와 나는 적정한 보상을 받을 수 없다면
조금이라도 위험이 증가하는 것을 몹시 싫어합니다.
수익을 위해 기준을 완화하는 행위는
가끔 유효 기간이 지난 치즈를 먹는 것과 같습니다. [2003]

아이작 뉴턴은 남해회사 거품 사건에서
막대한 손실을 보고 나서 말했습니다.
"천체의 움직임은 계산할 수 있지만,
사람들의 광기는 계산할 수가 없더군요."
그가 이 손실로 엄청난 충격을 받지 않았다면
네 번째 운동 법칙을 발견했을지도 모릅니다.
"투자자 전체로 보면 운동량이 증가할수록 수익은 감소한다"라는
법칙 말입니다. [2005]

유효 기간이 지난 치즈 [2003]

2003년에는 웰스 파고Wells Fargo 주식을 추가로 매입했습니다. 나머지 5대 종목의 보유 수량이 바뀐 시점은 코카콜라Coca-Cola는 1994년, 아메리칸 익스프레스American Express는 1998년, 질레트Gillette는 1989년, 워싱턴 포스트Washington Post는 1973년, 무디스Moody's는 2000년이었습니다. 그래서 주식 중개인들은 우리를 좋아하지 않습니다.

우리는 이 포트폴리오를 낙관도 비관도 하지 않습니다. 우리는 탁월한 기업의 일부를 보유하고 있으며(작년에 모두 내재가치가 대폭 증가했음), 현재 주가는 그 탁월함을 반영할 뿐입니다. 이런 사고방식의 당연한 결과로, 지난번 거품이 발생했을 때 나는 대량 보유하던 종목을 팔지 않는 큰 실수를 저질렀습니다. 현재 이들 종목의 주가가 내재가치를 충분하게 반영한 수준이라면, 4년 전 내재가치는 더 낮고 주가는 훨씬 높았습니다. 그때 내가 무슨 생각을 하고 있었는지 궁금할 것입니다. 나 역시 궁금합니다.

2002년에는 정크본드가 매우 싸져서 약 80억 달러어치 사들였습니다. 그러나 그동안 상황이 급변한 탓에 지금은 이 섹터가 그다지 매력적으로 보이지 않습니다. 어제는 잡초였는데 오늘은 꽃으로 평가받고 있습니다.

그동안 거듭 강조했지만, 버크셔의 실현 이익은 실적 분석에 아무런 의미가 없습니다. 우리 장부에는 막대한 미실현 이익이 있지만, 우리가 특정 시점에 실적을 조절하려고 이익 실현 시점과 방식을 정하는 일은 절대 없을 것입니다. 그렇더라도 우리 투자 활동의 다양성에 관심이 있을 터이므로, 2003년에 보고한 이익을 유형별로 다음 표에 정리했습니다.

유형별 이익

(단위: 100만 달러)

유형	세전 이익
보통주	448
미국 국채	1,485
정크본드	1,138
외환 계약	825
기타	233
합계	4,129

보통주에서 나온 이익은 비중이 크지 않습니다. 앞에서도 언급했지만, 주요 종목을 팔아 실현한 매도차익이 아닙니다. 국채에서 얻은 이익은 국채 스트립(STRIPS: 중도에 상환되는 이자가 없어서, 같은 만기의 채권 중 금리에 대한 가격 변동성이 가장 큰 국채)을 매각하고, 우리 금융 및 금융상품 부서가 특정 전략을 추구한 결과입니다. 정크본드는 일부 종목만 팔고 대부분은 계속 보유 중입니다. 정크본드에서 나온 나머지 이익은 발행자의 수의상환이나 만기상환 결과입니다.

2002년 나는 난생처음 외환시장에 진입했고, 2003년에는 외환 포지션을 늘렸습니다. 갈수록 달러를 비관하게 되었기 때문입니다. 그러나 예언자들의 묘지에는 (특히 거시경제 예측가들에게) 방대한 면적이 배정되어 있습니다. 실제로 버크셔는 거시경제를 예측한 적도 거의 없고, 거시경제 예측에 계속 성공한 사람도 거의 보지 못했습니다.

우리는 버크셔의 자산 대부분을 미국에 두고 있으며, 앞으로도 계속 그럴 것입니다. 그러나 최근 몇 년 동안 미국의 무역 적자 탓에 미국에 대한 막대한 청구권과 소유권이 외국으로 넘어가고 있습니다. 이렇게 공급되는 자산을 한동안은 외국인들이 왕성하게 소화했습니다. 그러나 2002년 말 외국인들이 미국 자산에 질리기 시작했고, 주요 통화 대비 달러 가치가 떨어지기 시작했습니다. 그러나 현재 환율로도 미국의 무역 적자는 크게 개선되지 않을 것입니다. 따라서 외국 투자자들이 원하든 원치 않든, 달러는 계속 쏟아져 나올 것입니다. 그 결과가 어떻게 될지는 아무도 모릅니다. 그러나 여기서 발생하는 골치 아픈 문제는 절대 외환시장에 한정되지 않을 것입니다.

나도 미국인이므로 이 문제가 순조롭게 해소되기를 바랍니다. 나는 2003년 11월 10일 〈포춘Fortune〉에 기고한 글에서 한 가지 해결책을 제시했습니다. (찰리Charlie Munger의 관심을 끌지는 못했습니다.) 이번에도 나의 경고는 쓸데없는 짓일지도 모릅니다. 그동안 미국은 활력과 회복력을 과시하면서 회의론자들을 거듭 웃음거리로 만들었기 때문입니다. 그러나 버크셔가 보유한 달러 표시 현금성 자산은 수십억 달러에 이릅니다. 따라서 나는 외환계약을 통해서 우리 포지션 일부라도 헤지해두어야 마음이 편합니다.

회계규정에 의하면, 외환 계약은 만기에 도달하지 않았어도 가치가 변동할 때마다 즉시 자본손익에 반영해야 합니다. 이 변동 사항은 분기마다 우리 손익계산서의 '금융 및 금융상품' 부문에 표시하고 있습니다. 연말 현재 우리가 맺은 외환 계약은 모두 약 120억 달러이며, 5개 통화로 분산되어 있습니다. 또한 2002년에 정크본드를 매입할 때도 가능하면 유로 표시물을 사들였습니다. 현재 우리가 보유한 유로 표시 정크본드는 약 10억 달러입니다.

마땅한 투자 대상을 찾을 수 없을 때 우리가 자동으로 쌓는 포지션은 미국 국채로서, 단기 국채를 사거나 환매계약repo을 합니다. 이들 상품의 수익률이 아무리 낮아도, 수익을 조금 더 높이려고 신용 기준을 완화하거나 만기를 늘리는 일은 절대 없습니다. 찰리와 나는 적정한 보상을 받을 수 없다면 조금이라도 위험이 증가하는 것을 몹시 싫어합니다. 수익을 위해 기준을 완화하는 행위는 가끔 유효 기간이 지난 치즈를 먹는 것과 같습니다.

내 눈에 콩깍지 [2004]

우리가 보유한 종목들을 보면서 차트 패턴이나, 주식 중개인의 의견이나, 단기 이익 추정치에 따라 매매해야 한다고 생각하는 사람도 있을 것입니다. 그러나 찰리와 나는 그런 변수들을 무시하며, 보유 주식을 회사 일부에 대한 소유권으로 봅니다. 이런 관점 차이는 중요합니다. 실제로 이런 사고방식은 19세 이후 내 투자 활동의 토대가 되었습니다. 내가 벤저민 그레이엄Benjamin Graham의 《현명한 투자자*The Intelligent Investor*》를 읽을 때, 내 눈에 씌었던 콩깍지가 떨어져 나갔기 때문입니다. (그 이전에도 나는 주식시장에 매료되었지만 투자하는 방법을 전혀 몰랐습니다.)

먼저 우리가 사들인 이후 '4대 종목(아메리칸 익스프레스, 코카콜라, 질레트, 웰스 파고)'의 실적이 어떠했는지 보겠습니다. 우리는 4대 종목에 38억 3,000만 달러를 투자했는데, 1988년 5월~2003년 10월 동안 여러 차례에 걸쳐 사들였습니다. 종합적으로 보면 금액 가중 매입일은 1992년 7월입니다. 따라서 2004년 말 현재 우리가 이들 '기업 지분'을 보유한 기간은 약 12.5년입니다.

2004년 이들 기업의 이익 중 버크셔의 몫은 12억 달러에 이릅니다. 이 이익은 '정상'으로 인정할 수 있습니다. 물론 질레트와 웰스 파고가 옵션 비용을 계산에서 누락했으므로 이익이 부풀려졌습니다. 그러나 한편으로는 코카콜라의 일회성 상각 탓에 이익이 축소되기도 했습니다.

4대 기업의 이익 중 우리 몫은 거의 해마다 증가했으며, 지금은 매입원가의 약 31.3%에 이릅니다. 우리가 받은 현금배당도 계속 증가해, 2004년까지 받은 총액이 4억 3,400만 달러로서 매입원가의 약 11.3%입니다. 전체적으로 보면 4대 종목의 실적이 극적인 수준은 아니지만 대체로 만족스러운 정도입니다.

4대 종목의 주가 흐름도 마찬가지입니다. 우리가 처음 매입한 이후, PER이 높아진 탓에 주가 상승률이 이익 성장률보다 다소 높았습니다. 그러나 연간 기준으로 보면 사업 실적과 주가 흐름은 자주 따로 놀았고, 간혹 괴리가 심해지기도 했습니다. 거품이 크게 발생할 때는 주가 상승률이 사업 실적을 훨씬 능가했습니다. 그러나 거품이 붕괴한 후에는 반대가 되었습니다.

내가 이런 등락을 포착해서 매매했다면 버크셔의 실적이 틀림없이 훨씬 좋았을 것입니다. 잘 보이는 백미러를 통해 시장을 보면 항상 쉬워 보이는 법입니다. 그러나 투자자들이 응시할 수밖에 없는 전면 유리는 항상 뿌옇기 마련입니다. 게다가 우리는 포지션 규모가 거대해서 시장 등락에 따라 민첩하게 비중을 조절하기가 어렵습니다.

그렇더라도 거품이 발생해 주가가 쌍코피 터질 정도로 지나치게 올랐을 때도 내가 수수방관한 행태는 비난받아 마땅합니다. 당시 나는 우리 보유 종목 일부가 과대평가되었다고 말했지만, 그 과대평가 수준을 과소평가했습니다. 나는 행동해야 할 때 말만 앞세웠습니다.

이제 찰리와 나는 조금 움직여보려고 합니다. 수익률이 보잘것없는 현금성 자산을 430억 달러나 깔고 앉은 현재 상황은 유쾌하지 않습니다. 우리는 상장주식의 지분 일부를 사들이거나, 더 바람직하게는 대기업을 추가로 인수하고 싶습니다. 그러나 합리적인 수익률을 기대할 수 있는 가격일 때만 그렇게 할 것입니다.

뉴턴의 제4 운동 법칙 [2005]

그동안 버크셔 등 미국 주식에 투자한 사람들은 어렵지 않게 돈을 벌었습니다. 예컨대 1899년 12월 31일부터 1999년 12월 31일까지 1세기 동안 다우지수가 66에서 1만 1,497로 상승했습니다. (이런 결과가 나오려면 연 수익률이 얼마가 되는지 아십니까? 답은 섹션 끝에 있는데, 아마 놀라실 겁니다.) 이렇게 엄청나게 상승한 이유는 간단합니다. 지난 1세기 동안 미국 기업들의 실적이 이례적으로 좋아서, 투자자들이 그 번영의 흐름에 편승했기 때문입니다. 기업들은 계속해서 좋은 실적을 내고 있습니다. 그러나 요즘 주주들은 계속 자해를 하는 탓에, 투자에서 얻을 수 있는 수익이 대폭 감소하고 있습니다.

이런 현상은 근본적인 진실에서 시작합니다. 회사가 파산해서 그 손실을 채권자들이 떠안게 되는 일부 사례를 제외하면, 전체 투자자가 지금부터 심판의 날까지 벌어들일 수 있는 최대 이익은 전체 기업이 벌어들이는 이익입니다. 물론 똑똑하거나 운 좋은 투자자 A가 어리석거나 운 나쁜 투자자 B에게 손실을 떠안기면서 평균보다 많이 벌 수도 있습니다. 그리고 주식시장이 전반적으로 상승하면 모든 투자자가 돈을 벌었다고 생각합니다. 그러나 투자자는 누군가 주식을 받아주어야만 팔고 시장에서 나갈 수 있습니다. 한 투자자가 비싸게 팔면 다른 투자자는 비싸게 사야 합니다. 투자자 전체로 보면, 기업이 번 돈 이상을 기업으로부터 빼내는 마법 같은 방법은 없습니다. 하늘에서 돈이 소나기처럼 쏟아지지 않는다면 말이죠.

실제로는 '마찰 비용' 탓에 투자자들이 버는 돈은 기업이 버는 금액에 미치지 못합니다. 요점을 말하겠습니다. 이런 마찰 비용이 증가한 탓에 현재 투자자들의 수익은 과거 투자자들보다 훨씬 감소하고 있습니다.

마찰 비용이 급증한 과정을 이해하기 위해서, 한 가문이 모든 미국 기업을 계속 소유한다고 가정해봅시다. 이 가문을 고트락스로 부르겠습니다. 배당에 대한 세금을 제외하면, 이 가문의 재산은 전체 기업이 벌어들인 이익만큼 대를 이어 계속 늘어났습니다. 오늘날 이 금액은 매년 약 7,000억 달러에 이릅니다. 당연히 이 가문은 이 돈 일부를 소비합니다. 그러나 저축한 돈은 꾸준히 복리로 증식됩니다. 고트락스 가문 사람들의 재산은 모두 똑같은 속도로 증가하며, 모두가 화목하게 지냅니다.

그러나 이제 입심 좋은 조력자들이 가문 사람들에게 개별적으로 접근해서, 어떤 종목을 사고 어떤 종목을 팔면 친척들보다 더 부자가 될 수 있다고 설득합니다. 브로커 조력자들은 수수료를 받고 이런 거래를 도와줍니다. 고트락스 가문은 여전히 모든 미국 기업을 보유하고 있으므로, 거래를 해도 가문 사람들 사이에서 주인이 바뀔 뿐입니다. 따라서 가문이 매년 벌어들이는 재산은 미국 기업들이 벌어들이는 이익에서 수수료만큼 감소합니다. 거래량이 많아질수록 가문의 몫은 줄어들고 조력자들이 받아 가는 몫은 늘어납니다. 브로커 조력자들은 이 사실을 잘 알고 있습니다. 이들에게는 거래가 활발해야 유리하므로, 온갖 다양한 방법을 동원해서 가문 사람들이 자주 거래하도록 부추깁니다.

얼마 후 가문 사람들 대부분은 '친척 누르기'가 쉽지 않다는 사실을 깨닫게 됩니다. 이때 새로운 조력자들이 등장합니다. 이들은 가문 사람들을 개별적으로 만나, 현재 방식으로는 절대 친척들을 앞설 수 없다고 설명합니다. 그리고 해결책을 제시합니다. "우리 같은 펀드매니저를 고용해서 일을 전문적으로 해결하십시오." 이 펀드매니저 조력자들도 여전히 브로커 조력자들을 통해 매매를 실행합니다. 브로커들이 번창할 수 있도록 거래량을 늘리기까지 합니다. 이제는 파이에서 더 큰 몫이 두 조력자들에게 돌아갑니다.

가문 사람들은 더욱 실망합니다. 가문 사람들 각자 전문가를 고용했는데도 가문 전체의 재정 상태는 더 나빠집니다. 어떤 해결책이 있을까요? 물론 조력을 더 받아야겠지요.

이번에는 재무설계사와 기관 컨설턴트 들이 나타나서 펀드매니저 조력자 선정에 대해 조언해줍니다. 좋은 종목 고르기도 어렵고 유능한 펀드매니저 고르기도 어려워서 혼란에 빠진 가문 사람들은 이들의 조력을 환영합니다. 그러면 유능한 컨설턴트 고르기는 쉬울까요? 그러나 고트락스 가문 사람들에게는 해답이 떠오르지 않습니다. 물론 컨설턴트 조력자들이 해답을 알려줄 리도 없고요.

이제 값비싼 세 종류의 조력자들을 부양하게 된 고트락스 가문은 실적이 더 나빠졌고, 더 깊은 절망에 빠졌습니다. 그러나 희망이 사라진 듯한 시점에 네 번째 집단이 등장했습니다. 이른바 허풍쟁이 조력자들입니다. 이들은 실적이 부진한 이유를 친절하게 설명해줍니다. 기존 조력자들(브로커, 펀드매니저, 컨설턴트)에 대한 동기 부여가 부족해서 이들이 일하는 시늉만 내기 때문이라고요. 허풍쟁이 조력자들이 말합니다. "무기력한 사람들에게 좋은 실적을 기대할 수 있겠습니까?"

이들은 놀랄 만큼 단순한 해법을 제시합니다. 돈을 더 주는 방법입니다. 자신감 넘치는 허풍쟁이 조력자들은 정말로 친척들을 누르려면 (높은 고정보수에 더해서) 막대한 성과보수를 지급해야 한다고 역설합니다.

그런데 일부 허풍쟁이 조력자가 헤지펀드나 사모펀드라는 매력적인 이름으로 옷만 갈아입은 기존의 펀드매니저 조력자와 같다는 사실을 눈치채는 사람은 거의 없습니다. 그러나 새 조력자들은 옷을 갈아입는 행위가 지극히 중요하다고 장담합니다. 온순한 클라크 켄트Clark Kent가 슈퍼맨 복장으로 갈아입으면 초인적인 능력을 발휘하는 것처럼, 펀드도 명칭을 바꾸면 마법적인 능력을 발휘한다고 설명합니다. 이 설명을 듣고 안심한 가문 사람들은 보수를 높여주기로 합니다.

이것이 오늘날 우리의 현실입니다. 전에는 주주들이 흔들의자에 가만히 앉아 있기만 해도 기업에서 벌어들이는 이익을 모두 받았지만, 이제는 조력자들에게 넘어가는 몫이 급증해 기록적인 수준에 이르고 있습니다. 특히 요즘 세계적으로 유행하는 이익 분배 방식이 문제입니다. 조력자들이 똑똑하거나 운이 좋으면 막대한 성과급을 받지만, 조력자들이 멍청하거나 운이 나쁘면 (또는 사기꾼이면) 가문 사람들은 높은 고정보수에 더해서 손실까지 모두 떠안기 때문입니다.

결국 동전 앞면이 나오면 조력자들이 막대한 보수를 받고, 동전 뒷면이 나오면 고트락스 가문이 손실을 보는 계약이 증가하면서 가문 사람들은 곤경에 처했습니다. 실제로 오늘날 온갖 마찰 비용은 미국 기업 이익의 20%를 훌쩍 넘어갑니다. 다시 말해서 조력자들에게 지급하는 비용 탓에 미국 주식 투자자들의 이익이 20%나 감소합니다.

오래전 아이작 뉴턴Isaac Newton 경은 천재성을 발휘해 세 가지 운동 법칙을 발견했습니다. 그러나 그의 재능도 투자에는 소용이 없었습니다. 그는 남해회사South Sea Company 거품 사건에서 막대한 손실을 보고 나서 말했습니다. "천체의 움직임은 계산할 수 있지만, 사람들의 광기는 계산할 수가 없더군요." 아이작 뉴턴이 이 손실로 엄청난 충격을 받지 않았다면 네 번째 운동 법칙을 발견했을지도 모릅니다. "투자자 전체로 보면, 운동량이 증가할수록 수익은 감소한다"라는 법칙 말입니다.

섹션 시작 부분에서 낸 문제의 답입니다. 20세기 동안 다우지수가 65.73에서 1만 1,497.12까지 상승했는데, 이때 연복리 수익률은 5.3%였습니다. (물론 투자자들은 그동안 배당도 받았을 것입니다.) 21세기에도 똑같은 수익률이 나오려면 다우지수는 2099년 12월 31일 정확하게 201만 1,011.23까지 상승해야 합니다. 간단히 200만이라고 해둡시다. 금세기 들어 6년이 지났지만 아직 다우지수는 전혀 상승하지 못했습니다.

대학을 나오지 않아 천만다행 [2006]

작년에 90세가 된 나의 오랜 친구 월터 슐로스Walter Schloss 이야기입니다. 월터는 1956~2002년에 투자조합을 대단히 성공적으로 운용했는데, 투자자들에게 수익을 내주지 못하면 한 푼도 받지 않았습니다. 나는 그의 성과를 보고 나서 뒤늦게 칭찬하는 것이 아닙니다. 무려 50년 전, 세인트루이스의 한 가족이 정직하고 유능한 펀드매니저를 찾았을 때, 내가 추천해준 사람은 월터뿐이었습니다.

월터는 MBA는커녕 대학도 나오지 않았습니다. 1956년, 그의 사무실에는 파일 캐비닛이 하나였습니다. 이후 무섭게 늘어나서 2002년에는 네 개가 되었습니다. 그는 비서도, 사무원도, 경리사원도 두지 않았습니다. 동료라고는 노스캐롤라이나 미술대학을 졸업한 그의 아들 에드윈Edwin뿐이었습니다. 월터와 에드윈은 내부 정보라면 근처에도 가지 않았습니다. 이들은 '외부' 정보조차 가끔 사용할 뿐이었고, 주로 월터가 벤저민 그레이엄 밑에서 일하면서 배운 단순한 통계 기법으로 종목을 골랐습니다. 1989년 〈아웃스탠딩 인베스터스 다이제스트Outstanding Investors Digest〉가 "당신의 투자 기법을 어떻게 요약하시겠습니까?"라고 물었을 때, 에드윈은 "싼 주식을 사려고 노력합니다"라고 대답했습니다. 현대 포트폴리오 이론, 기술적 분석, 거시경제, 복잡한 알고리즘 등은 언급하지도 않았습니다.

월터는 실제적 위험('영구적 원금 손실'로 정의)이 없는 전략을 사용하면서, 47년 동안 S&P500을 훨씬 뛰어넘는 실적을 올렸습니다. 게다가 대부분 따분한 종목 약 1,000개에 투자해서 올린 실적이라는 점이 주목할 만합니다. 몇몇 대박 종목으로 이룬 성과가 아닙니다. 장담하건대 펀드매니저 수백만 명이 (a) 무작위로 종목을 선정하거나, (b) 월터가 주식을 살 때 그 주식을 따라 사거나, (c) 월터가 주식을 팔 때 그 주식을 따라서 팔았어도, 가장 운 좋은 사람조차 그의 실적 근처에도 못 갔을 것입니다. 월터가 47년 동안 올린 실적이 단순히 운이었을 가능성은 전혀 없습니다.

내가 월터의 실적을 처음 공개적으로 언급한 시점은 1984년입니다. 당시는 '효율적 시장 가설Efficient Market Theory'이 대부분 주요 경영대학원에서 가르치는 투자론의 핵심이었습니다. 주가는 언제든 명백하게 잘못 형성되는 일이 없으므로, 공개 정보만 이용해서는 (운 좋은 일부를 제외하면) 시장 평균보다 높은 실적을 얻을 수 없다고 이 가설은 가정합니다. 23년 전 내가 월터를 언급했을 때, 그의 실적은 이 주장에 대한 강력한 반증이 되었습니다.

이 새롭고도 중요한 반증이 드러났을 때, 학계에서는 어떤 반응을 보였을까요? 안타깝게도 이들의 반응은 너무도 인간적이었습니다. 마음을 여는 대신 눈을 감았습니다. 내가 알기로 월터의 실적을 분석해서 그들의 소중한 이론을 검증해본 학교는 하나도 없었습니다.

오히려 대학교수들은 효율적 시장 가설이 성서만큼이나 확실한 것처럼 계속 신나게 가르쳤습니다. 아마 효율적 시장 가설에 무례하게 이의를 제기하는 재무학 강사가 교수로 승진할 가능성은, 갈릴레오Galileo Galilei가 교황으로 선출될 가능성만큼이나 희박했을 것입니다.

따라서 수많은 학생이 모든 주가는 항상 '올바르며'(더 정확하게 표현하면, 명백하게 틀리지는 않았으며), 주식 가치를 평가해도 소용없다고 배운 다음 사회로 배출되었습니다. 그동안 월터는 계속 시장 실적을 뛰어넘었는데, 젊은이들이 학교에서 잘못 배운 덕분에 한결 쉬웠습니다. 모든 학교에서 지구가 평평하다고 가르친다면 해운업자는 사업이 한결 수월해질 것입니다.

월터가 대학을 나오지 않은 것이 그의 투자조합 고객들에게는 천만다행입니다.

버크셔의 후계자 조건 [2006]

전에도 말했지만, 버크셔에는 나를 대신해서 CEO가 될 탁월한 후보자가 세 사람이나 있습니다. 이사회는 내가 오늘 밤 죽으면 누가 CEO가 되어야 하는지 분명하게 알고 있습니다. 세 사람 모두 나보다 훨씬 젊습니다. 이사들은 후계자가 나보다 더 오래 근무해야 한다고 믿습니다.

솔직히 말하면, 투자 부문에 대해서는 후계 준비가 충분하지 않습니다. 내력은 이렇습니다. 한때는 투자 업무를 찰리가 대신할 예정이었고, 더 최근에는 루 심프슨Lou Simpson이 대신할 예정이었습니다. 루는 가이코GEICO의 주식 포트폴리오를 운영해 장기간 탁월한 실적을 기록한 투자의 달인입니다. 그러나 그는 나보다 겨우 여섯 살 젊습니다. 내가 곧 죽는다면 단기간은 그가 나를 대신해서 탁월한 실적을 올릴 것입니다. 그러나 장기적으로는 다른 답을 찾아야 합니다.

우리는 10월 이사회에서 이 문제를 충분히 논의했습니다. 나는 찰리와 루의 도움을 받아 이사회에서 수립한 계획을 실행할 것입니다.

이 계획에 따라 나는 대규모 포트폴리오 운용 능력을 갖춘 젊은이를 고용할 것이며, 때가 오면 그가 내 뒤를 이어 버크셔의 최고투자책임자가 될 것입니다. 선정 과정에서 우리는 여러 후보자를 확보할 것입니다.

적임자를 고르기는 쉽지 않을 것입니다. 물론 투자 실적이 뛰어난 사람 중 똑똑한 사람을 고르기는 어렵지 않습니다. 그러나 장기간 투자에 성공하려면 훌륭한 최근 실적과 지능만으로는 어림도 없습니다.

장기적으로 시장은 이상하고 심지어 기괴한 행태까지 드러냅니다. 큰 실수 한 번으로 장기간 쌓아 올린 성공을 날려버릴 수도 있습니다. 따라서 '유례없는 위험'까지도 인지해서 피하는 유전적 감각을 갖춘 사람이 필요합니다. 오늘날 금융기관들이 흔히 사용하는 모형으로는 투자 전략 속에 숨어 있는 위험을 감지할 수 없기 때문입니다.

기질도 중요합니다. 독립적 사고, 안정된 심리, 인간과 기관의 행태를 예리하게 이해하는 능력이 장기 투자 성공에 필수적입니다. 매우 똑똑하지만 이런 장점을 갖추지 못한 사람을 나는 많이 보았습니다.

끝으로, 우리가 고려해야 하는 특별한 문제는 그를 계속 잡아둘 수 있느냐는 것입니다. 이력서에 버크셔 근무 경력을 추가하면 펀드매니저의 상품성이 대폭 높아집니다. 따라서 다른 곳에서 훨씬 많은 보수를 주겠다고 유혹해도 우리가 그를 계속 잡아둘 수 있어야 합니다.

이런 조건을 갖춘 사람은 틀림없이 존재하지만 찾아내기가 쉽지 않을 것입니다. 1979년, 잭 번Jack Byrne과 나는 루 심프슨이 그런 인물이라고 생각했습니다. 그래서 장기간 초과수익을 올리면 높은 보수를 주는 계약을 그와 맺었습니다. 이 계약에 따라 그는 계속 높은 보수를 받았습니다. 루는 오래전에 다른 회사로 옮겨서 더 유리한 조건으로 훨씬 많은 자산을 운용할 수도 있었습니다. 그의 목표가 오로지 돈이었다면 그는 이미 오래전에 떠났을 것입니다. 하지만 루는 떠날 생각을 전혀 하지 않았습니다. 우리는 루와 같은 젊은이를 한두 사람 찾아야 합니다.

신인 유망주 발굴 [2010]

2007년, 나는 찰리와 루와 내가 떠나면 자리를 메워줄 젊은 펀드매니저 한두 사람이 필요하다고 말했습니다. 당시 (현재 우리가 하는) CEO 업무를 맡아줄 탁월한 후보는 여럿 확보했지만, 투자 업무를 뒷받침할 사람은 찾지 못했습니다.

최근 실적이 탁월한 펀드매니저를 찾는 일은 어렵지 않습니다. 그러나 과거 실적이 중요하긴 해도 미래 실적을 전망하기에는 충분치 않습니다. 그 실적을 달성한 과정도 중요하고, 위험(흔히 학계에서 사용하는 베타로 측정해서는 절대 안 됩니다)에 대한 이해와 예리한 감각도 중요합니다. 위험 기준에 대해서 우리는 비범한 능력의 소유자를 찾고 있었습니다. 그것은 전례 없는 경제 시나리오가 미칠 영향을 예상하는 능력입니다. 결국 우리는 단순한 직업을 뛰어넘는 사명감으로 버크셔에 근무할 사람을 원했습니다.

찰리와 내가 만나보니 토드 콤즈Todd Combs는 우리 요건에 맞는 사람이었습니다. 루의 경우와 마찬가지로, 토드도 급여에 더해서 S&P 대비 실적 기준으로 성과급을 받게 됩니다. 우리는 이연과 손실 이월을 인정해, 급격한 실적 변동 때문에 부당하게 보상하는 일이 없도록 했습니다. 헤지펀드계에서는 그동안 무한책임사원들의 부당한 행태가 나타났습니다. 이들이 실적이 좋을 때 막대한 보수를 챙긴 다음 실적이 나빠졌을 때 떠나버린 탓에, 유한책임사원들은 초기에 얻었던 이익을 상실했습니다. 때로는 이런 무한책임사원들이 과거 손실도 메우지 않은 상태에서 곧바로 새 펀드를 만들어 또다시 이익을 추구하기도 했습니다. 이런 펀드매니저들에게 돈을 맡기는 사람은 투자자가 아니라 봉(鳳)이라 하겠습니다.

내가 CEO로 있는 한, 나는 주식과 채권을 포함해서 버크셔의 보유 자산 대부분을 계속 운용할 것입니다. 토드는 처음에는 펀드 10~30억 달러를 운용하고, 해마다 운용 규모를 다시 정할 것입니다. 그는 주식에 주력하게 되지만, 업무를 주식 투자에만 한정하지는 않을 것입니다. (펀드 상담사들은 흔히 '롱숏long-short', '매크로macro', '국제 주식international equity' 같은 스타일박스style box를 애용합니다. 그러나 버크셔가 사용하는 유일한 스타일박스는 '현명함smart'입니다.)

앞으로 우리는 적절한 인재를 발견하면 펀드매니저를 한두 사람 추가할 예정입니다. 그러면 각 펀드매니저의 성과급 중 80%는 각자의 실적을 기준으로 지급하고, 20%는 다른 펀드매니저의 실적을 기준으로 지급할 것입니다. 우리는 개인의 성과에 크게 보상하면서도 경쟁보다는 협력을 촉진하는 보상 시스템을 원합니다.

찰리와 내가 버크셔를 떠난 다음에는 우리 펀드매니저들이 CEO와 이사회가 정하는 기준에 따라 전체 포트폴리오를 책임지게 될 것입니다. 훌륭한 투자자는 기업 인수에 유용한 관점을 제공하므로, 인수 후보 기업을 분석할 때는 우리 펀드매니저들과 상의하기 바랍니다(의결권을 주라는 뜻은 아닙니다). 결국은 이사회가 주요 인수에 대해 결정을 내리게 될 것입니다.

※주석: 토드가 버크셔에 합류했다고 우리가 발표하자, 다수 언론은 그가 '무명'이라고 지적하며 왜 '유명' 펀드매니저 중에서 선발하지 않았는지 의아해했습니다. 그렇다면 1979년에 합류한 루, 1985년의 아지트Ajit Jain, 1959년의 찰리는 유명한 인물이었나요? 우리 목표는 중후한 거물이 아니라 신인 유망주를 발굴하는 것이었습니다. (아차. 여든 살 먹은 CEO가 쓸 표현은 아니군요.)

위대한 기업, 좋은 기업, 끔찍한 기업 [2007]

이제부터 우리가 어떤 기업에 흥미를 느끼는지 살펴보겠습니다. 그리고 우리가 피하고 싶은 기업에 대해서도 논의하고자 합니다.

찰리와 내가 찾는 기업은 (a) 우리가 그 사업을 이해하고, (b) 장기 경제성이 좋으며, (c) 경영진이 유능하고 믿을 수 있고, (d) 인수 가격이 합리적인 기업입니다. 우리는 회사를 통째로 인수하고자 하며, 경영진이 우리 동업자가 될 때는 지분 80% 이상을 인수하려고 합니다. 그러나 위대한 기업의 경영권을 인수할 수 없을 때는 주식시장에서 위대한 기업의 지분을 소량 사들이는 것으로도 만족합니다. 모조 다이아몬드를 통째로 소유하는 것보다는 최상급 다이아몬드의 일부를 소유하는 편이 낫기 때문입니다.

진정으로 위대한 기업이 되려면 탁월한 수익률을 지켜주는 항구적 '해자(垓子)'를 보유해야 합니다. 어떤 기업이 높은 수익을 내면 자본주의 역학에 따라 경쟁자들이 그 성(城)을 끊임없이 공격하기 때문입니다. 따라서 탁월한 실적을 유지하려면 낮은 생산 원가(가이코, 코스트코Costco)나 강력한 세계적 브랜드(코카콜라, 질레트, 아메리칸 익스프레스)처럼 가공할 만한 진입장벽을 보유해야만 합니다. 기업의 역사를 돌아보면, 견고해 보이던 해자가 순식간에 사라져버린 '로마 폭죽' 같은 기업들이 넘쳐납니다.

따라서 계속해서 빠르게 변화하는 산업에 속한 기업들은 '항구적' 해자 기준에 따라 우리 관심 대상에서 탈락합니다. 자본주의의 '창조적 파괴'가 사회에는 매우 이롭지만, 투자에 대해서는 불확실성을 높이기 때문입니다. 해자를 계속 다시 만들어야 한다면 해자가 없는 것과 마찬가지입니다.

그리고 위대한 경영자가 있어야 높은 성과가 나오는 기업 역시 이 기준에 따라 탈락합니다. 물론 훌륭한 경영자는 어느 기업에나 소중한 자산이 되며, 버크셔에도 훌륭한 경영자가 많습니다. 이들이 능력을 발휘한 덕분에 수십억 달러의 가치가 창출되었지, 평범한 경영자들이 맡았다면 절대로 이런 실적이 나오지 않았을 것입니다.

그러나 슈퍼스타가 있어야 위대한 실적이 나오는 기업이라면 그 기업은 위대하다고 간주할 수 없습니다. 지역 최고의 뇌외과 의사와 병원을 세워 동업한다면 큰 이익을 얻을 수 있지만, 병원의 장래에 대해서는 알 수 없습니다. 그 의사가 떠나면 해자도 사라지기 때문입니다. 그러나 세계 최대 병원인 메이요 클리닉Mayo Clinic이라면 CEO가 누구든 해자가 유지될 것으로 믿을 수 있습니다.

안정적인 산업에 속하면서 장기 경쟁우위를 확보한 기업이 바로 우리가 찾는 기업입니다. 그리고 이런 기업이 태생적으로 성장성까지 갖추었다면 위대한 기업이 됩니다. 그러나 이런 기업은 성장성이 높지 않아도 투자할 가치가 있습니다. 이 회사에서 나오는 풍성한 이익으로 비슷한 회사를 인수하면 됩니다. 한 회사에서 번 돈을 그 회사에 재투자해야 한다는 원칙 같은 것은 없습니다. 오히려 그렇게 하면 대개 실수가 됩니다. 유형자산이익률이 높은 정말 위대한 기업이라도 이익 대부분을 장기간 재투자하면 높은 이익률이 유지될 수 없기 때문입니다.

이런 꿈 같은 기업의 원형이 우리 시즈캔디See's Candies입니다. 시즈캔디가 속한 초콜릿산업은 따분합니다. 미국의 1인당 초콜릿 소비량은 지극히 적으며, 증가하지도 않습니다. 한때 유명했던 브랜드도 여럿 사라졌고, 지난 40년 동안 미미하게나마 이익을 낸 회사도 3개에 불과합니다. 시즈캔디는 겨우 몇몇 주에서만 많은 매출을 올리고 있지만, 초콜릿산업 전체에서 나오는 이익의 거의 절반을 차지하는 것으로 보입니다.

1972년 블루칩 스탬프Blue Chip Stamps가 시즈를 인수할 때, 시즈의 캔디 연간 판매량이 1,600만 파운드(7,260톤)였습니다. (당시 우리는 블루칩의 경영권을 보유했으며, 이후 버크셔와 합병했습니다.) 작년 시즈의 판매량은 3,100만 파운드(1만 4,060톤)여서 그동안 연간 성장률은 2%에 불과했습니다. 그런데도 50년 동안 시즈 가족이 키우고 이후 척 허긴스Chuck Huggins와 브래드 킨슬러Brad Kinstler가 강화한 항구적 경쟁우위 덕분에 시즈는 이례적인 실적을 안겨주고 있습니다.

우리는 시즈의 매출이 3,000만 달러이고 세전 이익이 500만 달러에도 못 미칠 때 2,500만 달러를 주고 샀습니다. 당시 사업 운영에 필요한 자본은 800만 달러였습니다. (매년 몇 달 정도는 계절적인 자금 수요도 있었습니다.) 따라서 이 회사의 세전 ROIC는 60%였습니다. 두 가지 요소 덕분에 회사는 운전자본을 최소화할 수 있었습니다. 첫째, 현금 판매를 했으므로 매출채권이 없었습니다. 둘째, 생산 및 유통 주기가 짧아서 재고자산을 최소화할 수 있었습니다.

작년 시즈의 매출은 3억 8,300만 달러, 세전 이익은 8,200만 달러였습니다. 지금은 사업 운영에 필요한 자금이 4,000만 달러입니다. 이는 1972년 이후 회사의 실물자산(그리고 약간의 금융자산) 확대에 우리가 재투자한 자금이 3,200만 달러에 불과하다는 뜻입니다. 그동안 회사가 벌어들인 세전 이익은 모두 13억 5,000만 달러입니다. 여기서 3,200만 달러를 제외한 금액이 모두 버크셔로 입금되었습니다. 그리고 우리는 법인세를 지급하고 남은 돈으로 다른 매력적인 기업들을 인수했습니다. 아담과 이브가 개시한 생산 활동이

60억 인구를 만들어낸 것처럼, 시즈가 개시한 현금흐름이 오늘의 버크셔를 만들어냈습니다. (버크셔는 "생육하고 번성하라"라는 성경의 지시를 진지하게 받아들입니다.)

미국에 시즈 같은 회사는 많지 않습니다. 회사 이익을 500만 달러에서 8,200만 달러로 증가시키려면 대개 이 성장 과정에 들어가는 자본이 4억 달러 정도는 되어야 합니다. 매출 증가에 따라 운전자본을 늘려야 하고 고정자산에 대한 투자도 늘려야 하기 때문입니다.

성장에 많은 자본이 들어가는 회사도 만족스러운 투자 대상이 될 수 있습니다. 앞선 사례에서 세전 이익 8,200만 달러를 올리려면 대개 순유형자산에 4억 달러 정도는 투자해야 한다고 말했지만, 이 정도만 해도 전혀 손색없는 실적입니다. 그러나 소유주의 관점에서 보면 시즈와는 엄청나게 다른 실적입니다. 사실상 큰 자본이 들어가지 않으면서 계속 이익이 성장하는 편이 훨씬 좋습니다. 마이크로소프트Microsoft나 구글Google에 물어보십시오.

좋은 기업이긴 해도 환상적인 기업과는 거리가 먼 예가 우리 '플라이트세이프티FlightSafety'입니다. 이 회사도 다른 회사들처럼 고객에게 똑같은 혜택을 제공합니다. 그러나 항구적인 경쟁우위를 확보하고 있습니다. 최고가 아닌 회사에서 항공 훈련을 받는 것은 값싼 병원에서 수술을 받는 것과 같기 때문입니다.

그런데도 이 회사는 이익의 상당 부분을 재투자해야 성장할 수 있습니다. 1996년 우리가 플라이트세이프티를 인수했을 때, 세전 영업이익은 1억 1,100만 달러였고 고정자산 투자는 5억 7,000만 달러였습니다. 우리가 인수한 이후 감가상각비가 모두 9억 2,300만 달러였습니다. 그러나 자본적 지출은 모두 16억 3,500만 달러였는데, 끊임없이 나오는 신형 항공기 모델에 맞춰 시뮬레이터를 들여오는 데 대부분 지출되었습니다. (시뮬레이터는 한 대에 1,200만 달러가 넘어가기도 하며, 273대를 보유 중입니다.) 현재 우리 고정자산은 감가상각 후 10억 7,900만 달러입니다. 2007년 세전 이익은 2억 7,000만 달러로서, 1996년 이후 1억 5,900만 달러가 증가했습니다. 나쁘지 않은 실적이지만, 추가 투자된 5억 900만 달러에 대한 수익률을 따지면 시즈에는 한참 못 미칩니다.

따라서 수익률로만 측정하면 플라이트세이프티는 훌륭한 기업이지만 이례적인 기업은 아닙니다. 대부분 기업처럼 더 벌기 위해 더 많이 투자해야 하기 때문입니다. 우리가 대규모로 투자하는 규제 대상 공익기업들이 바로 이런 유형에 해당합니다. 10년 뒤에도 우리 공익기업들은 막대한 돈을 벌어들이겠지만, 그러려면 수십억 달러를 투자해야 합니다.

이번에는 끔찍한 기업을 보겠습니다. 최악의 기업은 고속으로 성장하고, 이 과정에서 막대한 자본이 들어가지만, 이익은 거의 나오지 않는 기업입니다. 항공사들을 생각해보십시오. 라이트Wright 형제가 비행기를 발명한 이래로 항공사들은 항구적 경쟁우위를 확보하기가 어려웠습니다. 당시 키티호크(라이트 형제가 처음으로 비행기를 시승한 곳)에 선견지명을 갖춘 자본가가 있어서 오빌Orville의 비행기를 격추했다면 이후 자본가들이 큰 덕을 보았을 것입니다.

라이트 형제의 첫 비행 이후 항공산업은 끝없이 자본을 요구했습니다. 투자자들은 항공산업의 성장성에 매력을 느껴 밑 빠진 독에 돈을 쏟아부었습니다. 그러나 그 성장성은 혐오해야 옳았습니다. 부끄럽게도 나 역시 1989년

'US에어U.S. Air' 우선주를 사면서 이 바보들의 행진에 동참했습니다. 우리가 건넨 수표의 잉크가 마르기도 전에 회사 주가가 폭락했고, 머지않아 우선주의 배당 지급도 중단되었습니다. 그러나 우리는 정말 운이 좋았습니다. 사람들의 착각 덕분에 항공산업에 대한 낙관론이 또다시 살아나던 1998년, 우리는 큰 이익을 남기고 우선주를 팔아넘길 수 있었습니다. 우리가 팔고 나서 회사는 2000년이 오기도 전에 파산했습니다. 그것도 두 번이나.

지금까지 설명한 세 가지 기업은 세 가지 '저축계좌'로 비유할 수 있습니다. 위대한 저축계좌는 금리가 이례적으로 높은 데다, 해가 갈수록 금리가 상승합니다. 좋은 저축계좌는 금리가 매력적이고, 추가 예금에 대해서도 매력적인 금리를 줍니다. 끝으로, 끔찍한 저축계좌는 금리도 낮은 데다, 이렇게 낮은 금리로 계속 예금을 추가해야 합니다.

이제는 고백할 시간입니다. 지금부터 설명하는 실수는 자문사나 이사회나 투자은행 간부가 권유해서 저지른 것이 아닙니다. 테니스에 비유하면 이 실수는 '자책'입니다.

먼저, 나는 하마터면 시즈 인수를 무산시킬 뻔했습니다. 매도자는 3,000만 달러를 요구했고, 나는 2,500만 달러를 넘길 수 없다고 고집했습니다. 다행히 그가 물러섰습니다. 그러지 않았다면 나는 기회를 놓쳤을 것이고, 13억 5,000만 달러는 다른 사람에게 넘어갔을 것입니다.

시즈를 인수할 무렵, 캐피털시티 브로드캐스팅Capital Cities Broadcasting을 경영하던 톰 머피Tom Murphy가 내게 전화해서, '댈러스 포트워스Dallas-Fort Worth' NBC 방송국을 3,500만 달러에 사라고 제안했습니다. 이 방송국은 캐피털시티가 포트워스 신문사를 살 때 딸려온 회사인데, '상호출자' 규정에 따라 머피는 처분할 수밖에 없었습니다. 내가 알기로 TV 방송국도 시즈처럼 사실상 추가 자본투자가 필요 없으면서 성장 전망은 탁월한 사업이었습니다. 운영하기도 쉬우면서 현금이 쏟아졌습니다.

게다가 머피는 당시에도 지금처럼 가까운 친구였고, 비범한 경영자이자 탁월한 인간으로서 내가 존경하는 사람이었습니다. 그는 TV사업을 훤히 알고 있었으며, 그 인수가 확실하지 않았다면 내게 전화하지도 않았을 것입니다. 실제로 머피는 내 귀에다 대고 "사게"라고 속삭였습니다. 그러나 나는 듣지 않았습니다.

2006년 이 방송국의 세전 이익은 7,300만 달러였고, 내가 제안을 거절한 이후 벌어들인 이익 합계는 10억 달러 이상이었습니다. 거의 모두 소유주가 가져다 쓸 수 있는 돈이었습니다. 게다가 현재 보유 부동산의 자본가치가 약 8억 달러입니다. 도대체 내가 왜 거절했을까요? 내 두뇌가 아무 말도 없이 휴가를 가버렸기 때문이라고 설명할 수밖에 없습니다. (나의 행동은 몰리 아이빈스Molly Ivins가 묘사한 어떤 정치인의 행동과 비슷했습니다. "그의 지능지수가 더 내려가면 하루에 두 번씩 그에게 물을 뿌려주어야 합니다.")

끝으로, 1993년 나는 4억 3,300만 달러 상당의 버크셔 주식(A주 2만 5,203주)을 주고 신발회사 덱스터 슈Dexter Shoe를 인수함으로써 더 큰 실수를 저질렀습니다. 내가 생각했던 이 회사의 항구적 경쟁우위는 몇 년 만에 사라져 버렸습니다. 그러나 이것은 시작에 불과합니다. 인수 대금을 버크셔 주식으로 지급한 탓에 내 실수는 복리로 어마어마하게 증가했습니다. 버크셔 주주들에게 발생한 비용이 4억 달러가 아니라 35억 달러가 되었습니다. 요컨대 쓸모없는 기업을 인수하느라, 현재가치가 2,200억 달러에 이르는 버크셔의 지분을 1.6%나 내준 것입니다.

덱스터는 지금까지 내가 체결한 최악의 거래입니다. 그러나 장담하는데, 나는 장래에도 실수를 또 저지를 것입니다. 기업 인수에 너무도 자주 나타나는 현상이 바비 베어Bobby Bare의 컨트리송 가사에 나옵니다. "함께 자러 갈 땐 모두 미인이었는데, 깨어보니 몇몇은 아니더라."

젖소를 키웁시다 [2011]

흔히 투자를 설명할 때, 장래에 더 많은 돈을 받을 것으로 기대하면서 현재 자금을 투입하는 행위라고 말합니다. 버크셔가 내리는 투자의 정의는 더 까다로워서, 장래에 (명목 이익에 대한 세금 공제 후) 더 많은 구매력을 받으리라는 합리적인 기대에 따라 현재 구매력을 남에게 이전하는 행위로 설명합니다. 간단히 말하면 투자는 장래에 더 많이 소비하려고 현재 소비를 포기하는 행위입니다.

우리가 내린 정의에서 중요한 추론이 도출됩니다. 투자 위험은 베타(변동성을 가리키는 월스트리트 용어로서, 주로 위험 측정에 사용됨)로 측정할 것이 아니라, 예정 보유 기간에 투자자에게 발생할 구매력 손실 확률로 측정해야 한다는 것입니다. 보유 기간에 걸쳐 어떤 자산의 구매력이 매우 확실하게 증가하기만 한다면, 그 자산의 가격이 큰 폭으로 오르내리더라도 위험하지 않다는 말입니다. 이제부터 보겠지만, 가격이 변동하지 않는 자산도 매우 위험할 수 있습니다.

투자 대상은 매우 많고도 다양합니다. 그러나 크게 보면 세 가지 유형이 있으며, 각 유형의 특성을 이해해야 합니다. 이제부터 각 유형을 알아봅시다.

–첫 번째는 일정 금액으로 표시되는 투자로서 MMF, 채권, 주택담보대출증권, 은행예금 등이 있습니다. 사람들은 이렇게 금액으로 표시되는 투자가 대부분 '안전'하다고 생각합니다. 그러나 실제로는 이들이 가장 위험한 자산입니다. 베타는 제로일지 몰라도 위험은 매우 큽니다.

지난 1세기 동안 이런 상품에 투자한 각국 사람들은 계속해서 지급 기일에 맞춰 원리금을 받은 경우에도 구매력을 상실했습니다. 그러나 이렇게 언짢은 실적은 앞으로도 영원히 거듭 나타날 것입니다. 화폐 가치는 결국 정부가 결정하는 것이고, 간혹 일부 세력이 정부를 조직적으로 압박해 인플레이션 유발 정책을 이끌어내기 때문입니다. 때때로 정부의 정책은 통제 불능 상태에 빠지고 맙니다.

화폐 가치 안정을 강력하게 원하는 미국에서조차, 내가 버크셔 경영을 맡은 1965년 이후 달러의 가치가 무려 86%나 하락했습니다. 당시 1달러에 살 수 있었던 물건이 지금은 7달러나 합니다. 따라서 면세 기관이라면 채권 투자로 매년 이자를 4.3% 벌었어야 이 기간에 구매력을 겨우 유지할 수 있었습니다. 이렇게 벌어들인 이자 중 일부를 '소득'으로 생각했다면 단단히 착각한 것입니다.

당신이나 나 같은 납세 투자자라면 상황이 훨씬 더 어려웠습니다. 위에 말한 47년 동안 미국 단기 국채를 계속 보유했다면 연 수익률이 5.7%였습니다. 얼핏 보기에 만족스러운 수익률 같습니다. 그러나 개인 투자자의 평균 소득세율 25%를 공제하면 이 5.7%에서 나오는 실질 소득은 전혀 없습니다.

눈에 보이는 소득세가 명목 수익률 5.7% 중 1.4%를 떼어 간 다음, 눈에 보이지 않는 인플레이션 세금이 나머지 4.3%를 삼켜버렸기 때문입니다. 이때 눈에 보이지 않는 인플레이션 '세금'이, (사람들이 주로 부담스러워하는) 눈에 보이는 소득세보다 세 배 이상 많다는 사실에 주목해야 합니다. 우리 화폐에는 "우리는 하느님을 믿는다In God We Trust"라고 쓰였지만, 정부에서 화폐를 발행하는 작업은 모두 사람이 합니다.

물론 고금리가 인플레이션 위험을 보상해주기도 합니다. 실제로 1980년대 초에는 고금리가 인플레이션 위험을 잘 보상해주었습니다. 그러나 현재 금리는 구매력 위험을 상쇄하기에 턱없이 부족합니다. 지금은 채권에 경고 딱지라도 붙여야 할 지경입니다.

따라서 현재 상황에서 나는 금액 표시 증권을 좋아하지 않습니다. 그렇더라도 버크셔는 금액 표시 증권을 대량으로 보유하며, 주로 단기물로 보유합니다. 금리가 아무리 낮아도 버크셔에서는 충분한 유동성 확보가 핵심 업무이며, 이 업무는 절대 소홀히 다루어지지 않습니다. 이런 필요성 때문에 우리는 주로 미국 단기 국채를 보유합니다. 이는 경제가 최악의 혼란에 빠졌을 때도 유동성을 믿을 수 있는 유일한 증권입니다. 우리가 일상적으로 유지하는 유동성 수준은 200억 달러이고, 절대적으로 유지하는 최소 수준은 100억 달러입니다.

유동성 확보 목적이나 당국의 규제로 보유하는 물량을 제외하면, 우리는 수익 가능성이 이례적으로 높아 보일 때만 금액 표시 증권에 투자합니다. 예컨대 정크본드시장이 붕괴해 일부 종목의 신용도 평가에 오류가 발생하거나, 우량등급 채권의 수익률이 크게 상승해 막대한 자본이득 실현 가능성이 보일 때입니다. 과거에는 우리가 이런 기회를 이용했고, 앞으로도 이런 기회가 있겠지만, 지금은 그런 기회가 전혀 없다고 생각합니다. 지금은 오래 전에 월가의 주식 중개인 셸비 컬럼 데이비스Shelby Cullom Davis가 말했던 풍자가 적절한 시점입니다. "과거에는 무위험 수익을 제공하던 채권이, 지금은 가격이 터무니없이 상승해 무수익 위험을 제공하는 채권이 되었다."

–두 번째 투자 유형은 아무런 산출물도 나오지 않는 자산입니다. 사람들은 장차 다른 사람이 (산출물이 나오지 않는다는 사실을 알면서도) 더 높은 가격에 사줄 것을 기대하면서 이런 자산을 사들입니다. 17세기에는 튤립이 이런 사람들이 선호하는 투자 상품이 되었습니다.

이런 투자가 유지되려면 이런 매수자 집단이 계속 증가해야 하며, 이들은 이런 매수자 집단이 훨씬 더 증가할 것으로 믿기 때문에 매수에 가담합니다. 이들은 자산 자체에서 나오는 산출물(영원토록 전혀 나오지 않음)에 매력을 느껴서가 아니라, 장래에 다른 사람이 더 열광적으로 원한다고 믿기 때문에 그 자산을 삽니다.

이런 유형에 속하는 대표적인 상품이 금입니다. 현재 거의 모든 자산에 대해 걱정하며, 특히 지폐를 걱정하는 사람들이 절대적으로 좋아하는 투자 대상입니다. (이들이 지폐의 가치를 걱정하는 것은 타당합니다.) 그러나 금에는 두 가지 중대한 결점이 있습니다. 용도가 많지 않고, 산출물도 나오지 않는다는 점입니다. 물론 금이 산업용과 장식용으로 사용되기는 하지만, 이런 용도로는 수요가 제한적이어서 신규 생산량을 소화해낼 수가 없습니다. 그리고 금 1온스는 아무리 오래 보유해도 여전히 1온스일 뿐입니다.

금을 사는 것은 주로 향후 걱정하는 사람들이 증가한다고 믿기 때문입니다. 지난 10년 동안은 이런 믿음이 옳았던 것으로 드러났습니다. 게다가 금값 상승 자체가 금 투자 논리를 정당화하는 것처럼 보였으므로 추가 매수자들을 끌어들였습니다. 시류에 편승하는 투자자들이 증가함에 따라 이들은 나름의 실상을 만들어냈습니다. 당분간은 말이죠.

지난 15년 동안 인터넷 주식과 주택 가격이 비정상적으로 과열되면서 합리적인 가설로 가격 상승을 설명할 수 없는 수준까지 치솟았습니다. 이 거품에 대해 처음에는 회의적이었던 투자자들이 시장가격 상승이라는 증거에 굴복하게 되었고, 이런 사람들이 한동안 증가하면서 이 유행도 한동안 유지되었습니다. 그러나 크게 부풀어 오른 거품은 터질 수밖에 없습니다. 그리고 거품이 터지면서 옛 속담의 타당성이 다시 한 번 입증되었습니다. "지혜로운 사람이 시작한 일을 바보가 마무리한다."

오늘날 세계의 금 보유고는 약 17만 톤입니다. 이 금을 모두 녹이면 한 변의 길이가 약 21미터인 정육면체를 만들 수 있습니다. (야구장 내야에 충분히 들어가는 크기입니다.) 이 글을 쓰는 시점 현재 금 가격이 온스당 1,750달러이므로 가치는 모두 9.6조 달러가 됩니다. 이 정육면체 금덩이를 자산 A라고 부릅시다.

이제 같은 금액(9.6조 달러)으로 자산 B를 구성해봅시다. 이 돈이면 미국의 모든 농경지(매년 약 2,000억 달러가 산출되는 땅 4억 에이커, 약 1.6조 제곱미터)를 사고 나서, 엑슨 모빌(Exxon Mobil, 매년 400억 달러 이상 벌어들이는, 세계에서 가장 수익성 높은 회사) 16개를 살 수 있습니다. 이렇게 사들인 다음에도 약 1조 달러나 남아돕니다. (이렇게 대규모 매수를 하고 나서도 돈이 전혀 부족하지 않습니다.) 이런 상황에서 9.6조 달러로 B 대신 A를 선택하는 투자자가 존재한다고 상상할 수 있습니까?

기존 금덩이의 가치도 경이적으로 높게 평가되었을 뿐 아니라, 이렇게 높은 가격 탓에 현재 금이 매년 약 1,600억 달러어치나 생산되고 있습니다. 따라서 단지 현재 가격 수준을 유지하려고 해도, 이렇게 추가 공급되는 물량을 (장식용 및 산업용 사용자, 겁에 질린 개인이나 투기자 등) 금 구입자들이 계속 소화해주어야 합니다.

지금부터 100년 동안 농경지 4억 에이커는 옥수수, 밀, 면화, 기타 농산물을 엄청나게 생산해낼 것이며, 화폐가 어떻게 되든 값진 보상을 계속해서 산출할 것입니다. 그리고 100년 동안 엑슨 모빌은 십중팔구 수조 달러에 이르는 배당을 주주들에게 지급할 것이며, 수조 달러에 이르는 자산도 계속 보유할 것입니다(이런 회사를 16개 보유). 그러나 금 17만 톤은 100년이 지나도 크기가 그대로이며, 여전히 아무것도 산출하지 못합니다. 금덩이를 정성껏 쓰다듬어도 아무 반응이 없습니다.

물론 100년 뒤에도 겁에 질리면 금을 사려고 몰려드는 사람이 많을 것입니다. 그러나 단언컨대 현재가치 9.6조 달러인 자산 A가 100년 동안 증식되는 복리 수익률은 자산 B보다 훨씬 낮을 것입니다.

– 앞에서 설명한 두 유형('일정 금액으로 표시되는 투자'와 '아무런 산출물도 나오지 않는 자산')은 공포감이 극에 달할 때 최고의 인기를 누립니다. 개인들은 경제가 붕괴한다는 공포감에 휩쓸릴 때 금액 표시 자산, 특히 미국 국채를 사들이고, 통화 붕괴가 두려울 때는 금처럼 산출물 없는 자산으로 몰려듭니다. 그러나 2008년 말 "현금이 왕"이라는 소리가 들릴 때는 현금을 보유할 시점이 아니라 투자할 시점이었습니다. 마찬가지로 "현금이 쓰레기"라는 소리가 들리던 1980년대 초는 채권에 투자하기에 가장 매력적인 시점이었습니다. 두 사례에서 대중이 따라붙을 것으로 기대했던 투자자들은 값비싼 대

가를 치렀습니다.

여러분도 짐작하다시피 내가 선호하는 투자 대상은 세 번째 유형으로서, 기업이나 농장이나 부동산 같은 생산 자산입니다. 이 중에서 이상적인 자산은 인플레이션 기간에도 신규 자본이 거의 들어가지 않으면서 구매력 가치가 있는 제품을 생산하는 자산입니다. 이 두 가지 기준을 모두 충족하는 자산이 농장, 부동산, 그리고 코카콜라, IBM, 시즈캔디 같은 기업들입니다. 그러나 예컨대 우리의 규제 대상 공익기업들은 인플레이션 기간에도 막대한 자본투자를 해야 하므로 위 기준을 통과하지 못합니다. 돈을 더 벌기 위해 더 투자해야 합니다. 그렇더라도 산출물 없는 자산이나 금액 표시 자산보다는 여전히 나을 것입니다.

지금부터 100년 뒤에 사용되는 화폐가 금이든, 조개껍데기든, 상어 이빨이든, 아니면 지금처럼 지폐든, 사람들은 일해서 번 화폐를 코카콜라나 시즈 땅콩 캔디와 기꺼이 바꿀 것입니다. 장래에도 사람들은 더 많은 상품을 운송하고, 더 많은 식품을 소비하며, 지금보다 더 넓은 주거 공간에서 살아갈 것입니다. 사람들은 자신이 생산한 것과 다른 사람들이 생산한 것을 끊임없이 교환할 것입니다.

미국 기업들은 사람들이 원하는 상품과 서비스를 계속해서 효율적으로 제공할 것입니다. 비유하자면 이런 상업용 '젖소'들이 여러 세기 살아가면서 갈수록 더 많은 '우유'를 공급할 것입니다. 젖소들의 가치는 교환 매개(화폐)가 아니라 우유 공급량에 따라 결정될 것입니다. 우유를 팔아서 번 돈은 복리로 증식될 것입니다. 마치 20세기에 다우지수가 66에서 1만 1,497로 증가했듯이 말입니다(게다가 막대한 배당도 지급했습니다). 버크셔의 목표는 일류 기업들의 지분을 늘려가는 것입니다. 첫 번째 선택은 일류 기업을 통째로 소유하는 것입니다. 그러나 우리는 주식을 대량으로 보유할 수도 있습니다. 장기적으로 보면 이 세 번째 유형이 압도적으로 높은 실적을 낼 것으로 나는 믿습니다. 더 중요한 점은 이 방법이 단연 가장 안전하다는 사실입니다.

어떻게든 해보시죠 [2013]

가장 사업처럼 하는 투자가 가장 현명한 투자다.

– 벤저민 그레이엄, 《현명한 투자자》

나는 벤저민 그레이엄 덕분에 투자에 대해 알게 되었으므로, 이 논의는 그의 글을 인용하면서 시작하는 편이 어울릴 듯합니다. 먼저 보통주에 대해서 이야기하고 나서, 그레이엄에 관해서 더 이야기하겠습니다. 우선 오래전에 투자한 부동산 두 건에 관한 이야기로 시작하겠습니다. 부동산 투자 두 건으로 내 재산이 크게 바뀌지는 않았지만 나는 교훈을 얻었습니다.

이 이야기는 네브래스카에서 시작됩니다. 1973~1981년 동안 중서부에서는 농장 가격이 폭발적으로 상승했습니다. 걷잡을 수 없는 인플레이션이 닥친다고 사람들이 믿은 데다, 소형 지역 은행들의 대출 정책이 부동산 가격 상승을 부채질한 탓입니다. 그러다가 거품이 터지자 농장 가격이 50% 이상 하락했고, 대출받은 농부와 대출해준 은행들 모두 엄청난 충격을 받았습니다. 아이오와와 네브래스카 주에서 이 거품 붕괴로 파산한 은행의 숫자가,

최근 금융위기로 파산한 은행 숫자의 다섯 배였습니다.

1986년, 나는 오마하 북쪽 50마일 거리에 있는 농장 400에이커(160만 제곱미터)를 연방예금보험공사FDIC로부터 사들였습니다. 가격은 28만 달러였는데, 파산한 은행이 몇 년 전 그 농장을 담보로 대출해준 금액보다 훨씬 적은 액수였습니다. 나는 농장 운영에 대해 아는 것이 없었습니다. 그러나 아들 하나가 농사를 좋아했으므로, 아들의 도움으로 이 농장의 옥수수 및 콩의 산출량과 운영 경비를 추산할 수 있었습니다. 이 추정치를 바탕으로 계산해보니 당시 이 농장에서 나오는 표준 수익이 약 10%였습니다. 또한 세월이 흐르면 생산성이 향상되고 곡물 가격도 상승하리라 생각했습니다. 두 가지 예상 모두 적중했습니다.

나는 특별한 지식이나 정보 없이도 이 투자가 손실 위험은 없고 수익 가능성은 크다고 판단할 수 있었습니다. 물론 때때로 흉년도 들고 가격이 하락할 수도 있습니다. 그런들 무슨 문제가 있겠습니까? 때로는 풍년도 들 것이고, 나는 서둘러 농장을 팔 필요도 없었습니다. 28년이 지난 지금, 농장에서 나오는 이익은 세 배로 불었고, 농장 가격은 다섯 배 이상 뛰었습니다. 나는 지금도 농사를 전혀 모르며, 최근에야 두 번째로 농장을 방문했습니다.

1993년에도 나는 소규모로 투자했습니다. 내가 살로먼Salomon의 CEO였을 때 회사 건물주였던 래리 실버슈타인Larry Silverstein이 부동산 매물 하나를 알려주었습니다. 정리신탁공사Resolution Trust Corp에서 매각하는, 뉴욕 대학교에 인접한 상가 부동산이었습니다. 이번에는 상업용 부동산 거품이 붕괴했습니다. 저축기관들이 낙관적인 대출 관행으로 거품을 키우다가 파산하자 정리신탁공사가 이들의 자산을 처분하려고 내놓은 매물이었습니다.

이번에도 분석은 간단했습니다. 대출금이 없을 때 이 부동산에서 나오는 수익률이 농장과 마찬가지로 약 10%였습니다. 그러나 당시 정리신탁공사가 이 부동산을 제대로 관리하지 못하고 있었으므로, 비어 있는 여러 매장을 임대하면 수익이 올라갈 수 있었습니다. 더 중요한 사실은, 이 건물의 평균 임대료가 제곱피트당 70달러였는데도 (전체 공간의 약 20%를 점유한) 최대 세입자가 내는 임차료는 약 5달러에 불과했다는 점입니다. 9년 후 이 임대 계약이 만료되면 수익이 대폭 증가할 수밖에 없었습니다. 부동산의 위치도 최고였습니다. 뉴욕 대학교가 옮겨 갈 일은 없으니까요.

나는 래리와 내 친구 프레드 로즈가 만든 소규모 그룹에 가담해 이 부동산을 사들였습니다. 노련한 일류 부동산 투자자 프레드가 가족과 함께 이 부동산을 관리할 예정이었습니다. 그리고 실제로 프레드 가족이 관리했습니다. 기존 계약이 만료되자 수익이 세 배로 뛰었습니다. 이제는 연간 분배금이 투자 원금의 35%를 넘어갑니다. 게다가 기존 부동산 담보 대출금을 1996년과 1999년에 재융자받는 과정에서 특별 분배금까지 여러 번 받았는데, 합계 금액이 투자 원금의 150%가 넘었습니다. 나는 아직 부동산을 구경도 못했습니다.

앞으로 수십 년 동안 농장과 뉴욕 대학교 인접 상가에서 나오는 수익은 십중팔구 증가할 것입니다. 증가율이 극적으로 높지는 않겠지만, 내 평생에 이어 자녀와 손주들에게도 확실하고 만족스러운 수익을 안겨줄 것입니다.

나는 투자의 기본을 설명하려고 이 이야기를 했습니다.

– 전문가가 아니어도 만족스러운 투자수익을 얻을 수 있습니다. 그러나 전문가가 아니라면 자신의 한계를 인식하고 매우 확실한 방법을 선택해야 합니다. 일을 단순하게 유지해야 하며, 일확천금을 노려서는 안 됩니다. 누군가 '즉시' 이익을 내주겠다고 약속하면 '즉시' 거절하십시오.

–자산의 미래 생산성에 초점을 맞추십시오. 그 자산의 미래 이익을 대강이라도 추정하기가 어렵다면 그 자산은 포기하고 다른 자산을 찾아보십시오. 모든 투자 기회를 평가할 수 있는 사람은 없습니다. 그리고 모든 것을 다 알 필요도 없습니다. 자신이 선택한 것만 이해하면 됩니다.

–그러나 자산의 장래 가격 변동에 초점을 맞춘다면 그것은 투기입니다. 투기가 잘못이라는 말은 아닙니다. 그러나 나는 투기를 잘하지 못하며, 계속해서 투기에 성공했다는 사람들의 주장을 믿지 않습니다. 여러 사람이 동전 던지기를 하면 첫 회에는 절반 정도가 승리할 것입니다. 그러나 이들이 동전 던지기를 계속한다면 아무도 이익을 기대할 수 없습니다. 따라서 어떤 자산의 가격이 최근 상승했다는 이유로 그 자산을 사서는 절대 안 됩니다.

–나는 두 부동산에 투자할 때 부동산에서 나오는 수익만을 생각했지, 매일의 가격 변동은 전혀 생각하지 않았습니다. 경기는 점수판만 쳐다보는 선수들이 아니라 시합에 집중하는 선수들이 승리합니다. 주가를 보지 않고서도 주말을 즐겁게 보낼 수 있다면 평일에도 그렇게 해보십시오.

–거시경제에 대한 관점을 세우거나, 남들의 거시경제 예측이나 시장 예측에 귀 기울이는 것은 시간 낭비입니다. 사실은 위험하기까지 합니다. 정말로 중요한 문제의 초점을 흐릴 수 있기 때문이죠. (TV 논평자들이 입심 좋게 시장을 예측하는 모습을 보면 나는 유명 야구 선수인 미키 맨틀Mickey Mantle의 통렬한 비판이 떠오릅니다. "방송 중계석에만 앉으면 야구가 무척 쉬워 보이나 봅니다.")

–내가 두 부동산을 산 시점은 1986년과 1993년입니다. 이후 경제, 금리, 주식시장 흐름이 어떻게 될 것인가는 내 투자 결정에 전혀 중요하지 않았습니다. 당시 신문 머리기사와 전문가들이 무슨 말을 했는지도 기억나지 않습니다. 그들이 무슨 소리를 하든, 네브래스카 농장에서는 옥수수가 계속 자라

고, 뉴욕 대학교 인접 상가에는 학생들이 몰려들 테니까요.

내가 산 두 부동산과 주식 사이에는 커다란 차이가 하나 있습니다. 주식은 실시간으로 가격이 나오지만, 내 농장이나 뉴욕 상가의 가격은 한 번도 보지 못했습니다.

이렇게 큰 폭으로 출렁이는 가격이 실시간으로 제공되므로 주식 투자자들에게 엄청나게 유리할까요? 실제로 유리한 투자자도 있겠지요. 만일 내 농장 옆에 사는 변덕스러운 농부가 내 농장을 얼마에 사겠다거나 자기 농장을 얼마에 팔겠다고 매일 소리 지른다면, 그리고 이 가격이 그의 기분에 따라 단기간에도 큰 폭으로 오르내린다면, 그의 변덕 덕분에 내가 이득을 볼 수밖에 없겠지요? 그가 외치는 가격이 터무니없이 싸고 내게 여유 자금이 있다면 나는 그의 농장을 살 겁니다. 그가 부르는 가격이 말도 안 되게 비싸다면 그에게 내 농장을 팔거나 그냥 농사를 지을 것입니다.

그러나 주식 투자자들은 다른 사람들이 변덕을 부리거나 비합리적으로 행동하면 이들처럼 비합리적으로 행동하기 일쑤입니다. 시장, 경제, 금리, 주가 흐름 등에 대한 말이 수없이 쏟아지는 탓에, 일부 투자자는 전문가들의 말에 귀 기울여야 한다고 믿으며, 심지어 이들의 말에 따라 행동해야 한다고 생각합니다.

사람들은 농장이나 아파트는 수십 년 동안 계속 보유하면서도, 주가가 계속 오르내리고 전문가들이 "가만 앉아 있지만 말고 어떻게든 해보시죠"라는 취지로 논평을 쏟아내면 흥분 상태에 빠지기 일쑤입니다. 유동성은 절대적인 이점이지만, 이런 투자자들에게는 유동성이 저주가 됩니다.

변덕스럽고 말 많은 이웃이 있어도 내 농장의 가치가 떨어지지 않듯이,

시장이 갑작스럽게 폭락하거나 극단적으로 오르내리더라도 투자자가 손실을 보는 것은 아닙니다. 실제로 진정한 투자자에게는 시장 폭락이 오히려 유리할 수 있습니다. 주가가 터무니없이 내려갔을 때 여유 자금이 있다면 말이죠. 투자자에게 공포감은 친구이고, 행복감은 적입니다.

2008년 말, 이례적인 금융공황이 발생해 심각한 침체가 분명히 다가오고 있었는데도, 나는 농장이나 뉴욕 상가 매각을 전혀 생각해보지 않았습니다. 내가 장기 전망이 밝은 견실한 회사의 지분을 100% 보유하고 있었다면, 헐값 매각을 고려하는 것조차 어리석은 짓이었을 것입니다. 그렇다면 내가 여러 훌륭한 기업의 일부 지분인들 팔았겠습니까? 물론 끝내 실망스러운 실적이 나오는 기업도 있겠지만, 전체로 보면 틀림없이 좋은 실적이 나올 터였습니다. 미국의 놀라운 생산 자산과 무한한 창의성이 송두리째 땅속에 파묻힐 것이라고 정말로 믿을 수 있습니까?

찰리와 내가 기업의 지분 일부를 사들일 때 분석하는 방법은 기업을 통째로 사들일 때 분석하는 방법과 매우 비슷합니다. 먼저 5년 이상 이익 범위를 합리적으로 추정할 수 있는지 판단합니다. 이익 범위를 추정할 수 있고, 그 이익을 우리가 추정하는 범위의 하한선으로 가정하더라도 현재 주가가 합리적인 수준이라면 그 주식을 삽니다. 그러나 흔히 그렇듯이 미래 이익을 추정할 수 없다면 포기하고 다음 후보로 넘어갑니다. 우리는 함께 일한 지난 54년 동안, 거시경제나 정치 환경이나 다른 사람들의 견해 때문에 매력적인 매수 기회를 포기한 적이 한 번도 없습니다. 실제로 우리가 투자를 결정할 때 이런 문제들은 언급하지도 않습니다.

그러나 우리의 '능력범위circle of competence'는 반드시 인식해야 하며, 확실히 그 안에 머물러야 합니다. 그렇게 하는데도 우리는 주식 투자와 사업에서 실수를 저지릅니다. 그래도 장기 상승장에 현혹되어 주가 상승을 기대하고 주식을 샀다가 재난을 당했을 때처럼 심각한 타격을 입지는 않습니다.

물론 대부분 투자자가 인생을 살아가면서 기업 전망 분석에 매달리는 것은 아닙니다. 현명한 사람은 잘 모르는 사업에 대해서는 미래 수익력을 예측할 수 없다고 판단합니다.

이런 비전문가들에게 좋은 소식이 있습니다. 평범한 투자자에게는 이런 기법이 필요 없습니다. 그동안 미국 기업들은 훌륭한 실적을 기록했고, 앞으로도 계속 그럴 것입니다(물론 틀림없이 들쭉날쭉해서 종잡을 수 없겠지만). 20세기에 다우지수는 66에서 1만 1,497로 상승했고, 덤으로 배당까지 계속 높여주었습니다. 21세기에도 지수는 더 상승할 것이며, 틀림없이 상승 폭도 클 것입니다. 비전문가들의 목표는 대박 종목 고르기가 되어서는 안 됩니다. (그도 '조력자들'도 고를 수 없습니다.) 전체로 보면 좋은 실적이 나올 만한 대표적인 기업들로 포트폴리오를 구성해야 합니다. 저비용 S&P500 인덱스펀드를 사면 이 목표를 달성할 수 있습니다.

이것이 비전문가들이 투자할 '종목'입니다. 투자하는 '시점' 역시 중요합니다. 초보 투자자는 시장이 극단적으로 과열되었을 때 들어가서 평가손이 발생하면 시장에 환멸을 느낄 위험이 있습니다. (작고한 바튼 빅스Barton Biggs의 말을 기억하십시오. "강세장은 섹스와 같다. 끝나기 직전이 가장 좋다.") 이런 실수를 방지하려면 장기간에 걸쳐 주식을 사 모아야 하며, 악재가 나오거나 주가가 고점에서 대폭 하락했을 때는 절대 팔지 말아야 합니다. 이 원칙대로 비용을 최소화하면서 잘 분산해서 투자한다면 '아무것도 모르는 투자자'도 거의 틀림없이 만족스러운 실적을 올리게 됩니다. 자신의 약점을 아는 순진한 투자자의 장기 실적이, 자신의 약점을 전혀 깨닫지 못하는 박식한 전문가보다 높을 것입니다.

'투자자들'이 서로 농장을 광적으로 사고판다면 수익률이 오르지 않고 수확물 가격도 오르지 않을 것입니다. 농장 소유자 전체가 실현하는 이익만 감소할 뿐입니다. 조언을 받고 농장을 바꾸는 과정에서 막대한 비용이 발생하기 때문입니다.

그런데도 증권사와 자문사 들은 끊임없이 매매하라고 개인과 기관 들을 계속 설득합니다. 그 결과 투자자 전체로 보면 아무런 이득이 없는데도 막대한 마찰 비용이 발생합니다. 따라서 이들의 권유를 무시한 채 비용을 최소화하면서, 농장에 투자하듯 주식에 투자해야 합니다.

한마디 덧붙이자면, 나는 말대로 행동하고 있습니다. 내가 여기에 쓴 조언은 내가 유서에 쓴 지시 사항과 똑같습니다. 내 유산 중 현금은 아내를 수익자로 해 수탁자에게 전달될 것입니다. (내 버크셔 주식은 모두 결산 후 10년에 걸쳐 특정 자선단체에 분배되므로, 현금은 개인 유산으로 사용해야 합니다.) 내가 수탁자에게 주는 조언은 더할 수 없이 단순합니다. 현금의 10%는 단기 국채에 넣고, 90%는 저비용 S&P500 인덱스펀드에 넣으라고 했습니다. (나는 뱅가드 펀드를 제시했습니다.) 이 정책에 따라 수탁자가 올리는 장기 실적은 고비용 펀드매니저를 쓰는 대부분 투자자(연기금, 기관, 개인)보다 높을 것이라고 나는 믿습니다.

이제 벤저민 그레이엄으로 돌아가겠습니다. 이런 투자에 관한 생각 대부분은 내가 1949년에 산 그레이엄의 저서《현명한 투자자》에서 배운 것입니다. 이 책을 사고서 내 인생이 바뀌었습니다.

나는 이 책을 읽기 전에는 투자의 세계에서 방황하면서 투자에 관한 글을 닥치는 대로 읽었습니다. 나는 여러 글에 매료되었습니다. 그래서 차트에 손

대기도 하고, 시장 지표를 이용해서 주가 흐름을 예측하기도 했습니다. 증권사 객장에 앉아 시세 테이프가 찍혀 나오는 모습을 지켜보기도 하고, 해설자 말에 귀 기울이기도 했습니다. 모두 재미있었지만 아무 성과도 없다는 생각을 떨쳐버릴 수가 없었습니다.

반면에 이 책은 (그리스 문자나 복잡한 공식도 없이) 아이디어를 우아하면서도 이해하기 쉬운 산문으로 논리정연하게 설명해주었습니다. 나중에 나온 개정판의 8장과 20장에서 핵심 포인트를 설명해주었습니다. (1949년 초판은 챕터 구성이 달랐습니다.) 이 핵심 포인트가 오늘날 나의 투자 판단을 이끌어주고 있습니다.

이 책에서 우연히 얻은 흥미로운 정보가 둘 있습니다. 개정판에는 그에게 대박을 안겨준 투자(종목명은 밝히지 않음)를 설명하는 후기가 들어 있었습니다. 그는 초판을 쓰던 1948년에 이 종목을 샀습니다. 여러분, 놀라지 마십시오. 이 수수께끼의 종목은 바로 가이코였습니다. 가이코의 초창기 시절에 이 회사의 특별한 장점을 그가 알아보지 못했다면 나와 버크셔의 미래는 완전히 달라졌을 것입니다.

1949년 판에서는 당시 주당 이익이 약 10달러인데도 주가가 17달러에 불과했던 철도주도 추천했습니다. (내가 그를 존경한 이유 중 하나는 그가 배짱 좋게도 당시 사례를 사용했다는 점입니다. 실패하면 조롱당할 수 있는데도 말이지요.) 이렇게 저평가된 것은 당시 회계규정에 따라 관계 회사들의 막대한 유보이익을 그 철도회사의 보고이익에서 제외했기 때문입니다.

그 추천주가 바로 '노던 퍼시픽Northern Pacific'이었고, 가장 중요한 관계 회사가 '시카고, 벌링턴 앤드 퀸시Chicago, Burlington and Quincy'였습니다. 이들이 나중에 벌링턴 노던 산타페(Burlington Northern Santa Fe: BNSF)를 구성하는 주요 회사가 되었고, 현재 BNSF는 우리가 완전히 소유하고 있습니다. 내가 이 책을 읽을 당시에는 노던 퍼시픽의 시가총액이 약 4,000만 달러였습니다. 이제 이 4,000만 달러는 BNSF가 4일마다 벌어들이는 이익에 불과합니다. (물론 그동안 BNSF에 막대한 자산이 추가되었습니다.)

내가《현명한 투자자》초판을 산 가격은 기억하지 못합니다. 그러나 그 가격이 얼마였든, 이 책은 그의 가르침 "가격은 내가 치르는 것이고, 가치는 내가 받는 것이다"가 옳았음을 보여줍니다. 내가 지금까지 한 모든 투자에서 이 책을 산 투자가 최고였습니다. (두 건의 결혼반지를 제외하면 말이죠.)

항공권을 드립니다 [2014]

앞서 언급했듯이, 나의 사업 경험은 투자에 도움이 되고, 투자 경험은 사업에 도움이 됩니다. 한 분야에서 얻은 교훈을 다른 분야에 적용할 수 있기 때문입니다. 그리고 일부 사실은 경험을 통해서만 제대로 터득할 수 있습니다. (프레드 쉐드Fred Schwed의 훌륭한 저서《고객의 요트는 어디에 있는가*Where are the Customers' Yachts?*》에서 피터 아르노Peter Arno의 만화는 달아오른 이브를 보며 어리둥절해하는 아담을 묘사하면서 이런 설명을 덧붙였습니다. "말이나 그림으로는 총각에게 제대로 설명할 수 없는 것도 있는 법." 쉐드의 책을 읽어보지 않았다면 우리 주주총회에서 한 권 사십시오. 그 지혜와 유머는 정말이지 값을 매길 수가 없습니다.)

아르노가 설명할 수 없다고 말한 것에 나는 가치평가 기법과 기업 경영 기법을 포함하고 싶습니다. 그래서 우리 펀드매니저 토드 콤즈와 테드 웨슐러Ted Weschler가 기업 하나씩은 관리를 맡는 편이 좋다고 생각했습니다. 마침 몇 달 전, 우리가 통상 인수하는 기준보다 규모는 작으나 경제성이 뛰어난 기업 둘을 인수하기로 합의하면서 두 사람에게 좋은 기회가 생겼습니다. 두 기업의 실적을 더하면 연간 이익은 1억 달러이고 유형자산 합계액은 약 1억 2,500만 달러입니다.

나는 토드와 테드에게 각각 회장직을 맡아달라고 부탁했습니다. 다만 대형 자회사에 대한 나의 역할이 매우 제한적인 것처럼, 이들이 맡는 역할도 매우 제한적입니다. 이런 방식으로는 내 업무량이 그다지 줄어들지 않습니다. 그러나 더 중요한 것은, 두 사람의 투자 실력이 더 개선된다는 사실입니다. (이미 뛰어난 실력이지만 이제는 최고가 된다는 뜻입니다.)

2009년 말, 경제가 대침체의 수렁에 깊이 빠졌을 때, 우리는 BNSF 인수에 합의했습니다. 버크셔 역사상 최대 규모의 기업 인수였습니다. 당시 나는 이 거래가 "미국 경제의 미래에 대한 올인all in 베팅"이라고 했습니다.

이는 새삼스러운 투자 방식이 아닙니다. 1965년 버핏투자조합이 버크셔의 경영권을 인수한 이후, 우리는 비슷한 베팅을 이어왔습니다. 그럴 만한 이유가 있었습니다. 찰리와 나는 미국이 지속적으로 번영하는 쪽에 거는 베팅이 거의 확실하다고 언제나 생각했습니다.

실제로 지난 238년 동안 미국이 실패하는 쪽에 베팅해서 이득을 본 사람이 어디 있습니까? 미국의 현재 상황을 1776년과 비교해본다면 깜짝 놀라 두 눈을 비비게 될 것입니다. 내 일생만 돌아보더라도 미국의 1인당 실질 생산량이 6배로 늘었습니다. 1930년에 나의 부모님은 아들이 보게 될 세상을 꿈도 꾸지 못했습니다. 비관론자들은 미국의 문제에 대해 끝없이 떠들어대지만, 나는 외국으로 이민 가려는 사람을 한 번도 본 적이 없습니다. (이민 가려는 사람이 몇 명 나온다면 내가 기꺼이 편도 항공권을 사줄 생각입니다.)

앞으로도 우리 시장경제에 뿌리박힌 활력은 계속해서 마법을 발휘할 것입니다. 발전 과정은 순탄하지도 않고 계속 이어지지도 않을 것입니다. 과거에도 그랬습니다. 우리는 자주 정부에 불만을 품을 것입니다. 그러나 장담하건대, 미국의 전성기는 아직 시작하지도 않았습니다.

이렇게 순풍을 타고 찰리와 나는 다음 방법으로 주당 내재가치를 높이고자 합니다. (1) 우리 자회사들의 기본 수익력을 끊임없이 개선, (2) 자회사가 거래하는 기업들을 인수해 자회사의 이익을 증대, (3) 투자한 회사들의 성장에서 이득, (4) 버크셔 주가가 내재가치보다 상당 폭 낮을 때 자사주 매입, (5) 때때로 대규모 기업을 인수. 또한 주주 여러분의 실적 극대화를 위해 노력할 것이므로, 버크셔 주식을 추가 발행하는 일은 드물 것입니다.

이런 방법이 통하려면 기업의 펀더멘털이 바위처럼 단단해야 합니다. 100년 뒤에도 BNSF와 버크셔 해서웨이 에너지Berkshire Hathaway Energy는 미국 경제에서 여전히 중요한 역할을 담당할 것입니다. 주택과 자동차는 대부분 가족의 생활에 여전히 중요할 것입니다. 그리고 보험은 기업과 개인 모두에게 항상 필수 요소로서 지위를 유지할 것입니다. 찰리와 나는 버크셔의 장래를 낙관합니다. 버크셔의 경영을 맡은 우리는 행운아들입니다.

우리 자신이 잘못 [2014]

우리는 멋진 순풍 덕에 훌륭한 투자 실적을 올렸습니다. 연차보고서 2쪽에서 보듯이, 1964~2014년 동안 S&P500은 84에서 2,059로 상승했고, 배당을 재투자했다면 총수익률은 1만 1,196%에 이르렀습니다. 그러나 이 기간 달러의 구매력은 무려 87%나 하락했습니다. 이는 현재 1달러짜리 상품이 1965년에는 13센트였다는 뜻입니다(소비자 물가지수 기준).

주식과 달러 사이의 이런 실적 차이는 투자자들에게 중요한 메시지를 던져줍니다. 2011년 연차보고서에서 우리가 내린 투자의 정의는 '장래에 (명목이익에 대한 세금 공제 후) 더 많은 구매력을 받으리라는 합리적인 기대에 따라 현재 구매력을 남에게 이전하는 행위'였습니다.

우리는 지난 50년에 대해 다소 색다른 결론을 내릴 수밖에 없습니다. 예컨대 국채처럼 가치가 미국 통화에 고정된 증권보다는 다양한 미국 기업에 분산투자하는 편이 훨씬 안전했다는 결론입니다. 대공황과 두 차례 세계대전이 있었던 그 이전 50년에 대해서도 결론은 똑같습니다. 투자자들은 이런 역사에 유의해야 합니다. 다음 세기에도 거의 틀림없이 반복되기 때문입니다.

주가는 현금성 자산보다 변동성이 훨씬 큰 법입니다. 그러나 장기적으로는 현금성 자산이 훨씬 더 위험합니다. 장기에 걸쳐 사 모은, 잘 분산된 저비용 주식 포트폴리오보다 말이지요. 그러나 경영대학원에서는 관례상 이런 내용을 가르치지 않으며, 거의 예외 없이 변동성으로 위험을 측정합니다. 이런 교수법은 가르치기는 쉬울지 몰라도 완전히 틀린 방식입니다. 변동성은 절대로 위험이 아닙니다. 변동성과 위험을 동일시하는 일반 공식들은 학생,

투자자, CEO 들을 오도합니다.

물론 보유 기간이 하루나 1주일이나 1년이라면 (명목 금액 기준으로나, 구매력 기준으로나) 주식이 현금성 자산보다 훨씬 위험합니다. 이는 예컨대 투자은행 같은 기관투자가들도 마찬가지입니다. 자산 가격이 하락해 투자은행의 생존이 위태로워지면 주식을 헐값에라도 팔아야 하기 때문입니다. 따라서 가까운 장래에 자금이 필요하다면 적정 금액을 국채나 은행 예금에 넣어 두는 편이 낫습니다.

그러나 수십 년 동안 투자할 수 있고 투자해야 하는 대다수 투자자에게 주가 하락은 중요하지 않습니다. 대신 투자 기간 전체를 통해 구매력을 높이는 일에만 집중해야 합니다. 이들에게는 잘 분산된 주식 포트폴리오를 장기간에 걸쳐 사 모으는 방식이 현금성 자산보다 훨씬 안전합니다.

그러나 변동성을 위험으로 착각하면, 투자자는 주가 변동을 두려워한 나머지 매우 위험한 선택을 하게 될 수도 있습니다. 6년 전, 전문가들은 주가 폭락을 한탄하면서 '안전한' 국채나 양도성 정기예금에 투자하라고 권유했습니다. 이들의 권유를 따른 사람들이 현재 은퇴 자금으로 벌어들이는 소득은 아주 낮습니다. (당시에는 S&P500이 700 미만이었지만 지금은 약 2,100입니다.) 당시에 무의미한 주가 변동을 두려워하지 않고 저비용 인덱스펀드에 투자했다면, 이들은 이후 인상된 배당과 늘어난 원금 덕분에 풍요로운 수익을 거두었을 것입니다. (그사이에 등락은 많았습니다.)

물론 주식 투자자 자신의 행동이 큰 위험을 불러올 수도 있습니다. 실제로도 그런 사람이 많습니다. 예를 들면 빈번한 매매, 시장의 흐름을 예측해 매매 시점을 선택하려는 시도, 과도한 집중투자, 펀드매니저와 상담사에게 과도한 보수 지급, 차입금을 이용한 투자 등입니다. 투자에 차입금을 사용해서는 절대 안 됩니다. 시장에서는 어느 때나 온갖 일이 벌어질 수 있기 때문입니다. 찰리와 나는 물론 어떤 상담사, 이코노미스트, TV 해설가도 언제 혼란이 발생할지 말해줄 수가 없습니다. 시장 예측가들이 우리 귀는 채워주어도, 우리 지갑은 절대 채워주지 못합니다.

위에 열거한 행동은 개인 투자자들만 저지르는 잘못이 아닙니다. 집단 전체로 보면 거대 기관투자가들의 실적은 수십 년 동안 단순히 인덱스펀드만 보유한 투자자들의 실적에도 오랜 기간 뒤처졌습니다. 이는 주로 보수 탓이었습니다. 기관들이 비싼 보수를 주고 컨설턴트들을 고용하면 이들은 비싼 보수를 받는 펀드매니저들을 추천했습니다. 이는 바보들이 벌이는 게임입니다.

물론 실적이 매우 좋은 펀드매니저도 있습니다. 그러나 단기 실적만 보고서는 그 실적이 운인지 실력인지 판단하기 어렵습니다. 하지만 대부분 상담사는 높은 수익을 창출하는 솜씨보다, 높은 보수를 받아내는 솜씨가 훨씬 뛰어납니다. 실제로 이들의 핵심 역량은 판매 기술입니다. 이들의 유혹에 귀 기울이지 말고, 존 보글John Bogle의 《모든 주식을 소유하라*The Little Book of Common Sense Investing*》를 읽어보십시오.

수십 년 전 벤저민 그레이엄은 셰익스피어William Shakespeare의 말을 인용하면서, 투자 실패의 책임을 정확하게 지적했습니다. "브루투스여, 별이 정해준 우리 운명이 잘못된 것이 아니라, 우리 자신이 잘못한 것이라네."

우리는 시력이 좋습니다 [2016]

우리 재무상태표에 표시된 '현금 및 현금성 자산'(단기 국채 포함) 860억 달러 중 95%는 우리 미국 법인들이 보유하고 있어서 송금세 부과 대상이 아니라는 점도 중요합니다. 게다가 우리 외국 법인들이 보유한 나머지 자금에는 송금세가 부과되더라도 세율이 높지 않습니다. 이미 상당한 법인세가 부과되는 국가에서 벌어들인 자금이기 때문입니다. 즉, 자금을 미국으로 들여올 때, 이미 지급한 법인세에 대해서는 미국 법인세가 면제됩니다.

현금이 풍부한 미국 기업들 중에는 저율 과세 국가에 거액을 보유한 기업이 많습니다. 이런 기업들은 송금세가 조만간 대폭 인하되기를 기대합니다(실제로 그렇게 될 수도 있습니다). 그러나 그때까지는 이 현금 사용 방식에 제약을 받게 됩니다. 다시 말해, 외국에 보유한 현금은 미국에 보유한 현금보다 가치가 낮습니다.

버크셔는 현금 대부분을 미국 법인들이 보유하고 있어서 유리하지만, 상당액을 우리 보험 자회사들이 보유하고 있어서 다소 불리합니다. 이 현금으로도 다양한 방식으로 투자할 수 있습니다. 그러나 모회사인 버크셔가 보유했을 때만큼 선택 대안이 무한한 것은 아닙니다. 물론 우리는 매년 보험 자회사들로부터 모회사로 거액의 현금을 분배할 수 있어도 제약이 있습니다. 요컨대 우리 보험사들이 보유한 현금도 매우 소중한 자산이긴 하지만, 모회사가 보유했을 때만큼 소중한 것은 아닙니다.

간혹 주주나 언론을 통해서 우리가 특정 주식을 '영원히' 보유할 것이라는 논평이 나옵니다. 물론 보유 종목 중 일부는 우리가 내다보는 먼 미래까지 매도할 생각이 없습니다(게다가 우리는 시력이 좋습니다). 그러나 버크셔는 유가증권 중 어느 것도 영원히 보유하겠다고 약속한 적이 없습니다.

이런 혼동은 (1983년부터 연차보고서에 포함된) 경제 원칙 11번을 무심코 읽은 탓인지도 모르겠습니다. 이는 유가증권이 아니라 피지배회사에 적용되는 원칙입니다. 올해 나는 경제 원칙 11번에 마지막 문장을 추가했습니다. 지금은 매도 가능성이 아무리 낮더라도, 우리가 어떤 유가증권이든지 매도할 수 있다는 점을 분명히 이해하시기 바랍니다.

마법공식은 없습니다 [Q 2015-3]

10년 후 이익이 대폭 증가한다고 확신할 만한 기업의 특성을 5개 정도 알려주시겠습니까?

멍거: 모든 기업에 적용되는 마법 공식은 없습니다. 산업마다 특성이 모두 다르며, 우리는 계속 배우는 중입니다. 우리의 능력이 10년 전보다 나아졌길 바랄 뿐입니다. 공식을 제시할 수는 없습니다.

버핏: 투자하기 전에 고려하는 항목이 많이 있습니다. 이런 항목들로 종목을 걸러내는 과정에서 투자를 포기하는 사례도 많습니다. 기업별로 적용하는 항목은 매우 다르지만, 5~10년 후 기업의 모습을 합리적으로 예측하려고 노력합니다. 그러나 "이 회사의 경영진과 정말로 동업하고 싶은가?"라는 질문에 "아니요"라는 답이 나오면 여기서 분석을 종료합니다. 5대 특성 같은 것은 없습니다. 있더라도 찰리는 나에게조차 알려주지 않을 것입니다.

우리는 미래의 모습을 예측할 수 있는 기업을 찾아다녔습니다. 그러나 자신의 한계를 알기 때문에 멀리한 기업도 많습니다. 초창기에는 판단을 내리기가 훨씬 쉬웠습니다. 우리는 계속 자료를 읽고 생각하면서 상황을 지켜보았습니다. 당시에는 자본이 부족했으므로, 어떤 종목을 매수하려면 보유 종목 일부를 매도해야 했습니다. 우리는 대박을 추구하는 대신, 적당한 실적이 확실시되는 종목을 주로 선택했습니다.

멍거: 우리가 가이코를 인수한 것은 어느 정도 행운입니다. 20세 청년이 워싱턴으로 가이코를 찾아간 것 자체가 행운이었습니다. 우리가 큰코다친 것도 행운이었고요.

버핏: 우리는 볼티모어 백화점을 많이 안다고 생각하고 투자했다가 큰코 다쳤습니다. 부실 기업에 투자해서 많은 경험을 얻은 덕분에 우량 기업과 부실 기업을 잘 구분할 수 있게 되었습니다. 현재 하는 일을 즐기면 대개 실적이 더 좋아집니다.

멍거: 우리를 키워준 가족 덕택이기도 합니다.

기적을 안겨준 기업 [Q 2015-37]

아메리칸 익스프레스는 고객이었던 코스트코를 잃었고, 이제 모바일 결제와도 경쟁해야 하는데, 경쟁우위를 유지할 수 있을까요?

버핏: 아메리칸 익스프레스는 다양한 공격을 받고 있으며 많은 혁신이 필요합니다. 그러나 CEO 케네스 셔놀트Kenneth Chenault는 이런 변화를 예상하고 회사를 다른 시장으로 이끌고 있습니다. 아메리칸 익스프레스 카드 소지자들은 충성도가 높습니다. 나는 아메리칸 익스프레스에 매우 만족하며, 주가가 하락하면 더 행복합니다. 회사가 자사주를 더 많이 매입할 수 있기 때문입니다.

멍거: 나는 아메리칸 익스프레스가 지금처럼 심한 경쟁에 시달리지 않았을 때 더 좋아했습니다. 그래도 어쩌겠습니까?

버핏: 1960년대에 아메리칸 익스프레스는 버크셔에 기적을 안겨주었습니다. 지금까지 아메리칸 익스프레스는 놀라울 정도로 변화에 잘 적응했으며, 카드 소지자들에게 더 좋은 이미지를 확립했습니다. 온갖 난제에 매우

민첩하고도 현명하게 대처하고 있습니다. 우리가 지분 15%를 보유하고 있어서 매우 기쁩니다.

투자가 제일 쉬웠어요 [Q 2015-43]

당신이 성공을 거둔 가장 중요한 이유는 무엇이라고 보시나요?

버핏: 훌륭한 스승을 만났고, 끝까지 초점을 잃지 않았기 때문일 것입니다. 그리고 이 게임이 엄청나게 흥미로워서 마음껏 즐겼습니다. 사실 투자는 매우 쉬운 게임이지만 심리적 안정을 유지할 수 있어야 합니다. 나는 7~19세에 투자 서적을 탐독하면서 투자에 열을 올렸지만, 원칙을 따르지 않았습니다. 그러다가 벤저민 그레이엄의 《현명한 투자자》를 읽으면서 전적으로 타당한 투자철학을 배웠습니다. 이후 투자가 쉬워졌습니다.

멍거: 기질만 있으면 투자는 쉬운 게임입니다. 그러나 영리하게 투자해서 막대한 재산을 모으더라도 그것만으로는 만족하기 어렵습니다.

버핏: 그동안 버크셔 경영이 투자보다 훨씬 재미있고 놀라울 정도로 만족스러웠습니다.

멍거: 자기 돈으로 투자를 잘한다면, 거기서 한 걸음 더 나아가 더 많은 일을 하시기 바랍니다. 나는 영화배우나 연극배우로는 절대 성공하지 못한다고 실감하고 나서, 낙오자가 된 기분으로 투자계에 발을 들여놓았습니다. 나는 할아버지 덕분에 나의 본분이 최대한 합리적인 사람이 되는 것이라고 생각하게 되었습니다. 나는 합리적 사고에만 능숙했으므로 이런 적성에 잘

맞는 분야를 찾아가게 되었습니다. 공자(孔子)는 우리에게 합리적으로 행동할 도덕적 의무가 있다고 말했는데, 그래서 나는 공자를 좋아합니다. 나 역시 오래전부터 그렇게 생각하고 있습니다. 버크셔는 합리적 행동의 전당입니다. 우리가 무식한 상태에서 벗어나지 못한다면 이는 더 무식해지는 것보다도 수치스러운 일입니다. 베풀어야 할 때는 베풀어야 합니다.

버핏: 이제 내게 가장 중요한 것은 수백만 주주들을 위해서 버크셔가 잘 되는 일입니다. 나는 해마다 버크셔를 성장시키고 개선하는 일이 엄청나게 즐겁습니다. 버크셔의 실적이 부진하면 나는 행복할 수가 없습니다.

멍거: 우리 돈은 다소 잃어도 상관없지만, 다른 사람의 돈은 정말 잃고 싶지 않습니다. 매우 바람직한 태도지요.

버핏: 나는 버크셔의 장기 가치가 훼손될 때 괴롭습니다.

멍거: 훌륭한 의사는 환자가 밥 먹다가 죽어도 괴로워합니다.

승산 없는 싸움 [Q 2016-7]

아마존Amazon이 비상하면서 푸시 마케팅(push marketing: 기업이 상품을 밀어내는 공급자 중심의 마케팅)이 풀 마케팅(pull marketing: 고객이 상품을 끌어당기는 수요자 중심의 마케팅)으로 바뀌고 있습니다. 이런 변화가 버크셔에 어떤 영향을 미칠까요?

버핏: 이 변화는 아마존에 국한되지 않는 거대한 추세입니다. 아마존은 놀라운 성과를 달성했습니다. 우리는 5~20년 뒤 세상의 모습(즉, 강력한 추세 변화)에 대해 오랜 기간 숙고하고 나서야 상품 제조, 소매 등을 결정합니다.

우리는 아마존의 텃밭에 들어가서 그들과 대결할 생각이 없습니다. 베조스Jeff Bezos와 승산 없는 싸움을 벌이고 싶지 않으니까요. 프리시전 캐스트파츠Precision Castparts에 대해서는 걱정하지 않습니다. 우리 자회사 절대다수에 대해서도 걱정하지 않습니다. 그러나 20년 전에는 사람들의 관심을 끌지 못하던 거대한 추세가 최근 모든 사람의 관심을 끌어모으고 있습니다. 사람들 대부분은 이 추세에 참여하거나 대응하는 방법을 찾아내지 못했습니다. 가이코가 이런 변화에 적응해야 하는 대표적인 사례입니다. 가이코는 인터넷에 신속하게 대응하지 못했습니다. 그동안 전화라는 전통적인 광고 방식이 매우 효과적이었으므로 새로운 광고 방식을 꺼렸습니다. 그러나 인터넷의 위력을 보고 나서 우리는 적극적으로 뛰어들었습니다.

자본주의 사회에서는 우리가 좋은 실적을 내면 항상 경쟁자가 더 좋은 방법을 개발해서 우리 몫을 빼앗으려고 공격합니다. 인터넷이 산업에 미치는 영향은 아직 제대로 드러나지 않았지만, 그 막강한 영향력으로 이미 많은 사람들을 무너뜨렸습니다. 다행히 버크셔는 여건이 매우 좋다고 생각합니다. 커다란 이점 하나는 우리가 한 가지 산업에 의존하지 않는다는 사실입니다. 우리는 백화점회사도, 타이어회사도, 철강회사도 아닙니다. 우리는 자본을 배분하는 회사입니다. 만일 우리가 처음부터 한 산업에만 집중하는, 예컨대 더 좋은 타이어 제작에 모든 시간을 쏟아붓는 회사라면, 막대한 자본을 축적하더라도 이 자본을 효율적으로 배분하기가 어려울 것입니다. 아마존도 정말로 중요한 우위를 보유하고 있다고 생각합니다. 고객이 원하는 상품을 편리하게 선택하고 신속하게 배달받게 해줌으로써 매우 만족해하는 고객을 다수 확보했기 때문입니다. 내가 쇼핑몰을 다수 보유하고 있다면 10~20년 뒤 쇼핑몰의 모습에 대해 심각하게 고민할 것입니다.

멍거: 우리는 젊은 시절 소매업에서 처절한 실패를 맛보았기 때문에, 이제 늙어서는 최악의 문제를 잘 모면했습니다. 우리가 보유한 거대 소매업체들은 매우 강하므로 아마존의 공격을 끝까지 잘 버텨낼 것입니다.

백만장자 비밀 클럽 [Q 2016-13]

세상 사람들은 가치투자를 도무지 이해하지 못하는 듯합니다. 대중매체에서는 매일 앞다투어 기업공개를 보도하고, 증권시장은 변덕스럽게 오르내립니다. 아이들이 건전한 투자를 배우려면 어떻게 해야 하나요?

버핏: 월요일에 방영되는 어린이 프로그램 「The Secret Millionaires Club(백만장자 비밀 클럽)」이 어린이들에게 유용합니다. 제작자 앤디 헤이우드Andy Haywood가 큰일을 해냈습니다. 어린이들이 돈을 사용하고, 우정을 쌓으며, 훌륭한 시민이 되는 방법을 가르쳐줍니다.

우리는 기업공개가 어떻게 진행되든 걱정할 필요가 없습니다. 복권 당첨자는 항상 나오는 법입니다. 부러워할 필요 없습니다. 사람들이 불건전한 행동을 하더라도 걱정하지 마십시오. 당첨자는 TV에 등장하지만, 나머지 수많은 사람이 기부금을 내는 셈이며, 실속은 주정부가 챙깁니다. 우리는 어떤 투자가 합리적인지만 파악하면 됩니다. 주식을 살 때는 기업을 산다고 생각하십시오. 5년 동안 주가를 확인하지 마십시오. 농장이나 아파트나 맥도날드McDonald's 가맹점의 시세를 매일 확인하는 사람은 없습니다. 주식을 기업으로 생각하면서 그 기업의 실적에 관심을 기울이십시오. 세상 사람들이 어떤 어리석은 게임을 벌이더라도 절대 휩쓸리지 말고 무시하십시오.

멍거: 아이들에게 올바르게 투자하는 사람들을 찾아보라고 말하십시오. 아마 찾지 못할 때가 더 많을 것입니다.

버핏: 이런 문제는 해결하기 쉽습니다. 전체적으로 보면 미국 기업들은 장기적으로 실적이 좋을 것입니다.

멍거: 그러나 증권회사 고객들의 실적은 좋지 않을 것입니다.

버핏: 찰리가 늘 하는 말이지만, 수많은 문제가 시기심에서 비롯됩니다. 스스로 어떤 방법이 합리적인지 파악해서 그 방법을 따라가야 합니다.

행운의 편지 사기 [Q 2016-23]

멍거는 밸리언트(Valeant, 캐나다 제약회사)의 비즈니스 모델이 매우 부도덕하다고 말했습니다. 세쿼이아Sequoia 펀드는 밸리언트에 포트폴리오의 30% 이상을 집중 투자했는데, 세쿼이아에 대한 견해가 바뀌셨나요?

버핏: 어떤 면에서 보면 나는 세쿼이아 펀드의 아버지에 해당합니다. 1969년 나는 투자조합을 폐쇄하면서 막대한 자금을 파트너들에게 돌려주었습니다. 파트너들은 이 자금을 어떻게 운용할 것인지 고심했는데, 우리는 먼저 지방채에 투자하려는 사람들을 도와주었습니다. 그러나 대부분은 주식을 선호하는 투자자들이었습니다. 당시 우리가 투자업계에서 깊이 존경하는 인물이 둘이었는데, 우리 이사인 샌디 가츠먼Sandy Gottesman과 빌 루안Bill Ruane이었습니다. 두 사람은 친구였습니다. 두 사람은 내 파트너들의 투

자를 받아주었는데, 일부 파트너는 지금도 고객으로 남아 있습니다. 그러나 당시 자금 규모가 최소 투자액에 못 미치는 개인 고객도 많았습니다. 다행히 루안이 "내가 펀드를 만들겠습니다"라고 말했습니다. 루안의 사무실은 오마하에 있었는데, 존 하딩John Harding이 이곳 대표가 되었습니다. 펀드매니저가 능력도 뛰어나고 정직한 데다 소액투자자까지 받아주었으므로 내 파트너들 다수가 세쿼이아에 돈을 맡겼습니다. 루안은 2005년 사망할 때까지 세쿼이아 펀드를 운용하면서 환상적인 실적을 기록했습니다.

루안은 S&P500을 훨씬 뛰어넘는 실적을 냈는데, 이보다 실적이 좋은 펀드는 아마 한두 개에 불과할 것입니다. 2005년 루안이 죽은 뒤에도 이 펀드는 2015년경까지 좋은 실적을 유지했습니다. 당시 담당 펀드매니저는 일부 이사들의 반대에도 불구하고 밸리언트 포지션을 이례적으로 크게 가져갔습니다. 이후 그는 포지션을 유지했을 뿐 아니라 더 늘리기까지 했습니다. 최근 밸리언트에서 문제가 발생했는데도, 지금까지 세쿼이아 펀드의 실적은 평균을 훨씬 웃돌고 있습니다. 밸리언트를 과도하게 편입했던 펀드매니저는 이제 운용에서 손을 뗐습니다. 그가 밸리언트의 비즈니스 모델을 과신한 것은 세쿼이아 펀드의 커다란 불운이었습니다. 그렇더라도 세쿼이아 애널리스트들은 똑똑하고 훌륭한 사람들이어서, 월스트리트의 일반 애널리스트들보다 십중팔구 훨씬 성과가 좋을 것입니다.

이틀 전, 나는 밸리언트 출신 세 사람이 상원 청문회에서 답변하는 모습을 지켜보았습니다. 그다지 보기 좋은 모습이 아니었습니다. 비즈니스 모델에 심각한 결함이 있었습니다. 이 사례가 말해주는 원칙이 있습니다. 경영자를 찾는다면 똑똑하고 열정적이며 정직한 사람을 골라야 하는데, 똑똑하거나 열정적인 사람보다 정직한 사람이 우선입니다. 정직하지 않은 경영자가 똑똑하고 열정적이면 수많은 문제가 발생하기 때문입니다.

찰리와 나는 절대로 완벽하지 않지만 사람과 기업을 평가할 때 어떤 패턴을 보는 것을 중요하게 생각합니다. 똑같이 되풀이되는 패턴은 하나도 없습니다. 흔히 단기적으로는 지극히 좋아 보이지만 결국은 파국을 맞이하는 패턴들이 계속해서 나타납니다. 작년 내가 언급했던 패턴 하나가 행운의 편지 사기입니다. 이런 사기는 친근한 모습으로 위장해서 다가오므로, 처음부터 알아채고 놀라서 도망가는 사람은 드뭅니다. 상원 청문회를 지켜본 사람들은 밸리언트에서도 그런 패턴을 명확하게 인식할 수 있었습니다. 세쿼이아 사람들에게는 매우 고통스러운 일이었습니다. 이제는 좋은 사람들이 세쿼이아를 운영하고 있습니다.

멍거: 세쿼이아가 원래 모습을 되찾았다는 말에 전적으로 동의합니다. 이제는 훌륭한 펀드가 되었습니다. 경영자가 평판 좋은 투자 전문가입니다. 원래 모습을 되찾았으므로 나는 수많은 친구와 고객 들에게 거래를 유지하라고 권유했습니다. 물론 밸리언트는 시궁창입니다. 설립자들은 온갖 비난을 받아 마땅합니다.

직전에 내린 결론에서 [Q 2016-32]

정박anchoring 효과에 어떻게 대처하시나요?

버핏: 우리는 정박 효과를 무시합니다. 찰리와 나는 모든 기업에서 나타나는 정박 효과에 흥미를 느낍니다. 그래서 미시경제 요소들을 즐겨 들여다

봅니다. 1972년 시즈캔디를 인수할 때, 보유 매장이 140개였습니다. 우리는 장기간에 걸쳐 모든 숫자를 지켜보았습니다. 기업을 이해하는 작업은 정말로 흥미롭습니다. 별로 유용해 보이지 않는 정보도 실제로는 유용합니다. 언젠가 사소한 변수가 등장해서 커다란 변화를 불러올 수도 있습니다. 마치 야구 경기를 지켜보는 것과 같습니다. 투수가 어떤 공을 던지든, 공 하나하나가 흥미로운 것과 같습니다. 우리가 일하는 방식입니다.

멍거: 우리가 항상 피하려고 노력하는 최악의 정박 효과는 직전에 내린 결론입니다. 직전에 떠올렸던 아이디어에서 벗어나려고 정말로 노력합니다.

버핏: 찰리의 말에 의하면, 상대에게 반대하려면 상대의 논거를 더 잘 제시할 수 있어야 합니다. 그래야 상대에게 반대할 자격이 있습니다.

멍거: 상대의 논거를 더 잘 제시할 수 없다면 침묵을 지켜야 합니다. 모두가 이 방식을 따른다면 정치에 기적이 일어날 것입니다.

세상이 아무리 바뀌어도 [Q 2016-43]

장기적으로 보면 아메리칸 익스프레스는 재투자가 필요할 것입니다. 버크셔는 아메리칸 익스프레스 투자 포지션을 재평가해야 하지 않을까요?

버핏: 우리는 모든 투자 포지션에 대해 보유 근거를 지속적으로 재평가하고 있습니다. 보통은 보유 근거에 대해 의견이 대체로 일치하지만, 간혹 의견이 매우 엇갈리기도 합니다. 결제 서비스는 똑똑한 거액 투자자들 다수가 큰 관심을 보이는 분야입니다.

멍거: 빠르게 변화하는 분야이기도 하죠.

버핏: 나는 아메리칸 익스프레스 보유를 여전히 긍정적으로 생각합니다. 아메리칸 익스프레스는 수십 년 동안 공격받았고, 최근에는 더 집중적으로 공격받고 있으며, 앞으로도 계속 공격받을 것입니다. 아메리칸 익스프레스는 규모도 매우 큰 데다 사업이 정말 흥미롭고 매력적이어서 사람들의 관심을 끌지 않을 수가 없습니다. 그래서 매우 똑똑한 사람들의 재능을 십분 활용하고 있습니다.

멍거: 위대한 기업들 중에는 예전만 못한 기업들이 많습니다. 프록터 앤드 갬블Procter & Gamble Company, 제너럴 밀스General Mills 등 포장 소비재회사들은 모두 과거 전성기보다 약해졌습니다.

버핏: 자동차회사들도 그렇습니다.

멍거: 내가 젊은 시절, 제너럴 모터스General Motors는 정말 막강했습니다. 경제를 지배하는 거인 같은 존재였습니다. 억수로 벌어들이는 현금 덕분에 천하무적처럼 보였습니다. 그러나 결국 파산하고 말았습니다. 세상이 바뀌었으니까요. 하지만 전보다 다소 불리해졌다고 해서 매번 포트폴리오를 변경할 수는 없습니다.

버핏: 우리는 어떤 변수에 의해서 게임의 양상이 대폭 바뀌는지 지켜보면서 항상 생각해야 합니다. 그런 대상은 아메리칸 익스프레스뿐만이 아닙니다. 우리는 가격도 인식하고 있지만 이런 변수가 사소한 문제인지, 중대한 문제인지, 아니면 치명적인 문제가 될 것인지 그 확률도 평가하고 있습니다. 어려운 게임이지만 재미있습니다.

멍거: 현재 결제 서비스회사들은 모두 이런 위협에 직면하고 있습니다.

매일 하는 일 [Q 2017-4]

웰스 파고(판매 실적 조작), 아메리칸 익스프레스(거래처 코스트코 상실), 유나이티드항공(고객 서비스 문제), 코카콜라(탄산음료 매출 저하)의 현황을 보면서, 버크셔가 보유 종목 점검에 시간을 얼마나 들이는지 궁금해졌습니다.

버핏: 이들은 대규모 보유 종목들입니다. 아메리칸 익스프레스와 웰스 파고는 둘 다 보유 평가액이 100억 달러가 넘습니다. 모두 우리가 무척 좋아하는 종목이지만 특성은 다릅니다. 우리는 유나이티드항공을 포함한 4대 항공사의 최대 주주이기도 합니다. 4대 항공사 모두 문제가 있지만, 그래도 일부 항공사에는 큰 장점도 있습니다. 아메리칸 익스프레스의 1분기 보고서를 읽어보면 플래티넘 카드의 실적이 매우 좋다고 나옵니다. 위 기업들은 모두 경쟁하고 있습니다. 우리가 이들 종목을 매수한 것은 문제가 전혀 없거나 경쟁이 전혀 없을 것으로 생각했기 때문이 아니라, 경쟁력이 강하다고 생각했기 때문입니다. 우리는 기업의 확고한 경쟁우위가 무엇인지 살펴봅니다. 어떤 사업의 수익성이 매우 높으면 그 사업을 빼앗으려고 경쟁사가 몰려듭니다. 그럼 그 기업이 경쟁사들을 물리칠 능력이 있는지 판단해야 합니다.

경쟁사들은 좀처럼 물러나지 않습니다. 회사 명칭까지 밝히지는 않겠습니다. 그러나 우리가 투자한 기업들은 경쟁력이 매우 강합니다. 훌륭한 기업은 시즈캔디처럼 규모가 작더라도 성처럼 견고합니다. 자본주의 체제에서는 그 성을 빼앗으려고 경쟁사들이 몰려듭니다. 성을 지키려면 주위에 해자를 파고 용맹한 기사를 배치해 침략자들을 가차 없이 물리쳐야 합니다. 그래도 침략자들 중 일부는 절대 물러나지 않을 것입니다. 코카콜라는 1886

년에 설립되었고, 아메리칸 익스프레스는 기억이 확실치 않지만 1851년이나 1852년에 설립되었으며, 웰스 파고의 설립 연도는 모르지만 아메리칸 익스프레스의 개업에도 참여했습니다. 이들 기업은 오랜 기간에 걸쳐 많은 난제를 극복했습니다. 우리 보험사업도 난제를 겪었지만, 토니 나이슬리Tony Nicely와 아지트 자인 같은 경영자들이 수백억 달러를 벌어주었습니다. 보험사업에도 경쟁이 끊이지 않을 것입니다. 침략자들을 물리치려면 다양한 일을 해야 합니다. 보유 종목 점검에 시간을 얼마나 들이느냐고 물었죠? 매일 점검하고 있습니다.

멍거: 나는 보탤 말이 없습니다.

버핏: 이렇게 적극적으로 참여하지 않는다면 멍거의 급여를 깎아야 하겠습니다.

없애고 싶은 인물 [Q 2017-7]

IBM과 애플Apple은 다르다고 보시나요?

버핏: 둘은 다르다고 봅니다. 6년 전 IBM 매수를 시작했을 때, 나는 지금보다 더 좋은 실적이 나올 것으로 기대했습니다. 애플은 소비재회사에 훨씬 가깝다고 생각합니다. 해자와 소비자 행동을 보면 애플은 온갖 기술을 보유한 제품입니다. 그러나 IBM과 애플의 미래 잠재 고객을 비교 분석하는 것은 전혀 다른 문제입니다. 두 분석은 성격이 달라서 정확성을 기대하기 어렵습니다. IBM에 대한 나의 판단은 틀렸습니다. 애플에 대한 나의 판단이

옳았는지는 두고 보면 알겠지요. 나는 두 회사가 똑같다고 보지 않지만, 완전히 다르다고 보지도 않습니다. 그 중간 어디쯤이라고 생각합니다.

멍거: 우리는 기술주에 대한 경쟁우위가 없다고 생각했으므로 기술주를 피했습니다. 남들보다 뒤떨어지는 분야에는 접근하지 않는 편이 낫다고 생각하니까요. 되돌아보았을 때 우리가 기술주 분야에서 저지른 최악의 실수가 무엇이냐고 묻는다면 구글을 알아보지 못한 것이라고 생각합니다. 초창기 구글에 광고했을 때, 효과가 다른 어떤 매체보다도 훨씬 좋았습니다. 구글의 광고 효과가 뛰어나다는 사실은 파악하고서도 정작 구글을 알아보지 못한 것이지요.

버핏: 우리 가이코가 구글의 초창기 고객이었습니다. 오래전 데이터지만, 내 기억에 우리는 클릭당 10~11달러를 지불했습니다. 우리가 비용을 전혀 부담하지 않으면서 고객 반응당 10~11달러를 지불하는 조건이라면 훌륭한 거래입니다. 라식 수술은 다른 비용은 전혀 없으면서 클릭당 60~70달러였던 듯합니다. 구글 투자설명서를 작성한 사람들이 나를 찾아온 적도 있습니다. 그들은 버크셔 소유주 안내서Owner's Manual를 조금 본떠서 작성했다고 하더군요. 나는 얼마든지 질문해서 구글을 파악할 기회가 있었는데 놓쳐버렸습니다.

멍거: 월마트Wal-mart도 기회를 놓쳐버린 사례입니다. 확실히 잡을 수 있는 기회였지요. 우리는 월마트를 제대로 파악하고서도 놓쳐버렸습니다. 우리 최악의 실수는 놓쳐버린 실수입니다.

버핏: 중요한 것은 실행입니다. 내 생각이 옳은지는 모르겠지만, 다양한 기술 분야에서 승자를 예측하기도 어렵고, 클라우드 서비스 같은 분야에서 가격 경쟁 강도를 예측하기도 어려울 것입니다. 그런데 한 사람이 매우 다

른 두 분야에서 거의 동시에 이례적인 성과를 거두었다면 정말 놀라운 일입니다.

멍거: 빈손으로 시작했는데도 말이지요.

버핏: 경쟁자들은 자본이 풍부했고, 아마존 CEO 제프 베조스는 빈손이었는데도, 그는 소매와 클라우드 서비스 양 분야에서 성공을 거두었습니다. 물론 멜론Mellon 같은 회사는 수많은 산업에 투자했습니다. 그러나 베조스는 백지상태에서 두 회사를 동시에 설립해 키워낸 CEO입니다. 앤디 그로브(Andy Grove, 인텔을 세계 최고의 반도체회사로 키워낸 CEO)가 즐겨 던진 질문이 있습니다. 경쟁자를 제거할 수 있는 은제 탄환이 한 발 있다면 누구를 쏘고 싶으냐는 것입니다. 소매와 클라우드 서비스 분야라면 베조스를 쏘고 싶은 사람이 많을 것입니다. 그가 가장 뛰어났기 때문이지요. 경쟁자들이 두려워하는 기업을 둘이나 만들어낸 것은 놀라운 성과입니다. 그는 단지 자금만 공급한 것이 아니라 실제로 회사를 만들어냈습니다.

멍거: 멜론과 마찬가지로 우리도 마음에 드는 사람들에게 자금만 공급한 구닥다리입니다. 그러나 베조스는 전혀 다른 돌연변이입니다.

버핏: 우리는 아마존을 완전히 놓쳤습니다. 단 한 주도 보유하지 않았습니다.

여전히 자멸을 부르는가 [Q 2017-8]

지금까지 당신은 항공사에 대한 투자를 회피했습니다. 낮은 전환비용, 연료비 상승, 치열한 가격 경쟁, 고객들의 구매력 부족 때문이었습니다. 정리 기간을 거치고서 지금은 항공사들이 많이 달라진 것인가요? 철도회사 대비 항공사의 경쟁우위는 어떤 수준입니까?

버핏: 우리가 4대 항공사에 100억 달러를 투자한 것은 우리 철도사업과 아무 관계가 없습니다. 물론 분류하자면 둘 다 운송사업입니다. 그러나 우리가 보유한 가이코나 다른 자회사들과 마찬가지로, 둘은 아무 관계가 없습니다. 항공산업처럼 힘든 산업도 드뭅니다. 차라리 라이트 형제가 비행기를 발명하지 않는 편이 나을 뻔했습니다. 인터넷에서 항공사 파산을 검색해보면, 최근 수십 년 동안 파산한 항공사만 약 100개가 나옵니다. 찰리와 나는 한때 US에어 이사였는데 지극히 어리석은 판단이었습니다.

멍거: 그래도 US에어로 돈 많이 벌었지요.

버핏: 사람들이 한동안 US에어에 열광해준 덕분에 돈을 많이 벌었습니다. 운이 좋았죠. 우리는 US에어 이사직을 사임하고서 보유 주식을 처분했는데, 이후 US에어는 두 번이나 파산했습니다. 질문자도 열거했지만, 항공산업에는 경제성을 해치는 요소가 많습니다. 과거에는 치열한 경쟁 탓에 자멸을 부르는 산업이었는데, 관건은 '지금도 여전히 자멸을 부르는가'입니다. 주요 항공사가 거의 모두 파산하고 소형 항공사도 수십 개가 파산한다면 그런 산업에는 투자하면 안 됩니다.

지금은 유료승객 마일(revenue passenger mile, 유료승객 1명 1마일의 수송 단위) 기준으로 가동률이 80% 이상입니다. 향후 가동률은 지켜보아야 합니다. 과거에는 낮은 가동률 탓에 거의 모든 항공사가 파산했지만, 앞으로 5~10년은 가동률이 과거보다 높을 것이라고 생각합니다. 그러나 가동률이 80% 이상이더라도 가격 경쟁 탓에 항공사들이 잇달아 파산할 것인지는 두고 볼 일입니다. 지금은 ROIC가 매우 높아서 심지어 페덱스FedEx나 UPS보다도 높을 정도입니다. 설사 항공사들 사이에서 가격 경쟁이 벌어지더라도, 연료비가 하락하면 가격을 더 인하할 여지가 있습니다. 앞으로 10년 동안 가격 책정에 대한 항공사들의 민감도가 과거 100년보다 높아질지는 확실치 않지만 상황은 개선되고 있습니다. 파산 사태를 겪고 나서 노사 관계도 안정되었습니다. 조종사들은 다소 부족해 보입니다. 그렇더라도 항공사에 대한 투자는 시즈캔디 투자에 못 미칩니다.

멍거: 물론이지요. 투자업계 역시 경쟁이 치열해졌습니다. 과거에는 안전마진도 충분히 확보하면서 높은 수익을 매우 쉽게 얻을 수 있었습니다. 이제는 우리 우위가 감소한 탓에 전반적인 환경이 예전만큼 유리하지가 않습니다. 과거에는 어항 속에 든 물고기를 사냥하는 식이었지요. 이제는 자산 규모가 거대해졌으므로, 다소 사냥하기 어려워도 괜찮습니다.

버핏: 이런 면에서는 찰리가 나보다 좀 더 철학적입니다.

멍거: 쉽게 수익을 얻던 시절은 지나갔습니다. 이제는 계속해서 노력을 기울여야 합니다.

버핏: 앞으로 5~10년 동안 유료승객 마일은 증가할 가능성이 매우 높습니다. 그리고 앞으로 5~10년 후 항공사 지분의 가치가 지금과 같더라도 적정 투자수익률이 나올 수 있습니다. 회사의 가치가 같더라도 유통 주식의 수가 감소하면 근사한 수익이 나옵니다. 현재 4대 항공사 모두 자사주를 매입하고 있습니다.

멍거: 철도회사들은 수십 년 동안 실적이 형편없었지만 이후 좋아졌다는 사실을 기억하시기 바랍니다.

버핏: 나는 항공사 주식을 좋아합니다. 어느 항공사 실적이 가장 좋을지

알 수 없어서 4대 항공사 주식을 모두 샀습니다. 나는 높은 수익률이 나올 가능성이 매우 크다고 생각합니다. 제트블루항공JetBlue Airways 등 저가 항공사들도 있지만, 매출 증가율과 유통 주식 수 감소율 면에서 4대 항공사의 실적이 훨씬 좋을 것으로 나는 추측합니다. 회사 지분의 가치가 현재 수준에 머물더라도 우리는 근사한 수익을 얻을 수 있을 것입니다.

장수의 비결 [Q 2017-9]

오랜 시간 질의응답이 이어졌지만, 질문의 핵심은 코카콜라 주식 보유인 듯합니다. 코카콜라가 환경을 파괴하고 파렴치하게 노동자들을 착취한다고 하더군요.

멍거: 질문이라기보다는 연설처럼 들리는군요.

버핏: 질문자가 인용한 말이 옳다고 생각하지 않습니다. 1달러짜리 지폐에는 연준을 신뢰한다고 쓰여 있습니다. 연준에서 발행했으니까요. 나는 질문자가 인용한 것처럼 말한 기억이 전혀 없습니다. 나는 평생 내가 좋아하는 음식을 먹었습니다. 12온스(340ml)짜리 코카콜라를 하루 5개 정도 마십니다. 여기에 들어 있는 당분이 약 1.2온스(34g)입니다. 사람들은 온갖 음식에서 당분을 섭취합니다. 나는 코카콜라를 통해서 당분을 섭취하는 방식을 즐깁니다. 1886년 이래로 사람들은 이 방식을 즐겼습니다.

최근 간행물에서 전문가들이 가장 좋다고 추천하는 음식만 끼니마다 먹겠다면 그렇게 하십시오. 나는 브로콜리와 아스파라거스만 먹으면 1년을 더 산다는 말을 듣더라도 초콜릿 선데와 코카콜라, 스테이크와 해시브라운 등 내가 좋아하는 음식을 평생 먹을 작정입니다. 선택은 내 몫이니까요. 당분이 해롭다고 믿는 사람이라면, 당분 섭취를 금지하라고 정부에 요청하는 방법도 있습니다. 코카콜라에 들어 있는 당분은 그레이프 넛츠 시리얼에 타 먹는 설탕과 다르지 않습니다. 코카콜라는 오랫동안 미국 등 세계 전역에 매우 긍정적인 역할을 했습니다. 나는 코카콜라를 마시면 안 된다는 말을 듣고 싶지 않습니다.

멍거: 나는 코카콜라의 당분 문제를 다이어트 코크로 해결했습니다. 나는 버핏이 코카콜라와 견과를 먹기 전부터 아침 식사에 코크를 마셨습니다.

버핏: 맛이 기막히지요.

멍거: 계속 그렇게 먹으면 자네는 100세까지 못 살 텐데.

버핏: 장수의 비결은 행복한 생활이라고 생각하네.

멍거: 물론이지.

아내의 여생을 위하여 [Q 2017-13]

버크셔의 실적이 S&P500보다 좋을 것입니다. 당신이 세상을 떠나면 인덱스펀드에 투자하라고 부인께 조언했는데 이유가 무엇인가요? 멍거는 "주식을 파는 바보짓 따위는 하지 마라"라고 가족에게 조언했습니다.

버핏: 버크셔 주식을 팔아서 인덱스펀드를 사라는 조언은 아니었습니다. 나는 버크셔 주식을 모두 자선단체에 기부하기로 약정했습니다. 그래서 나는 버크셔 주식을 보유하고 있다는 생각조차 하지 않습니다. 지금까지 내

주식 중 약 40%가 이미 자선단체에 분배되었습니다. 내 아내는 투자 전문가도 아닌 데다, 내 재산 기부가 완료될 시점에는 나이도 많을 터이므로, 아내에게는 인덱스펀드가 가장 좋은 투자라고 생각했습니다.

가장 좋은 투자는 자신도 크게 걱정할 필요가 없고, 주위 사람들도 찾아와서 크게 걱정해줄 필요가 없는 투자입니다. 아내에게 돈이 부족하지는 않을 것입니다. 아울러 돈이 고민거리가 되어서도 안 됩니다. 아내가 S&P500 인덱스펀드를 보유하면 돈이 필요할 때 언제든 쓸 수 있습니다. 물론 유동성 자금도 다소 보유할 것입니다. 증권거래소가 문을 닫더라도 돈은 여전히 충분하다고 생각할 것입니다. 아내가 재산을 2~3배로 늘리는 것은 중요하지 않습니다. 아내가 투자하는 목적은 재산을 극대화하는 것이 아닙니다. 남은 생애에 돈 걱정을 전혀 하지 않는 것입니다.

나의 숙모 케이티는 오마하에 살면서 평생 열심히 일했습니다. 8,000달러에 구입한 주택에서 살았습니다. 숙모는 버크셔 주식을 보유한 채 97세까지 살았으므로 재산이 수백만 달러로 불어났습니다. 그런데 4~5개월마다 내게 편지를 보내 물었습니다. "워런, 언젠가 내 돈이 바닥나지 않을까?" 나는 이렇게 답장했습니다. "훌륭한 질문입니다. 숙모가 986년을 산다면 돈이 바닥나겠지요." 그러나 4~5개월 뒤에는 또 똑같은 편지를 보내왔습니다.

돈이 너무 많아서 생활이 불편해지는 일은 절대 없어야 합니다. 그러나 돈 많은 사람 주위에는 (선의든 아니든) 조언자들이 몰려드는 경향이 있습니다. 재산을 모두 버크셔 주식으로 보유하고 있다면, 주위 사람들은 버핏이 살아 있으면 이런저런 말을 했을 것이라고 조언할 것입니다. 심지어 버크셔 주식을 한 주만 갖고 있더라도, (선의든 아니든) 이웃과 친구와 친척 들의 조언 탓에 마음의 평정을 상실할 가능성이 있습니다. 기본 틀이 훌륭해야 결과도 훌륭한 법입니다.

멍거: 내 가족은 버크셔 주식을 보유하면 좋겠습니다.

버핏: 나도 버크셔 주식을 보유하고 싶습니다.

멍거: S&P500 대비 초과수익을 내기가 매우 어렵다는 사실은 인정합니다. 대부분 사람들에게는 거의 불가능하지요. 그래도 나는 버크셔 주식을 보유할 때 마음이 편합니다.

버핏: 가족은 다를 수 있지요. 나이가 들면 약해지는 사람이 너무도 많더군요.

멍거: 남들의 어리석은 조언으로부터 상속인을 보호하려면 훌륭한 시스템이 필요하겠지요. 그러나 내 관심사는 아닙니다.

IQ가 낮은 이웃 [Q 2017-15]

투기가 만연한 중국에 가치투자 철학을 확산시키려면 어떻게 해야 하는지 조언을 부탁합니다.

버핏: 케인스John Maynard Keynes는 1936년에 출간한 저서 《고용, 이자, 화폐의 일반이론*The General Theory of Employment, Interest and Money*》 중 투자를 다룬 12장에서 투자와 투기, 사람들의 투기 성향과 그 위험성에 대해 설명했습니다. 투기는 언제든 발생할 수 있습니다. 투기가 만연해 투기가 효과적이라는 사회적 증거social proof까지 등장하게 되면 사람들은 투기에 열광할 수 있습니다. 미국 시장에서도 때때로 이런 현상이 발생합니다. 나보다 IQ가 30포

인트나 낮은 이웃이 주식으로 돈 버는 모습을 지켜보는 것처럼 고통스러운 일도 없을 것입니다. 결국 사람들은 유혹에 굴복하고 맙니다.

역사가 짧은 시장은 역사가 유구한 시장보다 대체로 더 투기적입니다. 주위 사람들이 돈 버는 모습을 보면 사람들은 시장이 지닌 도박 속성에 강한 매력을 느낍니다. 거친 투기의 결과를 경험해보지 못한 사람들은 경험해본 사람들보다 투기에 휩쓸리기 쉽습니다. 1949년에 내가 읽은 책《현명한 투자자》에서 벤저민 그레이엄은 투자를 하라고 권했습니다. 이 책은 지금도 매우 잘 팔리고 있습니다. 시장이 달아오르면, 대출까지 받아서 투자하는 사람들이 높은 실적을 냅니다. 사람들은 투기에 그치지 않고 이른바 도박까지 벌이게 됩니다. 미국에서도 이런 모습이 나타납니다. 역사가 더 짧은 중국 시장에서는 더 많은 사람들이 투기에 휩쓸릴 수 있으므로 매우 극단적인 상황까지 경험하기 쉽습니다.

멍거: 확실히 동의합니다. 중국에는 문제가 더 많을 것입니다. 중국 사람들은 매우 똑똑하지만 더 투기적인 것도 사실입니다. 어리석은 짓이지요. 노력하면 올바른 편에 설 수 있지만, 운도 매우 좋아야 합니다.

버핏: 투기가 만연할 때도 침착하게 대응한다면 가치투자자들은 더 많은 기회를 얻게 될 것입니다. 찰리가 말했듯이, 시장에 심각한 위기가 닥칠 때도 버크셔의 실적은 꽤 좋을 것입니다. 우리는 공포감에 휩싸이지 않기 때문이죠. 공포감은 그야말로 들불처럼 퍼집니다. 몇 번 체험해보지 않고서는 믿을 수가 없습니다. 2008년 9월 초, 무려 3,800만 명이 MMF에 1조 달러를 투자하고 있었습니다. 당시에는 MMF를 환매하면 원금 손실이 발생한다는 사실을 걱정한 사람이 아무도 없었습니다. 그러나 3주 뒤, 사람들은 모두 공포감에 휩싸였습니다. 3일 만에 MMF에서 1,750억 달러가 빠져나갔습니다.

시장에서 대중의 반응 방식은 그야말로 극단적이 될 수 있습니다. 이런 반응이 가치투자자들에게는 기회가 될 수 있습니다. 흔히 사람들은 경솔하게 행동하고 도박을 벌입니다. 쉽게 돈 버는 방법이 보이면 사람들은 앞다투어 몰려듭니다. 이들의 믿음은 자기 충족적 예언이 되고 새로운 신도들이 계속 늘어나지만 결국은 심판의 날이 옵니다. 시장이 큰 폭으로 오르내리더라도 계속 가치투자를 권유하면 여기저기서 가치투자자들이 조금씩 늘어날 것이며, 이들은 시장에 휘둘리는 대신 시장이 주는 기회를 이용하게 될 것입니다.

멍거: 그동안 우리는 가치투자를 많이 권유했습니다.

인수 대상 기업 목록 1호 [Q 2017-18]

버크셔는 대규모로 현금흐름을 창출하고 있습니다. 버크셔가 계속 저자본capital light 기업에 투자하는 편이 주주들에게 유리하지 않을까요?

버핏: 우리도 계속 저자본 기업에 투자하고 싶습니다. 성장에 막대한 자본이 필요한 고자본capital intensive 기업보다는, 자산이익률이 높은 고성장 저자본 기업에 투자하는 편이 당연히 낫습니다. 그러나 이런 관점은 시대에 따라 바뀝니다. 미국 시가총액 5대 기업(애플, 알파벳, 마이크로소프트, 아마존, 페이스북 – 버크셔는 간혹 포함되기도 하도 제외되기도 함)의 시가총액 합계는 2.5조 달러가 넘습니다. 미국 시장 시가총액 합계액은 정확히 모르겠지만, 위 5대 기업이 차지하는 비중이 십중팔구 10%에 육박할 것입니다. 위 5대 기업이

라면 자기자본이 전혀 없어도 기업 운영에 지장이 없을 것입니다. 전혀 없더라도 말이죠.

앤드류 카네기Andrew Carnegie는 제철소를 지어 거부가 되었고, 록펠러John D. Rockefeller Sr.는 정유공장을 짓고 저유탱크를 사들여 거부가 되었지만, 지금은 세상이 많이 달라졌습니다. 그러나 자본주의의 역사를 돌아보면, 거액을 벌어들이려면 막대한 자기자본을 투자하고 상당한 자본을 재투자해야 하는 환경이 매우 장기간 이어졌습니다. 철도가 대표적인 사례입니다. 하지만 이제는 세상이 정말로 바뀌었습니다. 나는 사람들이 그 차이를 제대로 이해한다고 생각하지 않습니다. 시가총액 합계액이 2.5조 달러가 넘는 위 5대 기업은 운영에 자금이 필요하지 않을뿐더러, 지난 30~40년 동안 포춘 500에서 우리가 친숙하게 보았던 엑슨이나 GE 등 유명 대기업들을 넘어섰습니다.

우리는 이런 기업들을 좋아합니다. 자기자본이 필요 없고, 추가 자본 없이도 거의 무한히 성장하는 기업이라면 무조건 이상적인 기업이니까요. 우리가 보유한 기업 중에도 몇몇은 ROE가 이례적으로 높지만 성장성은 없습니다. 그래도 우리는 이런 기업을 좋아합니다. 그러나 성장성까지 있는 기업이 존재한다면, 장담컨대 우리 인수 대상 목록 1호로 올려놓을 것입니다. 아직 그런 기업은 보이지 않습니다. 질문자의 말씀이 절대적으로 옳습니다. 고자본 기업보다는 저자본 기업에 투자하는 편이 백배 낫습니다.

멍거: 고자본 미국 기업들이 한때는 훌륭한 투자 대상이었습니다. 듀폰DuPont은 PER 20에 거래되기도 했습니다. 듀폰은 복잡한 공장을 계속 짓고 박사와 화학자 들을 계속 채용하면서 세계를 통째로 사들일 기세였습니다. 그러나 이제 대부분 화학제품은 동질재가 되어버렸고, 대형 화학회사들은 고전하고 있습니다. 지금은 애플과 구글 같은 기업들이 세계 정상을 차지하

고 있습니다. 세상은 많이 바뀌었고, 정확한 판단으로 이런 새로운 기업에 투자한 사람들은 탁월한 실적을 올렸습니다.

버핏: 앤드류 멜론(Andrew Mellon, 1855~1937, 전직 미국 재무장관)이 지금 자산도 없이 수천억 달러의 가치를 창출하는 위 시가총액 5대 기업을 보았다면 무척 당황했을 것입니다. 지금은 그런 세상입니다. 과거에는 오랜 기간에 걸쳐 제철소를 짓고, 사람들을 고용해서 훈련했으며, 철도로 운송해 온 철광석으로 철강을 생산했고, 이를 전국에 공급해서 돈을 벌었습니다. 그러나 지금 구글은 누군가 한 번 클릭할 때마다 가이코로부터 11달러를 받고 있습니다. 이 세상이 처음에는 우리 눈에 보였습니다. 우리 자본주의 시스템은 유형자산을 바탕으로 발명과 혁신과 재투자를 거듭하면서 발전했습니다. 하지만 자본을 전혀 들이지 않고 무형자산을 바탕으로 수천억 달러에 이르는 가치를 창출할 수 있다면 이 방식이 훨씬 낫습니다. 지금 이 세상은 과거에 존재하던 세상이 아닙니다. 그러나 앞으로는 이런 세상이 이어질 것입니다. 이런 추세는 절대 꺾이지 않을 것으로 생각합니다.

멍거: 요즘 벤처캐피털 분야에서 이런 추세를 열심히 따라가다가 큰 손실을 본 사람이 많습니다. 멋진 분야지만 모두가 크게 성공하지는 못할 것입니다. 승자는 몇몇에 그치겠지요.

그 정도 두들겨 팼으면 [Q 2017-28]

투자 자문사들에게 보수를 지급해야 하나요? 당신은 찰리 멍거가 대단히 소중하다고 말하는데, 그에게 자산의 1%를 보수로 지급하겠습니까?

버핏: 연차보고서에서 밝혔듯이, 내가 지금까지 알고 지낸 사람들 중 장기간 초과수익을 낼 것으로 예상되는 사람이 10여 명입니다. 내가 모르는 사람들까지 포함하면 수백 명이나 수천 명 있겠지요. 찰리도 그중 하나입니다. 나라면 그에게 보수를 지급하겠느냐고요? 물론 지급하죠. 그러나 다른 투자 자문사들이라면 보수 1%를 지급하지 않을 것입니다. 이들이 S&P500 대비 초과수익 1%를 올리더라도 보수 1%를 제외하면 나는 본전에 불과한데, 초과수익 1%를 올리는 투자 자문사조차 거의 없기 때문입니다. 그러나 찰리에게 지급하는 보수 1%는 성격이 다릅니다. 이는 10만 달러를 주고 1919년 레드삭스Red Sox에서 활약하던 베이브 루스Babe Ruth를 양키스Yankees로 데려오는 것과 같습니다. 그야말로 횡재에 해당합니다. 내가 이런 식으로 양키스로 데려올 사람은 많지 않습니다.

투자 자문사들의 실적이 형편없어서가 아닙니다. 보수를 지급하지 않고서도 누구나 이들보다 더 좋은 실적을 얻을 수 있기 때문입니다. 어떤 분야에서든 전문가들은 우리가 직접 문제를 해결할 때보다 더 큰 가치를 창출해줍니다. 예컨대 임신부가 출산할 때는 배우자나 가족보다 산부인과 의사가 훨씬 도움이 됩니다. 그러나 투자 분야는 그렇지 않습니다. 적극운용 전문가들이 올리는 실적의 합계는 소극운용 투자자들이 올리는 실적 합계에도 미치지 못합니다. 물론 적극운용 전문가들 중에도 탁월한 실력자가 있다는 점에는 동의합니다. 그러나 그런 실력자가 누구인지 소극운용 투자자들은 찾아낼 수가 없습니다.

멍거: 실제 상황은 더 나쁩니다. 정말로 실력 있는 전문가도 운용자산 규모가 증가하면 실적이 심하게 악화합니다. 고정보수 2%와 성과보수 20%를 받는 헤지펀드를 장기간 운용한 펀드매니저의 실적을 분석해보면 드러납니

다. 고객들은 모두 손실을 봅니다. 일부 고객은 초기에 가입해서 한동안 좋은 실적을 얻지만, 이후 자금이 유입되면 펀드의 실적이 악화하기 때문입니다. 투자업계는 잘못된 유인, 왜곡된 보고, 심각한 망상이 가득한 수렁입니다.

버핏: 운용자산 규모가 수천억 달러가 되더라도 내가 선택한 10여 명이 초과수익을 낼 것으로 예상하느냐고 묻는다면, 나는 십중팔구 아무도 초과수익을 내지 못할 것이라고 대답하겠습니다. 실제로 이들이 운용한 자산은 규모가 크지 않았습니다. 그리고 운용자산 규모가 증가할수록 이들의 초과수익은 감소했습니다. 내가 연차보고서에서 설명한 (나와 10년짜리 내기를 한) 헤지펀드 매니저는 물론, (내기를 회피한) 다른 헤지펀드 매니저들도 모두 마찬가지였습니다. 이런 헤지펀드는 적어도 200개나 있었습니다. 이들은 최고의 펀드를 선정한다는 명분으로 막대한 성과보수를 받았지만, 펀드의 장기 실적은 시장 평균에도 미치지 못했습니다.

시장 전체로 보면 절대 나올 수 없는 초과수익을 약속하면서 수많은 사람이 성과보수를 받는다는 점에서 헤지펀드는 참으로 흥미로운 분야입니다. 그래도 이런 시장은 계속 유지될 것입니다. 영업력이 탁월한 사람들은 대부분 자금을 끌어모아 막대한 소득을 올릴 것입니다. 예컨대 의료계나 건설업계 등 다른 분야에서는 상상도 못할 거금을 벌어들일 것입니다. 이들은 자신이 마법이라도 부릴 것처럼 사람들을 설득합니다. 운용자산 규모를 10억 달러로 늘리면, 실적이 형편없어도 고정보수 2%에 해당하는 2,000만 달러를 받게 됩니다. 다른 어떤 분야에서도 상상하기 어려운 금액입니다. 그러나 투자업계 사람들에게는 익숙한 금액이지요.

버크셔에서는 두 사람이 210억 달러를 운용하고 있습니다. 기본보수는 연 100만 달러이고, S&P 대비 초과수익 기준으로 성과보수를 지급합니다.

이들은 실제로 가치를 창출해야 성과보수를 받으며, 그나마 20%에도 훨씬 못 미칩니다. 실제로 가치를 창출할 때만 보수를 받겠다고 말하는 헤지펀드 매니저가 얼마나 있을까요? 고객이 벌 수 있는 돈 이상을 벌어줄 때만 보수를 받겠다고 말하는 헤지펀드 매니저가 있을까요? 어떤 헤지펀드 매니저에게 이렇게 물어본 적이 있습니다. "보수가 2%와 20%나 되면 양심불량 아닌가요?" 그가 대답했습니다. "받을 수만 있으면 3%와 30%도 받을 겁니다." 찰리?

멍거: 그 정도 두들겨 팼으면 충분하네.

우리 모두의 행운 [Q 2017-34]

버크셔의 보유 현금이 1,000억 달러나 되는데, 토드 콤즈와 테드 웨슐러에게 왜 운용자금을 더 배분하지 않으셨나요?

버핏: 더 배분했습니다. 내 기억으로는 토드가 합류해서 처음 운용을 시작한 금액이 20억 달러였습니다. 이후 상당한 금액이 추가되었습니다. 물론 그가 벌어들인 이익을 모두 유보했으므로 자체 자본이 계속 증가한 셈입니다. 버크셔가 보유한 증권에서 두 사람의 운용자산이 차지하는 비중은 두 사람이 합류한 시점과 비슷하거나 더 커졌습니다. 테드는 토드보다 1~2년 뒤에 합류했습니다. 10~20억 달러보다는 100억 달러를 운용하기가 더 어렵다는 점에 두 사람 모두 동의할 것입니다. 운용자산 규모가 커질수록 기대 수익률은 하락하는 법이니까요.

두 사람을 채용한 것은 탁월한 결정이었습니다. 둘 다 유가증권을 훌륭하게 운용했습니다. 둘 다 20억 달러로 운용을 시작해서 약 200억 달러를 운용하고 있는데, 나도 그 정도로 많이 벌지는 못했을 것입니다. 이들은 자산운용 외에도 다양한 방법으로 크게 기여하고 있습니다. 이들은 현명한 데다가 투자 감각도 있습니다. 특히 자산운용에 탁월하고, 인품이 매우 훌륭하며, 버크셔와 잘 맞는 사람들입니다. 찰리는 토드를 높이 평가하고, 나는 테드를 높이 평가합니다.

멍거: 두 사람 모두 주주처럼 생각한다는 점에서, 우리 주주들은 운이 매우 좋다고 생각합니다. 직원들은 누구나 주주처럼 생각하는 척하지만 실제로는 그렇지 않습니다. 하지만 두 사람은 실제로 주주처럼 깊이 생각하며, 젊고 현명한 데다가 적극적입니다. 두 사람을 확보한 것은 우리 모두의 행운입니다.

버핏: 두 사람의 사고방식은 100% '버크셔가 나를 위해 무엇을 해줄 수 있는지 묻지 않고, 내가 버크셔를 위해 무엇을 할 수 있는지 묻겠다'입니다. 시간이 흐르면 사람들의 사고방식을 감지할 수 있습니다. 게다가 둘 다 재능이 탁월합니다. 젊고 의욕적이며 똑똑하면서도 자신을 내세우지 않는 사람은 찾기 어렵습니다. 지금까지 온갖 체험을 함께했지만 두 사람은 자신을 내세운 적이 없습니다. 항상 버크셔가 우선이었습니다. 어느 방향으로든 사람들이 극단으로 치우칠 때 이런 성향이 감지됩니다. 자산운용을 맡기기에 두 사람보다 나은 사람은 찾기 어렵습니다.

이런 질문도 나올 법합니다. "두 사람에게 각각 300억 달러를 더 맡기면 어떤가요?" 하지만 그렇게 한다고 두 사람의 생활이나 실적이 개선되지는 않을 것입니다. 시간이 흐를수록 두 사람의 운용자산은 자연스럽게 증가할 것입니다. 더 심각한 문제는 현재 우리 보유 현금이 900억 달러가 넘는 탓에 내가 감당하기 벅차다는 사실입니다. 이 현금의 용도를 찾아낼 가능성이 어느 정도는 있습니다. 그러나 나더러 오늘 당장 활용하라고 요구한다면 그 가능성은 낮습니다.

멍거: 확실히 동의합니다. 지금은 과거보다 투자하기가 훨씬 어렵습니다.

미쳤거나 배우고 있거나 [Q 2017-42]

당신은 아는 기업에 투자하라고 항상 조언했습니다. 또한 기술주 전문가가 아니라고 하면서도, 요즘은 기술주에 투자하면서 기술주에 관한 이야기를 더 많이 하고 있습니다. 지난 4년 동안 트위터에 올린 글은 9건뿐입니다.

버핏: 내가 수도원에 가서 근신할 때가 되었나 보군요. 그동안 기술주에 관해서 그렇게 많이 언급한 것 같지는 않습니다. 나는 IBM에 거액을 투자했는데 성과가 그다지 좋지 않았습니다. 손실을 보지는 않았지만 그동안 강세장이었으므로 상대적으로 많이 뒤처졌습니다. 최근에는 애플에 거액을 투자했습니다. 나는 경제 특성 면에서 애플을 소비재회사로 간주합니다. 물론 제품의 기능이나 기업들 사이의 경쟁 면에서 보면 기술 요소가 매우 중요합니다. 나중에 밝혀지겠지만, 나는 IBM과 애플 두 종목에서 모두 실패할 것으로는 생각하지 않습니다. 한 종목에서는 성공하겠지요.

나는 기술 분야에 관심 있는 15세 소년처럼 지식 수준을 과시할 생각이 전혀 없습니다. 대신 소비자 행동에 대해서는 내게도 어느 정도 통찰이 있을지 모르지요. 나는 소비자 행동에 관해서 입수한 정보를 바탕으로 장래에 어떤 소비자 행동이 나타날지 추론합니다. 물론 투자에서는 다소 실수를 저지를 것입니다. 나는 기술 이외의 분야에서도 실수를 저질렀습니다. 하지만 어떤 분야에서 전문가가 되더라도 타율이 10할에 도달할 수는 없습니다. 나는 보험 분야를 꽤 잘 알지만 그동안 보험주에 투자해서 한두 번 손실을 보았습니다. 게다가 나는 태어난 이후 기술 분야에서는 진정한 지식을 얻지 못했습니다.

멍거: 버핏이 애플을 매수한 것은 매우 좋은 신호라고 봅니다. 둘 중 하나를 가리키는 신호인데, 그가 미쳤거나 지금도 배우고 있다는 신호이지요. 나는 그가 배우고 있다는 신호로 해석하고 싶습니다.

버핏: 나도 그 해석이 마음에 듭니다.

자네는 왜 놓쳤나? [Q 2017-45]

제프 베조스를 높이 평가하면서도 아마존에 투자하지 않은 이유는 무엇인가요?

버핏: 내가 너무 어리석어서 제대로 내다보지 못했기 때문입니다. 나는 오래전부터 제프가 하는 일을 지켜보았고 그를 높이 평가했습니다. 그러나 그렇게 크게 성공할 것으로는 생각하지 못했고, 아마존 웹서비스(클라우드 컴퓨팅cloud computing)까지 성공할 것으로는 상상도 못했습니다. 제프가 소매업 기반을 구축하던 시점, 그가 와해기술 분야에서도 성과를 거둘 가능성이

얼마나 되느냐고 내게 물었다면 나는 희박하다고 대답했을 것입니다. 나는 그의 탁월한 실행력을 과소평가했습니다. 첨단 온라인 사업을 구상하기는 쉬워도, 실행하려면 많은 능력이 필요하다고 생각했지요. 그는 1997년 연차 보고서에서 로드맵을 제시했습니다. 그는 해냈을 뿐 아니라 엄청나게 잘 해냈습니다. 3~4개월 전 그가 찰리 로즈Charlie Rose와 한 인터뷰(Charlierose.com)를 보지 못했다면, 보시기 바랍니다. 여러분도 나처럼 많이 깨달을 수 있습니다. 나는 제프가 지금처럼 성과를 거두리라고는 전혀 생각하지 못했습니다. 그래서 주식이 항상 비싸 보였습니다. 그가 정말로 뛰어나다는 생각은 했지만 3년, 5년, 8년, 12년 전에는 이 정도로 성공할 줄 몰랐습니다. 찰리, 자네는 왜 놓쳤나?

멍거: 놓치기 쉬웠습니다. 제프는 매우 어려운 일을 해냈습니다. 당시에는 지금처럼 잘 해낼지가 불투명했습니다. 나는 아마존을 놓친 것을 안타깝게 생각하지 않습니다. 그러나 더 쉬운 기회도 있었는데 그 기회를 놓친 것은 다소 안타깝습니다.

버핏: 우리가 추구하는 방향은 아니잖아?

멍거: 구글 말일세.

버핏: 많은 기회를 놓쳤지.

멍거: 우리는 앞으로도 계속 기회를 놓칠 것입니다. 다행히 기회를 모두 놓치는 것은 아닙니다. 우리의 비밀이지요.

버핏: 다음 질문으로 넘어갑시다. 더 구체적인 질문이 나올지도 모르겠습니다.

2장
채권, 외환, 파생상품 투자

파생상품 거래는 지옥과 같아서,
들어가기는 쉬워도 빠져나오기는 끔찍이 어렵습니다.
그 밖에도 지옥과 비슷한 점들이 있습니다. [2004]

바보 취급당할 위험 [1997]

우리가 선호하는 투자 대상(수익성이 훌륭하고 경영 상태가 좋으며 가격이 합리적인 기업)을 찾을 수 없을 때, 우리는 신규 자금을 대개 초우량 초단기 상품에 투자합니다. 그러나 가끔 다른 곳에 과감하게 투자하기도 합니다. 물론 이런 대체투자는 손실보다 이익 가능성이 높다고 믿습니다. 하지만 훌륭한 기업을 매력적인 가격에 인수할 때만큼 확실하게 이익을 얻을 수는 없습니다. 훌륭한 기업을 매력적인 가격에 사면 단지 시점이 문제일 뿐, 이익은 확실합니다. 대체투자를 할 때도 우리는 이익을 얻는다고 생각합니다. 그러나 때로는 손실이 발생하며, 간혹 손실 규모가 커질 수도 있습니다.

연말 우리 대체투자 포지션은 세 가지였습니다. 첫째는 석유 1,400만 배럴에 대한 파생상품 계약으로서, 1994~1995년 확보한 포지션 4,570만 배럴 중 남은 물량입니다. 3,170만 배럴 계약은 1995~1997년에 청산해 세전 이익 약 6,190만 달러를 얻었습니다. 나머지 계약은 1998~1999년에 만료됩니다. 연말 현재 이 계약은 미실현 이익 1,160만 달러입니다. 회계규정에 의해서 상품 포지션은 장부에 시장가격으로 표시됩니다. 따라서 우리 연례 재무보고서와 분기 재무보고서 양쪽에 파생상품 계약의 미실현 손익이 모두 반영되어 있습니다. 우리가 계약을 체결한 시점에는 석유 선물(先物)이 다소 저평가된 듯했습니다. 그러나 지금은 가격에 대해 아무 의견이 없습니다.

둘째 대체투자 포지션은 은입니다. 작년 우리는 은 1억 1,120만 온스를 매수했습니다. 시가평가에 의해 1997년 이 포지션에서는 세전 이익 9,740만 달러가 발생했습니다. 어떤 면에서는 이 거래가 나의 과거 경험과 연결

됩니다. 30년 전, 나는 은을 매수했습니다. 미국 정부가 은의 유통을 금지할 것으로 예측했기 때문입니다. 이후 나는 은의 펀더멘털을 계속 지켜보았지만 보유하지는 않았습니다. 그런데 최근 몇 년 동안 은괴 재고가 대폭 감소했으므로, 작년 여름 찰리와 나는 수요와 공급이 균형을 이루려면 가격이 상승해야 한다고 판단했습니다. 우리가 은의 가치를 계산할 때 인플레이션 가능성은 고려하지 않았다는 점을 밝혀둡니다.

셋째 대체투자 포지션은 미국 재무부 장기 할인채로서, 연말 상각 원가 기준으로 46억 달러여서 규모가 가장 큽니다. 이 채권은 이자를 지급하지 않는 대신, 매수 시점에 가격을 할인해줍니다. 그래서 금리가 변동할 때 시장가격이 가파르게 변합니다. 금리가 상승하면 할인채 가격은 대폭 하락하고, 금리가 하락하면 할인채 가격은 대폭 상승합니다. 1977년에는 금리가 하락했으므로, 우리 할인채에서 미실현 세전 이익 5억 9,880만 달러가 발생했습니다. 우리는 이 할인채를 시장가격으로 표시하므로, 이 미실현 이익은 연말 순자산가치에 반영됩니다.

현금성 자산을 계속 보유하는 대신 할인채를 매수하면 우리는 바보 취급당할 위험을 떠안게 됩니다. 할인채 매수처럼 거시경제 변수를 기반으로 투자할 때는 성공 확률이 절대 100%에 근접할 수가 없으니까요. 그러나 찰리와 내가 밥값을 하려면 창피를 무릅쓰고 판단에 최선을 다해야 하므로, 승산이 있다고 믿을 때는 가끔 대체투자를 할 것입니다. 우리가 실패하더라도 너그럽게 생각해주시기 바랍니다. 클린턴Bill Clinton 대통령과 마찬가지로, 우리도 여러분의 고통을 함께 느낍니다. 멍거 가족은 재산의 90% 이상을 버크셔에 투자했고, 버핏 가족은 재산의 99% 이상을 버크셔에 투자했으니까요.

폭음이 심할수록 [2002]

우리는 여전히 주식 거래가 거의 없습니다. 찰리와 나는 현재 보유 중인 주요 종목에 대해서 점점 더 마음이 편해집니다. 대부분 종목이 그동안 시가총액은 감소했지만 이익은 증가했기 때문입니다. 그러나 물량을 늘리고 싶지도 않습니다. 이들 기업의 전망은 밝지만, 아직 주가가 저평가되었다고 생각하지 않기 때문입니다.

우리는 주식 전반에 대해서도 같은 생각입니다. 지난 3년 동안 주가가 하락하면서 주식의 매력이 대폭 높아지긴 했지만, 아직도 관심 가는 종목이 거의 없습니다. 이는 거품이 크게 발생한 기간에 주가가 터무니없이 상승했다는 우울한 사실 때문입니다. 안타깝지만 폭음이 심할수록 숙취도 고통스러울 것입니다.

현재 찰리와 나는 주식을 멀리하고 있지만 이는 절대 우리 천성이 아닙니다. 우리는 주식 보유하기를 좋아합니다. 매력적인 가격에 살 수 있다면 말이죠. 내가 투자한 61년 중 이런 기회가 있었던 해가 약 50년이었습니다. 이런 해가 다시 올 것입니다. 그러나 세전 수익률 10% 이상(세후 수익률 6.5~7%) 얻을 가능성이 매우 크지 않다면 기다릴 것입니다. 단기 자금 수익률이 세후 1%에도 못 미치므로 기다리는 일이 즐겁지는 않습니다. 그러나 투자에 성공하려면 가끔은 휴식도 필요합니다.

그래도 작년에 우리는 몇몇 정크본드와 대출에 합리적인 조건으로 투자할 수 있었습니다. 이 섹터에 대한 투자금액이 6배로 늘어나 연말에는 83억 달러에 이르렀습니다.

정크본드 투자와 주식 투자는 어떤 면에서 비슷합니다. 둘 다 가격-가치를 추정해야 하고, 수백 개 종목을 뒤져서 위험/보상 비율이 매력적인 종목 극소수를 찾아내야 합니다. 그러나 둘 사이에는 중요한 차이도 있습니다. 주식에 투자할 때는 모든 종목에서 좋은 성과를 기대합니다. 우리는 재무구조가 튼튼하고, 경쟁력이 강하며, 경영진이 유능하고 정직한 기업에 집중적으로 투자하기 때문입니다. 이런 기업의 주식을 합리적인 가격에 산다면 손실 보는 일이 드물어야 합니다. 실제로 지난 38년 동안 버크셔(제너럴 리General Re와 가이코 제외)가 주식 투자에서 얻은 이익이 손실보다 약 100배 많았습니다.

우리가 정크본드를 살 때는 훨씬 더 한계선상에 있는 기업을 다룹니다. 이런 기업들은 대개 부채가 많으며, 흔히 그 산업의 ROE도 낮습니다. 게다가 경영진의 자질도 종종 의심스럽습니다. 심지어 경영진의 이해관계와 채권자들의 이해관계가 정면으로 충돌하기도 합니다. 그래서 우리는 정크본드에서 가끔 대규모 손실이 발생할 것으로 예상합니다. 그러나 지금까지는 이 분야에서 꽤 좋은 실적을 거두었습니다.

여전히 부채를 꺼립니다 [2005]

미드아메리칸MidAmerican Energy Holdings이 포함된 새 연결재무상태표를 보면 버크셔가 차입에 관대해진 것처럼 보일지 모르겠습니다. 그러나 사실은 그렇지 않습니다. 우리는 오로지 다음 세 가지 목적으로 떠안는 소액을 제외하면 여전히 부채를 꺼립니다.

(1) 가끔 우리는 단기 투자 전략으로 미국 국채(또는 정부 기관 채권)를 이용해서 환매조건부채권매매repo를 합니다. 이런 거래에는 좋은 기회가 많으며, 유동성이 매우 높은 증권만을 사용합니다. 몇 년 전에 이런 식으로 흥미로운 거래를 여러 건 했는데, 이후 포지션이 청산되었거나 만기가 다가오고 있습니다. 따라서 이 거래와 관련된 부채도 대폭 감소했고, 머지않아 모두 없어질 것입니다.

(2) 우리는 위험 특성을 이해하는 이자부 매출채권을 담보로 자금을 차입하기도 합니다. 파산한 피노바(Finova, 당시 다양한 매출채권 보유)를 루카디아Leucadia와 함께 인수하려고, 2001년 우리가 은행 부채 56억 달러를 보증할 때 이런 거래를 했습니다. 이 부채는 모두 상환되었습니다. 더 최근에도 이런 방식으로 클레이턴 홈즈Clayton Homes가 관리하는 조립주택 매출채권 포트폴리오(잘 분산되었으며, 실적이 예측 가능함) 구축 자금을 조달했습니다. 이 매출채권을 증권화securitization해서 매각할 수도 있었지만 우리는 보유하면서 관리하기로 했습니다. 우리도 업계에서 흔히 하는 것처럼 매출채권을 증권화하면 재무상태표에 부채가 올라가지 않고 이익도 앞당겨 실현할 수 있습니다. 대신 수익이 감소합니다. 시장 변수가 바뀌어 증권화가 유리해진다면(가능성은 작지만) 포트폴리오 일부를 매각해 부채를 줄일 수도 있습니다. 그때까지는 그럴듯한 겉모습보다 실속을 우선할 생각입니다.

(3) 미드아메리칸은 부채가 많지만 미드아메리칸이 단독으로 책임지는

부채입니다. 이 부채가 우리 연결재무상태표에 표시되긴 해도, 버크셔가 보증하지는 않습니다.

이 부채가 규모는 커도 안전성은 걱정할 필요가 없습니다. 미드아메리칸이 보유한 다양하고도 매우 안정적인 공익사업 이익으로 원리금을 상환하기 때문입니다. 만에 하나 미드아메리칸의 공익사업 자산 한 곳에 청천벽력 같은 사고가 발생하더라도, 다른 자산에서 나오는 이익으로 모든 부채를 충분히 감당할 수 있습니다. 게다가 미드아메리칸은 이익을 모두 유보하고 있는데, 이렇게 주주 지분을 쌓아가는 방식은 공익사업 분야에서 찾아보기 어려운 관행입니다.

위험 관점에서 보면, 이자보상비율이 예컨대 2배에 그치더라도 잘 분산된 공익사업 10개를 보유하는 편이, 이자보상비율이 훨씬 높은 공익사업 하나를 보유하는 것보다 훨씬 안전합니다. 부채를 아무리 보수적으로 관리하더라도, 단일 공익사업은 재난을 당하면 지급불능에 빠질 수 있기 때문입니다. (카트리나가 닥쳤을 때의 뉴올리언스 전력회사를 기억하십시오.) 그러나 미드아메리칸은 한 지역에 재난이 발생하더라도(예컨대 서부에 지진이 발생해도) 이런 영향을 받지 않습니다. 심지어 찰리처럼 걱정 많은 사람조차 미드아메리칸의 이익이 구조적으로 대폭 감소할 만한 사건을 떠올리지 못할 정도입니다. 미드아메리칸은 다양한 공익사업을 계속 확대해나갈 것이므로 앞으로도 항상 부채를 대규모로 사용할 것입니다.

대략 이 정도입니다. 우리는 인수나 사업 목적으로 대규모 부채를 일으킬 생각이 없습니다. 물론 사업 통념에서는 우리가 지나치게 보수적이어서 적정 레버리지를 일으키면 안전하게 추가 수익을 얻을 수 있다고 주장할 것입니다.

그럴지도 모르지요. 그러나 수십만 투자자 중 버크셔 주식이 재산 대부분을 차지하는 주주가 많아서(우리 이사와 핵심 경영자 다수도 해당), 회사에 재난이 일어나면 이들도 재난을 당하게 됩니다. 게다가 우리가 50년 이상 보험금을 지급해야 하는 영구 상해 고객들도 있습니다. 이런 분들을 포함한 고객들에게 우리는 어떤 일이 일어나더라도 절대적인 안전을 보장한다고 약속했습니다. 금융공황, 주식시장 폐쇄(1914년에 장기간 폐쇄), 심지어 미국에 핵, 화학, 생물학 공격이 발생하더라도 말입니다.

우리는 대규모 위험을 기꺼이 인수합니다. 실제로 단일 재해에 대해 판매하는 보험은 우리 한도가 다른 어떤 보험사보다도 높습니다. 우리가 보유한 대규모 투자 포트폴리오도 (1987년 10월 19일 같은) 특정 상황에서는 시장가치가 단기간에 극적으로 하락할 수 있습니다. 그러나 어떤 일이 일어나더라도 버크셔는 이런 문제를 쉽게 해결할 수 있을 정도로 순자산, 이익 흐름, 유동성을 유지할 것입니다.

다른 방법은 모두 위험합니다. 그동안 수없이 많은 매우 똑똑한 사람들이 어렵게 배운 교훈이 있습니다. 장기간 연속해서 인상적인 실적을 올렸더라도 한 번만 0을 곱하면 모두 0이 된다는 사실입니다. 나 자신도 이런 경험을 하고 싶지 않지만, 내 탓에 다른 사람들이 이런 손실을 보는 것은 더더욱 원치 않습니다.

미안해요. 달러뿐이라서 [2004]

2004년 말 현재 버크셔가 보유한 외환 계약은 12개 통화에 걸쳐 약 214억 달러입니다. 작년에도 언급했듯이, 이러한 외환 보유는 우리의 태도가 확실히 바뀌었다는 의미입니다. 2002년 이전에는 나도 버크셔도 외환을 거래한 적이 없습니다. 그러나 미국의 무역 정책 탓에 달러의 가치가 앞으로 장기간 하락 압박을 받는다는 증거가 늘어나고 있습니다. 그래서 2002년 이후 우리는 투자 방향을 설정할 때 이런 조짐에 주의하고 있습니다. (구걸하는 거지에게 코미디언 겸 영화배우인 W.C. 필즈Fields가 말했습니다. "미안해요. 가진 돈이라곤 달러뿐이라서.")

한 가지는 분명히 밝혀두겠습니다. 우리는 미국의 장래가 못 미더워서 외환을 보유하는 것이 절대 아닙니다. 미국은 이례적인 부국으로서 시장경제, 법치, 기회의 균등을 존중하는 시스템이 만들어낸 산물입니다. 미국의 경제력은 세계 어느 나라보다도 훨씬 강하며, 앞으로도 계속 그러할 것입니다. 미국에 살고 있는 우리는 행운아입니다.

그러나 2003년 11월 10일 내가 〈포춘〉 기고문(berkshirehathaway.com 참조)에서 주장했듯이, 미국의 무역 관행이 달러를 짓누르고 있습니다. 달러의 가치는 이미 상당 폭 하락했지만 앞으로도 계속 하락할 듯합니다. 정책이 바뀌지 않는다면 외환시장은 더 혼란에 빠질 수 있으며, 정치적 · 재정적으로 부작용이 발생할 수 있습니다. 실제로 이런 문제가 나타날지는 아무도 모릅니다. 그러나 이런 시나리오의 실현 가능성을 절대 무시할 수 없으므로 정책 입안자들은 지금부터 대안을 연구해야 합니다. 하지만 이들이 복지부동하는 경향이 아무래도 불길합니다. 지속적인 무역 적자가 미치는 영향을 연구한 318페이지짜리 의회 보고서가 2000년 11월에 발간되었지만, 이 보고서에는 먼지만 쌓이고 있습니다. 이 보고서는 1999년 무역 적자가 당시로선 충격적인 2,630억 달러를 기록하자 발간되었습니다. 작년 무역 적자는 6,180억 달러로 증가했습니다.

강조하건대, 찰리와 나는 '실물 무역(real trade, 국가 간 상품 및 서비스 교환 행위)'이 미국과 외국 모두에 대단히 유익하다고 믿습니다. 작년 미국의 순수 실물 무역은 1.15조 달러였습니다. 이런 무역은 더 많을수록 좋습니다. 그러나 미국이 외국에서 추가로 들여온 6,180억 달러 상당의 상품과 서비스는 실물 무역이 아니라 일방 거래였습니다. 규모가 충격적이어서 영향이 막대합니다.

이 일방적인 '사이비 무역pseudo trade'을 조정하는 항목이 미국에서 외국으로의 '부(富)의 이전(移轉)'입니다. (거래에는 항상 대응 항목이 존재합니다.) 이전은 민간 기업이나 정부 기관이 외국인들에게 차용증서를 써주는 형태이거나, 주식과 부동산 같은 자산의 소유권을 넘겨주는 방식이 됩니다. 어떤 방식이든, 미국에 대한 소유권 중 우리의 몫은 감소하고 외국인들의 몫은 증가합니다. 이렇게 미국의 부를 외국으로 떠넘기는 규모가 현재 매일 18억 달러에 이르는데, 작년보다 20% 증가했습니다. 그 결과 현재 외국인들이 보유한 미국의 순자산이 약 3조 달러입니다. 10년 전에는 이들의 순자산이 무시해도 될 정도였습니다.

조 단위로 말하면 대개 감이 오지 않습니다. 그리고 흔히 경상수지 적자(세 항목의 합계로서, 단연 가장 중요한 항목은 무역 적자)와 미국 재정 적자를 '쌍둥이 적자'로 묶어 다루기 때문에 더 혼동하기 쉽습니다. 그러나 둘은 쌍둥이가 아닙니다. 둘은 원인도 다르고 결과도 다릅니다.

재정 적자가 발생해도 미국의 순자산 중 미국인들의 몫은 절대 감소하지 않습니다. 외국인들이 미국의 순자산을 보유하지 않는 한, 재정 적자가 아무리 크게 발생해도 미국에서 산출되는 것은 100% 미국인들의 몫이 됩니다.

재화가 넘치는 부유한 가족인 미국인들은 정부의 GDP 분배 방식(즉, 세금 징수 방식과 복지혜택 분배 방식)을 놓고 의회 의원들을 통해서 논쟁을 벌입니다. 과거에 약속한 복지혜택을 재검토하는 상황이 되면, '가족 구성원들'은 서로 자기가 고통받는다고 주장하면서 열띤 논쟁을 벌입니다. 그러면 세금이 인상되거나, 약속이 조정되거나, 국내에서 공채가 발행될 수 있습니다. 그래도 논쟁이 마무리되면 GDP라는 거대한 파이는 어떤 방식으로 분배되더라도 모두 가족 구성원들에게 돌아가게 됩니다. 한 조각도 외국으로 나가지 않습니다.

그러나 경상수지 적자가 대규모로 계속 발생하면 전혀 다른 결과가 벌어집니다. 세월이 흐르면서 우리 채무가 증가하면 GDP 중 우리 몫은 갈수록 줄어듭니다. 실제로 미국 GDP 중 외국인들의 몫이 갈수록 증가합니다. 여기서 우리는 항상 소득보다 지출이 더 많은 가족과 같습니다. 세월이 흐를수록, 우리가 벌어들이는 돈 중 '금융회사'로 가는 몫이 늘어납니다.

현재 규모로 경상수지 적자가 이어진다면 10년 뒤에는 미국의 순자산 중 외국인들의 몫이 약 11조 달러에 이를 것입니다. 이런 순자산에 대한 외국인들의 투자수익률을 5% 정도로 잡아도, 우리는 이자만으로 해마다 0.55조 달러에 이르는 상품과 서비스를 외국으로 실어 보내야 합니다. (전혀 확실하지는 않지만 인플레이션이 낮다고 가정하면) 10년 뒤 미국의 GDP는 약 18조 달러가 될 것입니다. 따라서 10년 뒤 우리 미국 '가족'은 과거에 방종한 대가로 해마다 GDP의 3%를 외국에 공물로 바쳐야 합니다. 재정 적자일 때와는 달리, 아버지가 저지른 죗값을 아들이 치르게 됩니다.

(미국이 소비를 대폭 줄여 대규모 무역 흑자를 계속 쌓아나가지 않는다면) 이렇게 해마다 외국에 바치는 조공 탓에 미국에서는 틀림없이 정치가 매우 불안해질 것입니다. 그래도 미국 경제가 성장할 것이므로 미국인들의 생활은 지금보다도 더 윤택할 것입니다. 하지만 채권자들에게 영원히 조공을 바쳐야 한다는 사실에 화가 날 것입니다. 지금 미국은 모두가 집주인이 되는 행복한 '소유자 사회Ownership Society'를 열망하고 있지만, 다소 과장하자면 불행한 '소작인 사회Sharecropper's Society'가 될 것입니다. 공화당과 민주당이 함께 지지하면서 이끌어가는 무역 정책의 종착지가 바로 이런 모습입니다.

조야(朝野) 금융계의 명사들은 현재와 같은 경상수지 적자가 계속될 수 없다고 말합니다. 예를 들어 2004년 6월 29일 연준 공개시장위원회 회의록에는 이렇게 쓰였습니다. "대규모 대외 적자가 무한정 이어질 수는 없다고 간부진이 지적했다." 그러나 전문가들은 급증하는 무역 불균형에 대해 글은 계속 이렇게 쓰면서 실질적인 해결책은 제시하지 않습니다.

16개월 전 〈포춘〉에 기고한 글에서 나는 "달러 가치의 완만한 하락은 답이 되지 못한다"라고 썼습니다. 그리고 지금까지 실제로 답이 되지 못했습니다. 그런데도 정책 입안자들은 여전히 '연착륙'을 희망하면서, 다른 나라에는 그 나라 경제를 부양(통화 팽창)하라고 주문하고, 미국인들에게는 저축을 늘리라고 말합니다. 나는 이런 권고가 잘못되었다고 생각합니다. 막대한 경상수지 적자 지속은 뿌리 깊은 구조적 문제여서, 무역 정책이 근본적으로 바뀌거나, 금융시장이 불안해질 정도로 달러의 가치가 하락하지 않고서는 해결되지 않습니다.

무역 정책의 현상 유지를 옹호하는 사람들이 즐겨 인용하는 애덤 스미스 Adam Smith의 말이 있습니다. "가구 차원에서 사려 깊은 행위가 거대 왕국 차원에서도 옳은 일이다. 어떤 외국 제품의 가격이 우리가 직접 만드는 것보다 더 싸다면, 우리가 더 싸게 생산하는 제품 일부를 주고 그 외국 제품을 사는 편이 낫다."

나도 동의합니다. 그러나 스미스는 제품을 주고 제품을 사라고 말한 것이지, 미국처럼 매년 0.6조 달러에 이르는 부(富)를 주고 제품을 사라고 말한 것이 아닙니다. 게다가 과소비를 유지하려고 매일 농장 일부를 팔아치우는 가정의 행태를 절대 '사려 깊다'라고 평가하지는 않았을 것입니다. 그러나 미국이라는 거대 왕국은 부를 주고 제품을 사고 있습니다.

만일 미국의 경상수지가 0.6조 달러 '흑자'라면, 세계 언론은 미국의 무역 정책을 일종의 극단적 '중상주의(국가가 수출을 촉진하고 수입을 억제해 재화를 축적하는 전략으로서, 오래전부터 불신당했던 정책)'로 간주해 거칠게 비난할 것입니다. 나 역시 그런 정책을 비난할 것입니다. 그러나 원래 의도했던 바는 아닐지 몰라도, 외국은 미국에 대해 중상주의 정책을 펴고 있습니다. 이는 미국이 축적한 자산이 막대하고 그동안 쌓아온 신용이 매우 높아서 가능합니다. 실제로 자국 통화 표시 신용카드로 이렇게 끝없이 소비할 수 있는 나라는 미국을 제외하면 세계 어디에도 없습니다. 아직은 대부분 외국 투자자들이 크게 걱정하지 않습니다. 이들은 미국을 소비 중독자로 간주하지만 우리가 부자라는 사실도 알고 있습니다.

그러나 우리의 낭비벽이 무한정 용인될 수는 없습니다. 그리고 언제 어떤 방식으로 무역 문제가 해결될지 예측하기는 불가능하지만, 이 문제가 해결된다고 해서 달러의 가치가 상승할 것 같지도 않습니다.

우리는 미국이 경상수지 적자를 즉시 대폭 축소하는 정책을 채택하길 바랍니다. 물론 미국이 즉각적인 해결책을 채택하면 버크셔는 외환거래 계약에서 기록적인 손실을 보게 될 것입니다. 그러나 버크셔의 자원은 달러 자산에 집중되어 있으므로 달러 강세와 저인플레이션 환경이 우리에게 매우 유리합니다.

통화 분야의 최근 흐름을 따라가려면 〈파이낸셜 타임스The Financial Times〉를 읽으십시오. 런던에서 발간되는 이 신문은 오래전부터 세계 금융 뉴스를 선도했는데, 지금은 탁월한 미국판도 있습니다. 무역에 관한 보도와 논평도 일류입니다.

이번에도 경고를 덧붙입니다. 거시경제는 매우 어려운 분야라서, 찰리와 나도 마찬가지지만 능력을 입증한 사람이 거의 없습니다. 통화에 대한 우리의 판단도 얼마든지 틀릴 수 있습니다. (현재 달러 약세를 예상하는 전문가가 너무 많아서 우리는 불안합니다.) 우리 판단이 틀리면 우리 실수가 낱낱이 드러납니다. 역설적이지만, 달러의 가치가 대폭 하락하더라도 버크셔의 자산을 모두 달러 표시로 내버려 둔다면 우리 실수를 아무도 눈치채지 못할 것입니다.

존 메이너드 케인스는 명저 《고용, 이자, 화폐의 일반이론》에서 말했습니다. "세속적 지혜에 의하면, 관례를 거슬러 성공하는 것보다 관례를 따르다 실패하는 쪽이 평판에 유리하다." (더 노골적으로 표현하면, 나그네쥐lemmings는 집단으로 조롱당할 뿐, 개별적으로 비난받는 일은 없습니다.) 평판 관점에서 보면, 찰리와 나는 외환 계약으로 명백한 위험을 떠안는 셈입니다. 그러나 우리는 버크셔가 100% 우리 소유인 것처럼 경영해야 한다고 믿습니다. 그렇다면 우리는 달러 자산만 보유하는 정책은 선택하지 않을 것입니다.

연착륙은 희망 사항 [2006]

우리는 직접 보유한 외환 포지션을 거의 모두 정리했는데, 이 과정에서 2006년에 실현한 세전 이익이 약 1억 8,600만 달러입니다. (앞에서 제시한 '금융업과 금융상품'의 실적에 포함되어 있습니다.) 2002년 외환 포지션을 보유하기 시작한 이후 거둔 총이익은 22억 달러입니다. 다음은 통화별 실적입니다.

외환 포지션 총손익

(단위: 100만 달러)

통화	손익	통화	손익
호주 달러	247.7	멕시코 페소	106.1
영국 파운드	287.2	뉴질랜드 달러	102.6
캐나다 달러	398.3	싱가포르 달러	−2.6
중국 위안	−12.7	한국 원	261.3
유로	839.2	스위스 프랑	9.6
홍콩 달러	−2.5	타이완 달러	−45.3
일본 엔	1.9	다양한 옵션	22.9

정확한 금액은 계산하지 않았지만, 우리가 간접적으로 올린 외환 이익도 많습니다. 예를 들어 2002~2003년에는 엔론Enron 채권에도 약 8,200만 달러를 투자했는데, 일부는 유로화 표시 채권이었습니다. 이 채권에서 우리가 이미 받은 분배금이 1억 7,900만 달러이고, 남은 우리 몫이 1억 7,300만 달러입니다. 이는 총이익이 2억 7,000만 달러이며, 이익 일부는 채권 매입 이후 유로화 가치 상승에서 나왔다는 뜻입니다.

우리가 외환을 사들이기 시작한 시점에는 외국 금리 대부분이 미국 금리보다 높았으므로 직접 외환을 보유하는 편이 유리했습니다. 그러나 2005년에는 금리 차이가 역전되어 미국 금리가 더 높아졌습니다. 따라서 우리는 외환을 보유하는 다른 방법을 찾아보았는데, 예를 들면 외국 주식을 보유하거나, 외국에서 대규모 이익을 내는 미국 주식을 보유하는 방법이었습니다. 그러나 강조하지만, 외환은 우리가 종목을 선정할 때 주요 요소가 아니라 여러 요소 중 하나에 불과합니다.

미국은 무역 적자가 확대되고 있으므로 장기적으로 달러의 가치가 계속 내려갈 확률이 높습니다. 나는 '실물 무역'이 바람직하다고 확신합니다. 실물 무역이 증가할수록 미국과 세계 모두에 더 좋습니다. 2006년 미국의 순수 실물 무역은 약 1.44조 달러였습니다. 그러나 미국이 상품이나 서비스를 제공하지 않고 수입한 '사이비 무역'도 2006년에 0.76조 달러나 있었습니다. (만일 우리가 수출은 전혀 없이 수입만 GDP의 무려 6%에 해당하는 0.76조 달러를 실시했다면, 해설자들은 이런 상황을 어떻게 설명했을까요?) 미국은 상품과 서비스를 제공하지 않으면서 이만큼 수입했으므로, 미국 자산에 대한 소유권이나 차용증을 외국에 넘겨줄 수밖에 없었습니다. 우리는 매우 부유하지만 방종한 가족처럼 생산량보다 많이 소비하려고 재산 일부를 내놓았습니다.

미국은 대단한 부자이며 과거에 책임감 있게 처신했으므로 앞으로도 이런 사이비 무역을 많이 할 수 있습니다. 따라서 세계는 미국의 채권, 부동산, 주식, 기업 들을 기꺼이 받아줄 것입니다. 그리고 우리는 아직 이런 재산이 엄청나게 많습니다.

그러나 이런 식의 부의 이전은 중대한 결과를 불러옵니다. 내가 작년에 예측했던 과소비의 악영향이 이미 현실로 나타났습니다. 미국의 '투자 소득' 계정은 1915년 이후 항상 전년보다 증가했으나, 2006년에는 감소세로 돌아셨습니다. 이제는 미국인이 외국에 투자해서 벌어들이는 돈보다, 외국인이 미국에 투자해서 벌어 가는 돈이 더 많습니다. 이는 우리의 은행 잔고가 바닥나서 신용카드로 소비하는 것과 같습니다. 부채를 짊어진 모든 사람과 마찬가지로, 이제는 미국도 갚아야 할 이자에 대한 이자가 끝없이 증가하는 '부채 복리 효과'에 시달리게 될 것입니다.

그러나 미국인들이 이렇게 어리석은 방향으로 가고 있어도 10~20년 뒤에는 틀림없이 지금보다 더 잘살게 될 것입니다. 1인당 재산이 증가하기 때문입니다. 하지만 미국인들은 막대한 부채에 대해서 이자를 갚아야 하므로, 매년 우리 생산량의 상당 부분을 외국으로 실어 보내야 할 것입니다. 이렇게 우리 선조가 과소비해서 진 빚을 갚으려고 우리가 매일 일정 시간을 일해야 한다면 즐거울 리가 없습니다. 장래 어느 시점에 미국 근로자와 유권자 들이 매년 외국에 바치는 '조공'에 지치면 심각한 정치적 반발이 일어날 것입니다. 그 여파가 시장에 어떤 결과를 불러올지는 예측할 수 없습니다. 그러나 '연착륙'은 희망 사항에 불과할 것입니다.

우리가 실현한 환차익은 모두 파생상품의 일종인 선물계약을 통해서 거둔 것입니다. 그리고 우리는 다른 유형의 선물계약도 맺었습니다. 이 말이 이상하게 들릴 것입니다. 우리는 제너럴 리가 맺은 파생상품 계약을 해지하느라 값비싼 대가를 치렀고, 나는 파생상품 거래가 엄청나게 증가하면 구조적인 문제가 발생할 수 있다고 자주 말했기 때문입니다. 왜 이렇게 위험한 상품을 갖고 노는지 여러분은 의아할 것입니다.

이는 주식이나 채권과 마찬가지로, 파생상품도 가끔 가격이 터무니없이 잘못 매겨지기 때문입니다. 따라서 우리는 오래전부터 선별적으로 파생상품을 팔았습니다. (건수는 작지만 금액은 대개 큽니다.) 현재 남은 계약은 62건입니다. 내가 직접 관리하고 있으며, 거래상대방 위험이 없는 계약들입니다. 지금까지는 실적이 좋아서 세전 이익이 수억 달러에 이릅니다. (외환 선물계약에서 얻은 이익 규모를 훨씬 넘어섭니다.) 때때로 손실이 발생하겠지만, 전체적으로는 파생상품 가격 오류로부터 계속해서 상당한 이익이 나올 것입니다.

잠시 숨을 죽이십시오 [2007]

버크셔는 2007년에 외환 포지션을 하나만 보유했습니다. 여러분, 잠시 숨을 죽이십시오. 그 외환은 브라질 헤알이었습니다. 얼마 전까지만 해도 달러를 헤알로 바꾸는 것은 상상할 수도 없었습니다. 지난 1세기 동안 브라질 통화는 다섯 번이나 종잇조각이 되었기 때문입니다. 주기적으로 통화의 가치가 떨어지거나 사라지는 나라 사람들이 그랬듯이, 브라질 부자들도 재산을 지키려고 때때로 막대한 자금을 미국에 숨겨두었습니다.

그러나 브라질 사람이 재산을 달러로 바꾸는 신중한 행동을 했다면 지난 5년 동안 재산이 절반으로 줄어들었을 것입니다. 2002~2007년 연말의 달러 대비 헤알화 가치를 나타내는 지수는 다음과 같습니다. 100, 122, 133, 152, 166, 199. 해마다 헤알화의 가치는 상승하고, 달러의 가치는 하락했습니다. 게다가 이 대부분 기간에 브라질 정부는 시장에서 달러를 사들였는데, 헤알은 가치가 상승하지 못하도록 억누르고, 달러는 가치를 높이려고 떠받친 것입니다.

우리는 지난 5년 동안 외환 포지션으로 세전 이익 23억 달러를 얻었습니다. 또한 외화 표시 미국 기업 채권에서도 이익을 냈습니다. 예를 들어 2001~2002년에는 2010년 만기 6.875% 아마존닷컴 채권을 액면가의 57%에 3억 1,000만 유로 매입했습니다. 당시 아마존닷컴 채권은 회사가 멀쩡했는데도 정크본드 가격에 거래되었습니다. (그렇고말고요. 가끔은 시장이 터무니없이 비효율적입니다. 명문 경영대학원 재무학과만 제외하면 어디서든 비효율적인 시장을 발견할 수 있습니다.)

유로 표시 아마존 채권에는 더 중요한 장점이 있었습니다. 2002년 우리가 살 때 1유로는 95센트였습니다. 따라서 달러 금액으로는 1억 6,900만 달러에 불과했습니다. 현재 이 채권은 액면의 102%에 거래되며, 1유로는 1.47달러입니다. 2005~2006년에 일부 채권이 조기 상환되어 우리는 2억 5,300만 달러를 받았습니다. 나머지 채권의 연말 시장가격은 1억 6,200만 달러였습니다. 이 채권의 실현 이익과 미실현 이익을 더하면 2억 4,600만 달러인데, 여기서 약 1억 1,800만 달러는 달러의 가치 하락에서 나온 이익입니다. 환율은 중요합니다.

버크셔는 직간접적으로 외국에서 더 이익을 내려고 노력할 것입니다. 그러나 우리 노력이 결실을 보더라도 우리 자산과 이익은 항상 미국에 집중될 것입니다. 미국에는 온갖 결함도 많고 문제도 끊이지 않지만, 그래도 미국의 법치주의, 시장 중심 경제 시스템, 능력주의가 끝없이 성장하는 번영을 가져다줄 것입니다.

지옥행 특급열차를 타는 법 [2004]

제너럴 리의 파생상품 계약은 계속 해지하는 중입니다. 우리는 3년 전에 파생상품사업을 중단하기로 했지만, 정리하기가 말처럼 쉽지는 않습니다. 파생상품은 유동성이 매우 높다고 알려졌지만(게다가 우리가 포지션을 청산하는 동안 시장이 좋았는데도), 연말 현재 남은 계약이 2,890건입니다. 가장 많을 때는 2만 3,218건이었습니다. 파생상품 거래는 지옥과 같아서, 들어가기는 쉬워도 빠져나오기는 끔찍이 어렵습니다. (그 밖에도 지옥과 비슷한 점들이 있습니다.)

제너럴 리의 파생상품 계약은 항상 시가로 평가해야 하며, 그동안 경영진은 양심에 따라 현실적으로 평가하려고 노력했다고 믿습니다. 그러나 만기가 수십 년 뒤이거나 변수가 여러 개 개입된 파생상품은 흔히 시장가격이 매우 모호합니다. 이런 시장가격이 경영진과 트레이더들의 연봉에 영향을 미칩니다. 종종 가공이익이 등장하는 것도 놀랄 일이 아닙니다.

고속 성장하는 모든 금융기관에는 흔히 커다란 문제(때로는 사기)가 숨어 있다는 사실을 투자자들은 이해해야 합니다. 파생상품사업의 실제 수익성은 장기간 파생상품시장이 정체될 때 드러납니다. 썰물이 되어야 누가 벌거벗고 수영하는지 드러나는 것처럼 말입니다.

아내가 절친과 달아났지만 [2005]

오래전 마크 트웨인Mark Twain이 말했습니다. "고양이 꼬리를 잡아 집으로 데려가려 하면 독특한 방식으로 교훈을 얻게 된다." 마크 트웨인이 지금 나타나서 파생상품사업 정리 작업을 한다면, 단 며칠 만에 그는 차라리 고양이를 선택할 것입니다.

이어지는 제너럴 리의 파생상품사업 정리 과정에서 작년에 우리가 입은 세전 손실이 1억 400만 달러입니다. 우리가 사업 정리에 착수한 이후 발생한 총손실은 4억 400만 달러입니다.

인수 당시 남아 있던 계약은 2만 3,218건이었습니다. 2005년 초에는 2,890건으로 감소했습니다. 이제는 손실이 끝났을 것으로 기대하시겠지만, 아직도 출혈은 계속되고 있습니다. 작년에 남은 계약 건수를 741건으로 축소하는 과정에서, 총손실 4억 400만 달러 중 1억 400만 달러가 발생했습니다.

1990년 제너럴 리가 파생상품사업부를 설립한 것은 보험 고객들의 수요를 충족하려는 목적이었습니다. 그런데 2005년에 정리한 계약 하나는 만기가 100년짜리였습니다! 이런 계약이 도대체 고객의 어떤 수요를 충족하려는 것인지 상상하기도 어렵습니다. 트레이더가 장기 계약으로 실적을 조작해서 성과급을 받으려는 수요가 아니라면 말이죠. 장기 계약이나 변수가 여럿인 계약은 시가평가(파생상품 회계에 사용되는 표준 절차)가 지극히 어려워서, 트레이더들이 가치를 평가할 때 '창의력'을 동원할 여지가 많습니다. 트레이더들이 앞장서서 이런 상품을 다루는 것도 놀랄 일이 아닙니다.

추정 수치를 근거로 막대한 보상이 지급되는 사업은 매우 위험합니다. 두 회사의 트레이더가 난해한 변수 여러 개가 들어간 장기 계약을 체결하면, 두 회사는 이후 이익을 산출할 때마다 이 계약의 가치를 평가해야 합니다. 그런데 이 계약에 대한 두 회사의 평가가 달라질 수 있습니다. 장담하는데 두 회사 모두 자사 이익이 증가하는 방향으로 평가하게 될 것입니다. (나는 이런 계약이 거대한 규모로 이루어진 사례들을 잘 알고 있습니다.) 지금은 서류상의 거래 한 건을 놓고 두 회사 모두 이익이 발생했다고 발표할 수 있는, 참으로 희한한 세상입니다.

내가 해마다 우리 파생상품 거래를 자세히 설명하는 데는 두 가지 이유가 있습니다. 하나는 개인적으로 불쾌한 경험 때문입니다. 나는 제너럴 리의 파생상품사업을 즉시 폐쇄하지 않은 탓에 여러분에게 막대한 손실을 입혔습니다. 제너럴 리 인수 시점에 찰리와 나 둘 다 파생상품이 문제라는 사실을 알고 있었고, 경영진에게 이 사업을 중단하고 싶다고 말했습니다. 사업을 확실히 중단시키는 것은 내 책임이었습니다. 그러나 나는 이 상황에 정면으로 대처하지 않고 이 사업부 매각을 시도하면서 여러 해를 허송했습니다. 이런 시도는 실패할 수밖에 없었습니다. 만기 수십 년짜리 뒤얽힌 채무를 풀어낼 현실적인 해법이 없었기 때문입니다. 우리 채무는 폭발 가능성을 측정할 수가 없어서 더욱 걱정스러웠습니다. 게다가 심각한 문제가 발생한다면 금융시장의 다른 부문에서 발생하는 문제와 연관되기 쉬웠습니다.

그래서 고통 없이 빠져나오려던 나의 시도는 실패로 끝났고, 그사이에 파생상품 거래는 계속 쌓여갔습니다. 계속 머무적거린 나의 잘못입니다. (찰리는 '손가락 빨기'라고 부르더군요.) 그래서 개인의 일이든 사업이든, 문제가 나타나면 즉시 대처해야 합니다.

파생상품 관련 우리 문제를 해마다 논의하는 두 번째 이유는 우리의 경험이 여러 경영자, 감사, 규제당국에 교훈이 되길 바란다는 것입니다. 어떤 면에서 우리는 파생상품이라는 탄광 속에서 죽어가며 경고의 노래를 부르는 카나리아와 같습니다. 세계 파생상품 계약의 건수와 금액은 계속 급속히 증가하면서, 이제는 마지막으로 금융시장이 혼란에 빠졌던 1998년의 몇 곱절이 되었습니다.

우리 경험을 보고 정신 차려야 하는 것은 비교적 좋은 여건이었는데도 출혈을 피하지 못했기 때문입니다. 제너럴 리는 파생상품 분야에서 사업 규모가 비교적 작았습니다. 다행히 시장이 좋았고, 파생상품의 유동성도 높았으며, 재정 압박이나 다른 압력이 없었던 덕분에 효율적으로 포지션을 청산할 수 있었습니다. 과거 회계도 전통을 따랐으므로 실제로 보수적이었습니다. 게다가 파생상품 관련 부정행위도 발견되지 않았습니다.

그러나 장래에 다른 회사에서는 전혀 다른 상황이 벌어질 수 있습니다. 우리보다 포지션이 몇 배나 많은 회사들이 혼란한 시장에서 극단적인 압박을 받으면서 포지션을 청산하려 한다고 상상해보십시오. 이는 사후보다 사전에 관심을 기울여야 하는 시나리오입니다. 뉴올리언스 제방을 점검해야 하는 시점이 카트리나가 오기 전이었던 것처럼 말입니다.

제너럴 리의 파생상품을 마지막으로 정리하는 나의 심정이 다음 컨트리송 가사에 나와 있습니다. "아내가 나의 절친과 달아났지만, 내가 그리워하는 사람은 친구라네."

애정이 예전과 같지 않구려 [2008]

파생상품은 위험합니다. 파생상품 탓에 우리 금융 시스템의 레버리지와 위험이 극적으로 높아졌습니다. 또한 대형 상업은행과 투자은행 들을 이해하고 분석하기가 불가능할 지경이 되어버렸습니다. 패니메이Fannie Mae와 프레디맥Freddie Mac은 파생상품을 이용해서 장기간 이익을 대규모로 조작할 수 있었습니다. 이들의 회계 조작을 파악하기가 매우 어려웠던 탓에, 100명 넘는 인력으로 두 기관만 감독하는 연방 규제기관 연방주택기업감독청 OFHEO조차 전혀 눈치채지 못했습니다.

실제로 최근 사건들을 보면, 대형 금융기관의 유명 CEO들조차 복잡하고 방대한 파생상품사업을 도저히 관리할 수 없다는 사실이 드러납니다. 찰리와 나도 이 불운한 집단에 속합니다. 1998년 버크셔가 제너럴 리를 인수했을 때, 884개 거래상대방과 맺은 파생상품 계약 2만 3,218건을 우리는 이해할 수가 없었습니다. (전혀 들어보지 못한 계약도 많았습니다.) 그래서 우리는 사업을 접기로 했습니다. 정리 과정에서 우리가 압박을 받은 것이 아니고 시장이 나빠진 것도 아닌데도, 이 작업이 대부분 완료되기까지 5년이나 걸렸고 4억 달러가 넘는 손실이 발생했습니다. 이 사업을 정리했을 때 우리의 심정을 나타내는 컨트리송 가사가 있습니다. "당신을 잘 알고 나니, 나의 애정이 예전과 같지 않구려."

정치인, 해설자, 금융 규제기관 들은 장래의 대형 사고를 방지하는 수단으로 '투명성' 제고를 즐겨 사용하지만, 이것으로도 파생상품이 일으키는 문제를 해결하지는 못할 것입니다. 내가 알기에는 복잡하고 거대한 파생상품 포트폴리오의 위험을 대충이나마 설명하고 측정하는 보고 시스템조차 존재하지 않습니다. 회계감사관들도 이런 계약을 감사할 수 없으며, 규제기관도 이들을 규제할 수 없습니다. 기업들의 10-K 양식 '정보 공개' 페이지에서 파생상품 관련 정보를 읽을 때마다, 나는 결국 이들의 포트폴리오가 어떻게 될지 모르겠다는 결론에 도달하게 됩니다. (그러고 나서 아스피린을 몇 알 먹습니다.)

규제의 효과성을 보여주는 사례로 패니메이와 프레디맥을 더 자세히 살펴봅시다. 두 거대 기관은 의회가 만들었고, 이들의 업무 영역을 포함한 통제권도 여전히 의회가 보유하고 있습니다. 1992년 의회는 두 거대 기업이 엉뚱한 행동을 하지 못하도록 감독하는 기관으로 OFHEO를 만들었습니다. 이제 이 업무에 할당된 감독 인력으로 보면, 패니메이와 프레디맥은 내가 아는 기업 중 가장 강력하게 규제받는 기관이 되었습니다.

2003년 6월 15일, OFHEO는 2002년 보고서(인터넷에서 볼 수 있음)를 의회에 보냈습니다. (사베인즈Paul Sarbanes와 옥슬리Michael Oxley를 포함해서 상원과 하원의 실권자 4명에게 보냈습니다.) 127페이지짜리 보고서 표지에는 '10년에 걸친 탁월한 실적을 축하하며'라고 자축하는 제목이 들어 있었습니다. 첨부 편지와 보고서는 프레디맥의 CEO와 최고재무책임자CFO가 불명예 퇴진하고 최고영업책임자COO가 해고당하고 9일 뒤에 배달되었습니다. 편지에는 이들의 퇴진에 대한 언급이 없었고, 늘 그랬듯이 결론은 "두 기관 모두 재무상태가 건전하고 잘 관리되고 있습니다"였습니다.

실제로 두 기관은 한동안 대규모로 회계부정을 저질렀습니다. 2006년 마침내 OFHEO는 패니메이의 잘못을 가차 없이 기록하고 모든 관계자의 실수를 비난한 340페이지짜리 보고서를 발표했습니다. 그러나 여러분도 짐작하듯이, 의회와 OFHEO에 대한 언급은 없었습니다.

베어스턴스Bear Stearns의 붕괴는 파생상품 거래에 포함된 거래상대방 위험을 극명하게 보여줍니다. 나는 2002년 보고서에서 처음 논의할 때, 거래상대방 위험이 시한폭탄이라고 말했습니다. 2008년 4월 3일, 당시 유능한 뉴욕 연준 총재였던 팀 가이트너Tim Geithner는 구제 필요성을 이렇게 설명했습니다. "금융위기에 대비하려고 베어스턴스와 맺은 주요 포지션이 무효가 되었음을 베어스턴스의 거래상대방들이 갑자기 깨달았다면 시장에 더 심각한 혼란이 촉발되었을 것입니다. 이들은 시장이 매우 취약한 상태인데도 앞다투어 이 포지션과 관련된 담보증권을 청산하고 기존과 똑같은 포지션을 만들어내려 했을 것입니다." 연준의 전형적인 표현으로는 "예측 불가능한 규모의 금융 연쇄 반응을 방지하려고 우리가 개입했다"라는 말입니다. 나는 당시 연준의 결정이 옳았다고 생각합니다.

정상적인 주식이나 채권 거래는 현금과 증권을 교환하며 며칠 만에 완료됩니다. 따라서 거래상대방 위험은 금방 사라지며, 신용 문제가 누적되는 일도 없습니다. 이렇게 신속한 결제 절차가 시장의 기능을 유지하는 열쇠입니다. 바로 이런 이유로 1995년 뉴욕증권거래소와 나스닥이 결제 기간을 5일에서 3일로 단축했습니다.

반면 파생상품 계약은 흔히 몇 년이나 심지어 몇십 년 동안 결제가 이루어지지 않은 채, 거래상대방에 대한 청구권이 막대한 규모로 누적되기도 합니다. 계량화하기 어려운 서류상의 자산과 부채가 재무제표에서 중요한 요소가 되었는데도 장기간 검증되지 않습니다. 게다가 거대 금융기관들 사이에 거미줄처럼 복잡한 상호 의존성이 형성됩니다. 수십억 달러 규모의 매출채권과 매입채무가 몇몇 거대 금융기관에 집중되며, 이들은 대개 다른 방식으로 막대한 부채도 일으킵니다. 파생상품 거래에서 문제를 피하려면 성병을 피하는 방식이 필요합니다. 내가 누구와 자는가뿐 아니라, 내 파트너가 누구와 자는가도 중요합니다.

이 사람 저 사람과 잠자리를 같이하는 방식이 대형 파생상품 딜러에게는 유용할 수 있습니다. 문제가 발생하면 정부가 반드시 도와주기 때문입니다. 다시 말해서 주변 기업들을 모두 감염시킬 수 있는 문제 기업들(회사명은 언급 안 함)만이 확실히 국가의 관심 대상이 되기 때문입니다. 이 짜증스러운 현실로부터 '기업 생존의 제1 법칙'이 도출되어, 야심 찬 CEO들은 난해하고도 거대한 파생상품 포트폴리오를 구축하고 부채를 쌓아 올립니다. 적당히 망쳐놓는 것으로는 성에 차지 않습니다. 상상을 초월할 정도로 엉망을 만들어야 합니다.

나는 파생상품을 이렇게 파멸적으로 설명했는데, 버크셔는 왜 파생상품 계약을 251건(미드아메리칸이 사업 목적으로 맺은 계약과, 제너럴 리에 남은 계약 몇 건은 제외)이나 맺었는지 의아하게 생각될 것입니다. 이유는 간단합니다. 우리가 맺은 계약은 당시에 가격이 잘못 매겨져 있었고, 일부는 그 정도가 매우 심하다고 생각했기 때문입니다. 나는 이런 계약을 직접 주도했고, 이후에도 계속 추적하고 있습니다. 이는 대형 금융회사 CEO는 최고위험책임자 CRO 역할도 겸해야 한다고 믿기 때문입니다. 우리가 파생상품에서 손실을 본다면 그것은 나의 책임입니다.

우리는 파생상품을 거래할 때, 거래상대방에게 계약 초기에 대금을 지급해달라고 요구합니다. 따라서 버크셔는 항상 돈을 받는 위치가 되며, 중요한 거래상대방 위험을 떠안지 않습니다. 연말 현재 우리가 받은 돈에서 우리가 지급한 손실액을 뺀 금액, 이른바 파생상품 플로트는 모두 81억 달러입니다. 파생상품 플로트도 보험 플로트와 비슷합니다. 파생상품 거래에서 본전만

해도 우리는 공짜 자금을 장기간 이용할 수 있습니다. 물론 확실한 것은 절대 아니지만, 우리는 파생상품 거래에서 본전 수준을 넘어설 것이며, 덤으로 플로트를 투자해 상당한 이익을 얻을 것으로 기대합니다.

시장이 불리하게 움직일 때 우리가 제공해야 하는 담보는 계약 금액의 극히 일부에 지나지 않습니다. 심지어 작년 4분기처럼 혼란한 상황에서도 우리가 제공한 담보는 우리 증권 포트폴리오의 1%에도 못 미쳤습니다. (우리는 담보를 제공할 때 제3자에게 예치하며, 그동안 예치 증권에서 나오는 투자 이익은 우리 몫이 됩니다.) 우리는 2002년 연차보고서에서 담보 제공에 따르는 치명적 위험에 대해 경고했고, 작년에는 다양한 금융기관에서 발생한 실제 사례들을 목격했습니다. (예컨대 칸스털레이션 에너지Constellation Energy는 미드아메리칸의 지원이 몇 시간만 늦었어도 파산했을 것입니다.)

우리 계약은 네 가지 유형으로 분류됩니다. 먼저 금융상품에 관심 없는 분들에게 양해를 구하면서, 몹시 괴로울 정도로 자세히 설명하겠습니다.

- 우리는 작년 보고서에서 설명한 '주식 풋옵션' 포트폴리오를 다소 늘렸습니다. 계약 만기가 일부는 15년이고 일부는 20년입니다. 만기에 기준 지수가 계약 개시 시점보다 내려가면 우리가 돈을 지급해야 합니다. 양쪽 모두 청산 시점을 앞당길 수 없습니다. 따라서 만기일의 가격만 중요합니다.

예를 들어 S&P500 지수가 1,300일 때 우리가 15년 만기 풋옵션 10억 달러를 팔았다고 가정합시다. 만기일에 지수가 10% 하락해 1,170이 된다면 우리는 1억 달러를 지급해야 합니다. 그러나 지수가 1,300 이상이면 한 푼도 지급하지 않습니다. 우리 손실이 10억 달러가 되려면 지수가 제로가 되어야 합니다. 만기가 올 때까지 우리는 풋옵션을 팔고 받은 프리미엄(아마도

1억~1억 5,000만 달러)을 원하는 대로 자유롭게 투자할 수 있습니다.

우리가 맺은 풋옵션 계약은 현재 환율 기준으로 총 371억 달러이며, 4대 기준 지수는 미국의 S&P500, 영국의 FTSE100, 유럽의 Euro Stoxx50, 일본의 Nikkei225입니다. 첫 번째 계약 만기는 2019년 9월 9일이고, 마지막 만기는 2028년 1월 24일입니다. 우리는 프리미엄으로 49억 달러를 받아서 이미 투자했습니다. 그사이에 우리는 한 푼도 지급하지 않았습니다. 만기가 먼 훗날이기 때문입니다. 그렇더라도 우리는 블랙숄즈Black-Scholes 평가법을 써서 연말 부채를 100억 달러로 표시했으며, 이 금액은 보고일마다 계속 바뀔 것입니다. 연말 부채(추정 손실)가 100억 달러이고 우리가 받은 프리미엄이 49억 달러이므로, 이는 시가평가 기준으로 지금까지 우리 손실이 51억 달러라는 뜻입니다.

우리는 시가평가 회계를 지지합니다. 그러나 블랙숄즈 공식이 옵션 채무를 평가하는 표준이긴 하지만 장기 옵션을 평가할 때는 이상한 결과가 나온다고 나는 믿습니다. 그 이유는 나중에 설명하겠습니다.

우리 계약에 대해서 사람들이 이해하지 못하는 사항이 하나 있습니다. 우리가 계약 금액 371억 달러를 모두 손해 보려면 4대 지수에 포함된 모든 주식이 각각의 계약 만기일에 휴지가 되어야 합니다. 그러나 예를 들어 4대 지수가 각 계약 개시일보다 25% 하락하고 환율이 현재 수준으로 유지된다면 우리는 2019~2028년 사이에 약 90억 달러를 지급하게 됩니다. 그리고 계약 개시일에서 만기일까지 우리는 프리미엄 49억 달러를 투자해서 소득을 얻게 됩니다.

- 작년 보고서에서 설명한 두 번째 유형은, 다양한 하이일드high-yield 지

수에 포함된 기업들이 파산하면 우리가 돈을 지급하는 파생상품입니다. 우리가 맺은 표준 계약은 100개 기업을 5년 동안 보증하는 계약입니다. 우리는 작년에 이 유형의 포지션을 다소 늘렸습니다. 물론 2007년 말에 맺은 계약은 만기가 1년 줄었습니다. 현재 우리 계약의 평균 만기는 2.3년이고, 첫 번째 만기는 2009년 9월 20일, 마지막 만기는 2013년 12월 20일입니다.

연말에 우리는 이 계약에 대한 프리미엄으로 34억 달러를 받고, 손실 보상금으로 5억 4,200만 달러를 지급했습니다. 연말에 시가평가 원칙에 따라 미래 손실로 계산한 채무는 모두 30억 달러였습니다. 우리가 지급한 손실보상금과 미래 손실 추정액을 더하면 35억 달러이고, 우리가 받은 프리미엄은 34억 달러이므로, 지금까지 약 1억 달러 손실이 발생한 셈입니다. 그러나 우리 분기 보고서에 표시된 금액은 크게 변동했는데, 2008년 2분기에는 3억 2,700만 달러 이익이었다가, 2008년 4분기에는 6억 9,300만 달러 손실이 되었습니다.

놀랍게도 작년에 우리가 이 계약에 대해 지급한 금액은 겨우 9,700만 달러여서, 계약을 맺기로 마음먹었을 때 내가 추정한 금액보다 훨씬 작았습니다. 그러나 올해에는 대형 파산이 우후죽순으로 늘어나면서 손실이 급증했습니다. 작년 주주 서한에서 나는 만기에 이 계약에서 이익을 예상한다고 말했습니다. 지금은 경기침체가 빠르게 깊어지고 있으므로 최종 손실 가능성이 증가했습니다. 결과가 어떻게 나오든, 여러분에게 계속 보고하겠습니다.

- 2008년부터 우리는 개별 기업에 '신용부도스왑credit default swap'을 판매하고 있습니다. 이는 버크셔 해서웨이 보증회사(Berkshire Hathaway Assurance Corp.: BHAC)가 판매하는 신용보증과 비슷합니다. 다만 비과세채권 대신 개

별 기업의 신용위험을 우리가 떠안을 뿐입니다.

예를 들어 우리가 1억 달러짜리 계약을 팔았는데 해당 기업이 파산하면 우리는 그 회사 채권에서 발생한 손실을 보상해주어야 합니다. (예컨대 파산 후 채권 가격이 30%가 되면 우리가 7,000만 달러를 지급하게 됩니다.) 전형적인 계약에서는 우리가 5년 동안 분기마다 프리미엄을 받게 되며, 그 뒤에는 보증 기간이 만료됩니다.

연말까지 우리는 42개 기업에 대해 40억 달러를 계약했고, 연간 프리미엄으로 9,300만 달러를 받았습니다. 이것이 우리가 맺은 계약 중 거래상대방 위험이 포함된 유일한 계약입니다. 계약한 기업이 약속대로 5년 동안 분기마다 우리에게 프리미엄을 지급해야 하기 때문입니다. 우리는 이 사업을 더는 확대하지 않을 생각입니다. 이제는 대부분 계약자가 우리에게 담보를 요구하지만, 그런 조건이라면 하고 싶지 않기 때문입니다.

– 고객이 요청하면 우리는 몇몇 비과세채권에 대한 보험도 판매합니다. 이는 BHAC가 판매하는 보험과 비슷하지만 파생상품입니다. 두 계약의 유일한 차이는, 파생상품에는 시가평가 회계를 적용해야 하고, BHAC 상품에는 표준 발생주의 회계를 적용해야 한다는 점입니다. 그러나 이 차이 탓에 이상한 결과가 나올 수도 있습니다. 우리가 파생상품으로 보증한 채권들은 대개 주의 일반보증채권(특정 사업의 수익이 아니라 징세권을 담보로 발행한 채권 – 옮긴이)이어서 크게 걱정하지 않습니다. 그러나 연말에 이 파생상품 계약에 시가평가 회계를 적용한 탓에 손실 6억 3,100만 달러를 기록했습니다. 만일 똑같은 채권을 BHAC에서 똑같은 가격에 보증했다면 연말에 발생주의 회계를 적용해 약간의 이익을 기록했을 것입니다. 결국에는 두 회계 기법 모

두 똑같은 회계 실적을 도출할 것입니다. 그러나 단기적으로는 보고이익이 크게 달라질 수 있습니다.

앞에서도 말했지만, 우리 파생상품 계약에는 시가평가 회계가 적용되므로 보고이익이 크게 변동할 수 있습니다. 찰리와 나는 그 변동에 일희일비하지 않습니다. 오히려 보고이익이 감소하면 더 좋은 조건으로 포지션을 확장할 기회가 되므로 더 유리해집니다. 이 설명을 듣고 여러분도 비슷하게 생각하시길 기대합니다.

블랙숄즈 공식은 금융 분야에서 성서의 지위에 올랐으며, 우리는 재무보고 용도로 주식 풋옵션을 평가할 때 이 공식을 사용합니다. 계산할 때 입력하는 핵심 변수로는 만기와 행사가격, 그리고 애널리스트가 추정하는 변동성, 금리, 배당이 포함됩니다.

그러나 장기 옵션에 이 공식을 적용하면 터무니없는 결과가 나올 수도 있습니다. 공평하게 말하자면, 블랙Fischer Black과 숄즈Myron Scholes는 거의 틀림없이 이 사실을 잘 이해했습니다. 그러나 열성적인 추종자들은 두 사람이 공식을 처음 발표할 때 덧붙였던 경고를 무시하는 듯합니다.

이론을 시험할 때는 극단적 상황을 가정해보면 종종 도움이 됩니다. 예를 들어 우리가 행사가격 903(2008년 12월 31일의 S&P500 지수)에 100년짜리 S&P500 풋옵션 10억 달러를 매도했다고 가정합니다. 이 장기 계약에 내재변동성을 적용하고 적정 금리와 배당에 대한 가정을 더하면 이 계약의 '적정' 블랙숄즈 프리미엄은 250만 달러가 나옵니다.

이 프리미엄이 타당한지 판단하려면, 100년 뒤에 S&P500이 오늘보다 내려갈 것인지를 평가해야 합니다. 100년 뒤에는 달러의 가치가 틀림없이 현재가치의 몇 분의 1로 떨어질 것입니다. (인플레이션이 2%만 되어도 1달러의 가치가 14센트로 떨어집니다.) 이 요소 때문에 지수 값은 상승할 것입니다. 그러나 훨씬 더 중요한 점은, 100년 동안 쌓인 유보이익 덕분에 지수에 포함된 대부분 기업의 가치가 엄청나게 증가한다는 사실입니다. 20세기 동안 다우지수는 약 175배 상승했는데 주로 유보이익 덕분이었습니다.

모든 점을 고려할 때, 나는 100년 뒤 지수가 현재보다 하락할 확률은 1%에도 훨씬 못 미친다고 믿습니다. 그러나 하락 확률을 1%로 가정하고, 가장 유망한 지수 하락률을 50%로 가정합시다. 그러면 우리 계약에서 발생하는 손실의 수학적 기댓값은 500만 달러가 나옵니다. (10억 달러×1%×50%)

그러나 우리가 프리미엄 250만 달러를 선불로 받았다면, 투자수익률이 연 0.7%만 나와도 이 손실을 메울 수 있습니다. 0.7%가 넘어가는 수익은 모두 이익이 됩니다. 100년 동안 대출금리가 연 0.7%라면, 당신은 돈을 빌리지 않겠습니까?

이번에는 최악의 경우를 생각해봅시다. 내 가정이 옳다면 사례 중 99%는 한 푼도 지급하지 않는다는 점을 기억하십시오. 그러나 1% 확률로 최악의 경우가 되어도 (즉, 10억 달러 손실 발생) 조달 비용은 연 6.2%에 불과합니다. 따라서 내 가정이 터무니없든, 공식이 타당하지 않든, 틀림없이 둘 중 하나입니다.

이 극단적 사례에 블랙숄즈 공식을 적용했을 때 말도 안 되는 프리미엄이 나오는 것은, 이 공식에 포함되는 변동성이 과거 며칠, 몇 달, 또는 몇 년 동안의 주가 변동 폭에 따라 결정되기 때문입니다. 따라서 100년 뒤 미국 기업들의 확률가중 가치범위를 추정하기에는 이 척도가 전혀 타당하지 않습니다. (조울증에 걸린 이웃에게 매일 농장 가격을 물어본 다음, 이 변동성을 주로 사용해서 100년 뒤 농장의 확률가중 가치범위를 추정한다고 상상해보십시오.)

과거 변동성historical volatility 개념은 단기 옵션을 평가할 때는 유용하지만, 옵션의 만기가 길어질수록 효용이 급감합니다. 나는 현재 블랙숄즈 공식으로 산출한 우리 장기 풋옵션의 부채 규모가 과장되었으며, 이 과장 수준은 만기가 다가올수록 축소될 것으로 생각합니다.

그렇더라도 장기 풋옵션의 재무보고용 부채를 추정할 때, 우리는 계속 블랙숄즈 공식을 사용할 것입니다. 이 공식이 일반 통념을 대표하므로, 내가 대안을 제시한다면 사람들이 깊이 의심하기 때문입니다. 나는 이런 상황을 충분히 이해하고도 남습니다. 보수주의자들은 CEO들이 난해한 금융상품을 제멋대로 평가할 때도 수수방관했습니다. 찰리와 나는 이런 낙관주의자 집단에 가담할 생각이 전혀 없습니다.

파생상품은 보험이죠 [2010]

2년 전 2008년 연차보고서에서, 나는 버크셔가 251개 파생상품 계약을 체결했다고 말했습니다(미드아메리칸과 제너럴 리 등 자회사들이 영업상 체결한 계약 제외). 오늘날 일부 계약은 만료되거나 해지되고 일부 계약은 추가되어 203개로 감소했습니다.

현재 남은 포지션은 모두 내가 직접 책임지고 있으며, 계약은 크게 두 가지 유형으로 구분됩니다. 우리는 두 유형 모두 보험의 성격으로 간주합니다. 우리가 프리미엄을 받는 대가로 상대방으로부터 위험을 떠안기 때문입니다. 실제로 우리는 이 파생상품 거래에 보험영업과 똑같은 사고방식을 적용했습니다. 거래상대방 위험을 떠안지 않으려고, 계약을 체결할 때 프리미엄을 선불로 받았습니다. 이는 중요한 요소입니다.

첫 번째 유형은 2004~2008년에 체결한 여러 파생상품 계약으로서, 특정 하이일드 지수에 포함된 사채가 부도나면 우리가 돈을 지급해야 합니다. 사소한 예외는 있지만, 우리는 100개 회사로 구성된 여러 지수의 위험에 5년 동안 노출되어 있었습니다.

우리는 이 계약에 대해 모두 34억 달러의 프리미엄을 받았습니다. 2007년 연차보고서에서 처음 이 계약에 대해 설명할 때, 나는 '보험영업이익'을 기대한다고 말했습니다. 즉, 우리가 입는 손실이 우리가 받은 프리미엄보다 적을 것이라고 했습니다. 게다가 플로트를 이용해서도 이익을 얻을 것이라고 말했습니다.

여러분도 잘 아시다시피, 이후 금융공황과 심각한 침체가 닥쳤습니다. 하이일드 지수에 포함된 기업이 여럿 파산했고, 우리는 25억 달러를 지불했습니다. 그러나 이제는 고위험 계약 대부분이 만료되었으므로 우리가 떠안았던 위험도 대부분 사라졌습니다. 따라서 처음 예상했던 대로 보험영업이익이 확실시됩니다. 게다가 우리는 평균 20억 달러에 이르는 무이자 플로트를 계약 기간에 걸쳐 사용했습니다. 요컨대 우리는 적정 프리미엄을 받은 덕분에, 3년 전 시장 상황이 악화했을 때도 손실을 보지 않았습니다.

다른 대규모 파생상품 포지션은 '주가지수 풋옵션'으로서, 미국, 영국, 유럽, 일본의 주가가 하락하면 우리가 돈을 지급하는 계약입니다. 이 계약의 기준은 미국의 S&P500, 영국의 FTSE100 등 다양한 주가지수입니다. 2004~2008년에 우리는 대부분 15년 유지되는 계약 47개를 체결하고 프리미엄으로 48억 달러를 받았습니다. 이 계약에서는 계약 만기일 지수만 중요합니다. 그 이전에는 돈을 지급하지 않습니다.

이들 계약에 대해서 먼저 보고할 사항이 있습니다. 2010년 말, 상대방이 먼저 이야기를 꺼내서, 우리는 만기가 2021~2028년인 계약 8건을 해지했습니다. 우리는 이 계약에 대한 프리미엄으로 처음에 6억 4,700만 달러를 받았는데, 계약을 해지하면서 4억 2,500만 달러를 지급했습니다. 따라서 이익 2억 2,200만 달러를 실현했고, 6억 4,700만 달러에 이르는 무이자 자금을 약 3년 동안 아무런 제약 없이 사용했습니다.

이제 연말 기준으로 우리 장부에 남은 주가지수 풋옵션 계약은 39개입니다. 이들 계약에 대해 우리가 처음에 받은 프리미엄은 42억 달러입니다.

물론 이 계약이 장래에 어떻게 될지는 불확실합니다. 그러나 이들을 보는 관점이 하나 있습니다. 계약 만기일 지수가 2010년 12월 31일 지수와 같고 환율이 바뀌지 않는다면 우리는 2018~2026년 만기일에 38억 달러를 지급해야 합니다. 이 금액을 '청산가치'라고 합니다.

그러나 우리 연말 재무상태표에는 남아 있는 주가지수 풋옵션이 부채 67억 달러로 표시되어 있습니다. 다시 말해서 이들 지수가 만기까지 그대로 유지된다면 우리는 부채 67억 달러와 청산가치 38억 달러의 차액인 29억 달러를 이익으로 얻게 됩니다. 나는 청산일까지 주가는 상승하고 우리 부채는 대폭 감소할 가능성이 매우 크다고 믿습니다. 그렇게 되면 우리 이익은 앞으로 더욱 커질 것입니다. 물론 절대로 확실한 이야기는 아닙니다.

그러나 확실한 사실은 '플로트' 42억 달러를 평균 10년 이상 우리가 사용한다는 것입니다. (이 플로트와 하이일드 계약으로 받은 플로트 모두 보험 플로트 660억 달러에는 포함되지 않았습니다.) 돈은 대체할 수 있으므로 이 플로트 자금 일부가 BNSF 인수에 사용되었다고 생각하시기 바랍니다.

앞에서 말씀드렸듯이, 우리는 거의 모든 파생상품 계약에 대해 담보를 제공할 의무가 없습니다. 이런 조건을 고려해서 프리미엄도 깎아주었습니다. 우리는 금융위기 기간에도 불안하지 않았는데, 이 기간에 아무런 제약 없이 플로트를 유리하게 투자할 수 있었기 때문입니다. 일부 프리미엄을 포기하고 담보 제공 의무를 면제받은 것은 그만한 가치가 충분히 있었습니다.

잠자리가 편하려면 [2012]

버크셔가 보험과 같은 위험을 떠안는 파생상품 포트폴리오는 계속해서 포지션을 줄여나가고 있습니다. (그러나 우리 전력 및 가스 회사들은 영업 목적으로 계속 파생상품을 이용할 것입니다.) 포지션을 새로 쌓으려면 (사소한 예외를 제외하고) 항상 담보를 제공해야 하는데, 우리는 그렇게 하고 싶지 않습니다. 시장은 언제든 이례적인 모습을 보일 수 있으므로, 금융계에서 청천벽력 같은 사건이 벌어져 우리가 즉시 막대한 현금을 내놓아야 하는 상황은 만들고 싶지 않습니다.

찰리와 나는 유동성을 충분히 쌓아둔 상태로 경영하는 방식이 옳다고 믿으므로, 현금이 대량으로 유출될 수 있는 채무는 절대 떠안지 않습니다. 이런 방식으로 경영하면 100년 중 99년 동안은 수익률이 낮아질 것입니다. 그러나 남들이 망할 때도 우리는 100년째까지 생존할 것입니다. 그리고 100

년 내내 잠자리가 편안할 것입니다.

우리가 매도한 사채보증 파생상품은 모두 내년에 만기가 됩니다. 이제 우리가 이 거래에서 얻는 세전 이익은 거의 틀림없이 10억 달러에 육박합니다. 우리는 이 파생상품을 팔고 거액의 프리미엄도 선급으로 받았으며, 그 '플로트'가 5년 만기에 걸쳐 평균 약 20억 달러나 되었습니다. 전반적으로 이 파생상품 거래 실적은 매우 만족스러웠으며, 특히 우리가 (대부분 하이일드 채권으로 구성된) 회사채의 신용을 금융공황과 뒤이은 침체기 내내 보호했다는 사실을 고려하면 더욱 만족스럽습니다.

우리의 주요 파생상품 거래 중에는 미국, 영국, 유럽, 일본의 4대 주가지수 장기 풋옵션 매도도 있습니다. 이 계약은 2004~2008년에 개시되었고, 최악의 상황에서도 추가 제공한 담보는 소액에 불과했습니다. 2010년에는 포지션의 약 10%를 청산하면서 2억 2,200만 달러의 이익을 실현했습니다. 나머지 계약은 2018~2026년에 만기가 도래합니다. 여기서 중요한 것은 만기일의 지수뿐입니다. 우리 거래상대방들에는 옵션 조기 행사권이 없기 때문입니다.

버크셔는 현재 남아 있는 옵션을 매도할 때 프리미엄으로 42억 달러를 받았습니다. 이 옵션이 모두 2011년 말에 만료되었다면 우리는 62억 달러를 지급했을 것입니다. 그러나 2012년 말에 만료되었다면 지급액은 39억 달러가 되었을 것입니다. 이렇게 즉시 청산 채무가 대폭 감소한 덕분에, 2011년 말 85억 달러였던 GAAP(일반회계원칙) 기준 부채가 2012년 말에는 75억 달러로 감소했습니다. 아직 확실치는 않지만 최종 부채는 현재 장부가액보다 훨씬 감소할 것으로 찰리와 나는 믿습니다. 그동안 우리는 이 계약에서 나온 플로트 42억 달러를 적절한 곳에 투자할 수 있습니다.

벌어도 마음이 불편 [Q 2016-10]

버크셔가 파생상품 계약을 맺은 뱅크 오브 아메리카Bank of America, 메릴린치 Merrill Lynch 등 은행들을 어떻게 분석하고 평가하시나요?

버핏: 파생상품은 지극히 복잡한 문제를 일으킵니다. 담보로도 문제가 해결되지 않습니다. 특히 파생상품은 거래가 중단될 수 있다는 점에서 매우 위험합니다. 9/11 테러가 발생했을 때 거래가 3~4일 중단되었고, 제1차 세계대전 기간에는 거래가 여러 달 중단되었습니다. 1987년 10월 19일 블랙먼데이 이튿날에도 증권거래소 폐쇄가 진지하게 논의되었습니다. 폐쇄를 원하는 사람들이 많았지만 거래가 이어졌습니다. 미국이 대규모 사이버, 핵, 화학, 생물학 공격을 받으면(언젠가 틀림없이 받겠지만) 많은 문제가 발생합니다. 거래가 재개되면, 담보나 차액결제협약 등으로 안전하게 보호되리라 생각했던 포지션에서 커다란 손실이 발생할 수도 있습니다. 대규모 파생상품 포지션은 위험하다고 생각합니다. 버크셔는 제너럴 리의 파생상품 포지션을 좋은 상황에서 청산했는데도 4억 달러에 이르는 손실을 보았습니다.

찰리는 살로먼 감사위원회에서 활동할 때, 2,000만 달러나 잘못 평가된 포지션을 발견했습니다. 나도 평가가 터무니없이 잘못된 포지션을 알고 있습니다. 트레이더가 평가했거나 영향을 미친 포지션입니다. 일부 파생상품은 변수가 너무도 복잡해서 평가하기가 매우 어렵습니다. 감사도 통제할 수가 없습니다. 현재 미국에는 4대 감사법인이 있습니다. 이들은 파생상품 거래계약을 맺은 기업 A와 기업 B의 감사를 동시에 담당하기도 합니다. 그런데 두 회사의 파생상품 거래를 조사해보면, 똑같은 거래에 대한 두 회사의 평가가 현저하게 다른 경우가 매우 많습니다.

대규모 파생상품 거래는 여전히 위험합니다. 거래 중단 위험 때문에 우리는 담보부 파생상품 거래를 하지 않습니다. 우리가 지급불능 상태에 빠질 가능성이 있는 거래도 절대 하지 않습니다. 장기간에 걸쳐 포지션이 감소하는 파생상품도 몇 건 있습니다. 그동안 우리에게 매우 유리했던 상품입니다. 그래도 시한폭탄이 될 가능성은 남아 있습니다. 쿠웨이트는 주식 매수 대금 결제를 연기했는데 여기에서 온갖 문제가 발생했습니다. 6개월짜리 차용증서를 써준 셈입니다. 이런 거래가 수없이 많으면 여러 문제가 뒤따릅니다. 그러나 뱅크 오브 아메리카나 웰스 파고에 대해서는 전혀 걱정하지 않습니다. 세상에는 은행이 수없이 많습니다. 우리는 세계 50대 은행 중에서도 45개 은행과는 거래할 생각이 전혀 없습니다.

멍거: 우리는 오래전 체결한 파생상품 계약 몇 건에서 약 200억 달러를 벌게 되는데 마음이 편치 않습니다. 당시 이런 파생상품 거래가 불법이었다면 차라리 나을 뻔했습니다. 그편이 미국에 더 좋았을 것입니다.

나는 더 무식합니다 [Q 2016-15]

버크셔는 흔히 사람들이 생각하는 것보다 유가의 영향을 많이 받습니다. 최근 석유에 투자할 때, 유가에 대한 장기 예측을 하셨나요?

버핏: 우리는 유가에 대한 장기 예측을 전혀 하지 못합니다. 유가를 전망하는 데는 언제든 더 나은 시스템을 이용할 수 있습니다. 선물시장을 이용

하면 1~2년 뒤에 석유를 살 수 있습니다. 실제로 그런 거래를 한 번 해서 돈을 벌었습니다. 그러나 우리가 원자재 가격을 예측할 수 있다고 생각하지는 않습니다. 단지 선물을 매수했을 뿐입니다. 옥수수, 콩 등의 가격은 예측하지 못합니다. 질문자가 언급한 투자는 토드나 테드와 내가 했지만, 원자재 가격을 예측해서 투자한 것은 아닙니다. 우리가 투자를 결정할 때는 다른 요소들을 생각합니다.

멍거: 나는 (원자재 가격 예측에 대해서는) 질문자보다 더 무식합니다. 그렇게 무식하기도 어려울 겁니다.

버핏: 멍거가 이렇게 말하는 것은 처음 들었습니다. 멋진 표현입니다.

장난치지 않습니다 [Q 2016-50]

채권펀드매니저인데, 버크셔의 신용부도스왑 프리미엄을 알고 싶습니다.

버핏: 6~7년 전에 우리가 체결한 신용부도스왑 포지션 하나가 남아 있습니다. 만기에 액면 금액을 상환받는 제로쿠폰 지방채를 판매하면서 체결했는데 규모가 77억 달러 정도일 것입니다. 우리는 이 포지션이 마음에 들어서 지금도 유지하고 있습니다. 버크셔의 신용부도스왑 프리미엄은 우리 부채 보증에 대한 보험료와 같습니다. 이 프리미엄은 가끔 큰 폭으로 변동합니다. 이는 우리가 계약할 때 지방채에 대해 담보를 제공하지 않았기 때문이기도 합니다. 일부 기업은 내부 규정에 따라 보증을 요구할 것이므로 거래상대방이 신용부도스왑 프리미엄을 지불해야 할 것입니다. 2008~2009년

에는 우리 프리미엄이 터무니없는 수준까지 상승했습니다. 그래서 주주총회에서 나는 허용되기만 하면 내가 기꺼이 프리미엄을 받고 대신 보증 서고 싶다는 말까지 했습니다. 실제로 나는 신용부도스왑 동향에 별다른 관심이 없습니다. 우리가 담보를 제공하지 않아서 비싼 값에 프리미엄을 사야 하는 사람들에게는 유감이지만 말입니다. 우리 눈에는 그들이 돈을 낭비하고 있습니다.

멍거: 사실 우리는 단기간에 2bp 더 얻으려고 위험을 감수할 생각이 없습니다. 신용부도스왑은 우연히 등장한 역사적 산물이며, 우리는 큰 관심을 두지 않습니다. 때가 되면 사라질 상품입니다.

버핏: 우리 계약은 모두 만기가 도래하고 있습니다. 두 곳에서 거래가 이루어지고 있지만 규모가 미미합니다. 내가 6~7년 전에 계약한 포지션은 규모가 대폭 감소했습니다.

멍거: 우리는 우리 신용부도스왑 포지션으로 장난치지 않습니다.

버핏: 사람들은 버크셔 파산에 대한 보험료로 5%를 지급한 적도 있습니다. 나는 당시 허용되기만 하면 이 기회를 이용하고 싶었습니다.

3장
기업 인수

협상이 길어지면 대개 무산됩니다.
사람들은 사소한 일에 고집을 부리기도 합니다.
때로는 어리석은 짓인 줄 알면서도 고집을 부리지요.
우리가 믿고 막대한 돈을 건네준 사람이
장래에 어떤 행태를 보일 것인지 평가하는 작업이 가장 중요합니다.
나는 모든 면에서 우리에게 유리해야 좋은 거래라고 생각하지는 않습니다. [Q 2016-36]

1주일 안에 성사된 기업 인수 [1999]

가이코와 이그제큐티브 제트Executive Jet Aviation 둘 다 신규 고객을 획득하는 최고의 원천은 우리 서비스에 만족하는 기존 고객들의 추천입니다. 실제로 새 항공기 소유주의 약 65%는 우리 서비스에 매료된 기존 소유주의 소개로 왔습니다.

우리가 기업을 인수하는 방식도 똑같습니다. 그러나 다른 기업 경영자들은 투자은행들을 통해서 기업 인수에 주력하며, 지금은 표준이 된 경매 방식을 이용합니다. 이 과정에서 투자은행들은 '분석 자료'를 작성하는데, 이 자료를 보면 내가 어린 시절에 보았던 슈퍼맨 만화가 떠오릅니다. 월스트리트 투자은행의 손을 거치기만 하면 평범한 기업도 단번에 변신해 경쟁자들을 제치고 이익이 총알보다도 빠르게 증가하기 때문입니다. 인수에 굶주린 CEO들은 자료에 나온 기업의 위력을 읽고 흥분해 곧바로 황홀경에 빠져버립니다.

이런 자료에서 특히 재미있는 부분은 여러 해 뒤 실적까지도 매우 정밀하게 추정했다는 사실입니다. 그러나 이 자료를 작성한 투자은행에 그 은행의 다음 달 실적 추정치를 물어보면, 담당자는 방어적인 자세를 취하면서 사업과 시장은 너무도 불확실하므로 감히 예측할 수 없다고 말할 것입니다.

한 가지 빼놓을 수 없는 이야기가 있습니다. 1985년에 한 대형 투자은행이 스코트 페처Scott Fetzer를 매각하려고 여러 곳에 제안했으나 실패했습니다. 매각이 실패했다는 기사를 읽자마자, 나는 당시와 현재의 스코트 페처 CEO인 랠프 셰이Ralph Schey에게 인수에 관심이 있다고 편지를 보냈습니다. 나는 랠프를 만난 적이 없지만 1주일 안에 거래가 성사되었습니다. 안타깝게도 스코트 페처가 투자은행과 맺은 계약서에 의하면, 투자은행이 인수자를 찾지 못하더라도 매각이 성사되면 즉시 250만 달러를 지급하게 되어 있었습니다. 그 투자은행은 돈을 받고 가만있기가 쑥스러웠는지, 자체 제작한 스코트 페처 자료를 우리에게 제공했습니다. 이에 대해 찰리는 특유의 재치로 응수했습니다. "250만 달러는 지급하지만 이 자료는 읽지 않겠습니다."

버크셔가 공들여 개발한 인수 전략은 단지 전화가 오기를 기다리는 방법입니다. 다행히 가끔 전화가 오는데, 대개 우리에게 기업을 매각했던 경영자가 매각을 검토하는 친구에게 우리를 추천해준 덕분입니다.

우리의 가구회사 인수도 이렇게 이루어졌습니다. 2년 전에도 설명했듯이, 나는 1983년 네브래스카 퍼니처 마트Nebraska Furniture Mart를 인수하면서 블럼킨Blumkin 가족과 인연을 맺었고, 그 덕분에 RC윌리RC Willey(1995)와 스타 퍼니처Star Furniture(1997)도 인수하게 되었습니다. 이들과 맺은 인연은 정말 소중했습니다. 나는 탁월한 가구 소매회사들을 인수했을 뿐 아니라, 매우 훌륭한 사람들과 친구가 될 수 있었습니다.

당연히 나는 블럼킨, 빌 차일드Bill Child, 멜빈 울프Melvyn Wolff 가족들에게 당신들 같은 사람이 더 없느냐고 계속 물었습니다. 이들의 변함없는 대답은 뉴잉글랜드에서 훌륭한 가구회사 조단즈Jordan's를 운영하는 테이틀먼Tatelman 형제였습니다.

작년, 나는 배리Barry 테이틀먼과 엘리엇Eliot 테이틀먼을 만났고 곧 회사를 인수하기로 합의했습니다. 그동안 우리가 인수한 세 가구회사와 마찬가지로, 이 회사도 오랫동안 가족이 운영했습니다. 1927년 배리와 엘리엇의 할아버지가 보스턴 교외에서 시작한 회사입니다. 조단즈는 형제가 경영을 맡으면서 성장해 그 지역을 지배하게 되었고, 매사추세츠는 물론 뉴햄프셔에서도 최대 가구 소매점이 되었습니다.

테이틀먼 형제는 단지 가구를 팔고 매장을 관리하는 것이 아닙니다. 이른바 쇼퍼테인먼트(shoppertainment: 쇼핑과 오락의 결합)라는 황홀한 경험까지 고객들에게 선사합니다. 매장을 방문하는 가족은 탁월한 진열품을 둘러보는 동시에 멋진 시간도 보낼 수 있습니다. 사업 실적 역시 탁월합니다. 조단즈는 면적당 매출이 미국 주요 가구회사 중 가장 높습니다. 보스턴 지역에 사는 분은 꼭 매장을 방문하시기 바랍니다. 특히 최근 개점한 나티크 매장을 방문하십시오. 돈도 가져가세요.

배리와 엘리엇은 멋진 사람들입니다. 버크셔의 세 가구회사 사람들처럼 말이지요. 형제는 회사를 매각했을 때, 그동안 조단즈에서 일한 모든 직원에게 근무 시간당 50센트 이상을 지급하기로 했습니다. 지급액 합계가 900만 달러였는데, 버크셔가 아니라 형제의 주머니에서 나온 돈이었습니다. 게다가 배리와 엘리엇은 신이 나서 지급하더군요.

우리 가구회사들은 모두 해당 지역에서 1위입니다. 현재 우리는 매사추세츠, 뉴햄프셔, 텍사스, 네브래스카, 유타, 아이다호에서 누구보다도 많은 가구를 판매하고 있습니다. 작년 스타 퍼니처의 멜빈 울프와 그의 누이 셜리 투밈Shirley Toomim은 두 가지 큰 성과를 거두었습니다. 샌안토니오에 진출했고, 오스틴 매장을 대폭 확장했습니다.

경쟁사들은 버크셔 가구회사들의 근처에도 따라오지 못하고 있습니다. 내게는 재미를 주고, 여러분에게는 돈을 벌어주는 사업이지요. 필즈는 말했습니다. "나는 한 여자 때문에 술을 마시게 되었는데, 그녀에게 고맙다는 말도 못했네." 나는 이런 실수를 하지 않으렵니다. 가구사업을 시작하게 해주고, 현재의 훌륭한 가구회사들을 인수하도록 확실하게 안내해준 루이Louie, 론, 어브Irv 블럼킨에게 감사합니다.

버크셔 PhD 학위 [2003]

주주 서한 정기 독자들은 아시겠지만, 버크셔의 기업 인수는 종종 이상한 방식으로 이루어집니다. 그러나 작년에 인수한 '클레이턴 홈즈'처럼 이례적인 방식은 없었습니다.

이 인수 거래의 시발점은 테네시 대학 재무학과 학생들과 인솔 교수 앨 오지어Al Auzier였습니다. 지난 5년 동안 앨이 학생들을 오마하로 데려오면, 학생들은 네브래스카 퍼니처 마트와 보르샤임Borsheims을 견학하고, 고라츠Gorat's에서 식사한 다음, 키위트 플라자Kiewit Plaza에서 나와 질의응답 시간을 가졌습니다. 참여하는 학생이 약 40명이었습니다.

두 시간에 걸친 질의응답을 마치면 전통에 따라 학생들이 내게 감사의 선물을 줍니다. (선물을 줄 때까지 문을 잠가둡니다.) 과거에 내가 받은 선물은 필 풀머Phillip Fulmer가 사인한 축구공과, 테네시 유명 여자 농구팀의 농구공 등이었습니다.

지난 금요일 받은 선물은 운 좋게도 최근 발간된 책이었는데, 클레이턴 홈즈를 설립한 짐 클레이턴Jim Clayton의 자서전이었습니다. 나는 이 회사가 조립주택 분야에서 일류 회사라는 것을 알고 있었습니다. 이전에 내가 실수로 조립주택산업 최대 기업 오크우드 홈즈Oakwood Homes가 발행한 정크본드를 사면서 알게 되었습니다. 당시 나는 조립주택산업 전반적으로 소비자금융 관행이 형편없이 나빠졌다는 사실을 알지 못했습니다. 그러나 곧 알게 되었습니다. 오크우드가 즉시 파산했으니까요.

강조하건대 조립주택은 구입자들에게 매우 훌륭한 가치를 제공할 수 있습니다. 실제로 수십 년 동안 조립주택이 미국 주택 건설에서 차지한 비중은 15%가 넘습니다. 게다가 그동안 계속해서 조립주택의 품질이 향상되었고 종류도 다양해졌습니다.

그러나 디자인과 건축 기술은 발전했지만, 유통과 금융은 그렇지 못했습니다. 세월이 흐르면서 조립주택산업의 사업 모델은 유통회사와 제조회사 모두 순진한 대출회사에 형편없는 대출을 떠안기는 일에 주력했습니다. 1990년대에 '증권화'가 유행하자 자금 공급자들은 대출 과정에서 더 멀어지게 되었고, 산업의 관행은 갈수록 더 나빠졌습니다. 몇 년 전 실행된 대출 상당 규모는 자금을 공급해서는 안 되는 사람들이 공급한 돈으로, 주택을 사서는 안 되는 사람들이 주택을 산 결과였습니다. 그 결과 대규모로 압류가 실행되었지만 대출금 회수율은 한심할 정도로 낮았습니다.

오크우드도 이런 무모한 관행에 본격적으로 가담했습니다. 클레이턴은 이런 관행에서 완전히 벗어날 수는 없었지만, 주요 경쟁자들보다는 상당히 절제했습니다.

클레이턴의 책을 받자마자 나는 그의 실적을 매우 높이 평가한다고 학생들에게 말했고, 학생들은 이 메시지를 테네시 대학과 클레이턴 홈즈가 있는 녹스빌로 가져갔습니다. 이어서 짐의 아들인 CEO 케빈Kevin 클레이턴을 직접 만나서 이야기해보라고 앨이 내게 권유했습니다. 직접 이야기해보니 케빈은 확실히 유능하면서도 정직한 인물이었습니다.

곧바로 나는 오로지 짐의 책, 케빈에 대한 나의 평가, 클레이턴이 공개한 재무제표, 오크우드 투자에서 얻은 경험만을 바탕으로 클레이턴을 인수하겠다고 제안했습니다. 클레이턴 이사회는 내 제안을 선뜻 받아들였습니다. 장차 대규모 자금 조달이 어려우리라는 사실을 알고 있었기 때문입니다. 자금 공급자들이 증권화에서 손을 떼고 조립주택산업에서 발을 뺀 탓에, 자금을 조달한다고 해도 전보다 금리도 훨씬 높고 조건도 까다로웠습니다. 클레이턴의 실적은 증권화에 크게 좌우되었으므로 이러한 자금경색은 매우 심각한 문제였습니다.

현재도 조립주택산업은 여전히 문제투성이입니다. 연체율은 계속 높은 상태이고, 압류 주택은 계속 넘쳐나며, 주택 소매업체의 수는 절반으로 줄었습니다. 새로운 사업 모델이 필요합니다. 소매업체와 판매사원들이 부실화될 수밖에 없는 대출로 주택을 판매하고 막대한 선취 수수료를 챙기게 해서는 안 됩니다. 이런 거래는 주택 구입자와 자금 공급자 모두 곤경에 빠뜨리고, 압류 주택을 양산하며, 신규 주택의 판매 가격을 떨어뜨립니다. 물론 계약금액을 높이고 대출 기간을 줄이는 등 적정 모델을 도입하더라도 조립주택산업 규모가 1990년대의 규모에는 크게 못 미칠 것입니다. 그래도 이렇게 하면 주택 구입자들은 실망해서 주택을 되파는 대신, 주택에 대한 지분을 보유하게 될 것입니다.

충분한 검토를 거쳐 클레이턴은 오크우드를 인수하기로 했습니다. 이 인수가 완료되면 클레이턴의 생산 능력, 영업 영역, 매장이 대폭 증가합니다. 그리고 덤으로, 우리가 대폭 할인된 가격에 샀던 오크우드 채권에서도 십중팔구 약간의 이익이 나올 것입니다.

그러면 학생들은 어떻게 되었을까요? 지난 10월, 우리는 클레이턴에 관심을 일깨워준 학생 40명에게 녹스빌에서 깜짝 졸업식 축하 행사를 열어주었습니다. 나는 사각모를 쓰고 각 학생에게 버크셔 PhD(phenomenal, hard-working dealmaker: 비범한 노력으로 거래를 성사시킨 자) 학위와 B주를 수여했습니다. 그리고 앨에게는 A주를 수여했습니다. 우리 주주총회에서 새 테네시 주주들을 만나면 고맙다고 말해주시기 바랍니다. 아울러 좋은 책이 또 없는지 물어보시기 바랍니다.

암호명 인디 500 [2007]

우리가 최고의 경영자들을 보유했더라도, 원하는 만큼 영업이익을 높이려면 우리는 대기업들을 합리적인 조건으로 인수해야 합니다. 2007년이 끝나갈 무렵까지도 우리의 인수 업무는 거의 진전이 없었습니다. 그러나 크리스마스에 찰리와 나는 버크셔 역사상 최대 규모의 현금 인수 계약을 체결해 마침내 월급 값을 해냈습니다.

이 거래의 씨가 뿌려진 시점은 1954년입니다. 취직하고 겨우 3개월이 지난 그해 가을, 나는 고용주 벤저민 그레이엄과 제리 뉴먼Jerry Newman의 지시에 따라 브루클린에서 열린 '록우드 초콜릿Rockwood Chocolate'의 주주총회에 참석했습니다. 당시 한 젊은 친구가 다양한 코코아 제품을 생산하는 이 회사의 경영권을 인수했습니다. 그는 록우드 주식 1주당 카카오 열매 80파운드를 주겠다는 독특한 공개매수 제안을 했습니다. 나는 1988년 연차보고서에서 이 거래가 차익거래라고 설명한 바 있습니다. 또한 제이 프리츠커Jay Pritzker(앞에서 언급한 젊은 친구)가 이 세금 절약 아이디어를 낸 천재라는 말도 했습니다. 나의 상사 그레이엄과 뉴먼을 포함해서 록우드 매수를 생각했던 어느 전문가도 이 세금 절약 아이디어는 생각해내지 못했습니다.

주주총회에서 제이는 1954년 세법을 친절하게 가르쳐주었습니다. 나는 깊이 감명받고 돌아왔습니다. 이후 나는 제이가 주도하는 여러 탁월한 기업 인수를 열광적으로 쫓아다녔습니다. 그의 소중한 동업자는 형제 밥Bob이었는데, 프리츠커가 인수한 기업 대부분을 모아 마몬 그룹Marmon Group을 구성해 거의 50년 동안 경영했습니다.

제이는 1999년에 사망하고, 밥은 2002년 초에 은퇴했습니다. 그 무렵 프리츠커 가족은 9개 섹터에 걸쳐 125개 기업으로 구성된 마몬 그룹을 점진적으로 매각하거나 일부 지분을 재구성하기로 했습니다. 마몬 그룹이 보유한 최대 사업회사는 '유니언 탱크카Union Tank Car'로, 캐나다 자회사와 함께 보유한 탱크차 9만 4,000대를 다양한 화주들에게 리스하고 있습니다. 이들이 보유한 탱크차의 취득 원가는 51억 달러입니다. 마몬 그룹은 매출 합계가 70억 달러이고, 종업원은 약 2만 명입니다.

우리는 조만간 마몬 그룹의 지분 60%를 인수할 것이며, 6년 이내에 나머지 지분도 거의 모두 인수할 것입니다. 우리가 처음 지출하는 금액은 45억 달러이고, 이후 인수 가격은 이익을 기준으로 결정될 것입니다. 우리가 이 거래를 협의하기 전에, 프리츠커 가족은 마몬 그룹에서 상당한 현금, 투자, 기업 들을 분배받았습니다.

이 거래 방식을 보았다면 제이도 좋아했을 것입니다. 우리는 자문사에 의

뢰하거나 세세한 사항을 따지지 않고, 오로지 마몬의 재무제표만을 보고 가격을 결정했습니다. 나는 프리츠커 가족이 제출한 자료가 실상을 정확하게 반영한다고 믿었고, 그들은 금융시장에 어떤 혼란이 발생하더라도 우리가 정확히 일정에 맞춰 거래를 이행할 것으로 믿었습니다. 지난 1년 동안 재협상에 들어가거나 완전히 무산된 거래가 많습니다. 그러나 프리츠커와 버크셔는 거래를 뒤집는 법이 없습니다.

마몬의 CEO 프랭크 프탁Frank Ptak은 오랜 동료 존 니콜스John Nichols와 긴밀하게 협력합니다. 존은 '일리노이 툴 웍스Illinois Tool Works'를 매우 성공적으로 경영한 CEO인데, 이곳에서 프랭크와 팀을 구성해 다양한 제조회사를 경영했습니다. 일리노이 툴 웍스의 실적을 보면 여러분도 감탄할 것입니다.

2003년 보고서에서 내가 칭송했던 골드만삭스Goldman Sachs의 바이런 트로트Bryon Trott가 마몬 거래 진행을 도와주었습니다. 바이런은 고객 관점에서 생각하는 보기 드문 투자은행 간부입니다. 찰리와 나는 그를 전적으로 신뢰합니다.

골드만삭스가 이 거래에 붙인 암호명도 마음에 듭니다. 마몬은 1902년 자동차사업에 진입했다가 1933년 빠져나왔습니다. 이 기간에 마몬은 와스프Wasp를 생산했는데, 1911년 '인디애나폴리스Indianapolis 500'에서 처음 우승했습니다. 그래서 이 거래의 암호명을 '인디 500'으로 붙였습니다.

잘못 인수한 기업도 팔아버리지 않는 이유 [2011]

새로 버크셔의 주주가 된 분들은 내가 잘못 인수한 기업들을 계속 보유하는 점이 이상해 보일 것입니다. 이익이 많지 않아서 버크셔의 가치에 큰 도움이 되지도 못하면서, 관리에는 더 많은 시간이 들어가기 때문입니다. 경영 컨설턴트나 월스트리트 사람들은 이렇게 뒤처지는 기업들을 팔아버리라고 말할 것입니다.

그러나 팔아버리는 일은 없을 것입니다. 29년 동안 우리는 이 보고서에 버크셔의 경제 원칙들을 계속해서 제시했습니다. 11번 원칙에서 우리는 자회사의 실적이 부진해도(대부분 경영상의 결함 때문이 아니라 산업 요소 때문임) 매각을 꺼린다고 설명했습니다. 우리 방식은 다윈Charles Darwin의 진화론과 거리가 멉니다. 이 방식에 반대하는 분들도 많을 것입니다. 여러분의 생각을 이해합니다. 그러나 우리는 기업을 인수할 때 기존 소유주에게, 어떤 고난이 있어도 회사를 매각하지 않겠다고 약속했고, 앞으로도 약속할 것입니다. 지금까지 이 약속을 지키는 데 들어간 비용은 많지 않으며, 소중한 기업과 충성스러운 직원들을 맡기려는 소유주들에게 그동안 우리가 쌓은 평판으로도 충분히 그 값을 다했습니다. 이런 소유주들은 우리가 제공하는 것을 다른 곳에서는 얻을 수 없으며, 우리가 한 약속은 앞으로 수십 년 동안 지켜진다는 사실을 잘 압니다.

그러나 우리는 마조히스트(피학대 성욕자)가 아니고 극단적인 낙천주의자도 아닙니다. 11번 원칙에서 제시한 둘 중 하나에 해당하면(장기간 현금이 유출될 전망이거나, 고질적인 노동쟁의가 일어난다면) 우리는 즉시 단호하게 조처할 것입니다. 하지만 이런 상황은 47년 역사를 통틀어 겨우 두어 번 발생했으며, 현재 매각을 고려할 정도로 곤경에 처한 기업은 하나도 없습니다.

이 섹터에 속한 버크셔 기업들의 내재가치는 전반적으로 순자산가치를 크게 뛰어넘습니다. 그러나 소기업 중에는 그렇지 않은 기업이 많습니다. 나는 소기업들을 인수하면서 많은 실수를 저질렀습니다. 오래전 찰리는 내게 "잘해도 소용없는 일은 할 필요가 없다"라고 말했는데, 이 말을 들었어야 했습니다. 어쨌든 우리가 인수한 대기업들은 대부분 실적이 좋았으며(일부는 이례적으로 좋았음), 이 섹터는 전체적으로 성과가 우수합니다.

신문사를 인수하는 이유 [2012]

지난 15개월 동안 우리는 3억 4,400만 달러를 들여 일간 신문 28개를 인수했습니다. 여러분은 두 가지 이유로 어리둥절할 것입니다. 첫째, 나는 오래전부터 주주 서한과 주주총회에서 전반적으로 신문사들의 판매 부수, 광고, 이익이 틀림없이 감소한다고 말했습니다. 이 예측은 지금도 유효합니다. 둘째, 우리가 인수한 신문사들은 그동안 자주 언급했던 기업 인수 기준 최소 규모에 훨씬 못 미칩니다.

두 번째 문제는 쉽게 설명할 수 있습니다. 찰리와 나는 신문사를 무척 좋아하며, 경제성만 있다면 우리 인수 기준에 훨씬 못 미치는 작은 신문사라도 기꺼이 사들일 것입니다. 그러나 첫 번째 문제에 대해서는 과거사를 포함해서 자세히 설명할 필요가 있습니다.

뉴스란 간단히 말해서 사람들이 알고 싶어 하지만 알지 못하는 정보입니다. 그래서 사람들은 즉시성, 접근 용이성, 신뢰성, 종합성, 저비용이 잘 조화된 원천이라면 어디에서든 뉴스를 찾으려 할 것입니다. 이런 요소들의 상대적 중요도는 뉴스와 독자의 속성에 따라 달라집니다.

TV와 인터넷이 등장하기 전에는 신문이 수없이 다양한 뉴스의 주된 원천이었으므로 사람들 대다수의 필수품이 되었습니다. 국제, 국내, 지역, 스포츠, 금융 시세 등 독자의 관심사가 무엇이든, 대개 신문이 최신 정보를 가장 먼저 알려주었습니다. 실제로 신문에는 독자가 얻으려는 정보가 매우 많이 담겨 있었으므로, 독자의 관심사가 담긴 지면이 단 몇 쪽에 불과하더라도 구독료가 아깝지 않았습니다. 더군다나 광고주들이 신문 제작 비용을 거의 다 부담했으므로 독자들은 그 덕을 보았습니다.

게다가 광고 자체가 수많은 독자에게 매우 관심 있는 정보를 전달했으므로 실제로는 더욱 값진 '뉴스'가 되었습니다. 편집자들이 당혹해할지도 모르지만, 구인 광고, 아파트 매물, 슈퍼마켓들의 주말 할인 상품 목록, 새 영화를 상영하는 극장과 날짜가 사설에 담긴 견해보다 여러 독자에게 훨씬 중요했습니다.

지역 신문도 광고주들에게 필수품이 되었습니다. 지역 신문이 없다면 시어스Sears나 세이프웨이Safeway가 오마하에 매장을 열었을 때 도시 주민들에게 새 매장을 방문해달라고 확성기로 알리면서 돌아다녀야 합니다. 실제로 대형 백화점과 식료품점 들은 앞다투어 신문에 양면 광고를 냈는데, 이는 광고한 상품이 날개 돋친 듯 팔려나간다는 사실을 알았기 때문입니다. 어떤 확성기도 효과가 신문과는 비교도 되지 않았기 때문에 신문 광고는 저절로 팔렸습니다.

신문사가 그 지역에 하나뿐이라면 그 신문사는 틀림없이 막대한 이익을 거두었습니다. 신문사 경영을 잘하느냐 못하느냐는 거의 상관없었습니다. (남부의 한 신문 발행인이 털어놓은 유명한 말이 있습니다. "내가 이렇게 출세한 것은 두 가지 훌륭한 미국 제도 덕분입니다. 하나는 족벌주의이고, 하나는 독점입니다.")

세월이 흐르면서 거의 모든 도시에 신문이 하나씩만 남게 되었습니다. (아니면 두 신문사가 협력해 한 회사처럼 영업하면서 생존했습니다.) 이는 사람들 대부분이 신문 하나에만 구독료를 내려 했기 때문에 나타난 불가피한 현상이었습니다. 경쟁이 벌어질 때는 판매 부수가 훨씬 많은 신문사로 대부분 광고가 몰렸습니다. 그러면 늘어난 광고 때문에 독자가 더 증가했고, 이렇게 증가한 독자 때문에 광고가 더 몰렸습니다. 이 과정에서 약한 신문사는 파멸을 맞이하는, 이른바 '적자생존'의 원리가 적용되었습니다.

그러나 이제는 세상이 바뀌었습니다. 주식 시세와 전국 스포츠의 세부 내용은 신문사 윤전기가 돌아가기도 전에 이미 낡은 소식이 됩니다. 인터넷은 구인 정보와 주택 매물 정보를 광범위하게 제공합니다. TV는 시청자들에게 정치 및 국내외 뉴스를 퍼부어댑니다. 이렇게 해서 신문은 지배하던 관심 분야를 하나씩 빼앗겼습니다. 이렇게 독자가 감소함에 따라 광고도 감소했습니다. (장기간 신문사에 막대한 소득을 안겨주었던 '구인' 안내 광고 매출액이 지난 12년 동안 90% 넘게 감소했습니다.)

그러나 지역 뉴스 보도는 아직도 신문이 우위를 유지하고 있습니다. 내가 사는 지역에서 진행되는 일(시장, 세금, 고등학교 미식축구 등)을 알고자 할 때는 지방 신문을 대신할 만한 매체가 없습니다. 캐나다 관세나 파키스탄 정세에 관한 기사라면 문단 한두 개만 읽어도 일반 독자의 눈은 흐리멍덩해집니다.

그러나 자신이나 이웃에 관한 기사라면 독자들은 끝까지 읽습니다. 공동체 의식이 살아 있는 지역이라면, 그 공동체의 특별한 정보 수요를 충족하는 신문은 대다수 지역민에게 필수품으로 남을 것입니다.

그러나 가치 있는 제품도 사업 전략이 잘못되면 자멸의 길을 걷게 됩니다. 그리고 지난 10년 동안 거의 모든 크고 작은 신문사가 이런 길을 걸었습니다. 버크셔의 〈버팔로 뉴스Buffalo News〉를 포함해 신문사들은 인쇄된 신문에 대해서는 구독료를 받으면서 인터넷으로는 뉴스를 무료로 제공했습니다. 그러니 인쇄된 신문의 판매 부수가 계속해서 급감할 수밖에 없지요. 게다가 판매 부수가 감소하자 광고주들도 신문을 외면하게 되었습니다. 이런 상황 속에서 과거의 '선순환'이 이제는 거꾸로 진행되었습니다.

〈월스트리트 저널Wall Street Journal〉은 일찌감치 유료 모델을 채택했습니다. 그러나 지역 신문의 본보기는 월터 허스먼 2세Walter Hussman, Jr.가 발행하는 〈아칸소 데머크랫-거제트Arkansas Democrat-Gazette〉입니다. 월터도 유료 모델을 조기에 채택했고, 지난 10년 동안 미국의 어느 대형 신문보다도 판매 부수를 훨씬 잘 유지했습니다. 월터가 강력한 본보기를 제시했는데도 다른 신문들은 겨우 작년에야 유료 모델을 탐색하기 시작했습니다. 아직 답이 분명하지는 않지만 효과만 좋다면 수많은 신문사가 모방할 것입니다.

유대감 강한 공동체에 종합적이고 신뢰도 높은 정보를 제공하면서 합리적인 인터넷 전략을 펼치는 신문사라면 장기간 생존할 것으로 찰리와 나는 믿습니다. 그러나 뉴스 콘텐츠를 축소하거나 발행 빈도를 줄이는 방식으로는 성공하지 못할 것입니다. 취재가 빈약해지면 틀림없이 독자층도 빈약해질 것이기 때문입니다. 현재 일부 도시에서 시도 중인 격일간 발행도 단기적으로는 수익성을 개선해줄지 모르지만, 장기적으로는 틀림없이 신문의

적합도를 떨어뜨릴 것입니다. 우리의 목표는 인쇄된 신문이든 인터넷 신문이든 독자들에게 흥미로운 콘텐츠를 풍부하게 담아 제공하고, 유용성을 인정하는 독자들로부터 적정 구독료를 받는 것입니다.

우리의 확신을 뒷받침하는 존재가 〈오마하 월드-헤럴드Omaha World-Herald〉에서 테리 크로거Terry Kroeger가 이끄는 탁월한 경영진입니다. 이들은 대규모 신문사 집단을 잘 관리하고 있습니다. 그러나 취재와 신문 논조에 대해서는 개별 신문사가 독립성을 유지하고 있습니다. (대선에서 나는 오바마Barack Obama를 찍었지만, 우리 일간 신문 12개 중 10개는 롬니Mitt Romney를 지지했습니다.)

우리 신문사들도 매출이 감소하는 신문시장의 흐름에서 벗어나 있는 것은 분명히 아닙니다. 그래도 2012년에 우리가 줄곧 보유한 소형 일간 신문 6개는 매출이 유지되었는데, 이는 대도시 일간 신문들보다도 훨씬 좋은 실적입니다. 그리고 2012년 내내 우리가 경영한 대형 신문들(〈버팔로 뉴스〉와 〈오마하 월드-헤럴드〉)은 매출이 3% 감소했는데, 이 역시 평균을 웃도는 실적이었습니다. 미국의 50대 대도시 신문 중에서도 버팔로와 오마하는 자기 지역 구독자 획득률 순위가 정상에 가깝습니다.

이렇게 높은 인기는 우연의 산물이 아닙니다. 두 신문의 편집자들(버팔로의 마거릿 설리번Margaret Sullivan과 오마하의 마이크 라일리)이 지역 독자들에게 유용한 정보를 제공해 이들 신문을 필수품으로 만든 덕분입니다. (유감스럽게도 마거릿은 최근 거절하기 어려운 제안을 받아 〈뉴욕타임스New York Times〉로 이직하게 되었습니다. 그 신문사는 대어를 낚았지만, 우리는 그녀의 건승을 빕니다.)

버크셔가 신문 자회사들로부터 벌어들이는 현금 이익은 거의 틀림없이 장기적으로 하향 추세를 나타낼 것입니다. 합리적인 인터넷 전략을 펼치더라도 완만한 하락세를 막을 수는 없을 것입니다. 그래도 감히 말씀드리건대, 이들 신문의 경제성은 우리의 인수 기준을 충족하거나 초과할 것입니다. 지금까지 올린 실적이 이런 믿음을 뒷받침합니다.

그러나 찰리와 나는 여전히 경제 원칙 11번을 준수하고 있으므로, 끝없이 손실이 이어진다면 어느 회사라도 영업을 중단할 것입니다. 미디어 제너럴Media General로부터 우리가 일괄 인수한 신문사 중 하나는 수익성이 매우 나쁜 상태였습니다. 실적을 분석해보았으나 해결책을 찾을 수가 없어서 유감스럽지만 신문을 폐간했습니다. 그러나 나머지 일간 신문들은 모두 앞으로 장기간 수익성을 유지할 것입니다. 가격이 적절하다면(즉, PER이 매우 낮다면) 우리는 마음에 드는 신문을 더 인수할 것입니다.

버크셔의 기업 인수 기준 [2014]

우리는 다음 기준을 모두 충족하는 기업의 사장이나 대리인이 연락해주시기를 고대합니다.

(1) 대기업(우리 기존 사업부에 딱 들어맞는 기업이 아니라면 세전 매출액이 7,500만 달러 이상)

(2) 지속적인 수익력을 입증(미래 예상 수익이나 '회생기업'은 관심 없음)

(3) 부채가 적거나 없고 ROE가 높은 기업

(4) 경영진이 있는 기업(우리는 경영진을 공급하지 못함)

(5) 사업이 단순(복잡한 기술을 다루는 회사는 우리가 이해하지 못함)

(6) 매각 가격(가격이 미정인 상태에서 협상하느라 시간을 낭비하고 싶지 않음)

규모가 큰 회사일수록 관심이 더 많습니다. 우리는 50~200억 달러 범위에서 기업을 인수하고 싶습니다. 그러나 장내 매수는 관심이 없습니다.

우리는 적대적 인수는 하지 않습니다. 완벽한 비밀 보장과 매우 신속한 답변을 약속합니다. 우리가 흥미를 느끼는지는 대개 5분 이내에 답해드렸습니다. 우리는 현금 인수 방식을 선호합니다. 그러나 우리가 제공하는 만큼 내재가치를 취득하는 거래라면 주식 발행 방식도 고려할 것입니다. 우리는 경매 방식에는 참여하지 않습니다.

찰리와 나는 위 인수 기준의 근처에도 못 미치는 제안을 자주 받습니다. 이는 콜리(양치기 개)에 관심 있다고 광고하는데 코커스패니얼(사냥개)을 팔고 싶다고 전화하는 것과 같습니다. 신생 벤처기업, 회생기업, 경매 방식 기업 매각에 대한 우리의 생각은 다음 컨트리송 가사 한 줄이 대변해줍니다. "전화벨이 울리지 않는다면 그것이 내 마음이라고 이해해줘요."

가장 기억에 남는 실패 사례 [Q 2015-15]

지난 50년 동안 버크셔에서 가장 기억에 남는 실패 사례는 무엇인가요?

버핏: 연차보고서에서 여러 번 논의했지만, 1990년대 중반 4억 달러에 인수한 덱스터 슈입니다. 치열한 경쟁 탓에 이 회사의 가치는 결국 제로가 되었습니다. 게다가 덱스터 인수 대금을 주식으로 지급했는데, 현재 가치로는 60~70억 달러에 이릅니다. 이 어리석었던 결정이 생각나면 버크셔 주가가 지금 하락하길 바랄 정도입니다. 덱스터는 나를 속이지 않았습니다. 단지 내가 잘못 판단했을 뿐입니다. 우리는 주식을 발행할 때마다 실패했습니다. 그렇지 않은가, 찰리?

멍거: 그래서 이제 웬만해서는 주식을 발행하지 않습니다.

버핏: 다른 실패 사례는 우리가 초창기에 더 적극적으로 투자하지 않은 것입니다. 그러나 나와 가족과 친구들의 모든 재산이 버크셔에 들어가 있었으므로 매우 신중할 수밖에 없었습니다. 조금 더 적극적으로 투자할 수는 있었겠지요. 하지만 가족이 무일푼이 될 확률이 1%에 불과하더라도, 좋은 기회를 놓칠지언정 더 위험을 떠안고 싶지는 않았습니다. 사람들은 우리가 과거에 큰 기회를 놓쳤다고 말할 것입니다.

멍거: 레버리지를 사용했다면 버크셔가 훨씬 더 커졌겠지요. 그러나 우리는 밤잠을 설쳤을 것입니다. 밤잠을 설치는 것은 미친 짓입니다.

버핏: 특히 돈 때문에 설친다면 말이지요!

배터리사업이 쇠퇴하고 있지만 [Q 2015-31]

듀라셀Duracell의 핵심 배터리사업이 쇠퇴하고 있습니다. 주식 교환 방식을 통해서 세금 혜택을 받지 못했더라도 이 거래를 할 생각이었나요?

버핏: 이 거래를 통해서 프록터 앤드 갬블과 버크셔 둘 다 세금 혜택을 받았습니다. 버크셔는 프록터 앤드 갬블 주식을 5년 이상 보유했으며, 이 거래는 부동산 교환과 비슷합니다. 그러나 우리는 듀라셀 주식에 새 취득원가를 적용하지 않고 기존의 낮은 취득원가를 그대로 유지할 계획입니다. 이렇게 주식 교환 방식이 아니었다면 우리는 거래를 하지 않았을 것입니다. 배터리 사업이 쇠퇴하고는 있지만 그래도 오랜 기간 유지될 것입니다. 실적도 좋을 것으로 기대합니다. 인수 작업은 아마 2015년 4분기에 완료될 것입니다. 프록터 앤드 갬블이 적극적으로 협조해주고 있습니다.

마지못해 바꾼 생각 [Q 2016-1]

당신은 자본을 적게 사용하는 기업을 인수하고 싶다고 말했습니다. 그러나 지금은 막대한 자본이 필요하고, 과도한 규제를 받으며, ROE도 낮은 기업에 투자하고 있습니다. 어떤 이유인지요?

버핏: 그동안 우리가 성공을 거둔 탓입니다. 이상적인 기업은 자본을 쓰지 않으면서 성장하는 기업입니다. 그런 기업이 소수에 불과하며, 우리도 몇 개

보유하고 있습니다. 그러나 우리는 그런 기업 중 100~300억 달러 규모인 기업을 인수하고 싶습니다. 그러면 우리 영업이익 증가율을 유지할 수 있지만, 그런 기업을 찾기가 갈수록 어렵습니다. 자본을 사용하지 않고 성장하면서 막대한 돈을 벌어주는 기업을 보유하면 이중 효과를 얻게 됩니다. 시즈캔디가 대표적인 사례입니다. 당시에는 신문사도 그런 기업이었습니다. 버팔로 뉴스는 자본을 사용하지 않으면서 연 4,000만 달러를 벌어들였습니다. 우리는 그 4,000만 달러를 모두 다른 기업 인수에 사용할 수 있었습니다.

그러나 자본 규모가 증가하면 수익률이 낮아질 수밖에 없습니다. 예컨대 훨씬 고자본 기업에 투자하게 되니까요. 우리는 풍력발전에 36억 달러를 투자하고 있습니다. 그리고 재생에너지에 모두 300억 달러를 투자하기로 약속했습니다. 버크셔 해서웨이 에너지와 BNSF의 모든 사업에는 막대한 자금이 들어갑니다. ROIC가 괜찮은 수준이긴 하지만 저자본 기업에 비할 바는 못 됩니다. 실제로 우리 자회사 몇 개는 ROIC가 연 100%에 이릅니다. 부류가 다른 기업이지요. 버크셔 해서웨이 에너지의 ROIC는 11~12%로서 꽤 괜찮은 수준이지만 저자본 기업과는 비교가 되지 않습니다. 찰리?

멍거: 우리는 상황이 바뀌었을 때 생각을 바꿨습니다.

버핏: 마지못해 서서히 바꿨지요.

멍거: 초창기에는 우리가 인수한 기업 중 곧 연 100% 수익을 낸 기업이 많았습니다. 계속해서 이런 기업을 인수할 수 있었다면 당연히 그렇게 했을 것입니다. 그러나 그럴 수가 없었으므로 대안을 선택했습니다. 대안도 꽤 효과적이어서 나는 이 방식이 여러모로 마음에 듭니다. 자네는 어떤가?

버핏: 동감이지. 피할 수 없다면 즐겨야지요. 그렇게 될 줄 알고 있었습니다. 관건은 '환상적인 실적 대신 만족스러운 실적을 수용할 것인가'입니다.

우리는 만족스러운 실적을 기꺼이 수용했습니다. 대안은 운용자산을 매우 소규모로 축소하는 것이었는데, 찰리와 나는 진지하게 논의해보지 않았습니다.

바보를 원하지는 않습니다 [Q 2016-2]

프리시전 캐스트파츠의 CEO 마크 도네건Mark Donegan을 신뢰하시겠지만, 이렇게 이례적으로 높은 PER을 지불할 만큼 마음에 드는 회사의 장점은 무엇인가요?

버핏: 프리시전 캐스트파츠 인수 작업은 올해 1월 말에 완료되었습니다. 합의가 이루어진 시점은 작년 8월입니다. 질문자께서도 지적했듯이, 프리시전 캐스트파츠의 가장 중요한 자산은 탁월한 경영자 마크 도네건입니다. 그동안 나는 수많은 경영자를 보았지만 그를 거의 독보적인 인물로 꼽습니다. 그는 항공기 부품 제작에 지극히 중요한 역할을 하고 있습니다. 감히 말하건대, 그가 경영하는 회사가 상장폐지하는 탓에 불리해지는 면은 전혀 없습니다. 오히려 상당히 유리해질 것입니다. 예컨대 이제 그는 항공기 엔진 개선 작업에 시간을 100% 투입할 수 있습니다. 그는 처음부터 이런 작업을 무척 좋아해서 많은 시간을 투입했지만, 애널리스트들에게 분기 실적을 설명하거나 은행과 대출 협상도 벌여야 했습니다.

그러나 이제 그는 시간을 가장 합리적으로 사용할 수 있습니다. 10억 달러짜리 기업을 인수하려고 오마하로 와서 내게 설명할 필요도 없습니다. 비생산적인 업무에 시간을 낭비할 필요가 전혀 없습니다. 상장회사를 경영하려면 비생산적인 업무에 많은 시간을 낭비할 수밖에 없지만요. 그는 원래 프리시전 캐스트파츠의 핵심 자산이었지만, 우리가 인수하면서 더 값진 자산이 되었습니다. 프리시전 캐스트파츠는 그동안 계속해서 많은 기업을 인수했지만, 이제 버크셔의 자회사가 되었으므로 기업을 무제한 인수할 수 있습니다. 그의 무대가 대폭 확장된 것입니다. 그에게 불리해진 면은 없다고 봅니다. 자본이 필요하면 내게 전화만 하면 됩니다. 지금까지 배당을 많이 지급한 것은 아니지만, 이제는 배당을 전혀 지급하지 않아도 됩니다. 프리시전 캐스트파츠는 지금까지 독자적으로도 매우 훌륭하게 운영되었지만, 앞으로는 더 훌륭하게 운영될 것입니다.

멍거: 초창기에는 우리가 주제넘은 말을 자주 했습니다. 워런은 바보도 경영할 수 있는 회사를 사야 한다고 말하곤 했습니다. 조만간 바보가 경영하게 될 테니까요. 초창기에는 실제로 그런 회사들을 인수했습니다. 그런 회사가 많았으니까요. 물론 우리는 그런 회사를 계속 인수하고 싶습니다. 그러나 갈수록 경쟁이 치열해지고 있으므로, 우리는 더 강력한 경영 기법을 계속 배워야 합니다. 프리시전 캐스트파츠 같은 기업에는 장기간 경쟁우위를 유지해내는 매우 탁월한 경영진이 필요합니다. 우리는 이런 기업의 비중을 점차 늘렸는데, 그 성과는 정말 놀랍습니다. 과거에는 바보도 경영할 수 있는 기업을 찾아냈듯이, 지금은 우리가 탁월한 경영자들을 잘 발굴하고 있다고 생각합니다.

버핏: 프리시전 캐스트파츠 같은 기업을 더 찾아낼 수 있으면 좋겠지만 이런 기업은 정말 희귀합니다. 그래도 서너 개 더 찾아내면 좋겠습니다. 생산하는 제품의 품질이 엄청나게 중요하고, 고객들이 절대적으로 의존하며,

계약이 장기간 이어지는 그런 기업 말입니다. 그러나 제품 품질만으로는 부족합니다. 특히 경영 능력이 탁월하고, 항공기 및 엔진 제조회사들 사이에서 평판이 절대적으로 높은 경영자도 반드시 확보해야 합니다.

행복한 결혼 생활 [Q 2016-36]

흔히 실사due diligence도 생략한 채 며칠 만에 인수 거래를 완료하면 위험하지 않은가요?

버핏: 변호사들이 내게 자주 하는 질문입니다. 우리가 실사를 했다면 변호사들에게 값비싼 자문료를 지불했을 것입니다. 우리는 인수 과정에서 실수를 많이 했는데, 대부분이 마땅히 인수해야 할 기업을 인수하지 않은 이른바 부작위의 실수였습니다. 모두 기업의 경제 환경이나 미래를 적절하게 평가하지 못한 실수였습니다. 모든 대기업의 인수 점검 목록에는 들어 있지 않은 실수들이지요. 정말로 중요한 것은 그 기업의 기본 경제성, 해당 산업의 진행 방향, 아마존 같은 경쟁자의 시장지배 가능성 등입니다. 그러나 이런 실제 위험들이 기업 인수 점검 목록에 들어 있는 사례를 우리는 본 적이 없습니다. 우리가 기업 인수에서 저지른 부작위의 실수는 6건 이상입니다. 그러나 실사를 더 많이 했더라도 이런 실수는 단 한 건도 감소하지 않았을 것입니다. 다만 우리가 조금 더 현명했다면 실수가 감소했을지 모르지요.

지극히 중요한 것은, 10억 달러를 받고 지분을 양도할 소유경영자가 앞으로도 변함없는 태도로 기업을 경영할 것인지를 판단하는 일입니다. 따라서 관련 항목이 점검 목록에 들어 있다면 당연히 확인해야 하겠지만, 점검 목록에 들어 있지 않더라도 기업의 미래 경제 전망 평가에 중요한 항목들은 반드시 분석해야 합니다. 시즈캔디는 인수 당시 임차 매장이 약 150개였습니다. 프리시전 캐스트파츠는 인수 당시 공장이 170개였습니다. 일부 공장에는 공해 문제가 있었을 것입니다. 그러나 중요한 것은 개별 공장이 아니라 10~20년 후의 사업 전망입니다. 이렇게 실사를 생략하는 우리의 기업 인수 방식이 적어도 일부 사람들에게는 유용할 것이라고 믿습니다. 사소한 일로 다투는 과정에서 거래가 무산되는 사례를 나는 많이 보았습니다. 흔히 사소한 일로 시작된 논쟁에서도 자존심이 상하면 마지노선을 그어버리는 사례가 많기 때문입니다. 그러나 우리가 협상을 시작하면 대개 완결됩니다.

멍거: 임차계약서를 꼼꼼하게 확인하는 것보다는 대개 기업의 질 평가가 더 중요합니다. 기업을 계속 운영할 경영진의 자질도 매우 중요한데 점검 목록으로 확인할 방법이 있나요? 기업의 질 및 경영진의 자질 평가 실적이 버크셔보다 좋은 기업을 나는 보지 못했습니다. 우리가 실사에 의지했다면 이렇게 평가하지 못했을 것입니다. 우리는 올바른 방법을 쓰고 있습니다.

버핏: 협상이 길어지면 대개 무산됩니다. 사람들은 사소한 일에 고집을 부리기도 합니다. 때로는 어리석은 짓인 줄 알면서도 고집을 부리지요. 나는 협상이 진행되길 바라므로 상대에게 어느 정도 신뢰감을 표시합니다. 그러면 대개 상대도 내게 신뢰감을 표시합니다. 그러나 암적인 존재도 분명히 있습니다. 서류를 보아서는 이런 사람들을 찾아낼 수 없습니다. 우리가 믿고 막대한 돈을 건네준 사람이 장래에 어떤 행태를 보일 것인지 평가하는 작업이 가장 중요합니다. 우리는 회사의 실적과 인수 가격을 모두 알고 있으므로 협상이 순조롭게 진행되길 바랍니다. 나는 모든 면에서 우리에게 유리해

야 좋은 거래라고 생각하지는 않습니다. 톰 머피는 모든 면에서 유리한 조건을 얻으려 하지 말고 단지 적당한 거래를 하라고 내게 가르쳐주었습니다. 상대가 부정직한 사람이라면 거래 과정에서 그런 징후가 나타납니다. 운이 좋으면 협상 초기에 이런 징후를 발견하게 됩니다.

멍거: 여기 행복한 결혼 생활을 하는 주주 여러분 중 배우자의 출생증명서를 세심하게 확인한 사람이 얼마나 있을까요? 우리가 사용하는 기법은 이미 널리 사용되는 듯합니다.

버핏: 동감입니다.

비단 지갑을 만들 수 없다 [Q 2017-3]

HBO 다큐멘터리를 보니, 당신은 투자를 야구에 비유하시더군요. 테드 윌리엄스(Ted Williams, 저서 《타격의 과학*The Science of Hitting*》에서 스트라이크존을 야구공 크기로 77개 칸으로 나눈 인물 - 1997년 주주 서한)는 좋아하는 코스가 중앙 바로 아래였습니다. 당신이 좋아하는 투자 대상 기업의 특성은 무엇인가요?

버핏: 질문자 마음에 쏙 드는 용어로 정의할 수 있을지 모르겠군요. 그런 기업은 우리가 보면 압니다. 대개 이런 기업이지요. 5~20년을 내다볼 수 있고, 현재 보유한 경쟁우위가 이 기간에 유지될지 판단할 수 있으며, 경영진이 믿을 만하고, 버크셔 문화에 어울릴 뿐 아니라 버크셔 문화에 합류하기를 갈망하며, 가격도 합리적이어야 합니다. 기업을 인수하면 우리는 그 기업이 장기간에 걸쳐 창출하리라 예상되는 현금을 기준으로 거액을 투입합니

다. 우리는 더 확실한 예측이 가능할수록 더 좋아합니다.

우리가 처음으로 인수한 탁월한 기업은 시즈캔디였습니다. 규모는 비교적 작아도 버크셔에 일종의 분수령이 된 기업이지요. 1972년 시즈캔디를 보자, 우리는 사람들이 먹거나 선물할 때 다른 캔디보다 시즈캔디를 선호할 것인지 자문해보았습니다. 당시 시즈캔디의 세전이익은 약 400만 달러였는데, 우리는 2,500만 달러를 지불했습니다. 이후 우리가 시즈캔디에서 벌어들인 이익이 약 20억 달러입니다. 우리는 사람들이 저가 캔디를 사지는 않을 것으로 생각했습니다. 밸런타인데이에 아내나 여자 친구(물론 두 사람은 동일인이겠지요?)에게 캔디 한 상자를 선물하면서 "싼 걸로 샀어!"라고 말했다가는 본전도 찾기 어려울 것입니다. 우리는 시즈캔디가 특별한 상품이라고 판단했습니다. 2017년까지는 몰라도 1982년과 1992년까지는 말이지요. 다행히 우리 판단이 적중했습니다. 우리는 시즈캔디 같은 기업을 더 찾고 있습니다. 단지 규모만 훨씬 크면 됩니다.

멍거: 당시 우리는 젊어서 무식했습니다.

버핏: 지금 우리는 늙었는데도 무식합니다.

멍거: 가격이 조금 더 높았더라도 우리가 시즈캔디를 인수했을까요? 그들이 더 높은 가격을 제시했다면 우리는 사지 않았을 것입니다. 그러나 가격이 더 높았더라도 인수하는 편이 훨씬 현명한 판단이었습니다.

버핏: 가격이 500만 달러 더 높았다면 나는 사지 않았을 것입니다. 그래도 찰리라면 기꺼이 샀을 것입니다. 다행히 우리는 그런 결정을 내릴 필요가 없었습니다. 설사 가격이 더 높았더라도 찰리는 인수를 밀어붙였을 것이고, 나는 가만있었을 것입니다. 시즈캔디를 매각한 사람은 창업자의 손자로서 사업에는 관심이 없었는데 하마터면 생각을 바꿀 뻔했습니다. 그는 여자

와 와인에 더 관심이 많았는데 한때 시즈캔디를 팔지 않으려 했습니다. 내가 없는 동안 찰리가 그에게 가서, 캔디회사보다 여자와 와인이 더 낫다고 한 시간 동안 설득했습니다. 결국 그는 시즈캔디를 우리에게 넘겼습니다. 이런 비상사태가 벌어지면 나는 찰리를 호출합니다.

멍거: 사업 초기에 단지 가격이 싸다는 이유로 소름 끼치는 기업을 인수했던 경험이 우리에게 큰 행운이 되었습니다. 가망 없이 망해가는 기업을 살려보려고 시도하면서 값진 경험을 했으니까요. 이후 우리는 가망 없는 기업들을 능숙하게 피했습니다. 사업 초기에 저지른 실수가 유용한 경험이 되었습니다.

버핏: 돼지 귀로는 비단 지갑을 만들 수 없다는 사실을 배웠습니다.

멍거: 쓴맛을 보아야 제대로 깨닫게 되지요.

마음에 쏙 들었던 거래 [Q 2017-6]

멍거 씨, 지금까지 한 거래 중 유난히 마음에 든 거래는 무엇인가요?

멍거: 유난히 마음에 든 거래가 있었다고는 생각하지 않습니다. 다만 학습 경험 면에서 가장 유용했던 거래는 십중팔구 시즈캔디였습니다. 브랜드도 강력했고, 추가 자본을 투입하지 않아도 현금흐름이 끊임없이 증가하는 회사였으니까요. 우리가 시즈캔디를 인수하지 않았다면 코카콜라에도 투자하지 않았을지 모릅니다. 나는 훌륭한 삶이란 항상 배우고 또 배우는 삶이라고 생각합니다. 나는 우리가 오랜 기간 끊임없이 배운 덕분에 버크셔에서

막대한 투자수익을 올렸다고 생각합니다.

자본배분 경험이 전혀 없는 사람을 CEO에 임명하는 것은 주사위를 던지는 것과 다르지 않습니다. 우리는 매우 오랜 기간 자본배분을 해왔기 때문에 잘하는 편입니다. 그렇다고 우리 판단이 항상 옳은 것은 아닙니다. 그나마 심각한 피해를 면하는 것은 우리가 끊임없이 배운 덕분입니다. 우리가 계속 배우지 않았다면 여러분은 이 자리에 있을 수 없을 것입니다. 그렇다고 여러분이 죽지는 않았겠지만 여기에 모여 있지는 않을 것입니다.

버핏: 형편없는 기업을 경영하면서 맛보는 고통만큼, 훌륭한 기업에 대한 안목을 키워주는 경험도 없을 것입니다.

멍거: 한 친구의 말에 의하면, 낚시의 첫 번째 원칙은 물고기가 있는 곳에서 낚시하는 것입니다. 두 번째 원칙은 첫 번째 원칙을 절대 잊지 않는 것이고요. 우리는 반드시 물고기가 있는 곳에서 낚시하고 있습니다.

버핏: 비유적으로 한 말입니다.

멍거: 바다에 낚싯배가 짜증 날 정도로 많아도 물고기는 여전히 있습니다.

버핏: 1966년, 우리는 볼티모어에서 백화점을 인수했습니다. 이때 정말이지 둘도 없는 경험을 했습니다. 아직 개발이 안 돼서 생존하기 어려운 지역인데도 단지 경쟁자가 선점할지 모른다는 이유로 새 매장을 개설할지 결정하는 일이었습니다. 우리는 새 매장을 개설하기로 했습니다. 매장 하나도 버티기 힘든 곳에 매장이 두 개나 들어섰습니다. 이런 게임을 해보면 경험을 통해서 배우는 것이 많습니다. 정말로 배우는 것은 어떤 것을 피해야 하는지 알게 된다는 것입니다. 끔찍한 기업들을 피하게 될 때 비로소 우리는 제대로 시작하게 됩니다. 우리는 온갖 끔찍한 기업들을 다뤄보았습니다.

대안이 당신밖에 없어서 [Q 2017-24]

앞으로 5년 동안 어떤 섹터에서 낚시할 생각인가요?

버핏: 찰리와 나는 섹터나 거시 환경에 대해 그다지 논의하지 않습니다. 우리는 항상 모든 기업을 지켜봅니다. 일종의 취미지요. 우리는 어떤 기회가 오든 유연하게 투자하므로 항상 기업 인수 제안을 기다립니다. 그러나 다양한 필터를 적용해서 기회를 걸러냅니다. 우리는 제안을 들어보면 체결 가능성이 있는 거래인지를 십중팔구 5분 이내에 알아냅니다. 우리가 던지는 첫 번째 질문은 "과연 우리가 이 기업을 제대로 파악해서 올바른 판단을 내릴 수 있는가?"입니다. 이런 기업은 드뭅니다. 우리는 해자를 갖춘 기업을 좋아합니다. 첫 번째 필터를 통과하면 거래 가능성이 어느 정도 생깁니다. 우리는 먼 장래까지도 고객의 행동을 예측할 수 있는 기업을 좋아합니다. 그러나 갈수록 예측하기가 어려워지고 있으며 지금은 더 어렵습니다. 우리는 현재 ROE와 미래 ROE도 살펴봅니다. 사람들이 보내주는 신호를 보면 우리가 실제로 만족스러운 거래를 하게 될지 알 수 있습니다. 우리는 각 기업의 특성을 보고 인수 여부를 판단하는 것이지, 특정 섹터에서 인수 대상 기업을 찾는 것은 아닙니다.

멍거: 자회사들 중 일부는 수시로 협력회사를 인수합니다. 물론 이는 환영할 만한 일입니다. 그러나 기업 인수 시장 전반적으로는 경쟁이 매우 치열해졌습니다. 과거 차입매수를 주도하던 거대 시장이 지금은 이른바 사모펀드private equity로 불리고 있습니다. 그러나 이는 일개 경비원이 최고기술책임자chief of engineering를 자처하는 것과 같습니다. 이들은 자금을 얼마든지 조

달 가능하므로 매우 높은 가격을 제시할 수 있습니다. 따라서 우리가 이들과 경쟁해서 기업을 인수하기는 매우 어렵습니다. 하지만 사모펀드에 기업을 매각하지 않으려는 사람들도 일부 있습니다. 이들은 자신의 기업을 매우 사랑하므로, 사모펀드를 거쳐 다시 팔려나가는 모습을 보려 하지 않습니다.

버핏: 몇 년 전, 한 사내가 나를 찾아왔습니다. 당시 61세였던 그는 이렇게 말했습니다. (실제로 이렇게 말한 사람은 또 있었습니다.) "나는 돈은 남아돌 정도로 많습니다. 그러나 출근할 때마다 걱정하는 일이 딱 하나 있습니다. 오늘이라도 내게 무슨 일이 생긴다면 아내가 회사를 맡게 됩니다. 그런데 임원들이 회사를 헐값에 인수하거나 경쟁사에 팔아넘기려는 사례를 나는 많이 보았습니다. 나는 회사를 아내에게 맡기고 싶지 않습니다. 인수해줄 기업을 내가 결정하고 싶지만, 이후에도 경영은 내가 계속 하고 싶습니다. 경쟁사에 매각하는 방법도 생각해보았습니다. 하지만 그러면 경쟁사의 CFO가 합병회사의 CFO가 될 것이고, 지금까지 나와 함께 회사를 일군 사람들은 모두 밀려날 것입니다. 나는 막대한 돈을 받고 떠나겠지만, 이들 중 일부는 실직할 것입니다. 내가 원하는 모습이 아닙니다. 자칭 사모펀드라고 하는 차입매수자에게 매각할 수도 있습니다. 이들은 최대한 부채를 일으켜 회사를 인수하고서, 치장해 다시 팔아넘길 것입니다. 결국 내가 키운 회사는 흔적도 남지 않을 것입니다. 나는 당신이 특별해서가 아니라, 대안이 당신밖에 없어서 찾아왔습니다."

청혼할 때는 그가 내게 한 마지막 표현은 사용하지 않는 것이 좋겠네요. 나는 그의 제안을 받아들여 거래를 체결했습니다. 그와 같은 사람이 없다면 우리는 기업 인수시장에서 번번이 패배할 것입니다. 우리는 순전히 자기자본으로 기업을 인수하려 하지만, 경쟁사들은 매우 싼 금리로 거액을 빌릴 수 있습니다. 예컨대 경쟁사가 평균 금리 4%로 인수 대금 대부분을 조달한다면 우리는 경쟁하기 어렵습니다.

멍거: 주가가 하락해도 차입매수자는 손실을 보지 않습니다. 그러나 주가가 상승하면 차입매수자는 이익을 봅니다.

버핏: 차입매수자가 계산하는 방식은 우리와 매우 다릅니다. 그는 자금을 얼마든지 조달할 수 있습니다. 원하는 것이 오로지 높은 매각 가격이라면 우리에게 전화할 필요가 없습니다. 대신 우리는 색다른 제안을 할 수 있습니다. 앞에서 설명한 인수 사례는 소유경영자 세 사람이 한 이야기를 거의 그대로 전한 것입니다. 이들은 모두 거래에 매우 만족해했습니다. 돈도 매우 많이 받았고, 원하던 대로 지금도 기업을 계속 경영하고 있습니다. 가족은 물론 평생 함께 일한 임직원들에게도 최선의 결정이었습니다. 그러나 다른 결정을 하는 소유경영자도 많습니다. 차입매수자가 제시하는 가격과, 우리처럼 자기자본으로 인수할 때 제시하는 가격 사이에 격차가 커지면 소유경영자의 고민도 커집니다.

멍거: 이런 결정은 오래전부터 어려웠습니다. 그래도 우리는 좋은 기업을 꽤 많이 인수했습니다.

계약서 대신 돈부터 [Q 2017-54]

매클레인McLane은 매출 규모가 큰 자회사인데도 설명을 많이 듣지 못했습니다.

버핏: 매출에 관한 연방통신위원회Federal Communications Commission 규정에

따라, 매클레인의 매출은 연차보고서에 별도로 표시됩니다. 매클레인은 내재가치나 순이익에 비해 매출이 이례적으로 많은 회사입니다. 유통회사이기 때문입니다. 주요 고객은 식품회사, 캔디회사, 담배회사, 편의점 상품 공급회사 등입니다. 우리 최대 고객인 월마트로부터 인수했습니다. 정확한 매출 규모는 모르겠지만, 월마트와 샘즈Sam's의 매출 합계가 전체 매출에서 차지하는 비중이 20%를 초과합니다. 총이익률은 약 6%이고 영업비용은 5%입니다. 따라서 재고자산 회전율을 매우 높게 유지해야 ROA 1%(세전)를 얻을 수 있습니다. 실제로 매클레인은 재고자산을 매우 빠르게 반입/반출하면서 대단히 효율적으로 관리하고 있습니다.

매클레인은 주류 유통회사도 몇 개 보유하고 있는데, 이익률이 더 높습니다. 매클레인의 기본 매출은 450억 달러가 넘으며, 세전 매출 이익률은 1%입니다. ROE도 매우 양호합니다. 월마트로부터 인수하기 전부터 탁월한 CEO 그래디 로지어Grady Rosier가 경영하고 있습니다. 나는 한 번 방문해 보았습니다. 트럭 수천 대가 전국에 산재한 대형 유통센터 사이를 오가면서 도매점에 상품을 유통하는 중추 역할을 하고 있습니다. ROIC와 인수가격 대비 수익률도 훌륭합니다. 매출채권회전율도 이례적으로 높습니다. 매출이 매출채권의 30배, 매입채무의 30배, 재고자산의 35배입니다. 상품을 대규모로 유통하는 사업이기 때문입니다. 중요한 자회사지만 매출만 보고 평가할 회사는 아닙니다.

멍거: 버핏이 모두 설명했습니다.

버핏: 월마트 CFO가 매클레인을 매각하려고 우리를 찾아왔습니다. 그는 우리와 한동안 협의하고 다른 방으로 가서 CEO와 통화하더니, 돌아와서 거래가 성사되었다고 말했습니다. 이후 월마트는 버크셔와의 거래처럼 빠르

게 성사된 사례가 없었다고 말하더군요. 우리는 대금을 현금으로 지급했습니다. 우리도 매우 신속하게 처리했지만, 월마트도 처리가 훌륭했습니다.

멍거: 우리는 신속하고 절차가 단순하며 약속을 잘 지킨다는 평판 덕분에 자주 좋은 인수 기회를 얻습니다.

버핏: 그런 평판이 없었다면 좋은 기업들을 인수하지 못했을 것입니다.

멍거: 노던 내처럴 가스Northern Natural Gas Company는 1주일 만에 인수했습니다. 그들은 월요일에 대금을 받고자 했습니다. 우리는 변호사가 법적 서류를 작성하기도 전에 대금을 지급했습니다.

버핏: 워싱턴의 승인이 필요했습니다. 나는 그들에게 워싱턴에서 서류 검토 후 승인해주지 않으면 거래를 취소하겠다는 편지를 보냈습니다. 그들에게 자금이 절실하게 필요했으므로, 승인을 전제로 자금을 지급하기로 한 것입니다. 나는 절차상의 문제일 뿐, 승인에는 문제가 없다고 생각했기 때문입니다. 그러나 대부분 기업은 이렇게 하지 못합니다. 하지만 우리에게는 융통성이 있습니다. 대기업은 결재 서류에 서명하는 사람이 너무 많습니다. 우리도 그런 방식이었다면 노던 내처럴 가스를 인수하지 못했을 것입니다.

멍거: 덕분에 멋진 회사를 보유하게 되었지요.

4장
자본배분

기업 인수든 자사주 매입이든, 자본배분의 첫 번째 법칙은 가격에 따라
현명한 결정이냐 어리석은 결정이냐가 판가름 난다는 것입니다. [2011]

배당 정책은 무엇보다도 명확하고, 일관되며, 합리적이어야 합니다.
배당 정책이 변덕스러우면 주주들은 혼란에 빠지고
잠재 투자자들은 떠나가 버립니다. [2012]

버크셔의 자사주 매입 조건 [2011]

2011년 9월, 우리는 BPS의 110% 이내에서 자사주를 매입하겠다고 발표했습니다. 그러나 우리가 시장에서 겨우 며칠 동안 자사주를 6,700만 달러 사들였더니 주가가 BPS의 110%를 넘어가 버렸습니다. 그래도 자사주 매입은 중요한 주제이므로 이에 대해서 설명하겠습니다.

찰리와 나는 두 가지 조건을 충족하는 자사주 매입을 원합니다. 첫째, 회사에 운전자본이 충분하고 사업에 쓸 유동성도 풍부해야 합니다. 둘째, 보수적으로 계산한 내재가치보다도 주가가 훨씬 낮아야 합니다.

우리는 두 번째 조건을 충족하지 못하는 자사주 매입을 자주 보았습니다. 물론 악의 없이 두 번째 조건을 위반하는 사례도 있습니다. 자사 주식이 너무 싸다고 고집스럽게 믿는 CEO도 많기 때문입니다. 그러나 분명히 잘못이라고 보아야 하는 사례도 있습니다. 회사에 초과현금이 있다거나, 주식 발행 때문에 희석된 주식의 가치를 높이려는 목적이라면 이는 자사주 매입의 이유로 충분치 않습니다. 내재가치 이상의 가격에 자사주를 매입하면 기존 주주들이 피해를 보기 때문입니다. 기업 인수든 자사주 매입이든, 자본배분의 첫 번째 법칙은 가격에 따라 현명한 결정이냐 어리석은 결정이냐가 판가름 난다는 것입니다. (자사주 매입에서 가격/가치 요소를 항상 강조하는 CEO가 JP모건J.P. Morgan의 제이미 다이먼Jamie Dimon입니다. 그의 연차보고서를 읽어보시라고 추천합니다.)

찰리와 나는 버크셔 주식이 내재가치보다 낮은 가격에 거래되는 모습을 보면 심경이 착잡합니다. 우리는 기존 주주들에게 돈을 벌어주고 싶고, 이

때 가치가 1인 자사주를 0.9나 0.8 이하에 사는 것보다 더 확실한 방법은 없습니다. (우리 이사 한 사람의 표현을 빌리면, 이는 어항의 물을 다 빼낸 다음, 퍼덕거리다가 멈춰버린 물고기를 총으로 쏘는 것과 같습니다.) 그래도 우리는 동업자의 지분을 헐값에 사들이는 일이 내키지 않습니다. 우리가 사주기 때문에 그나마 조금이라도 더 높은 가격을 받는다고 하더라도 말입니다. 따라서 우리가 자사주를 매입할 때, 떠나가는 동업자도 버크셔 주식의 가치를 제대로 알고 팔기를 바라는 마음입니다.

우리가 자사주를 BPS의 110% 이하 가격에 사면 버크셔의 주당 내재가치가 분명히 증가합니다. 그리고 더 싼 가격에 더 많이 살수록 기존 주주들의 이익이 더 커집니다. 따라서 기회가 오면 우리는 기준 가격 이하에서 자사주를 적극적으로 매입할 것입니다. 그러나 주가를 떠받칠 생각은 없으며, 특히 약세장에서는 매수 주문을 내지 않을 것입니다. 그리고 우리가 보유한 현금성 자산이 200억 달러 미만일 때도 자사주를 매입하지 않을 것입니다. 확실한 재무건전성 유지야말로 버크셔의 최우선 과제이기 때문입니다.

자사주 매입을 논의하는 김에, 주가 등락에 대한 투자자들의 비이성적인 반응도 논의해보고자 합니다. 버크셔는 자사주 매입을 실행하는 회사의 주식을 살 때, 그 회사에 두 가지를 기대합니다. 첫째, 이 회사의 이익이 장기간 빠른 속도로 증가하기를 희망합니다. 둘째, 이 회사의 주가 상승률이 장기간 지수 상승률보다 낮기를 바랍니다. 물론 우리가 보유한 주식의 상승률이 지수보다 낮으면 버크셔의 실적에는 당연히 불리할 것입니다.

IBM을 예로 들어보겠습니다. 누구나 알듯이, CEO 루 거스너Lou Gerstner와 샘 팔미사노Sam Palmisano는 20년 전 거의 파산 지경에 이르렀던 IBM을 오늘날 탁월한 기업으로 끌어올렸습니다. 이들의 업적은 정말로 대단합니다.

이들은 재무관리 능력도 마찬가지로 탁월해서, 특히 최근 몇 년 동안 회사의 재무 유연성이 개선되었습니다. 실제로 IBM만큼 재무관리를 잘해서 주주들의 이익을 크게 늘려준 대기업을 나는 알지 못합니다. IBM은 부채를 현명하게 사용했고, 거의 현금만으로 부가가치를 높이는 기업 인수를 했으며, 자사주 매입을 적극적으로 실행했습니다.

현재 IBM은 발행주식이 11억 6,000만 주이며, 우리가 5.5%에 해당하는 약 6,390만 주를 보유하고 있습니다. IBM이 앞으로 5년 동안 벌어들이는 이익이 우리에게는 당연히 매우 중요합니다. 이 밖에도 IBM은 5년 동안 자사주 매입에 약 500억 달러를 지출할 것입니다. 오늘의 퀴즈입니다. 버크셔 같은 장기 투자자라면 5년 동안 주가가 어떻게 되기를 바라야 하겠습니까?

여러분을 초조하게 만들지 않겠습니다. 우리는 5년 내내 IBM의 주가가 지지부진하기를 바라야 합니다.

이제부터 계산해봅시다. 5년 동안 IBM의 평균 주가가 200달러라면, 회사는 500억 달러를 사용해 2억 5,000만 주를 사들일 것입니다. 그러면 남는 주식은 9억 1,000만 주가 되며, 우리 지분은 약 7%로 늘어납니다. 반면 5년 동안 IBM의 평균 주가가 300달러로 상승한다면, 회사가 사들이는 주식은 1억 6,700만 주에 불과합니다. 이때는 5년 후 남는 주식이 9억 9,000만 주여서 우리 지분은 6.5%가 됩니다.

5년 차에 IBM의 이익이 200억 달러라면, 5년 평균 주가가 더 낮을 때 우리 몫의 이익이 1억 달러 더 많아집니다. 게다가 이후 언젠가는 주식의 가치도 15억 달러나 많아질 것입니다.

논리는 단순합니다. 직접적으로든 간접적으로든(자사주 매입을 실행하는 회사의 주식을 보유) 장래에 주식을 계속 사들이려 한다면, 주가가 상승하면 손해입니다. 오히려 주가가 폭락해야 유리합니다. 그러나 대개 감정 때문에 우리는 이렇게 생각하지 못합니다. 장래에 주식을 계속 사려는 사람까지 포함해서 사람들 대부분은 주가가 상승해야 안도감을 느낍니다. 이런 주주들은 차에 기름을 가득 채웠다는 이유만으로 유가 상승에 환호하는 사람과 같습니다.

이렇게 설명했다고 해서 우리처럼 생각하는 주주가 많아지리라고는 생각하지 않습니다. 수많은 사람의 행태를 보면 이런 기대가 헛되더군요. 그래도 여러분은 우리가 계산한 논리를 이해하시기 바랍니다. 이 대목에서 고백할 것이 있습니다. 나도 초창기에는 주식시장이 상승할 때 환호했습니다. 그 무렵 나는 벤저민 그레이엄의 《현명한 투자자》 8장을 읽었습니다. 투자자들이 주가 등락을 어떤 관점으로 보아야 하는지를 다루는 내용이었습니다. 이때 내 눈에 씌었던 콩깍지가 떨어져 나갔고 이후 나는 낮은 주가를 더 좋아하게 되었습니다. 그 책을 선택했던 순간이 내 인생 최대의 행운이었습니다.

결국 IBM 투자의 성패는 주로 장래 이익에 좌우될 것입니다. 그러나 두 번째로 중요한 요소는 IBM이 막대한 자금으로 자사주를 얼마나 사들일 것이냐가 될 것입니다. 만일 IBM이 자사주 매입을 통해 발행주식을 6,390만 주로 줄인다면, 나는 근검절약으로 얻은 명성을 포기하고 버크셔 직원들에게 유급휴가를 주겠습니다.

자사주 매입을 하면 안 되는 두 가지 상황 [2016]

투자업계에서는 종종 자사주 매입에 대해 열띤 논쟁이 벌어집니다. 그러나 이런 논쟁에 참여하더라도 초조해할 필요가 없습니다. 자사주 매입이 타당한지를 평가하기는 어렵지 않으니까요.

기존 주주들에게는 자사주 매입이 항상 유리합니다. 자사주 매입이 매일 주가에 미치는 영향은 대개 미미하겠지만, 시장에 매수자가 늘어나면 매도자에게는 항상 유리한 법이니까요.

그러나 장기 주주들에게는 내재가치보다 낮은 가격에 살 때만 자사주 매입이 유리해집니다. 이렇게 하면 남은 주식들의 내재가치가 곧바로 상승하기 때문입니다. 간단한 비유를 들겠습니다. 동업자 세 사람이 똑같이 1,000달러씩 출자해 3,000달러짜리 회사를 세웠다고 가정합시다. 동업자 두 사람이 나머지 한 사람의 지분을 900달러에 인수하면 두 사람은 곧바로 50달러씩 이익을 얻습니다. 그러나 1,100달러에 인수하면 두 사람은 50달러씩 손실을 봅니다. 이 셈법은 기업과 주주들에게도 그대로 적용됩니다. 그러므로 자사주 매입이 장기 주주들에게 가치를 창출하는가 파괴하는가는 전적으로 매수 가격에 달렸습니다.

그런데도 기업들이 자사주 매입 계획을 발표할 때 기준 매수 가격을 거의 언급하지 않는다는 사실은 이해하기 어렵습니다. 기업이 다른 회사를 인수할 때는 반드시 기준 매수 가격을 언급할 것입니다. 이 가격은 인수 여부를 결정하는 필수 요소이기 때문입니다.

그러나 CEO나 이사회가 자기 회사의 일부를 매수할 때는 가격에 무관심한 경우가 너무도 많은 듯합니다. 이들은 소수가 보유한 비상장회사를 경영하다가 한 사람의 지분을 인수할 때도 이렇게 가격에 무관심할까요? 물론 아닐 것입니다.

그런데 자사 주식이 저평가되었더라도 자사주 매입을 하면 안 되는 두 가지 상황이 있습니다. 첫째, 자체 사업을 보호하거나 확장하는 용도로 자금이 필요하지만 부채를 더 늘리기는 곤란한 상황입니다. 이때는 자금을 사업 용도에 우선적으로 투입해야 합니다. 물론 자금을 투입한 후에는 사업에서 근사한 실적을 기대할 수 있어야 합니다.

둘째, 흔치는 않지만 기업을 인수하거나 투자할 때, 저평가된 자사주 매입보다 훨씬 많은 가치가 창출되는 경우입니다. 오래전에는 버크셔도 종종 이런 대안 중에서 선택해야 했습니다. 그러나 지금은 규모가 커진 탓에 이런 상황의 가능성이 대폭 감소했습니다.

나는 이렇게 제안합니다. 자사주 매입 논의를 시작하기도 전, CEO와 이사회 구성원들은 손을 잡고 일어나 일제히 "자사주 매입이 현명한가 어리석은가는 가격에 달렸다"라고 선언하십시오.

우리 자사주 매입 정책을 요약하겠습니다. 나는 BPS의 120% 이하에서는 버크셔 주식을 대규모로 매입할 권한을 부여받았습니다. 이런 수준에서 자사주를 매입하면 장기 주주들이 분명히 큰 이익을 얻는다고 우리 이사회가 판단했기 때문입니다. 내재가치를 정밀하게 계산할 수는 없지만, BPS의 120%라면 내재가치보다 훨씬 낮은 가격이라고 우리는 추정합니다.

그렇다고 해서 우리가 BPS의 120% 수준에서 우리 주가를 지지한다는 뜻은 아닙니다. 주가가 이 수준에 도달하면 우리는 시장에 과도한 영향을 미치지 않으면서 주식을 최대한 매입하고자 노력할 것입니다.

지금까지 자사주 매입을 해보았지만 쉬운 일이 아니었습니다. 아마도 우리가 자사주 매입 정책을 명확하게 설명해, 버크셔의 내재가치가 BPS의 120%보다 훨씬 높다는 견해를 밝혔기 때문일 것입니다. 그렇다면 좋은 일입니다. 찰리와 나는 버크셔 주식이 내재가치에 매우 근접한 가격대에서 거래되기를 바랍니다. 부당하게 높은 가격에 거래된다면 나중에 실망하는 주주가 생길 터이므로 바라는 바가 아니고, 지나치게 낮은 가격에 거래되는 것 역시 바람직하지 않습니다. 우리 '동업자'의 주식을 헐값에 다시 사들여 돈을 버는 것은 그다지 만족스러운 방법이 아니니까요. 그렇더라도 자사주 매입이 장기 주주와 기존 주주 들에게 유리한 시장 상황이 조성될 수 있습니다. 그러면 우리는 곧바로 실행에 나설 것입니다.

끝으로 한 가지 의견을 제시하겠습니다. 자사주 매입에 관한 논쟁이 뜨거워지자, 일각에서는 자사주 매입이 비(非)미국적이라고 주장할 지경에 이르렀습니다. 이는 생산 활동에 투입할 자금을 전용하는 악행으로 보는 것입니다. 하지만 실제로는 그렇지 않습니다. 요즘 미국 기업과 투자자 들 모두 자금이 넘쳐나고 있습니다. 근래에 나는 어떤 프로젝트가 매력적인데도 자금이 없어서 무산되었다는 말을 들어본 적이 없습니다. (그런 프로젝트가 있으면 우리에게 연락하십시오.)

더 행복해지는 방법 [2012]

버크셔가 현금 배당을 지급하기 바라는 주주가 (내 친구들을 포함해서) 많습니다. 이들은 버크셔가 자회사들로부터 배당받는 것은 좋아하면서 주주들에게는 한 푼도 지급하지 않는 점을 이상하게 생각합니다. 그러면 어떤 경우에 배당이 주주들에게 유리한지 따져봅시다.

수익성 좋은 기업은 다양한 방법으로 이익을 분배할 수 있습니다. 그러나 경영진이 먼저 현행 사업에서 재투자 기회를 조사해보아야 합니다. 예컨대 효율성 증진, 영역 확장, 제품 라인 확장 및 개선, 경쟁자들의 추적을 따돌리는 경제적 해자 확대 프로젝트 등을 생각할 수 있습니다.

나는 우리 자회사 경영자들에게 해자 확대 기회에 주목하라고 끝없이 요청하며, 이들은 경제성 있는 해자 확대 기회를 다수 찾아냅니다. 그러나 기대했던 효과를 얻지 못할 때도 종종 있습니다. 실패하는 것은 대개 그들이 원하는 결론을 먼저 내려놓은 다음 거꾸로 근거를 찾기 때문입니다. 물론 이 과정은 무의식적으로 진행됩니다. 그래서 더 위험스럽습니다.

여러분의 회장도 그동안 이런 잘못에서 벗어나지 못했습니다. 버크셔의 1986년 연차보고서에서, 나는 버크셔 섬유사업의 경영과 자본구조 개선에 20년 동안 공을 들였지만 아무 소용이 없었다고 설명했습니다. 나는 이 사업이 성공하기를 원했지만 나의 소망은 연속된 판단 착오로 이어졌습니다. (심지어 나는 뉴잉글랜드 지역 섬유회사를 하나 더 인수했습니다.) 그러나 소망은 디즈니Disney 영화에서나 실현되지, 사업에는 독이 될 따름입니다.

과거에 이런 잘못을 저지르긴 했지만, 현재 가용 자금에 대한 우리의 첫 번째 우선순위는 다양한 우리 사업에 지혜롭게 배분해 효율적으로 사용할 수 있는지 조사하는 것입니다. 우리가 2012년에 121억 달러에 이르는 기록적인 고정자산 투자와 지분 추가 인수를 실시했다는 사실은 버크셔에 자본배분 기회가 풍부하다는 뜻입니다. 바로 이것이 우리의 강점입니다. 우리는 경제의 수많은 분야에서 활동하므로 다른 기업들보다 선택의 폭이 훨씬 넓습니다. 이런 선택을 통해서 잡초는 건너뛰고 화초에만 물을 줄 수 있습니다.

현행 사업에 막대한 자본을 투입한 다음에도 버크셔는 계속해서 많은 현금을 창출합니다. 따라서 다음 단계는 현행 사업과 무관한 기업 중에서 인수 대상을 찾아내는 작업입니다. 여기서 우리의 인수 기준은 간단합니다. '인수를 통해 주주들의 BPS를 전보다 더 높일 수 있는가?'입니다.

나는 지금까지 기업 인수를 하면서 많은 잘못을 저질러왔고 앞으로도 저지를 것입니다. 그러나 우리의 인수 실적은 전반적으로 만족스럽습니다. 이는 가용 자금을 자사주 매입이나 배당에 사용했을 때보다 BPS가 훨씬 증가했다는 뜻입니다.

그러나 표준 경고문을 사용하자면, 과거 실적이 미래 실적을 보장하지는 않습니다. 이는 특히 버크셔에 적용되는 말입니다. 그동안 우리 규모가 거대해졌으므로, 이제는 회사 규모도 크고 조건도 유리한 인수 대상을 찾아내기가 전보다 어려워졌습니다.

그렇더라도 대형 인수거래를 통해서 주당 내재가치를 대폭 높일 기회는 여전히 있습니다. BNSF가 그런 사례로서 현재가치가 장부가액보다 훨씬 높습니다. BNSF에 투자할 자금을 배당이나 자사주 매입에 사용했다면 여러분과 나는 재산이 더 감소했을 것입니다. BNSF 같은 대규모 거래는 흔치 않지만 바다에는 아직 고래들이 어느 정도 남아 있습니다.

가용 자금의 세 번째 용도인 자사주 매입은 보수적으로 계산한 내재가치보다 주가가 훨씬 낮을 때 실행해야 합리적입니다. 실제로 엄격한 원칙에 따라 자사주를 매입하면 자금의 효율성이 확실히 높아집니다. 1달러짜리 지폐를 80센트 이하에 산다면 손해 볼 일이 없기 때문입니다. 우리는 작년 연차보고서에서 자사주 매입 기준을 설명했으며, 기회가 온다면 자사주를 대량 매입할 것입니다. 우리는 처음에 BPS의 110% 이내에서만 자사주를 매입하겠다고 말했지만, 이는 비현실적인 기준으로 드러났습니다. 그래서 BPS의 약 116%에 대량 매물이 나온 작년 12월에 이 기준을 120%로 높였습니다.

그러나 명심하시기 바랍니다. 자사주 매입을 결정할 때는 가격이 절대적으로 중요합니다. 내재가치보다 높은 가격에 자사주를 매입하면 가치가 파괴됩니다. 우리 임원들과 나는 BPS의 120% 이내에서 자사주를 매입할 때 기존 주주들이 상당한 혜택을 볼 것으로 믿습니다.

이제 배당으로 화제를 돌리겠습니다. 여기서는 몇 가지 가정을 세우고 계산도 조금 해야 합니다. 배당이 유리한지 불리한지 이해하려면 이런 숫자들을 눈여겨보아야 합니다. 이제부터 인내심을 발휘하십시오.

먼저 당신과 내가 순자산가치가 200만 달러인 회사를 반반씩 소유한다고 가정합시다. 이 회사가 순유형자산으로 벌어들이는 이익은 연 12%(24만 달러)이며, 재투자하는 이익에 대해서도 마찬가지로 12%를 벌어들인다고 가정합니다. 그리고 우리 지분을 순자산가치의 125%에 사려는 외부인들이 항상 존재합니다. 따라서 현재 당신과 내가 각각 보유한 지분의 가치는 125만 달러입니다.

당신은 회사 연간 이익의 3분의 1은 배당으로 받고, 나머지 3분의 2는 재투자하기를 원합니다. 이렇게 하면 당장 지출할 당기 소득과 장래를 위한 자본 성장이 훌륭하게 균형을 이룬다고 생각하기 때문입니다. 그래서 당신은 당기순이익 중 8만 달러는 배당으로 지급하고, 16만 달러는 유보해 회사의 미래 이익을 높이자고 제안합니다. 첫해에 당신이 받는 배당은 4만 달러이며, 이익이 증가함에 따라 이후 배당도 증가하게 됩니다. 배당과 주식의 가치 모두 해마다 8%씩 증가합니다(순자산가치의 12%를 벌어 4%를 배당으로 지급).

10년 뒤 회사의 순자산가치는 431만 7,850달러(최초의 200만 달러가 연복리 8%로 증식됨)이고, 10년 차 배당은 8만 6,357달러가 됩니다. 우리가 각각 보유한 지분의 가치는 269만 8,656달러입니다(회사 순자산가치 절반의 125%). 이렇게 배당과 주식의 가치가 계속해서 연 8% 증가할 것이므로 우리는 그 후로도 영원히 행복하게 살 것입니다.

그러나 이보다 더 행복해지는 방법이 있습니다. 이익을 모두 회사에 남겨두고, 매년 보유 주식의 3.2%를 파는 방법입니다. 주식은 순자산가치의 125%에 팔리므로, 첫해에 받는 돈은 마찬가지로 4만 달러이고, 이후 매년 받는 금액이 증가하게 됩니다. 이 방법을 '매도배당 기법'이라고 부릅시다.

이 매도배당 기법을 사용하면 10년 뒤에는 회사의 순자산가치가 621만 1,696달러로 증가합니다(최초의 200만 달러가 연 12% 복리로 증식함). 우리는 매년 보유 주식의 일정 비율을 매도하므로, 10년 뒤에는 보유 지분이 각각 36.12%로 감소합니다. 그렇더라도 각자 보유한 지분의 순자산가치는 224만 3,540달러가 됩니다. 그리고 순자산가치 1달러를 외부인들이 1.25달러에 사준다는 사실을 기억하시기 바랍니다. 따라서 각자 보유한 지분의 시장가치는 280만 4,425달러가 되어, 배당을 받을 때보다 약 4% 증가하게 됩니다.

게다가 매도배당 기법을 선택하면 매년 받는 현금도 배당을 받을 때보다 4%씩 더 증가하게 됩니다. 보십시오! 매년 소비할 현금도 더 많이 받고 자본도 더 많이 증가합니다.

물론 이 계산에서는 회사의 연간 이익이 순자산의 12%이며, 주식이 순자산가치의 125%에 팔린다고 가정합니다. 그런데 실제로 S&P500의 수익률은 순자산가치의 12%를 훨씬 웃돌며, 주가도 순자산가치의 125%보다 훨씬 높습니다. 그리고 장담하긴 어렵지만 두 가정은 버크셔에도 적용되는 듯합니다.

게다가 실제로는 이 가정을 초과 달성할 가능성도 있습니다. 그렇다면 매도배당 기법이 더욱 유리해집니다. 버크셔의 과거를 돌아보면(인정하건대, 이와 비슷한 실적조차 되풀이되지 않을 것입니다) 배당을 받았을 때보다 매도배당 기법을 사용했을 때 주주들의 실적이 훨씬 좋았을 것입니다.

이렇게 유리한 숫자를 제외하고서도 매도배당 기법을 지지할 중요한 이유가 두 가지 있습니다. 첫째, 회사는 배당을 결정하면 모든 주주에게 똑같은 비율로 현금을 지급해야 합니다. 예를 들어 이익의 40%를 배당하기로 한다면 30%나 50%를 원하는 주주들은 좌절할 것입니다. 따라서 우리 60만 주주들이 원하는 현금 비율을 충분히 논의해야 합니다. 그러나 우리 주주 중에는 소비보다 저축이 많아서 배당 지급을 원치 않는 사람이 매우 많다고(어쩌면 대부분이라고) 말해도 좋을 것입니다.

반면에 매도배당 기법을 선택하면 주주들은 각자 현금 수령과 자본 증식 사이의 비율을 원하는 대로 결정할 수 있습니다. 예컨대 연간 이익의 60%, 20%, 0%에서 선택할 수 있습니다. 물론 배당을 선택할 때도 주주가 받은 배당으로 주식을 더 사는 방법이 있습니다. 그러나 이 과정에서 손해를 보게 됩니다. 배당에 대해 세금을 내야 하고, 배당을 재투자하는 과정에서 프리미엄 25%도 지불해야 합니다. (시장에서 주식을 사는 가격은 BPS의 125%라는 점을 기억하십시오.)

매도배당 기법의 두 번째 장점도 마찬가지로 중요합니다. 모든 납세 주주는 매도배당 기법을 선택할 때보다 배당을 선택할 때 세금 면에서 (훨씬) 불리해집니다. 배당을 받으면 매년 받는 현금 전액에 대해 세금이 부과되지만, 매도배당 기법을 선택하면 자본이득에 대해서만 세금이 부과되기 때문입니다.

내 사례를 설명하는 것으로 수학 연습을 마칩니다. 여러분의 환호성이 들리는군요. 지난 7년 동안 나는 매년 버크셔 주식의 약 4.25%를 기부했습니다. 이 과정에서 처음에 7억 1,249만 7,000주(주식 분할 고려)였던 B주는 5억 2,852만 5,623주로 감소했습니다. 회사에 대한 내 지분은 확실히 대폭 줄었습니다.

그런데도 현재 내 지분에 해당하는 회사의 순자산은 실제로 증가했습니다. 즉, 7년 전 내가 보유했던 버크셔 지분의 순자산가치보다 훨씬 많아졌습니다. (2005년에는 282억 달러였으나, 2012년에는 402억 달러로 늘어났습니다.) 다시 말해서 버크셔에 대한 내 소유권은 대폭 감소했는데도, 현재 버크셔에서 굴러다니는 내 돈은 훨씬 많아졌습니다. 그리고 내 몫에 해당하는 버크셔의 내재가치와 회사의 수익력 역시 2005년보다 훨씬 증가했습니다. 나는 현재 매년 내 주식의 4.25% 이상을 기부하고 있지만, (상당 폭 변동은 있을지라도) 장기적으로 내 지분의 가치가 계속 증가할 것으로 기대합니다. (최근 어떤 재단에 내가 평생 기부할 금액을 두 배로 늘렸으므로 내 지분의 가치는 이미 증가했습니다.)

배당 정책은 무엇보다도 명확하고, 일관되며, 합리적이어야 합니다. 배당 정책이 변덕스러우면 주주들은 혼란에 빠지고 잠재 투자자들은 떠나가 버립니다. 필립 피셔Philip Fisher는 54년 전 저서 《위대한 기업에 투자하라 *Common Stocks and Uncommon Profits*》에서 이를 훌륭하게 설명했습니다. (그의 저서는 진지한 투자자들의 역대 최고 도서 목록에서《현명한 투자자》와 1940년 판《증권분석*Security Analysis*》에 이어 3위를 차지하고 있습니다.) 피셔는 식당을 햄버거 매장으로 운영할 수도 있고, 중국음식점으로 운영할 수도 있다고 말합니다. 그러나 둘 사이를 변덕스럽게 오가면서 운영한다면 한쪽의 단골손님조차 유지할 수 없다고 설명합니다.

대부분 회사는 배당을 일관되게 지급합니다. 해마다 인상하려고 노력할지언정, 삭감은 매우 꺼립니다. 우리의 '4대 투자회사'도 이렇게 합리적이고 수긍 가는 방법을 따르고 있으며, 때로는 적극적으로 자사주를 매입하기도 합니다.

우리는 이들에게 갈채를 보내며, 현재의 방식을 계속 유지해주길 희망합니다. 우리는 배당 인상을 좋아하며, 적정 가격에 실행하는 자사주 매입을 무척 좋아합니다.

그러나 버크셔는 이와 다른 방식을 일관되게 추구했습니다. 우리는 이 방식이 합리적이었다고 생각하며, 지금까지의 설명을 통해서 여러분도 이해하셨길 바랍니다. 우리는 순자산가치 증가와 시장가격 프리미엄에 대한 가정이 합리적이라고 믿는 한 이 정책을 고수할 것입니다. 그러나 두 가정 중 하나에라도 심각한 오류가 있다면 이 정책을 재검토할 것입니다.

주님 감사합니다 [Q 2016-27]

지난 1~2월 버크셔 주가가 BPS의 1.2배 밑으로 내려가는 등, 지난 4년 동안 이런 현상이 자주 발생했는데도 자사주 매입이 거의 없었습니다. 지금이 자사주 매입을 고려할 시점이 아닌가요?

버핏: 버크셔 주가가 BPS의 1.2배에 상당히 근접하긴 했지만, 장담컨대 1.2배에 도달하지는 않았습니다. 원하시면 언제든 근거 자료를 보내드릴 수 있습니다. 찰리와 나와 이사회 모두 버크셔 주가가 BPS의 1.2배보다 훨씬 높다고 봅니다. 그래서 주가가 BPS의 1.2배 이하가 되면 자사주 매입을 실행하려는 것입니다. 전에는 매입 기준이 BPS의 1.1배였지만, 그동안 우리가 우량 기업을 더 인수한 덕분에 내재가치가 상승해 BPS와의 격차가 확대되었으므로 매입 기준을 1.2배로 높였습니다.

자사주 매입 전반에 대해 나는 만감이 교차합니다. 엄격한 재무적 관점으로 보나, 계속 남아 있을 주주들의 관점으로 보나, BPS의 1.2배면 매력적인 가격이며, 1.2배보다 다소 높아도 나는 자사주 매입에 매력을 느낍니다. 버크셔의 주당 가치를 높이는 가장 확실한 방법이기 때문입니다. 1달러짜리 지폐를 1달러 미만에 사는 것보다 더 확실한 돈벌이 방법은 없으니까요. 그러나 한편으로는 실제 가치보다 훨씬 낮은 가격에 동업자들의 주식을 사들이는 셈이므로 유쾌하지가 않습니다. 주가가 BPS의 1.2배 이하가 되면 우리가 자사주를 대량으로 매입할 가능성이 지극히 높지만, 이 과정에서 우리가 주가를 떠받치지는 않을 것입니다.

우리가 자사주를 매입하는 것은 주주들이 예금을 하는 것과 같습니다. 주주들이 배당이나 이자로 1달러를 받아 간다면 그 돈은 1달러에 불과하지만, 1달러를 버크셔에 남겨두면 장담컨대 나중에 1.2달러를 받게 됩니다. 나중에 1.2달러를 받는 예금이라면 지금 1달러를 인출할 이유가 없습니다. 현재의 무배당 정책 덕분에 주주들은 배당의 120% 이상을 받게 될 것입니다. 전적으로 보장할 수는 없지만 그렇게 될 확률이 매우 높습니다.

자사주 매입 기준이 더 높아질 수는 없을까요? 언젠가 투자 아이디어가 바닥나고 우리가 벌어들이는 자금을 효과적으로 사용할 수 없음이 분명해지면 이 기준이 다소 높아질 수 있습니다. 막대한 자금이 계속 쌓여서 우리가 돈을 써야만 하는 상황에 직면하면 안 됩니다. 가득 찬 지갑은 가득 찬 방광과 같다는 말이 있습니다. 서둘러 배출하려는 충동에 시달리기 때문입니다. 우리 보유 현금이 1,000~1,200억 달러에 이르면 자사주 매입 기준 인상을 고려하게 될 것입니다. 내재가치보다 낮은 가격이라면 자사주 매입은 남아 있는 주주들에게 항상 유리합니다. 그러나 내재가치는 소수점 미만까지 정밀하게 계산할 수 없다는 점을 기억하시기 바랍니다.

멍거: 자사주 매입을 제멋대로 실행하는 기업도 있습니다. 자사주를 매우 높은 가격에 매입하는 기업도 아주 많습니다. 그런 방식이면 주주들에게 전혀 이롭지 않습니다. 왜 그런 방식으로 하는지 모르겠군요. 유행이 아닌가 싶습니다.

버핏: 유행입니다. 컨설턴트들이 퍼뜨리고 있습니다. 가격에 상관없이 기업을 인수하겠다고 말하면서 돌아다니는 사람의 모습을 상상이나 할 수 있습니까? 아무 기준 없이 자사주를 매입하는 기업들의 행태가 바로 이런 모습입니다. 기업들은 주가가 얼마 이하여서 주주들에게 유리할 때 자사주를 매입하겠다고 말해야 합니다. 내가 참여한 여러 이사회에서는 자사주 매입의

목적이 희석 방지라고 말했습니다. 희석은 주식의 가치를 떨어뜨립니다. 그러나 지나치게 높은 가격에 자사주를 매입해도 주식의 가치가 떨어집니다. 자사주 매입 가격을 언급하는 보도자료는 흔치 않습니다. 제이미 다이먼은 JP모건에 유리할 때만 자사주를 매입하겠다고 말한 흔치 않은 CEO입니다.

멍거: 우리 방식은 이른바 성공회 신도들의 기도와 비슷합니다. 다른 열등한 종교들을 닮지 않게 해주신 주님께 항상 감사하니까요.

똑똑할 필요도 없다 [Q 2016-34]

버크셔가 창출하는 잉여현금흐름은 약 100~120억 달러이고, 이연법인세가 약 200억 달러입니다. 잉여현금흐름의 향후 전망은 어떤가요? 이런 추세가 앞으로도 비슷하게 이어질 것으로 기대하시나요?

버핏: 보유 증권의 미실현 이익에서 비롯되는 이연법인세 액수가 많습니다. 지금 정확한 숫자를 제시할 수는 없지만, 증권의 미실현 이익은 600억 달러이고, 이연법인세는 210억 달러 정도로 추정합니다. 추가 감가상각bonus depreciation에서도 현금흐름이 발생합니다. 철도회사는 세무회계용 감가상각비가 재무회계용 감가상각비보다 훨씬 많습니다. 이연법인세는 당장 납부할 필요는 없지만 임의로 사용할 수 있는 현금도 아닙니다. 대체로 버크셔의 현금흐름은 순이익에 플로트 증감분을 더한 금액이라고 생각합니다. 그동안 증가한 플로트가 800여억 달러였으므로, 우리는 여기에 순이익을 더한 금액을 투자할 수 있었습니다.

앞으로도 철도사업과 에너지사업에는 장기간에 걸쳐 실제 감가상각비보다 훨씬 많은 금액을 지출할 것입니다. 다른 사업에서는 인플레이션이 발생하지 않는 한 감가상각비 규모가 크게 변동하지 않을 것입니다. 요컨대 자본이득을 제외한 순이익 약 170억 달러에 플로트 증감분이 버크셔가 투자할 수 있는 현금이 됩니다. 물론 우리는 언제든 증권을 매도해서 현금을 확보할 수도 있고, 자금을 차입할 수도 있습니다. 흔히 사람들은 플로트의 진가를 깨닫지 못하지만 실제로 플로트는 대단히 중요합니다. 찰리와 나는 해마다 플로트를 늘려 버크셔의 주당 정상 수익력을 높이고 싶습니다. 우리는 매년 이익을 유보했습니다. 유보이익은 대폭 늘어나는 해도 있고 소폭 늘어나는 해도 있었는데 앞으로도 변동성이 클 것입니다.

멍거: 우리처럼 우위를 확보한 기업은 극소수에 불과합니다. 버크셔는 사업 기간 내내 쏟아져 들어오는 자금을 계속해서 효율적으로 사용하면서 계속해서 성장했습니다. 우리 시스템은 매우 훌륭합니다. 이 시스템을 바꿀 생각이 없습니다.

버핏: 우리는 실수를 많이 했습니다. 그러나 미국 기업들의 실적이 매우 훌륭했던 덕분에, 아주 똑똑하지 않아도 근사한 성과를 거둘 수 있었습니다. 지능을 조금 더 보태면 우리는 정말로 훌륭한 실적을 얻을 수 있습니다.

멍거: 그러나 어리석은 행동을 해서는 절대 안 됩니다. 어리석은 행동만 하지 않으면 똑똑할 필요도 없습니다.

현금이 너무 많아 걱정 [Q 2016-48]

버크셔 재무상태표의 제조, 서비스, 소매 섹션에 초과현금이 그렇게 많은 이유는 무엇인가요?

버핏: 버크셔는 모든 자회사에 초과현금이 있습니다. 지금은 초과현금이 우리 자회사 중 어디에 있든 중요하지 않습니다. 우리가 보유하는 현금은 절대 200억 달러 미만으로 감소하지 않을 것이며, 실제로는 이보다 훨씬 많은 금액이 될 것입니다. 크래프트 하인즈Kraft Heinz 우선주의 만기가 도래하면 현금은 600억 달러가 넘어갈 것입니다. 그 현금을 어느 자회사가 보유하는가는 크게 걱정할 문제가 아닙니다. 지금은 금리가 낮아서 어느 자회사가 보유해도 큰 차이가 없기 때문입니다. 그러나 금리가 상승한다면 우리는 각 자회사의 계좌를 정리할 것입니다. 하지만 버크셔 해서웨이 에너지와 BNSF가 보유한 현금에는 관심을 두지 않을 것입니다. 두 회사는 버크셔의 보증 없이 독자적으로 부채를 일으켜 자금을 조달합니다. 따라서 두 회사에 현금이 풍부해도 버크셔 본사에서는 관여하지 않을 것입니다. 그러나 금리가 일정 수준까지 상승하면 나머지 40~50개 자회사의 계좌를 정리할 것입니다.

멍거: 질문자의 아이디어는, 다른 기업들처럼 우리도 공급업체에 대한 대금 지급을 늦춰서 운전자본을 더 확보하자는 뜻으로 보이는군요?

버핏: 요즘 기업들의 관심사입니다. 작년 월마트는 우리를 포함한 모든 공급업체를 방문해서, 6개 항목에 동의해달라고 요청했습니다. 그중 하나가 지불 기간 연장이었습니다. 우리 자회사들은 각자 독립적으로 결정했습니다. 내 짐작으로는 다른 공급업체들보다 지불 기간을 더 연장해주었습니

다. 원래 요청한 연장 기간이 30일에서 60일이었는지는 기억하지 못하지만 충분히 연장해주었습니다. 2년 뒤에는 월마트의 매출 대비 매출채권 비율이 상승할 것입니다. 현재 월마트는 아마존 등과 경쟁하면서 많은 압박에 시달리고 있습니다. 우리 자회사들 중 일부도 공급업체에 대해 지불 기간 연장을 검토할 수는 있지만, 실행하지는 않을 것이라고 생각합니다. 버크셔는 현금 부족에 시달리지 않기 때문입니다. 우리 경영자들 대부분은 지불 기간 연장보다는 십중팔구 공급업체와의 관계 유지를 더 원할 것으로 생각합니다.

멍거: 우리가 현금이 풍부할 때 현금 부족에 시달리는 공급업체를 배려해주면 호감을 살 수 있습니다. 공급업체 및 고객 들을 배려해서 항상 상생 관계를 유지하도록 노력하는 것도 좋은 방법입니다.

버핏: 우리 플로트는 순조롭게 증가하고 있습니다.

멍거: 우리는 필요 없으니 다른 회사가 플로트 부문에서 기록을 세우라고 합시다.

투자에 감 잡은 분 손 드세요 [Q 2017-27]

자본배분이 먼 훗날에도 여전히 버크셔에 중요할까요?

멍거: 먼 훗날에는 중요하지 않겠지요.

버핏: 너무 패배주의적인 태도 아닌가, 찰리?

현재 내가 추천하는 후계자의 조건은 자본배분 능력이 입증된 사람이고, 찰리가 추천하는 조건도 그러하며, 우리 이사회가 가장 중시하는 조건 역시 분명히 자본배분 능력입니다. 자본배분은 버크셔에 믿기 어려울 정도로 중요합니다. 현재 우리 주주 지분은 2,800~2,900억 달러에 이릅니다. 지금 주주 지분이 매년 70억 달러 증가하고 있으므로, 정확하게 예측하기는 어렵지만 10년 뒤 차기 경영자가 배분해야 하는 자본은 약 4,000억 달러가 될 수 있습니다. 10년 뒤 버크셔 자회사들의 유보이익 합계액은 사상 최대 규모에 이를 터이므로, CEO가 자본을 매우 합리적으로 배분해야 합니다.

우리는 그런 CEO를 보유하게 될 것입니다. 자본배분에 소질이 없는 사람을 우리 CEO로 둔다면 끔찍한 실수가 될 것입니다. 다행히 버크셔는 자본배분의 중요성을 잘 알고 있으므로 CEO의 자본배분 능력에 관심을 집중할 것입니다. 사람들 중에는 영업 등 다양한 분야에서 능력을 발휘해 CEO가 되는 사례가 많습니다. 이들은 CEO가 되면 자본배분을 결정해야 합니다. 그래서 전략기획본부를 만들거나 투자은행의 조언에 귀를 기울일 수도 있지만, 자본배분은 본인이 직접 결정할 수 있어야 합니다.

멍거: 만일 CEO가 다른 분야 출신이어서 자본배분을 해본 적이 없다면….

버핏: 그것은 카네기 홀에서 바이올린을 연주했던 사람에게 피아노 연주를 맡기는 것과 같습니다. 다른 분야에는 재능이 많아도 자본배분 능력이 없는 사람이 CEO가 된다면 버크셔는 좋은 실적을 내지 못할 것입니다. 나는 이 능력을 투자 감각money mind라고 부릅니다. 사람들의 지능지수를 120이나 140으로 평가할 수 있듯이, 투자 감각도 비슷한 방식으로 평가할 수 있습니다. 대개 사람마다 능력이 뛰어난 분야가 따로 있습니다. 내가 아는 사람들 중 일부는 매우 총명하지만 투자 감각이 없어서 대단히 어리석은 결정을 내리기 쉽습니다. 이들은 사람들 대부분이 하지 못하는 온갖 일을 해낼 수 있지만 자본배분만은 도무지 할 줄을 모릅니다. 또 내가 아는 사람들

중 일부는 그다지 총명하지 않은데도 투자에는 어리석은 결정을 내린 적이 평생 한 번도 없습니다. 다른 재능도 많으면 더 좋겠지만, 우리에게는 투자 감각을 갖춘 사람이 꼭 필요합니다.

멍거: 주식 투자를 시켜보면 투자 감각을 확인할 수 있습니다. 어떤 방식으로든 그 사람의 투자 감각이 드러나니까요.

버핏: 투자 감각이 있으면 언제 주식을 사야 합리적인지를 인식합니다. 주식 투자에 대한 사고방식을 보면 그 사람의 투자 감각을 충분히 확인할 수 있습니다. 주식 투자에 대해 논리적으로 생각한다면 그다지 복잡한 문제가 아닙니다. 사람들 중에는 생각이 논리적인 사람도 있고 아닌 사람도 있습니다. 그런데 다른 분야에서는 그토록 뛰어나지만 유독 주식 투자에는 그토록 명백한 사안에도 매우 어리석은 사람이 있습니다.

이사님, 여쭤볼 게 있어서요 [Q 2017-35]

당신이 보유 중인 A주의 향후 계획을 알고 싶습니다. 기부 약정에 따라 대부분 게이츠 재단Gates Foundation으로 간다고 들었습니다. 주가가 BPS의 1.2배가 넘을 때도 버크셔는 자사주를 매입하게 될까요?

버핏: 최근 2년 동안 내가 기부한 금액은 매년 약 28억 달러였습니다. 애플 주식의 하루 거래금액 정도이고, 버크셔 시가총액의 0.7% 수준입니다. 다시 말하지만, 자사주 매입 여부는 버크셔가 개별적으로 협상한 가격에 따라 결정될 것입니다. 나는 A주를 8,000~1만 주 보유한 대주주 몇 사람을 알

고 있습니다. 전에 A주 1만 2,000주를 당시 시가에 대량 매매 방식으로 매수한 적이 있는데, 버크셔의 내재가치가 대폭 증가할 것으로 생각했기 때문입니다. 주가가 BPS의 120% 이내라면 자사주를 더 매입할 수 있습니다. 만일 BPS의 124% 가격에 대규모 매물이 나왔는데 주가가 여전히 내재가치보다 훨씬 낮은 수준이고 이사들이 아무 문제 없다고 판단하면, 당연히 자사주를 더 매입할 수 있습니다. 이렇게 대량 매매 방식으로 진행하는 자사주 매입은 시장 흐름에 지장을 주지 않을 것입니다. 내가 매년 7월 기부 약정에 따라 제공하는 주식이 시장 흐름에 지장을 주지 않듯이 말이죠.

일부 자선재단은 기부받은 주식을 한동안 상당 규모의 B주로 보유할 수도 있지만, 자금이 필요하므로 결국은 팔아야 합니다. 내가 죽은 뒤 대규모 의결권이 일정 기간은 유산 형태를 거쳐 신탁 재산으로 유지되겠지만, 시간이 흐르면 감소할 것입니다. 장기적으로 버크셔의 지배구조에 아무 문제가 없을 것입니다. 다행히 의결권 상당수는 버크셔의 문화를 굳게 믿으며, (누군가 어떤 계획을 제시해 주가가 20%쯤 폭등하길 바라는 등) 요행 따위는 기대하지 않는 사람들에게 집중될 것입니다. 결국 내 의결권은 감소하게 됩니다. 현재 버크셔 주식은 유동성이 매우 양호합니다. 누군가 대규모 매물을 BPS의 122~124%에 내놓았는데 여전히 내재가치보다 훨씬 낮은 가격이라면, 나는 이사들에게 전화해서 우리 자사주 매입 기준을 변경해도 좋은지 물어볼 것입니다. 전에도 한 번 변경한 적이 있습니다. 장담하건대, 만일 변경이 타당하다면 이사들이 허락할 것이고, 타당하지 않다면 허락하지 않을 것입니다. 우리는 대량 매매 방식의 자사주 매입에 아무 문제가 없으며, 매도자 역시 거래에 아무 문제가 없다고 생각합니다. 아울러 우리의 자사주 매입 타당성 평가에도 문제가 없다고 봅니다.

멍거: 더 보탤 말 없습니다.

우리가 멍청해져도 [Q 2017-46]

버핏이나 멍거가 세상을 떠난 뒤 매도 압박에 의해 버크셔 주가가 자사주 매입에 적합한 수준까지 하락한다면, 이사회는 자사주를 매입할까요? 주주들을 이용하는 행위라고 생각하지는 않을까요?

버핏: 저평가되었을 때 이사회가 자사주를 매입하는 것은 주주들을 이용하는 행위가 아니라고 나는 생각합니다. 사실은 이사회가 자사주를 매입할 수 있는 유일한 방식입니다. 찰리와 내가 훨씬 젊었던 시절에는 사람들이 더 공격적으로 자사주를 매입한 사례도 있습니다. 당시에는 지금보다 자사주 매입이 훨씬 더 타당했습니다. 사람들은 주가를 압박하려고 다양한 기법을 동원했습니다. 잘못된 정보를 포함한 다양한 기법으로 동업자들이 헐값에 주식을 팔도록 유도했습니다. 부끄러운 일이지요.

우리 이사회는 그런 짓을 하지 않을 것입니다. 나는 우리 주가가 더 상승할 것으로 봅니다. 오늘 내가 죽는다면 내일 주가는 상승할 것입니다. 기업 분할 등 온갖 추측이 난무할 것입니다. 월스트리트에서 그럴듯한 이야기가 돌겠지요. 기업의 일부를 분할하면 기업을 통째로 팔 때보다 더 높은 가격을 받는다는 이야기가 나오면서 주가가 일시적으로 상승할 것입니다. 나는 그렇게 추측합니다. 어떤 이유에선가 주가가 자사주 매입에 매력적인 수준까지 하락하더라도, 우리 이사회는 잘못된 정보를 퍼뜨리는 등 부끄러운 짓은 절대 하지 않을 것입니다. 매도하는 주주들은 자사주 매입 덕분에 다소 높은 가격을 받을 것입니다. 그리고 계속 보유하는 주주들은 혜택을 얻을 것입니다. 나는 자사주 매입이 틀림없이 주주에게 유리하다고 생각합니다. 이사회는 주주 친화적으로 행동할 것입니다.

멍거: 버핏과 내가 갑자기 멍청해질 수는 있어도, 우리 이사회가 멍청해지지는 않을 것으로 생각합니다.

버핏: 나도 그렇게 생각합니다.

5장
회계, 평가

어떤 방법으로든 실제 GAAP 이익보다 더 높은 '조정 이익'을 만들어내서
과시하려는 경영자들이 지금도 매우 많고, 해마다 증가하는 듯합니다.
이런 속임수를 쓰는 방법은 많습니다.
애용되는 방법 두 가지는 '구조조정비용'과 '주식기준 보상' 누락입니다. [2016]

회계분식이 만연하던 1960년대에 기업공개를 준비하던
어떤 경영자가 감사 후보자에게 물었습니다.
"둘에 둘을 더하면 얼마지요?"
그는 "어떤 숫자를 염두에 두고 계십니까?"라고 대답했고,
당연히 감사에 임명되었습니다. [2016]

내재가치 계산법 [2010]

버크셔의 내재가치를 정확하게 계산할 수는 없지만, 그 세 가지 핵심 기둥 중 둘은 측정할 수 있습니다. 찰리와 나는 버크셔의 가치를 추정할 때 두 측정치에 크게 의지합니다.

첫 번째 요소는 주식, 채권, 현금성 자산 등 우리가 실행한 투자입니다. 연말 현재 투자의 시가총액은 1,580억 달러입니다.

우리 투자 자금 중 보험 플로트가 660억 달러입니다. 우리가 인수한 보험에서 본전을 유지하면, 즉 우리가 받은 보험료가 손실과 비용의 합계액과 같으면 이 플로트는 '공짜' 자금이 됩니다. 물론 인수 실적은 변동이 심해서 손실과 이익 사이를 변덕스럽게 오갑니다. 그러나 우리 과거 실적 전체를 보면 인수사업의 수익성이 매우 높았으며, 미래에도 평균적으로 본전 이상의 실적을 기록할 것으로 기대합니다. 이렇게 된다면 플로트와 유보이익으로 실행하는 우리 투자는 모두 버크셔 주주들에게 가치를 창출해주는 요소로 볼 수 있습니다.

두 번째 요소는 투자와 보험 인수 이외의 원천에서 나오는 이익입니다. 이는 68개 비보험회사가 가져다주는 이익입니다. 버크셔 설립 초기에는 우리가 투자에 초점을 두었습니다. 그러나 지난 20년 동안 우리는 비보험회사에서 창출되는 이익 비중을 늘려왔고, 이런 관행은 앞으로도 이어질 것입니다. 다음 표에 이런 흐름이 나타납니다. 첫 번째 표에 우리가 보험사업을 시작한 3년 뒤인 1970년부터 10년 단위로 주당 투자액을 열거했습니다. 비지배지분은 투자액에서 제외했습니다.

10년 단위 주당 투자액

연말	투자액(달러)	기간	연복리 증가율(%)
1970	66		
1980	754	1970~1980	27.5
1990	7,798	1980~1990	26.3
2000	50,229	1990~2000	20.5
2010	94,730	2000~2010	6.6

지난 40년 동안 주당 투자액의 연복리 증가율은 19.9%였지만, 그동안 우리는 투자 자금으로 사업회사 인수에 주력했으므로 증가율이 갈수록 가파르게 하락했습니다.

이런 흐름의 결과가 아래 표로서, 비보험회사의 주당 이익 추세(비지배지분 제외)를 보여줍니다.

비보험회사의 주당 이익

연도	세전 이익(달러)	기간	연복리 증가율(%)
1970	2.87		
1980	19.01	1970~1980	20.8
1990	102.58	1980~1990	18.4
2000	918.66	1990~2000	24.5
2010	5,926.04	2000~2010	20.5

40년 동안 버크셔 비보험회사의 주당 세전 이익 연복리 증가율은 21.0%

였습니다. 같은 기간 버크셔 주가의 상승률은 연 22.1%였습니다. 장기적으로는 주가가 투자 및 이익과 대체로 나란히 움직인다고 볼 수 있습니다. 시장가격과 내재가치가 때로는 장기간 전혀 다른 길을 따라가기도 하지만, 결국에는 만나게 됩니다.

세 번째 요소는 다소 주관적이어서, 내재가치를 더해줄 수도 있고 깎아먹을 수도 있습니다. 그것은 '장래에 확보하는 유보이익을 얼마나 효과적으로 활용하는가?'입니다. 다른 회사들이나 우리나, 앞으로 10년에 걸쳐 유보하게 될 이익 규모는 현재 사용 중인 자본 이상이 될 것입니다. 일부 회사는 이 유보이익을 잘 활용해 두 배로 늘릴 것이고, 일부 회사는 잘못 활용해 반토막을 낼 것입니다.

회사의 내재가치를 합리적으로 추정하려면 '현재 회사가 보유한 가치'뿐 아니라 '장래에 유보이익을 어떻게 활용할 것인가?'라는 요소도 항상 고려해야 합니다. 외부 투자자는 CEO가 유보이익을 어떻게 재투자하든 방관할 수밖에 없기 때문입니다. CEO가 유보이익을 효과적으로 재투자할 것으로 기대한다면 회사의 현재가치를 더 높이 평가할 수 있습니다. 그러나 CEO의 재능이나 동기가 의심스럽다면 회사의 현재가치를 할인해야 합니다. 이로부터 실적이 엄청나게 달라질 수 있습니다. 1960년대 말 시어스 로벅Sears, Roebuck and Company이나 몽고메리 워드Montgomery Ward의 CEO가 재투자한 1달러와, 샘 월튼Sam Walton(월마트 설립자)이 재투자한 1달러는 회사의 운명을 전혀 다른 방향으로 이끌어 갔습니다.

상장회사들이 이익을 짜내는 방법 [2007]

상원의원이었던 앨런 심프슨Alan Simpson의 유명한 말입니다. "워싱턴에서 대로를 타는 사람들은 교통체증을 걱정할 필요가 없다." 그러나 그가 정말로 한산한 도로를 찾아보았다면 그는 미국 기업계의 회계 관행을 살펴보았을 것입니다.

1994년, 미국 기업들이 어느 도로를 좋아하는지 보여주는 중요한 투표가 있었습니다. 미국 기업의 CEO들은 상원에 압력을 넣어 표결 88 대 9로 재무회계기준위원회(Financial Accounting Standards Board: FASB)의 입을 틀어막았습니다. 상원으로부터 비난받기 전, FASB는 대담하게도 (그것도 만장일치로) CEO가 받는 스톡옵션은 일종의 보상이므로 비용으로 처리해야 한다고 주장했습니다.

상원의 표결 뒤, (이제 상원의원 88명으로부터 회계원리를 배운) FASB는 기업들이 옵션을 보고할 때 두 가지 기법 가운데 하나를 선택할 수 있다고 결정했습니다. 바람직한 방법은 옵션을 비용으로 처리하는 것이지만, 옵션이 시장가격으로 발행되면 기업은 비용을 무시할 수 있었습니다.

이제 미국 CEO들에게 진실의 순간이 다가왔는데, 이들의 반응은 아름다운 모습이 아니었습니다. 이후 6년 동안 바람직한 방법을 선택한 기업은 S&P 500대 기업 가운데 겨우 둘뿐이었습니다. 나머지 CEO들은 대로 대신 샛길을 선택해, '이익'을 늘리려고 명백한 비용을 무시했습니다. 일부 CEO는 스톡옵션을 비용으로 처리할 경우, 이사들이 경영자들에 대한 스톡옵션 제공을 주저할까 걱정했을 것입니다.

심지어 샛길로도 만족하지 못한 CEO들이 많았습니다. 완화된 규정에서도 행사가격이 시장가격보다 낮은 스톡옵션을 발행하면 회사 이익에 미치는 영향이 있었습니다. 그러나 방법을 찾았습니다. 이 번거로운 규정을 피하려고 기업들은 슬그머니 날짜를 소급해 스톡옵션을 발행했습니다. 이렇게 해서 겉보기에는 시장가격이지만 실제로는 훨씬 낮은 가격에 스톡옵션을 퍼주었습니다.

수십 년 동안 활개 치던 터무니없는 옵션 회계가 이제는 잠잠해졌지만 다른 회계 기법들이 남아 있습니다. 이 중에서 중요한 것은 연금비용을 계산할 때 회사가 가정하는 투자수익률입니다. 기업들이 이익을 실제보다 늘리려고 계속해서 무리한 가정을 세우는 것은 놀라운 일이 아닙니다. 연금 제도를 보유한 S&P 기업 363개의 2006년 투자수익률 가정은 평균 8%였습니다. 이 목표가 달성될 가능성을 살펴봅시다.

모든 연기금의 채권 및 현금 보유 비중은 평균 약 28%이며, 이들 자산의 수익률은 5% 이내로 보아야 합니다. 물론 수익률을 더 높일 수도 있지만, 그러면 손실 위험도 그만큼 증가합니다.

이는 연기금이 8% 수익률을 달성하려면 나머지 자산 72%(대부분 주식으로서, 직접 보유하거나 헤지펀드나 사모펀드 등을 통해 간접 보유)의 수익률이 9.2%가 되어야 한다는 뜻입니다. 그것도 모든 수수료를 차감한 다음 9.2%가 나와야 하는데, 지금은 과거 어느 때보다도 수수료가 훨씬 높습니다.

그러면 이 예상 수익률은 얼마나 현실적일까요? 2년 전에 내가 언급했던 데이터를 다시 살펴봅시다. 20세기 동안 다우지수는 66에서 1만 1,497로 상승했습니다. 증가 폭이 엄청나 보이지만 연복리로 계산하면 5.3%에 불과합니다. 1세기 내내 주식을 보유한 사람은 대부분 기간에 푸짐한 배당을 받았겠지만, 마지막 몇 년 동안 받은 배당은 겨우 2% 안팎이었습니다. 그래도 멋진 한 세기였습니다.

이제는 21세기를 생각해봅시다. 이번에도 수익률 5.3%를 달성하려면 다우지수(최근 13,000 미만)의 2099년 12월 31일 종가가 약 200만에 육박해야 합니다. 그러나 21세기 들어 8년이 지나는 동안 달성한 실적은 다우지수 198만 8,000 중 2,000 미만입니다.

예를 들어 1만 4,000이나 1만 5,000처럼 1,000 단위로 다우지수의 상승 돌파를 전망할 때마다 해설자들이 숨 가빠 하는 모습을 보면 재미있습니다. 계속 이런 식으로 반응한다면 이들은 앞으로 92년 동안 1,986번 이상 숨을 몰아쉬게 될 것입니다. 세상에는 무슨 일이든 일어날 수 있겠지만, 이런 결과를 정말로 믿는 사람이 있을까요?

배당은 여전히 약 2% 수준입니다. 주식의 수익률이 1900년대처럼 연 5.3%를 달성한다고 해도, 연금자산 중 주식 부분의 수익률은 (비용 0.5%를 차감하면) 7% 정도에 불과합니다. 게다가 요즘의 고급 컨설턴트와 펀드매니저들(조력자들)을 고려하면 실제 비용은 0.5%보다 높다고 보아야 합니다.

사람들은 누구나 평균 이상을 기대합니다. 그리고 틀림없이 조력자들은 고객들이 그렇게 믿도록 부추길 것입니다. 그러나 전체로 보면 조력자의 도움을 받는 집단은 평균을 밑돌 수밖에 없습니다. 이유는 간단합니다. (1) 필연적으로 전체 투자자의 수익률은 평균 수익률에서 비용을 차감한 값이고, (2) 인덱스 투자자(소극적 투자자)의 수익률은 평균 수익률에서 아주 적은 비용(매매를 거의 하지 않으므로)을 차감한 값인데, (3) 인덱스 투자자의 수익률이 평균 수익률이라면 나머지 집단(적극적 투자자)의 수익률도 평균이 되지만, 적극적 투자자는 거래가 많고 운용 및 자문 비용도 많이 발생합니다. 따라서 적극적 투자자는 소극적 투자자보다 비용을 훨씬 많이 부담해 수익률이 낮아집니다. 이는 아무것도 모르는 소극적 투자자가 승리할 수밖에 없다는 뜻입니다.

21세기 동안 주식에서 연 10% 수익률(배당 2%와 주가 상승 8%)을 기대하는 사람이 있다면, 그는 2100년 다우지수가 약 2,400만이라고 암묵적으로 예측하는 사람입니다. 두 자릿수 주식 수익률을 논하는 사람이 있으면 그에게 이 숫자를 설명해주십시오. (그렇다고 그 사람을 당황하게 하라는 뜻은 아닙니다.) 조력자 중에는《이상한 나라의 앨리스*Alice's Adventures in Wonderland*》에 등장하는 여왕의 후손이 많은 모양입니다. "나는 아침 먹기도 전에 불가능한 일을 여섯 개나 믿은 적도 있어"라고 말한 여왕 말입니다. 고객의 머리에는 환상을 채우면서 자기 주머니에는 수수료를 채우는 입심 좋은 조력자를 조심하십시오.

일부 기업은 미국은 물론 유럽에서도 연금 제도를 운용 중인데, 이들의 회계에는 거의 모두 미국 연금의 수익률이 유럽 연금의 수익률보다 높다고 가정합니다. 이 차이는 수수께끼입니다. 유럽 연금도 미국 펀드매니저에게 맡겨서 환상적인 실적을 올리지 않는 이유가 무엇일까요? 나는 이 수수께끼의 답을 들어본 적이 없습니다. 그러나 수익률 가정을 조사하는 감사와 보험회계사 들은 아무 문제가 없다고 생각하는 듯합니다.

그러나 CEO들이 미국 연금의 수익률을 높게 가정하는 데는 그만한 이유가 있습니다. 보고이익을 높일 수 있기 때문이지요. 그리고 내가 생각하는 것처럼 수익률 가정이 틀렸더라도, 그들이 은퇴하고 나서도 오랫동안 화가 미치지 않기 때문입니다.

지난 수십 년 동안 미국 기업들은 당기순이익을 최대한 높이려고 무리한 시도를 해왔지만 이제는 이런 태도를 바꿔야 합니다. 내 동업자 찰리의 말에 귀 기울여야 합니다. "지금까지 왼쪽으로 파울볼 세 개를 날렸다면, 다음 공은 다소 오른쪽으로 밀어 쳐라."

장래에 주주들이 연금 비용 때문에 받는 충격보다, 장래에 납세자들이 공적 연금 때문에 받는 충격은 몇 곱절이나 더 클 것입니다. 공적 연금은 엄청난 약속을 하지만, 재원은 대개 한심할 정도로 부족하기 때문입니다. 이 시한폭탄은 도화선이 길어서 정치인들이 물러나고 한참 뒤에야 터지므로, 이들은 좀처럼 유권자들에게 세금 부담을 안기려 하지 않습니다. 그래서 정치인들은 (때로는 40대 초반의) 유권자들에게 조기 은퇴와 푸짐한 생활비 지원 등을 쉽게 약속합니다. 그러나 사람들의 수명이 길어지고 인플레이션이 확실시되므로 이런 약속을 지키기는 절대 쉽지 않습니다.

지금까지 미국 회계에서 '자율 관리 제도'가 실패했다고 질책했지만, 버크셔의 거대한 재무상태표 항목에도 바로 이런 제도가 적용된다는 사실을 밝혀두고자 합니다. 우리는 모든 보고서에서 보험사업에 대한 지급준비금을 추측해야 합니다. 우리 추측이 틀린다면 우리 재무상태표와 손익계산서도 틀린다는 뜻입니다. 그래서 우리는 정확하게 추측하려고 온 힘을 다합니다. 그렇더라도 모든 보고서에서 우리 추측은 틀림없이 빗나갈 것입니다.

2007년 말 보험부채로 표시한 560억 달러는 연말까지 발생하는 모든 손실 사건에 우리가 지급하게 될 금액을 추측한 것입니다(현재가치로 할인된 준비금 약 30억 달러는 제외). 우리는 수천 가지 사건을 파악해, (변호사 비용 등 지급 과정에서 발생하는 관련 비용까지 포함해서) 각 사건에 들어갈 비용을 계산했습니다. 예컨대 산재보험에서 보장하는 특정 부상에는 50년 이상 보험금이 지급되기도 합니다.

또한 연말 전에 발생했으나 아직 보고받지 못한 손실에 대한 준비금도 여기에 포함했습니다. 때로는 보험 계약자가 손실이 발생한 사실을 모릅니다. (그래서 횡령 사건이 몇 년 동안 드러나지 않을 때도 있습니다.) 그리고 수십 년 전에 발생한 손실이 보고될 때도 있습니다.

다음은 보험부채를 정확하게 추정하기가 얼마나 어려운지를 보여주는 (몇 년 전에 했던) 이야기입니다. 중요한 사업 때문에 유럽에 출장 간 사람이 누이로부터 아버지가 돌아가셨다는 전화를 받았습니다. 그는 당장 돌아갈 수 없는 사정을 설명하면서, 후하게 장례를 치르면 돌아가서 자신이 모든 비용을 부담하겠다고 말했습니다. 그가 돌아오자, 누이는 장례를 성대하게 치렀다고 말하면서 모두 8,000달러에 이르는 청구서를 건네주었습니다. 그는 비용을 모두 치렀는데, 한 달 뒤 영안실에서 10달러짜리 청구서를 받았습니다. 이 비용도 지급했습니다. 그런데 한 달 뒤에 또 10달러짜리 청구서를 받았습니다. 그다음 달에 세 번째 청구서를 받고 당황한 그는 누이에게 전화해서 무슨 일이냐고 물었습니다. 누이가 대답했습니다. "아, 말해주는 걸 깜빡 잊었는데, 아버지에게 대여용 수의를 입혀드렸어."

보험사업에는 우리가 모르는 채 묻혀 있는 '대여용 수의'가 틀림없이 많습니다. 우리는 청구서를 정확하게 추측하려고 노력합니다. 그러나 10년이나 20년이 지나도 지금 우리의 추측이 얼마나 부정확한지를 짐작할 수 있을 뿐입니다. 게다가 그 짐작마저 놀라울 수 있습니다. 나는 개인적으로 우리가 제시한 준비금이 적정하다고 믿지만, 내 생각은 과거에 여러 번 틀렸습니다.

중요한 숫자와 중요하지 않은 숫자 [2010]

앞부분에서 나는 몇몇 숫자가 버크셔의 가치평가와 실적 평가에 유용하다고 지적했습니다.

이제부터 우리는 생략했지만 언론에서는 가장 중시하는 숫자인 '순이익'에 초점을 맞춰봅시다. 순이익이 대부분 회사에서는 중요할지 몰라도, 버크셔에서는 거의 의미가 없습니다. 실제 사업 실적과는 상관없이 찰리와 나는 언제든지 우리가 원하는 순이익을 완전히 합법적으로 만들어낼 수 있습니다.

우리가 이렇게 융통성을 발휘할 수 있는 것은, 투자에 대한 '실현' 손익은 순이익에 포함되지만 '미실현' 손익은 포함되지 않기 때문입니다. 예를 들어 어떤 해에 버크셔의 미실현 이익은 100억 달러 증가하고, 실현 손실은 10억 달러 발생했다고 생각해봅시다. 우리 순이익은 (손실만 포함되므로) 영업이익보다 적은 숫자로 보고될 것입니다. 만일 우리가 이익을 전년도에 실현했다면, 신문 머리기사에는 우리 이익이 X% 감소했다고 나올 것입니다. 실제로는 실적이 대폭 개선되었을지 모르는데도 말입니다.

순이익이 정말로 중요하다고 생각한다면, 우리는 보유 중인 막대한 미실현 이익을 정기적으로 실현해 순이익을 만들어낼 수 있습니다. 그러나 안심하십시오. 찰리와 나는 곧 발표할 순이익을 높이려고 증권을 판 적이 한 번도 없습니다. 우리는 1990년대 미국 기업계에서 만연했고 지금도 간혹 뻔뻔스럽게 자행되는 숫자 놀음을 깊이 혐오합니다.

다소 결함은 있어도 영업이익이 우리 실적을 평가하는 대체로 합리적인 지침입니다. 순이익은 무시하십시오. 그래도 우리는 규정에 따라 순이익을 발표해야 합니다. 그러나 기자들이 순이익에 초점을 맞춘다면 그들의 주장은 우리의 실상과는 무관한 이야기가 될 것입니다.

실현 손익과 미실현 손익은 우리 순자산가치 계산에 모두 반영됩니다. 따라서 순자산가치의 증감과 영업이익의 추세에 주목하면 우리 실적을 정확하게 추적할 수 있습니다.

순이익이 얼마나 변덕스러운지에 대해서 추가 설명을 안 할 수가 없군요. 만일 우리 주가지수 풋옵션의 만기가 2010년 6월 30일이었다면, 우리는 이날 거래상대방에게 64억 달러를 지급했을 것입니다. 다음 분기에는 주가가 전반적으로 상승했으므로, 만기가 9월 30일이었다면 지급액은 58억 달러로 감소했을 것입니다. 그러나 실제로는 이들 계약을 평가하는 블랙숄즈 공식 때문에 우리 재무상태표상의 부채가 89억 달러에서 96억 달러로 증가했고, 여기에 세금 효과까지 추가되어 분기 순이익이 4억 5,500만 달러나 감소했습니다.

장기 옵션 평가에는 블랙숄즈 공식이 매우 부적절하다고 찰리와 나는 믿습니다. 2년 전에도 여기에 터무니없는 사례를 제시한 적이 있습니다. 우리는 주가지수 풋옵션 계약을 체결함으로써 우리 의견을 실제 행동으로 보여드렸습니다. 이로써 우리 거래상대방이 사용한 블랙숄즈 공식이 틀렸다고 묵시적으로 주장한 것입니다.

그렇더라도 우리는 재무제표에 보고할 때 여전히 블랙숄즈 공식을 사용합니다. 블랙숄즈 공식은 옵션 평가에 일반적으로 인정된 기준이므로(거의 모든 일류 경영대학원에서 가르칩니다), 이를 벗어나면 회계를 조작했다고 비난받기 때문입니다. 게다가 우리 감사를 맡은 회계법인도 엄청난 곤경에 처하게 됩니다. 회계법인의 고객 기업 중에는 우리와 주가지수 풋옵션 계약을 맺은 기업들도 있으며, 이들은 블랙숄즈 공식으로 옵션을 평가합니다. 이들의 평가와 우리의 평가가 전혀 다르면 회계법인이 둘 다 정확하다고 인정할 수가 없기 때문입니다.

회계법인과 규제당국 들이 블랙숄즈 공식을 사용하는 것은 명확한 숫자가 나오기 때문입니다. 그러나 찰리와 나는 이런 숫자를 제시하지 못합니다. 우리는 이 계약으로 떠안는 실제 부채가 블랙숄즈 공식 계산에 의한 부채보다 훨씬 적다고 믿지만, 정확한 숫자는 뽑아낼 수 없습니다. 이는 가이코, BNSF, 버크셔 해서웨이의 정확한 가치를 산정할 수 없는 것과 마찬가지입니다. 그러나 정확한 숫자를 산정하지 못해도 우린 걱정하지 않습니다. 정확하게 틀리는 것보다는 대충이라도 맞는 편이 나으니까요.

존 케네스 갤브레이스John Kenneth Galbraith는 경제학자들이 아이디어를 지극히 경제적으로 활용한다고 풍자했습니다. 대학원에서 배운 아이디어를 평생 써먹기 때문이랍니다. 대학교 재무학과의 행태도 이와 비슷합니다. 이들 거의 모두가 1970~1980년대 내내 효율적 시장 가설에 집착하는 고집을 보십시오. 이들은 그 가설의 오류를 밝히는 강력한 사실들조차 '예외'라고 부르면서 무시합니다. (이때 내가 즐겨 쓰는 비유가 있습니다. '평평한 지구 위원회'가 지구를 한 바퀴 돌아오는 배를 보면, 십중팔구 짜증을 내면서 하찮은 예외일 뿐이라고 말할 것입니다.)

현재 학계에서는 블랙숄즈가 확고한 진리인 것처럼 가르치고 있지만, 이런 관행은 재검토할 필요가 있습니다. 같은 맥락에서 학계는 옵션 평가 방법도 숙고할 필요가 있습니다. 옵션 평가를 전혀 못하는 사람도 얼마든지 투자에 성공할 수 있습니다. 실제로 학생들이 배워야 하는 것은 기업을 평가하는 방법입니다. 이것이 투자에서 가장 중요합니다.

애용하는 속임수 두 가지 [2016]

2015년에도 설명했지만, '제조업, 서비스업, 소매업' 섹션에 표시된 손익 데이터는 GAAP(일반회계원칙) 기준이 아닙니다. 매수가격 회계조정에 관한 GAAP의 규정에 의하면, 특정 무형자산은 평균 약 19년에 걸쳐 전액 상각해야 하므로 이 데이터에서 차이가 발생한다고 설명했습니다. 우리는 이런 상각 '비용' 대부분이 진정한 경제적 비용이 아니라고 봅니다. 이렇게 GAAP와 다른 방식으로 데이터를 표시한 것은, 위 조정 숫자가 실제로 찰리와 내가 보고 분석하는 방식이기 때문입니다.

무형자산은 결국 모두 상각됩니다. 그렇게 되면 버크셔의 경제성이 실제로 개선되지 않아도 보고이익은 증가합니다. (내가 후계자에게 물려주는 선물입니다.)

지금까지는 GAAP에 의해서 상각비가 실제보다 과장되었다고 설명했지만, (취득원가 기준을 사용하는 탓에) GAAP에 의해서 감가상각비가 실제보다 축소되는 경우도 있습니다. 일부 사례에서는 감가상각비가 실제 경제적 비용보다 훨씬 축소되기도 합니다. 인플레이션이 심각했던 1970년대와 1980년대 초에는 이런 현상을 논하는 글이 수없이 나왔습니다. 다행히 폴 볼커 Paul Volcker의 과감한 조처 덕분에 인플레이션이 진정되자, 감가상각비의 결함에 대한 논의도 수그러들었습니다. 그러나 철도산업에서는 이 문제가 여전히 심각해서 실제 감가상각비가 취득원가를 훨씬 초과하는 항목이 많습니다. 필연적인 결과로 철도산업은 전반적으로 보고이익이 실제 이익보다 훨씬 높게 나옵니다.

매년 GAAP 감가상각비만 지출한다면 우리 철도회사는 곧 설비가 노후화해 경쟁력을 상실할 것입니다. 그러므로 단지 경쟁력을 유지하기 위해서라도 우리는 감가상각비보다 훨씬 많은 비용을 지출해야 합니다. 게다가 이런 괴리 현상은 앞으로 수십 년 동안 유지될 것입니다.

그렇더라도 찰리와 나는 우리 철도회사를 좋아하며, 사길 잘했다고 생각합니다.

어떤 방법으로든 실제 GAAP 이익보다 더 높은 '조정 이익'을 만들어내서 과시하려는 경영자들이 지금도 매우 많고, 해마다 증가하는 듯합니다. 이런 속임수를 쓰는 방법은 많습니다. 애용되는 방법 두 가지는 '구조조정비용'과 '주식기준 보상stock-based compensation' 누락입니다.

찰리와 나는 GAAP 실적에 (긍정적으로든 부정적으로든) 영향을 미치는 특이 항목들에 대해 경영자들이 논평을 통해서 설명해주길 바랍니다. 우리는 장래 실적을 추정하려고 이런 과거 실적을 살펴보는 것이니까요. 그러나 '조정 주당 이익'을 강조하면서 매우 현실적인 비용에 대해서도 설명하지 않으려는 경영자가 많아서 걱정스럽습니다. 나쁜 행동은 전염되기 때문입니다. 경영자들이 공공연하게 이익을 높여 보고하려고 하면, 부하 직원들도 이런 노력에 가담하는 문화가 조성되기 쉽습니다. 이런 행동 탓에 예컨대 보험사들은 손해액 준비금을 과소계상할 수 있는데, 이런 관행을 따르다가 파산한 보험사가 많습니다.

어떤 경영자가 '항상 기대 실적을 달성'한다고 애널리스트들이 감탄하는 모습을 보면 찰리와 나는 당혹스럽습니다. 실제로 사업을 예측하기는 매우 어려우므로 항상 기대 실적을 달성할 수는 없습니다. 뜻밖의 사건이 필연적으로 발생하니까요. 그런데도 월스트리트의 기대를 충족하려고 집착하다

보면 경영자는 회계분식을 생각하게 됩니다.

속임수를 쓰는 경영자들이 애용하는 두 가지 방법 중 '구조조정비용' 누락부터 살펴보겠습니다. 버크셔는 1965년 기업을 인수한 첫날부터 구조조정을 진행했습니다. 당시 우리가 보유한 기업은 북부 직물회사 하나뿐이라서 선택의 여지가 없었습니다. 그리고 요즘은 버크셔에서 구조조정이 해마다 대규모로 발생하고 있습니다. 우리가 보유한 기업이 수백 개이다 보니 항상 어디에선가는 변화가 필요하기 때문입니다. 앞에서 언급했듯이, 작년에는 향후 수십 년에 대비하려고 듀라셀에 거액을 지출했습니다.

그러나 우리는 버크셔의 정상 수익력을 추정할 때 특정 구조조정비용을 무시해달라고 말한 적이 한 번도 없습니다. 물론 어느 해에 정말로 중요한 비용이 발생하면 나는 논평을 통해서 언급합니다. 크래프트와 하인즈가 합병했을 때처럼 사업이 전면적으로 재편될 때는 여러 해에 걸쳐 발생하는 거액의 일회성 비용을 반드시 주주들에게 명확하게 설명해야 합니다. 실제로 크래프트 하인즈의 경영자는 (나를 포함한) 이사회의 승인을 받아 그렇게 했습니다. 그러나 경영자가 구조조정을 진행하면서 매년 이 비용을 무시해달라고 주주들에게 말한다면 오해의 소지가 있습니다. 그런데도 이런 거짓말에 넘어가는 애널리스트와 언론인이 너무도 많습니다.

'주식기준 보상'이 비용이 아니라는 주장은 더 대담한 거짓말입니다. 이렇게 주장하는 경영자는 주주들에게 이렇게 말하는 셈입니다. "여러분이 내게 거액의 스톡옵션이나 제한부 주식을 지급한다면 회사 이익 감소를 걱정할 필요가 없습니다. 내가 '조정'해서 그 영향을 없앨 테니까요."

이번에는 버크셔의 보고이익 증대 기법을 전문적으로 개발하는 가상의 회계 연구소가 있다고 생각해봅시다. 이곳 회계 전문가들은 자신의 능력을 과시하고 싶어 합니다.

대부분 대기업에서 최고경영자 3~4명의 보상 총액 중 주식기준 보상이 차지하는 비중은 20% 이상입니다. 버크셔에는 이런 자회사 경영자들이 수백 명 있고, 우리는 비슷한 규모로 주식기준 보상을 지급하되, 모두 현금으로만 지급합니다. 게다가 나는 상상력이 부족한 탓에, 이렇게 지급한 보상을 모두 비용으로 처리하고 있습니다.

내가 이렇게 설명하자, 회계 전문가들은 웃음을 억지로 참으면서 즉시 지적합니다. 버크셔 경영자들에게 지급한 보상 중 20%는 '주식기준 보상 대신 지급한 현금'에 해당하므로 '진정한 비용'이 아니라고요. 드디어 버크셔도 '조정 이익'을 제시할 수 있게 되었습니다.

다시 현실로 돌아옵시다. 보고이익에서 주식기준 보상을 누락하고자 한다면 경영자들은 다음 두 가지 명제 중 하나를 입증해야 합니다. 종업원에게 지급한 금품이 비용이 아님을 입증하거나, 이익을 계산할 때 급여를 제외해야 하는 근거를 제시해야 합니다.

회계분식이 만연하던 1960년대에 기업공개를 준비하던 어떤 경영자가 감사 후보자에게 물었습니다. "둘에 둘을 더하면 얼마지요?" 그는 "어떤 숫자를 염두에 두고 계십니까?"라고 대답했고, 당연히 감사에 임명되었습니다.

국세청 앞에서 감히 [Q 2015-17]

버크셔의 이연법인세 370억 달러를 영구 플로트로 보아야 하나요?

버핏: 우리 이연법인세에는 보유 증권의 미실현 이익이 포함됩니다. 미실현 이익은 언제든 실현될 수 있습니다. 그리고 공익사업에는 오래전부터 가속상각을 적용했습니다. 이연법인세 덕분에 현금 유출이 감소하므로 버크셔의 차입금도 그만큼 감소하게 됩니다. 그러나 버크셔가 이연법인세에서 얻는 혜택이 엄청나게 크다고 생각하지는 않습니다. 이연법인세는 숨겨진 자기자본이 아닙니다.

멍거: 법인세율이 변경되면 장부에 표시되는 이연법인세도 변경되겠지만 큰 의미는 없습니다.

버핏: 보험사업에서 창출되는 플로트는 훌륭한 자산이지만, 이연법인세는 그렇지 않습니다.

우리는 국회의원이 아닌데 [Q 2015-26]

미국 세법을 단순화할 필요가 있지 않나요?

버핏: 세법을 변경하려면 하원의원 218명과 상원의원 51명이 찬성하고 대통령이 서명해야 합니다. 기업들은 모두 현재 법인세율에 대해 불평을 늘어놓지만 GDP 대비 기업 이익은 기록적인 수준입니다. 40년 전에는 법인

세가 GDP의 약 4%였지만, 지금은 약 2%에 불과합니다. 의회는 세법을 더 합리적으로 개정할 수 있습니다. 세출이 GDP의 21~22%라면, 세입을 GDP의 19% 선까지는 끌어올려야 합니다. 2~3% 적자는 감당할 수 있습니다. 그러나 17.5조 달러 경제 규모에서 19% 징세는 만만한 일이 아닙니다. 누구에게 얼마를 거두느냐를 놓고 전쟁이 벌어질 것입니다.

기업은 외국에 보유한 자금을 미국으로 들여올 때 법인세를 납부해야 합니다. 나는 법인세를 훨씬 더 공정하게 개정할 수 있다고 생각합니다. 그러나 미국 기업들이 여전히 호황을 누리고 있으므로, 현행 법인세율을 인하해 달라고 읍소하지는 않을 것입니다. 기업들의 유형자기자본이익률이 15%이므로, GDP의 2%는 무리한 수준이 아닙니다. CD 이자가 0.25~0.5%에 불과한 점을 고려하면 주식 투자자들 역시 좋은 실적을 얻고 있습니다.

멍거: 내가 사는 캘리포니아는 자본이득세율이 13.5%입니다. 부자들을 캘리포니아에서 내쫓는 터무니없는 세율입니다. 반면에 하와이와 플로리다는 부자들이 범죄율은 낮고, 의료비 지출은 많으며, 공립학교 시스템에 큰 부담을 주지 않는다는 사실을 잘 알고 있습니다. 돈 많이 쓰는 부자들을 환영하지 않는 주가 캘리포니아 말고 또 있을까요? 캘리포니아의 조세 정책은 어리석기 짝이 없습니다. 그러나 연방 조세 정책은 전혀 나쁘지 않다고 생각합니다.

버핏: 1년 안에 법인세가 개정될 가능성이 높다고 봅니다.

버크셔는 AAAA등급 [Q 2016-38]

버크셔 채권의 신용등급이 최고가 아닌 이유가 무엇인가요?

멍거: 신용평가기관들의 평가 모형이 잘못된 방식으로 굳어졌기 때문입니다.

버핏: 버크셔가 그들의 모형에는 잘 맞지 않습니다. 그들이 주로 다루는 기업들과는 다른 모습이기 때문이지요. 그들이 방문할 때마다 나는 AAAA 등급 기준을 만들어보라고 말합니다. 그러나 전혀 반응이 없습니다.

결점도 기꺼이 광고합니다 [Q 2016-49]

버크셔는 구조조정비용이 많지 않은데, 인수한 기업 대부분이 독자적으로 운영되기 때문인가요?

멍거: 마치 "어머니를 살해하고 보험금을 받으라"는 말처럼 들립니다. 우리는 그런 짓 하지 않습니다. 그런 숫자 조작에는 관심이 없습니다. 우리는 그런 구조조정비용을 지출한 적도 없고, 지출할 생각도 없습니다.

버핏: 우리 구조조정비용은 많지 않을 것입니다. 대부분 기업들보다 더 보수적으로 잡았습니다. 그러나 우리 철도회사는 감가상각비가 과소 계상된 탓에 영업이익이 과대 계상되었다고 봅니다.

멍거: 우리는 결점도 기꺼이 광고합니다.

버핏: 결점을 모두 광고하는 것은 아닙니다. 앞에서도 밝혔듯이, 우리는 실제로는 비용이 아닌 상각과 무형자산 비용을 늘려 이익을 축소할 것입니다. 이런 작업을 다른 기업들보다 더 많이 할 것입니다. 조정 이익도 발표하지 않습니다. 버크셔는 숫자를 부풀려야 할 정도로 궁색하지 않습니다.

탁월하게 운영하려고 하면 오히려 위험 [Q 2017-10]

버크셔 내재가치의 복리증가율이 과거에는 얼마였고 장래에는 얼마가 될 것으로 보십니까?

버핏: 내재가치는 사후적으로만 계산할 수 있습니다. 내재가치의 정의는 기업이 마지막 날까지 창출하는 현금을 적정 금리로 할인한 값입니다. 30~40년에 대해 내재가치를 계산하면 값은 엄청나게 달라질 수 있습니다. 10년 전인 2007년 5월로 돌아가서 계산해보면 그다지 만족스러운 실적이 아닙니다. 이후 버크셔 내재가치의 복리증가율은 약 10%였다고 볼 수 있습니다. 현재와 같은 저금리 환경이 계속된다면 앞으로는 10%조차 달성하기가 거의 불가능하다고 생각합니다. 내게 장래 내재가치의 복리증가율을 묻는다면, 내가 먼저 물어볼 것이 하나 있습니다. 그것은 향후 GDP 성장률도 아니고, 차기 대통령이 누가 될 것인가도 아닙니다. '향후 10~20년의 전반적인 금리가 어느 수준일 것인가?'입니다.

현재 금리 수준이 계속 이어진다고 가정하면 10%를 달성하기도 매우 어려울 것입니다. 그러나 금리가 넓은 범위에서 형성된다고 가정하면 10% 달성이 가능하다고 생각합니다. 이런 저금리가 장기간 이어질 수는 없다고 말하는 사람이 있다면, 25년 전 일본을 돌아보시기 바랍니다. 그런 저금리가 장기간 이어질 수 있다는 사실을 우리는 알 수가 없었습니다. 지금은 우리가 저금리를 경험하고 있습니다. 나는 금리 흐름 예측이 쉽다고 생각하지 않습니다. 그러나 질문에 제대로 답하려면 금리 예측이 필요합니다. 나는 버크셔의 실적이 엉망일 가능성은 희박하다고 봅니다. 하지만 버크셔의 실적이 환상적일 가능성도 희박하다고 봅니다. 내가 추측하는 복리증가율은 10% 수준입니다. 향후 10~20년 금리가 지난 7년 동안 경험한 저금리보다는 다소 높을 것으로 가정하고 추측한 실적입니다.

멍거: 현재처럼 자본 규모가 거대하면 장래 복리증가율이 과거만큼 화려하기 어렵습니다. 우리는 계속 그렇게 말했고, 실제로도 그렇게 드러나고 있습니다.

버핏: 마무리를 부탁하네, 찰리.

멍거: 평균적으로 보면 우리 자회사들의 투자가치가 S&P500 기업들보다 높다고 생각합니다. 주주 여러분에게 심각한 문제는 없을 것으로 봅니다.

버핏: 우리는 S&P500 기업들보다 더 주주 지향적입니다. 버크셔에는 기업 소유주가 직접 결정하듯이 의사결정이 이루어지는 기업문화가 있습니다. 이런 기업문화는 다른 기업들이 좀처럼 누릴 수 없는 호사입니다. 내가 상장회사 CEO를 만나면 항상 던지는 질문이 하나 있습니다. "이 회사가 온전히 당신 소유라면 회사 운영을 어떻게 바꾸시겠습니까?" 그러면 대개 CEO는 이런 것 저런 것을 바꾸겠다고 말하면서 두어 가지를 제시합니다. 그러나 만일 내가 똑같은 질문을 받는다면 나는 현재 운영하는 방식을 그대로 유지하겠다고 대답할 것입니다.

멍거: 우리에게는 이점이 또 하나 있습니다. 사람들은 회사를 탁월하게 운영하려고 노력합니다. 그러나 우리는 단지 합리적으로 운영하려고 노력합니다. 이것은 커다란 차이입니다. 탁월하게 운영하려고 하면 위험합니다. 특히 도박일 때는 더 위험합니다.

밤잠을 설치지 않을 것 [Q 2017-11]

법인세율이 인하되면 버크셔의 BPS는 얼마나 상승할까요?

버핏: 공익기업이라면 법인세율 인하로 얻는 혜택이 모두 고객들에게 돌아갑니다. 공익기업은 ROE 기준으로 규제받는데 계산 기준이 세후 이익입니다. 공익기업위원회는 법인세율이 인하되었다는 이유만으로 공익기업이 돈을 벌도록 허용하지 않습니다. (공익기업이라면 이연법인세도 생각할 필요가 없습니다.) 우리 미실현 이익에 대한 이연법인세는 900억 달러가 넘습니다. 따라서 법인세율 등락에 따라 우리 주주들의 순자산가치도 오르내립니다.

법인세율 인하가 미치는 영향은 산업에 따라 달라집니다. 산업에 따라서는 법인세율 인하 효과가 경쟁 과정에서 모두 사라지기도 하고, 경쟁을 거치고서 일부 남기도 합니다. 경제 전문가들은 이에 대해 다양한 주장을 펼치겠지만, 나는 평생 이런 사례를 수없이 경험했습니다. 나는 법인세율 최고 52%까지 포함해서 다양한 세율을 경험해보았습니다. 그 혜택 중 일부는 주주들에게 돌아가겠지만, 일부는 경쟁 과정에서 사라질 것입니다. 결국 산업과 기업에 따라 차이가 매우 클 것입니다.

멍거: 우리 이연법인세가 약 950억 달러이므로, 법인세율이 10% 인하되면 이연법인세 약 95억 달러가 감소하는 셈입니다.

버핏: 법인세율이 인상되더라도 당국이 그 혜택을 가져갈 수 있습니다.

멍거: 그렇습니다. 만일 경제가 엉망이 되었다가 점차 회복된다면 우리 실적이 다른 기업들보다 더 좋을 것입니다. 그렇다고 미국에 경제위기가 오기를 바라는 것은 아닙니다. 하지만 실제로 역경이 닥친다면 우리 실적이 더 좋을 것입니다. 우리는 역경을 매우 능숙하게 헤쳐나가기 때문입니다.

버핏: 미국은 가끔 경제위기를 맞이할 것입니다. 대통령이 누구인가는 큰 상관이 없습니다. 가끔 닥치는 경제위기는 시장 시스템의 고유한 특성입니다. 주기가 일정하지는 않겠지만 경제위기는 틀림없이 닥칠 것이며, 우리는 십중팔구 상당한 돈을 벌어들일 것입니다. 세계가 공포에 휩쓸릴 때도 우리는 미국이 회복될 줄 알고 있습니다. 그래서 우리는 심리적으로 전혀 동요하지 않을 것입니다. 그러나 단지 기회가 많이 보인다고 해서 우리 회사를 위험에 빠뜨리는 일도 절대 없을 것입니다. 가능한 기회는 모두 잡겠지만, 우리는 단 하루도 밤잠을 설치지 않을 것입니다.

내재가치 대신 BPS [Q 2017-41]

버크셔의 내재가치는 주식 투자보다 사업회사의 실적에 더 좌우되는데, 버크셔의 가치평가에 BPS를 적용하는 것이 여전히 타당한가요?

버핏: 전보다 타당성이 많이 감소하긴 했어도 어느 정도는 타당합니다.

나는 BPS를 버리고 싶지 않지만, 세월이 흐를수록 시장평가액이 더 중요해질 것입니다. 지금은 이런 변화가 시작되는 단계입니다. 우리 유가증권의 가치는 장부에 표시된 금액을 넘어서지 않습니다. 반면에 우리 사업회사들의 가치는 장부가액을 넘어서며, 특히 소규모 자회사들 일부는 가치가 장부가액의 10배에 이르기도 합니다. 그러나 가치가 장부가액보다 낮은 부실 자회사도 있습니다.

물론 가장 좋은 평가 방법은 버크셔의 내재가치를 계산하는 것입니다. 하지만 내재가치 계산은 정확할 수가 없습니다. 다만 버크셔의 내재가치는 BPS의 120%를 초과할 가능성이 매우 큽니다. 만일 버크셔가 보유한 자산이 모두 유가증권이라면, 내재가치가 BPS의 120%를 초과하기 어려울 것입니다. 지금까지 우리가 사업회사에서 인식하지 못했던 가치나 회계적으로 인식하지 않았던 가치가 있었다면, 회사가 발전하는 과정에서 일부 인식될 수 있습니다. 만일 버크셔가 비상장회사이고 소유주가 10명에 불과하다면, 매년 모여서 사업을 하나씩 평가하는 방식으로 회사의 가치를 계산할 것입니다. 그러나 지금처럼 보유 자회사가 많으면 이런 방법은 매우 주관적이 됩니다. 내가 생각하기에 가장 쉬운 방법은, 현재 우리가 사용하는 기준을 그대로 사용하면서 그 한계를 분명히 인식하는 것입니다.

멍거: 나는 보험회사가 보유한 주식의 가치는 실제로 시장 평가액에 못 미친다고 생각합니다. 세금 탓에 장기간 보유해야 하니까요. 그동안 우리는 많은 유가증권을 비상장회사로 대체했습니다. 그래서 우리 유가증권의 가치가 하락하고 완전 소유 자회사들의 가치는 상승하면 기분이 좋습니다.

버핏: 지금까지 30년 동안 대체 작업을 진행하고 있습니다.

멍거: 잘한 일이 또 있습니다. 많은 시장성 유가증권을, 가치가 훨씬 높은

비시장성 유가증권으로 대체했습니다.

버핏: 이런 운용 방식이 더 재미있습니다.

멍거: 덕분에 좋은 사람들을 많이 알게 되었습니다. 이런 방식으로 운용하지 않았다면 알지 못했겠지요.

정말 끔찍한 경험 [Q 2017-48]

중국 시장과 미국 시장을 비교할 때 가장 좋은 가치평가 기법은 무엇인가요? 시가총액을 GDP로 나눈 비율인가요, 아니면 경기 조정 PER(Cyclically Adjusted PER: CAPE)인가요?

버핏: 우리가 증권의 가치를 평가할 때는 질문자가 언급한 두 기법 모두 전혀 중요하지 않습니다. 기업의 가치평가에 중요한 요소는 기업이 창출하는 미래 현금흐름의 현재가치입니다. 사람들은 항상 공식을 찾아다닙니다. 그러나 완벽한 공식은 존재하지 않습니다. 어떤 변수를 입력해야 할지도 우리는 알지 못합니다. 모든 숫자에는 나름대로 어느 정도 의미가 있기 때문입니다. 따라서 간단한 공식에 변수들을 완벽하게 입력하는 식으로 기업의 가치를 평가할 수는 없습니다.

질문자가 언급한 공식 둘 다 많은 사람들의 입에 오르내리고 있습니다. 두 공식은 매우 중요할 때도 있고, 전혀 중요하지 않을 때도 있습니다. 공식 한두 개로 해결될 만큼 간단하지 않다는 말이지요. 가장 중요한 것은 미래 금리입니다. 흔히 사람들은 현재 금리가 최선이라고 말하면서 현재 금리를 사용합니다. 그러나 30년 국채 금리는 원금 손실 위험 없이 30년 동안 돈을 맡긴 대가로 사람들이 기대하는 금리입니다. 내가 더 나은 금리를 제시할 자신은 없습니다. 그렇더라도 나는 현재 금리를 사용할 생각이 없습니다. 찰리도 질문자가 언급한 척도로 중국 시장과 미국 시장을 비교하지는 않을 것입니다.

멍거: 전에도 말했지만, 물고기를 잡는 첫 번째 원칙은 물고기가 있는 곳에서 잡는다는 것입니다. 유능한 어부라면 지금은 중국에서 물고기를 더 많이 찾아낼 수 있습니다. 이것이 요지입니다. 중국에 물고기가 더 풍성합니다.

버핏: 투자자로서 기업의 가치를 잘 평가하고 싶다면 형편없는 기업을 한동안 경영해보아야 합니다. 내버려 두어도 잘 돌아가는 훌륭한 기업보다는 형편없는 기업을 2년 정도 고생하면서 경영할 때, 기업에 대해 훨씬 많이 배우게 됩니다. 우리도 주로 이런 방식으로 값진 경험을 얻었습니다. 나는 우리가 형편없는 기업들을 경영해본 덕분에 훌륭한 기업을 알아볼 수 있게 되었다고 생각합니다.

멍거: 정말 끔찍한 경험이었습니다.

버핏: 정말 끔찍했죠. IQ가 아무리 높은 사람도 문제를 해결하지 못합니다. 속수무책입니다. 유용한 경험이었지만, 강하게 권할 생각은 없습니다.

멍거: 매우 유용한 경험이었습니다. 정말 배우고자 한다면 고통스러운 경험만 한 것이 없습니다. 우리는 그런 경험을 충분히 했습니다.

도둑놈들의 용어 [Q 2017-57]

당신은 세계 수많은 사람들로부터 존경과 사랑을 받고 있습니다. 그리고 EBITDA(Earnings Before Interest, Taxes, Depreciation and Amortization - 이자, 법인세, 감가상각비, 감모상각비 차감 전 순이익)는 기업의 가치평가에 좋은 척도가 아니라고 믿고 계십니다. 당신도 인생에서 후회하는 일이 있습니까? 인생, 가족, 개인사나 사업에서 후회하는 일은 무엇인가요?

버핏: 개인적 문제에 대한 답변을 기대하지는 않으시리라 생각합니다. 사업 측면에서 볼 때, 내가 찰리를 더 일찍 만났으면 좋았을 뻔했습니다. 처음 만났을 때 나는 29세, 찰리는 35세였는데, 이후 우리는 매우 즐거웠습니다. 더 일찍 만났더라면 더 즐거웠을 것입니다. 실제로 더 일찍 만날 기회가 있었습니다. 같은 식료품점에서 일했거든요. 그러나 일한 시점이 달랐습니다.

EBITDA는 최악의 비용입니다. 우리는 플로트에 대해 즐겨 말합니다. 플로트는 돈은 먼저 받고 비용은 나중에 지급할 때 형성되는 자금입니다. 감가상각은 돈은 먼저 지출하고 비용은 나중에 기록할 때 나타납니다. 플로트와 정반대입니다. 좋은 것이 아니지요. 다른 조건이 모두 같다면, 감가상각이 없는 기업을 사는 편이 훨씬 좋습니다. 고정자산에 대한 투자가 없는 기업이기 때문이죠. EBITDA는 사람들을 속여 심하게 해를 입힐 수 있는 통계입니다.

멍거: 실제로 EBITDA를 사업에 사용하는 사람들의 행태는 훨씬 더 역겹고 혐오스럽습니다. 이는 100제곱미터인 집을 임대하면서 200제곱미터라고 말하는 부동산 중개업자와 같습니다. EBITDA는 부정직한 용어인데도

지금은 널리 사용되고 있습니다. 그러나 제정신인 사람이라면 누구나 감가상각비가 비용이라고 생각합니다.

버핏: 월스트리트 사람들에게는 매우 유리한 용어입니다.

멍거: 그래서 그들이 이용하는 거죠. EBITDA로 계산하면 훨씬 싸 보이거든요.

버핏: 이 용어가 시장에서 수용된다는 사실이 정말 놀랍습니다. 그래서 그들이 이 용어를 사용하고 개념을 납득시키면서 이득을 얻는 것입니다. 헤지펀드의 2% 및 20% 보수도 그런 식이지요. 시장이 수용하는 한, 그들은 계속 이용할 것입니다.

멍거: 이제는 경영대학원에서도 EBITDA를 사용하고 있습니다. 더 소름끼치는 일입니다. 도둑놈들이 그런 용어를 사용하는 것만으로도 유감스러운데, 이제 경영대학원들마저 그런 용어를 따라서 사용하니 대단히 유감스러운 일입니다.

6장
지배구조

CEO는 특히 해고당할 때 푸짐한 보상을 받을 수 있습니다.
실제로 해고당한 CEO가 그날 하루 책상을 치우면서 버는 돈이,
미국 근로자가 평생 화장실 청소로 버는 돈보다도 많습니다. [2005]

합병에 대해 전문가의 조언을 듣는 것은
'이발사에게 이발할 때가 되었는지 물어보는 것'과 다를 바 없습니다. [2009]

탐욕 타이틀 매치 - CEO의 보수 [2003]

미국 기업계가 자기 개혁에 진지한 노력을 기울이는지 판단하려면 CEO의 급여를 보면 됩니다. 그러나 지금까지는 그 성과가 그다지 고무적이지 않습니다. 물론 GE의 제프 이멜트Jeff Immelt 등 몇몇 CEO는 경영자와 주주 모두에게 공정한 정책을 주도하고 있습니다. 그러나 전반적으로 이런 사례를 칭찬하는 사람은 많아도, 따르는 사람은 많지 않습니다.

CEO들의 보수가 걷잡을 수 없이 상승한 이유는 쉽게 이해됩니다. 경영진이 직원을 고용하거나 회사가 납품업체와 협상할 때는 양쪽 당사자 모두 관심이 많습니다. 한쪽에서 이득을 보면 다른 쪽은 손해를 보므로 양쪽 모두 걸린 돈에 민감해집니다. 그 결과 진정한 협상이 이루어집니다.

그러나 지금까지 CEO와 보상위원회가 만나 협상하면 그 결과에 대해 늘 CEO의 관심이 훨씬 더 높았습니다. 예를 들어 옵션으로 받는 주식이 10만 주인가 50만 주인가는 CEO에게 엄청나게 중요한 사안이 됩니다. 그러나 보상위원회는 이 차이를 그다지 중시하지 않습니다. 대부분 기업의 보고이익에 영향을 미치지 않기 때문입니다. 이런 상황이면 협상은 흔히 '친선게임' 수준으로 느슨해지기 마련입니다.

1990년대에는 매우 탐욕스러운 CEO들을 모방해 과도한 보상을 추구한 CEO들이 대폭 증가했습니다. ('탐욕' 타이틀을 놓고 치열한 경쟁이 벌어질 정도였습니다.) 이런 탐욕을 유행병처럼 퍼뜨린 주체는 대개 컨설턴트와 인사부였습니다. 이들은 월급을 주는 사람이 누구인지 잘 알고 있었으니까요. 한 보상 컨설턴트는 이렇게 말했습니다. "비위를 잘 맞춰야 하는 고객은 두 종류로서, 실제 고객과 잠재 고객입니다."

이런 시스템 장애를 개혁하려면 '독립' 이사가 필요하다고 사람들은 주장합니다. 그러나 진정으로 독립성을 자극하는 요소가 무엇인지에 대해서는 무관심합니다.

작년 연차보고서에서, 나는 펀드업계에서 규정한 '독립' 이사들의 행태를 살펴보았습니다. 1940년 투자회사법Investment Company Act에 의하면 펀드에는 독립 이사가 있어야 하므로, 이 법적 기준에 따라 선정된 독립 이사들을 평가할 수 있습니다. 작년 연차보고서에서 우리는 펀드 이사들의 핵심 역할 두 가지를 살펴보았는데, 이는 펀드업계뿐 아니라 모든 업계의 이사회에서 공통으로 수행해야 하는 역할입니다. 이 절대적으로 중요한 두 역할은 첫째, 유능하고 정직한 경영자를 확보(유지)하고, 둘째, 공정하게 보상하는 일입니다.

우리 조사 결과는 고무적이지 않았습니다. 실적이 아무리 부실해도 이사들이 상투적으로 기존 운용사와 재계약하는 펀드가 해마다 수천 개에 이르렀습니다. 보수가 터무니없이 높아서 깎을 수 있을 때도 이사들은 아무 생각 없이 상투적으로 보수를 승인해주었습니다. 그리고 운용사가 (한결같이 순자산가치보다 훨씬 높은 가격에) 매각되면, 이사들은 이 사실을 공개하지 않은 채 곧바로 새 운용사와 계약을 맺으면서 기존 보수를 그대로 지급했습니다. 따라서 가장 비싼 가격에 기존 운용사를 인수하는 사람이 이후에도 투자자들의 자산 대부분을 운용하는 셈이었습니다.

펀드 이사들이 이렇게 줏대 없는 행태를 보이더라도 우리는 이들이 악인이라고 단정하지는 않습니다. 악인은 아닙니다. 단지 '이사회 분위기' 탓에 수탁자의 본분을 망각한 것이겠지요.

버크셔의 연차보고서가 발표되고 얼마 안 지난 2003년 5월 22일, 미국자산운용협회Investment Company Institute 회장이 회원사 모임에서 업계 현황을 언급하면서 이렇게 말했습니다. "우리가 잘못하는 것처럼 말하는 사람도 있지만, 실제로 우리가 잘못을 저지르고 있다면 업계 현황이 과연 지금과 같을지 의문입니다."

그러나 지나친 기대는 금물입니다.

몇 달 지나지 않아 자산운용사들이 그동안 투자자들의 이익을 침해하면서도 보수를 높여온 사실이 드러나기 시작했습니다. 이런 일탈행위를 벌이기 전에도 자산운용사들의 유형자산이익률은 미국 기업계가 부러워할 정도로 높았습니다. 그런데도 이익을 더 부풀리려고 이들은 무지막지한 방식으로 펀드 투자자들의 이익을 짓밟았던 것입니다.

그러면 이렇게 약탈당한 펀드의 이사들은 어떤 조치를 취했을까요? 이 글을 쓰는 시점까지, 나는 규정 위반 운용사가 계약 해지당한 사례를 한 건도 보지 못했습니다. (물론 운용사 직원 일부가 해고된 사례는 종종 있었습니다.) 이사들이 자기 돈을 사기당했어도 이런 식으로 수수방관했을까요?

게다가 이런 사악한 운용사가 매물로 나오기까지 했습니다. 가장 높은 가격을 부르는 매수자에게 지금까지 운용하던 펀드를 넘겨주겠다는 뜻이지요. 이는 투자자들을 우롱하는 행태입니다. 이런 펀드의 이사들은 어째서 가장 훌륭하다고 판단하는 운용사를 선정해서 직접 운용계약을 맺지 않는 것일까요? 직접 계약을 맺으면 한 푼도 받을 자격이 없는 수탁원칙 위반 운용사에 막대한 웃돈을 지급할 필요가 없을 텐데 말입니다. 그러면 새 운용사는 비용을 절감한 만큼 틀림없이 운용보수를 훨씬 낮출 수 있습니다. 진정으로 독립적인 이사라면 이런 방식을 주장해야 마땅합니다.

그러나 현실을 보면 수십 년 묵은 투자회사 이사 관련 규정도, 기업계에

도입되는 새로운 규정도 진정으로 독립적인 이사를 선정하는 데 실질적으로 도움이 되지 않습니다. 두 규정 모두 이사 보수가 수입 전부여서 다른 이사회에도 선임되어 수입을 늘리려는 사람조차 독립적이라고 간주합니다. 터무니없는 생각이지요. 이런 규정에 의하면, 소득이 막대한 버크셔의 이사 겸 변호사 론 올슨Ron Olson은 독립 이사로 인정받지 못합니다. 버크셔가 그의 회사에 지급하는 변호사 비용이 소득의 3%에 불과한데도 말입니다. 장담하건대, 소득원이 무엇이든 소득의 3% 때문에 그의 독립성이 훼손될 일은 없습니다. 그러나 전체 소득의 20%, 30%, 또는 50%가 이사 보수인 사람들은 독립성을 유지하기가 어려울 것이며, 특히 전체 소득이 많지 않은 사람들은 더욱 어려울 것입니다. 실제로 펀드업계가 그렇다고 생각합니다.

'독립적' 펀드 이사들에게 자그마한 제안을 하겠습니다. 매년 연차보고서에 다음 사항을 확인해주시면 좋겠습니다. "(1) 다른 운용사들을 조사해본 바로는, 우리 펀드를 담당할 운용사는 이 분야에서 우수한 회사이며, (2) 우리 펀드가 지급하는 운용보수는 유사한 펀드들이 지급하는 운용보수와 비슷한 수준입니다."

(흔히 매년 10만 달러가 넘는 보수를 받는) 이사들에게 투자자들이 이런 역할을 기대해도 무리는 아니라고 생각합니다. 만일 이사들이 자기 돈 거액을 이 펀드에 투자했다면 틀림없이 두 가지 사항을 확인할 것입니다. 이사들이 두 가지 역할을 꺼린다면 "그 사람이 누구 편인지 모르겠다면, 십중팔구 내 편은 아니다"라는 격언을 명심하시기 바랍니다.

끝으로 한마디 덧붙입니다. 수많은 펀드는 불법행위 기회가 있어도 양심적으로 잘 운용되고 있습니다. 이런 펀드를 통해서 투자자들은 혜택을 받고, 운용사들은 정당한 보수를 받습니다. 실제로 내가 펀드 이사라면 위 두 가지 사항을 적극적으로 확인할 것입니다. 그리고 대부분 투자자에게는 뱅가드 등 보수가 매우 낮은 인덱스펀드가 본질적으로 유리한 좋은 대안이 됩니다.

내가 이렇게 강력한 주장을 펼치는 것은, 노골적인 악행이 수많은 투자자의 신뢰를 저버렸기 때문입니다. 업계 내부자 수백 명이 틀림없이 실상을 알고 있었을 터인데도 공개적으로 언급한 사람은 전혀 없었습니다. 엘리엇 스피처Eliot Spitzer와 내부고발자들이 나오고 나서야 비로소 쇄신이 시작되었습니다. 우리는 펀드 이사들이 소임을 다해달라고 요구합니다. 미국 기업계 전반의 이사들과 마찬가지로, 수탁책임을 지는 이사들도 이제는 투자자들의 편에 설 것인지, 경영자들의 편에 설 것인지 결정해야 합니다.

유니폼이나 달라고 해 [2005]

'회사의 CEO가 누구인가?'는 더할 수 없이 중요한 사안입니다. 질레트는 짐 킬츠Jim Kilts가 맡기 전까지 고전하고 있었는데, 특히 자본배분 실패로 시달리고 있었습니다. 중요한 사례로, 질레트는 듀라셀을 인수함으로써 주주들에게 수십억 달러에 이르는 손실을 안겨주었습니다. 그러나 이 손실이 전통적 회계로는 전혀 드러나지 않습니다. 간단히 말해서, 질레트가 인수를 통해 얻은 기업가치보다 지불한 대가가 더 컸다는 뜻입니다. (기업 인수를 논의할 때, 경영진과 투자은행 간부들이 이 가장 기본적인 척도를 늘 무시한다는 사실이 놀랍습니다.)

짐은 질레트의 경영을 맡자 즉시 재정 관리를 강화하고, 조직 운영을 통제했으며, 마케팅을 활성화해 회사의 내재가치를 극적으로 높였습니다. 이후 질레트와 프록터 앤드 갬블이 합병하면서 두 회사의 잠재력이 확대되었습니다. 짐은 성과에 대해 매우 풍족한 보상을 받았지만 그만한 몫을 해냈습니다. (이는 학문적 평가가 아닙니다. 버크셔가 보유한 질레트 지분이 9.7%이므로, 우리도 그에게 보상의 9.7%를 지급한 셈입니다.) 거대 기업의 정말로 비범한 CEO에게는 보상을 아무리 많이 해도 과하지 않습니다. 그러나 그런 인물은 드뭅니다.

미국 임원들에 대한 보상은 실적과 동떨어질 때가 너무도 많습니다. 그런데도 이런 현실은 바뀌지 않을 것입니다. CEO에 대한 보상이 조작되기 때문입니다. 그 결과 실적이 보통 이하인 CEO가 잘못 설계된 보상기준에 따라 거액을 받는 사례가 너무도 흔합니다. (CEO가 손수 뽑은 인력관리 담당 부사장과, 언제나 극진한 서비스를 제공하는 '래칫, 래칫 앤드 빙고Ratchet, Ratchet and Bingo'의 컨설턴트가 도와주는 덕분입니다.)

예를 들어 10년 만기 고정가격 옵션을 생각해봅시다. (이런 옵션을 누가 마다할까요?) 스태그넌트('침체한'의 뜻) 사(社)의 CEO 프레드 퓨틀이 이 옵션을 한 다발(가령 회사 지분의 1%) 받았다면 어떻게 해야 그에게 유리한지 자명해집니다. 그는 계속해서 회사의 이익으로 배당은 전혀 지급하지 않고 모두 자사주를 사들이려 할 것입니다.

프레드가 이끄는 스태그넌트가 이름값을 한다고 가정합시다. 회사의 순자산은 100억 달러이고 발행주식이 1억 주인데, 그가 옵션을 받은 후 10년 동안 매년 벌어들이는 이익이 10억 달러여서, 처음에는 주당 10달러가 들어옵니다. 프레드는 계속 배당을 지급하지 않고 이익을 모두 자사주 매입에 사용합니다. 주가가 계속해서 주당 이익의 10배로 유지된다면 10년 뒤 옵션 만기일에는 158% 상승하게 됩니다. 이는 자사주 매입을 통해서 발행주식이 3,870만 주로 감소해 주당 이익이 25.80달러로 증가하기 때문입니다. 회사 실적은 전혀 개선되지 않았는데도, 단지 주주들에게 돌아갈 이익을 유보하는 행위만으로 프레드는 무려 1억 5,800만 달러를 벌게 됩니다. 심지어 스태그넌트의 이익이 10년 동안 20% 감소하더라도, 프레드가 버는 돈은 1억 달러가 넘어갑니다.

프레드는 회사 이익을 배당으로 주주들에게 지급하지 않고 부실한 프로젝트와 기업 인수에 낭비하더라도 자신은 막대한 돈을 챙길 수 있습니다. 이런 부실 경영으로 투자수익률이 5%에 그치더라도 그는 거금을 벌 수 있습니다. 스태그넌트의 PER이 10배로 유지된다면 그의 옵션 가치가 6,300만 달러 증가하기 때문입니다. 그러면 주주들은 프레드에게 옵션을 제공한 행위가 과연 주주들의 이익에 부합하는 것이었는지 의심하게 될 것입니다.

물론 '평균적인 배당 정책'(예컨대 이익의 3분의 1을 배당으로 지급)을 따른다면 결과가 이 정도로 극단적이지는 않겠지만, 경영자는 성과 없이도 여전히 푸짐한 보상을 받을 수 있습니다.

CEO들은 배당을 한 푼이라도 지급하면 옵션의 가치가 감소한다는 사실을 이해하고 있습니다. 그런데도 고정가격 옵션 승인을 요청하는 위임장 자료에서 경영자-주주 이해 상충을 설명한 사례를 나는 한 번도 보지 못했습니다. CEO들이 회사 안에서는 자본 비용이 높다고 역설하면서도, 고정가격 옵션이 CEO들에게 제공하는 공짜 자금이라는 사실은 주주들에게 밝히는 법이 없습니다.

이익을 유보하기만 해도 옵션의 가치는 저절로 올라갑니다. 그러나 유보이익에 따라 행사가격이 인상되는 옵션이 발행되었다는 말은 들어본 적이 없습니다. 이른바 '보상 전문가'들이 경영진에게 유리한 온갖 기법에는 통달했어도, 이런 옵션은 알지 못하는 모양입니다. ("내게 빵을 주는 사람이 원하는 노래를 부른다"라는 말이 있지요.)

CEO는 특히 해고당할 때 푸짐한 보상을 받을 수 있습니다. 실제로 해고당한 CEO가 그날 하루 책상을 치우면서 버는 돈이, 미국 근로자가 평생 화장실 청소로 버는 돈보다도 많습니다. "성공이 성공을 부른다"라는 옛 속담 따위는 잊어버리십시오. 오늘날 임원실에서 통용되는 원칙은 "실패가 성공을 부른다"입니다.

실적이 신통치 않아도 CEO에게 막대한 퇴직금, 호화로운 특전, 과도한 보상이 제공되는 것은 흔히 보상위원회가 비교분석 데이터의 노예가 되었기 때문입니다. 절차는 간단합니다. 이사회가 시작되기 전 몇 시간 동안 (아마도 CEO가 임명한) 이사 세 명 정도에게 끊임없이 상승하는 CEO 급여 통계 자료가 퍼부어집니다. 게다가 이들은 다른 경영자들이 새로운 특전을 받는다는 이야기도 듣습니다. 이제 단지 다른 경영자들이 받았다는 이유로 CEO에게 기이한 선물이 쏟아집니다. 보상위원회가 이런 논리를 따르게 되면, 어제까지 터무니없이 과도했던 보상이 오늘은 기본 보상이 됩니다.

보상위원회는 어린 시절 나의 영웅이었던 디트로이트 강타자 행크 그린버그Hank Greenberg의 태도를 본받아야 합니다. 행크의 아들 스티브Steve는 한때 선수 에이전트였습니다. 한 외야수를 대신해서 메이저 리그 팀과 협상하던 스티브는 아버지에게 계약금을 얼마나 요구해야 하는지 물어보았습니다. 진정한 성과주의자였던 행크는 단도직입적으로 말했습니다. "작년 타율이 얼마였어?" "2할 4푼 6리요"라고 스티브가 대답했습니다. 행크가 즉시 답했습니다. "유니폼이나 한 벌 달라고 해."

(잠깐 고백할 사항이 있습니다. 나는 보상위원회의 행태를 비난했지만, 실제 보상위원 활동 경험으로 말한 것은 아닙니다. 나는 20개 상장회사에서 이사로 활동했지만, 단 한 곳에서만 보상위원으로 위촉되었습니다. 음.)

제멋대로인 주인장 [2006]

나는 (버크셔와 우리 자회사를 제외하고) 19개 기업의 이사회에서 활동할 때, 보상위원회에서는 마치 전염병 보균자처럼 기피 대상이 되었다고 작년에 말했습니다. 나는 한 회사에서만 보상위원회에 배정되었는데, 여기서도 주요 사안을 다룰 때마다 내 의견은 즉시 부결되었습니다. CEO 보수 책정에 대해서 나만큼 경험이 풍부한 사람도 흔치 않다는 점을 고려하면, 내가 이렇게 외면당하는 것은 이상한 일입니다. 버크셔에서는 내가 약 40개 주요 사업회사 CEO의 급여와 성과급을 결정하는 1인 보상위원회인데 말입니다.

1인 보상위원회 업무에 내가 들이는 시간은 얼마나 될까요? 사실상 제로입니다. 지난 42년 동안 스스로 다른 회사로 이직한 CEO는 몇 명이나 될까요? 한 명도 없습니다.

버크셔는 사업의 수익 잠재력이나 자본 집약도 같은 요소에 따라 CEO에게 다양한 성과보수 시스템을 적용하고 있습니다. 어떤 방식을 적용하든, 나는 단순하고도 공정한 시스템을 유지하려고 노력합니다.

우리가 제공하는 (때로는 거액인) 성과보수는 반드시 CEO가 맡은 회사의 영업 실적에 연동합니다. 실적과 무관하게 지급하는 복권 같은 성과보수는 없습니다. CEO가 통제할 수 없는 환경 탓에 회사 실적이 부실해졌더라도, CEO의 타율이 3할이면 3할만큼 보상합니다. 회사의 성과가 훌륭했더라도, CEO의 타율이 1할 5푼이었다면 보상하지 않습니다. 예를 들면, 현재 버크셔가 보유한 주식은 시가 610억 달러인데 이 금액은 한 해에도 10% 정도 쉽게 오르내릴 수 있습니다. 손익이 주주들에게 아무리 중요하다고 해도 과연 시가의 등락에 따라 담당 임원의 보수를 바꿀 필요가 있을까요?

실적은 신통치 않은데도 천문학적인 보수를 받는 CEO들의 기사가 넘쳐납니다. 그러나 미국 CEO들이 전반적으로 풍족한 삶을 누린다는 사실은 널리 알려지지 않았습니다. 물론 이들 중에는 이례적으로 유능한 사람도 많고, 거의 모두 주 40시간 이상 일합니다. 하지만 이 과정에서 대개 왕족처럼 호화로운 대우를 받습니다. (버크셔에서는 반드시 이런 방식을 유지할 것입니다. 찰리는 여전히 검소한 생활을 선호하지만, 나는 내 멋대로 살고 싶습니다. 버크셔는 '제멋대로인 요리사'라는 뜻의 팸퍼드 셰프The Pampered Chef를 보유하고 있습니다. 우리 훌륭한 본사 직원들은 나를 '제멋대로인 주인장The Pampered Chief'으로 만들었습니다.)

한 회사에서 CEO에게 특전을 제공하면 다른 회사에서도 곧바로 이를 모방합니다. 이사회실에서 "다른 CEO들은 모두 이런 특전을 받는답디다"라고 말한다면 매우 유치해 보일 것입니다. 그래서 컨설턴트들이 보상위원회에 보상 방안을 제출할 때, 우아한 논리로 포장해서 이런 주장을 펼친답니다.

보상 내용을 공개하거나 '독립적인' 이사들로 보상위원회를 구성하더라도 불합리하고 과도한 보상 관행이 크게 바뀌지는 않을 것입니다. 실제로 내가 수많은 보상위원회에서 거부당한 것은 지나치게 독립적인 사람으로 보였기 때문일 것입니다. 보상 제도 개혁은 몇몇 대형 기관투자가들이 전체 보상 시스템을 새로운 관점에서 보라고 회사에 요구할 때만 일어날 수 있습니다. 지금처럼 컨설턴트들이 '비슷한' 기업들을 교묘하게 선택해서 고객 기업과 비교한다면, 현재의 과도한 보상 관행은 영원히 이어질 수밖에 없습니다.

돈 밝히는 이사들 [2006]

우리는 새 이사를 선정할 때 오래전부터 지침으로 삼는 기준이 있습니다. 이사는 주주 지향적이어야 하고, 사업에 대한 지식과 관심이 풍부해야 하며, 진정으로 독립적이어야 합니다. 여기서 '진정으로' 독립적이어야 한다고 표현한 이유가 있습니다. 여러 당국과 감시자 들은 이사가 독립적일 것으로 기대하지만, 실제로는 이사 보수에 의지해서 생활 수준을 유지하는 이사가 많기 때문입니다. 다양한 형태로 매년 15~25만 달러 지급되는 이사 보수가, 소위 '독립적인' 이사의 다른 모든 수입의 합계액보다 대개 많습니다. 게다가 (정말 놀랍게도) 미국 재계의 인기 컨설팅회사 '래칫, 래칫 앤드 빙고'의 제안에 따라 최근 몇 년 동안 이사 보수가 치솟았습니다. (회사 명칭이 사기꾼 같지만 사기 치는 회사는 아닙니다.)

찰리와 나는 이사가 직무를 수행하려면 네 가지 기준이 필수라고 믿습니다. 법적으로도 이사는 주주들을 충실하게 대변해야 합니다. 그런데도 이런 기준은 흔히 무시당합니다. 대신 이사 후보를 찾는 컨설턴트나 CEO 들은 '여성'이나, '라틴 아메리카계'나, '외국 출신' 등을 찾는다고 말합니다. 이런 말이 때로는 노아Noah의 방주를 채우는 임무처럼 들립니다. 그동안 내게 이사 후보자에 대해서 물어보는 사람은 많았지만, "그는 지혜로운 주인처럼 생각합니까?"라고 물어보는 사람은 없었습니다.

내가 받았던 질문들을 예컨대 미식축구 선수나 중재자나 군 사령관 후보자를 찾는 사람들이 들었다면 터무니없다고 생각했을 것입니다. 전문가를 선발하는 사람들은 특수 직무에 필요한 특정 재능과 태도를 갖춘 후보자를 찾기 때문입니다. 버크셔는 기업 경영이라는 특수 직무를 수행하므로 사업적 판단을 중시합니다.

이런 기준으로 우리가 찾아낸 인물이 바로 야후Yahoo의 CFO 수전 데커Susan Decker입니다. 그녀는 주주총회 때 우리 이사회에 합류할 예정입니다. 수전을 영입하게 된 것은 행운입니다. 그녀는 우리 네 가지 기준에서 매우 높은 점수를 받았으며, 44세에 불과해서 아시다시피 여러분의 회장보다 훨씬 젊습니다. 우리는 장래에도 젊은 이사들을 더 발굴하겠지만, 네 가지 기준은 절대 소홀히 하지 않을 것입니다.

소녀를 처음 본 10대 소년 [2009]

작년 우리 자회사들은 소규모 거래 기업 몇 개를 현금으로 인수했습니다. 그러나 거대 기업 BNSF를 인수하는 과정에서 우리는 버크셔 주식 약 9만

5,000주를 발행했는데, 이는 기존 발행주식 수의 6.1%에 해당합니다. 찰리와 나는 버크셔 주식 발행을 대장 내시경 검사 준비 과정보다도 더 싫어합니다.

우리가 버크셔 주식 발행을 싫어하는 이유는 단순합니다. 우리는 현재 시장가격에 버크셔를 송두리째 팔 생각이 전혀 없는데, 인수 과정에서 버크셔 주식을 발행해 회사의 상당 부분을 시장가격에 넘기고 싶겠습니까?

주식 교환형 합병에서 피인수 기업 주주들이 인수 기업 주식의 시장가격에 주목하는 것은 당연합니다. 그러나 이들은 자사(피인수 기업) 주식의 내재가치에도 주목합니다. 인수 기업의 주가가 내재가치보다 낮으면, 인수 기업은 주식 교환만으로는 합리적인 거래를 할 수가 없습니다. 저평가된 주식과 온전히 평가된 주식을 교환하면 인수 기업 주주들이 손해 볼 수밖에 없으니까요.

예를 들어 A 회사와 B 회사는 규모가 같고 내재가치도 주당 100달러로 같다고 가정합시다. 그러나 시장가격은 둘 다 80달러입니다. 확신은 넘치지만 지혜는 부족한 A 회사의 CEO는 A 주식 1.25주와 B 주식 1주를 교환하는 합병을 제안합니다. 그리고 자기 회사 이사들에게 B 회사의 가치가 주당 100달러라고 정확하게 말합니다. 그러나 자기 회사 주주들이 내재가치 125달러를 내주게 된다는 사실은 설명하지 않습니다. 이사들 역시 수학 장애인이어서 이 거래가 성사되면, B 회사 주주들은 합병회사의 지분 55.6%를 보유하게 되고 A 회사 주주들은 44.4%를 보유하게 됩니다. 그러나 이 터무니없는 거래에서 A 회사 사람들 모두가 손해 보는 것은 아닙니다. CEO는 이제 두 배로 커진 회사를 경영하게 되었습니다. 그리고 CEO의 지위와 보상은 대개 회사의 규모에 따라 결정됩니다.

인수 기업의 주식이 과대평가되면 전혀 다른 이야기가 됩니다. 이때는 주식 교환형 합병이 인수 기업에 유리해집니다. 그래서 주식시장에 거품이 발생할 때면 어김없이 교활한 기획자들이 등장해 잇달아 주식을 발행했습니다. 자사 주식을 시장가치로 평가해 합병하면서 이들은 과도한 대가를 지불할 수 있었습니다. 사실은 자사 주식이 위조지폐였으니까요. 이런 사기성 인수는 주기적으로 등장했지만 특히 1960년대 말에 역겨울 정도로 심각했습니다. 실제로 일부 거대 기업은 이런 방식으로 탄생했습니다. (물론 숨어서 킬킬거린 사람들은 많지만, 이 실상을 공개적으로 인정한 관계자는 없습니다.)

우리가 BNSF를 인수할 때, 피인수 기업 주주들은 자사 주식의 가치를 주당 100달러로 매우 합당하게 평가했습니다. 그러나 우리가 부담할 비용은 다소 많았습니다. 100달러 중 40%를 우리 주식으로 지불해야 하는데, 찰리와 나는 우리 주식의 내재가치가 시장가치보다 더 높다고 믿었기 때문입니다. 다행히 우리는 오래전에 BNSF 주식 상당량을 시장에서 현금으로 사서 보유하고 있었습니다. 따라서 전체 비용의 약 30%만 버크셔 주식으로 지급하게 되었습니다.

결국 찰리와 나는 인수 대금의 30%를 주식으로 지급하는 점은 불리하지만, 이 인수를 통해 현금 220억 달러를 우리가 오래전부터 이해하고 좋아하는 기업에 투자할 수 있으므로 유/불리가 상쇄된다고 판단했습니다. 게다가 우리가 신뢰하고 존경하는 매트 로즈Matt Rose가 BNSF를 경영한다는 장점도 있었습니다. 또한 장기적으로 수십억 달러를 추가로 투자해 합리적인 수익률을 기대할 수 있다는 전망도 마음에 들었습니다. 그러나 마지막 결정은 아슬아슬했습니다. 인수에 들어가는 주식이 더 많아졌다면 이 거래는 타당성을 상실했을 것입니다. 그랬다면 우리는 인수를 포기했을 것입니다.

나는 인수를 심의하는 이사회에 수십 번 참석했습니다. 흔히 값비싼 투자은행 간부들(값싼 투자은행 간부도 있나요?)이 이사들을 가르치는 이사회였습니다. 이들은 피인수 기업의 가치를 자세히 평가하면서, 시장가격보다 가치가 훨씬 높다는 점을 한결같이 강조했습니다. 그러나 나는 이사회에 50년 넘게 참석했지만, 투자은행 간부(또는 경영진!)가 기업의 진정한 가치를 논의한 적이 한 번도 없었습니다. 거래 과정에서 인수 기업의 주식을 발행하게 되면 단순히 시장가격만으로 인수 비용을 측정했습니다. 만일 이들이 인수당하는 처지였다면 이들은 자사의 주가가 내재가치보다 터무니없이 낮다고 주장했을 것입니다.

주식 교환형 합병을 고려하면서 이사들이 전문가의 조언을 듣는다면, 합리적이고 균형 잡힌 토론을 하는 방법은 하나밖에 없는 듯합니다. 합병이 실패할 때 성공 사례금을 주는 조건으로 두 번째 조언자를 고용해서, 합병에 반대하는 주장을 펼치게 하는 것입니다. 이런 극적인 처방이 없다면, 합병에 대해 전문가의 조언을 듣는 것은 '이발사에게 이발할 때가 되었는지 물어보는 것'과 다를 바 없습니다.

오래전에 있었던 실제 사례를 말하지 않고는 못 배기겠군요. 우리는 잘 굴러가는 대형 은행의 주식을 수십 년째 보유하고 있었는데, 그동안 이 은행은 법규 때문에 인수 업무를 할 수 없었습니다. 마침내 법이 변경되자 우리 은행은 즉시 인수 대상을 찾기 시작했습니다. 그런데 은행 경영자들(유능하고 좋은 은행가들)이 갑작스레 보인 행동은 소녀들을 처음 본 10대 소년들과 같았습니다.

이들은 곧 훨씬 작은 은행 하나에 관심을 집중했습니다. ROE, 순이자 마진, 대출의 건전성 등 재무특성이 비슷하며 잘 굴러가는 은행이었습니다. 우리 은행은 주가가 낮아서(그래서 우리가 샀습니다) PER도 매우 낮았고 BPS 근처에서 거래되었습니다. 그러나 미국의 대형 은행들이 앞다투어 인수하겠다고 제안하자, 이 소형 은행의 소유주는 BPS의 세 배에 가까운 가격을 제시했습니다.

우리 경영자들은 이 제안에 굴복해 이 가치 파괴적 거래에 합의했습니다. "그다지 나쁜 거래는 아닙니다. 게다가 자그마한 거래일 뿐입니다." 이들은 마치 주주들이 큰 손해를 보기 때문에 망설이는 것처럼 말했습니다. 당시 찰리의 반응입니다. "우리 잔디를 망가뜨리는 개가 세인트버나드가 아니라 치와와라서 박수 쳐야 할까요?"

빈틈없는 소형 은행 소유주가 마지막 요구 조건을 제시했습니다. 실제로는 이보다 더 외교적인 표현을 구사했습니다. "나는 이제 이 은행의 대주주가 되므로 이 은행이 내 재산의 대부분을 차지하게 됩니다. 따라서 이렇게 멍청한 거래를 다시는 하지 않겠다고 약속해주어야 합니다."

합병은 완료되었습니다. 소형 은행 소유주는 더 부자가 되었고, 우리는 더 가난해졌으며, (더 커진) 대형 은행의 경영자들은 오래도록 행복하게 살았습니다.

사위로 삼고 싶지 않습니다 [Q 2015-36]

장래에 행동주의 투자자들이 버크셔를 분할하려 하지 않을까요?

버핏: 우리가 올바르게 경영한다면, 행동주의 투자자들이 버크셔를 분할해도 돈을 벌지 못할 것입니다. 버크셔는 부분의 합이 전체보다 크지 않습니다. 버크셔는 소득 신고서를 소속 자회사들과 공동으로 제출하는 과정에서 많은 혜택을 받고 있습니다. 행동주의 투자자들의 공격을 방어하는 최선책은 좋은 실적을 유지하는 것입니다. 최근 몇 년 동안 행동주의 펀드에 막대한 자금이 유입되었으므로 이들은 분할해볼 만한 기업들을 노리고 있습니다. 향후 내 주식은 기부금으로 사용될 것입니다. 그 무렵에는 버크셔의 시가총액이 엄청나게 커질 터이므로, 행동주의 투자자들이 모두 힘을 모아도 버크셔를 분할하지 못할 것입니다. 행동주의 투자자들을 떨어내고 싶은 기업들은 버크셔에 합류하면 됩니다.

멍거: 행동주의 투자자들은 주가가 내재가치보다 높을 때도 기업에 자사주 매입을 종용하는데, 이는 매우 어리석은 짓입니다. 동업자가 실제 가치의 120%에 자기 지분을 사라고 제안하면 아무도 사지 않을 것입니다. 그러나 과거 자사주 매입 사례를 보면, 주가가 낮을 때 오히려 자사주 매입이 감소했습니다.

버핏: 기업은 자금을 사업에 사용해야 하며, 주가가 내재가치보다 훨씬 낮을 때만 자사주를 매입해야 합니다. 버크셔 주가가 BPS의 1.2배라면 우리는 버크셔 주식을 대규모로 매입하겠지만, BPS의 2.0배라면 매입하지 않을 것입니다.

멍거: 나는 행동주의 투자자는 사위로 삼고 싶지 않습니다.

이 캠페인에 동의합니다 [Q 2016-20]

장래에 행동주의 투자자들이 버크셔 해서웨이 분할을 시도하면 어떤 방법으로 방어할 계획인가요?

버핏: 전에는 그런 걱정을 했지만, 지금은 그다지 걱정하지 않습니다. 지금은 우리 규모가 거대하기 때문입니다. 버크셔는 언제든지 자사주를 대규모로 매입할 수 있습니다. 우리가 내재가치와 비슷한 가격에 자사주를 매입하는 한, 주가가 내재가치보다 크게 내려갈 수 없으므로 버크셔를 분할해도 큰 이익을 얻을 수 없습니다. 버크셔를 분할하는 과정에서 비용도 많이 발생합니다. 버크셔 해서웨이 에너지는 버크셔를 모회사로 둔 덕분에 지금까지 재생에너지사업을 진행할 수 있었습니다. 행동주의 투자자들이 매력을 느낄 만한 수익 기회가 없을 것입니다.

물론 기업의 역사를 돌아보면 우량주가 이른바 내재가치보다 훨씬 낮은 가격에 거래된 사례도 있습니다. 1973~1974년에는 일류 우량주인 캐피털시티Capital Cities의 주가가 내재가치 훨씬 밑으로 내려갔습니다. 그러나 이런 상황에서는 누구나 자금이 부족하므로 기회를 이용하기가 어렵습니다. 그래서 나는 그다지 걱정하지 않습니다. 내가 죽으면 주식 분배 방식 때문에 이후 몇 년 동안 내 유산이 버크셔의 최대 주주가 되겠지만 지금 걱정할 문제는 아닙니다.

멍거: 이 문제는 걱정할 필요가 없다고 생각합니다. 타당한 걱정이고 버크셔에 유용하다고 생각하지만 말입니다. 나는 낙관합니다.

버핏: 왜 유용한지 설명해주겠나?

멍거: 버크셔가 사악한 행동주의 투자자들에게 공격당하면 주주들이 강하게 결집할 것입니다. 버크셔를 저버리고 그들 편에 설 사람이 얼마나 되겠습니까?

버핏: 나 워런 버핏의 이름으로 이 캠페인에 동의합니다.

돈을 바란 이사는 없습니다 [Q 2017-25]

후계자에게 어떤 방식으로 보상할 계획인가요? 이에 대해 밝히겠다고 3년 전에 말씀하셨습니다.

버핏: 유감스럽게도, 이 나이가 되면 3년 전에 한 말은 걱정하지 않게 됩니다. 질문자는 훨씬 젊은 나이니까 당연히 기억하겠지요. 내가 그렇게 말했다는 사실은 인정합니다. 자세히 논의하지는 않겠지만, 두 가지 보상 방식이 가능합니다. 나는 후계자가 다음 몇 가지 요건을 갖춘 사람이면 좋겠습니다. 이미 거부이고, 오랜 기간 업무 경험을 쌓은 유능한 사람이며, 10배든 100배든 보수 증가가 진정한 동기 부여 요소가 아니어서 시장에서 자신이 받을 수 있는 보수보다 훨씬 낮은 보수도 기꺼이 받아들이려는 사람이면 좋겠습니다. 후계자는 이런 요건을 갖추지 못할 수도 있지만, 갖춘다면 정말 좋겠습니다.

그러나 시장에서 자신이 받을 수 있는 보수를 원한다고 해서 그 사람을 탓할 수는 없습니다. 그럴 때는 기본 보수를 매우 적게 지급하는 대신, 버크셔의 가치 증가분에 대해 상당한 스톡옵션을 제공할 수도 있을 것입니다. 다만 매년 증가하는 유보이익을 고려해서 옵션 행사가격도 매년 인상해야 하겠지요. 이렇게 옵션 행사가격을 인상한 기업은 거의 없지만, 워싱턴 포스트는 증가하는 유보이익을 고려해서 실제로 그렇게 했습니다. 이 보상 방식을 설계하기는 매우 쉽습니다. 비상장회사들은 실제로 이런 방식으로 설계합니다. 그러나 상장회사 경영자들에게는 다른 방식이 더 유리하므로 이런 방식을 채택하지 않습니다. 후계자는 은퇴 후에도 2년 정도 옵션을 보유해야 합니다. 그래야 자신에게 유리한 시점을 선택해서 스톡옵션을 행사해 주식을 모두 처분하는 일이 없을 것이고, 따라서 장기적으로 주주들 대다수가 얻는 수준의 실적을 얻게 될 것입니다. 훌륭한 보상 방식을 설계하기는 어렵지 않습니다. 관건은 '후계자가 이미 충분히 돈을 벌어서, 보수 금액에 크게 연연하지 않는 사람인가?'입니다.

멍거: 나는 평생 보상 컨설턴트들을 피했습니다. 말로 표현할 수 없을 정도로 보상 컨설턴트들을 경멸하니까요.

버핏: 내가 세상을 떠난 다음 이사회가 보상 컨설턴트를 고용한다면 나는 화가 치솟아 다시 살아 돌아올 것입니다.

멍거: 보상 분야에는 우상 숭배가 많습니다. 도무지 사라질 줄을 모릅니다.

버핏: 상황이 갈수록 악화하고 있습니다. 모든 경영자가 다른 경영자의 보상에 주목합니다. 그래서 인사부는 CEO에게 보상 컨설턴트를 고용하자고 제안합니다. 그런데 예컨대 회사의 실적이 하위 25%이므로 CEO가 받는 보상도 하위 25%가 되어야 한다고 제안한다면, 그 보상 컨설턴트의 고용 계

약이 연장될 수 있을까요? 상황이 악화하는 것은 사람들이 사악해서가 아닙니다. 그 상황에서 도출되는 결정이 주주들의 이익과 일치하지 않을 뿐입니다.

멍거: 상황은 더 심각합니다. 자본주의는 우리 모두를 먹여 살리는 황금 거위입니다. 사람들은 급여 조건이 마음에 들지 않는다는 이유로 자본주의를 경멸합니다. 물론 자본주의 시스템에 문제가 많긴 하지만 이래서는 자본주의가 오래갈 수 없습니다. 이는 황금 거위를 죽이는 행위와 같습니다.

버핏: 조만간 시행되는 제도가 있습니다. 기업들은 CEO의 보수가 종업원 평균 보수의 몇 배인지를 위임장권유신고서proxy statement에 명시해야 합니다. 그러나 이런 제도로는 아무것도 바뀌지 않습니다.

멍거: 주요 뉴스로 취급되지도 않을 것입니다. 한쪽 구석에 처박히겠지요.

버핏: 우리는 많은 비용을 지출해야 합니다. 전 세계에서 우리가 고용한 종업원은 36만 7,000명에 이르므로 종업원 평균 보수를 계산하기가 쉽지 않습니다. 간단하게 추정치를 산출할 수 있으면 좋겠습니다.

멍거: 바로 이런 작업이 컨설턴트들의 역할입니다.

버핏: 보상 문제는 인간의 본성이 빚어내는 결과입니다. 나는 자회사 경영자들에게 2년마다 보내는 메모에서, 내가 받아들일 수 없는 유일한 변명이 "남들도 다 그렇게 해"라고 밝힙니다. 그런데 다른 경영자들이 스톡옵션을 비용으로 처리하지 않으면서 늘어놓는 변명이 바로 "남들도 다 그렇게 해"입니다. 이들은 워싱턴으로 몰려가 상원을 압박해, 88 대 9로 스톡옵션이 비용이 아니라는 표결을 받아냈습니다. 그러나 몇 년 뒤 스톡옵션은 명백히 비용임이 밝혀져 결국 비용으로 분류되었습니다. 갈릴레오가 떠오르더군요.

멍거: 훨씬 심각한 문제입니다.

버핏: 나는 현재 내정된 후계자나 다른 누구에 대해서 하는 말이 아닙니

다. 버크셔 경영을 맡는 시점이 되면 우리 후계자들은 이미 거부가 되어 있을 것입니다. 따라서 그 시점에는 재산 증가에서 얻는 한계 효용이 제로에 근접할 것입니다. 이런 요소까지 고려한 새로운 평가 모형이 나올 수도 있겠지요. 그러나 나는 평가 모형에 유보이익을 반영해도 문제가 없다고 생각합니다(나는 20명이 참여하는 이사회에서도 유보이익을 반영해야 한다고 말하는 사람을 본 적이 없지만 말이지요).

예컨대 당신과 내가 동업하는 기업이 있고, 이 기업에 유보이익이 계속 쌓이고 있는데, 내가 당신의 지분 일부를 인수하는 스톡옵션의 행사가격을 고정해서 계속 보유하겠다고 말하면 당신은 순순히 허락하겠습니까? 현재 CEO들이 받는 스톡옵션이 바로 이런 방식으로 설계된 옵션입니다. 그리고 대개 CEO들이 보상받는 방식과 이사회가 보상받는 방식 사이에는 상관관계가 있습니다. 현재 CEO들이 받는 보수가 실질 가치 기준으로 50년 전과 같은 수준이라면, 이사들이 받는 보수는 50년 전보다 낮은 수준이 될 것입니다.

멍거: 버크셔 이사들 중에 돈을 바라고 이사가 된 사람은 없습니다.

버핏: 모두 버크셔 주식을 대량으로 보유하고 있습니다.

멍거: 그야말로 옛날 방식이지요.

버핏: 내가 아는 어떤 회사는 이사가 7명인데, 이들은 자기 회사 주식을 한 주도 사본 적이 없습니다. 이들은 CEO 선정도 맡고 자신의 보수도 결정합니다. 이들은 회사 주식을 대량으로 받았는데도 자신의 보수가 과도하다는 생각을 전혀 하지 않습니다. 우리는 사람들이 본능적인 유혹에 시험받아도 제대로 작동하는 시스템을 구축해야 합니다. 그런 면에서 미국의 시스템은 놀라울 정도로 훌륭하게 작동했습니다. 미국 기업들의 시스템 역시 전반

적으로 매우 훌륭하게 작동했습니다. 그러나 우리 자녀들에게 가르쳐주고 싶을 정도로 모든 면에서 훌륭했던 것은 아닙니다.

7장
버크셔의 기업문화

우리가 돈을 잃을 수는 있습니다. 심지어 많은 돈을 잃어도 됩니다.
그러나 평판을 잃을 수는 없습니다. 단 한 치도 잃어서는 안 됩니다.
우리는 모든 행위를 합법성만으로 평가해서는 안 됩니다.
똑똑하지만 비우호적인 기자가 쓴 기사가
중앙 일간지의 1면에 실려도 당당할 정도가 되어야 합니다. [2009]

우리는 숨 막히는 관료주의 때문에 결정이 지연되어
눈에 안 보이는 비용이 발생하는 것보다는,
차라리 몇몇 잘못된 결정으로 발생하는
눈에 보이는 비용을 감수하고자 합니다. [2009]

살로먼 주주 서한 겸 보고서 [1991]•

살로먼 주주 귀하:

이 보고서에서는 살로먼의 3분기 실적은 물론, 향후 살로먼의 진로에 대한 나의 생각도 제시하고자 합니다.

이미 회사에서도 발표하고 대중매체에서도 보도했듯이, 일련의 사건에 의해서 8월 18일 내가 살로먼 임시 회장에 선임되었습니다. 이후 우리는 과거 살로먼이 국채시장 등에서 벌인 활동을 계속 조사했습니다. 이 시점까지 우리의 판단은 다음과 같습니다. 살로먼의 몇몇 임직원이 치명적인 실수를 저질렀습니다. 이로 인해 주주들이 피해를 보게 될 것입니다. 그러나 불법행위와 오판을 저지른 사람은 그 몇몇에 한정됩니다. 요컨대 우리는 지극히 심각한 문제에 직면했지만, 그래도 조직에 만연한 문제는 아니라고 믿습니다.

지배 및 컴플라이언스compliance

8월 18일부터 우리는 증권 자회사인 살로먼 브라더스Salomon Brothers에, 업계 표준으로 생각되는 규정과 절차를 도입했습니다. 아울러 살로먼 브라더스에서 진행되는 업무를 새로운 방식으로 감시하기 시작했습니다. 예컨대 이사회에 컴플라이언스(준법 감시) 위원회를 설립했으며, 이 분야에서 업

• 워런 버핏, 살로먼 주주 서한 겸 보고서Letter and Report to the Shareholders of Solomon, Third Quarter(1991)

계를 선도할 것으로 기대합니다. 그러나 규정도 필요하지만, 모범적 행동을 권장하는 조직 분위기가 훨씬 더 중요합니다. 회장으로 재임하는 동안, 나는 회사의 최고컴플라이언스책임자를 자처하기로 했으며, 살로먼의 임직원 9,000명 모두에게 컴플라이언스에 협조해달라고 당부했습니다. 또한 임직원들의 행동이 규정 준수에 그쳐서는 안 된다고 역설했습니다. 어떤 영업행위를 고려 중이라면 임직원은 자신에게 물어보아야 합니다. 박식하고 비판적인 지역 신문사 기자가 자신의 행위를 신문 1면에 곧바로 보도해 배우자, 자녀, 친구 들이 보게 되더라도 괜찮은지 말이지요. 우리 살로먼은 설사 합법적이더라도 역겨운 행위라면 절대 하지 않을 것입니다.

영업 실적

3분기 경상영업 실적은 탁월했습니다. 주로 채권시장 추세가 매우 유리하게 전개된 덕분입니다. 그러나 이익에 영향을 미치는 주요 조정 항목 두 가지에 유의해야 합니다. 하나는 부정적 영향을, 하나는 긍정적 영향을 미칩니다.

첫째, 우리는 합의, 판결, 벌금, 과료, 소송 비용, 기타 관련 비용에 대비해서 세전 법정준비금 2억 달러를 적립했습니다. 둘째, 이번에 살로먼 브라더스에서 발생한 보상 비용은 평소 예상되던 금액보다 약 1억 1,000만 달러 감소했습니다. 일부 소송 비용은 세금 공제가 되지 않으므로 두 항목에는 서로 다른 세율이 적용됩니다. 두 항목의 영향으로 감소한 순이익은 약 7,500만 달러입니다.

소송 비용

두 특별 항목에 대해서 자세히 설명하겠습니다. 먼저 소송 비용입니다. 살로먼이 불법행위와 오판에 대해 직접 부담하게 되는 최종 비용을 지금은 아무도 정확하게 추정할 수가 없습니다. (매우 중요한 부수비용도 발생합니다. 예컨대 매출 감소, 조달비용 상승 등입니다. 반면 나중에 설명하겠지만 상당한 부수이익도 발생할 수 있습니다.) 그러나 비용이 얼마가 되더라도 우리에게는 40억 달러에 이르는 막대한 자기자본이 있으므로 치명상을 입지는 않을 것입니다.

우리는 벌금이나 과료는 모두 신속하게 납부할 것이며, 타당한 배상요구는 조속히 처리하려고 노력할 것입니다. 그러나 (많을 것으로 예상되는) 부당하거나 과도한 배상요구에 대해서는 끝까지 법정에서 다툴 것입니다. 즉, 우리가 한 잘못에 대해서는 적절하게 보상하겠지만, 누구에게도 봉이 되는 일은 없을 것입니다.

회계규정에 의하면, 우리는 감사 및 변호사와 함께 준비금 규모를 재검토해야 합니다. (부족하나마 현재 가용 정보를 바탕으로) 재검토 결과, 감사와 변호사 모두 현재 추정치에 동의했습니다. 추후 상황이 명확해지고 정보가 추가되면 준비금을 상향 조정하거나 하향 조정할 것입니다.

보상

여러분은 살로먼 브라더스의 보상 수준이 높다는 기사를 읽어보았을 것입니다. 여러분 중 일부는 내가 버크셔 해서웨이 연차보고서에 쓴 성과보상에 관한 글도 읽어보았을 것입니다. 이 글에서 나는 합리적인 성과보상 제도야말로 경영자에게 보상하는 탁월한 방법이라고 말했습니다. 또한 비범한 경영 성과에는 정말이지 비범한 보상을 해야 한다는 말도 했습니다. 나는 지금도 이런 견해를 유지하고 있습니다. 그러나 살로먼 브라더스의 보상 제도는 일부 중요한 부분에 문제가 있습니다.

그동안 살로먼의 실적 대비 보상은 지나치게 높아서 불합리한 수준이었습니다. 예를 들어 작년 증권 사업부의 ROE는 약 10%로서 미국 기업 평균보다 훨씬 낮았는데도, 100만 달러 이상 받은 소속 임직원이 106명이나 있었습니다. 물론 이들 중 성과가 뛰어나서 그런 보상을 받아 마땅한 사람도 많았습니다. 그러나 전반적인 실적을 보면 이치에 맞지 않았습니다. 1989년 대비 1990년 영업이익은 전혀 증가하지 않았는데도 보상은 1억 2,000만 달러 이상 증가했습니다. 그 결과 주주 이익이 1억 2,000만 달러 감소했습니다.

살로먼 브라더스는 실적의 변동성이 매우 크므로, 특히 경영진이 받는 보상은 일반 주주들이 얻는 수익에 연동되어야 타당합니다. 나는 사업부 경영진이 우리 주주들의 수익에 무임승차하는 대신, 자신이 우리 주식을 보유함으로써 부자가 되길 바랍니다. 그러면 우리 우수한 경영진은 아마 상상을 초월할 정도로 엄청난 부자가 될 것입니다.

현재 우리사주조합은 주식이 희석되지 않도록 시장에서 주식을 매수하고 있으며, 장래에는 회사가 직접 자사주를 매입해 발행주식 수를 축소할 수도 있습니다. 앞으로 몇 년 안에 살로먼의 핵심 임직원들이 보상으로 받는 우리사주는 회사 지분의 25% 이상이 될 수 있습니다. 업무 성과가 더 좋을수록 각 임직원이 받는 우리사주가 증가할 것입니다.

이런 성과보상제 때문에 일부 경영진은 회사를 떠나게 될 것입니다. 그러나 성과가 탁월한 사람들은 바로 이 성과보상제 때문에 회사에 남을 것입니다. 이들은 3할 5푼짜리 강타자로 인정받아, 그동안 저성과자들에게 분배되던 자기 몫을 되찾게 될 테니까요. 기쁘게도 최우수 경영진 중 일부는 자신이 받는 보상 중 우리사주로 받을 수 있는 비중을 대폭 높여달라고 요청했습니다.

회사를 떠나는 사람들이 이례적으로 많더라도 꼭 나쁜 일로 볼 필요는 없습니다. 우리 생각과 가치관에 동의하는 사람들이 더 많은 책임과 기회를 떠안게 될 테니까요. 우리에게 필요한 것은 '사람들에게 잘 어울리는 원칙'이 아니라 '원칙에 잘 어울리는 사람들'입니다.

우리가 추구하는 목표는 수십 년 전 JP모건이 말한 대로 "최고의 방법으로 최고의 서비스를 제공하는" 회사가 되는 것입니다. 우리는 '우리가 어떤 사업을 하는가?'는 물론 '어떤 사업을 거절하는가?'로도 자신을 평가할 것입니다. 모든 대기업이 그렇듯이 살로먼도 실수나 실패를 피할 수 없습니다. 그러나 우리는 능력이 미치는 한 우리 실수를 신속하게 인정할 것이며 신속하게 바로잡을 것입니다.

내가 이 자리를 맡은 이후 내린 최상의 결정은 데릭 모건Deryck Maughan을 살로먼 브라더스의 최고운영책임자로 임명한 것입니다. 우리는 고객, 임직원, 주주 들에게 탁월한 성과를 안겨주는 살로먼을 만들어내기로 맹세했습니다.

– 임시 회장 워런 버핏

살로먼 근무 [1992]

나는 살로먼 임시 회장으로 10개월 근무하고 나서 지난 6월 물러났습니다. 1991-1992년 실적을 보면 버크셔는 그동안 나를 그리워하지 않았습니다. 그러나 나는 버크셔가 그리웠고, 다시 정상 근무하게 되어 기쁩니다. 세상에 버크셔 경영만큼 재미있는 일은 없으므로 나는 행운아라고 생각합니다.

살로먼 회장 업무는 재미는 전혀 없었지만 흥미롭고 가치 있는 일이었습니다. 작년 9월 〈포춘〉의 '가장 높이 평가받는 미국 기업America's Most Admired Corporations' 연례 조사에 의하면, 살로먼은 평판 개선도 면에서 311개 기업 중 2위를 기록했습니다. 게다가 살로먼의 증권 자회사 살로먼 브라더스는 작년 세전 이익 기록을 세웠는데, 이전 기록을 34%나 초과했습니다.

많은 분이 살로먼의 문제 해결과 회복을 도와주셨는데 몇 분을 특별히 언급하고자 합니다. 살로먼 경영진 데릭 모건, 밥 데넘Bob Denham, 돈 하워드Don Howard, 존 맥팔레인John Macfarlane이 합심해 노력하지 않았다면 회사가 십중팔구 파산했다고 말해도 과언이 아닙니다. 이들의 노력은 효과적이었고, 사심이 없었으며, 협조적이었고, 지칠 줄 몰랐습니다. 이들에게 한없이 감사하는 마음입니다.

살로먼의 정부당국 관련 업무 대표 변호사인 '멍거, 톨즈 앤드 올슨Munger, Tolles & Olson'의 론 올슨도 문제 해결의 핵심 인물이었습니다. 살로먼이 처한 문제는 심각할 뿐만 아니라 복잡하기도 했습니다. 살로먼과 직접 관련된 주요 당국이 적어도 다섯으로서, SEC, 뉴욕 연방준비은행, 미국 재무부, 뉴욕 남부 검찰청, 미국 법무부 반독점국이었습니다. 문제를 조직적으로 신속하게 해결하려면 법률, 사업, 인간관계 기술이 탁월한 변호사가 필요했습니다. 론이 바로 그런 인물이었습니다.

배트 보이가 이상형 [2002]

우리는 계속해서 비범한 경영자들의 덕을 보고 있습니다. 이들 중 다수는 이미 부자라서 더 일할 필요가 없는 사람들입니다. 그런데도 이들은 계속 일하고 있습니다. 지난 38년 동안 우리 자회사를 그만두고 다른 회사로 간 CEO는 단 한 사람도 없습니다. 현재 75세가 넘는 경영자는 찰리를 포함해서 6명이며, 4년 뒤에는 2명 이상 증가하길 희망합니다. (밥 쇼Bob Shaw와 내가 둘 다 72세입니다.) 왜냐하면 '어린 개에게는 노련한 재주를 가르칠 수 없기 때문'입니다.

버크셔 사업회사 CEO들은 그 분야의 달인이며, 회사가 자기 재산인 것처럼 경영합니다. 내 역할은 이들을 방해하지 않으면서 이들이 창출하는 초과자본을 배분하는 일입니다. 쉬운 일이죠.

나의 본보기는 배트 보이(야구 배트 등을 관리하는 소년) 에디 베넷Eddie Bennett입니다. 에디는 19세였던 1919년 시카고 화이트삭스White Sox에서 일을 시작했는데, 이 팀이 그해 월드 시리즈에 진출했습니다. 이듬해 에디는 브루클린 다저스Brooklyn Dodgers로 팀을 옮겼는데, 이 팀도 월드 시리즈에 진출했습니다. 그러나 우리 영웅은 이 팀에서 문제를 감지했습니다. 그는 1921년 양키스로 옮겼고, 이 팀도 역사상 처음으로 월드 시리즈에 진출했습니다. 에디는 상황을 빈틈없이 분석한 다음 양키스에 머물렀습니다. 이후 7년 동안 양키스는 아메리칸 리그에서 다섯 번이나 우승을 차지했습니다.

에디의 이야기는 경영과 무슨 관계가 있을까요? 간단합니다. 승자가 되려면 승자와 함께 일해야 한다는 말입니다. 예를 들어 1927년 에디는 700달러를 받았습니다. 베이브 루스와 루 게릭Lou Gehrig 같은 선수를 보유한 전설적인 팀 양키스가 월드 시리즈 수입의 8분의 1을 차지한 덕분이었습니다. (양키스가 우승한 덕분에) 에디가 겨우 4일 동안 일해서 벌어들인 돈이, 다른 평범한 팀에서 배트 보이들이 1년 동안 일해서 번 돈과 비슷했습니다.

에디는 중요한 것은 배트 관리가 아니라는 사실을 간파했습니다. 최고의 선수들과 함께 있어야 한다는 점을 깨달았습니다. 나는 에디에게 배웠습니다. 버크셔에서 나는 늘 미국 기업계 최고의 강타자들에게 배트를 건네주고 있습니다.

치료보다 예방이 낫지만 [2005]

우리 기업들은 매일 매우 다양한 방식으로 경쟁력이 조금씩 강해지거나 약해집니다. 고객에게 기쁨을 주거나, 불필요한 비용을 절감하거나, 제품과 서비스를 개선하면 경쟁력이 강해집니다. 그러나 우리가 고객을 냉대하거나 자만심에 빠지면 경쟁력은 약해집니다. 하루 단위로 보면 우리 행동이 미치는 영향은 감지하기 어려울 만큼 작습니다. 그러나 이런 영향이 누적되면 엄청난 결과를 불러옵니다.

이렇게 거의 눈에 띄지 않는 행동이 누적되어 장기 경쟁력이 개선되면 이를 '해자 확대'라고 표현합니다. 지금부터 10~20년 뒤에 우리가 원하는 기업을 보유하려면 해자 확대가 필수적입니다. 물론 우리는 항상 단기에 돈을 벌고 싶어 합니다. 그러나 단기 목표와 장기 목표가 충돌한다면 해자 확대가 우선입니다. 경영진이 단기 이익 목표를 달성하려고 잘못된 결정을 내리고 그 결과 원가, 고객 만족, 브랜드가 손상된다면, 이후 아무리 뛰어난 능력을 발휘하더라도 손상을 회복할 수 없습니다. 오늘날 전임자들에게 물려받은 엄청난 문제에 허덕이는 자동차산업과 항공산업의 경영자들을 보십시오. 찰리가 즐겨 인용하는 벤저민 프랭클린Benjamin Franklin의 말이 있습니다. "예방이 치료보다 열 배 낫다." 그러나 때로는 아무리 치료해도 과거의 잘못이 회복되지 않습니다.

우리 경영자들은 해자 확대에 온 힘을 기울입니다. 그리고 여기서 뛰어난 능력을 발휘합니다. 간단히 말해서 이들은 사업에 열정적입니다. 이들 대부분은 우리가 인수하기 오래 전부터 사업을 운영했습니다. 인수한 다음 우리가 한 역할은 방해하지 않은 것뿐입니다. 주주총회에서 여성 네 명을 포함한 이 영웅들을 보시면 탁월한 성과에 감사의 뜻을 표하시기 바랍니다.

내가 죽으면 일어날 일 [2006]

작년에 나는 보유 버크셔 주식 대부분을 5개 자선재단에 기부하는 약정을 체결했습니다. 이로써 내 주식을 모두 자선 목적에 사용하기로 한 평생 계획 중 일부를 실행했습니다. 약정의 근거와 자세한 내용은 웹사이트(berkshirehathaway.com)에 올려놓았습니다. 세금은 나의 결정이나 시점 선택과 관계가 없다는 점을 덧붙입니다. 지난여름에 첫 기부를 하지 않았더라도 2006년에 나의 연방 및 주 소득세는 전혀 달라지지 않았을 것입니다. 2007년 기부도 마찬가지일 것입니다.

나는 유언장에, 내가 죽으면 현재 보유 중인 버크셔 주식에서 나오는 돈을 결산 후 10년 이내에 자선 목적에 모두 사용해야 한다고 명기했습니다. 내 재산은 구성이 복잡하지 않으므로 결산에 걸리는 기간이 최대 3년일 것입니다. 내가 예상하는 수명 12년(당연히 더 오래 살고 싶지만)에 이 13년을 더하면, 내가 보유한 모든 버크셔 주식에서 나오는 돈은 앞으로 약 25년에 걸쳐 사회적 목적에 분배된다는 뜻입니다.

내가 일정을 이렇게 잡은 것은 내가 아는 유능하고 활기차며 의욕적인 사람들이 이 돈을 비교적 신속하게 사용하길 바라기 때문입니다. 이런 관리 특성은 (특히 시장의 영향을 받지 않는) 기관이 노화함에 따라 약해질 수 있습니다. 현재 5개 재단은 훌륭한 분들이 관리하고 있습니다. 따라서 내가 죽은 다음 이들이 남은 자금을 사려 깊게 지출하도록 서두를 필요가 있습니다.

영구재단을 지지하는 사람들은, 장래에 크고 중요한 사회문제가 반드시 일어날 것이므로 그때 자선 활동이 필요하다고 주장합니다. 나도 동의합니다. 그러나 장래에도 현재 미국의 거부들보다 부유한 거부가 많을 것이므로 자선단체들은 이들에게 기부받을 수 있습니다. 어떤 사업을 지원하면 그 시점에 존재하는 주요 사회문제를 집중적으로 활기차게 해결할 수 있는지는 장래의 기부자들이 그때 직접 판단할 것입니다. 이런 방식을 적용하면 자선 아이디어와 그 효과성을 시장이 검증할 수 있습니다. 거액을 지원받는 단체도 있을 것이고, 유용성을 상실하는 단체도 나올 것입니다. 땅 위에 사는 사람들의 결정이 항상 완벽하지는 않겠지만, 땅속에 묻힌 사람들이 수십 년 전에 정해놓은 것보다는 더 합리적으로 자금을 배분할 수 있을 것입니다. 물론 나는 언제든 유언장을 다시 쓸 수 있습니다. 그러나 내 생각이 크게 바뀔 가능성은 매우 낮습니다.

몇몇 주주는 자선재단이 버크셔 주식을 파는 과정에서 주가가 하락할 수 있다고 걱정했습니다. 그러나 이렇게 걱정할 필요가 없습니다. 많은 주식은 연간 거래량이 발행주식 수의 100%를 넘어가는데도 주가가 대개 내재가치와 비슷한 수준으로 유지됩니다. 버크셔 주식도 대체로 적정 가격에 거래되지만, 연간 거래량은 발행주식 수의 15%에 불과합니다. 자선재단이 버크셔 주식을 팔더라도 이 때문에 증가하는 연간 거래량은 최대 3% 포인트 정도이므로 버크셔의 거래량 회전율은 여전히 가장 낮은 수준일 것입니다.

버크셔의 주가는 전반적인 사업 실적에 따라 결정될 것이며, 대부분 기간에 합리적인 가격 범위에서 거래될 것입니다. 자선재단이 버크셔 주식을 팔 때 적정 가격을 받는 것도 중요하지만, 새로 주식을 사서 주주가 되는 사람들이 과도한 가격을 치르지 않는 것도 중요합니다. 찰리와 나는 버크셔의 정책을 실행하고 주주들과 소통하면서, 주가가 내재가치보다 크게 높아지거나 낮아지지 않도록 온 힘을 기울일 것입니다.

자선재단이 버크셔 주식을 보유하고 있어도 배당, 자사주 매입, 주식 발행에 대한 버크셔 이사회의 결정은 전혀 달라지지 않을 것입니다. 우리는 과거에 지침으로 삼았던 원칙을 그대로 따를 것입니다. 그것은 '어떻게 하면 장기적으로 주주들에게 가장 좋은 실적을 올려줄 수 있는가?'라는 원칙입니다.

뒤집어 생각하라 [2009]

오래전 찰리는 강력한 야심을 드러낸 적이 있습니다. "장차 내가 어디에서 죽게 되는지를 꼭 알아내야겠어. 그곳에는 절대 가지 않을 거야." 이는 프러시아의 위대한 수학자 야코비Jacobi에게서 얻은 아이디어입니다. 야코비는 어려운 문제를 풀 때는 "항상 뒤집어 생각하라"라고 말했습니다. (고차원적인 문제가 아닐 때도 이렇게 뒤집는 기법은 효과가 있습니다. 컨트리송을 뒤집어 부르면 당신은 잃어버렸던 차와 집과 아내를 곧 되찾을 것입니다.)

다음은 찰리의 사고방식을 버크셔에 적용한 몇 가지 사례입니다.

- 찰리와 나는 기업이 아무리 흥미로운 제품을 생산하더라도 장래를 평가할 수 없으면 쳐다보지 않습니다. 과거에는 총명한 사람이 아니더라도 자동차(1910년대), 항공기(1930년대), TV(1950년대) 산업의 엄청난 성장세를 내다볼 수 있었습니다. 그러나 이후 성장하는 과정에서 치열한 경쟁이 벌어진 탓에, 이 산업에 진입하는 기업들이 거의 모두 파산했습니다. 생존 기업들조차 대개 타격을 입고 후퇴했습니다.

찰리와 내가 어떤 산업이 확실히 극적으로 성장한다고 예측하더라도, 치열한 경쟁 속에서 기업들의 이익률과 ROE가 얼마가 될지는 알 수 없습니다. 버크셔는 앞으로 수십 년 동안 이익을 합리적으로 예측할 수 있는 기업에만 투자할 것입니다. 그렇더라도 우리는 실수를 많이 할 것입니다.

- 우리가 남의 호의에 의존하는 일은 절대 없을 것입니다. 대마불사(大馬

不死)는 버크셔의 대비책이 되지 못합니다. 대신 장차 어떤 현금 수요가 발생해도 얼마든지 충족할 수 있도록 압도적인 유동성을 항상 유지할 것입니다. 게다가 이 유동성은 우리 다양한 자회사에서 쏟아져 나오는 이익으로 끊임없이 채워질 것입니다.

2008년 9월 금융 시스템이 심장마비를 일으켰을 때, 버크셔는 오히려 금융 시스템에 유동성과 자본을 공급해주었습니다. 위기가 절정에 달한 시점, 하나같이 연방정부만 바라보던 업계에 우리는 155억 달러를 쏟아부었습니다. 그중 90억 달러는 높이 평가받던 미국 기업 세 곳에 즉시 투입해 우리가 신뢰한다는 신호를 보내주었습니다. 나머지 65억 달러는 리글리Wrigley 인수 자금에 투입해, 시장이 공황에 휩싸인 동안 인수 작업을 일사천리로 마무리했습니다.

우리는 탁월한 자금력을 유지하느라 값비싼 대가를 치릅니다. 우리가 습관적으로 보유하는 200억 달러가 넘는 현금성 자산은 현재 수익이 미미합니다. 대신 우리는 두 다리 뻗고 편히 잡니다.

- 우리는 자회사들의 경영을 자율에 맡기며, 감독이나 감시를 전혀 하지 않습니다. 이는 때때로 경영상의 문제점이 뒤늦게야 발견된다는 뜻이며, 간혹 찰리와 내가 원치 않는 방향으로 영업 및 자본 결정이 내려진다는 의미입니다. 그러나 대부분 경영자는 우리가 제공하는 자율성을 탁월하게 활용하며, 대규모 조직에서는 찾아보기 어려운 소중한 주인의식을 발휘해 우리의 신뢰에 보답해줍니다. 우리는 숨 막히는 관료주의 때문에 결정이 지연되어 눈에 안 보이는 비용이 발생하는 것보다는, 차라리 몇몇 잘못된 결정으로 발생하는 눈에 보이는 비용을 감수하고자 합니다.

BNSF 인수를 계기로 이제는 우리 직원이 약 25만 7,000명에 이르렀고 사업부는 수백 개가 되었습니다. 우리는 직원 수와 사업부 수를 더 늘리고 싶습니다. 그러나 버크셔가 위원회, 예산 관리, 복잡한 관리계층이 들끓는 거대 단일 조직이 되는 일은 절대 없을 것입니다. 대신 경영이 독자적으로 이루어지며, 의사결정도 대부분 영업현장에서 내려지는 중-대기업들의 집합이 될 것입니다. 찰리와 나는 자본배분, 기업 위험관리, 경영자 선발 및 보상에만 전념할 것입니다.

- 우리는 월스트리트의 비위를 맞추려 하지 않을 것입니다. 대중매체나 애널리스트들의 논평에 따라 주식을 사고파는 투자자들은 우리가 원하는 동업자가 아닙니다. 우리가 원하는 동업자는 버크셔를 제대로 이해하고 버크셔의 정책에 동의하기 때문에 우리 사업에 장기간 투자하려는 사람들입니다. 찰리와 내가 몇몇 동업자와 소규모 벤처를 시작한다면, 목적도 같고 운명도 함께하면서 주주와 경영자로서 기꺼이 결합할 수 있는 사람들을 찾을 것입니다. 사업의 규모가 커진다고 해도 이 사실은 변치 않을 것입니다.

버크셔와 잘 맞는 주주 저변을 확대해나가려고 우리는 주주들에게 유용한 정보를 직접 전달합니다. 우리의 목표는 우리가 주주라면 알고 싶은 정보를 알려드리는 것입니다. 우리는 분기와 연간 재무 정보를 주로 주말(금요일 늦게나 토요일)에 인터넷으로 공개합니다. 이는 여러분과 기타 투자자들이 거래가 없는 주말에 우리 다양한 자회사들을 찬찬히 파악할 수 있도록 충분한 시간을 드리려는 것입니다. (간혹 SEC가 정한 기한 때문에 주말에 공개하지 못할 때도 있습니다.) 이런 정보는 문단 몇 개로 요약할 수가 없으며, 기자들이 가끔 사용하는 낚시성 머리기사로 표현하기에도 적합하지 않습니다.

작년에는 한 문장에서 짧은 어구가 엉뚱하게 보도되었습니다. 1만 2,830개 문장으로 구성된 연차보고서에 다음 문장이 있었습니다. "예를 들어 우리는 경제가 2009년 내내 (그리고 십중팔구 그 이후에도) 휘청거릴 것으로 확신하지만, 그래도 시장이 상승할지 하락할지는 알 수 없습니다." 언론사들은 문장의 앞부분만 요란하게 보도하고, 뒷부분에 대해서는 전혀 언급하지 않았습니다. 이는 끔찍한 저널리즘입니다. 찰리와 나는 이 문장은 물론 다른 곳에서도 우리가 시장을 전혀 예측하지 않는다고 분명히 밝혔는데도, 잘못된 정보를 접한 독자들은 아마도 우리가 주식시장을 비관한다고 생각했을 것입니다. 선정주의에 호도된 투자자들은 값비싼 대가를 치렀습니다. 주주 서한이 발표된 날 다우지수 종가는 7,063이었지만, 연말 종가는 1만 428이었습니다.

이런 사례들을 보면 우리가 최대한 주주들과 직접 온전하게 소통하려는 이유를 이해하실 것입니다.

위험은 내 책임이죠 [2009]

작년에 나는 파생상품 계약을 자세히 설명했는데, 이에 대해 논란과 오해가 많았습니다. 이후 우리가 바꾼 포지션은 몇 개에 불과합니다. 일부 신용 계약은 해지되었습니다. 주가지수 풋옵션 계약의 약 10%는 조건이 변경되어서 만기가 단축되고 행사가격이 대폭 내려갔습니다. 이 수정 과정에서 돈은 오가지 않았습니다.

작년에 논의했던 사항 몇 가지를 반복하겠습니다.

(1) 확실하진 않지만, 막대한 플로트에서 나오는 투자 이익을 제외하고서도 전체적으로 우리가 계약에서 이익을 실현할 것으로 기대됩니다. 파생상품 계약에서 발생한 플로트는 연말에 약 63억 달러였습니다. (앞에서 설명한 보험 플로트 620억 달러에는 이 금액이 포함되지 않았습니다.)

(2) 어떤 상황에서도 우리가 담보를 제공해야 하는 계약은 몇 건에 불과합니다. 작년 주식시장과 신용시장이 바닥에 도달한 시점에도 우리가 제공한 담보는 17억 달러로서, 우리가 보유한 플로트의 일부분이었습니다. 게다가 우리가 담보를 제공하더라도 그 담보 증권에서 나오는 이익은 계속 우리 계좌로 들어옵니다.

(3) 끝으로, 이들 계약의 장부가액은 큰 폭으로 오르내릴 것이고 이에 따라 분기 보고이익이 크게 바뀔 수 있지만 우리 현금이나 투자증권에는 아무 영향이 없습니다. 2009년 상황이 확실히 이런 경우입니다. 다음은 파생상품 평가에서 비롯된 분기 세전 손익으로서, 작년 보고이익에 포함된 내용입니다.

분기별 파생상품 평가 손익(세전)

(단위: 100만 달러)

분기	손익
1	−1,517
2	2,357
3	1,732
4	1,052

앞에서 설명했듯이, 손익이 이렇게 거칠게 오르내려도 찰리와 나는 일희일비하지 않습니다. 우리는 이런 숫자를 (실현 투자 손익처럼) 계속 분리해서 보고할 것이므로, 여러분은 우리가 사업에서 벌어들이는 이익을 명확하게 볼 수 있습니다. 우리는 이들 파생상품 계약을 맺어서 매우 기쁩니다. 지금까지 우리는 이 플로트를 이용해서 커다란 이익을 얻었습니다. 아울러 계약 만료일까지 투자 이익을 더 거둘 것으로 기대합니다.

찰리와 나는 가격이 잘못된 주식과 채권에 투자하듯이, 가격이 잘못되었다고 생각하는 파생상품 계약에 오래전부터 투자하고 있습니다. 실제로 우리가 그런 계약을 체결했다고 처음 보고한 시점이 1998년 초였습니다. 이런 파생상품 계약은 레버리지나 거래상대방 위험이 극에 이를 때 거래자들과 사회를 위험에 몰아넣을 수 있습니다. (우리는 이런 위험이 다이너마이트가 될 수 있다고 오래전부터 경고했습니다.) 버크셔는 이런 계약을 한 적이 없으며, 앞으로도 하지 않을 것입니다.

버크셔에서 이런 문제가 절대 발생하지 않도록 하는 일이 나의 임무입니다. 위험관리는 CEO가 위임할 수 있는 업무가 아니라고 찰리와 나는 믿습니다. 너무도 중요하기 때문입니다. 버크셔의 장부에 오르는 파생상품 계약은 모두 내가 개시하고 감시합니다. 다만 미드아메리칸 등 몇몇 자회사의 영업 관련 계약과 제너럴 리의 사소한 계약 해지는 예외입니다. 만일 버크셔에 문제가 발생한다면 그것은 나의 잘못입니다. 위험관리위원회나 최고위험책임자의 오판 때문이 아닙니다.

거대 금융기관의 CEO가 위험관리 책임을 모두 떠안지 않는다면 이사회의 직무 유기라고 생각합니다. 만일 CEO가 위험관리 업무를 감당할 수 없다면 다른 직장을 찾아보아야 합니다. 그리고 CEO가 위험관리에 실패한다면(정부가 개입해 자금 지원이나 보증을 해줘야 한다면) 그와 이사회는 혹독한 대가를 치르게 될 것입니다.

미국 최대 금융기관 몇 개를 망쳐놓은 사람들은 주주가 아니었습니다. 그런데도 그 책임은 주주들이 졌습니다. 금융기관이 파산했을 때, 흔히 보유 주식의 평가액이 90% 이상 날아갔습니다. 지난 2년 동안 발생한 4대 금융 참사에서 주주들이 입은 손실만 해도 5,000억 달러가 넘습니다. 주주들이 구제받았다고 말하면 이들을 우롱하는 셈입니다.

그러나 파산한 금융기관의 CEO와 이사 들은 대체로 멀쩡합니다. 자초한 재난 때문에 재산이 감소했을지는 모르지만 이들은 여전히 호화롭게 살고 있습니다. 바뀌어야 하는 것은 이러한 CEO와 이사 들의 행태입니다. 이들의 무모한 행위 때문에 국가와 금융기관들이 손해를 입었다면 이들이 비싼 대가를 치러야 합니다. 이들이 망쳐놓은 금융기관이 배상해서도 안 되고, 보험사가 배상해서도 안 됩니다. CEO와 이사 들은 오랫동안 당근만 과도하게 받았습니다. 이제는 이들의 처우에 어느 정도 채찍도 포함되어야 합니다.

우리가 만든 집이 우리를 만든다 [2010]

찰리와 나는 우리 비보험회사들의 EPS가 계속 빠른 속도로 증가하기를 바랍니다. 그러나 주식 수가 증가할수록, 빠른 속도로 증가하기가 어려워집니다. 기존 자회사들도 좋은 실적을 내야 하고, 좋은 대기업들도 계속 인수해야 합니다. 그래도 우리는 준비가 돼 있습니다. 코끼리 사냥총도 장전해놓았고, 내 집게손가락도 근질거립니다.

우리 회사 규모가 거대해서 불리한 점도 있지만, 이를 부분적으로나마 상쇄해주는 중요한 장점도 여럿 있습니다.

첫째, 우리 노련한 경영자들은 자신이 맡은 회사와 버크셔에 지극히 헌신적입니다. 우리 CEO 다수는 이미 부자이며, 오로지 자신이 맡은 일을 사랑하기 때문에 일하는 사람들입니다. 이들은 지원병이지, 용병이 아닙니다. 어떤 회사도 이들에게 더 좋은 일을 제안할 수 없으므로 이들을 빼 갈 수도 없습니다.

버크셔 경영자들은 자기 회사 경영에 전념할 수 있습니다. 이들은 본사 회의에 참석해서 시달릴 필요가 없고, 자금 조달을 걱정할 필요도 없으며, 월스트리트 사람들 때문에 고생할 일도 없습니다. 이들은 2년마다 내 편지(붙임)를 받고, 원하면 언제든 내게 전화할 수 있습니다. 경영자 중에는 작년에 나와 한 번도 통화하지 않은 사람도 있고, 거의 매일 통화하는 사람도 있습니다. 우리는 절차가 아니라 사람을 신뢰합니다. '신중하게 뽑아서 믿고 맡기는' 방식이 우리 경영자들과 내게 잘 맞습니다.

버크셔 CEO들은 가지각색입니다. MBA 출신도 있고, 대학을 나오지 않은 사람도 있습니다. 예산을 세워서 원칙대로 집행하는 사람도 있고, 직감적으로 경영하는 사람도 있습니다. 우리 경영자들은 타격 스타일이 천차만별인 올스타 야구 선수단과 같습니다. 선수를 바꿀 필요가 거의 없습니다.

두 번째 장점은 우리 회사들이 벌어들이는 자금을 유연하게 배분한다는 점입니다. 우리는 사업에 필요한 자금을 충당한 다음에도 막대한 자금이 남습니다. 다른 회사들 대부분은 남는 자금을 해당 산업 안에서만 재투자합니다. 그러나 해당 산업 안에서만 찾으면 그 기회는 외부 세계가 주는 기회보다 협소하고 불리한 경우가 많습니다. 흔히 몇몇 기회를 놓고 치열한 경쟁이 벌어지기 때문입니다. 이는 파티에 참석한 남자는 많은데 여자는 하나뿐인 상황과 같습니다. 이런 일방적인 상황이 여자에게는 매우 즐겁지만 남자들에게는 끔찍하기 때문입니다.

버크셔는 자본배분에 획일적인 제한을 두지 않습니다. 찰리와 내가 인수 후보 기업의 장래를 파악할 수만 있으면 됩니다(파악하지 못할 때도 자주 있습니다). 그러면 그 인수 기회를 다른 수많은 기회와 비교할 수 있습니다.

1965년 버크셔의 경영권을 손에 넣었을 때, 나는 이 장점을 이용하지 못했습니다. 당시 버크셔의 사업은 직물업뿐이었는데, 지난 10년 동안 이 사업에서 막대한 손실을 보았습니다. 이런 상황에서 가장 어리석은 선택은 기존 직물업의 개선과 확장을 추구하는 일이었습니다. 그리고 바로 이 선택을 나는 장기간 추구했습니다. 이어서 번뜩이는 재기를 발휘해 직물회사를 하나 더 인수했습니다. 으악! 마침내 나는 제정신을 찾았고, 먼저 보험업을 접한 다음 다른 산업에도 진출했습니다.

이렇게 세상에 널린 기회를 이용할 때도 보완할 점이 있습니다. 우리는 한 회사의 매력도를 다른 회사들과 비교할 뿐 아니라, 유가증권이 주는 기회와도 비교합니다. (대부분 경영자는 인수 기회를 유가증권 투자 기회와 비교하지 않습니다.) 종종 기업 인수 가격은 주식이나 채권이 주는 수익 기회보다 터무니없이 높을 때가 있습니다. 이런 시점에는 유가증권을 산 다음 때를 기다립니다.

우리는 유연하게 자본을 배분한 덕분에 지금까지 크게 성장할 수 있었습니다. 예컨대 시즈캔디와 비즈니스 와이어Business Wire(수익성은 탁월하지만 재투자 기회는 부족한 두 회사)에서 벌어들인 이익을 BNSF 인수 자금으로 사용했습니다.

마지막 장점은 버크셔에 뿌리내린 고유의 문화입니다. 사업에는 문화가 중요합니다.

우선, 주주를 대표하는 이사들이 주인처럼 생각하고 행동합니다. 이들이 받는 보상은 변변찮습니다. 스톡옵션도, 양도제한 조건부 주식도 받지 않으며, 현금도 거의 받지 않습니다. 상장 대기업들은 거의 모두 이사들에게 임원배상책임보험을 제공하지만, 우리는 제공하지 않습니다. 이들이 잘못해서 주주들에게 손해를 끼치면 자신도 손해를 보게 됩니다. 내 지분을 제외하고, 우리 이사와 가족 들이 보유한 버크셔 주식이 30억 달러가 넘습니다. 따라서 우리 이사들은 버크셔의 활동과 실적을 주인의 눈으로 예리하게 지켜봅니다. 이런 관리인을 둔 여러분과 나는 복도 많습니다.

우리 경영자들도 마찬가지로 주인의식이 강합니다. 이들 중에는 가족이 오랜 세월 키운 회사를 버크셔에 매각한 사람이 많습니다. 우리는 이들이 주인의식을 계속 유지할 수 있도록 환경을 조성하고 있습니다. 회사를 사랑하는 경영자는 우리에게 큰 힘이 됩니다.

문화는 스스로 퍼져나갑니다. 윈스턴 처칠Winston Churchill이 말했습니다. "우리가 집을 만들면, 이제는 집이 우리를 만든다." 이 말은 사업에도 그대로 적용됩니다. 관료적 절차는 관료주의를 낳고, 오만한 기업문화는 고압적인 행동을 부릅니다. ("멈춰 선 차 뒷좌석에 앉은 CEO는 이제 CEO가 아니다"라는 말도 있습니다.) 버크셔의 '본사'는 연간 임차료가 27만 212달러입니다. 게다가 본사의 가구, 미술품, 콜라 자판기, 구내식당, 첨단 장비 등에 투자한 금액이 모두 30만 1,363달러에 불과합니다. 찰리와 내가 여러분의 돈을 내 돈처럼 아끼는 한, 버크셔 경영자들도 돈을 아낄 것입니다.

우리의 보상 프로그램, 주주총회, 심지어 연차보고서까지도 모두 버크셔 문화를 강화하도록 설계되었으며, 우리 문화에 맞지 않는 경영자는 쫓아내도록 만들어졌습니다. 이 문화는 해가 갈수록 더 강해지고 있으며, 찰리와 내가 떠난 다음에도 오래도록 온전히 유지될 것입니다.

우리가 좋은 실적을 내려면 앞에서 설명한 장점이 모두 필요합니다. 경영자들은 자기 몫을 해낼 것입니다. 이 점은 믿어도 됩니다. 그러나 찰리와 내가 자본배분을 잘 해낼 것인지는 기업 인수를 둘러싼 경쟁에 좌우됩니다. 우리는 온 힘을 다하겠습니다.

돈보다 평판이 중요 [2010]

수신: 버크셔 해서웨이 경영자('올스타') 귀중

참조: 버크셔 이사

발신: 워런 버핏

일자: 2010. 7. 26.

버크셔의 최우선 과제를 다시 강조하고, 승계 계획(내가 아니라 여러분의 승계!)에 대해 도움을 받으려고 2년마다 발송하는 서한입니다.

최우선 과제는 우리 모두 버크셔의 평판을 계속해서 열심히 지키는 것입

니다. 우리가 완벽할 수는 없지만 완벽해지려고 노력할 수는 있습니다. 나는 25년 넘게 이 메모에서 이렇게 말했습니다. "우리가 돈을 잃을 수는 있습니다. 심지어 많은 돈을 잃어도 됩니다. 그러나 평판을 잃을 수는 없습니다. 단 한 치도 잃어서는 안 됩니다." 우리는 모든 행위를 합법성만으로 평가해서는 안 됩니다. 똑똑하지만 비우호적인 기자가 쓴 기사가 중앙 일간지의 1면에 실려도 당당할 정도가 되어야 합니다.

때로는 동료가 이렇게 말할 것입니다. "남들도 다 그렇게 해." 이 말이 사업 활동에 대한 변명이라면 이는 거의 틀림없이 잘못된 근거입니다. 만일 도덕적 판단을 평가할 때 나온 말이라면 절대로 받아들일 수 없습니다. 언제든 누군가 그런 말로 변명한다면 사실은 타당한 이유를 제시할 수 없다는 뜻입니다. 누군가 그런 변명을 한다면 기자나 판사에게도 그렇게 변명해보라고 말씀하십시오.

정당성이나 적법성 때문에 주저하는 일이 있으면 내게 꼭 전화하십시오. 그러나 그렇게 주저할 정도라면 십중팔구 경계선에 매우 근접했다는 뜻이므로 포기해야 합니다. 경계선 근처에 가지 않고서도 돈은 얼마든지 벌 수 있습니다. 어떤 사업 활동이 경계선에 접근했는지 의심스럽다면, 그냥 경계선을 벗어났다고 생각하고 잊어버리십시오.

그 당연한 결과로 나쁜 소식이 발생했다면 즉시 내게 알려주십시오. 나는 나쁜 소식에 대처할 수 있습니다. 그러나 문제가 곪아 터진 다음에는 다루고 싶지 않습니다. 살로먼은 즉각 대처했으면 쉽게 해결할 수 있었던 나쁜 소식을 외면한 탓에 8,000명이나 되는 직원과 함께 몰락하고 말았습니다.

우리가 알면 화낼 일을 누군가 오늘도 버크셔에서 진행하고 있습니다. 어쩔 수 없는 노릇입니다. 이제 종업원이 25만 명이 넘어가므로, 이들의 부당행위가 발생하지 않는 날은 거의 없을 것입니다. 그러나 부당행위의 기미가 조금이라도 나타나는 즉시 문제 삼는다면 이런 행위를 대폭 줄일 수 있습니다. 부당행위에 대해 말뿐 아니라 행동으로 보여주는 여러분의 태도가 우리 기업문화 발전에 가장 중요한 요소입니다. 규정집이 아니라 문화가 조직의 행태를 더 좌우합니다.

한편 회사의 상황에 대해서는 내게 많이 알려주든 알려주지 않든 여러분 원하는 대로 하시면 됩니다. 여러분 각자의 스타일로 회사를 훌륭하게 경영하고 있으므로 내가 도와드릴 필요가 없습니다. 은퇴 후 수당의 변경, 이례적으로 큰 자본적 지출, 기업 인수에 대해서만 내게 밝혀주시면 됩니다.

—

승계 문제에 대해서 여러분의 도움이 필요합니다. 나는 여러분 모두 은퇴하지 말고 100세까지 살기를 바랍니다. (찰리는 110세까지.) 그러나 갑자기 일하지 못하게 될 때를 대비해서, 미래 승계자를 추천하는 편지를 내게 (원하시면 내 집으로) 보내주시기 바랍니다. 이 편지는 다른 사람에게는 보여주지 않을 것이며, 내가 CEO에서 물러나면 내 후계자에게 넘겨줄 것입니다. 주요 후보자와, 원하시면 예비 후보자의 강점과 약점을 요약해주시기 바랍니다. 과거에 여러분 대부분이 이 행사에 참여했었고, 내게 구두로 아이디어를 준 사람도 있습니다. 그러나 이런 정보는 주기적으로 갱신해야 하고 이제는 자회사가 많이 증가했으므로 내 기억에 의지하는 대신 여러분의 글로 받을 필요가 있습니다. 물론 (블럼킨 일가, 머시만 일가Merschmans, 어플라이드 언더라이터즈Applied Underwriters를 맡은 두 경영자처럼) 두 사람 이상이 경영하는 사례라면 편지를 보낼 필요 없습니다. 격식에 얽매이지 말고 손으로 짧게 써서 보내시면 됩니다. '버핏 친전(親展)'이라고 적어주십시오.

이 모든 협조에 감사드립니다. 그리고 회사를 잘 경영해주셔서 감사합니다. 여러분 덕분에 제가 편합니다.

추신. 사소한 부탁이 하나 더 있습니다. 내게 연설, 기부, 게이츠 재단 소개 등을 부탁하는 제의는 모두 거절해주십시오. 때로는 여러분에게 "그냥 물어보기만 해주세요"라고 요청할 수도 있습니다. 여러분이 단호하게 "안 됩니다"라고 말해야 우리가 편해집니다. 내게 편지를 보내거나 전화하라는 말도 삼가주시기 바랍니다. 주기적으로 우리 76개 자회사가 "버핏이 이런 일에는 관심이 있을 것입니다"라는 제의를 받는다고 생각해보십시오. 즉시 단호하게 안 된다고 말하는 편이 낫겠지요.

방송 시작합니다. 스탠바이 큐! [2015]

찰리와 나는 마침내 21세기에 진입하기로 했습니다. 2015년 우리 주주총회는 모두 전 세계에 인터넷 생방송webcast됩니다. 주주총회를 보려면 4월 30일 토요일 하절기 중부 표준시 오전 9시에 finance.yahoo.com/brklivestream으로 들어가면 됩니다. 야후! 웹캐스트에서는 먼저 30분 동안 경영자, 이사, 주주 들과 인터뷰를 진행합니다. 이어서 9시 30분부터 찰리와 내가 질문에 답변합니다.

이렇게 진행 방식을 바꾼 목적은 두 가지입니다. 첫째, 이렇게 하면 주주총회 참석자 수가 그대로 유지되거나 감소할지도 모릅니다. 작년에는 참석자가 4만 명을 넘는 기록을 세워 수용하는 데 무리가 있었습니다. 게다가 센추리링크 센터 주경기장은 일찌감치 다 찼고, 이어 별실까지 만원이어서 인근 오마하 힐튼의 대형 회의실 두 개까지 사용했습니다. 에어비앤비Airbnb까지 동원했는데도 대형 호텔 객실은 모두 매진되었습니다. 에어비앤비는 특히 예산이 넉넉지 않은 방문객들에게 유용했습니다.

웹캐스트를 시작한 두 번째 이유가 더 중요합니다. 찰리는 92세이고, 나는 85세입니다. 우리가 여러분과 자그마한 사업을 경영하는 동업자라면, 여러분은 우리가 엉뚱한 길로 빠지지 않았는지 가끔 확인하고 싶을 것입니다. 그러나 우리가 멀쩡한지 확인하려고 주주들이 오마하까지 와야 한다면 곤란한 일입니다. (그래도 평가할 때는 우리 모습이 전성기의 모습만큼 인상적이지는 않다는 사실을 감안해주시기 바랍니다.)

돈보다 일에 관심 [Q 2015-7]

저는 독일에서 왔습니다. 버크셔는 기업문화를 어떻게 유지하나요?

버핏: 우리가 떠난 뒤에도 버크셔의 기업문화는 훌륭하게 유지될 것입니다. 버크셔의 기업문화는 어느 대기업보다도 뿌리가 깊습니다. 최근에는 독일 기업 하나를 인수했습니다. 35년 동안 가족이 소중하게 키운 오토바이 소매회사입니다. 2년 전 남편이 죽자, 아내는 기업문화 때문에 회사를 버크셔에 매각하고자 했습니다. 30~40년 전이었다면 유럽인들은 버크셔의 기업문화를 알지 못했을 터이므로 이런 일이 없었을 것입니다.

뿌리 깊은 기업문화는 버크셔의 핵심 요소입니다. 주주의 97%가 배당을 원하지 않았다는 사실도 버크셔의 기업문화를 보여줍니다. 버크셔에서는 보수를 원하는 사람이 아니라, 주주를 대표해서 책무를 떠맡으려는 사람이 이사가 됩니다. 사람들은 기업문화를 믿기 때문에 버크셔에 합류합니다. 버크셔의 기업문화는 세월이 흐를수록 강해졌으므로 앞으로도 계속 더 강해질 것이라고 확신합니다. 우리 기업문화는 제도로 자리 잡았습니다. 앞으로도 수십 년 동안 유지될 것이라고 모두가 믿어 의심치 않습니다.

멍거: 유럽 기업들은 인수하기가 쉽지 않았습니다. 유럽의 전통은 미국 등 다른 나라들과 다릅니다. 독일은 전통적으로 기술과 자본주의에 강점이 있습니다. 우리는 독일인들의 솜씨를 높이 평가합니다. 독일인들은 더 짧은 시간에 더 많이 생산합니다. 물론 워런과 나도 생산성이 매우 높습니다. 우리는 특히 독일 엔지니어들을 높이 평가합니다.

버핏: 이제는 기업을 버크셔에 매각하려는 유럽 소유주들이 몇 년 전보다

많아졌습니다. 5년 안에 우리가 독일 기업을 더 인수하지 못한다면 나는 뜻밖이라고 생각할 것입니다. 버크셔는 이해할 수 있는 기업을 인수할 것입니다. 우리는 자금이 많고 유럽 기업들은 미국 기업들보다 가격이 매력적이므로 적당한 기업을 찾을 가능성이 있습니다.

멍거: 우리가 떠난 뒤에도 버크셔는 잘 돌아갈 것입니다. 이익 성장률은 초창기에 절대 못 미치겠지만, 이익 규모는 더 증가할 것입니다.

버핏: 버크셔는 수도원이 아니지만, 장담컨대 찰리와 나와 경영자들은 보수보다도 일에 더 관심이 많습니다. 기업문화는 최고경영자가 주도해야 합니다. 기업문화를 따를 때 보상하고 따르지 않을 때 처벌하면 세월이 흐를수록 강해질 수밖에 없습니다. 기업문화가 튼튼해지려면 오랜 세월이 걸립니다. 부모의 행동을 따르는 어린아이처럼, 기업문화가 처음에는 모래 한 알만 한 존재에 불과합니다. 그러나 훌륭한 문화를 물려받으면 문화를 유지하기가 훨씬 쉽습니다. 그리고 규모가 작은 기업일수록 문화를 확립하기가 더 쉽습니다.

버크셔에서 일하는 종업원은 34만 명이 넘습니다. 현재 부당행위를 하는 사람이 12명, 15명, 100명이 있을지도 모릅니다. 경영자는 부당행위를 발견하는 즉시 조처해야 합니다. 커비 진공청소기를 인수했을 때, 우리는 노인들에 대한 불건전 영업 관행을 발견했습니다. 그래서 65세 이상 노인이 원할 경우 이유 불문하고 커비 진공청소기를 전액 환불해주도록 영업 정책을 변경했습니다.

가이코는 해마다 보험금 청구 수백만 건을 처리합니다. 자동차 사고가 발생하면 과실 책임에 대해 항상 합의가 이루어지는 것은 아닙니다. 가이코도 절대 완벽할 수 없으므로, 입장을 바꿔서 상대를 이해하려고 항상 노력합니다.

멍거: 우리는 현재 상황에 안주하지 않습니다. 계속 배우면서 성장할 때 기업문화도 발전합니다. 우리가 한 시점에 멈춰버린다면 끔찍한 상황이 벌어질 것입니다.

비밀 성과보수 [Q 2015-18]

복합기업 텔레다인Teledyne의 해체를 보고 무엇을 배우셨나요?

버핏: 나는 텔레다인의 CEO 헨리 싱글턴Henry Singleton을 지켜보면서 많이 배웠습니다.

멍거: 싱글턴은 워런이나 나보다 훨씬 똑똑합니다. 눈을 가리고 체스를 둘 정도입니다. 그러나 투자는 버핏이 더 잘합니다. IQ는 싱글턴보다 낮아도 항상 투자만 생각하니까요. 싱글턴은 핵심 경영진에게 매우 교묘하게 성과보수를 지급했습니다. 그는 결국 3개 부서를 동원해서 비리를 저질렀습니다. 경영진은 비밀리에 성과보수를 받고서 정부를 대상으로 로비 활동을 과도하게 했습니다.

버핏: 성과보수는 영향력이 막강합니다. 그러나 비밀 성과보수는 비리를 조장할 위험이 있으므로 경계합니다. 나는 정말로 품위 있는 사람들이 비리에 관여하는 사례를 두 번 이상 보았습니다. 이들은 CEO에게 충성하려고 실적을 조작했습니다. 버크셔는 악용될 위험이 있는 보상 제도는 폐지합니다.

멍거: 싱글턴은 텔레다인을 버크셔에 매각하고 인수 대금으로 버크셔 주식을 받고자 했습니다. 마지막까지 잔머리를 굴린 셈이지요.

버핏: 내셔널 인뎀너티National Indemnity Company의 훌륭한 경영자 잭 링월트Jack Ringwalt에 관한 이야기입니다. 링월트의 친구이자 테니스 파트너가 이 회사의 보험금 지급 업무 책임자였습니다. 친구는 링월트에게 2만 5,000달러짜리 보험금 청구가 들어왔다고 보고했습니다. 그러자 링월트는 보험금 청구 이야기만 들으면 골치 아파 죽겠다고 잔소리를 늘어놓았습니다. 잭은 농담으로 한 말이었지만, 친구는 잔소리가 싫어서 보험금 청구 사실을 숨기기 시작했습니다. 이 때문에 회사가 발표하는 실적도 왜곡되었습니다. 친구는 별도로 금전적 보상을 받지 않았는데도, 잔소리를 듣지 않으려고 비리를 저질렀습니다. 경영자는 사소해 보이는 메시지에도 주의를 기울여야 합니다. 경영자가 월스트리트 사람들을 실망시키고 싶지 않다고 말하면 직원들은 실적을 조작합니다. 버크셔는 이런 일을 방지하려고 노력합니다.

우리는 다음 100년을 생각하면서 회사를 운영합니다. 경영자들은 장기적 관점으로 의사결정을 합니다. 그렇다고 단기 실적을 무시하는 것은 아니지만, 정말로 중요한 것은 지금이 아니라 3~10년 후 회사의 실적이라고 생각합니다.

우리가 원하는 임직원 [Q 2016-26]

본사에 직원 20여 명이 함께 근무하고 있습니다. 그런데 직원과 이사 들의 다양성이 부족해 보입니다. 다양성을 높일 필요성을 느끼십니까?

버핏: 복수 질문이군요. 우리는 오래전부터 대부분 기업들보다 훨씬 명확

한 기준으로 이사를 선정하고 있습니다. 우리가 찾는 이사는 사업에 대한 이해가 깊고, 주주 지향적이며, 버크셔에 관심이 많은 사람입니다. 이런 사람들을 찾아낸 덕분에 우리는 최고의 이사회를 구성했다고 생각합니다. 이들은 분명히 돈 때문에 이사회에 참여한 것이 아닙니다. 이사 후보를 찾아주는 컨설팅회사들도 내게 전화합니다. 이들이 던지는 질문은 우리가 찾는 이사의 기준과 확실히 다릅니다. 이들이 찾는 이사 후보는 예컨대 테라노스(Theranos, 혈액 한 방울로 수십 가지 질병 검사가 가능하다고 발표했으나 사기로 드러난 기업) 같은 회사의 신뢰도도 높여줄 만큼 유명한 거물급 인사입니다.

그러나 우리는 자기 시간의 10%만 들여서 매년 20~30만 달러를 받으려는 사람이나, 이름만 빌려주고 돈벌이를 하려는 저명인사에는 관심이 없습니다. 우리가 원하는 이사의 기준은 여전히 사업에 대한 이해가 깊고, 주주 지향적이며, 버크셔에 관심이 많은 사람입니다. 우리 이사들이 보유한 주식은 모두 다른 주주들처럼 자기 돈으로 산 주식입니다. 그래서 우리 이사들은 항상 주주들과 똑같은 입장을 유지합니다. 그동안 내가 참여한 이사회 중 3~4곳에서 나는 마냥 놀고먹으면서도 주식을 받은 적이 있습니다. 우리는 관여해야 하는 일과 관여해서는 안 되는 일을 분별하는 현명한 이사회를 원합니다.

나는 올해 크리스마스 사진에도 작년 크리스마스 사진에 나왔던 직원 25명이 그대로 나오길 희망합니다. 우리 본사 직원들은 정말 놀라운 사람들입니다. 예를 들어 이번 주주총회를 주주들이 즐거워하는 성공적인 행사가 되게 하려고, 본사 직원 25명 모두가 힘을 모아 끊임없이 일했습니다. 흔히 사람들은 많은 직원을 거느린 우리 주주총회 담당 부서의 책임자가 컨설턴트들까지 고용해서 행사를 준비했다고 짐작할지 모르겠습니다. 그러나 우리 직원들은 모두가 서로 도우면서 직접 행사를 준비했습니다. 우리 직원들 덕분에 나는 일하기가 정말 편합니다. 이는 우리 본사에 위원회가 없는 덕분이기도 합니다. 본사에 내가 모르는 위원회가 있을 수도 있지만, 나는 한 번도 초대받은 적이 없습니다. 본사 어디에선가는 파워포인트를 사용할지 모르지만, 나는 파워포인트를 본 적도 없고 사용법을 배울 생각도 없습니다. 우리는 불필요한 일거리를 만들지 않습니다. 차라리 야구 경기 등을 함께 보러 갑니다. 다른 회사들의 운영 방식도 보았지만, 우리 운영 방식이 더 마음에 듭니다.

멍거: 오래전 천주교 LA 대주교가 의뢰한 일을 할 때, 내 선임 파트너가 대주교에게 허풍떨면서 말했습니다. "우리에게 이런 일을 시킬 필요가 없습니다. 신도 중에도 훌륭한 세무변호사가 많습니다." 대주교는 한심하다는 듯이 그를 바라보면서 말했습니다. "작년 내가 중대한 수술을 받을 때도 성당에 다니는 외과 전문의를 찾지 않았다오." 우리가 이사를 선정하는 것도 이런 방식입니다.

말을 잘 고르시나 봐요 [Q 2016-37]

아지트 자인이 태드 몬트로스Tad Montross에게서 재보험사업을 넘겨받았는데, 승계 계획에 변화가 있나요?

버핏: 태드는 버크셔에서 놀라운 일을 해냈습니다. 제너럴 리는 한때 문제아였지만 지금은 우량 기업이 되었습니다. 나는 그를 더 오래 붙잡아두

려고 노력했습니다. 그러나 질문자도 말했듯이, 재보험사업은 아지트가 맡는 편이 타당합니다. 아지트는 가드Guard라는 회사도 관리하고 있습니다. 몇 년 전에 인수했는데, 본사는 펜실베이니아 주 윌크스배리Wilkes-Barre에 있습니다. 소기업 보험 분야에서 탁월한 실적을 내고 있습니다. 아지트가 2년 전 시작한 특수보험이 대성공을 거두고 있습니다. 직원들도 매우 유능해서 엄청난 일을 해내고 있습니다. 4만 명이 모이는 주주총회를 제대로 치르려면 수없이 회의를 거듭하면서 수백만 달러를 지출해야 할 듯하지만, 우리 유능한 본사 직원들이 큰돈 들이지 않고 거뜬히 해내는 것과 마찬가지입니다. 유능한 사람들은 무슨 일이든 무한히 해낼 수 있습니다. 그리고 보험에 관한 일이라면 아지트가 얼마든지 다룰 수 있습니다.

나의 승계 계획은 늘 그랬듯이 월요일 이사회에서 다룰 예정입니다. 참석자 모두 무엇이 가장 타당한지 알고 있기 때문에 생각이 일치합니다. 그러나 5년 후에는 다른 방식이 타당할지도 모릅니다. 앞으로 언제 어떤 일이 벌어질지 누가 알겠습니까? 장래에는 이사회에 참여하는 사람들이 바뀔지도 모르지요. 하지만 향후 제너럴 리를 아지트가 관리한다는 사실에는 변함이 없을 것입니다.

멍거: 유능한 사람들은 많은 일을 해내지만, 무능한 사람들은 어떤 방법을 동원해도 바뀌지 않습니다. 빈틈없이 대응하고자 한다면 우리 시스템을 사용할 수밖에 없습니다.

버핏: 조직에 대한 통설 따위는 따를 필요가 없다고 생각합니다. 우리는 가장 합리적으로 판단하려고 노력합니다. 우리에게 군대 조직도 같은 거창한 조직도는 지금도 없고 앞으로도 절대 없을 것입니다.

멍거: 전에 워런과 나는 어떤 일에 X달러 이상은 지출하지 않기로 결정했

습니다. 그러자 한 중간관리자가 우리에게 말했습니다. "두 분 다 제정신이 아니시군요. 정말 어리석은 결정입니다. 이렇게 수준 높은 사업에는 지출액을 높여야 합니다." 이 말에 우리는 서로 쳐다보았고, 결국 그가 말하는 방식을 따랐습니다. 우리는 직함을 따지지 않았습니다.

버핏: 그 중간관리자의 말이 옳았습니다.

멍거: 그의 말이 옳았습니다. 그래서 그가 제시한 방식을 따랐습니다.

버핏: 하루는 여성 청소원이 내 사무실에 들어왔습니다. 루비라는 이 청소원은 내가 하는 업무가 의심스러웠던 모양입니다. 이날 그녀는 진상을 규명하기로 작정하고 말했습니다. "버핏 선생님, 말을 잘 고르시나 봐요?" 그녀는 내가 경마로 돈을 번다고 생각했나 봅니다.

세 번째 메모는 비공개 [Q 2016-45]

성과보상 제도는 위력이 대단합니다. 버크셔의 차기 CEO에게 어떤 방식으로 보상할 계획인가요?

멍거: 나는 차기 CEO에 대해서 걱정하지 않습니다. 우리 성과보상 제도는 여느 회사와 달라서, 각 자회사의 현실에 맞게 수립됩니다. 기본 원칙은 실제 성과에 맞게 보상한다는 것입니다. 성과보상 제도가 부실하면 실적도 부실해집니다. 매우 흥미로운 성과보상 제도가 바로 가이코의 사례입니다. 다른 회사들과는 달리 가이코 직원들의 성과보상 기준은 이익이 아닙니다.

버핏: 가이코의 성과보상 기준은 두 가지로서, 2만 명이 넘는 직원들에게

적용됩니다. 우선 1년 이상 근무해야 합니다. 그리고 직위가 상승할수록 승수 효과가 있어서, 기본 급여 대비 보너스의 비중이 커집니다. 그 비중이 항상 큽니다.

나는 사업을 성장시키되, 수익성 높은 사업으로 성장시키고 싶습니다. 우리 성과보상 제도의 한 축은 보험 계약 증가율이고, 나머지 한 축은 1년 이상 경과한 보험 계약의 수익성입니다. 신규 계약 유치에는 많은 비용이 들어갑니다. 광고에도 많은 돈을 지출해야 합니다. 따라서 첫해에는 신규 계약에서 발생하는 비용 탓에 이익이 감소합니다. 그러나 직원들이 수익성을 걱정하면 사업을 신속하게 성장시키기 어렵습니다. 그래서 1995년부터 신규 계약의 기여도를 다소 조정했고, 직원들 모두 잘 이해하고 있습니다. 이렇게 조정한 성과보상 제도에 의해서 조직의 목표와 주주들의 목표가 일치하게 되었습니다.

멍거: 흔히 다른 보험사들은 단지 이익을 기준으로 보상합니다. 그래서 이익을 떨어뜨리는 신규 계약을 기피합니다. 짧은 생각이지요. 워런은 성과보상 제도 설계에 능숙합니다.

버핏: 이익에 대해 보상하는 것은 지극히 어리석은 방식입니다. 그러면 광고를 중단하게 되므로 사업이 축소됩니다. 반면에 가이코에서는 직원들은 물론 CEO도 두 가지 똑같은 기준으로 보상받고 있습니다. 직원보다 CEO의 보상 기준이 쉬운 것은 아니라는 말입니다. 만일 우리가 보상 컨설턴트를 고용하면 컨설턴트는 버크셔 전체에 맞춰 보상 계획을 수립할 것입니다. 그러나 자회사 70~80개에 두루 적용되는 성과보상 제도를 수립하겠다는 것은 완전히 미친 생각입니다. 그래도 컨설턴트는 기본계획과 하부계획 방식으로 성과보상 제도를 구상할 것입니다.

우리는 각 자회사에 적합한 성과보상 제도를 찾아내려고 노력합니다. 우리 자회사들 중에는 CEO가 지극히 중요한 회사도 있고, 이미 시장을 지배하고 있는 회사도 있습니다. 한 소유경영자는 회사를 버크셔에 매각하고 나서도 계속 경영하고 싶어 했습니다. 나는 회사를 인수하고서 그에게 말했습니다. "어떤 보상 제도가 필요한지 말해보세요." 그는 "나는 당신이 말해줄 것으로 생각했습니다"라고 대답했습니다. 그래서 내가 말했습니다. "나는 자회사 CEO가 타당하다고 생각하는 보상 제도를 도입하고 싶습니다." 그는 타당하다고 생각하는 보상 제도를 말했고, 우리는 지금까지도 그 보상 제도를 사용하고 있습니다. 심지어 단어 하나도 바꾸지 않았습니다. 우리 자회사들 중에는 사업하기 매우 어려운 회사도 있고, 매우 쉬운 회사도 있으며, 자본이 많이 들어가는 회사도 있고, 자본이 거의 들어가지 않는 회사도 있습니다. 단순한 보상 공식을 만들어 모든 자회사에 천편일률적으로 적용한다면, 막대한 돈을 낭비하게 될 뿐 아니라 잘못된 유인까지 제공하게 됩니다. 나는 내 후계자에 관한 생각을 정리해서 메모 두 건을 이사회에 보냈습니다. 어쩌면 세 번째 메모를 보낼지도 모르겠습니다. 그러나 메모 내용 공개는 현명하지 않다고 생각합니다.

멍거: 은행업과 투자은행업에서 잘못된 유인의 사례가 많이 나옵니다. 만일 회계 관행에 의해서 서류상으로만 존재하는 이익을 기준으로 직원들에게 보상을 제공한다면, 직원들은 잘못된 일을 벌여 은행을 위험에 빠뜨리고 나라에도 해를 끼치게 됩니다. 이것이 금융위기가 발생한 주된 원인이었습니다. 은행들은 이익을 내지 못하고서도 이익을 많이 냈다고 보고했습니다. 회계규정 덕분에 대출에 과거 대손율을 적용할 수 있었기 때문입니다. "과거에 이런 대출에서 손실이 발생하지 않았으니까, 앞으로도 발생하지 않겠

지"라고 말하면서 직원들은 마구 고금리 대출을 제공하고 막대한 보상을 받아 챙겼습니다. 이런 규정을 만든 회계사들은 제정신이 아니었습니다. 그런데도 수치심조차 없습니다.

버핏: 매우 탐욕스러운 CEO는 피라미드식 보상 체계를 설계합니다. 겉보기에는 CEO가 자신의 배를 채우기보다는 남들에게 보상하는 듯하지만, 사실은 많은 부정이 숨겨져 있습니다. 스톡옵션 가격 설정이 그런 예입니다. 나는 이사회에서 오가는 대화를 들었습니다. 이사회는 스톡옵션을 터무니없이 낮은 가격에 발행했습니다. 여러 사람의 이익이 걸려 있으므로 이들은 종종 이런 결정을 내립니다. 기업이 주식을 낮은 가격에 발행하는 것만큼 어리석은 일이 또 있을까요? 그러나 컨설턴트는 보상 제도가 매우 복잡하고 어려운 일인 것처럼 포장해 이런 사실을 숨깁니다.

멍거: 우리는 단순하고도 올바른 보상 제도를 원합니다. 아이들이 잘못된 행동을 할 때마다 보상한다면 집 안은 곧바로 난장판이 될 것입니다.

교통위반 딱지 [Q 2017-1]

웰스 파고는 버크셔의 최대 보유 종목입니다. 근래에 웰스 파고에서 판매 실적 조작 행위가 드러났는데, 은행의 분권 구조에 따라 지점장들에게 자율권이 과도하게 부여된 것이 주된 원인으로 밝혀졌습니다. 버크셔에는 이런 위험이 없다고 생각하십니까?

버핏: 규모가 비슷한 기업들 중에서 버크셔만큼 분권화된 기업도 드물 것

입니다. 우리는 규정보다 기본 원칙을 훨씬 더 중시합니다. 그래서 우리 주주총회에서 상영되는 버크셔 영화에는 해마다 살로먼이 등장합니다. 내가 우리 경영자들에게 공문을 거의 보내지 않는 이유이기도 합니다. 나는 2년마다 보내는 메모에서 우리 경영자들에게 이렇게 말합니다. 우리에게 돈은 충분합니다. 더 벌면 좋겠지만, 반드시 더 벌어야 하는 것은 아닙니다. 그러나 평판은 단 한 치도 잃으면 안 됩니다. 버크셔의 평판은 바로 여러분에게 달렸습니다. 우리가 올바른 문화를 확립하고, 이 문화를 바탕으로 이사와 경영자들을 고용한다면, 1,000페이지짜리 규정집에 의존할 때보다 더 좋은 실적이 나올 것이라고 찰리와 나는 믿습니다. 그래도 문제는 발생할 것입니다. 이제는 우리 종업원이 36만 7,000명에 이릅니다. 이는 오마하 도심 인구와 맞먹는 규모입니다. 오늘 우리가 이야기하는 동안에도 누군가는 부당행위를 하고 있을 것입니다. 관건은 '경영자들이 부당행위를 찾아내서 바로잡으려고 하는가?'이며, '경영자들이 못하면 오마하 본사에서 부당행위 정보를 입수해 바로잡는가?'입니다.

웰스 파고는 세 가지 심각한 잘못을 저질렀습니다. 그중에서도 하나가 특히 심각한 잘못이었습니다. 성과보상 제도는 거의 모든 기업에 있습니다. 그렇다고 성과보상 제도 자체에 문제가 있는 것은 아닙니다. 다만 성과보상의 기준에 대해서는 매우 주의해야 합니다. 부당행위에 대해서 보상해서는 안 되니까요. 따라서 부당행위를 찾아내는 시스템이 필요합니다. 사실 웰스 파고는 성과보상의 기준이 교차 판매를 통해 제공하는 고객 1인당 서비스 건수였습니다. 그래서 웰스 파고는 분기마다 열리는 투자자 설명회에서도 고객 1인당 서비스 건수가 많다는 점을 강조했습니다. 이것이 회사의 중점 사업이었으므로 직원들도 주로 이 숫자를 기준으로 보상받고 승진했습니다.

그러나 이 기준은 결국 부당행위를 조장한 것으로 밝혀졌습니다.

우리는 잘못을 저질렀습니다. 어느 회사든 성과보상 기준 설정에 잘못을 저지를 수 있습니다. 그러나 어느 시점에 이르면 그 잘못을 발견하게 됩니다. 웰스 파고 경영진이 이 잘못을 왜 발견하지 못했는지는 나도 잘 모릅니다. 대개 중대한 문제가 발생하기 전에 CEO는 기미를 알아챕니다. 바로 그 순간, CEO는 반드시 행동에 나서야 합니다. 살로먼과 같은 전철을 밟지 않으려면 말이지요. 4월 28일, 살로먼의 CEO, 사장, 고문 변호사는 회의실에서 보고를 받았습니다. 존 메리웨더John Meriwether는 부하 직원 폴 모저Paul Mozer가 어리석게도 재무부를 대상으로 사기 친 과정을 설명했습니다. 실수가 아니라 악의로 벌인 일이었습니다. 그는 미국 국채에 대해 허위 매수주문을 제출했습니다.

그날 회의 참석자들은 일이 매우 잘못되었음을 깨달았고, 이 사실을 뉴욕 연준에 보고해야 했습니다. CEO는 보고하겠다고 말했습니다. 그러나 그는 즉시 보고하지 않고 뒤로 미루었습니다. 5월 15일 국채 경매가 열리자, 폴 모저는 또다시 대규모 허위 매수주문을 제출했습니다. 경영진은 알면서도 상습 방화범의 범행을 막지 못했으므로 이제는 변명의 여지가 없었습니다. 상황은 내리막길로 접어들었습니다. 부당행위를 발견한 순간 CEO가 곧바로 저지하지 않은 탓입니다.

이어서 세 번째 실수가 나왔습니다. 그러나 두 번째 실수에 비하면 대수롭지 않았습니다. 이 사건의 여파를 경영진이 전적으로 과소평가한 실수였습니다. 살로먼에 부과된 벌금은 1억 8,500만 달러였습니다. 잘못된 모기지 관행 등 온갖 잘못에 대해 그동안 각 은행에 부과된 벌금은 수십억 달러에 이르러서 합계액은 300~400억 달러나 됩니다. 살로먼 경영진은 문제의 심각성을 벌금 액수로 판단했습니다. 이들은 벌금이 1억 8,500만 달러에 불과하므로 벌금 20억 달러짜리 사건보다 가벼운 문제라고 생각했으나 전적으로 잘못된 판단이었습니다.

가장 큰 문제는 사건을 파악하고서도 대처하지 않았다는 점입니다. 시스템 오류도 잘못이지만, 이를 발견하고서도 대처하지 않은 것은 더 심각한 잘못이었습니다.

내가 자회사에서 벌어지는 부당행위 정보를 입수하는 주된 원천은 직통 전화입니다. 직통 전화 통화는 연간 약 4,000건인데, 대부분은 사소한 문제들입니다. 예컨대 옆 사람 입 냄새가 심하다는 수준이지요. 그러나 몇몇 건은 심각한 사안이어서 우리 내부 감사팀이 조사에 착수합니다. 대부분 무기명 제보이므로, 내부 감사팀은 제보 내용을 각 자회사에 다시 조회합니다. 그러나 심각한 사안은 내게 보고합니다. 이에 대처한 사례가 두 번 이상 있었습니다. 일부 사안은 비용까지 지출하면서 조사하기도 합니다. 모회사에서 절대 용납하지 않을 관행이 이 과정에서 밝혀지기도 했습니다. 완벽하지는 않겠지만 훌륭한 시스템이라고 생각합니다. 웰스 파고에도 틀림없이 내부 감사팀과 직통 전화가 있을 것입니다. 장담컨대 이 문제에 관한 제보가 많았을 것입니다. 그러나 누가 언제 어떻게 대처했는지 모르겠습니다. 제보를 받고서도 (틀림없이 받았을 것입니다) 무시하거나 접수를 거부했다면 엄청난 잘못을 저지른 것입니다. 찰리, 자네 생각은 어떤가?

멍거: 이런 문제를 법으로 해결할 수 있다고 생각하면 착각이지요. 직원이 많으면 부당행위도 많은 법입니다. 그래서 컴플라이언스 부서가 있습니다. 증권회사들은 모두 대규모 컴플라이언스 부서를 보유하고 있습니다. 우리도 컴플라이언스 부서를 둔다면 거대한 부서가 될 것입니다. 그렇겠지, 워런?

버핏: 물론이지.

멍거: 꼭 컴플라이언스 기능을 강화해야 문제가 해결되는 것은 아닙니다. 그동안 우리는 경영자 선발과 신뢰 중시 기업문화 확립에 공을 들였고, 그 결과 문제가 감소했습니다. 우리는 다른 기업보다 문제가 적다고 생각합니다.

버핏: 그러나 앞으로도 간혹 문제가 발생할 것입니다.

멍거: 물론이지요. 언젠가 뜻밖의 문제가 발생할 겁니다.

버핏: 찰리가 존경하는 벤저민 프랭클린은 예방 한 숟가락이 치료 한 바가지보다 낫다고 말했습니다. 나는 신속한 치료 한 바가지가 뒤늦은 치료 한 양동이보다 낫다고 말하고 싶습니다. 문제는 쉽게 사라지지 않습니다. 살로먼의 존 구트프렌드John Gutfreund는 이 문제를 교통위반 딱지라고 불렀습니다. 결국 회사는 파산 직전까지 몰렸습니다. 다른 CEO는 직면한 문제를 가벼운 반칙 정도로 평가했습니다. 그 결과 회사는 엄청난 피해를 입었습니다. 우리는 즉각적으로 대처해야 합니다.

솔직히 말해서 나는 직통 전화와 익명의 투서보다 나은 시스템을 보지 못했습니다. 지난 6~7년 동안 내가 받은 제보 3~4건에 의해서 커다란 변화가 이루어졌습니다. 이런 제보는 거의 모두 익명입니다. 그러나 누군가의 잘못을 지적했다는 이유로 보복당할 일은 없으므로, 실명이더라도 별 차이는 없을 것입니다. 장담컨대 우리가 여기 있는 동안에도 버크셔에서 누군가는 십중팔구 부당행위를 하고 있을 것입니다. 대부분은 소액을 훔치는 등 사소한 일일 것입니다. 그러나 그것이 웰스 파고에서 벌어졌던 것 같은 심각한 판매 실적 조작 행위라면 우리 역시 심각한 피해를 입을 것입니다.

우리는 하는 일이 거의 없습니다 [Q 2017-19]

애플은 아이폰을 제공하고, 가이코는 저비용 자동차보험을 제공하며, 3G 캐피털 3G Capital은 원가를 절감해 가치를 창출합니다. 버크셔가 통제권을 포기할 정도로 권한을 위임하면서 창출하는 가치는 무엇인가요?

버핏: 우리가 통제권을 포기할 정도로 권한을 위임한다는 질문자의 표현은 정확하다고 생각합니다. 나는 이런 권한 위임 덕분에 우리 자회사들이 더 잘 운영된다고 주장합니다. 예컨대 행동주의 투자자나 단기 차익을 노리는 누군가의 표적이 될 수 있는 S&P500 상장회사일 때보다 낫다는 말입니다. 나는 우리 권한 위임 방식이 실제로 자회사들에 매우 긍정적인 가치를 제공한다고 생각합니다. 물론 자회사에 따라 차이는 있겠지요. 아마 여기에 참석한 우리 자회사 경영자가 50명 정도일 것입니다. 이들이 TV에 출연해서 공개적으로 발언하는 일은 없을 것입니다. 이들을 조용한 곳으로 데려가서 물어보십시오. 버크셔가 권한은 전적으로 위임하면서 자금은 확실히 지원해주는 덕분에 회사가 더 잘 운영된다고 생각하는지 물어보십시오. 어떤 프로젝트든 타당성만 있으면 곧바로 자금을 지원받을 수 있고, 2008년 세계 금융위기와 같은 상황은 걱정할 필요가 없다는 말입니다.

나는 이런 불간섭주의가 우리 자회사들의 가치를 대폭 높여줄 수 있다고 생각합니다. 반면에 자회사 경영자들에게 우리가 개발한 더 훌륭한 시스템을 사용하라고 요구하거나, 우리가 토니보다 가이코를 더 잘 운영할 수 있다고 주장한다면 우리 자회사들의 가치는 높아지지 않습니다. 그러나 자본배분에는 우리가 매우 객관적입니다. 우리는 경영자들의 업무 부담을 덜어줄 수 있습니다. 감히 말하건대, 우리는 자회사 경영자들이 일반 상장회사를 운영할 때보다 시간을 20% 이상 절감하게 해줄 수 있습니다. 애널리스트들을 만나거나 은행과 상대하는 등 온갖 시간을 절감할 수 있으니까요. 이제 우리 경영자들은 모든 시간을 자회사 운영에 투입할 수 있습니다. 그래서 나는 우리가 다리를 책상에 걸친 채 빈둥거리더라도 가치를 창출한다고 생각합니다.

멍거: 우리는 세상에 모범사례가 되려고 노력합니다. 나는 버크셔에 모범사례가 되려는 정신이 조금이나마 있기 때문에 이런 대규모 주주총회가 계속 열릴 수 있다고 생각합니다. 나는 오랜 기간 주주총회를 면밀히 지켜보고 나서 이렇게 주장하는 바입니다. 우리는 모범사례가 되고, 항상 합리성을 유지하며, 정직하려고 노력하고 있습니다. 나는 버크셔를 자랑스럽게 생각합니다.

버핏: 우리 비상장 자회사 가이코는 실적이 탁월하며, 상장되더라도 탁월한 실적을 유지할 것입니다. 그동안 가이코는 시장점유율이 2.5%에서 12%로 급증했는데, 주된 이유는 가이코의 훌륭한 비즈니스 모델과 토니의 경영능력이지만 다른 사소한 이유도 있습니다. 8~10개월 전 우리 주요 경쟁사 중 두 곳 이상은 수익성 목표를 달성하려면 신규 보험 계약을 축소해야 한다고 발표했습니다. 반면 가이코는 신규 계약 확대에 박차를 가하기로 결정했는데, 훌륭한 판단이라고 생각합니다. 만일 가이코가 상장회사였다면 이런 결정을 내리기가 어려웠을 것입니다. 우리는 가이코의 5~10년 뒤 모습만 생각합니다. 우리는 신규 계약 탓에 단기 실적이 악화되더라도 상관없다고 생각하지만, 경쟁 보험사들은 단기 실적에 압박을 받습니다. 가이코의 모회사 버크셔와 버크셔의 주주들은 단기 실적에 집착하지 않지만, 경쟁 보험

사의 주주들은 생각이 다르기 때문입니다. 나는 우리가 더 열심히 일해서가 아니라 시스템이 우수하기 때문이라고 생각합니다. 찰리와 나는 하는 일이 거의 없습니다.

8장
시장에 대한 관점

미국의 풍요를 일궈낸 일등 공신은 바로 미국의 시장 시스템입니다.
자본, 인재, 노동의 흐름을 능숙하게 정리해낸 일종의 교통경찰이지요.
시장 시스템은 보상을 배분하는 주역이기도 했습니다. [2016]

공포가 덮칠 때 절대 잊지 말아야 할 두 가지가 있습니다.
첫째, 만연한 공포는 투자자의 친구라는 사실입니다.
주식을 헐값에 살 기회이기 때문이지요.
둘째, 내가 공포에 휩쓸리면
공포는 나의 적이라는 사실입니다. [2016]

심각한 소화불량 [2007]

2007년 미국 달러는 주요 통화에 대해 더 약세가 되었는데, 그 이유는 단순합니다. 외국인들이 산 미국 제품보다, 미국인들이 산 외국 제품이 많기 때문입니다. 그래서 미국은 매일 약 20억 달러에 이르는 차용증과 자산을 외국으로 실어 보낼 수밖에 없었습니다. 이 때문에 시간이 흐르면서 달러의 가치가 하락 압박을 받게 되었습니다.

달러의 가치가 떨어지면 외국에서 미국 제품은 가격이 싸지고, 미국에서 외국 제품은 가격이 비싸집니다. 그래서 통화의 가치가 하락하면 무역 적자가 해결되어야 합니다. 실제로 미국의 무역 적자는 달러 가치가 대폭 하락하면서 확실히 완화되고 있습니다. 그러나 곰곰이 생각해보십시오. 유로의 평균 환율이 94.6센트였던 2002년에는 독일(미국의 5위 무역 상대국)에 대한 무역 적자가 360억 달러였는데, 유로의 평균 환율이 1.37달러인 2007년에는 독일에 대한 무역 적자가 450억 달러로 증가했습니다. 마찬가지로, 캐나다 달러의 평균 환율이 64센트였던 2002년에는 캐나다에 대한 무역 적자가 500억 달러였는데, 평균 환율이 93센트인 2007년에는 무역 적자가 640억 달러로 증가했습니다. 그렇다면 지금까지 달러 가치 폭락이 무역 적자 해소에 큰 도움이 되지 않았다는 뜻입니다.

최근 외국 국부펀드들이 미국 기업들을 사들이는 현상에 대해 논란이 많습니다. 그러나 이는 우리가 자초한 일이지, 외국 정부들의 사악한 음모가 아닙니다. 우리 무역 적자 탓에 외국에서 미국으로 대규모 투자가 이루어지는 것입니다. 우리가 매일 외국에 20억 달러씩 억지로 떠맡기면 외국은 그

돈을 미국 어딘가에 투자할 수밖에 없습니다. 그들이 채권 대신 주식을 선택한다고 해서 왜 우리가 불평해야 합니까?

미국의 달러 약세는 OPEC, 중국 등의 잘못이 아닙니다. 다른 선진국들도 우리와 마찬가지로 석유를 수입하고 있으며, 중국 수입품과 경쟁을 벌이고 있습니다. 합리적인 무역 정책을 펴려면 미국은 몇몇 나라를 제재하거나 몇몇 산업을 보호해서는 안 됩니다. 다른 나라의 보복행위를 불러올 만한 행동을 해서도 안 됩니다. 미국과 외국 모두에 이로운 진정한 무역이 위축될 수 있기 때문입니다.

따라서 우리 입법자들은 현재의 무역 불균형 상태가 계속 이어질 수 없다는 사실을 인식하고, 가까운 장래에 무역 적자를 대폭 줄이는 정책을 채택해야 합니다. 그러지 않으면 우리가 매일 세계에 억지로 떠안기는 20억 달러 때문에 세계가 심각한 소화불량에 걸릴 것입니다. (미국의 무역 적자가 유지될 수 없다는 점에 대해서는 다음 논평을 참조: 앨런 그린스펀Alan Greenspan의 2004년 11월 19일 논평, 2004년 6월 29일 FOMC 회의록, 벤 버냉키Ben Bernanke의 2007년 9월 11일 발표문.)

아무리 큰 숫자도 0을 곱하면 [2010]

자동차 경주의 기본 원리는, 1등으로 들어오려면 1등으로 주행을 마쳐야 한다는 것입니다. 이 격언은 사업에도 똑같이 적용되며, 버크셔에서도 모든 행동의 지침이 됩니다.

부채를 사용해서 큰 부자가 된 사람도 분명히 있습니다. 그러나 부채를 사용하다가 알거지가 된 사람도 있습니다. 부채를 효과적으로 사용하면 이익이 확대됩니다. 배우자는 당신이 똑똑하다고 여기고, 이웃들은 당신을 부러워합니다. 그러나 부채에는 중독성이 있습니다. 부채가 불려준 이익을 한 번 맛본 사람은 부채의 매력을 잊지 못합니다. 그러나 우리가 초등학교 3학년 시절에 배웠듯이(2008년에 다시 배운 사람도 있습니다), 아무리 큰 숫자를 여럿 곱해도 그중 0이 하나라도 있으면 곱은 0이 됩니다. 역사를 돌아보면 부채는 매우 똑똑한 사람들이 사용하더라도 0을 만들어낸 사례가 너무도 많습니다.

부채는 회사에도 치명상을 입힐 수 있습니다. 흔히 부채가 많은 회사들은 만기가 되면 다시 돈을 빌려 부채를 상환할 수 있다고 가정합니다. 이 가정이 평소에는 타당합니다. 그러나 간혹 회사에 문제가 생기거나 세계적으로 신용경색이 발생하면 만기에 돈을 빌릴 수 없습니다. 이때는 현금이 있어야만 부채를 상환할 수 있습니다.

비로소 이때 회사들은 신용이 산소와 같다는 사실을 알게 됩니다. 산소가 풍부할 때는 사람들이 산소를 무시합니다. 그러나 산소가 부족해지면 사람들은 산소만 주목합니다. 신용도 마찬가지입니다. 회사는 신용을 잠시만 유지하지 못해도 무너질 수 있습니다. 실제로 2008년 9월 여러 산업에서 하룻밤 사이에 신용이 사라지면서 미국 전체가 하마터면 무너질 뻔했습니다.

찰리와 나는 버크셔에 조금이라도 위협이 될 만한 거래에는 전혀 관심이 없습니다. (이제 둘의 나이를 더하면 167이므로, '인생 새 출발'은 우리 버킷리스트에 없습니다.) 우리는 여러분이 평생 모은 돈 대부분을 우리에게 맡겼다는 사실을 언제나 의식하고 있습니다. 게다가 주요 자선사업도 우리를 의지합니다. 끝으로, 우리 보험 가입자들이 일으킨 사고로 장애인이 된 사람들도 앞으로 수십 년 동안 우리가 돈을 지급할 것으로 믿고 있습니다. 단지 추가 수익 몇 포인트를 얻으려고 이 모든 사람을 위태롭게 하는 것은 무책임한 짓입니다.

내 이력을 보면 우리가 재무 모험주의를 극도로 싫어하는 이유가 드러납니다. 찰리와 나는 내가 52년 거주한 곳에서 반경 100미터 이내에서 함께 자랐고, 오마하 도심에 있는 같은 공립 고등학교(나의 아버지, 아내, 자녀, 두 증손도 졸업한 학교)에 다녔는데도, 그가 35세가 되어서야 만났습니다. 그러나 소년 시절 우리는 둘 다 나의 할아버지 잡화점에서 약 5년 간격을 두고 일했습니다. 내 할아버지 이름은 어니스트Ernest였는데, 할아버지만큼 이 이름이 어울리는 사람도 없을 것입니다.• 할아버지 밑에서 일한 사람은 창고 일을 하더라도 누구나 그의 영향을 받았습니다.

다음 편지는 1939년 할아버지가 막내아들이자 나의 삼촌인 프레드Fred에게 보낸 것입니다. 할아버지는 다른 네 자녀에게도 비슷한 편지를 보냈습니다. 할아버지가 고모 앨리스Alice에게 보낸 편지는 아직도 내가 갖고 있습니다. 1970년, 내가 유언 집행자가 되어 고모의 안전금고를 열었을 때, 현금 1,000달러와 함께 있었던 편지입니다.

• Ernest는 성실하다는 뜻의 'earnest'와 발음이 같다. – 옮긴이

프레드와 캐서린에게

단지 현금이 없어서 온갖 방식으로 고초를 겪는 사람들을 나는 오랜 세월 수없이 보았단다. 당장 현금이 필요해서 재산 일부를 헐값에 팔아야만 했던 사람들도 보았고 말이다.

그래서 나는 즉시 쓸 수 있는 자금 일정액을 오랜 세월 유지해왔다.

나는 급히 자금이 필요한 상황이 발생하더라도 사업에 지장이 없도록, 오랜 세월 습관적으로 비상금을 적립해놓았다. 그리고 이 자금을 요긴하게 사용한 사례도 두어 번 있었다.

따라서 나는 누구에게나 비상금이 필요하다고 생각한다. 너희에게는 이런 일이 절대 없기를 바라지만, 아마 언젠가 돈이 필요해질 것이며, 그것도 절실하게 필요한 때가 올 것이다. 이런 생각에 나는 너희가 결혼했을 때 너희 이름이 적힌 봉투에 먼저 200달러를 넣으면서 기금을 적립하기 시작했다. 이후 해마다 봉투에 돈을 보태서 이제는 기금이 1,000달러가 되었구나.

너희가 결혼한 지 10년이 지났고, 이제 이 기금이 완성되었다.

이 봉투를 너희 안전금고에 보관하면서, 이 기금을 만든 목적에 맞게 사용하기 바란다. 이 자금 일부가 필요한 때가 오면 가급적 최소 금액만 사용하고 되도록 빨리 채워 넣는 방법을 권한다.

이 기금을 투자해서 이자를 벌고 싶은 마음도 있을 것이다. 그런 생각은 잊어라. 투자로 버는 이자 몇 푼보다는, 언제든 쓸 수 있는 돈 1,000달러가 있다는 안도감이 더 소중하단다. 특히 그 투자로 단기간에 이익을 실현할 수 없다면 말이다.

나중에 이 방법이 좋다고 생각되거든, 너희 자녀들에게도 이렇게 해주기 바란다.

참고로 말하면, 버핏 가문에는 자녀에게 막대한 재산을 물려준 사람도 없었지만, 재산을 전혀 물려주지 않은 사람도 없었단다. 우리 가문 사람들은 번 돈을 모두 쓰는 일이 절대 없어서 항상 일부는 저축했는데 그 결과가 매우 좋더구나.

이것은 너희가 결혼하고 10년을 채운 날에 쓴 편지다.

어니스트 버핏

"아빠가"

할아버지는 경영대학원에 다녀본 적이 없고, 사실은 고등학교도 졸업하지 못했지만, 확실하게 생존하려면 유동성이 중요하다는 점을 분명히 이해했습니다. 버크셔는 할아버지의 1,000달러 해법을 조금 발전시켜, 우리 규제 대상 공익기업과 철도회사 보유분을 제외하고서도 현금을 적어도 100억 달러 보유하겠다고 맹세했습니다. 이 맹세 때문에 우리는 습관적으로 현금을 200억 달러 이상 보유하고 있는데, 이는 유례없는 보험손실(지금까지 우리의 최대 손실은 허리케인 카트리나에서 입은 약 30억 달러로서, 보험업계 최대의 재해였습니다.)에 대비하고, 심지어 금융대란 기간에도 기업 인수나 투자 기회를 신속하게 잡으려는 목적입니다.

우리는 현금 대부분을 단기 국채로 보유하고 있으며, 수익률을 조금 더 높이려고 다른 단기 증권에 투자하지 않습니다. 이는 기업어음과 MMF의 취약성이 명백하게 드러난 2008년 9월보다 훨씬 오래 전부터 우리가 고수해온 정책입니다. 우리는 투자 저술가 레이 데보Ray DeVoe의 말 "강도에게 빼앗긴 돈보다, 수익률을 높이려다 날린 돈이 더 많다"에 동의합니다. 버크셔는 은행 대출에 의지하지 않으며, 거액의 담보를 제공해야 하는 계약도 하지 않습니다.

게다가 지난 40년 동안 배당이나 자사주 매입에 지출한 돈이 한 푼도 없었습니다. 대신 현재 매달 들어오는 10억 달러가량의 이익을 모두 유보해 우리 사업을 강화하고 있습니다. 이렇게 해서 우리 순자산은 지난 40년 동안 4,800만 달러에서 1,570억 달러로 증가했고 내재가치는 훨씬 더 증가했습니다. 이렇게 끊임없이 재무건전성을 강화해온 회사는 어디에도 없습니다.

부채를 이토록 경계하는 탓에, 우리는 수익률 면에서 약간 손해를 봅니다. 대신 막대한 유동성 덕분에 우리는 두 다리 뻗고 편히 잡니다. 게다가 간혹 발생하는 금융대란 기간에 다른 기업들은 허둥지둥 생존을 도모하지만, 우리는 막강한 자금과 냉정한 태도로 공세를 취하게 될 것입니다. 그래서 2008년 리먼Lehman Brothers 파산에 이은 공황 25일 동안 우리는 156억 달러를 투자할 수 있었습니다.

우리의 밝은 미래 [2015]

선거가 있는 해에는 후보자들이 미국의 문제점들을 끝없이 이야기합니다. (물론 자신이 해결할 수 있는 문제만 이야기합니다.) 이런 요란한 주장 탓에, 미국인들은 장차 자녀들의 생활 수준이 현재 수준보다 낮아질 것으로 믿습니다.

그러나 이는 완전히 틀린 생각입니다. 오늘날 미국에서 태어나는 아기들은 역사상 가장 운 좋은 사람들입니다.

현재 미국의 1인당 GDP는 약 5만 6,000달러입니다. 작년에도 말했지만, 이는 불변가격 기준으로 내가 태어난 1930년보다 무려 6배나 많은 금액입니다. 나의 부모나 당시 사람들은 꿈도 꾸지 못했던 엄청난 금액이지요. 그렇다고 오늘날 미국 시민이 1930년보다 본질적으로 더 똑똑해진 것도 아니고, 더 열심히 일하는 것도 아닙니다. 단지 업무 효율성이 훨씬 높아져서 생산량이 훨씬 증가했을 뿐입니다. 이 강력한 추세는 틀림없이 계속 이어질 것이며, 미국이 달성한 놀라운 경제도 여전히 건재할 것입니다.

일부 해설자는 현재 우리 실질 GDP 성장률이 연 2%에 불과하다고 한탄합니다. 물론 우리 모두 성장률이 더 상승하길 바랍니다. 그러나 사람들이 한탄하는 2% 성장률로 간단한 계산을 해봅시다. 2% 성장률로도 경제가 놀라울 정도로 발전할 수 있습니다.

미국의 인구 증가율은 연 0.8% 정도입니다. (출생률에서 사망률을 차감한 자연인구증가율이 0.5%이고, 이민에 의한 증가율이 0.3%) 따라서 GDP 성장률은 2%이지만, 1인당 GDP 성장률은 약 1.2%입니다. 그다지 인상적인 수준은 아닌 듯합니다. 그러나 한 세대를 25년으로 계산하면 한 세대 동안 1인당 '실질' GDP 성장률은 34.4%에 이릅니다. (복리 효과 때문에 성장률이 25×1.2%보다 높아집니다.) 그러면 차세대의 1인당 실질 GDP는 무려 1만 9,000달러나 증가하게 됩니다. 모든 국민의 1인당 실질 GDP가 똑같이 증가한다고 가정하면, 4인 가구의 실질 GDP는 연 7만 6,000달러나 증가합니다. 오늘날 정치인들은 미래의 아이들을 위해서 눈물을 흘리지 않아도 됩니다.

실제로 현재 아이들은 대부분 유복하게 지내고 있습니다. 내 이웃에 사는 상위 중산층 가구들은 모두 내가 태어나던 시절 존 록펠러 1세보다도 높은 생활 수준을 누리고 있습니다. 록펠러는 전대미문의 대부호였지만, 예컨대 운송, 오락, 통신, 의료 서비스 등 오늘날 우리가 당연하게 누리는 혜택조차 누리지 못했습니다. 록펠러는 분명히 권력과 명성을 보유했는데도 현재 내 이웃만큼도 유복하게 살 수 없었습니다.

차세대가 함께 나눌 파이는 현재보다 훨씬 커지겠지만, 파이 분배 방식에 대해서는 여전히 치열한 논쟁이 벌어질 것입니다. 지금과 마찬가지로, 사람들은 증가한 상품과 서비스를 더 차지하려고 서로 다툴 것입니다. 생산 연령층과 은퇴 연령층이 서로 다투고, 건강한 사람들과 노쇠한 사람들이 다툴 것이며, 상속인들과 자수성가한 사람들이 다투고, 투자자들과 노동자들이 다툴 것이며, 특히 시장에서 높이 평가받는 재능을 보유한 사람들과 단지 부지런히 일만 하는 사람들이 다툴 것입니다. 이런 충돌은 과거에도 항상 있었고, 앞으로도 영원히 이어질 것입니다. 그 전쟁터는 의회가 될 것이며, 그 무기는 돈과 투표가 될 것입니다. 그래서 로비산업은 계속 성장할 것입니다.

그래도 좋은 소식이 있습니다. 장래에는 패배하는 사람들조차 과거보다 상품과 서비스를 훨씬 많이 소비하게 될 것입니다. (마땅히 그래야 합니다.) 더 소비하는 상품과 서비스의 질도 극적으로 개선될 것입니다. 사람들이 원하는 상품과 서비스를 생산하는 데에는 시장 시스템이 최고입니다. 게다가 시장 시스템은 사람들이 필요성을 채 깨닫지 못하는 상품과 서비스까지 제공합니다. 나의 부모는 어린 시절에 TV의 필요성을 깨닫지 못했고, 나는 50대에도 PC의 필요성을 깨닫지 못했습니다. 그러나 TV와 PC의 필요성을 깨닫는 순간, 사람들의 생활은 혁신적으로 바뀌었습니다. 현재 나는 매주 10시간 인터넷으로 브리지 게임을 즐깁니다. 그리고 이 주주 서한을 쓸 때도 '검색' 기능이 매우 유용합니다. (그러나 만남을 주선하는 앱 틴더Tinder는 사용하지 않습니다.)

실제로 지난 240년 동안 미국이 실패하는 쪽에 돈을 거는 행위는 끔찍한 실수였으며, 지금도 돈을 걸 때가 아닙니다. 사업과 혁신이라는 미국의 황금 거위는 앞으로도 계속해서 더 큰 알을 더 많이 낳을 것입니다. 미국은 사회 보장 제도 약속을 지킬 것이며, 아마도 더 풍요롭게 유지할 것입니다. 그리고 미국 아이들의 생활 수준은 부모보다 훨씬 높아질 것입니다.

이렇게 순풍을 타고 버크셔는 (그리고 다른 수많은 기업도) 거의 틀림없이 번창할 것입니다. 찰리와 나의 뒤를 잇는 경영자들은 아래 우리 청사진을 따르면서 주당 내재가치를 높일 것입니다. (1) 우리 자회사들의 수익력을 끊임없이 개선, (2) 자회사가 거래하는 기업들을 인수해 자회사의 이익을 증대, (3) 투자한 회사들의 성장에서 이득, (4) 버크셔 주가가 내재가치보다 상당 폭 낮을 때 자사주 매입, (5) 때때로 대규모 기업을 인수. 또한 주주 여러분의 실적을 극대화하고자 하므로, 버크셔 주식을 추가 발행하는 일은 드물 것입니다.

생산성과 번영 [2015]

앞에서 나는 우리 동업자들이 크래프트 하인즈에서 비효율성을 뿌리 뽑아 종업원의 생산성을 높인다고 말했습니다. 이런 생산성 향상이 1776년 건국 이후 미국인들의 생활 수준을 대폭 높여준 비결이었습니다. 그러나 생산성과 번영 사이의 밀접한 관계를 제대로 이해하는 미국인은 아직도 극소수에 불과하므로 이 '비결'이라는 표현이 여전히 어울립니다. 먼저 미국에서 가장 극적인 생산성 향상 사례인 농업을 살펴보고, 이어서 버크셔의 세 분야를 보면서 둘의 관계를 파악하고자 합니다.

1900년에는 미국의 민간 노동인구가 2,800만이었습니다. 그중에서 농업에 종사하는 인구가 무려 40%에 이르는 1,100만이었습니다. 당시 가장 중요한 작물은 지금과 마찬가지로 옥수수였습니다. 옥수수 경작 면적은 약 9,000만 에이커(36만 km²)였고, 에이커당 산출량은 30부셸(816kg)이어서 연간 총산출량은 27억 부셸(7,300만 톤)이었습니다.

이후 트랙터가 등장했고 파종, 수확, 관개, 비옥화, 종자 개량 등 농업 생산성을 획기적으로 높여주는 혁신 기법들이 잇달아 나왔습니다. 현재 옥수수 재배에 사용되는 면적은 약 8,500만 에이커(34만 km²)입니다. 그러나 생산성이 증가한 덕분에 에이커당 산출량은 150부셸(4,082kg)이 넘어서 연간 총산출량은 130~140억 부셸(3.5~3.8억 톤)에 이릅니다.

산출량 증가는 이야기의 절반에 불과합니다. 산출량은 엄청나게 증가했는데도 농업 종사자 수는 오히려 극적으로 감소했습니다. 현재 농업 종사자 수는 미국 노동인구 1억 5,800만의 겨우 2%에 불과한 약 300만입니다. 이렇게 농업 기술이 개선된 덕분에 오늘날 수천만 노동인구가 시간과 재능을 다른 분야에 투입할 수 있었고, 이렇게 인적 자원이 재분배된 덕분에 현재 미국인들은 비농업 제품과 서비스를 훨씬 많이 소비할 수 있습니다.

지난 115년을 돌아보면, 농업 혁신이 농민뿐 아니라 사회 전체에 얼마나 유익했는지 쉽게 이해할 수 있습니다. 만일 농업 생산성이 이렇게 향상되지 않았다면 미국은 현재의 모습 근처에도 도달하지 못했을 것입니다. (말에게 투표권이 없어서 천만다행이었습니다.) 그러나 당시 하루하루 기준으로 보면, 단순작업 효율성이 월등히 높은 기계에 일자리를 빼앗긴 농장 노동자들에게는 이른바 '공익' 이야기가 공허하게 들렸을 것입니다. 이런 생산성 향상의 이면에 대해서는 나중에 더 논의하겠습니다.

여기서는 먼저 버크셔 자회사들에 중대한 영향을 미친 세 가지 효율성 이야기를 하겠습니다. 이와 비슷한 변화는 미국의 모든 기업에서 흔히 일어났습니다.

- 제2차 세계대전 직후인 1947년, 미국 노동인구는 모두 4,400만이었고, 여기서 철도산업에 종사하는 인구는 약 135만이었습니다. 그해 클래스 1 철도회사들의 화물 유상 톤-마일revenue-ton-miles 합계는 6,550억이었습니다.

2014년이 되자 클래스 1 철도회사들의 톤-마일은 182% 증가해 1.85조가 되었지만, 종업원은 1947년 이후 86%나 감소해 18만 7,000명에 불과했습니다. (종업원은 승객 부문에서도 감소했지만, 대부분은 화물 부문에서 감소했습니다.) 생산성이 이렇게 경이적으로 향상된 결과, 인플레이션을 감안한 화물 톤-마일 요금은 1947년 이후 55%나 하락해, 화주들의 비용을 현재 화폐가치 기준으로 연 900억 달러나 절감해주고 있습니다.

놀라운 통계가 또 있습니다. 현재 화물 수송의 생산성이 1947년과 같은 수준이라면, 현재의 화물 수송량 소화에 필요한 종업원은 300만 명이 훨씬 넘을 것입니다. (물론 종업원이 이렇게 많다면 화물 운임이 대폭 상승할 것이며, 그 결과 실제 수송량은 훨씬 감소할 것입니다.)

우리 BNSF는 1995년 '벌링턴 노던Burlington Northern'과 '산타페Santa Fe'가 합병해 설립되었습니다. 이 합병회사가 1996년에 만 1년 동안 수송한 화물은 4억 1,100만 톤-마일이었고, 당시 종업원 수는 4만 5,000이었습니다. 작년 수송한 화물은 7억 200만 톤-마일(71% 증가)이었고, 종업원 수는 4만

7,000(겨우 4% 증가)이었습니다. 이렇게 생산성이 극적으로 증가한 덕분에 주주와 화주 모두 이득을 보았습니다. BNSF는 안전성도 개선되었습니다. 보고된 상해가 1996년에는 20만 인시man-hours당 2.04였으나, 이후 50% 넘게 감소해 0.95가 되었습니다.

- 100여 년 전 자동차가 발명되자 자동차보험산업도 형성되었습니다. 처음에는 보험상품이 전통적인 보험대리점을 통해서 판매되었습니다. 그러나 이 과정에서 수수료 등 보험영업 비용이 큰 비중을 차지해 수입보험료 1달러당 약 40센트나 되었습니다. 당시에는 지역 보험대리점이 여러 보험사를 대표하면서 각 보험사와 개별적으로 수수료를 협상했으므로 주도권이 보험대리점에 있었습니다. 보험료는 카르텔 방식으로 결정되었으므로, 보험 계약자를 제외하고 관계자 모두가 만족했습니다.

이 무렵 미국의 독창성이 작동하기 시작했습니다. 일리노이 주 머나에 사는 농부 조지 메헐George Mecherle은 오로지 한 회사의 보험상품만 판매하는 전속 보험설계사라는 아이디어를 생각해냈습니다. 그는 스테이트팜 뮤추얼State Farm Mutual이라는 보험사를 설립했습니다. 이 회사는 수수료와 비용을 절감해 보험료를 낮추었고, 곧 업계 최강자가 되었습니다. 이후 수십 년 동안 스테이트팜은 자동차보험과 주택소유자보험 판매량을 폭발적으로 늘리면서 업계를 선도했습니다. 역시 전속 보험설계사 제도를 도입한 올스테이트Allstate가 장기간 업계 2위를 유지했습니다. 스테이트팜과 올스테이트의 보험영업 비용은 둘 다 약 25%였습니다.

1930년대 초, 상호회사 형태의 도전자 유나이티드 서비스 오토 어소시에이션(United Service Auto Association: USAA)도 장교들에게 직접 자동차보험을 판매했습니다. 군인들은 근무지가 변경되어도 효력이 유지되는 보험이 필요하다는 사실을 바탕으로, 이 회사는 혁신적인 마케팅 기법을 도출했던 것입니다. 지역 보험대리점들은 영구 거주자들을 대상으로 보험을 계속 연장하는 영업 방식을 원했으므로 군인들에게는 관심이 없었습니다.

USAA의 직접 판매 방식은 영업비용이 스테이트팜이나 올스테이트보다도 낮았으므로 장교 고객들에게 보험료를 더 깎아주었습니다. 당시 USAA 직원이었던 리오 굿윈Leo Goodwin과 릴리언 굿윈Lillian Goodwin은 직접 판매 대상을 더 넓혀보자는 꿈을 꾸었습니다. 1936년 이들은 자본금 10만 달러로 거버먼트 임플로이이 인슈런스Government Employees Insurance Co를 설립했습니다. (길고 복잡한 회사명을 나중에 가이코로 줄였습니다.)

이 신생 기업은 1937년 영업 첫해에 자동차보험을 23만 8,000달러 판매했습니다. 작년 가이코의 매출은 USAA의 두 배가 넘는 226억 달러였습니다. (벌레는 먼저 일어나는 새가 먹지만, 치즈는 두 번째로 발견하는 쥐가 먹습니다.) 작년 가이코의 보험영업 비용은 보험료의 14.7%였는데, 대형 보험사 중 보험영업 비용이 더 낮은 회사는 USAA뿐이었습니다. (가이코도 USAA만큼 효율적이지만, 성장을 촉진하려고 광고비를 훨씬 많이 지출하고 있습니다.)

낮은 영업비용으로 가격 경쟁력을 확보한 가이코는 여러 해 전, 업계 2위인 올스테이트 자동차보험을 따라잡았습니다. 그리고 아직은 격차가 크지만 스테이트팜 자동차보험의 실적에 접근하고 있습니다. 나는 100번째 생일인 2030년 8월 30일, 가이코가 정상을 차지했다고 발표할 계획입니다. 여러분 일정표에 기록해두시기 바랍니다.

가이코는 직원 약 3만 4,000명으로 보험 계약자 1,400만 명을 섬기고 있습니다. 보험대리점 시스템으로 보험 계약자 1,400만 명을 섬기려면 직원이 몇 명이나 필요한지를 정확하게 알 수는 없습니다. 그러나 보험사 직원과 대리점 직원을 더해서 적어도 6만 명은 필요할 것이라고 나는 생각합니다.

- 우리 전력회사 버크셔 해서웨이 에너지BHE는 사업 환경이 바뀌고 있습니다. 과거에 지역 전력회사는 효율성이 높지 않아도 생존할 수 있었습니다. 즉, 사업을 방만하게 하면서도 수익성은 양호하게 유지할 수 있었습니다.

이는 전력회사가 대개 그 지역에서 유일한 공급자였고, 당국은 규정된 ROIC가 유지되는 수준으로 전력회사의 요금 인상을 허용했기 때문입니다. 그래서 업계에는 "사장실을 개조해도 자동으로 수익이 늘어나는 회사는 전력회사뿐"이라는 농담도 있습니다. 실제로 일부 CEO는 이런 방식으로 회사를 운영했습니다.

그러나 이제는 모두 바뀌고 있습니다. 현재 우리 사회는 풍력발전과 태양광발전에 대한 연방정부의 보조금 지급이 장기적으로 국가에 이롭다고 판단합니다. 이 정책에 따라 연방정부가 세금을 공제해주고 있으므로, 일부 지역에서는 재생 가능 에너지가 가격 경쟁력을 유지합니다. 그러나 이런 세금 공제 등 정부의 지원 탓에 기존 전력회사, 특히 원가가 높은 전력회사는 결국 경제성이 악화할 수 있습니다. 하지만 BHE는 (효율성이 낮아도 수익성을 유지할 수 있었던) 오래전부터 효율성에 역점을 두었으므로 오늘날 시장 경쟁력이 매우 강합니다. (그리고 장래에도 경쟁력이 매우 강할 것입니다.)

1999년, BHE는 아이오와 전력회사를 인수했습니다. 우리가 인수하기 전이 전력회사의 직원은 3,700명이었고, 전력 생산량은 1,900만 메가와트시MWh였습니다. 현재는 직원이 3,500명이고, 생산량은 2,900만 메가와트시입니다. 이렇게 생산성이 대폭 향상되었으므로 우리는 16년 동안 요금을 인상하지 않았습니다. 그러나 같은 기간 업계 요금은 44% 상승했습니다.

우리 아이오와 전력회사는 안전 기록도 탁월합니다. 우리가 인수하기 전 년도에는 종업원 100명당 부상자가 7명이었는데, 2015년에는 0.79명이었습니다.

2006년, BHE는 오리건과 유타가 주사업장인 퍼시피코프PacifiCorp를 인수했습니다. 우리가 인수하기 전년도에 퍼시피코프의 직원은 6,750명이었고, 전력 생산량은 5,260만 메가와트시였습니다. 작년에는 직원이 5,700명이었고, 전력 생산량은 5,630만 메가와트시였습니다. 여기도 안전 기록이 극적으로 개선되었습니다. 2005년에는 종업원 100명당 부상자가 3.4명이었는데, 2015년에는 0.85명으로 감소했습니다. 이제 BHE의 안전 기록은 업계에서 상위 10%에 속합니다.

BHE의 실적이 이렇게 탁월하므로, 우리가 전력회사를 인수하겠다고 제안하면 해당 지역 규제당국이 환영합니다. 우리 운영이 효율적이고 안전해서 신뢰할 수 있으며, 타당성 있는 프로젝트라면 자본을 무제한 투자한다는 사실을 알고 있기 때문입니다. (BHE는 버크셔가 인수한 이후 배당을 한 번도 지급하지 않았습니다. 미국의 민간 전력회사 중 BHE만큼 재투자에 적극적인 회사는 어디에도 없습니다.)

생산성 향상(그리고 그동안 미국이 이룬 기타 수많은 성과)은 지금까지 사회에 엄청난 혜택을 안겨주었습니다. 생산성 향상이야말로 미국인들이 더 많은 상품과 서비스를 소비하게 해준 (그리고 앞으로도 계속 소비하게 해줄) 요소입니다.

그러나 생산성 향상에도 단점이 있습니다. 첫째, 최근 몇 년 동안 달성된 생산성 향상의 혜택 대부분이 부자들에게 돌아갔습니다. 둘째, 생산성 향상은 흔히 격변을 불러옵니다. 혁신과 효율성이 세상을 뒤집어놓으면 자본가와 노동자 모두 끔찍한 대가를 치르게 됩니다.

자본가를 위해서 눈물을 흘릴 필요는 없습니다. (비상장회사 소유주이든, 상장회사 주주들이든 상관없습니다.) 이들은 스스로 자신을 보호해야 합니다. 이들은 투자를 잘하면 막대한 보상을 받을 수 있으므로, 투자를 잘못했을 때는 손실을 보는 것이 당연합니다. 게다가 광범위하게 분산투자해서 계속 보유하기만 해도 틀림없이 성공합니다. 미국에서는 사람들이 투자에 성공해서 얻은 이익이, 투자에 실패해서 입은 손실보다 항상 훨씬 많았습니다. (20세기 100년 동안 다우지수에 포함된 기업들이 배당을 계속 늘렸는데도 이 지수는 66에서 1만 1,497로 치솟았습니다.)

그러나 장기근속 노동자는 사정이 다릅니다. 혁신과 시장 시스템이 상호작용하면서 효율성이 높아지면 노동자들은 불필요한 존재로 전락할 수 있습니다. 다른 곳에서 괜찮은 일자리를 구하는 사람도 있겠지만, 구하지 못하는 사람도 있습니다.

원가 경쟁이 벌어져 신발 생산 주도권이 아시아로 넘어가자, 한때 번창했던 우리 자회사 덱스터는 사업을 접었고, 메인 주 소도시에서 일하던 종업원 1,600명은 실업자가 되었습니다. 종업원 다수는 나이가 많아서 다른 기술을 배울 수가 없었습니다. 우리는 투자액을 모두 날렸지만 버틸 수 있었습니다. 그러나 종업원들은 생계수단을 잃었고 다른 일자리를 찾을 수 없었습니다. 똑같은 시나리오가 우리 뉴잉글랜드 직물공장에서도 20년에 걸쳐 천천히 진행되었습니다. 우리 뉴베드퍼드 공장도 가슴 아픈 사례입니다. 나이 많은 종업원 다수가 포르투갈어를 쓰고 영어를 거의 못했습니다. 이들에게는 대안이 없었습니다.

그렇다고 해서 생산성 향상을 억제하거나 불법화하는 것이 답이 될 수는 없습니다. 만일 정부가 농업 부문에서 1,100만 명을 계속 고용하도록 강제했다면 현재 미국인들의 생활 수준은 훨씬 낮아졌을 것입니다.

근로 의지는 있지만 재능을 시장에서 인정받지 못하는 사람들에게 다양한 사회안전망으로 괜찮은 생활을 제공하는 방식으로 이런 혼란을 해결해야 합니다. (나는 근로소득세 공제를 확대 개편해서 근로 의지가 있는 사람들을 지원하는 방식에 찬성합니다.) 미국인 대다수의 생활 수준을 계속 높이는 대가로 불운한 사람들이 가난해져서는 안 됩니다.

제4차 세계대전과 노아의 방주 [2015]

모든 상장회사와 마찬가지로, 우리도 SEC 규정에 따라 매년 10-K 보고서에 '위험 요소'를 열거해야 합니다. 그러나 이런 '위험 요소'가 내가 기업을 평가할 때 유용한 적이 있었는지 모르겠습니다. 이는 여기 열거된 위험 요소가 비현실적이어서는 아닙니다. 그러나 정말로 위험한 요소는 대개 잘 알려져 있습니다. 게다가 10-K 위험 요소는 다음 세 가지를 평가할 때 거의 도움이 되지 않습니다. (1) 위험한 사건이 실제로 발생할 확률, (2) 실제로 발생할 때 예상되는 손실 범위, (3) 손실이 발생하는 시점. 지금부터 50년 지나야 발생하는 위험이라면, 사회문제가 될지는 몰라도 현재 투자자에게 손실을 안겨주는 문제는 아닙니다.

버크셔는 다른 어떤 회사보다도 다양한 산업에서 사업을 하고 있습니다. 그리고 우리 자회사에는 저마다 고유의 위험과 기회가 있습니다. 이런 위험을 열거하기는 쉬워도 평가하기는 어렵습니다. 이런 위험의 발생 가능성, 시점, 손실 추정치는 찰리, 나, 자회사 CEO들 사이에서도 대개 큰 차이가 납니다.

몇 가지 예를 들겠습니다. 먼저 다른 철도회사들과 마찬가지로 BNSF가 직면한 명백한 위험은 앞으로 10년 동안 석탄 수송량이 확실히 대폭 감소한다는 점입니다. 그리고 미래 어느 시점에는 자율주행차 탓에 가이코의 수입보험료가 감소할지 모릅니다. (그러나 내 생각에 장기간 감소하지는 않을 것입니다.) 자율주행차가 등장하면 우리 자동차 딜러사업도 타격을 입을 수 있습니다. 종이 신문 판매 부수도 계속 감소하겠지만, 이는 우리가 신문사를 인수할 때 분명히 고려했던 사항입니다. 지금까지는 재생 가능 에너지가 전력사업에 보탬이 되었지만, 특히 전기 저장 능력이 대폭 개선되면 상황이 바뀔 수 있습니다. 온라인 소매업은 우리 소매회사들과 일부 소비자 브랜드의 비즈니스 모델에 위협이 됩니다. 이런 위험들은 우리가 직면한 잠재 위험들 중 극히 일부에 불과합니다. 그러나 경제 뉴스를 대충이라도 보는 사람이라면 이미 오래전부터 알고 있었던 내용입니다.

하지만 이런 문제들 중 버크셔의 장기 번영에 결정적인 문제는 하나도 없습니다. 1965년 우리가 버크셔를 인수했을 때 떠안은 위험은 한 문장으로 요약할 수 있습니다. "우리 자본을 모두 투입한 북부 직물회사는 손실이 반복되어 마침내 사라질 운명이다." 실제로 이렇게 진행되었지만 이것이 우리 파멸의 전조는 아니었습니다. 우리는 상황에 적응했습니다. 그리고 앞으로도 계속 적응할 것입니다.

매일 버크셔 경영자들은 항상 변화하는 세계 속에서 경쟁력을 높일 방법을 생각합니다. 그리고 찰리와 나는 계속 들어오는 자금을 어디에 투자할 것인지에 집중해서 숙고합니다. 단일 산업에서 활동하는 기업은 투자 대안이 제한되어 있지만, 우리는 다양한 산업에 걸쳐 활동하므로 투자 대안 면에서 훨씬 유리합니다. 버크셔는 앞에서 열거한 온갖 역경을 극복해내고 수익력을 더 높일 수 있는 자금, 재능, 문화를 보유했다고 나는 확신합니다.

그러나 찰리와 나도 어쩔 수 없는, 명백하고 현존하며 지속적인 위험이 있습니다. 이는 버크셔뿐 아니라 우리 시민에게도 중대한 위험으로서, 미국에 대한 사이버, 생물, 핵, 화학 공격입니다. 이는 버크셔와 모든 미국 기업이 함께 직면한 위험입니다.

어느 한 해에 이런 대량살상이 일어날 확률은 매우 작을 것입니다. 미국이 최초로 원자탄을 투하했다는 주요 뉴스가 실린 〈워싱턴 포스트〉지를 내가 배달한 지도 70년이 넘었습니다. 이후에도 우리가 위기일발 상황까지 간 적은 몇 번 있었지만 대량살상은 피했습니다. 이에 대해서 우리는 정부(그리고 행운)에 감사할 만합니다.

그러나 단기적으로는 발생 확률이 낮은 사건도 장기적으로 보면 거의 틀림없이 발생하게 됩니다. (1년 중 발생 확률이 3.3%인 사건도, 100년 중 1회 발생할 확률은 96.6%나 됩니다.) 게다가 미국에 최대한 피해를 입히려는 사람, 조직, 국가는 영원히 존재할 것입니다. 내가 살아오는 동안 대량살상 수단은 급격하게 증가했습니다. '혁신'에도 어두운 면이 있습니다.

미국 기업이나 투자자들이 이런 위험을 피할 방법은 없습니다. 미국에서 대량살상이 일어난다면 모든 주식의 가치가 거의 틀림없이 폭락할 것입니다.

'대량살상 이후'의 세상이 어떤 모습일지는 아무도 모릅니다. 그러나

1949년 아인슈타인Albert Einstein이 내린 판단이 적절해 보입니다. "제3차 세계대전에 어떤 무기가 등장할지는 모르지만, 제4차 세계대전에는 막대기와 돌이 등장할 것입니다."

내가 이 섹션을 쓰는 것은 올해 주주총회에서 기후변화를 논의해달라는 주주제안을 받았기 때문입니다. 제안자는 기후변화가 우리 보험영업에 미치는 위험을 보고하고, 우리의 대응 방안을 설명해달라고 요청했습니다.

기후변화는 지구에 커다란 문제를 일으킬 가능성이 높다고 생각합니다. 나는 '확실하다' 대신 '가능성이 높다'라고 말했습니다. 나는 과학에 소질도 없을뿐더러, Y2K에 대한 대부분 '전문가들'의 예측이 비참하게 빗나갔던 사실을 기억하기 때문입니다. 그러나 아무리 문제의 가능성이 높고 즉시 대응하면 그 가능성을 조금이나마 줄일 수 있더라도, 지구에 엄청난 위험이 다가온다는 확실한 증거를 요구하는 것은 어리석은 일입니다.

이는 파스칼Blaise Pascal이 제기한 신의 존재에 대한 내기와 비슷합니다. 실제로 신이 존재할 가능성이 조금이라도 있다면 신이 존재한다고 믿는 편이 유리하다고 파스칼은 주장했습니다. 실제로 신이 존재한다면 믿은 사람은 무한한 보상을 받게 되지만, 믿지 않은 사람은 영원히 고통받기 때문입니다. 마찬가지로, 지구에 커다란 문제가 발생할 가능성이 1%에 불과하고 당장 대응하지 않으면 기회가 사라진다면, 수수방관이야말로 무모한 행위가 될 것입니다. 여기서 이른바 노아의 법칙이 나옵니다. "반드시 방주가 있어야 생존할 수 있다면, 오늘 하늘에 구름 한 점 없어도 당장 방주를 짓기 시작해야 한다."

버크셔는 온갖 위험을 보장하는 거대 보험사이므로, 기후변화가 특히 버크셔에 위험하다고 주주제안자가 믿는 것도 충분히 이해할 수 있습니다. 제안자는 기후변화 탓에 재산 피해가 급증한다고 걱정할지 모르겠습니다. 우리가 10년이나 20년 만기 보험을 고정가격에 판매한다면 그렇게 걱정할 만합니다. 그러나 보험은 관례상 1년 단위로 판매하며, 위험도 변화를 고려해 매년 가격을 다시 책정합니다. 손해 가능성이 증가하면 보험료도 즉시 인상됩니다.

내가 처음으로 가이코에 열광했던 1951년으로 돌아가 봅시다. 당시 가이코의 계약당 손해액 평균은 연 30달러 수준이었습니다. 당시 내가 2015년에는 계약당 손해액이 약 1,000달러로 증가할 것이라고 예측했다면 여러분은 어떤 반응을 보였을까요? 손해액이 그렇게 급증해도 회사가 버틸 수 있느냐고 질문했겠지요. 물론 버틸 수 있습니다.

그동안 인플레이션 탓에, 사고가 발생하면 치료비와 자동차 수리비가 엄청나게 상승했습니다. 그러나 비용이 상승한 만큼 보험료도 즉시 인상되었습니다. 역설적이지만 비용이 계속 상승한 덕분에 보험사들의 가치가 훨씬 높아졌습니다. 비용이 상승하지 않았다면 현재 가이코의 연 매출은 230억 달러가 아니라 6억 달러에 머물 것입니다.

사람들은 기후변화를 우려하지만, 지금까지는 허리케인 등 기후 관련 보험사고의 빈도가 늘어나지 않았고 손해도 증가하지 않았습니다. 그 결과 최근 몇 년 동안 대재해보험료도 꾸준히 하락했습니다. 그래서 우리는 대재해보험사업에서 한 걸음 물러났습니다. 대재해의 빈도와 손해가 증가한다면 아마 버크셔의 보험사업은 더 성장하고 수익성도 더 좋아질 것입니다.

시민 입장에서는 기후변화 걱정 탓에 밤잠을 설치는 것도 당연합니다. 저지대에 사는 주택 보유자라면 이사도 고려할 만합니다. 그러나 대형 보험사

주주의 관점으로만 생각한다면 기후변화는 걱정할 일이 아닙니다.

시장 시스템이 이룬 기적 [2016]

우리 재임 기간 내내 그랬듯이, 활기 넘치는 미국 경제는 버크셔의 정상 수익력 제고에 큰 힘이 되어줄 것입니다. 그동안 미국이 이룬 성과를 한마디로 요약하면 '기적'입니다. (내 생애의 거의 3배에 해당하는) 240년 전, 미국인들은 창의력, 시장 시스템, 수많은 인재, 야심 찬 이민자들, 법치주의를 결합해 우리 선조가 꿈도 꾸지 못한 풍요를 일궈냈습니다.

경제학자가 아니어도 그동안 미국 시스템이 얼마나 효율적으로 작동했는지 이해할 수 있습니다. 단지 주위를 둘러보기만 하면 됩니다. 7,500만 채에 이르는 자가 주택, 풍부한 농지, 2억 6,000만 대의 자동차, 매우 생산성 높은 공장들, 훌륭한 의료센터, 인재가 가득한 대학교 등. 이들 모두가 1776년 당시 척박한 토지, 원시적인 구조, 빈약한 생산 위에 미국인들이 쌓아 올린 성과입니다. 미국은 백지에서 시작해 모두 90조 달러에 이르는 부를 축적했습니다.

물론 주택, 자동차, 기타 자산을 소유한 미국인들 중에는 큰 부채를 진 사람들이 많습니다. 그러나 이들이 파산한다고 해서 이들의 자산도 사라지는 것은 아닙니다. 대개 자산의 소유권은 미국 대출기관을 통해서 다른 미국인에게 이전됩니다. 미국의 부는 고스란히 남아 있습니다. 거트루드 스타인

Gertrude Stein(미국 시인, 소설가)은 말했습니다. "돈은 항상 그대로이고, 주머니만 바뀔 뿐이다."

미국의 풍요를 일궈낸 일등 공신은 바로 미국의 시장 시스템입니다. 자본, 인재, 노동의 흐름을 능숙하게 정리해낸 일종의 교통경찰이지요. 시장 시스템은 보상을 배분하는 주역이기도 했습니다. 그리고 (연방, 주, 지역) 정부도 세금 등을 통해서 부의 상당 부분을 재분배했습니다.

예를 들어 미국은 생산 연령대 시민들이 노인과 어린이 들을 돕기로 결정했습니다. 이런 지원을 흔히 '수급권entitlements'이라고 부르는데, 사람들은 노인층에게 제공되는 혜택이라고 생각합니다. 그러나 매년 400만 명 태어나는 미국 아기들에게도 공교육 수급권이 제공된다는 사실을 기억하시기 바랍니다. 이 사회적 지원에 들어가는 비용은 아기 한 명당 약 15만 달러이며, 자금 대부분이 지역에서 조달됩니다. 연간 비용 합계는 6,000억 달러가 넘으며, GDP의 약 3.5%에 이릅니다.

미국의 부를 어떤 방식으로 분배하더라도, 사방에 널린 엄청난 부는 거의 모두 미국인들의 것입니다. 물론 외국인들도 우리 부의 일정 부분을 소유하고 있습니다. 그러나 이들의 부가 미국 재무상태표에 미치는 영향은 미미합니다. 미국 시민들도 외국 자산을 비슷한 규모로 소유하고 있기 때문입니다.

강조하건대, 초창기 미국인들이 그 이전 사람들보다 더 똑똑하거나 근면했던 것은 아닙니다. 그러나 이 대담한 선구자들은 사람들의 잠재력을 촉발하는 시스템을 만들어냈고, 후손들은 이 시스템을 바탕으로 발전했습니다.

이 시스템 덕분에 먼 장래에도 우리 후손들의 부는 계속 증가할 것입니다. 물론 일시적으로 부가 증가하지 않을 때도 간혹 있을 것입니다. 그러나 부의 증가 추세가 중단되지는 않을 것입니다. 과거에도 거듭 말했고 장래에도 말하겠지만, 오늘날 미국에서 태어나는 아기들은 역사상 가장 운 좋은 사람들입니다.

미국 경제가 발전한 덕분에 주주들은 막대한 수익을 거두었습니다. 20세기에 다우지수는 66에서 1만 1,497로 상승해, 주주들은 1만 7,320%에 이르는 자본이득은 물론 꾸준히 증가하는 배당까지 받았습니다. 이 추세는 계속되고 있습니다. 2016년 말까지 지수는 72% 더 상승해 1만 9,763이 되었습니다.

장래에 미국 기업들(그리고 주식)의 가치는 거의 틀림없이 훨씬 더 높아질 것입니다. 혁신, 생산성 향상, 기업가정신, 풍부한 자본이 이를 뒷받침할 것입니다. 항상 존재하는 비관론자들은 여전히 비관론을 팔면서 돈을 벌지도 모릅니다. 그러나 이들이 자신의 터무니없는 비관론을 실행에 옮긴다면 망할 것입니다.

물론 낙오하는 기업도 많을 것이고, 파산하는 기업도 있을 것입니다. 이런 옥석 가리기는 역동적인 시장 시스템이 빚어낸 결과입니다. 게다가 앞으로도 간혹 거의 모든 주식이 폭락할 것이며, 극심한 공포까지 발생할 수도 있습니다. 이런 충격이 언제 발생할지는 아무도 알 수 없습니다. 나도, 찰리도, 경제학자들도, 대중매체도 말이지요. 뉴욕 연준의 메그 매코널Meg McConnell이 공포의 실체를 적절하게 묘사했습니다. "우리는 체계적 위험을 찾아내려고 많은 시간을 들이고 있습니다. 그러나 실제로는 체계적 위험이 우리를 찾아냅니다."

공포가 덮칠 때 절대 잊지 말아야 할 두 가지가 있습니다. 첫째, 만연한 공포는 투자자의 친구라는 사실입니다. 주식을 헐값에 살 기회이기 때문이지요. 둘째, 내가 공포에 휩쓸리면 공포는 나의 적이라는 사실입니다. 투자자는 공포에 휩쓸릴 필요가 없습니다. 재무구조가 건전한 미국 대기업에 장기 분산투자하면서 불필요한 비용만 피하더라도 거의 틀림없이 좋은 실적을 얻을 것입니다.

버크셔는 거대한 규모 탓에 탁월한 실적을 내기 힘듭니다. 자산 규모가 증가하면 수익률은 하락하는 법이니까요. 그렇더라도 버크셔는 우량 자회사들, 철옹성처럼 건전한 재무구조, 주주 지향적 문화를 갖추고 있으므로 꽤 훌륭한 실적을 낼 것입니다. 그래야 우리가 만족할 것입니다.

내기를 낙관하는 이유 [2016]

이 섹션에서는 먼저 9년 전인 2007년 내가 걸었던 투자 내기에 대해서 설명하고, 이어서 투자에 대한 나의 확고한 의견을 제시하겠습니다. 우선 롱벳 Long Bets이라는 독특한 내기 제도를 간략하게 설명하겠습니다.

롱벳은 이른바 장기 내기를 관리하는 비영리 조직으로서, 아마존의 제프 베조스가 설립했습니다. 내기가 성립하려면 먼저 '제안자'가 Longbets.org에 먼 훗날 옳은지 그른지 판명될 제안을 올려야 합니다. 그러고서 내기의 반대편에 설 사람이 나타나기를 기다립니다. 마침내 '반대자'가 등장하면, 양측은 자신이 승리했을 때 판돈을 받게 될 자선단체를 지정하고, 판돈을 롱벳에 맡기며, 자신의 입장을 옹호하는 간략한 글을 롱벳 웹사이트에 올립니다. 내기의 승부가 가려지면 롱벳은 승리한 측의 자선단체에 판돈을 지급합니다.

다음은 롱벳 사이트에 올라온 매우 흥미로운 내기 사례입니다.

2002년, 기업가 미치 케이퍼Mitch Kapor는 "2029년까지는 어떤 컴퓨터나 인공지능도 튜링 테스트Turing Test(기계가 사람처럼 생각하고 있는가를 판정하는 시험)를 통과하지 못할 것이다"라고 주장했습니다. 발명가 레이 커즈와일Ray Kurzweil은 견해가 반대였습니다. 각자 자신의 의견에 1만 달러를 걸었습니다. 이 내기에서 누가 승리할지는 모르겠지만, 나는 어떤 컴퓨터도 찰리를 복제하지 못한다는 쪽에 자신 있게 걸겠습니다.

같은 해, 마이크로소프트의 크레이그 먼디Craig Mundie는 2030년이 되면 자동 조종 여객기가 일상적으로 운항될 것이라고 주장했고, 구글의 에릭 슈미트Eric Schmidt는 반대로 주장했습니다. 판돈은 각각 1,000달러였습니다. 에릭이 막대한 판돈 때문에 속이 쓰릴 듯해서, 최근 내가 판돈 일부를 분담하겠다고 제안했습니다. 그는 즉시 500달러를 내게 부탁했습니다. (우리가 내기에 지면 나도 돈을 내야 하므로, 아무래도 나는 2030년까지 활동하게 될 듯합니다.)

이제부터 나의 내기 이야기입니다. 2005년 버크셔 연차보고서에서 나는 전문가들이 적극적으로 운용하는 펀드의 수익률이, 장기적으로는 평범한 아마추어들이 가만히 앉아서 얻는 수익률에도 미치지 못할 것이라고 주장했습니다. 다양한 '조력자들'이 받아 가는 엄청난 보수 탓에, 저비용 인덱스 펀드에 단순하게 투자하는 아마추어의 수익률보다도 낮을 것이라고 설명했습니다.

이어서 나는 50만 달러짜리 내기를 공개적으로 제안했습니다. 나는 어떤 투자 전문가가 선정한 (보수가 비싸고 인기 높은 5종목 이상의) 헤지펀드 포트폴리오도 장기적으로는 보수가 매우 낮은 S&P500 인덱스펀드의 실적을 따라갈 수 없다고 주장했습니다. 나는 10년 내기를 제안하면서 보수가 낮은 뱅가드 S&P500 펀드를 지정했습니다. 그러고서 많은 헤지펀드 매니저들이 나서서 자신의 펀드를 옹호하리라 기대하면서 앉아 기다렸습니다. 이들은 남들을 설득해서 자신의 능력을 믿고 수십억 달러를 투자하게 했습니다. 자기 돈을 조금 걸어보라는데 이들이 두려워할 이유가 있을까요?

그런데 침묵이 흘렀습니다. 종목 선정 능력을 내세워 막대한 재산을 끌어모은 전문 펀드매니저 수천 명 중에서 내 도전에 응한 사람은 테드 사이데스Ted Seides 한 사람뿐이었습니다. 테드는 프로테제 파트너스의 공동 경영자였습니다. 프로테제 파트너스는 유한 파트너들로부터 조달한 자금으로 펀드 오브 펀드fund-of-fund(다른 펀드에 투자하는 펀드)를 구성하는 자산운용사입니다.

나는 내기를 통해서 테드를 처음 알게 되었지만, 자신이 말한 대로 기꺼이 돈을 거는 그의 자세를 높이 평가하고 좋아합니다. 그는 내게 솔직했고, 내기 평가에 필요한 모든 데이터를 세심하게 점검해서 제공했습니다.

테드는 수익률을 평균해서 비교할 펀드 오브 펀드 다섯 개를 선정했습니다. 그 다섯 펀드는 100개가 넘는 헤지펀드에 투자하고 있었으므로, 어느 헤지펀드 하나의 실적이 좋거나 나쁘더라도 전체 수익률이 왜곡될 염려는 없었습니다.

물론 각 헤지펀드는 보수를 받고 있었고, 이런 헤지펀드로 구성된 펀드 오브 펀드도 추가로 보수를 받았습니다. 즉, 각 펀드 오브 펀드는 헤지펀드 선정 능력에 대해 추가로 보수를 부과했으므로, 각 헤지펀드에는 이중으로 높은 보수가 부과되었습니다.

다음은 내기 9년 동안 드러난 실적입니다. 숫자를 보면, 내가 지정한 자선단체 걸즈 잉크 오브 오마하Girls Inc. of Omaha가 내년 1월 우편함을 틀림없이 열심히 열어볼 것입니다.

펀드 오브 펀드 운용 실적

(단위: %)

연도	펀드 A	펀드 B	펀드 C	펀드 D	펀드 E	S&P 인덱스펀드
2008	−16.5	−22.3	−21.3	−29.3	−30.1	−37.0
2009	11.3	14.5	21.4	16.5	16.8	26.6
2010	5.9	6.8	13.3	4.9	11.9	15.1
2011	−6.3	−1.3	5.9	−6.3	−2.8	2.1
2012	3.4	9.6	5.7	6.2	9.1	16.0
2013	10.5	15.2	8.8	14.2	14.4	32.3
2014	4.7	4.0	18.9	0.7	−2.1	13.6
2015	1.6	2.5	5.4	1.4	−5.0	1.4
2016	−2.9	1.7	−1.4	2.5	4.4	11.9
누적 수익률	8.7	28.3	62.8	2.9	7.5	85.4

※ 주: 프로테제 파트너스와의 합의에 따라, 이들 펀드 오브 펀드의 명칭은 전혀 공개되지 않았습니다. 그러나 나는 이들의 연례 회계감사 자료를 보고 있습니다.

지금까지 인덱스펀드의 누적 수익률은 연 7.1%로서, 주식시장의 전형적인 장기 수익률 수준으로 볼 수 있습니다. 이는 중요한 사실입니다. 지난 9년 동안 시장이 현저하게 약세였다면 대규모 매도 포지션을 보유한 헤지펀드가 십중팔구 상대적으로 유리했을 것입니다. 반대로 지난 9년 동안 주식 수익률이 이례적으로 높았다면 인덱스펀드가 순풍을 탔을 것입니다.

그러나 지난 9년은 이른바 '중립적인' 환경이었습니다. 2016년까지 펀드 오브 펀드 5개의 평균 수익률은 연 2.2%에 불과했습니다. 이는 100만 달러를 투자했다면 22만 달러를 벌었다는 뜻입니다. 같은 기간 인덱스펀드는 85만 4,000달러를 벌었을 것입니다.

이들 100여 헤지펀드의 펀드매니저들은 모두 최선을 다하라고 막대한 인센티브를 받고 있다는 사실을 잊지 마십시오. 게다가 테드가 선정한 펀드 오브 펀드 5개 역시 실적을 기준으로 성과보수를 받게 되어 있으므로, 마찬가지로 최고의 헤지펀드를 선정하라고 인센티브를 받는 셈입니다.

나는 헤지펀드와 펀드 오브 펀드의 펀드매니저들 모두 정직하고 똑똑한 사람들이라고 확신합니다. 그러나 실적은 정말 형편없었습니다. 게다가 실적으로는 도무지 정당화되지 않는 막대한 보수를 부과한 덕분에, 지난 9년 동안 펀드매니저들은 보상을 넘치도록 받았습니다. 고든 게코Gordon Gekko라면 "보수는 절대 잠들지 않는다"라고 말했을 것입니다.

이 펀드매니저들이 고객들로부터 평균적으로 받은 보수는 유행하는 헤지펀드 표준 보수인 '2%와 20%'였을 것입니다. 여기서 2%는 연간 고정보수로서, 막대한 손실이 나도 받는 보수이고, 20%는 한 해 실적이 좋았다가 이듬해 실적이 나빠져도 돌려주지 않는 성과보수입니다. 이렇게 일방적인 조건 덕분에, 운용 실적이 부진하더라도 단순히 운용자산 규모를 쌓아 올려 막대한 부를 축적한 헤지펀드 매니저가 많았습니다.

보수는 여기서 끝나지 않았습니다. 펀드 오브 펀드 매니저들도 보수를 받았으니까요. 이들이 추가로 받은 고정보수는 대개 운용자산의 1%였습니다. 그리고 5개 펀드 오브 펀드의 실적이 전반적으로는 형편없었지만, 일부 펀드는 가끔 좋은 실적을 냈으므로 '성과'보수를 받았습니다. 그 결과 나는 지난 9년 동안 5개 펀드 오브 펀드가 벌어들인 모든 이익 중 무려 60%가 두 단계에 속한 매니저들에게 넘어간 것으로 추정합니다. 이들의 실적은 수많은 고객이 거의 비용 없이 수월하게 달성했을 실적에도 훨씬 미치지 못했으므로, 이들은 부당한 보상을 받았습니다.

이 내기에서 드러난 헤지펀드의 실망스러운 실적은 장래에도 거의 틀림없이 되풀이될 것입니다. 나는 이렇게 믿는 이유를 내기가 시작될 때 롱벳 웹사이트에 올렸습니다(지금도 웹사이트에 있습니다). 내 주장은 다음과 같습니다.

2008년 1월 1일부터 2017년 12월 31일까지 10년 동안 보수 및 각종 비용 차감 후 기준으로 실적을 평가하면 S&P500이 펀드 오브 펀드 포트폴리오를 앞설 것입니다.

시장 평균보다 높은 실적을 얻으려는 매우 똑똑한 투자자들이 있습니다. 이들을 적극적 투자자라고 부릅시다.

그 반대는 소극적 투자자로서, 평균 수준의 실적을 내는 사람들입니다. 전체적으로 보면 이들의 실적은 인덱스펀드의 실적과 비슷합니다. 따라서 나머지에 해당하는 적극적 투자자들의 실적도 평균 수준이 되어야 마땅합니다. 그러나 적극적 투자에는 비용이 훨씬 많이 들어갑니다. 따라서 비용까지 감안하면 적극적 투자자들의 실적은 소극적 투자자들의 실적보다 나쁠 것입니다.

적극적 투자에 높은 연간 보수, 성과보수, 빈번한 매매 비용까지 추가되면 비용이 급증합니다. 특히 펀드 오브 펀드는 비용 문제가 더 두드러집니다. 이미 높은 보수가 부과되는 헤지펀드에, 추가로 펀드 오브 펀드 보수가 부과되기 때문입니다.

헤지펀드 운용에는 똑똑한 사람들이 다수 참여합니다. 그러나 이들의 노력은 대부분 상쇄되며, 이들의 높은 IQ로도 비용을 극복하지 못합니다. 따라서 장기적으로는 펀드 오브 펀드보다 저비용 인덱스펀드에 투자하는 편이 대체로 유리합니다.

내가 주장했던 내용을 더 간단하게 정리해보겠습니다. 투자자 전체를 그룹 A(적극적 투자자)와 그룹 B(소극적 투자자)로 구분한다면, B의 비용 차감 전 실적은 시장 평균이 될 수밖에 없고, A도 마찬가지입니다. 어느 그룹이든 비용이 낮은 쪽이 승리합니다. (내 학자적 기질 탓에 매우 사소한 점을 지적하면서 위 설명을 약간 수정해야겠습니다.) 만일 그룹 A에서 엄청난 비용이 발생한다면 그룹 B보다 훨씬 뒤처질 것입니다.

물론 장기간에 걸쳐 S&P500을 능가할 가능성이 큰 노련한 개인도 일부 있습니다. 그러나 내가 평생 (초기에) 발견한 그런 전문가는 약 10명에 불과합니다.

내가 만나보지 못한 사람들 중에도 그런 능력자가 아마 수백 명, 어쩌면 수천 명 있을 것입니다. 초과수익이 불가능한 것은 아닙니다. 문제는 초과수익을 얻으려고 시도하는 펀드매니저들 중 대다수가 실패한다는 점입니다. 당신에게 투자를 권유하는 사람도 예외가 아닐 가능성이 매우 높습니다. 빌 루안은 장기간에 걸쳐 거의 틀림없이 초과수익을 낼 사람으로서, 내가 60년 전 발견한 정말로 놀라운 인물입니다. 그는 이렇게 말했습니다. "자산운용업은 혁신자들로부터 모방자들을 거쳐 수많은 무능력자들에게 넘어간다."

높은 보수를 받을 만큼 좋은 실적을 내는 펀드매니저들도 드물게 있긴 하겠지만, 이들도 대개 아마추어와 마찬가지로 단기간 운이 좋을 뿐입니다. 연초에 펀드매니저 1,000명이 시장을 예측한다면, 9년 연속 예측이 적중하는 펀드매니저가 1명 이상 나올 가능성이 매우 높습니다. 물론 원숭이 1,000마리가 예측해도 결과는 비슷할 것입니다. 그러나 차이는 있을 것입니다. 사람들이 그 원숭이에게 투자 자금을 맡기려고 줄을 서지는 않겠지요.

끝으로, 세 가지 현실적인 문제 탓에, 성공했던 투자가 실패로 끝나기도 합니다. 첫째, 실적이 좋은 펀드에는 곧바로 막대한 자금이 몰려 들어옵니다. 둘째, 운용자산 규모가 커지면 실적을 높이기 어려워집니다. 규모가 100만 달러라면 운용하기 쉽지만 10억 달러가 되면 버거워집니다. 셋째, 그런데도 대부분 펀드매니저는 신규 자금을 끌어모읍니다. 운용자산 규모가 증가할수록 자신의 수입도 증가하기 때문입니다.

이 세 가지 문제는 나도 이미 경험한 바 있습니다. 4,400만 달러를 운용하던 1966년 1월, 나는 유한 파트너들에게 보내는 서한에 이렇게 썼습니다. "운용자산 규모가 급증하면 장래 실적에 걸림돌이 되기 쉽습니다. 그러면 나 개인에게는 유리할지 몰라도, 여러분에게는 불리해질 것입니다. 따라서 (중략) 나는 버크셔 투자조합에 더는 파트너를 받아들이지 않을 생각입니다. 나는 아내 수지Susie에게, 아이를 더 원한다면 다른 파트너를 찾아보라고 말했습니다."

결론입니다. 높은 보수가 부과되는 펀드 수조 달러가 월스트리트에서 운용되고 있지만 막대한 이익을 얻는 사람은 대개 펀드매니저들이지, 고객이 아닙니다. 큰손 투자자와 개미 투자자 모두 저비용 인덱스펀드를 고수해야 합니다.

미국 투자자들에게 가장 크게 기여한 사람의 동상을 세운다면, 그 사람은 두말할 필요 없이 존 보글입니다. 수십 년 동안 존은 투자자들에게 초저비용 인덱스펀드에 투자하라고 역설했습니다. 이 과정에서 그가 벌어들인 돈은, 투자자들에게 막대한 수익을 약속만 하고 전혀 지키지 못한 펀드매니저들이 번 돈보다 훨씬 적었습니다.

활동 초기에 존은 자산운용업계로부터 자주 무시당했습니다. 그러나 지금 그는 수백만 투자자가 다른 어떤 방법으로도 얻기 어려운 높은 수익을 달성하게 해주었다는 사실에 만족할 것입니다. 그는 수백만 투자자와 나의 영웅입니다.

그동안 나는 자주 투자 조언을 부탁받았는데, 투자 조언을 해주는 과정에서 나는 인간의 행동에 대해 많이 배우게 되었습니다. 내가 늘 추천하는 종목은 저비용 S&P500 인덱스펀드였습니다. 재산이 많지 않은 내 친구들 대부분은 다행히 내 조언을 따랐습니다.

그러나 갑부, 기관, 연기금 중에는 내 조언을 따른 사람이 아무도 없었던 것으로 기억합니다. 이들은 내 조언에 정중하게 감사하면서도 보수가 비싼 펀드매니저의 기만에 귀를 기울이거나, 이른바 컨설턴트라는 허풍쟁이 조력자를 찾아 나섰습니다.

그러나 이런 전문가에게도 애로 사항이 있습니다. 해마다 S&P500 인덱스펀드를 계속 사 모으라고 말하는 투자 컨설턴트의 모습을 상상할 수 있습니까? 이는 자신의 밥줄을 끊는 행위가 될 것입니다. 하지만 해마다 조언을 조금씩 바꾸기만 하면 이들은 막대한 보수를 계속 받게 됩니다. 그래서 이들은 종종 쓸데없이 난해한 말로 유행하는 투자 '스타일'이나 현재 경제 추세를 따라가라고 조언합니다.

부자들은 평생 최고의 음식, 교육, 오락, 주택, 성형수술, 스포츠 입장권 등을 누려야 한다는 생각에 젖어 있습니다. 이들은 대중이 받지 못하는 대접을 돈으로 받아야 한다고 생각합니다.

실제로 부자들은 삶의 다양한 측면에서 최고의 제품과 서비스를 마음껏 누립니다. 그래서 갑부, 연기금, 대학기금 등 금융 '엘리트'들은 서민들도 투자할 수 있는 상품이나 서비스에는 투자하기 싫어합니다. 그 상품이 분명히 최고의 선택인데도 부자들은 마음이 내켜하지 않습니다. 내가 대강 계산한 바로는, 금융 엘리트들이 지난 10년 동안 고급 투자 조언을 찾아다니느라 낭비한 돈이 1,000억 달러가 넘습니다. 수조 달러에 대해 보수 1%만 지급한다고 가정해도 그런 숫자가 나옵니다. 물론 10년 전 헤지펀드에 투자한 사람들의 실적이 모두 S&P500 수익률에 못 미친 것은 아닙니다. 그러나 전반적으로는 내 계산이 과하지 않다고 믿습니다.

공무원 연기금도 막대한 피해를 보았습니다. 이들 중에는 심각한 자금 부족에 시달리는 기금이 많습니다. 투자 실적이 부진한 데다 높은 보수까지 부담했기 때문입니다. 이 자금 부족분은 수십 년에 걸쳐 지역 납세자들이 메울 수밖에 없습니다.

인간의 행동은 좀처럼 바뀌지 않습니다. 갑부, 연기금, 대학기금 등은 뭔가 '특별한' 투자 조언을 받아야 마땅하다고 여전히 생각할 것입니다. 이런 기대에 확실하게 부응하는 조언자들은 큰 부자가 될 것입니다. 올해에는 신비의 약이 헤지펀드이고, 내년에는 다른 상품이 될지 모릅니다. 이런 약속의 결과를 미리 알려주는 격언이 있습니다. "돈 많은 사람과 경험 많은 사람이 만나면, 경험 많은 사람은 돈을 얻게 되고, 돈 많은 사람은 경험을 얻게 된다."

오래전, 오마하 가축사육장에서 중개상으로 일하는 처남 호머 로저스 Homer Rogers를 만났습니다. 그는 4대 육류 가공업체(스위프트Swift, 커더히 Cudahy, 윌슨Wilson, 아머Armour)에 소와 돼지 판매를 대행하고 있었습니다. 나는 그에게 어떻게 목장 주인들을 설득했느냐고 물었습니다. 소와 돼지는 다 똑같고, 육류 가공업체들은 그 가치를 정확하게 파악하는 전문가들일 텐데, 중개상을 통한다고 해서 더 좋은 가격을 받을 수 있겠느냐는 질문이었습니다.

호머는 딱하다는 표정으로 나를 보면서 말했습니다. "워런, 관건은 '어떻게 파는가'가 아니라 '어떻게 말하는가'일세." 가축사육장에서 통하는 수법이 월스트리트에서도 여전히 통하고 있습니다.

끝으로, 월스트리트 사람들에게 화해 의사를 전합니다. 월스트리트에는 내 친구도 많습니다. 버크셔는 기업 인수를 주선하는 투자은행에 (터무니없이 비싸도) 기꺼이 보수를 지급합니다. 게다가 우리는 사내 펀드매니저들에게 막대한 성과보수를 지급하고 있으며, 장래에는 더 많이 지급하게 되길 희망합니다.

성경(에베소서 3:18)의 표현을 빌리면, 나는 월스트리트에서 말하는 보수라는 단어에서 흘러나오는 에너지의 높이와 깊이와 길이와 너비를 알고 있습니다. 그 에너지가 버크셔에 가치를 안겨준다면 나는 기꺼이 거액을 지불하겠습니다.

이코노미스트는 기업당 1명도 많다 [Q 2015-9]

'시가총액/GDP'나 '기업 이익/GDP' 등 전에 당신이 언급했던 평가지표가 높게 나옵니다. 현재 전반적으로 주가가 지나치게 높다고 생각하시나요?

버핏: 일각에서는 '기업 이익/GDP'가 높다고 우려할지도 모르겠습니다. 기업들은 미국의 법인세율이 터무니없이 높다고 주장하지만, 최근 몇 년 동안 미국 기업들은 좋은 실적을 기록했습니다. 사실 미국 기업들은 믿기 어려울 정도로 성공했습니다. '시가총액/GDP'는 금리의 영향을 매우 많이 받습니다. 현재 미국은 초저금리, 유럽은 마이너스 금리로서, 사람들이 상상하지 못했던 상황이 이어지고 있습니다. 국채 수익률이 1%일 때는 국채 수익률이 5%일 때보다 이익의 가치가 훨씬 높아집니다. 이자가 거의 안 나오는 채권을 보유하는 것보다는 훨씬 유리하기 때문입니다. 주식의 가치를 평가하려면, 이런 초저금리가 얼마나 오래 지속될 것인지 판단해야 합니다. 일본처럼 초저금리가 수십 년 유지된다면 주식이 싸 보일 것입니다. 그러나 금리가 정상 수준으로 돌아간다면 주식이 비싸 보일 것입니다.

멍거: 금리 예측에 실패한 우리에게 사람들은 왜 미래 금리를 예측해달라고 할까요?

버핏: 우리는 거시 변수를 기준으로 거래를 결정하지 않습니다. 버크셔는 거시 변수 때문에 기업 인수를 거절한 적이 없습니다. 우리는 12~24개월 뒤에 상황이 어떻게 될지 알지 못합니다. 그러나 훌륭한 기업을 보유하고 있다면 상황이 어떻게 되든 상관없습니다. 기업을 인수할 때 중요하게 고려하는 사항은 '기업의 경쟁우위가 얼마나 강한가'와, '장래 수익성 전망이 얼

마나 밝은가'입니다. 이코노미스트는 한 기업에 한 사람만 있어도 지나치게 많다고 생각합니다.

버크셔 해서웨이 브랜드 [Q 2015-13]

버크셔는 에너지, 부동산 중개, 자동차 판매 등 여러 사업의 브랜드를 변경하고 있습니다. 이런 브랜드 변경 탓에 평판이 손상될 위험은 없을까요? 프루트 오브 룸Fruit of the Loom은 회사명이 버크셔 해서웨이 가먼트(속옷)로 변경되나요?

버핏: 질문자 말씀대로, 우리는 '버크셔 해서웨이 홈 서비스'라는 프랜차이즈 회사를 만들었습니다. 2년 전 푸르덴셜Prudential 부동산 사업부로부터 이 회사의 지분 3분의 2를 인수했고, 나머지 지분 3분의 1도 인수하기로 계약했습니다. 일정 기간 후에는 우리가 푸르덴셜이라는 명칭을 사용할 수 없으므로 버크셔 해서웨이로 브랜드를 변경했습니다. 그레그 에이블Greg Abel도 에너지 사업부의 명칭으로 버크셔 해서웨이를 사용하게 해달라고 요청했습니다. 밴튤Van Tuyl도 전국 단위 자동차 판매 프랜차이즈 사업이므로 버크셔 해서웨이로 회사명을 변경하는 편이 합리적입니다. 그러나 사업부에서 브랜드를 오용하는 사례가 발견되면 브랜드 사용권을 박탈해 평판 손상을 막을 것입니다. 버크셔 해서웨이가 과연 유명 브랜드가 될 것인지는 전혀 모르겠습니다. 그러나 자회사들 중에는 슬로건에 '버크셔 해서웨이 자회사'라고 표시하는 회사가 많습니다. 아마 버크셔 브랜드가 엄청난 자산이 되지는 않을 것입니다.

멍거: 버크셔 브랜드는 가치가 매우 높지만, 이미 브랜드 가치가 높은 '시즈캔디' 대신 '버크셔 해서웨이 땅콩 캔디'를 사용한다면 미친 짓입니다.

버핏: 소매상과 브랜드는 항상 충돌합니다. 브랜드는 소비자의 마음을 사로잡으려고 애쓰고, 소매상은 항상 PB상품(자체 개발 상품)을 팔려고 합니다. 샘 월튼은 내게 샘즈 콜라 6개 들이를 보내준 적이 있습니다. RC콜라는 1960년대에 처음 다이어트 콜라를 출시했습니다. 이런 PB상품에도 불구하고 질레트는 강력한 브랜드 덕분에 면도기시장 매출액의 70%를 차지하고 있습니다. 브랜드는 모든 방법을 동원해서 보호해야 합니다. 강력한 브랜드는 생존합니다.

인플레이션과 히틀러 [Q 2015-16]

향후 인플레이션 전망은 어떤가요? 인플레이션 환경에서 보유하기에 가장 유리한 종목은 무엇인가요?

버핏: 내 금리 전망은 심하게 빗나갔습니다. 나는 이런 저금리나 마이너스 금리가 5~6년 이상 이어지리라고는 예상하지 못했습니다. 지금처럼 적자가 2~3% 수준이라면 감당할 수 있습니다. 그러나 금융위기 이후 연준은 10조 달러였던 재무상태표를 40조 달러로 확대했습니다. 지금까지는 저축생활자들이 저금리 탓에 고생한 것을 제외하면 큰 문제가 없었습니다. 그러나 찰리와 나는 현재 상황을 제대로 이해하지 못하고 있습니다. 버크셔는 대부분 기업들보다 실적이 좋을 것입니다. 우리는 만반의 준비를 갖추고 있

습니다. 흔치 않은 기회가 나타나면 즉시 행동에 나설 것입니다. 현재 보유 중인 현금이 600억 달러가 넘습니다. 경제가 혼란에 휩싸이면 우리는 기꺼이 행동에 나설 것입니다.

멍거: 우리는 거시경제 요소들을 예측하려고 평생 노력했지만 거의 나아지지 않았습니다. 전문가가 경제 지표를 발표하면 사람들은 전문가가 어느 정도 안다고 착각합니다. 차라리 전문가가 "나는 모릅니다"라고 말하는 편이 낫습니다.

버핏: 어떤 일이 발생하든, 버크셔는 심리적으로나 금전적으로나 준비가 되어 있습니다.

인플레이션 환경에서 보유하기에 가장 유리한 종목은 추가 자본이 필요 없는 회사입니다. 일반적으로 부동산이 대표적인 예입니다. 55년 전에 집을 지었거나 샀다면, 이후 추가 자본이 필요 없었으며 인플레이션에 의해 가치가 상승했습니다. 반면 전력회사나 철도회사라면 인플레이션 기간에 감가상각비가 증가해 추가 자본이 들어갑니다. 대규모 자본투자가 필요한 기업들은 전반적으로 불리해집니다. 인플레이션 기간에는 유명 브랜드가 매우 유리합니다. 시즈캔디는 오래전에 브랜드를 구축했습니다. 인플레이션 기간에는 유명 브랜드 제품의 가격이 상승하므로 브랜드의 가치도 상승합니다. 질레트는 양키스와 레드삭스가 맞붙는 1939년 월드시리즈 라디오 중계권을 10만 달러에 사들였습니다. 이 기간에 각인된 질레트 제품 이미지는 수십 년 동안 남았습니다. 질레트는 1939년에 효과적으로 투자한 덕분에 1960~1980년 큰돈을 벌어들였습니다. 지금 수많은 사람들에게 비슷한 인상을 심어주려면 막대한 돈이 들어갈 것입니다.

멍거: 만일 인플레이션이 걷잡을 수 없이 치솟으면 어떤 상황이 벌어질지

알 수 없습니다. 대공황 이후 심각한 인플레이션이 두 번 발생하자 히틀러 Adolf Hitler가 등장했습니다. 인플레이션이 시즈캔디에 유리하더라도 우리는 인플레이션을 원치 않습니다.

국경을 초월하는 가치투자 [Q 2015-20]

근래 주가가 두 배 상승한 중국 시장에서도 가치투자가 통할까요?

버핏: 투자의 원칙은 국경을 초월합니다. 중국 아니라 어느 곳에도 똑같이 통합니다. 투자자는 주식을 기업의 일부라고 생각하면서, 5~10년 동안 경쟁우위를 유지할 우량 기업을 찾아야 합니다. 그리고 주식시장의 변동성도 기회로 삼아야 합니다.

멍거: 중국 주식시장은 역사적으로 변동성이 매우 컸습니다. 중국 시장이 큰 폭으로 오르내릴 때는 실리콘밸리처럼 보이기도 합니다. 버크셔의 투자 방식을 모방하는 중국인이 증가할수록 중국에 그만큼 더 유리해질 것입니다.

버핏: 한 걸음 물러서서 중국 시장을 기업이라고 생각하면서 평가하십시오. 감정을 다스릴 수 있다면 어렵지 않습니다. 주식이 쌀 때 투자하고, 남들이 열광할 때 매도하십시오. 중국 시장은 미국보다 투기성이 강해서 변동이 극심하겠지만, 기회도 그만큼 더 많을 것입니다.

멍거: 중국은 투기 열풍을 가라앉히는 편이 현명합니다. 가치투자가 한물가는 일은 절대 없을 것입니다. 물건을 살 때 가치를 따지지 않는 사람이 있나요? 그러나 가치투자가 쉬워 보여도 생각만큼 쉽지는 않습니다.

버핏: 투자는 장기 관점으로 해야 합니다. 1주일 만에 돈을 벌려고 농장을 사는 사람은 없습니다.

지구 온난화보다 건물주 [Q 2015-24]

지구 온난화는 버크셔 보험사업에 위험 요소인가요? 트래블러스Travelers 보험사는 공식 보고서에서 기후변화가 위험 요소라고 지적합니다.

버핏: SEC 규정에 의하면, 기업들은 공식 보고서에 위험 요소들을 기재해야 합니다. 변호사들은 소송에 대비해서 위험 요소들을 모두 기재하라고 권합니다. 버크셔는 해마다 손해보험의 보험료를 책정합니다. 그러나 생명보험은 보험료에 미래를 반영하므로, 해마다 보험료를 책정하지 않습니다. 기후변화는 생명보험 보험료를 매년 조정해야 할 정도로 커다란 위험 요소로는 보이지 않습니다. 그렇다고 지구 온난화가 중요하지 않다는 말은 아닙니다. 단지 1년 단위로 조사해서 상황에 반영할 요소는 아니라는 뜻입니다. 우리가 플로리다 주에서 50년 만기 폭풍 보험을 판매한다면 지구 온난화가 미치는 영향을 고려해야 하겠지만, 1년 만기 보험이라면 고려하지 않을 것입니다. 버크셔가 10K 양식에 기재해야 하는 위험 요소는 아니라고 봅니다.

멍거: 앞으로 지구 온난화가 어떻게 전개될 것인지는 확실치 않다고 생각합니다. 어림짐작이 난무하고 있습니다. 지구 온난화가 진행되지 않는다는 말은 아닙니다. 우리는 온갖 추정을 다 할 수 있지만 그런 추정이 모두 정확하지는 않다는 뜻입니다.

버핏: 나는 우리 보험사들이 상품을 판매할 때, 지구 온난화보다는 건물 소유주에 주목하길 바랍니다. 건물 소유주가 마빈 더 토치(Marvin the Torch, 악명 높은 방화 보험 사기범)라면 지구 온난화가 아니더라도 그 건물은 소실될 것입니다.

여러 사람 불쾌하게 했군요 [Q 2015-35]

유럽연합(European Union: EU)이 유럽에 미친 영향은 긍정적인가요, 부정적인가요? 프랑스는 EU에서 탈퇴해야 하나요?

멍거: EU를 설립한 취지는 훌륭하지만, 차이가 매우 큰 국가들도 가입하다 보니 시스템에 무리가 갔습니다. 프랑스는 문제가 없지만, 그리스와 포르투갈이 큰 부담을 주고 있습니다. 분별없는 주정뱅이 처남과 동업하는 꼴입니다.

버핏: EU의 통화 정책이 아이디어는 훌륭하지만 아직 개선할 일이 많습니다. 결함이 있으면 보완해야 합니다. 우리도 헌법을 몇 차례 개정했습니다. EU 시스템이 완벽하지 못하다고 해서 포기해야 하는 것은 아닙니다. 미국은 캐나다와 통화를 단일화할 수도 있었습니다. 그러나 아메리카 대륙 모든 나라와 통화를 단일화할 수는 없었을 것입니다. EU는 원칙을 일관되게 유지해야 합니다. 초창기에 원칙을 위반한 국가는 그리스가 아니라 독일과 프랑스였습니다.

멍거: 일부 국가는 투자은행과 함께 재무상태표를 조작해서 EU에 가입했

습니다.

버핏: 더 화합적인 통화 정책을 편다면 EU가 생존할 수 있다고 생각합니다. 그러나 현재의 통화 정책은 효과가 없을 것입니다.

멍거: 내가 여러 사람 불쾌하게 했군요.

소득 불평등 [Q 2015-40]

소득 불평등에 대해서 어떻게 생각하시나요?

버핏: 현재 미국인의 평균 소득과 GDP는 내가 태어난 1930년보다 6배 증가했습니다. 당시 연 소득이 9,000달러였다면, 지금은 연 소득이 5만 4,000달러입니다. 나는 미국에서 일하는 사람이라면 누구나 품위 있는 삶을 누릴 수 있어야 한다고 생각합니다. 나는 최저임금 인상에 반대하지 않습니다. 그래도 수요와 공급은 생각해야 합니다. 소득 불평등을 축소하겠다고 최저임금을 극적으로 인상하면 일자리가 감소해 품위 있게 살기가 더 어려워질 수도 있습니다. 근로소득세액 공제 제도를 개편하는 쪽이 더 효과적이라고 생각합니다.

멍거: 방금 버핏이 한 말은 민주당이 제시하는 소득 불평등 개선책입니다. 나는 공화당의 관점에 동의하는데, 최저임금을 대폭 인상하면 빈곤층이 고통받습니다.

200년 동안 잠들어 있던 [Q 2015-42]

중국에 구조적 변화가 필요할까요?

버핏: 장기적으로 보면 중국이 잘 해낼 것으로 생각합니다.

멍거: 나는 현재 중국의 변화를 적극 지지합니다. 최근 중국은 부패 척결 운동을 벌이고 있는데, 대국이 이렇게 현명한 정책을 펼치는 모습은 정말 오랜만에 봅니다. 국가가 도둑의 소굴이 되어서는 안 됩니다. 중국은 다방면으로 싱가포르를 모방하고 있는데 매우 좋은 정책입니다. 중국의 변화는 매우 고무적입니다. 중국은 총살도 몇 건 집행했습니다. 경고하기에 매우 효과적인 방법입니다.

버핏: 지난 40년 동안 중국이 달성한 고도성장은 정말이지 기적입니다.

멍거: 이런 대국이 이렇게 발전한 사례는 역사상 처음입니다. 내가 어린 시절에는 중국인의 80%가 문맹이었습니다. 싱가포르 정치인들을 포함해서 몇몇 사람이 발전에 엄청나게 기여했습니다. 버크셔도 현인들을 모방하고 있습니다.

버핏: 중국은 거의 200년 동안 잠들어 있었습니다. 지난 40년 동안 중국인들은 새 시스템을 통해서 잠재력을 발산했습니다. 이 시스템은 중국의 장래에도 강력한 영향을 미칠 수밖에 없습니다. 200년 동안 잠들어 있던 중국인들이 잠재력을 다시 폭발적으로 발산할 수 있다는 사실이 놀랍습니다. 중국과 미국은 오랜 기간 초강대국의 지위를 유지할 것입니다. 중국이 잠재력을 발휘하게 된 것은 좋은 일입니다. 두 나라는 서로 상대의 결점 대신 장점을 보아야 합니다. 상대가 잘되어야 둘 다 잘된다는 사실을 명심해야 합니다.

누가 대통령이 되더라도 [Q 2016-17]

도널드 트럼프Donald Trump가 미국 대통령이 되면 버크셔에 어떤 위험이 있나요?

버핏: 큰 문제는 없을 것입니다. 정치는 우리를 포함해서 모든 기업에 매우 중대한 요소입니다. 도널드 트럼프와 힐러리 클린턴Hillary Clinton 중 누가 대통령이 되더라도 버크셔의 실적은 계속 좋을 것으로 예상합니다.

멍거: 이 분야에 대해서는 언급하지 않겠습니다.

버핏: 우리는 가격 통제를 받아본 적도 있습니다. 장기간 연방 법인세가 52% 이상인 적도 있었습니다. 다양한 규제도 받아보았습니다. 그런데도 미국 기업들은 200년 동안 탁월한 실적을 냈습니다. 기업은 사회에 적응했고, 사회는 기업에 적응했습니다. 미국은 사업하기에 놀라울 정도로 좋은 곳입니다. 유형자기자본이익률로 판단하면, 채권 투자자들이 손실을 보는 동안에도 주식 투자자들은 손실을 보지 않았습니다. 지난 몇 년 동안 농부들은 소득이 감소했지만, 기업 경영자들은 소득을 걱정할 필요가 없었습니다. 내가 살아오는 동안 1인당 GDP는 6배 증가했습니다. 전반적으로 1인당 실질 생산량이 6배가 된 것입니다. 이 추세는 계속 이어질 것입니다. 20년 뒤에는 미국의 1인당 GDP가 훨씬 증가할 것입니다. 질도 더 높아질 것입니다. 어떤 대통령도 이 추세를 바꿀 수는 없습니다. 어느 정도 영향을 미칠 수는 있어도, 추세를 중단시킬 수는 없습니다. 찰리, 이제 자네가 비관론을 제시하게.

멍거: 나도 낙관적인 이야기를 하겠습니다. 나는 우리 시스템의 실제 장점이 GDP로 나타난 실적보다 훨씬 크다고 생각합니다. GDP 실적도 좋지

만, 지난 100년 동안 우리가 이룬 실제 성과는 GDP 실적보다 훨씬 좋습니다. 장래에도 과거처럼 성과가 좋으리라는 보장은 없어도, 반드시 과거만 못하리라고 볼 이유도 없습니다.

버핏: 내가 아는 탁월한 투자가들 중에, 50년 전에 태어났더라면 더 좋을 뻔했다고 말하는 사람은 없습니다. 그러나 미국 대중 대부분은 옛날이 나았다고 말하면서, 요즘 태어나는 사람들이 불운하다고 생각합니다. 잘못된 생각입니다. 지금처럼 혁신 속도가 빠른 적이 없습니다. 우리 생활 방식이 얼마나 달라졌는지 생각해보십시오. 20년 전에는 생각도 못했던 방식을 지금은 자유롭게 선택하고 있습니다. 나는 지금도 유선 전화를 사용하고 있지만, 사람들은 훨씬 앞서가고 있습니다.

전 재산을 내놓겠습니다 [Q 2016-29]

당신은 사이버, 핵, 생물학, 화학 공격에 대해 우려를 표명한 적이 있습니다. 그러나 이런 참사 방지에 대해서 사람들은 큰 관심을 보이지 않고 있습니다. 관련 법안도 상원에서 보류된 상태입니다. 캠페인 기금을 조성해서 산업 로비스트들에게 대응하는 편이 좋을까요?

버핏: 사악한 국가, 조직, 개인의 사이버, 핵, 생물학, 화학 공격처럼 심각한 위협은 어디에도 없다고 생각합니다. 우리가 상상하는 온갖 사건이 벌어질 수 있습니다. 1945년 이후 이런 사건이 발생하지 않았으므로, 정부가 역할을 매우 잘 해주기도 했지만, 우리에게 운도 좋았습니다. 쿠바 미사일 위

기는 그야말로 일촉즉발이었습니다. 누군가 케네디John F. Kennedy나 흐루쇼프Nikita Khrushchyov(소련 공산당 서기장)를 대신했다면 결과는 전혀 달라졌을 것입니다. 이런 사건이야말로 장기적으로 버크셔의 안위를 좌우하는 유일한 위협입니다. 세계 인구가 30억에 못 미쳤던 내가 태어난 시절보다 세계 인구가 70억이 넘어가는 오늘날, 남들을 해치려고 날뛰는 정신병자, 과대망상증 환자, 광신도가 훨씬 많아졌습니다. 먼 옛날에는 정신병자가 옆 동굴에 사는 사람을 공격하는 방식이 돌을 던지는 정도였습니다. 그리고 이 공격에 비례해서 정신병자도 피해를 보았습니다. 이후 활과 창이 등장했고, 대포 등 다양한 무기가 개발되었습니다. 1945년에는 처음으로 핵무기가 나타났습니다. 지금은 핵무기조차 장난감 총에 불과합니다. 미국에 막대한 타격을 가하려는 사람들이 많습니다. 나는 자선사업에 참여하던 20대 시절에 이런 관점을 갖게 되었습니다. 나는 자선사업과 참사 방지가 2대 과제라고 판단하였고, 이후 온갖 활동에 참여했습니다.

멍거: 버핏은 한 해도 빠짐없이 퍼그워시 회의Pugwash conferences(핵무기 폐기 등을 논의하는 과학자 중심의 국제회의)를 후원했습니다.

버핏: 나는 핵위협구상Nuclear Threat Initiative에도 기부금을 내고 있습니다. 핵위협구상은 각국의 고농축 우라늄 개발을 저지하는 연방준비제도 같은 기구입니다. 핵위협이야말로 역대 대통령 모두가 최우선적으로 대응해야 하는, 압도적으로 중요한 정부 과제라고 생각합니다. 정부는 사람들을 불안에 빠뜨리고 싶지 않지 않아서 관련 정보를 공개하지 않습니다. 그러나 내 보험사업 경험에 비추어 보면 언젠가는 누군가 거대한 참사를 일으킬 것입니다. 그리고 이런 참사는 십중팔구 미국에서 발생할 것입니다. 물론 다른 많은 곳에서도 발생할 수 있습니다. 이는 혁신에서 비롯되는 심각한 부작용

입니다.

멍거: 질문자는 참사 방지에 대해 우리가 정부에 더 많은 역할을 요구해야 한다고 말했지요?

버핏: 요구해도 소용없을 듯합니다. 정부는 기존 업무 이외에는 무엇을 해야 할지 모릅니다. 실제로 정부가 한 일은 많지만, 모두 공개되는 것은 아닙니다. 흐루쇼프는 쿠바에 미사일을 보내지 말았어야 했습니다. 케네디가 쿠바로 향하던 민간 선박들을 회항시켰을 때, 흐루쇼프는 상황을 충분히 파악할 수 있었습니다. 앞으로도 책임자들이 모두 케네디와 흐루쇼프처럼 행동할 것으로 기대할 수는 없습니다. 인간은 결함투성이여서 장기적으로 자신에게 불리한 결정을 내릴 때가 많습니다. 히틀러가 유대인을 그토록 배척하지 않았다면 최고의 과학자들을 내쫓지 않았을 것이고, 미국보다 먼저 원자폭탄을 개발했을 것입니다.

멍거: 그러나 히틀러는 멍청하게도 유대인들을 모두 쫓아내야 과학이 더 발전한다고 생각했지요.

버핏: 리오 실러드Leo Szilard는 20세기의 영웅이라 하겠습니다. 그는 아인슈타인과 함께 서명한 편지를 루스벨트Franklin Roosevelt 대통령에게 보냈습니다. 편지에서 그는 나치 독일이 핵무기를 개발할 수 있으므로 미국도 핵무기 개발을 추진해야 한다고 제안했고, 결국 미국이 먼저 핵무기를 개발하는 데 기여했습니다. 9/11 테러 이후에는 탄저균이 든 봉투가 등장하기 시작했습니다. 탄저균 봉투를 보내는 사람의 사고방식은 도저히 이해가 불가능합니다. 탄저균은 믿기 어려울 만큼 엄청난 피해를 줄 수 있습니다. 사이버, 핵, 생물학, 화학 공격의 가능성을 5%만 낮출 수 있다면 나는 전 재산을 내놓겠습니다. 두말하지 않겠습니다.

멍거: 우리가 조언해도 정부는 들으려 하지 않았지요?

버핏: 그러나 이 문제는 중요합니다. 이론의 여지가 없습니다. 사람들은 한동안 노력하다가 실망해서 포기합니다. 나는 한동안 핵과학자들의 모임(명칭은 잊었습니다)에 참여했습니다. 이들의 아이디어는 소규모 국가의 선거에 영향을 미치는 것인데, 주로 정부를 이용할 때 효과가 극대화된다고 보았습니다. 이들은 낙담했습니다. 나는 우리 지도자들이 이런 역할을 잘 해낼 것으로 생각합니다. 클린턴이든 트럼프든 이 문제를 가장 중요한 과제로 간주할 것이라고 믿습니다. 공격이 방어보다 나은지는 모르겠습니다. 하지만 99.99% 승리할 수 있습니다. 발생 가능성이 조금이라도 있는 사건은 결국 발생합니다. 더 나은 답을 제시하지 못해서 유감입니다.

멍거: 나도 더 나은 답을 제시하지 못합니다.

버핏: 그래서 모두들 내게 물어보지요.

미시경제가 곧 기업 [Q 2016-31]

버크셔 해서웨이는 투자 결정 근거 자료로 거시경제 요소들을 사용하지 않는다고 했습니다. 그러면 버크셔 자회사들에서 나오는 미시경제 지표들은 사용하나요?

버핏: 찰리와 나는 독서를 많이 하며, 경제 문제와 정치 문제에 흥미를 느낍니다. 우리는 거의 모든 거시경제 요소들에 매우 익숙합니다. 향후 제로 금리가 어떤 방향으로 흘러갈지는 모르지만, 현재 상황은 알고 있습니다.

멍거: 이 대목에서 혼동하기 쉬운데, 우리는 미시경제 요소에 많은 관심을 기울입니다.

버핏: 우리는 주식을 살 때도 기업을 산다고 생각하므로, 그 결정 과정이 기업을 인수할 때와 매우 비슷합니다. 그래서 미시경제 요소들을 최대한 파악하려고 노력합니다. 주식을 사든 안 사든 기업의 세부 사항을 조사하는 것을 즐깁니다. 나는 다양한 기업 연구가 흥미롭습니다. 이는 매우 중요하며, 아무리 연구해도 질리지 않습니다.

멍거: 미시경제보다 더 중요한 요소는 거의 없습니다. 미시경제가 곧 기업이니까요. 미시경제는 우리가 하는 사업이고, 거시경제는 우리가 받아들이는 변수들입니다.

경제학자들이 이해하지 못하는 [Q 2016-41]

미국 금리가 제로에서 마이너스로 내려가면 가치평가에 어떤 영향을 미치게 되나요?

버핏: 미국에서는 금리가 마이너스로 내려간 적이 없지만, 금리가 0%에서 -0.5%로 내려가는 것은 금리가 4%에서 3.5%로 내려가는 것과 크게 다르지 않습니다. 물론 이자 0.5%를 지급해야 하는 사람이라면 기분이 다를 수는 있겠지요. 기준금리가 0.5% 인하된다면 어느 정도 의미는 있겠지만 극적인 수준은 아닙니다. 그러나 저금리 환경이 전반적으로 미치는 영향은 극적입니다. 우리 저금리 환경은 내가 예상했던 것보다 훨씬 장기간 이어지

고 있습니다. 금리가 제로일 때는 금리가 15%에 이르던 볼커 시절보다 기업 인수 가격이 높아집니다. 과거 금리가 정상일 때나 높을 때보다 자금 조달 비용이 매우 낮기 때문에 기업 인수에 더 높은 가격을 치르는 것입니다. 2,600년 전 이솝Easop이 말한 원칙이 "손안의 새 한 마리가 숲 속의 새 두 마리보다 낫다"입니다. 이제는 우리 손안의 새 한 마리가 유럽 숲 속의 새 10분의 9마리와 같습니다. 지금은 매우 이례적인 시기입니다. 현재 금리가 제로에 가까워서 프리시전 캐스트파츠 인수에 내가 더 높은 가격을 지불했느냐고 묻는다면 그렇다고 답하겠습니다. 나는 지나치게 높은 가격을 지불하지 않으려고 노력하지만, 그래도 금리의 영향을 받게 됩니다. 금리가 현재 수준으로 장기간 유지된다면 자산 가격에 엄청난 영향을 미치게 될 것입니다.

멍거: 나는 마이너스 금리에 대해서 제대로 아는 사람이 없다고 생각합니다. 우리는 마이너스 금리를 경험해본 적이 없습니다. 대공황 기간을 제외하면 미국 경제가 정지한 적도 없습니다. 현대 일본은 온갖 통화 정책에도 경제가 25년 동안 수렁에 빠져 정지했지만, 미국은 그런 적이 없습니다. 마이너스 금리를 연구하고 가르친 위대한 경제학자들 중에도 제대로 이해하는 사람이 없습니다. 우리는 단지 최선을 다할 뿐입니다.

버핏: 경제학자들은 여전히 이해하지 못하고 있습니다.

멍거: 우리는 자신이 이해하지 못한다는 사실을 알기 때문에 유리합니다.

버핏: 이 내용을 영화로 만들면 재미있겠습니다. 저금리는 기업 인수 가격에도 어느 정도 영향을 미칩니다. 저금리가 이렇게 오랜 기간 지속되리라고는 아무도 예상하지 못했을 것입니다.

멍거: 마이너스 금리가 혼란스럽지 않은 사람은 마이너스 금리에 대해서 깊이 생각해보지 않은 사람입니다.

유가 하락에도 불구하고 [Q 2016-47]

유가 급락 탓에 실직하는 사람들이 많습니다. 이런 상황이 통화 정책에 영향을 미칠까요?

멍거: 큰 영향 없을 것입니다.

버핏: 석유는 중요한 산업입니다. 유가 하락은 많은 분야에 영향을 미칩니다. 소비자들에게는 큰 호재가 되지만, 우리가 보유한 루브리졸Lubrizol 등 일부 기업에는 큰 악재가 됩니다. 미국 전체로 보면 호재가 될 것입니다. 석유를 수입하기 때문이지요. 바나나 가격 하락이 미국에 유리한 것처럼, 유가 하락도 미국에 유리합니다. 그러나 유가는 매우 많은 분야에 영향을 미치므로, 유가 하락 탓에 피해를 보는 분야도 많습니다. 특히 자본적 지출에서 피해가 발생합니다. 2~3주마다 주유소를 찾는 소비자들에게는 유가 하락이 이득입니다. 그러나 저유가가 이어질 것으로 예상되면 자본적 지출이 대폭 감소합니다. 하룻밤 사이에 유전의 가치가 절반으로 떨어지거나 제로가 되기도 합니다. 사람들이 즉시 주문을 중단하면 우리 화학사업도 큰 영향을 받습니다. 미국은 형편이 더 나아지고, 사우디아라비아는 형편이 더 나빠집니다. 유가 하락에도 불구하고 미국 경제는 계속 발전하고 있습니다. 그 영향은 지역에 따라 달라집니다.

멍거: 그 정도면 됐습니다.

부동산 가격이 거품은 아니다 [Q 2016-53]

현재 부동산시장을 어떻게 보시나요?

버핏: 2012년만큼 매력적이지는 않습니다. 지금과 같은 저금리 환경에서 자본환원율(capitalization rate, 부동산에서 나오는 연간 순수입을 부동산 가격으로 나눈 비율)이 매우 낮은 부동산을 사면 이익보다 손실 가능성이 더 높다고 생각합니다. 조달 금리가 매우 낮으면 부동산 구입 유혹이 커질 수 있는데, 그래도 사면 안 된다고 생각합니다. 물론 내 생각이 틀릴 수 있습니다. 현재 미국 주거용 부동산 전반에서 거품은 보이지 않습니다. 오마하 등 미국 대부분 지역의 주거용 부동산 가격에 거품이 끼지는 않았다고 생각합니다. 2012년과는 매우 다릅니다. 앞으로 거품이 터질 곳이 부동산시장이라고는 생각하지 않습니다.

중국이 미국을 능가할 것 [Q 2017-30]

중국 주식시장에 투자해도 누군가는 당신이 기록한 실적을 낼 수 있나요?

버핏: 찰리, 자네가 중국 전문가 아닌가?

멍거: 이와 벼룩 중 어느 쪽이 먼저 출현했는지 따지는 것과 같습니다. 나는 중국 주식시장이 미국 주식시장보다 확실히 저평가되었다고 생각합니다. 중국 주식시장은 장래가 확실히 밝지만, 성장통(成長痛)도 당연히 있을

것으로 봅니다. 우리는 이런 기회에 유연하게 대응합니다. 특정 원칙에 따라 어느 시장에 진입할 것인지를 결정하지는 않습니다.

버핏: 어쨌든 찰리가 주요 뉴스를 전했습니다. "멍거는 중국 시장이 미국 시장을 능가할 것으로 예측."

삽 대신 숟가락 [Q 2017-37]

버크셔 해서웨이는 3G 캐피털과 손잡고 크래프트 하인즈에 투자했습니다. 그런데 3G 캐피털이 합병 과정에서 2,500명을 해고했습니다. 이 결정이 버크셔에 악영향을 미치지 않을까요?

버핏: 버크셔도 직물사업을 하던 시절, 장기간에 걸쳐 2,000명을 해고했고(일부는 은퇴하거나 자발적으로 퇴사) 결국 직물사업을 중단했습니다. 버크셔가 투자한 볼티모어 백화점도 문을 닫을 수밖에 없었습니다. 다행히 후임 경영자가 이 백화점을 매각했지만 결국 폐업했습니다. 볼티모어에서 경쟁하던 다른 백화점들 역시 생존할 수가 없었습니다. 당시에는 월마트가 등장했고, 지금은 아마존이 등장해서 모든 것을 바꿔놓았기 때문입니다. 앞에서 양계 장비를 제작하는 우리 자회사 CBT에 대해 언급했는데, 우리 장비의 생산성이 높아질수록 농장의 일자리는 감소합니다. 100년 전에는 미국 근로자의 80%가 농업에 종사했습니다. 그동안 미국의 생산성이 향상되지 않았다면 지금도 미국 근로자의 80%는 농장에서 일하고 있을 것이며, 우리는 훨씬 낙후된 생활을 하고 있을 것입니다. 지금 우리는 자동차를 포함한 모

든 산업에서 생산성 향상에 노력을 기울이고 있습니다. 월마트는 백화점보다 생산성이 높았습니다. 생산성을 계속 높이지 않으면 생활 수준은 개선되지 않습니다. 미국은 생산성이 높아서 사람들이 수준 높은 생활을 하고 있습니다.

크래프트 하인즈는 더 적은 인원으로 270억 달러에 이르는 매출을 달성했습니다. 지난 200년 동안 미국 기업들이 해온 일을 하고 있는 것입니다. 미국 기업들은 생산성을 향상시켰고, 덕분에 우리는 풍요를 누리고 있습니다. 3G 캐피털은 매우 신속하게 생산성을 향상시킵니다. 한 사람이 할 수 있는 일을 두 사람에게 맡기지 않습니다. 대신 퇴직금은 후하게 지급합니다. 덱스터 슈도 곤경에 직면했습니다. 변화가 절실하게 필요했지요. 사람들에게 변화는 고통스럽습니다. 나도 가능하면 변화를 피하고 싶습니다. 그러나 우리가 1인당 소비를 늘리는 유일한 방법은 1인당 생산성을 높이는 것뿐입니다.

멍거: 전적으로 옳은 말입니다. 우리가 농경 시대로 돌아갈 수는 없습니다. 나는 젊은 시절 네브래스카 서부 농장에서 1주일을 지낸 적이 있는데, 정말 싫었습니다. 온종일 엘리베이터 안에 앉아 크랭크를 돌리던 기사를 다시는 보고 싶지 않습니다. 그런 일이 얼마나 고역이겠습니까? 그런 반복 작업을 누가 하고 싶겠습니까? 과거 회사가 기울어갈 때는 우리도 그렇게 할 수밖에 없었습니다. 나는 3G 캐피털에 도의적 책임이 전혀 없다고 봅니다. 누구에게도 이롭지 않은 정치적 반발에 불과합니다.

버핏: 밀턴 프리드먼Milton Friedman이 어느 공산국가에 대규모 건설 프로젝트를 권유했습니다. 공산국가는 노동자 수백만 명을 동원해서 삽으로 건설 공사를 진행했습니다. 보유 중인 토목 기계 몇 대를 사용하면 공사 기간

을 20분의 1로 줄일 수 있는데도 이들은 토목 기계를 사용하지 않았습니다. 프리드먼은 삽 대신 토목 기계를 사용하면 기간을 20분의 1로 줄일 수 있는데 도대체 왜 기계를 사용하지 않느냐고 물었습니다. 담당자는 노동자들이 실직하기 때문이라고 대답했습니다. 그러자 프리드먼이 말했습니다. "그러면 노동자들에게 삽 대신 숟가락을 쓰게 하시지요?"

그렇게 빨리 바뀌진 않을 거야 [Q 2017-43]

인공지능은 버크셔에 어떤 영향을 미칠까요?

버핏: 인공지능에 대해서는 내게 별다른 통찰이 없습니다. 단언하건대 향후 20년, 아니 십중팔구 더 이른 기간 안에 인공지능 분야에서 많은 사건이 발생하겠지요. 내게 별다른 통찰이 없음을 거듭 밝히지만, 인공지능 탓에 일부 분야에서는 일자리가 대폭 감소할 것이라고 생각합니다. 이것이 사회에는 좋은 일이지만, 해당 기업에는 나쁜 일이 될지도 모릅니다. 극단적인 상황을 가정해봅시다. 한 사람이 버튼을 누르기만 하면 다양한 기계와 로봇이 우리나라에 필요한 재화를 모두 생산한다고 가정합시다. 지금 1억 5,000만 명이 하는 일을 한 사람이 해낸다는 말입니다. 그러면 우리 생활은 개선될까요, 악화될까요? 주당 근로 시간은 확실히 감소할 것입니다. 이는 좋은 일이긴 하지만, 사람들 사이의 관계도 엄청나게 바뀌어야 하고, 사람들이 정부 등 온갖 기관에 기대하는 바도 바뀔 것입니다.

현실적으로 말하면, 한 사람만 일하게 되지는 않을 것입니다. 인공지능이

사회에는 엄청난 혜택을 안겨주지만, 예컨대 민주주의에는 엄청난 문제를 불러올 수 있습니다. 무역이 미국에 미치는 영향과 비슷할 것입니다. 무역은 사회에 혜택을 안겨줍니다. 무역 덕분에 우리는 양말 등 온갖 수입품을 월마트에서 싼 가격에 살 수 있습니다. 이런 제품을 수입하는 대신 미국에서 생산한다면 우리는 더 비싼 가격을 지불해야 합니다. 그러나 사람들은 무역이 주는 이런 혜택을 일상생활 속에서는 간과하기 쉽습니다. 반면에 자유무역 탓에 피해를 보는 사람들은 그 고통을 뼈저리게 느낍니다. 그 고통이 정치적 반발로 나타납니다. 이른바 생산성 향상에 대해 세계가 어떻게 적응할지는 매우 불확실합니다. 나는 하나도 모르지만, 인공지능이 사회에는 엄청난 혜택을 안겨주는 반면, 정치에 미치는 영향은 예측하기 매우 어렵다고 생각합니다. 특히 인공지능의 발전 속도가 빠르면 그 영향은 더 커질 것입니다.

멍거: 버핏은 모든 사람이 무역의 영향을 받는 흥미로운 세상을 묘사했습니다. 한 사람이 모든 재화를 생산하고 나머지 사람들은 모두 여가를 즐긴다면, 이는 국가에 이롭지 않다고 생각합니다.

버핏: 단기간에 생산성이 두 배로 높아져서, 지금 1억 5,000만 명이 하는 일을 7,500만 명이 할 수 있다면 어떻게 될까요?

멍거: 사람들은 놀라울 정도로 빠르게 반응할 것입니다.

버핏: 어떤 방식일까요?

멍거: 호의적으로 반응할 겁니다. 실제로 일어났던 일인데, 모두 호시절로 기억할 것입니다. 사람들은 연 5% 성장을 기록하던 아이젠하워Dwight Eisenhower 대통령 시절을 좋아했습니다. 처음으로 에어컨을 사용하게 되었으므로 불평하는 사람이 없었습니다. 특히 남부 사람들은 땀과 악취에 밤잠

설치던 시절로 다시는 돌아가고 싶지 않을 것입니다.

버핏: 사람들의 근무 시간이 절반으로 감소할 수도 있지만, 사람들 중 절반이 해고당할 수도 있습니다. 이는 예측하기 매우 어렵다고 생각합니다. 최근 대통령 선거 역시 예측하기 어려웠습니다.

멍거: 우리는 엄청난 생산성 향상에 잘 적응했습니다. 이후에는 연 몇 % 수준에 불과했습니다. 생산성 향상이 연 25%에 이르더라도 걱정할 필요가 없다고 봅니다. 그러나 연 2%에 못 미친다면 걱정해야 합니다. 우리가 걱정할 것은 생산성 저하입니다.

버핏: 인공지능 관련 예측이 매우 매혹적인 주제이긴 하지만, 실제로 예측하기는 매우 어렵습니다. 현재 가이코 종업원은 3만 6,000명입니다. 만일 5,000~1만 명으로도 똑같은 일을 해낼 수 있다면, 특히 다른 여러 분야에서도 갑자기 이런 일이 발생한다면 우리는 엄청난 혼란에 휩싸이게 될 것입니다. 내가 인공지능에 대해서는 잘 모르지만, 지금까지 우리는 이런 일을 겪은 적도 없고, 앞으로도 없을 것으로 생각합니다.

멍거: 자네는 걱정할 필요 없을 걸세.

버핏: 내가 86세라서?

멍거: 세상이 그렇게 빨리 바뀌진 않을 거야.

버크셔에 악재란? [Q 2017-49]

어떤 사건이 발생하면 버크셔가 심각한 타격을 받을까요?

버핏: 외부로부터 변화 촉진자가 침입해서 우리 기업문화를 변질시킨다면 타격을 받겠지요. 그러나 이런 일은 상상하기도 어려울 정도로 비현실적인 가정입니다. 대량살상무기를 제외하면 버크셔에 영속적으로 심각한 타격을 줄 사건은 생각해낼 수가 없습니다. 그리고 대량살상무기도 확률이 낮다고 봅니다. 경기침체, 불황, 공황, 허리케인, 지진 등도 어느 정도 버크셔에 영향을 주겠지만, 경우에 따라서는 이들 덕분에 우리 실적이 더 좋아질 수도 있습니다. 그러나 사람들, 조직, 심지어 몇몇 국가가 핵, 화학, 생물학, 사이버 공격을 감행해 미국 사회를 심각한 혼란에 빠뜨린다면 우리도 타격 받을 것입니다. 그래도 우리는 다양한 이익 흐름, 자산, 철학을 갖추고 있으므로 영향이 가장 적을 것입니다. 하지만 누군가 미국인 수백만을 살해하고 사회를 완전히 파괴한다면 모든 것이 원점으로 돌아갈 것입니다.

멍거: 버크셔가 타격을 받으려면 뭔가 극단적인 일이 발생해야 할 것입니다. BP(브리티시 페트롤리엄British Petroleum)는 유정 하나가 폭발한 탓에 막대한 손실을 보았습니다. 버크셔는 어디선가 끔찍한 사고가 발생하면 법적책임 이상으로 배상금을 지불하게 될 수도 있고, 자회사에서 사고가 발생하면 막대한 손실을 볼 수도 있지만 대부분 기업보다 안전합니다. 버크셔는 온갖 압박에 잘 대처하도록 구성되었습니다.

버핏: 우리는 항상 사고에 대해 생각합니다. 내가 알기로 우리보다 역경에 더 잘 대처하는 기업은 없습니다. 그러나 대량살상무기는 우리가 예측할

수 있는 분야가 아닙니다. 만일 대량살상무기 공격을 받는다면 버크셔 주가는 걱정거리도 못 될 것입니다.

신부님의 아내를 걱정하다니 [Q 2017-52]

건강보험healthcare이 기업에 가장 중요한 문제인가요? 건강보험 문제가 버크셔에도 영향을 미칠까요?

버핏: 1960년 무렵에는 법인세가 GDP의 약 4%였고, 지금은 GDP의 약 2%입니다. 당시 건강보험은 GDP의 약 5%였는데, 지금은 GDP의 약 17%입니다. 미국 기업들은 법인세 탓에 경쟁력이 저하된다고 말하지만, 실제로 법인세는 GDP의 4% 수준에서 2% 수준으로 감소했습니다. 반면에 대부분을 기업이 부담하는 의료비는 GDP의 5% 수준에서 17% 수준으로 증가했습니다. 제대로 말하자면, 의료비는 미국 기업에 기생하면서 경쟁력을 갉아먹는 기생충 같은 존재입니다. 기업들도 이 사실을 알고 있지만 대처 방안이 많지 않습니다. 버크셔는 이런 조세 제도 탓에 세계 경쟁력이 손상될 정도는 아닙니다. 우리 의료비는 믿기 어려울 정도로 급증했고, 앞으로도 대폭 증가할 것입니다. 1960년 무렵 의료비가 GDP의 5% 수준이었던 나라는 6개였습니다. 지금 미국은 의료비가 GDP의 17%지만, 6개국은 GDP의 10~11%입니다. 이들 국가의 의료비도 상당히 높은 수준이지만, 그래도 미국보다는 5~6% 포인트 낮습니다.

멍거: 그들은 사회의료 보장 제도socialized medicine입니다.

버핏: 당시 내가 한 말은 무시당했지만, 지금은 주목받고 있습니다. 의료비 문제는 지금도 미국 사회의 골칫거리지만, 향후 어느 정당이 집권하더라도 더 큰 골칫거리가 될 것입니다. 해결이 거의 불가능하지요. 오바마케어 Obamacare(건강보험개혁법) 대체 목적으로 이틀 전 통과된 새 법안이 매우 흥미롭습니다. 트럼프가 제안한 이 건강보험 법안이 만약 작년에 발효되었다면 내 연방소득세가 17% 감소했을 것입니다. 나 같은 사람에게는 엄청난 감세입니다. 이 법안은 다른 영향도 미치겠지만, 만일 트럼프가 제안한 대로 통과된다면 조정 후 총소득이 연 25만 달러 이상이거나 투자소득이 많은 사람들이 엄청난 감세 혜택을 받게 됩니다. 이들이 감세 혜택을 받으면 재정적자가 증가하거나 다른 사람들의 세금이 늘어나게 됩니다. 지금은 이 정도가 이 법안이 통과될 때 예상되는 효과입니다. 상원에서는 다른 결정을 내리겠지만 어떤 일이 벌어질지 누가 알겠습니까? 아무튼 이틀 전에 이런 법안이 통과되었습니다.

멍거: 건강보험에 대해서는 확실히 같은 생각입니다. 나는 건강보험이 마음에 들지 않습니다. 우리가 받는 의료 서비스가 지나치게 많습니다. 거의 죽은 사람에 대해서도 과도한 화학치료가 제공되고, 건강보험 등 의료 시스템에서 온갖 미친 짓이 벌어지고 있습니다. 뿌리 깊은 기득권 탓에 바꾸기는 매우 어렵겠지만, 외부에서 합리적인 사람이 객관적으로 보면 미국 의료 시스템에서 개선점을 찾아낼 수 있다고 생각합니다. 사람들은 모두 새 구명치료법, 새 화학치료법, 신약을 좋아하지만, 이런 미친 시스템 탓에 비용이 걷잡을 수 없이 증가합니다. 그래서 미국 기업들은 정부가 의료비를 지급하는 나라의 기업들보다 훨씬 불리한 처지에 놓이게 됩니다. 나는 버핏의 견해에 전적으로 동의합니다.

버핏: 내기를 한다면 10년 뒤 의료비는 GDP의 17%보다 높을까요, 낮을까요?

멍거: 현재 추세가 계속 이어진다면 갈수록 더 높아질 것입니다. 현재 추세가 계속 유지되어야 기득권자들에게 매우 유리한데, 이들은 목소리도 매우 크고 활동적인 반면, 나머지 사람들은 아예 무관심합니다. 그러므로 결과는 당연히 형편없을 것입니다. 이 문제에 대해서는 양대 정당이 서로 몹시 혐오하는 탓에 합리적으로 생각하지 못하므로 양당 모두 문제 해결에 도움이 되지 못할 것입니다.

버핏: 연방정부 예산이 약 3.5조 달러 규모인데, 미국 의료비 지출액이 약 3조 달러라는 사실이 흥미롭습니다. 누구나 최고의 치료를 원한다는 점은 충분히 이해할 수 있습니다. 그러나 연방정부 예산과 비교해보아도 의료비 지출액은 지나친 거액입니다. 미국 기업들의 세계 경쟁력에 대해 논하자면, 의료비야말로 갈수록 미국 기업들의 발목을 잡는 단연 가장 큰 변수라 하겠습니다. 양대 정당이 이 문제에 대처하기는 매우 어렵습니다. 근본적으로 정치적인 문제니까요.

멍거: 매우 부도덕한 행태입니다. 죽어가는 환자를 둘러싼 의료인들을 보면, 시체에 몰려드는 하이에나 무리가 연상되어서 보기 좋지 않습니다.

버핏: 캘리포니아 의료인들 사례를 설명해주겠나?

멍거: 레딩Redding에서 있었던 일입니다. 내가 매우 즐겨 설명하는 사례지요. 레딩에는 매우 야심 찬 심장병 전문의가 많았는데, 이들은 심장이 주요 사망 원인이라고 생각했습니다. 그래서 찾아오는 모든 환자에게 그의 심장이 위험하며(아내를 과부로 만들 수 있으며), 치료할 수 있다고 말했습니다. 이들은 모든 사람에게 심장수술을 권유했습니다. 당연히 심장수술 건수가 엄청나

게 많아졌습니다. 수술 결과는 탁월했는데, 처음부터 수술 필요성이 전혀 없는 사람들이었기 때문이지요. 덕분에 이들은 막대한 돈을 벌었습니다. 병원 경영진은 레딩 사례를 본받으라고 산하 계열 병원들에 지시했습니다. 이것은 실화입니다. 계열 병원들은 모두 레딩 사례를 따랐습니다. 그러던 중 한 병원에서 가톨릭 신부에게 심장이 위험하다고(아내를 과부로 만들지 모른다고) 말하면서 심장수술을 권했는데, 신부는 병원을 믿지 않았고 결국 비리를 폭로했습니다.

버핏: 폭로자는 신부였습니다. 신부가 병원의 말을 믿지 않은 이유는 짐작할 수 있습니다. 병원 사람들이 타성에 젖어 모든 사람에게 똑같은 말투로 설득했던 모양입니다.

멍거: 나중에 나는 비리 의료인들의 면허를 박탈한 의사들 중 한 사람을 만나, 비리 의료인들이 자신의 잘못을 알고 저지른 일이냐고 물었습니다. 그는 대답했습니다. "아닐세, 찰리. 그들은 자신의 행위가 환자들에게 이롭다고 생각하고 있었다네." 그래서 과잉 진료 문제를 바로잡기가 그토록 어려운 것이겠지요. 그런 진료를 통해서 돈도 많이 벌면서 더 출세한다는 착각에 빠진 것입니다. 그래서 그런 진료가 많습니다. 거의 광적인 수준이었습니다. 심장수술 비율이 정상의 20배에 달했습니다. 병원 경영진은 이런 상황을 간파하고서 계열 병원들에 이런 방식을 전파하고자 했던 것입니다.

버핏: 수술 성공률이 완벽한 수준이었습니다.

법은 소시지와 같다 [Q 2017-58]

미국에서 좋은 일자리들이 사라지고 있습니다. 기업들은 오로지 경제성만 고려해야 하나요? 버크셔의 자회사가 해외로 이전하겠다고 요청하면 당신은 허락하겠습니까?

버핏: 사실 과거에 미국에서 생산되던 제품 상당수가 외국에서 생산된 수입품으로 대체되었습니다. 1955년, 그레이엄 뉴먼Graham Newman Corp이 프루트 오브 룸(당시 회사명은 유니언 언더웨어Union Underwear)을 인수할 때, 나도 그곳에 있었습니다. 당시 프루트 오브 룸 제품은 거의 모두 미국에서 생산되었습니다. 만일 지금도 제품을 모두 미국에서 생산한다면 이 회사는 생존하지 못할 것입니다. 덱스터 슈에서도 똑같은 일이 발생했습니다. 덱스터는 숙련된 근로자들을 보유한 훌륭한 기업이었습니다. 결국 우리는 신발을 원가에 팔았는데도 외국산 수입 신발과 경쟁할 수가 없었습니다. 무역은 수출과 수입 양방향으로 이루어지며, 규모가 커질수록 경제적 혜택도 커집니다. 무역은 생산성을 높여 세계 전체에 혜택을 안겨줍니다.

그러나 이 과정에서 희생자가 나옵니다. 뉴베드퍼드 직물공장 노동자들과 덱스터 신발공장 노동자들은 결국 일자리를 잃었습니다. 노동자들의 일자리를 지키려고 신발이나 속옷 가격을 5% 인하한다고 발표했더라도 미국 대중은 이 사실을 전혀 몰랐을 것입니다. 나는 두 가지가 필요하다고 생각합니다. 미국은 엄청나게 부유한 국가입니다. 1인당 GDP가 6만 달러에 육박합니다. 내가 태어난 시점보다 6배나 증가했습니다. 이런 번영을 뒷받침한 것이 바로 무역입니다. 1970년, 미국의 수출은 GDP의 5%에 불과했습니다. 지금은 약 12%로 알고 있습니다. 우리는 우리가 가장 잘하는 일을 하고 있습니다. 우리에게는 최고교육책임자Educator in Chief가 필요합니다. 그 자리는 대통령이 맡아야 마땅하며, 특정 대통령이 아니라 앞으로 수십 년 동안 모든 대통령이 맡아야 합니다. 그는 자유무역이 전체적으로 미국에 이롭다는 사실을 대중에게 상세히 설명해야 합니다.

더 나아가 자유무역 과정에서 발생하는 희생자들을 돌보는 정책을 수립해야 합니다. 3억 2천만 미국 국민에게 조금이나마 이롭다면, 나 자신은 자유무역 과정에서 실직해 인생이 비참해지더라도 상관없습니다. 우리에게는 희생자들을 돌볼 자원이 있습니다. 투자자들은 분산투자를 통해서 무역이 주는 혜택을 얻을 수 있습니다. 이들은 특정 산업 탓에 희생될 위험도 없습니다. 그러나 노동자들은 그런 위험을 피할 수가 없습니다. 영어도 못하는 뉴베드퍼드 직물공장의 55세 노동자에게는 다른 기술을 가르쳐줄 수도 없습니다. 공익을 증진하는 과정에서 이런 사람들이 희생된다면, 정부가 정책을 통해 이런 사람들을 돌보아야 합니다. 미국은 부유하므로 이들을 돌볼 수 있으며, 앞으로도 자유무역을 통해서 계속 혜택을 얻을 것입니다. 우리는 3억 2천만 국민이 자유무역의 혜택을 누리게 하는 동시에, 이 과정에서 발생하는 희생자가 방치되지 않도록 해야 합니다.

멍거: 바로 그런 이유로 실업보험이 존재하는 것입니다. 유감스럽게도 자본주의 시스템은 진화하고 개선되는 과정에서 반드시 일부 사람들에게 피해를 입힙니다. 그 피해는 막을 방법이 없습니다.

버핏: 자본주의 시스템은 잘못 사용된 자본에 대해서도 무자비합니다. 이런 위험은 분산투자를 통해서 피할 수 있습니다. 자본주의 시스템은 수십 년 동안 기술을 연마한 불운한 사람들에게도 무자비합니다. 그러나 우리 사

회는 매우 부유하므로 이런 사람들을 돌볼 수 있습니다. 이틀 전 내 소득세를 17%나 줄여주는 법안이 통과되었습니다.

멍거: 그래도 나는 한 푼도 쓰지 않을 작정입니다.

버핏: 나도 그렇습니다. 법안이 어떻게 될지 누가 알겠습니까? 쇼핑센터를 지나가는 오마하 주민 수천 명에게 이 법안 덕분에 내 세금이 대폭 감소한다고 말해주어도, 사람들은 자신에게 어떤 영향이 미치는지 전혀 생각하지 못할 것입니다. 우리는 1인당 GDP가 5만 6,000~5만 8,000달러여서 4인 가족이면 23만 달러에 이릅니다. 불운한 희생자를 방치해서는 안 됩니다.

멍거: 비스마르크Bismarck(독일의 정치가)는 법이 소시지와 같아서, 만들어지는 과정을 보지 않는 편이 낫다고 말했습니다.

버핏: 그래도 누군가는 지켜보아야 합니다.

9장
버크셔 창립 50주년(1964~2014) 기념사

우리 버크셔는 세금 등 큰 비용을 들이지 않고서도 막대한 자금을,
추가 투자 기회가 부족한 기업에서 풍부한 기업으로 재배분할 수 있습니다.
게다가 우리는 한 산업에만 매달릴 때 나타나는 편견도 없고,
한 산업을 유지하면서 기득권을 지키려는 동료도 없습니다.
이는 중요합니다. 옛날부터 투자 결정을 말[馬]이 했다면
자동차산업은 탄생하지 않았을 것입니다. [2014]

버크셔 시스템이 대부분 유지된다면
(1) 내일 버핏이 떠나가고,
(2) 능력이 보통 수준인 사람이 후계자가 되며,
(3) 버크셔가 다시는 대기업을 인수하지 못하더라도,
현재 보유한 기회와 추진력이 매우 크므로
틀림없이 아주 오랜 기간 초과 실적을 유지할 것입니다. [2014]

버크셔 - 과거, 현재, 미래 [2014]

처음

1964년 5월 6일, 당시 시베리 스탠튼Seabury Stanton이 경영하던 버크셔 해서웨이는 주주들에게 11.375달러에 22만 5,000주를 공개매수한다는 서한을 보냈습니다. 나는 이 서한을 예상하고 있었지만 가격을 보고 깜짝 놀랐습니다.

당시 버크셔의 발행주식은 158만 3,680주였습니다. 그중 약 7%는 내가 관리하던 버핏투자조합Buffett Partnership Ltd이 보유했는데, 내 재산도 거의 모두 이 조합에 들어 있었습니다. 공개매수 서한을 보내기 직전, 스탠튼은 얼마면 버핏투자조합이 보유한 주식을 팔겠느냐고 내게 물었습니다. 나는 11.50달러라고 대답했고, 그는 "좋습니다. 그렇게 합시다"라고 말했습니다. 그러고서 버크셔에서 서한이 왔는데, 매수 가격이 0.125달러 더 낮았습니다. 나는 스탠튼의 행동에 화가 나서 공개매수에 응하지 않았습니다.

그러나 어처구니없을 정도로 멍청한 결정이었습니다.

당시 버크셔는 형편없는 사업에서 헤어나지 못하는 북부 직물 제조업체였습니다. 직물산업은 어느 모로 보나 사양길에 접어들었습니다. 그러나 버크셔는 다양한 이유로 진로를 바꿀 수가 없었습니다.

직물산업의 문제점은 오래전부터 널리 알려졌는데도 버크셔의 실상은 그러했습니다. 1954년 7월 29일 버크셔 이사회 회의록에도 이 암울한 사실이 나와 있습니다. "뉴잉글랜드의 직물산업은 40년 전에 문을 닫기 시작했습니다. 전쟁 기간에는 이 추세가 중단되었습니다. 그러나 이 추세는 수요와 공급이 균형을 이룰 때까지 이어질 수밖에 없습니다."

이 이사회 회의 약 1년 뒤 (둘 다 19세기에 설립된) '버크셔 파인 스피닝 Berkshire Fine Spinning'과 '해서웨이 매뉴팩처링Hathaway Manufacturing'이 합병해 버크셔 해서웨이가 되었습니다. 공장 14개와 종업원 1만 명을 거느린 합병 회사는 뉴잉글랜드의 거대 직물회사가 되었습니다. 그러나 두 회사 경영진의 합병 합의는 머지않아 동반자살 합의가 되었습니다. 합병 후 7년 동안 버크셔는 손실을 보았고, 순자산이 37%나 감소했습니다.

그사이에 회사는 공장 7개를 폐쇄했고, 간혹 청산 대금으로 자사주를 매입했습니다. 나는 이 패턴에 관심이 끌렸습니다.

나는 회사가 공장을 더 폐쇄해 자사주를 더 매입할 것으로 기대했으므로, 1962년 12월 버핏투자조합에서 처음으로 버크셔 주식을 샀습니다. 당시 주가는 7.50달러여서, 주당 운전자본 10.25달러보다도 낮고, BPS 20.20달러보다는 훨씬 낮았습니다. 그 가격에 버크셔 주식을 사는 것은 한 모금 남은 담배꽁초를 줍는 것과 같았습니다. 담배꽁초는 축축하고 못생겼지만 공짜로 한 모금 빨 수 있습니다. 그러나 한 모금을 즐기고 나면 더는 기대할 것이 없습니다.

이후 버크셔는 각본을 충실히 따라갔습니다. 곧 공장 두 개를 폐쇄했고, 1964년 5월에는 청산 대금으로 자사주 매입에 착수했습니다. 스탠튼이 제안한 가격은 우리 매입원가보다 50%나 높았습니다. 여기서 나는 곧바로 공짜 한 모금을 즐기고 나서 다른 곳에서 또 담배꽁초를 찾을 수 있었습니다.

그러나 나는 스탠튼의 속임수에 화가 나서, 그의 공개매수 제안을 무시한 채 버크셔 주식을 적극적으로 사 모으기 시작했습니다.

1965년 4월까지 버핏투자조합은 당시 발행주식 101만 7,547주 중 39만 2,633주를 사 모았고, 5월 초 이사회에서 우리는 정식으로 회사 경영권을 인수했습니다. 겨우 주당 0.125달러를 놓고 벌인 시베리와 나의 유치한 행동 탓에, 그는 일자리를 빼앗겼고 나는 잘 알지도 못하는 형편없는 사업에 버핏투자조합의 자본을 25% 넘게 투자했습니다. 나는 무작정 버크셔를 인수한 것입니다.

버크셔는 누적된 영업손실과 자사주 매입 탓에, 1955년 합병 시점에 5,500만 달러였던 순자산이 1964 회계연도 말에는 2,200만 달러로 감소한 상태였습니다. 이 순자산 2,200만 달러는 모두 직물사업에 묶여 있었고, 회사는 초과현금이 없었으므로 은행 대출금 250만 달러도 쓰고 있었습니다. (버크셔의 1964년 연차보고서는 130~142쪽에 실었습니다.)

나는 한동안 운이 좋았습니다. 인수 직후 2년 동안 버크셔는 호황을 누렸습니다. 게다가 그동안 실적 부진으로 누적된 대규모 이월결손금 덕분에 소득세도 내지 않았습니다.

그러나 좋은 시절은 곧 지나갔습니다. 1966년부터 18년 동안 직물사업을 키우려고 끈질기게 몸부림쳤지만 소용없었습니다. 하지만 고집(멍청함?)에도 한계가 있습니다. 1985년, 나는 마침내 항복하고 직물사업을 접었습니다.

버핏투자조합의 막대한 자원을 망해가는 사업에 투자한 것은 나의 첫 번째 실수였습니다. 게다가 나는 곧바로 이 실수를 더 키웠습니다. 실제로 두 번째 실수는 첫 번째보다 훨씬 더 심각했으며, 결국 내 인생에서 가장 값비싼 실수가 되었습니다.

1967년 초, 나는 버크셔를 통해서 860만 달러에 내셔널 인뎀너티를 인수했습니다. 내셔널 인뎀너티는 작지만 유망한 오마하 보험사였는데, 자그마한 자매회사도 덤으로 따라왔습니다. 나는 보험업을 잘 알고 좋아했으므로 내게 잘 맞는 사업이었습니다.

내셔널 인뎀너티의 소유주 잭 링월트는 내 오랜 친구였는데, 회사를 나 개인에게 팔고자 했습니다. 그는 회사를 버크셔에 팔 생각이 없었습니다. 그러면 나는 왜 버핏투자조합 대신 버크셔를 통해서 내셔널 인뎀너티를 인수했을까요? 나는 48년 동안 생각해보았지만 아직도 만족스러운 답을 찾지 못했습니다. 단지 엄청난 실수였습니다.

이 훌륭한 회사는 이후 버크셔를 키워나가는 밑바탕이 되었지만, 만일 버핏투자조합을 통해서 인수했다면 나와 내 동업자들이 100% 소유할 수 있었습니다. 게다가 막대한 자본이 거의 20년 동안 섬유사업에 묶일 일도 없었으므로 버핏투자조합은 거침없이 성장했을 것입니다. 끝으로, 이후 우리가 인수한 기업들도 나와 내 동업자들이 100% 소유했을 것이므로, 아무 관계도 없는 버크셔 기존 주주들에게 39%나 나눠줄 일도 없었습니다. 이것이 엄연한 사실인데도, 나는 탁월한 기업 100%(내셔널 인뎀너티)를 지분 61%짜리 부실 기업(버크셔 해서웨이)과 결혼시켰습니다. 이 결정으로 결국 약 1,000억 달러가 버핏투자조합에서 낯선 사람들에게 넘어갔습니다.

하나만 더 고백하고서 유쾌한 주제로 넘어가겠습니다. 1975년에 내가 뉴잉글랜드 직물회사인 웜벡 밀즈Waumbec Mills를 인수했다면 믿으시겠습니까? 물론 인수 가격은 헐값이었습니다. 자산도 풍부하고 버크셔의 기존 직물사업과 시너지도 기대되었으니까요. 그런데도 정말 놀랍게도 웜벡 인수는 완전 실패였습니다. 몇 년 못 가서 문을 닫을 수밖에 없었습니다.

이번에는 좋은 소식입니다. 북부 섬유산업이 마침내 완전히 사라졌습니다. 내가 뉴잉글랜드 주변을 돌아다닌다는 말을 들어도 이제 여러분은 겁먹을 필요가 없습니다.

나를 바로잡아 준 찰리

내가 운용하는 자산 규모가 작을 때는 이런 담배꽁초 전략이 매우 효과적이었습니다. 1950년대에는 이런 담배꽁초에서 얻은 공짜 수익 덕분에 내 투자 실적이 상대적으로나 절대적으로나 평생 단연 최고를 기록했습니다.

그러나 1950년대에도 내가 담배꽁초에만 투자했던 것은 아닙니다. 가장 중요한 예외는 가이코였습니다. 나중에 가이코의 CEO가 된 로리머 데이비드슨Lorimer Davidson과 1951년에 대화를 나눈 덕분에, 나는 가이코가 훌륭한 기업임을 깨닫고 즉시 내 재산 9,800달러 중 65%를 이 주식에 투자했습니다. 그러나 당시 내가 얻은 이익 중 대부분은 헐값에 투자한 그저 그런 회사 주식에서 나왔습니다. 벤저민 그레이엄이 내게 가르쳐준 기법이 잘 통했습니다.

그러나 이 기법의 중요한 약점이 서서히 드러났습니다. 담배꽁초 투자는 자산 규모가 크지 않을 때만 효과적이었습니다. 자산 규모가 커지면 전혀 효과가 없었습니다.

게다가 헐값에 산 한계 기업이 단기적으로는 매력적이었지만 장기적으로 키워나가기에는 부적합했습니다. 결혼 상대를 선택할 때는 데이트 상대를 고를 때보다 더 엄격한 기준이 필요합니다. (버크셔도 '데이트' 상대로는 매우 만족스러웠습니다. 우리가 시베리의 제안을 받아들여 11.375달러에 주식을 팔았다면 버크셔에 대한 가중 투자수익률은 연 40%에 이르렀을 것입니다.)

나는 찰리 멍거가 바로잡아 준 덕분에, 담배꽁초 투자 방식에서 벗어나 거대 자산으로도 만족스러운 수익을 얻게 되었습니다. 찰리는 현재 내 집에서 100여 미터 떨어진 곳에서 자랐으며, 어린 시절에는 나처럼 우리 할아버지의 식료품 잡화점에서 일했습니다.

우리 주주총회에 참석해본 사람이라면 찰리가 다양한 분야에서 출중하고, 기억력이 경이적이며, 소신이 뚜렷하다는 점을 알 것입니다. 나도 우유부단한 편은 아니라서, 우리는 가끔 의견이 일치하지 않습니다. 그러나 56년 동안 우리는 한 번도 다툰 적이 없습니다. 서로 의견이 엇갈릴 때, 찰리는 대개 이렇게 말하면서 대화를 끝냅니다. "워런, 잘 생각해보면 내 말에 동의하게 될 거야. 자네는 똑똑하고, 나는 옳으니까."

사람들 대부분은 찰리가 건축에 열정적이라는 사실을 모를 겁니다. 그의 첫 경력은 개업 변호사였지만(시간당 청구액 15달러), 처음으로 큰돈을 번 때는 30대 시절 로스앤젤레스 근처에 아파트 다섯 동을 설계하고 건축한 시점이었습니다. 약 55년 지나 현재 그가 살고 있는 집도 그가 설계했습니다. (나처럼 찰리도 주변 환경이 마음에 들면 꿈쩍하지 않습니다.) 최근 몇 년 동안 찰리는 스탠퍼드대와 미시간대의 대형 기숙사 복합 빌딩을 설계했고, 91세인 지금도 다른 대형 프로젝트를 진행하고 있습니다.

내가 보기에 찰리가 만들어낸 가장 중요한 작품은 현재 버크셔의 설계도입니다. 그가 내게 넘겨준 설계도는 단순했습니다. 그저 그런 기업을 헐값에 사는 방식은 모두 잊어버리고, 훌륭한 기업을 적정 가격에 사라는 말이었습니다.

내 행동을 바꾸기는 쉽지 않습니다. (내 가족에게 물어보십시오.) 찰리의 조언 없이도 그동안 상당한 성공을 거두었는데, 경영대학원에 가보지도 못한 변호사의 말에 내가 왜 귀 기울여야 합니까? (나는 경영대학원을 세 군데나 다녔는데 말이지요.) 그러나 찰리는 사업과 투자에 관한 자신의 좌우명을 내게 끝없이 반복했는데, 그의 논리는 반박의 여지가 없었습니다. 결국 버크셔는 찰리의 설계도에 따라 세워졌습니다. 나는 종합 건설업자 역할을 맡았고, 버크셔 자회사 CEO들은 하도급 업자의 역할을 맡았습니다.

1972년은 버크셔의 전환기였습니다. (간혹 내가 구태로 돌아가긴 했지만 말입니다. 1975년 웜벡 인수를 기억하십시오.) 그때 우리는 시즈캔디 인수 기회를 잡았습니다. 찰리와 나와 버크셔가 시즈캔디의 대주주가 되었고, 나중에 버크셔와 합병했습니다.

시즈는 초콜릿을 제조 판매하는 전설적인 서해안 기업이었는데, 연간 세전 이익이 약 400만 달러였는데도 순유형자산은 800만 달러에 불과했습니다. 게다가 재무상태표에 나타나지 않는 거대한 자산까지 있었습니다. 그것은 폭넓고 튼튼한 경쟁우위에서 오는 강력한 가격 결정력입니다. 이 자산 덕분에 시즈의 이익은 장기적으로 틀림없이 증가할 전망이었습니다. 더군다나 추가로 투자해야 하는 금액도 많지 않았습니다. 다시 말해서 시즈는 앞으로 수십 년 동안 현금을 쏟아낼 회사였습니다.

시즈를 지배하는 가족은 3,000만 달러를 원했고, 찰리는 그만한 가치가 있다고 말했습니다. 그러나 나는 2,500만 달러를 넘기고 싶지 않았고, 이 가격에도 그다지 내키지 않았습니다. (순유형자산 가치의 세 배나 되는 가격에 나는 놀랐습니다.) 나는 지나치게 조심하다가 하마터면 훌륭한 기업을 놓칠 뻔했습니다. 그러나 다행히 그들은 2,500만 달러에 팔기로 했습니다.

지금까지 우리가 시즈에서 벌어들인 세전 이익은 19억 달러이고, 추가로 투자한 금액은 4,000만 달러에 불과합니다. 그동안 시즈가 막대한 이익을 벌어들인 덕분에 버크셔는 다른 기업들을 인수할 수 있었고, 이 기업들도 대규모 이익을 내주었습니다. (토끼가 번식하는 모습을 상상해보십시오.) 그리고 시즈의 사업 활동을 지켜보면서 나는 강력한 브랜드의 가치에 눈을 떠, 다른 투자에서도 이익을 내게 되었습니다.

찰리가 설계도를 작성해주었는데도 나는 웜백 이후에도 많은 실수를 저질렀습니다. 가장 참담한 실수는 덱스터 슈였습니다. 1993년 우리가 인수했을 때, 이 회사는 실적이 좋아서 전혀 담배꽁초처럼 보이지 않았습니다. 그러나 외국 기업들과의 경쟁 탓에 곧바로 경쟁력을 상실하고 말았습니다. 나는 이를 전혀 내다보지 못했습니다.

무려 4억 3,300만 달러에 인수한 덱스터는 가치가 곧바로 제로로 내려갔습니다. 그러나 일반회계원칙으로 산정한 손실액은 실제로 내 실수가 불러온 손실액의 근처에도 못 미칩니다. 나는 덱스터 인수 대가로 현금 대신 버크셔 주식을 지급했는데, 현재가치가 약 57억 달러입니다. 이는 기네스북에 오를 만한 참사입니다.

이후 내가 버크셔 주식을 지급하고 인수한 기업 중에도 실적 부진 기업이 여럿 있었습니다. 이런 실수는 치명적입니다. 버크셔처럼 훌륭한 기업의 주식을 내주고 그저 그런 기업의 주식을 받으면 심각한 손실을 보게 됩니다.

우리가 투자한 기업이 이런 실수를 저지른 사례도 있습니다. (내가 그 회사 이사로 활동하는 동안에도 간혹 이런 실수가 발생했습니다.) CEO들은 기본 현실도 못 볼 때가 너무나 많은 듯합니다. 우리가 지급하는 주식의 내재가치가, 인수하는 기업의 내재가치보다 높아서는 절대 안 됩니다.

이사회에서 주식 교환형 합병을 설명할 때, 절대적으로 중요한 이 숫자를 제시하는 투자은행 간부를 나는 본 적이 없습니다. 대신 인수 대가로 지급하는 주식에 붙은 '관례적인' 프리미엄에 초점을 맞추거나, (전혀 장담할 수 없는데도) 인수 후 EPS가 증가한다는 점만 강조합니다. EPS를 높이려고 헐떡거리는 CEO와 조력자들은 흔히 '시너지'라는 기발한 개념을 내세웁니다. (그동안 나는 19개 기업에 이사로 참여하면서 인수 후 시너지가 감소하는 사례를 자주 보았지만, '역시너지dis-synergies'가 언급된 적은 한 번도 없었습니다.) 미국 이사회에서 인수에 대한 사후 분석을 통해 현실과 예측을 정직하게 비교하는 사례는 거의 없습니다. 인수에 대한 사후 분석은 표준 관행이 되어야 합니다.

장담하건대, 내가 떠나고 오랜 세월이 흐르고서도 버크셔 CEO와 이사회는 인수 대가로 주식을 지급하기 전에 내재가치를 신중하게 계산할 것입니다. 100달러짜리 지폐를 10달러짜리 지폐 8장과 교환하는 방식으로는 부자가 될 수 없습니다. (전문가가 이 교환이 공정하다고 값비싼 의견을 제시하더라도 말입니다.)

그동안 버크셔의 기업 인수는 대체로 성공적이었습니다. 그리고 몇몇 대기업 인수 사례는 매우 성공적이었습니다. 유가증권 투자도 마찬가지입니다. 유가증권은 우리 재무상태표에 항상 시가로 평가되므로, 미실현 이익을 포함한 모든 이익이 즉시 우리 순자산에 반영됩니다. 그러나 우리가 인수한 기업은 장부가보다 수십억 달러를 더 받고 팔 수 있더라도 재무상태표에서 재평가하는 일이 절대 없습니다. 그동안 버크셔 자회사들의 가치는 엄청나게 증가했으며, 특히 지난 10년 동안 빠르게 증가했습니다.

찰리의 말에 귀 기울인 보람이 있습니다.

버크셔의 오늘

버크셔는 이제 끊임없이 뻗어나가는 복합기업입니다.

투자자들 사이에서 복합기업의 평판이 형편없다는 점은 인정합니다. 당연히 그럴 만합니다. 먼저 복합기업들의 평판이 나쁜 이유를 설명하고서, 복합기업 형태가 버크셔에 오래도록 매우 유리한 이유를 설명하겠습니다.

내가 금융계에 발을 들여놓은 이후 복합기업이 크게 유행한 시기가 몇 번 있었는데, 가장 터무니없던 시기가 1960년대 말이었습니다. 당시 복합기업 CEO들이 애용한 방법은 간단했습니다. 인간적 매력, 승진, 분식회계를 이용해서 복합기업의 주가를 PER의 20배 수준으로 띄워 올린 다음, 최대한 서둘러 주식을 발행해 주가가 PER의 10배 수준인 기업들을 인수하는 것입니다. 이들은 인수에 '지분통합법pooling' 회계를 적용했으므로, 실제로 회사에는 아무 변화가 없었는데도 EPS가 자동으로 증가했는데, 이를 자신의 경영 성과로 내세웠습니다. 이어서 투자자들에게 이런 복합기업의 PER은 더 상승할 수 있다고 설명했습니다. 그리고 끝으로, 이 과정을 한없이 되풀이해 EPS를 계속 높이겠다고 약속했습니다.

1960년대가 지나가면서 월스트리트는 이 속임수를 더 애용했습니다. 합병을 통해서 막대한 보수를 챙길 수만 있다면, 월스트리트 사람들은 기업들이 의심스러운 술책으로 EPS를 늘려도 항상 눈감아주었습니다. 감사들은 복합기업의 회계에 성수를 뿌려 축복해주었고, 심지어 숫자를 더 짜내는 방법까지 알려주기도 했습니다. 쉽게 쏟아져 나오는 돈에 사람들의 윤리 감각이 마비되었습니다.

그 결과 합병 활동이 맹렬하게 퍼져나갔는데, 언론도 이를 찬양하면서 부채질했습니다. ITT, 리턴 인더스트리즈Litton Industries, 걸프 앤드 웨스턴Gulf & Western, LTV 같은 기업들이 찬양받았고, 그 CEO들은 명사가 되었습니다. (그러나 한때 유명했던 이런 복합기업들은 이미 오래전에 사라졌습니다. 요기 베라Yogi

Berra가 말했듯이 "야심가들의 부정행위는 모두 폭로됩니다".)

당시는 (터무니없이 속 보이는) 온갖 회계부정도 문제 삼지 않는 분위기였습니다. 투자자들은 회계의 천재를 확보하면 복합기업의 성장에 큰 도움이 된다고 보았습니다. 회사의 영업 실적이 아무리 나빠도 보고이익은 틀림없이 만족스럽게 나올 것으로 믿었기 때문입니다.

1960년대 말 내가 참석한 회의에서, 한 욕심 많은 CEO가 '대담하고 창의적인 회계 기법'을 자랑스럽게 떠벌렸습니다. 대부분 애널리스트들은 그의 말을 들으면서 고개를 끄덕이고 있었습니다. 애널리스트들은 실제 영업 실적이 어떻게 되든, 이 경영자는 자신이 제시한 추정치를 틀림없이 충족할 것으로 믿는 표정이었습니다.

그러나 마침내 자정을 알리는 종이 울리자 모든 마차와 말이 다시 호박과 쥐로 바뀌었습니다. 과대평가된 주식을 계속 발행하는 사업 모델은 (행운의 편지 사업 모델과 마찬가지로) 부의 창출이 아니라 재분배에 불과하다는 사실이 다시 밝혀졌습니다. 미국에서는 두 가지 사업 모델이 겉모습만 정교하게 위장한 채 주기적으로 만발합니다. (모든 기획자의 꿈이지요.) 결말도 항상 똑같아서, 순진한 사람들의 돈이 사기꾼에게 넘어갑니다. 그러나 행운의 편지와는 달리 주식은 사기 규모가 엄청나게 큽니다.

버핏투자조합과 버크셔는 미친 듯이 주식을 발행하는 기업에는 투자해본 적이 없습니다. 이런 행태는 그 기업의 과장 선전, 취약한 회계, 과도한 주가, 노골적인 부정을 시사하는 확실한 조짐입니다.

그러면 찰리와 내가 버크셔의 복합기업 구조에 매력을 느끼는 이유는 무엇일까요? 간단히 말해서, 복합기업 구조를 현명하게 이용하면 장기 자본성장률을 이상적으로 극대화할 수 있기 때문입니다.

자본주의의 장점 한 가지는 효율적인 자본배분입니다. 즉, 시장을 통해 자본이 유망 기업으로 배분되며, 이런 흐름을 거부하면 경제가 쇠퇴한다는 주장입니다. 옳은 주장입니다. 다소 과장된 표현일지는 몰라도 대개 시장에 의한 자본배분이 다른 대안보다 훨씬 효율적입니다.

그렇더라도 합리적인 자본 흐름이 종종 막힐 때가 있습니다. 1954년 버크셔 이사회 회의록에서도 분명히 드러나듯이, 경영진은 직물산업에서 자본을 회수해야 마땅했는데도 헛된 희망과 이기심 탓에 수십 년이나 꾸물거렸습니다. 실제로 나 자신도 쓸모없어진 직물공장 포기를 너무 오랫동안 미뤘습니다. 쇠퇴하는 기업의 CEO가 새로운 사업에 대규모 자본을 재배분하는 일은 거의 없습니다. 그렇게 하려면 오랜 동료를 해고해야 하고 자신의 실수를 인정해야 하니까요. 게다가 자신이 새로운 사업의 CEO가 된다는 보장도 없습니다.

개인 투자자들 역시 여러 기업과 산업 사이에서 자본을 재배분하려면 상당한 세금과 마찰 비용을 부담해야 합니다. 면세 기관투자가들도 자본을 재배분하려면 중개기관을 이용해야 하므로 막대한 비용을 부담해야 합니다. 투자은행, 회계사, 컨설턴트, 변호사, 차입매수자 등 입맛 까다로운 전문가들이 배를 채워달라고 요구합니다. 금융 전문가들은 이용료가 비쌉니다.

반면에 버크셔 같은 복합기업은 최소 비용으로 자본을 합리적으로 재배분할 수 있습니다. 물론 복합기업 구조 자체가 성공을 보장하는 것은 아닙니다. 우리는 그동안 많은 실수를 저질렀고, 앞으로도 더 저지를 것입니다. 그러나 우리 조직 구조의 장점은 엄청납니다.

우리 버크셔는 세금 등 큰 비용을 들이지 않고서도 막대한 자금을, 추가 투자 기회가 부족한 기업에서 풍부한 기업으로 재배분할 수 있습니다. 게다가 우리는 한 산업에만 매달릴 때 나타나는 편견도 없고, 한 산업을 유지하면서 기득권을 지키려는 동료도 없습니다. 이는 중요합니다. 옛날부터 투자 결정을 말[馬]이 했다면 자동차산업은 탄생하지 않았을 것입니다.

우리의 커다란 강점 또 하나는 훌륭한 기업의 일부, 즉 주식을 살 수 있다는 점입니다. 대부분 경영진은 이런 선택을 하지 못합니다. 그동안 이 전략적 대안은 매우 유용했습니다. 다양한 선택 대안 덕분에 우리 의사결정이 더 효과적이었습니다. 주식시장이 매일 제시하는 기업 일부(주식)의 가격은, 흔히 우리가 기업을 통째로 인수할 때 치러야 하는 가격보다 훨씬 쌉니다. 게다가 우리는 유가증권으로 실현한 이익 덕분에 일부 대기업을 인수할 수 있었습니다.

실제로 세상의 무한한 기회가 버크셔에 열려 있습니다. 대부분 기업보다도 버크셔에 훨씬 더 많은 기회가 열려 있습니다. 물론 우리는 전망을 평가할 수 있는 기업에만 투자합니다. 그래서 우리 선택 범위가 심하게 제약됩니다. 찰리와 내가 10년 뒤 모습을 전혀 내다보지 못하는 기업이 매우 많습니다. 그래도 한 산업에서만 활동하는 경영진보다는 선택 범위가 훨씬 넓습니다. 게다가 버크셔는 한 산업에서만 활동하는 기업들보다 규모를 훨씬 더 키워나갈 수 있습니다.

앞에서도 언급했지만, 시즈캔디는 자본을 적게 쓰면서도 막대한 이익을 창출했습니다. 물론 이렇게 창출한 자금을 현명하게 사용해서 캔디사업을 더 확장할 수 있었다면 좋았을 것입니다. 그러나 이런 시도는 대부분 소용이 없었습니다. 그래서 우리는 세금 등 마찰 비용도 부담하지 않으면서, 시즈가 창출하는 초과현금으로 다른 기업들을 인수했습니다. 시즈가 독립 기업으로 유지되었다면 이익을 주주들에게 분배하고 주주들은 이를 재배분해야 했으므로, 이 과정에서 막대한 세금과 마찰 비용이 발생했을 것입니다.

버크셔의 강점 하나는 세월이 흐를수록 더 중요해지고 있습니다. 이제 탁월한 기업의 소유주와 경영자 들은 기업을 매각할 때 가장 먼저 버크셔를 선택하고 있습니다.

성공적인 기업을 보유한 가족에게는 기업 매각을 고려할 때 몇 가지 선택 대안이 있습니다. 흔히 가장 좋은 선택은 그대로 계속 보유하는 것입니다. 자신이 잘 아는 훌륭한 기업을 계속 보유하는 것보다 좋은 대안은 흔치 않습니다. 그러나 월스트리트 사람들이 기업을 계속 보유하라고 권유하는 일은 거의 없습니다. (이발사에게 이발할 때가 되었는지 물어보아서는 안 됩니다.)

소유주 가족 일부는 팔려고 하고 일부는 계속 보유하려고 한다면 대개 기업을 공개하는 편이 합리적입니다. 그러나 소유주 가족 모두가 기업을 팔려고 한다면 보통 두 가지 대안을 고려하게 됩니다.

첫째 대안은 두 기업을 결합해서 '시너지'를 짜내려는 경쟁자에게 파는 방법입니다. 경쟁자는 소유주 가족을 도와 회사를 키운 동료 다수를 반드시 해고하려 합니다. 그러므로 배려 깊은 소유주는 오랜 동료가 옛 컨트리송 "그녀는 떼돈 벌고, 나는 속았다네"를 슬프게 부르며 떠나게 하지 않을 것입니다.

둘째 대안은 월스트리트 인수자에게 파는 방법입니다. 과거에 이들은 자신을 '차입매수자'라고 정확하게 불렀습니다. 그러나 1990년대 초 이들의 평판이 나빠지자, 서둘러 명칭을 '사모펀드'로 변경했습니다. ('몰려오는 야만인을 막아라Barbarians at the Gate'라는 게임을 기억하십니까?)

이들은 단지 명칭만 바꿨을 뿐입니다. 예전과 다름없이, 인수한 기업의 자기자본은 극적으로 줄이고, 부채는 산더미처럼 쌓아 올렸습니다. 실제로 흔히 사모펀드가 제시하는 인수 가격은 인수 대상 기업을 담보로 조달할 수 있는 최대 부채액에 좌우되었습니다.

나중에 일이 순조롭게 풀려서 자기자본이 증가하면 사모펀드는 대개 추가로 자금을 조달해 부채비율을 다시 높였습니다. 그리고 이렇게 조달한 자금으로 대규모 배당을 지급해 자기자본을 대폭 낮추었으며, 때로는 마이너스로 만들기도 했습니다.

실제로 사모펀드들은 '자기자본'을 금기어로 취급하고 부채를 사랑합니다. 지금은 부채 조달 비용이 매우 낮으므로 이들은 흔히 최고 한도액을 제시합니다. 그리고 나중에 회사를 되팔 때는 대개 다른 차입매수자에게 팝니다. 회사는 사실상 한 조각 상품이 됩니다.

버크셔는 회사를 매각하려는 소유주들에게 세 번째 대안을 제공합니다. 직원과 문화가 그대로 유지되는 영원한 집입니다. (간혹 경영진은 바뀔 수 있습니다.) 게다가 우리가 인수하는 기업은 재무건전성과 성장성이 극적으로 향상됩니다. 그리고 은행이나 월스트리트 애널리스트들을 상대할 일도 영원히 사라집니다.

세 번째 대안에 관심 없는 소유주도 있습니다. 그러나 관심 있는 소유주에게는 버크셔 외에 다른 대안이 많지 않습니다.

가끔 전문가들이 어떤 자회사를 분사하라고 우리에게 제안합니다. 그러나 이런 제안은 이치에 맞지 않습니다. 우리 자회사들의 가치는 분사했을 때보다 버크셔에 속해 있을 때 더 높기 때문입니다. 우리는 세금 한 푼 내지 않으면서 자금을 자회사들 사이에서 이동하거나 새로운 사업에 직접 투입할 수 있습니다. 게다가 회사를 분리하면 일부 비용이 중복해서 발생합니다. 매우 명백한 예를 들어보겠습니다. 버크셔는 이사회가 하나뿐이며, 들어가는 비용도 아주 적습니다. 그러나 우리 자회사 수십 개를 분사하면 이사회에 들어가는 비용이 치솟을 것입니다. 아울러 관리 조정 비용도 급증할 것입니다.

끝으로, 우리 자회사 A는 자회사 B 덕분에 세금 효율성이 대폭 높아지기도 합니다. 예를 들어 현재 우리 공익기업들은 세금 공제 혜택을 받고 있는데, 이는 다른 버크셔 자회사들이 막대한 과세소득을 창출하기 때문에 가능한 것입니다. 덕분에 버크셔 해서웨이 에너지는 풍력과 태양 에너지를 개발하는 대부분 공익기업보다 커다란 이점을 누리고 있습니다.

거래 기준으로 보수를 받는 투자은행들은, 상장회사를 인수하려면 시장가격에 20~50% 프리미엄을 덧붙여야 한다고 주장합니다. 이들은 일단 회사 경영권을 확보하면 많은 이점을 누리게 되므로 프리미엄은 '지배권 가치'에 대한 정당한 대가라고 말합니다. (인수에 굶주린 경영자라면 누가 이런 주장을 반박하겠습니까?)

몇 년 뒤, 이들은 천연덕스러운 표정으로 다시 나타나서, 인수했던 회사를 분사해 '주주 가치를 창출'해야 한다고 진지하게 주장합니다. 물론 분사하면 모회사는 아무 보상도 받지 못하고 '지배권 가치'를 상실하게 됩니다. 투자은행들은 분사회사 경영진이 모회사의 숨 막히는 관료주의에서 벗어나 기업가정신을 발휘할 터이므로 분사회사가 번창할 것이라고 설명합니다. (우리가 만나본 그 유능한 경영진에 대해서는 언급하지 않겠습니다.)

나중에 그 모회사가 분사회사를 다시 인수하려 하면 투자은행들은 '지배권 가치'에 대해서 또다시 막대한 프리미엄을 요구할 것입니다. (투자은행업계의 지극히 '유연한' 사고방식 덕분에, 거래가 보수를 낳는 것이 아니라 보수가 거래를 낳는다는 말이 나왔습니다.)

물론 버크셔도 언젠가 규정에 따라 분사하게 될 수도 있습니다. 1979년, 버크셔는 은행지주회사법에 관한 새 규정에 따라, 우리가 보유하던 일리노이 내셔널 뱅크Illinois National Bank를 분사했습니다.

그러나 우리가 자발적으로 분사하는 것은 이치에 맞지 않습니다. 지배권 가치, 자본배분의 유연성, 중요한 세금 이점을 상실하기 때문입니다. 현재 우리 자회사들을 탁월하게 운영 중인 경영자들이 분사 후에는 이런 이점을 누리지 못하므로 높은 실적을 유지하기 어려울 것입니다. 게다가 모회사와 분사회사 운영 비용도 상당히 증가할 것입니다.

분사에 대한 논의를 마치기 전에, 앞에서 언급한 복합기업 LTV가 주는 교훈을 살펴보겠습니다. 여기서는 간략하게 다루므로, 금융 역사에 관심 있는 분은 〈디매거진D Magazine〉 1982년 10월호에 실린 지미 링Jimmy Ling의 글을 읽어보시기 바랍니다. 인터넷에서 찾아보십시오.

링은 수많은 속임수를 동원해서, 1965년 매출이 3,600만 달러에 불과하던 LTV를 겨우 2년 만에 포춘 500대 기업 중 14위로 올려놓았습니다. 링은 경영 기술을 발휘한 것이 절대 아닙니다. 그러나 자신을 과대평가하는 사람을 과소평가해서는 절대 안 된다고 찰리가 오래전에 내게 말해주었습니다. 링은 자신을 과대평가하는 능력이 단연 최고였습니다.

링이 사용한 자칭 '재배치 전략'은 대기업을 인수한 다음 다양한 사업부를 개별적으로 분사하는 방식이었습니다. 그는 1966년 연차보고서에서 이 마법을 설명하면서 "반드시 2 더하기 2가 5나 6이 되는 기업만을 인수해야 한다"라고 말했습니다. 그의 이런 말에 언론, 대중, 월스트리트는 환호했습니다.

1967년, 링은 대형 정육회사 '윌슨Wilson & Co'을 인수했는데, 골프 장비

회사와 제약회사 지분도 보유한 회사였습니다. 곧이어 그는 모회사를 3개 사업부로 분할해 분사했고('윌슨Wilson & Co', '윌슨 스포팅 굿즈Wilson Sporting Goods', '윌슨 파마슈티컬Wilson Pharmaceuticals'), 3개 회사는 또 일부 사업부를 분사했습니다. 세 회사는 곧 월스트리트에서 미트볼Meatball, 골프볼Golf Ball, 구프볼Goof Ball(안정제)로 유명해졌습니다.

그러나 링은 이카루스Icarus처럼 태양에 지나치게 접근했던 것으로 드러났습니다. 1970년대 초, 링의 제국은 녹아내렸고, 그도 LTV에서 분사(해고)되었습니다.

금융시장은 주기적으로 현실로부터 괴리됩니다. 이 말은 믿어도 좋습니다. 지미 링 같은 사람은 계속 등장할 것입니다. 그의 말은 그럴듯하게 들릴 것입니다. 언론은 그의 말을 빠짐없이 보도하고, 은행들은 그를 위해 분투할 것입니다. 그가 하는 말은 계속해서 실현될 것이며, 일찌감치 그의 말을 따른 사람들은 뿌듯함을 느낄 것입니다. 그러나 조심하십시오. 그가 어떻게 말하더라도 2 더하기 2는 항상 4라는 사실을 명심하십시오. 누군가 이 셈법이 구식이라고 말하더라도 절대 지갑을 열지 마십시오. 몇 년 뒤 더 싼 가격에 살 수 있습니다.

현재 버크셔는 (1) 비길 데 없는 명품 기업들을 보유 중이며, 대부분 경제 전망도 밝고, (2) 탁월한 경영자들이 자회사 운영과 버크셔에 헌신하고 있으며, (3) 수익원은 매우 다양하고, 재무건전성은 최고이며, 어떤 상황에서도 풍부한 유동성이 유지될 것이고, (4) 회사 매각을 고려하는 소유주와 경영자들이 가장 먼저 선택하는 협상 대상이며, (5) 지난 50년 동안 쌓아온 (대부분 대기업과 여러모로 다른) 독특한 기업문화가 이제 굳건하게 자리 잡았습니다.

이런 강점들이 우리의 성장을 뒷받침하는 훌륭한 토대입니다.

버크셔의 다음 50년

이제 앞길을 살펴봅시다. 그러나 내가 50년 전에 미래를 예측했다면 일부 예측은 완전히 빗나갔을 것입니다. 이 점을 염두에 두고, 오늘 내 가족이 버크셔의 미래에 대해 물어보면 내가 해주고 싶은 말을 하겠습니다.

- 가장 먼저, 버크셔 장기 주주의 영구 자본손실 가능성은 다른 어떤 회사의 주주보다도 낮다고 나는 믿습니다. 버크셔의 주당 내재가치는 장기적으로 거의 틀림없이 증가할 것이기 때문입니다.

그러나 이 예측에 대해서 주의할 점이 있습니다. 버크셔의 주가가 이례적으로 높은 시점(예컨대 간혹 버크셔 주가가 BPS의 두 배에 접근할 때)에 주주가 된다면 오랜 기간이 지나야 이익을 실현할 수 있을 것입니다. 다시 말해서, 비싼 가격에 사면 건전한 투자가 무모한 투기로 변할 수도 있습니다. 버크셔도 예외가 아닙니다.

그러나 버크셔가 자사주를 매입하는 가격보다 약간 높은 가격에 산다면, 적당한 기간이 지나면 이익을 얻을 것입니다. 버크셔 이사회는 주가가 내재가치보다 훨씬 낮다고 믿을 때만 자사주 매입을 승인하기 때문입니다. (다른 경영진은 흔히 무시하지만, 우리는 이것이 자사주 매입의 핵심 기준이라고 생각합니다.)

1~2년 후에 팔 계획으로 사는 사람이라면, 버크셔 주식을 얼마에 사더라도 나는 아무것도 장담할 수 없습니다. 보유 기간이 1~2년에 불과하다면, 버크셔 주식의 내재가치 변화보다는 주식시장의 전반적인 흐름에 따라 투자 실적이 크게 좌우되기 때문입니다. 수십 년 전 벤저민 그레이엄은 말했습니다. "시장이 단기적으로는 투표소와 같지만, 장기적으로는 저울과 같다."

가끔 투자자들의 투표는 (아마추어나 전문가나 똑같이) 미친 짓에 가깝습니다.

나는 시장흐름 예측 방법을 알지 못하므로, 5년 이상 보유할 생각일 때만 버크셔 주식을 사라고 권합니다. 단기 차익을 얻으려는 분은 다른 곳을 알아보기 바랍니다.

주의 사항이 또 있습니다. 차입금으로 버크셔 주식을 사면 안 됩니다. 1965년 이후 버크셔 주식이 고점에서 약 50% 하락한 적이 세 번 있었습니다. 언젠가 이와 비슷한 하락이 다시 발생하겠지만, 그 시점은 아무도 모릅니다. 버크셔 주식이 장기 투자자에게는 거의 틀림없이 만족스러운 실적을 안겨줄 것입니다. 그러나 차입금을 사용하는 투기자들에게는 막대한 손실을 안겨줄 수도 있습니다.

- 나는 버크셔가 재정난에 빠질 가능성은 거의 제로라고 믿습니다. 우리는 항상 1,000년 만의 홍수에 대비하고 있으며, 만일 그런 홍수가 발생한다면 우리는 대비하지 않은 사람들에게 구명조끼를 판매할 것입니다. 2008~2009년 시장 붕괴 기간에 우리는 '응급 구조대'로서 중요한 역할을 담당했으며, 이후 재무건전성과 수익 잠재력을 두 배 이상 강화했습니다. 버크셔는 미국 기업계를 지키는 견고한 요새이며 앞으로도 그 역할을 계속 수행할 것입니다.

이런 역할을 하려면 어떤 상황에서도 세 가지 요소를 유지해야 합니다. (1) 강력하고 안정적인 이익 흐름을 유지하고, (2) 막대한 유동자산을 보유하며, (3) 단기적으로는 거액의 현금 수요가 없어야 합니다. 그러나 기업들은 대개 세 번째 요소를 무시하다가 뜻밖의 문제에 직면하게 됩니다. 수익성 높은 기업의 CEO들은 부채 규모가 아무리 커도 만기에 부채를 다시 조달할 수 있다고 생각합니다. 2008~2009년에 경영자들은 이런 사고방식이 매우 위험하다는 사실을 깨달았습니다.

우리가 세 가지 요소를 항상 유지하는 방식은 다음과 같습니다. 첫째, 우리는 매우 다양한 사업으로부터 막대한 이익 흐름을 유지하고 있습니다. 우리는 경쟁우위가 확고한 대기업들을 다수 보유하고 있으며, 장래에도 더 인수할 것입니다. 전례 없는 대형 재해가 발생해서 대규모 보험영업손실이 발생하더라도 버크셔는 잘 분산된 수익원 덕분에 수익성을 계속 유지할 것입니다.

둘째, 현금입니다. 건전한 기업들은 현금이 ROE를 낮추는 비생산적 자원이라고 생각해 보유 현금을 최소화하려는 경향이 있습니다. 그러나 사람에게 산소가 필요하듯이, 기업에는 현금이 필요합니다. 풍부할 때는 전혀 생각하지 않지만, 부족해지면 이것만 찾게 됩니다.

2008년에 그런 사례가 발생했습니다. 그해 9월, 오래도록 번영한 기업들조차 자금 결제가 제대로 이루어질지 갑자기 걱정하게 되었습니다. 하룻밤 사이에 산소가 사라진 것입니다.

버크셔는 자금 결제에 전혀 문제가 없었습니다. 실제로 2008년 9월 말부터 10월 초까지 3주 동안 우리는 미국 기업계에 156억 달러에 이르는 자금을 새로 공급했습니다.

이는 우리가 항상 최소 200억 달러에 이르는 현금성 자산을 보유했기 때문에 가능했습니다. 그것도 정말로 필요할 때 현금화가 어려운 자산이 아니라 단기 국채로 보유했기 때문에 가능했습니다. 이런 상황에서 채무의 만기가 도래하면 오로지 현금으로만 상환할 수 있습니다. 현금 없이 집을 나서면 안 됩니다.

셋째, 우리는 갑자기 거액이 필요해질 수 있는 사업이나 투자는 절대 하지 않을 것입니다. 이는 거액의 단기 부채도 일으키지 않고, 우리가 대규모 담보를 제공하는 파생상품 계약 등도 하지 않는다는 뜻입니다.

몇 년 전, 우리는 담보 제공 부담도 가볍고 가격에 큰 오류가 있어 보이는 파생상품 계약들을 체결했습니다. 이런 계약들은 수익성이 매우 좋았습니다. 그러나 최근 새로 작성된 파생상품 계약서에서는 막대한 담보를 요구했습니다. 그래서 수익 잠재력이 아무리 높더라도 우리는 파생상품 계약을 하지 않기로 했습니다. 우리 공익 자회사 사업 목적에 필요한 몇 건을 제외하면, 우리는 몇 년 전부터 이런 파생상품 계약을 하지 않고 있습니다.

게다가 우리는 계약자에게 현금인출권을 주는 보험상품은 판매하지 않을 것입니다. 대부분 생명보험상품에 포함된 환매권이, 극심한 공황기에는 대규모 환매 사태를 불러올 수도 있습니다. 그러나 우리 손해보험 계약에는 그런 환매권이 들어 있지 않습니다. 우리 수입보험료가 감소하더라도 우리 플로트가 감소하는 속도는 매우 느릴 것입니다.

사람들이 지나치다고 생각할 정도로 우리가 보수적인 데에는 그만한 이유가 있습니다. 간혹 사람들은 틀림없이 공포감에 사로잡히지만 그 시점은 전혀 예측할 수 없기 때문입니다. 거의 모든 날이 무사히 지나가더라도 내일은 항상 불확실한 법입니다. (나는 1941년 12월 6일이나 2001년 9월 10일에도 특별히 불안하지 않았습니다.) 따라서 내일 일을 예측할 수 없다면 모든 가능성에 대비해야 합니다.

현재 64세이고 65세에 은퇴할 CEO라면 확률이 매우 낮은 위험은 경시할지도 모릅니다. 실제로 그의 판단은 99% 적중할 것입니다. 그러나 우리는 이런 확률에 만족하지 않습니다. 고객이 맡겨준 돈으로 우리가 러시안룰렛을 하는 일은 절대 없습니다. 약실이 100개이고 총알이 하나만 들어 있더라도 말입니다. 단지 돈을 벌려고 돈 잃을 위험을 감수하는 것은 미친 짓입니다.

- 버크셔는 이렇게 보수적이지만 해마다 주당 수익력을 높여갈 수 있다고 생각합니다. 그렇다고 해마다 영업이익이 증가한다는 뜻은 절대 아닙니다. 미국 경제는 (대부분 성장하지만) 성장과 침체를 거듭하며, 침체할 때는 우리 당기순이익도 감소할 것입니다. 그러나 우리는 협력회사들을 인수하고 신규 분야에 진출하면서 계속해서 자연스럽게 성장할 것입니다. 따라서 버크셔의 근원적인 수익력은 해마다 증가할 것입니다.

수익력은 대폭 증가하는 해도 있고, 소폭 증가하는 해도 있을 것입니다. 우리가 기회를 잡는 시점은 시장, 경쟁, 우연에 좌우될 것입니다. 우리는 현재 보유한 건실한 기업과 앞으로 인수할 새 기업들을 바탕으로 계속 전진할 것입니다. 게다가 대부분 해에 미국 경제가 우리에게 강한 순풍을 불어줄 것입니다. 홈그라운드가 미국인 우리는 축복받은 사람들입니다.

- 나쁜 소식은 버크셔의 장기 수익률이 극적으로 높을 수는 없으며, 지난 50년 수익률의 근처에도 미치기 어렵다는 점입니다. 버크셔는 규모가 너무 커졌습니다. 버크셔의 수익률이 미국 기업의 평균보다는 높겠지만 차이는 크지 않을 것입니다.

(십중팔구 10~20년 뒤) 마침내 버크셔의 이익과 자본 일부는 경영진이 합리적으로 재투자하기 어려운 수준에 이를 것입니다. 그때는 가장 좋은 초과이익 분배 방법이 배당인지, 자사주 매입인지, 아니면 둘 다인지를 우리 이사들이 결정해야 할 것입니다. 버크셔 주가가 내재가치보다 훨씬 낮다면 대

규모 자사주 매입이 거의 틀림없이 가장 좋은 선택입니다. 버크셔 이사들이 올바른 결정을 내릴 것이므로 여러분은 걱정할 필요 없습니다.

- 버크셔만큼 주주 지향적인 회사는 없을 것입니다. 항상 "버크셔의 형식은 주식회사지만, 우리의 마음 자세는 동업자입니다"로 시작되는 주주 원칙을 우리는 30년 넘게 해마다 재확인했습니다. 여러분과 맺은 이 약속은 더없이 확고합니다.

대단히 박식하고 사업 지향적인 우리 이사회는 이 동업 약속을 기꺼이 실행합니다. 돈 때문에 이사 업무를 맡은 사람은 아무도 없습니다. 버크셔처럼 이사 보수가 적은 회사는 거의 없으니까요. 대신 우리 이사들은 보유 중인 버크셔 주식에서 보상받고, 중요한 기업을 잘 관리한다는 사실에서 만족감을 느낍니다.

우리 이사들이 가족과 함께 보유 중인 상당 규모의 버크셔 주식은 회사에서 받은 것이 아니라 시장에서 직접 산 것입니다. 게다가 다른 대기업들은 거의 모두 임원배상책임보험을 제공하지만, 우리는 제공하지 않습니다. 버크셔 이사들은 주주 여러분의 처지에서 생각합니다.

나는 우리 문화를 더 잘 유지하려고 내 아들 하워드Howard를 후임 비상임 회장으로 제안했습니다. 이렇게 제안한 유일한 이유는, CEO를 잘못 뽑았을 때 회장이 직접 나서서 교체하기 쉽게 하려는 것입니다. 장담하건대 버크셔에서 이런 문제가 발생할 확률은 매우 낮습니다. 아마도 다른 어떤 상장회사보다도 낮을 것입니다. 그러나 내가 19개 상장회사에 이사로 참여하면서 보니, 신통치 않은 CEO도 회장을 겸임할 때는 교체하기가 매우 어려웠습니다. (대개 교체되긴 했지만 매우 늦었습니다.)

하워드가 비상임 회장으로 선출되면 보수를 받지 않을 것이며, 다른 이사들과는 달리 업무도 맡지 않을 것입니다. 그는 단지 안전밸브 역할만 할 것입니다. 예를 들어 어느 이사든지 CEO에 대해 불안감을 느끼면 하워드에게 찾아가서 다른 이사들도 불안해하는지 물어볼 수 있습니다. 여러 이사가 불안해하면 하워드는 회장으로서 이 문제에 신속하고도 적절하게 대처할 것입니다.

- 올바른 CEO 선택은 지극히 중요하므로 버크셔 이사회는 이 일에 많은 시간을 들입니다. 버크셔 경영은 주로 자본배분 작업이며, 탁월한 경영자를 선발해서 오래도록 자회사를 맡기는 일도 포함됩니다. 물론 필요하면 자회사 CEO를 교체해야 합니다. 따라서 버크셔 CEO를 맡을 사람은 합리적이고, 침착하며, 단호하고, 사업을 폭넓게 이해하며, 사람들의 행동을 깊이 통찰할 수 있어야 합니다. 자신의 한계를 인식하는 것도 중요합니다. (IBM의 톰 왓슨Tom Watson 1세는 말했습니다. "나는 천재가 아닙니다. 그러나 일부 분야에서는 뛰어나므로 그 분야에서만 활동합니다.")

인격도 매우 중요합니다. 버크셔 CEO는 자기 자신이 아니라 회사에 모든 것을 걸어야 합니다. (편의상 남성형 대명사로 표현했지만, CEO 선발에 성차별이 있어서는 절대 안 됩니다.) 그는 틀림없이 매우 많은 돈을 벌 것입니다. 그러나 자신의 업적이 아무리 크더라도, 자존심이나 탐욕에 이끌려 소득이 가장 높은 동료만큼 보수를 받으려 해서는 안 됩니다. CEO의 행동은 경영자들에게 엄청난 영향을 미칩니다. CEO가 주주들의 이익을 가장 중시한다고 분명하게 이해하면, 경영자들도 모두 이런 사고방식을 받아들이게 됩니다.

내 후계자는 다른 능력도 갖춰야 합니다. 회사를 쇠퇴시키는 기본 요소인 오만, 관료주의, 자기만족을 물리칠 수 있어야 합니다. 이런 암이 회사에 퍼지면 가장 강력한 회사도 흔들립니다. 이를 입증할 사례는 무수히 많지만, 우정에 금이 가지 않도록 먼 과거 사례만 공개하겠습니다.

전성기에 GM, IBM, 시어스 로벅, US스틸United States Steel은 거대 산업을 선도했습니다. 이들은 난공불락의 강자처럼 보였습니다. 그러나 오만, 관료주의, 자기만족이 결국 이들 회사를 경영진이 상상도 못했던 나락으로 떨어뜨렸습니다. 한때 강력했던 재무구조와 수익력도 아무 소용이 없었습니다.

버크셔의 규모가 끊임없이 증가함에 따라, 오로지 빈틈없고 단호한 CEO만이 이런 쇠퇴 요소들을 물리칠 수 있습니다. CEO는 찰리의 기도를 절대 잊어서는 안 됩니다. "제가 죽을 장소를 말씀해주시면 그곳에는 절대 가지 않겠나이다." 우리가 문화적 가치를 상실하면 버크셔의 경제적 가치도 붕괴합니다. 'CEO가 하는 말'이야말로 버크셔의 독특한 문화를 유지하는 열쇠입니다.

다행히 우리 문화구조는 확고하게 자리 잡았으므로 장차 CEO들이 성공하도록 강력하게 뒷받침할 것입니다. 현재 버크셔의 놀라운 권한 위임이 관료주의를 방지하는 이상적인 해결책입니다. 사업 측면에서 보면 버크셔는 하나의 거대 기업이 아니라 대기업들의 모임입니다. 우리 본사에는 위원회가 설치된 적도 없고, 자회사에 예산을 제출하라고 요구한 적도 없습니다. (내부 용도로 예산을 수립하는 자회사는 많습니다.) 우리 본사에는 법무실도 없고, 다른 기업들이 당연히 보유하는 인력관리, 홍보, 투자자 관리, 전략, 인수 담당 부서 등도 없습니다.

물론 감사 기능은 활발합니다. 감사가 무감각하면 바보가 되니까요. 그러나 우리는 경영자들이 수탁자로서 투철한 사명감으로 회사를 운영한다고 매우 깊이 신뢰합니다. 사실 우리가 자회사들을 인수하기 전부터 이들은 똑같은 일을 하고 있었습니다. 게다가 우리가 복잡한 관료제를 도입해 계속해서 지시하고 끝없이 검토할 때보다, 우리가 이들을 신뢰할 때 더 좋은 실적이 나옵니다. 찰리와 나는 처지가 바뀌어 우리가 경영자라면 원할 만한 방식으로 경영자들과 소통하려고 노력합니다.

- 우리 이사들은 버크셔 이사회가 잘 아는 내부자 중에서 미래의 CEO가 나와야 한다고 믿습니다. 또한 오랜 기간 일할 수 있도록 비교적 젊은 사람이어야 한다고 생각합니다. CEO들의 평균 재임 기간이 10년을 훨씬 넘어갈 때 버크셔가 가장 잘 돌아갈 것입니다. 어린 개에게는 노련한 재주를 가르칠 수 없기 때문입니다. 그리고 이들은 65세에 은퇴하지도 않을 것입니다. (눈치채셨나요?)

버크셔가 기업을 인수하거나 대규모 맞춤형 투자를 진행할 때, 우리 상대들이 버크셔 CEO를 친밀하면서 편안하게 대할 수 있어야 합니다. 이렇게 신뢰를 쌓고 관계를 다지는 데에는 시간이 걸립니다. 그러나 그 보상은 막대합니다.

이사회와 나는 이제 적합한 후임 CEO를 찾았다고 믿습니다. 내가 죽거나 물러나면 다음 날 바로 책임을 떠맡을 후계자입니다. 일부 주요 분야에서는 그가 나보다 더 나을 것입니다.

- 투자는 항상 버크셔에 매우 중요하며, 여러 전문가가 담당하게 될 것입니다. 이들은 CEO에게 보고하게 됩니다. 넓은 의미에서 투자 결정은 버크셔의 사업 및 인수 계획과 조정이 필요하기 때문입니다. 그렇더라도 투자 담당자들은 커다란 자율성을 누릴 것입니다. 투자 분야 역시 앞으로 다가올

수십 년에 잘 대비하고 있습니다. 버크셔 투자팀에서 여러 해 근무한 토드 콤즈와 테드 웨슐러는 모든 면에서 일류이며, 기업 인수를 평가할 때 CEO에게 큰 도움이 될 것입니다.

전반적으로 말해서, 버크셔는 찰리와 내가 떠난 이후에 대해서도 이상적인 대응 태세를 갖추었습니다. 이사, 경영자, 경영자들의 후계자 등 우리는 인재를 적재적소에 배치했습니다. 게다가 우리 문화도 모든 사람에게 깊이 뿌리내렸습니다. 우리 시스템은 재생력도 있습니다. 대체로 좋은 문화와 나쁜 문화 모두 계속 이어지는 속성이 있습니다. 우리와 가치관이 비슷한 기업 소유주와 경영자 들은 버크셔에 매력을 느껴 계속해서 합류할 것입니다.

- 버크셔를 특별하게 해주는 핵심 구성 요소인 주주들에게도 경의를 표하지 않을 수 없습니다. 버크셔의 주주들은 다른 어떤 거대 기업의 주주들과도 확실히 다릅니다. 이 사실은 작년 주주총회에서 주주제안이 제출되었을 때 놀라운 모습으로 나타났습니다.

주주제안: 회사는 필요 이상의 자금을 보유 중이고, 주주들은 버핏 같은 억만장자가 아니므로, 이사회는 매년 상당액의 배당 지급을 검토한다.

이 주주제안을 발의한 주주는 주주총회에 나타나지 않았으므로 공식적으로 발의하지도 않았습니다. 그런데도 대리투표 집계가 이루어졌는데 결과가 놀라웠습니다.

비교적 적은 수의 주주가 대규모 지분을 보유한 A주에서는 당연히 배당에 대한 반대가 더 많았는데 89 대 1이었습니다.

B주 주주들의 투표 결과가 주목할 만했습니다. 주주 수십만(어쩌면 거의 100만) 중 반대가 6억 6,075만 9,855표, 찬성이 1,392만 7,026표여서, 비율이 47 대 1이었습니다.

우리 이사들은 '반대' 투표를 추천했지만, 회사는 주주들에게 영향력을 행사하지 않았습니다. 그런데도 투표의 98%는 사실상 "이익을 배당으로 지급하지 말고 모두 재투자하십시오"라고 말했습니다. 우리 주주들의 생각이 우리 경영철학과 이 정도로 잘 통한다는 사실은 놀랍고도 보람 있는 일입니다.

여러분을 동업자로 둔 나는 행운아입니다.

- 워런 버핏

부회장의 생각 - 과거와 미래 [2014]

버크셔 해서웨이 주주 귀하:

나는 워런 버핏이 이끄는 버크셔가 50년 동안 비범하게 성공하는 모습을 자세히 관찰했습니다. 이제부터 버핏의 축사에 내 독자적인 생각을 덧붙이고자 합니다. 내가 추구하는 목표는 다음 다섯 가지입니다.

(1) 망해가던 자그마한 직물회사를 오늘날의 막강한 버크셔로 바꿔놓은

경영 시스템과 정책을 설명하고,

(2) 경영 시스템과 정책이 개발된 과정을 설명하며,

(3) 버크셔가 크게 성공한 원인을 설명하고,

(4) 조만간 버핏이 떠나더라도 이렇게 뛰어난 실적이 유지될지 예측하며,

(5) 지난 50년 동안 버크셔가 거둔 탁월한 실적이 다른 사람들에게도 유용한 시사점을 주는지 검토하는 것입니다.

버핏이 이끄는 버크셔의 경영 시스템과 정책(이하 '버크셔 시스템')은 초기에 확정되었으며, 다음과 같습니다.

(1) 버크셔는 복합기업으로서 사업을 확장해나가되, 장래를 예측하기 어려운 사업은 피한다.

(2) 모회사는 별도 자회사를 통해서 거의 모든 사업을 영위하며, 자회사 CEO에게 매우 극단적으로 자율권을 부여한다.

(3) 복합기업 본사는 작은 사무실에 회장, CFO, CFO의 내부 통제 업무를 주로 지원하는 소수 직원만 둔다.

(4) 버크셔는 항상 손해보험사들을 우선해 인수한다. 손해보험사들은 상당한 플로트를 창출해 투자 자금을 확보하면서 안정적으로 보험영업이익을 올려야 한다.

(5) 자회사들은 각자 고유 시스템으로 운영되므로, 버크셔 전반적인 인사 시스템, 스톡옵션 시스템, 성과보수 시스템, 은퇴 시스템 등은 도입하지 않는다.

(6) 버크셔 회장은 다음 활동을 담당한다.

(i) 거의 모든 증권투자를 관리하며, 주로 버크셔의 손해보험 자회사들을 이용한다.

(ii) 주요 자회사의 모든 CEO를 선정하고, 이들의 보수를 결정하며, 갑자기 후계자가 필요해지면 비공식적으로 후계자 추천도 받는다.

(iii) 자회사들이 경쟁우위를 확보한 다음에는 이들의 초과현금을 재배분한다. 이상적인 용도는 새 자회사 인수다.

(iv) 자회사 CEO가 접촉을 원하면 즉시 응해야 하며, 회장이 추가 접촉을 요구하는 일은 거의 없어야 한다.

(v) 회장은 자신이 소극적인 주주라면 알고 싶은 내용을 길고 논리적이며 유용한 서한으로 작성해 연차보고서에 싣는다. 그리고 주주총회에서 여러 시간 질문에 답한다.

(vi) 회장은 자신이 버크셔를 떠난 다음에도 고객, 주주, 임직원 들 사이에서 문화가 장기간 유지되도록 본보기가 된다.

(vii) 최우선적으로 충분한 시간을 확보해 조용히 책을 읽고 사색한다. 아무리 나이가 많아져도 학습을 통해서 발전해야 하기 때문이다.

(viii) 많은 시간을 들여 임직원의 성과를 열렬히 칭찬한다.

(7) 신규 자회사는 원칙적으로 주식이 아니라 현금으로 인수한다.

(8) 유보이익 1달러로 창출되는 시장가치가 1달러를 초과하는 한, 버크셔는 배당을 지급하지 않는다.

(9) 버크셔는 매우 잘 이해하는 훌륭한 기업을 적정 가격에 인수하도록 노력한다. 이 회사에는 본사의 지원 없이도 잘 경영하면서 장기간 근무할 훌륭한 CEO도 있어야 한다.

(10) 버크셔는 자회사의 CEO를 선정할 때, 신뢰할 수 있고 기술과 활력을 갖췄으며 회사와 환경을 사랑하는 사람을 찾는다.

(11) 버크셔의 중요한 원칙은 자회사를 절대 매각하지 않는 것이다.

(12) 버크셔는 한 자회사의 CEO를 전혀 관계없는 자회사 CEO로 절대 보내지 않는다.

(13) 버크셔는 단지 나이가 많다는 이유로 자회사 CEO에게 은퇴를 절대 강요하지 않는다.

(14) 버크셔는 부채가 거의 없도록 할 것이며, (ⅰ) 어떤 상황에서도 거의 완벽한 신용도를 유지하고, (ⅱ) 흔치 않은 기회가 오면 투입할 수 있도록 현금과 신용을 유지한다.

(15) 버크셔는 대기업을 매각하려는 사람이 언제든 편리하게 접촉할 수 있어야 한다. 대기업 인수 제안을 받으면 즉각 관심을 기울인다. 거래가 성사되지 않더라도, 제안에 대해 아는 사람은 회장과 한두 사람으로 한정된다. 외부에도 절대 발설하지 않는다.

버크셔 시스템과 버크셔의 규모 둘 다 매우 이례적인 요소입니다. 내가 아는 대기업 중에는 두 요소를 절반 정도 갖춘 기업도 없습니다.

버크셔는 어떤 과정을 거쳐 이렇게 독특한 기업이 되었을까요?

버핏은 겨우 34세에 버크셔의 지분 약 45%를 보유했고, 나머지 모든 대주주에게 완벽하게 신임받았습니다. 그는 원하는 시스템을 무엇이든 도입할 수 있었으므로, 원하는 대로 버크셔 시스템을 구축했습니다.

버핏은 버크셔의 성과 극대화에 도움이 될 만한 요소들만 선택했습니다. 그는 모든 회사에 적합한 시스템을 구축하려 한 것이 아닙니다. 실제로 버크셔 자회사들조차 버크셔 시스템을 사용하지 않아도 됩니다. 일부 자회사는 다른 시스템을 사용하면서 번창하고 있습니다.

버핏이 버크셔 시스템을 개발한 목적은 무엇이었을까요?

그동안 내가 진단한 주요 주제는 다음과 같습니다.

(1) 그는 자신을 포함해 가장 중요한 사람들의 합리성, 기술, 헌신을 계속해서 극대화하고 싶었습니다.

(2) 그는 모든 분야에서 양쪽 모두에게 유리한 결과를 원했습니다. 예를 들면 상대에게 충실함으로써 상대가 충성하게 하는 방식입니다.

(3) 그는 장기 실적이 극대화되는 의사결정을 원했으므로, 의사결정자들이 오래도록 근무하면서 자신이 뿌린 씨를 거두게 했습니다.

(4) 그는 본사가 비대해지면서 관료화되는 악영향을 최소화하고자 했습니다.

(5) 벤저민 그레이엄 교수처럼 그는 자신이 얻은 지혜를 널리 나누어주고자 했습니다.

버핏이 버크셔 시스템을 개발할 때, 그는 앞으로 얻게 될 혜택을 모두 내다보았을까요? 아닙니다. 그는 관행을 개선하는 과정에서 우연히 혜택을 맛보았습니다. 그러나 이런 혜택을 맛본 다음에는 그 관행을 더욱 개선했습니다.

버크셔가 이렇게 성공한 원인은 무엇일까요?

주요 요소 4개가 떠오릅니다.

(1) 버핏의 건설적 특성

(2) 버크셔 시스템의 건설적 특성

(3) 행운

(4) 일부 주주와 (언론을 포함한) 숭배자들의 헌신이 이상할 정도로 강렬했으며 널리 확산되었음

나는 4개 요소 모두 도움이 되었다고 믿습니다. 그러나 중요한 원인은 건설적 특성, 이상한 헌신, 그리고 둘의 상호작용이었습니다.

특히 버핏은 몇몇 분야에만 관심을 집중하고 노력을 극대화했으며, 이런 상태를 50년 동안 유지했다는 사실이 놀랍습니다. 버핏이 성공한 방식은 로저 페더러Roger Federer가 훌륭한 테니스 선수가 된 방식과 같습니다.

실제로 버핏이 사용한 것은 유명한 농구 코치 존 우든John Wooden의 승리 기법이었습니다. 우든은 최고 선수 7명에게 경기 시간을 거의 모두 할당하면서부터 매우 빈번하게 승리를 거두었습니다. 즉, 항상 최고 선수들이 상대팀과 싸운 것입니다. 그리고 최고 선수들은 경기 시간이 늘어나면서 실력이 더 빨리 향상되었습니다.

버핏은 우든의 기법을 우든보다도 더 효과적으로 활용했습니다. 우든은 선수 7명의 기술을 개발했으나 버핏은 자기 한 사람의 기술을 집중적으로 개발했고, 농구 선수들의 기술은 세월이 흐를수록 쇠퇴했으나 버핏의 기술은 50년 동안 나이가 들어갈수록 더욱 향상되었기 때문입니다.

게다가 버핏은 주요 자회사에 장기간 근무하는 CEO들에게 막강한 권한을 집중적으로 부여했으므로, 자회사에서도 강력한 우든 효과를 창출했습니다. 이런 우든 효과는 CEO들의 기술과 자회사들의 실적을 높여주었습니다.

이렇게 버크셔 시스템이 자회사와 CEO 들에게 자율성을 부여하자 버크셔는 성공을 거두면서 유명해졌고, 그 결과 더 훌륭한 자회사와 훌륭한 CEO 들이 버크셔로 몰려들었습니다.

그리고 더 훌륭한 자회사와 CEO 들에게는 본사가 관심을 기울일 필요성이 감소했으므로 이른바 '선순환'이 형성되었습니다.

버크셔가 항상 손해보험사를 우선해 인수한 정책은 얼마나 효과적이었을까요?

놀라울 정도로 효과적이었습니다. 버크셔의 야망은 불합리할 정도로 거대한데도 그 야망이 충족될 정도였습니다.

흔히 손해보험사들이 보통주에 투자하는 금액은 대략 자기자본 규모인데, 버크셔 보험 자회사들도 그렇게 했습니다. 그리고 지난 50년 동안 S&P500 지수의 수익률이 세전 연 10% 수준이었으므로 버크셔는 줄곧 순풍을 받았습니다.

그리고 버핏이 예상했던 대로, 초기 수십 년 동안 버크셔 보험 자회사들의 주식 투자수익률이 지수 수익률보다 훨씬 높았습니다. 나중에 버크셔가 보유한 주식과 평가이익 규모가 거대해지면서 지수 초과 수익률이 전체 실적에 미치는 영향이 미미해지자, 더 훌륭한 강점을 얻게 되었습니다. 아지트 자인이 거대한 재보험사업을 신설해 막대한 플로트를 창출하면서 거액의 보험영업이익을 올렸습니다. 그리고 버크셔가 가이코 지분을 모두 확보하고 나서 가이코의 시장점유율이 4배로 증가했습니다. 버크셔의 나머지 보험사업들도 대폭 개선되었습니다. 주로 평판을 높이고, 보험영업 원칙을 고수하며, 좋은 틈새시장을 발굴해 지켜내고, 탁월한 사람들을 모집해 유지한 덕분입니다.

이후 버크셔가 거대하고 매우 신뢰할 만한 거의 유일한 기업으로 널리 알려지자, 버크셔 보험 자회사들은 사모(私募)증권 등 남들은 살 수 없는 매력적인 증권도 사들일 수 있었습니다. 사모증권은 대부분 만기가 있었으며 탁월한 실적을 안겨주었습니다.

버크셔 보험 자회사들이 올린 놀라운 실적은 당연한 결과가 아니었습니다. 일반적으로 손해보험사들은 경영을 매우 잘해도 실적이 평범한 수준에 그칩니다. 그리고 실적이 평범한 손해보험사는 쓸모가 없습니다. 그러나 버크셔 보험 자회사들의 실적은 놀랍도록 뛰어났으므로, 버핏이 현재 능력을 그대로 유지한 채 회춘해 다시 보험사를 경영하더라도 따라가지 못했을 것입니다.

버크셔는 사업을 확장해가는 과정에서 아무 문제가 없었을까요? 없었습니다. 사업을 확장할수록 좋은 기회도 확대되었습니다. 확장 과정에서 흔히 나타나는 악영향은 버핏이 막아냈습니다.

버크셔는 왜 주식 대신 현금으로 기업을 인수했을까요? 버크셔 주식을 내주고 인수할 만큼 가치 있는 기업이 드물었기 때문입니다.

일반적으로 기업을 인수하면 인수한 회사의 주주들이 손해를 보는데, 왜 버크셔가 기업을 인수했을 때는 버크셔 주주들이 큰 이익을 보았을까요?

버크셔가 기업을 인수하는 시스템이 우수했기 때문입니다. 버크셔에는 '인수부' 같은 부서가 없었으므로, 인수 실적을 달성해야 한다는 압박도 없었습니다. 거래를 성사시켜야 돈을 버는 '조력자'들에게 조언을 들은 적도 없습니다. 버핏은 장기간 주식 투자 경험을 통해서 기업에 대해 대부분 경영자보다 뛰어난 지식을 쌓았는데도, 망상에 빠져 전문 지식을 과시하는 일도 없었습니다. 끝으로, 버핏은 그동안 남들보다 훨씬 좋은 기회를 접했는데도 초인적인 인내심을 발휘해 인수를 자제했습니다. 예를 들어 버크셔를 맡은 초기 10년 동안, 직물사업은 거의 망해가고 있었고 새로 인수한 기업이 둘이었으므로, 순수하게 늘어난 기업 수는 하나였습니다.

그동안 버핏이 저지른 큰 실수는 무엇일까요? 대개 사람들은 일을 실행하는 과정에서 실수를 저지르지만, 버핏이 저지른 큰 실수라고는 인수를 실행하지 않은 실수가 대부분이었습니다. 예를 들어 월마트가 크게 성공할 것으로 확신하면서도 월마트 주식을 사지 않았습니다. 부작위도 매우 중요한 실수입니다. 성공이 거의 확실한 여러 기회를 놓치지 않았다면 현재 버크셔의 순자산이 500억 달러 이상 늘어났을 것입니다.

이번에는 조만간 버핏이 떠나더라도 버크셔가 이렇게 뛰어난 실적을 유지할 것인지 예측해보겠습니다.

나는 유지한다고 봅니다. 버크셔의 자회사들은 경쟁우위가 확고하므로 사업 추진력도 강하기 때문입니다.

게다가 철도 자회사와 공익 자회사 덕분에 이제는 신규 고정자산에 막대한 자금을 투자할 기회도 있습니다. 현재 여러 자회사가 '협력회사 인수'를 진행하고 있습니다.

버크셔 시스템이 대부분 유지된다면 (1) 내일 버핏이 떠나가고, (2) 능력이 보통 수준인 사람이 후계자가 되며, (3) 버크셔가 다시는 대기업을 인수하지 못하더라도, 현재 보유한 기회와 추진력이 매우 크므로 틀림없이 아주 오랜 기간 초과 실적을 유지할 것입니다.

그러나 버핏이 곧 떠나더라도 '능력이 보통 수준'인 사람이 후계자가 되지는 않을 것입니다. 예를 들어 아지트 자인과 그레그 에이블은 실력이 입증된 인물로서 '세계적인' 경영자라는 표현으로도 부족합니다. 나는 '세계를 선도하는' 경영자라고 부르겠습니다. 두 사람은 일부 주요 분야에서 버핏을 능가하는 경영자들입니다.

그리고 자인과 에이블은 (1) 누가 어떤 제안을 해도 버크셔를 떠나지 않을 것이며, (2) 버크셔 시스템을 많이 변경하지 않을 것이라고 나는 믿습니다.

버핏이 떠난 다음에도 신규 기업 인수가 중단되는 일은 없을 것입니다. 현재 버크셔는 거대하면서도 활력이 넘치므로 유망한 인수 기회들이 찾아올 것이고, 버크셔는 보유 현금 600억 달러를 건설적으로 사용할 것입니다.

끝으로, 지난 50년 동안 버크셔가 거둔 탁월한 실적이 다른 사람들에게도 유용한 시사점을 주는지 검토해보겠습니다.

답은 분명히 '예스'입니다. 초기에 버크셔가 직면한 커다란 과제는 작고 이름 없는 기업을 크고 유용한 기업으로 변화시키는 일이었습니다. 버핏은 관료주의를 피하고, 아주 오랜 기간 사려 깊게 사업을 개선해가면서, 자신과 같은 사람들을 영입해 이 문제를 해결했습니다.

반면에 일반 대기업에서는 관료주의가 본사를 지배하고, CEO들은 59세쯤 잠시 경영을 맡아 생각에 잠겼다가 정년에 도달하면 곧바로 쫓겨납니다.

나는 다른 기업에서도 일종의 버크셔 시스템을 더 자주 시도하고, 나쁜 관료주의 속성을 암처럼 취급해야 한다고 믿습니다. 조지 마셜George Marshall은 관료주의를 바로잡는 훌륭한 사례를 만들었습니다. 그는 의회에 요청해 연공서열을 무시하고 장군을 선택할 권한을 획득했으며, 이는 제2차 세계대전을 승리로 이끄는 한 요소가 되었습니다.

－찰리 멍거

10장
보험업

간단히 말해서, 보험은 약속을 판매하는 행위입니다.
'고객'은 지금 돈을 내고, 보험사는 어떤 사건이 발생하면
장래에 돈을 지급하겠다고 약속합니다. [2014]

우리 대재해보험사업에서 정말로 끔찍한 실적은
발생 가능성이 있는 정도가 아니라
확실히 발생한다고 보아야 합니다.
단지 언제 발생하는가의 문제일 뿐입니다. [1997]

최악의 시나리오에 투자 확대 [1997]

가끔은 우리 플로트 원가가 가파르게 치솟을 것입니다. 우리 보험사업 중 변동성이 가장 큰 대재해보험super-cat insurance의 비중이 크기 때문입니다. 우리는 보험사와 재보험사에 대재해보험을 판매하고 있습니다. 안목 있는 보험사들은 버크셔를 선호합니다. 대재해가 발생하면 대재해보험사들의 재무건전성이 시험대에 오르는데, 여기서 버크셔가 단연 으뜸이기 때문입니다.

초대형 재해는 드물게 발생하므로, 우리는 대재해보험사업에서 대부분 해에 대규모 흑자를 낼 수 있지만, 가끔 막대한 적자를 기록하게 됩니다. 다시 말해서 우리 대재해보험사업의 매력도를 평가하려면 매우 장기간이 소요됩니다. 우리 대재해보험사업에서 정말로 끔찍한 실적은 발생 가능성이 있는 정도가 아니라 확실히 발생한다고 보아야 합니다. 단지 언제 발생하는가의 문제일 뿐입니다.

작년 우리 대재해보험사업은 운이 매우 좋았습니다. 세계적으로 대재해가 발생하지 않아서 대규모 보험손실이 없었으므로, 우리 수입보험료가 거의 모두 이익이 되었기 때문입니다. 그러나 이렇게 좋은 실적에는 어두운 면도 있습니다. '순진한' 투자자들(보험영업 지식이 부족해서 판매원들의 설명에 의존하는 사람들)이 이른바 '대재해채권catastrophe bond'을 매수함으로써 재보험사업에 진출했기 때문입니다. 그러나 대재해채권도 조지 오웰George Orwell 글쓰기 방식으로 보면 잘못된 명칭입니다. 채권은 원래 발행자가 돈을 지급해야 합니다. 그런데 대재해채권은 사실상 채권 투자자가 잠정적으로 지급을 보장하는 계약입니다.

법에 의하면 주(州) 당국의 허가를 받은 주체만 보험상품을 판매할 수 있습니다. 기획자들은 이 법을 우회하려고 이렇게 난해한 계약을 만들어냈습니다. 그러나 이런 보험 계약을 '채권'으로 부르는 탓에, 순진한 투자자들은 이 계약의 위험을 실제보다 훨씬 과소평가할 수도 있습니다.

이런 계약을 할 때 가격을 제대로 받지 못하면 투자자들은 엄청난 위험을 떠안게 됩니다. 그러나 대재해보험은 그 치명적인 특성 탓에, 가격이 잘못되었더라도 매우 오랜 기간 모르고 지내기 쉽습니다. 예를 들어보겠습니다. 주사위 두 개를 던져서 12가 나올 확률은 36분의 1입니다. 이제 1년에 한 번 주사위를 던진다고 가정합시다. 채권 투자자는 12가 나오면 5,000만 달러를 지급하기로 합니다. 그리고 이 위험을 떠안는 대신 보험료로 연 100만 달러를 받기로 합니다. 그러나 이렇게 계약했다면 보험료가 지나치게 낮습니다. 그렇더라도 오랜 기간 손쉽게 돈을 벌고 있다고 생각하면서 지낼 수 있습니다. 실제로 투자자가 10년 연속 돈 벌 확률이 75.4%나 됩니다. 하지만 투자자는 결국 무일푼이 될 것입니다.

이 주사위 사례에서는 확률을 쉽게 계산할 수 있습니다. 그러나 대형 허리케인과 지진은 확률을 계산하기가 훨씬 어렵습니다. 버크셔가 할 수 있는 최선의 방법은 각 사건의 확률 범위를 추정하는 정도입니다. 이런 대재해는 매우 드문 데다 정확한 데이터도 부족하므로 기획자들이 농간을 부리기가 쉽습니다. 기획자들은 이른바 전문가들을 고용해서 잠재 투자자들에게 손실 확률에 대해 조언해줍니다. 전문가들은 이 거래에 자기 돈을 걸지 않습니다. 이들은 선취보수를 받으며, 예측이 아무리 빗나가더라도 절대 돌려주지 않습니다. 게다가 위험이 높을 때도 예컨대 주사위 두 개를 던져 12가 나올 확률이 36분의 1이 아니라 100분의 1이라고 단언합니다. (물론 그 전문가는 자신이 말한 확률이 정확하다고 믿겠지만 이는 핑곗거리에 불과하고 투자자는 더 위험해집니다.)

이른바 투자자들의 자금이 이렇게 (이름값을 톡톡히 하는) 대재해채권에 유입된 탓에 대재해보험료가 대폭 인하되었습니다. 그래서 1998년 우리는 대재해보험 판매를 축소할 것입니다. 그래도 대규모 장기 계약이 여러 건 유지되고 있으므로 계약 규모가 급감하지는 않을 것입니다. 그중 계약 규모가 가장 큰 두 건이 작년에 설명했던 플로리다 허리케인 보험과, 캘리포니아 지진공사California Earthquake Authority와 맺은 캘리포니아 지진보험입니다. 캘리포니아 지진보험으로 '최악의 시나리오'에서 우리가 입는 세후 손실은 약 6억 달러입니다. 이 금액이 커 보이겠지만, 버크셔 시가총액의 약 1%에 불과합니다. 만일 적정 가격을 받을 수 있다면 우리는 '최악의 시나리오'에서 떠안는 위험을 기꺼이 대폭 확대할 생각입니다.

안정적인 12%보다 변동성 높은 15% [1998]

1998년 12월 21일, 220억 달러에 제너럴 리를 인수하는 작업이 완료되었습니다. 이제 우리는 미국 최대 재보험사 제너럴 리의 지분을 100% 보유할 뿐 아니라, 제너럴 리가 지분 82%(매수 계약분 포함)를 소유한 세계 최고(最古) 재보험사 콜론 리Cologne Re도 보유하게 되었습니다. 두 회사는 함께 124개국에서 모든 분야의 재보험상품을 판매하고 있습니다.

지난 수십 년 동안 재보험업계에서 제너럴 리의 이름은 우수성, 진정성, 전문성의 대명사였습니다. 그리고 론 퍼거슨Ron Ferguson은 제너럴 리를 이끌면서 이 평판을 더욱 높였습니다. 제너럴 리와 콜론 리 경영자들의 역량에 버크셔가 보탤 수 있는 것은 전혀 없습니다. 오히려 우리가 배워야 할 것이 많습니다.

그렇더라도 제너럴 리는 버크셔에 인수되어 큰 혜택을 보게 되며, 앞으로 10년 후에는 (인수되지 않았을 때보다) 이익이 대폭 증가할 것이라고 믿습니다. 우리가 이렇게 낙관하는 것은 제너럴 리 경영진이 회사의 강점을 최대한 활용하도록 재량권을 제공할 것이기 때문입니다.

잠시 재보험사업을 살펴보면 제너럴 리가 버크셔에 인수되면서 왜 큰 혜택을 보게 되는지 이해할 수 있습니다. 재보험 수요 대부분은 갑자기 대규모 손실이 발생해 실적이 나빠질까 걱정하는 원(原)보험사에서 나옵니다. 사실 재보험사는 원보험사가 떨어내려는 변동성을 흡수해주는 대가로 돈을 버는 것입니다.

그러나 아이러니하게도 상장 재보험사 역시 실적이 안정적이어야 주주와 신용평가기관으로부터 높은 등급을 받습니다. 장기적으로는 만족스러운 실적이 기대되더라도 재보험사의 이익이 급등락하면 신용등급과 PER 양쪽에서 타격을 받게 됩니다. 이런 현실 탓에 간혹 재보험사는 판매한 재보험 중 상당 부분을 재재보험사retrocessionaire로 떠넘기기도 하고, 재보험 판매를 거절하기도 합니다.

반면에 버크셔는 장기적으로 높은 수익성이 기대되기만 하면 변동성을 기꺼이 받아줍니다. 우리 자본구조는 철옹성 같아서, 실적이 변동해도 최고 등급이 그대로 유지되기 때문입니다. 그래서 우리는 규모가 아무리 큰 재보험도 판매할 수 있는 완벽한 구조를 갖추고 있습니다. 실제로 우리는 지난 10년 동안 이 강점을 이용해서 강력한 재보험사업을 구축했습니다.

이제 제너럴 리 특유의 판매력, 기술력, 경영 능력을 결합하면 우리는 업계의 모든 측면에서 구조적 강점을 활용할 수 있습니다. 특히 제너럴 리와 콜론 리는 지금 국제 시장 진출에 박차를 가할 수 있으므로, 성장하는 재보험업계에서 거의 틀림없이 우위를 차지하게 될 것입니다. 합병 위임장에도 명시되었듯이, 제너럴 리는 버크셔 덕분에 세금과 투자 혜택도 보게 됩니다. 그러나 이 합병을 뒷받침하는 가장 타당한 이유는, 이제 제너럴 리의 탁월한 경영진이 성장을 가로막던 제약에서 벗어나 최고의 역량을 발휘할 수 있다는 점입니다.

버크셔는 제너럴 리가 운용하던 투자 포트폴리오를 넘겨받기로 했습니다. (콜론 리의 투자 포트폴리오는 넘겨받지 않습니다.) 그러나 제너럴 리의 보험영업에는 개입하지 않습니다. 다만 이익 변동성을 얼마든지 감내할 수 있는 버크셔의 재무건전성을 십분 활용해, 과거처럼 절제력을 유지하면서 기존 사업 비중을 높이고, 제품 라인을 확장하며, 사업 지역을 확대해달라고 요청할 것입니다. 오래전부터 하는 말이지만, 우리는 안정적인 수익률 12%보다 변동성 높은 수익률 15%를 선호합니다.

앞으로 론의 경영진은 제너럴 리가 새로 얻은 잠재력을 최대한 활용할 것입니다. 론과 나는 오래전부터 알고 지내면서 양쪽 회사에서 많은 거래를 했습니다. 실제로 제너럴 리는 1976년 파산 직전까지 몰린 가이코를 회생시키는 일에 핵심적인 역할을 했습니다.

보상은 성과를 낳고 [1998]

위대한 아이디어와 위대한 경영자가 결합하면 틀림없이 위대한 결과가 나옵니다. 그 생생한 사례가 바로 가이코입니다. 아이디어는 고객에게 직접 판매함으로써 원가를 낮춘 자동차보험이고, 경영자는 토니 나이슬리입니다. 간단히 말해서, 가이코를 토니보다 잘 경영할 수 있는 사람은 세상 어디에도 없습니다. 그의 직관은 틀리는 법이 없고, 그의 에너지는 무한하며, 그의 솜씨는 흠잡을 데가 없습니다. 토니는 보험영업 원칙을 유지하고 있는데도 시장점유율 증가 속도가 더 빨라지고 있습니다.

이런 속도 상승에는 우리 보상 정책이 한몫을 했습니다. 대리점을 통하지 않고 보험상품을 직접 판매하려면 초기에 막대한 투자를 해야 합니다. 그래서 5년 동안은 큰 이익이 나오지 않습니다. 그러나 우리는 이런 투자비용 탓에 가이코 직원들이 신규 계약을 꺼리는 일이 없도록 보상 공식에서 비용을 제외했습니다. 그러면 계약을 갱신할 때 상당한 이익이 나옵니다. 우리는 보너스와 이익분배 평가 기준의 50%를 1년 후 갱신한 계약에서 나오는 이익으로 정했습니다. 그리고 나머지 평가 기준 50%는 계약자 증가로 정했습니다. 이렇게 해서 우리는 속도를 높였습니다.

우리가 인수하기 1년 전인 1995년, 가이코는 마케팅 지출액이 3,300만 달러였고, 전화 상담원이 652명이었습니다. 작년 마케팅 지출액은 1억 4,300만 달러로 증가했고, 전화 상담원은 2,162명으로 늘어났습니다. 이렇게 노력한 결과가 아래 나타난 신규 계약 건수와 기존 계약 건수입니다.

가이코 자동차보험 계약 건수

연도	신규 자동차보험 계약*	기존 자동차보험 계약*
1993	354,882	2,011,055
1994	396,217	2,147,549
1995	461,608	2,310,037
1996	617,669	2,543,699
1997	913,176	2,949,439
1998	1,317,761	3,562,644

* '임의보험'만 포함: 할당받은 의무보험 등은 제외

1999년에도 우리는 마케팅 예산을 증액해서 1억 9,000만 달러 이상 지출할 것입니다. 적절한 고객 서비스에 필요한 인프라를 함께 구축할 수 있는 한, 버크셔는 가이코의 신규 계약 확대 사업에 무제한 투자할 것입니다.

분기 이익이나 연간 이익을 걱정하는 보험사들은 첫해에 들어가는 막대한 비용 탓에 신규 계약 확대를 주저합니다. 장기적으로 아무리 많은 이익이 기대되더라도 말이지요. 그러나 우리가 계산하는 방식은 다릅니다. 우리는 단지 1달러를 지출했을 때 1달러 이상이 창출되는지만 평가합니다. 만일 이렇게 계산해서 유리하다고 판단하면, 더 많이 지출할수록 나는 더 만족스럽습니다.

물론 낮은 가격과 엄청난 광고만으로는 절대 성공할 수 없습니다. 보험금 청구가 들어왔을 때 공정하고 신속하며 친절하게 처리해야 합니다. 바로 우리가 그렇게 처리합니다. 여기 우리의 모습을 보여주는 공정한 평가표가 있습니다. 우리 매출이 가장 많은 뉴욕 주 보험국이 최근 발표한 자료에 의하면, 1997년 가이코에 대한 불만율은 5대 자동차보험사 중 가장 낮았을 뿐 아니라, 나머지 4개사 평균의 절반보다도 낮았습니다.

1998년 가이코의 이익률은 6.7%로서 우리 예상보다 높고 우리가 원하는 수준보다도 높았습니다. 이런 실적은 업계 전반적인 현상입니다. 최근 몇 년 동안 자동차 사고 빈도와 피해 수준 모두 예상 밖으로 감소했습니다. 우리는 1998년 보험료를 3.3% 인하했고, 1999년에도 더 인하할 것입니다. 그러면 우리 이익률이 머지않아 목표 수준인 4%까지 낮아질 것이며, 어쩌면 훨씬 더 낮아질 수도 있습니다. 그렇더라도 우리 이익률은 다른 보험사들보다 여전히 훨씬 높으리라고 믿습니다.

1998년 가이코의 성장률과 수익성 모두 탁월했으므로, 지급된 이익분배금과 보너스 역시 탁월했습니다. 실제로 1년 이상 근무한 모든 직원 9,313명에게 지급된 이익분배금 1억 300만 달러는 급여의 32.3%로서, 아마도 미국 대기업에서 지금까지 기록한 최고 비율일 것입니다. (직원들은 회사가 제공하는 퇴직연금에서도 추가 혜택을 받습니다.)

앞으로는 우리 이익분배 평가 기준 중 수익성 요소가 거의 틀림없이 하락할 터이므로, 32.3%는 최고 기록으로 유지될지 모릅니다. 그러나 성장률은 아마 더 상승할 것입니다. 대체로 두 기준을 결합하면 앞으로도 수십 년 동안 거액의 이익분배금이 지급될 전망입니다. 우리 직원들은 성장률에 대해 다른 방식으로도 보상받는데, 작년 4,612명이 승진했습니다.

가이코의 실적은 지금까지도 인상적이었지만, 앞으로 올릴 실적은 훨씬 더 인상적입니다. 1998년 우리 시장점유율이 대폭 증가했지만 겨우 3%에서 3.5%로 증가했을 뿐입니다. 현재 우리가 확보한 고객보다 10배나 많은 잠재 고객들이 우리를 기다리고 있습니다.

지금 이 글을 읽는 분도 우리 잠재 고객일지 모릅니다. 우리 보험료를 확인하는 사람들 중 약 40%는 가이코를 이용하면 보험료를 절약할 수 있습니다. 100%가 아닌 것은, 보험사마다 평가 기준이 다른 탓에, 특정 지역에 거주하거나 특정 직업에 종사하는 사람은 일부 보험사에서 더 높은 평가를 받을 수 있기 때문입니다. 그러나 전국 규모 보험사 중 우리 보험료가 어떤 보험사보다도 낮을 때가 많다고 우리는 믿습니다. 게다가 우리는 40개 주에서 주주들에게 보통 8%에 이르는 특별 할인을 제공할 수 있습니다. 전화로 확인해보시기 바랍니다.

이제 우리 광고가 끝났다고 생각하실지 모르겠지만, 하나 더 있습니다. 이번에는 상장회사 경영자들에게 하는 광고입니다.

버크셔가 토니 나이슬리처럼 탁월한 CEO에게 회사 운영 방법을 지시한다면 이는 어리석음의 극치가 될 것입니다. 우리가 쓸데없이 참견한다면 우리 경영자들은 대부분 일을 그만둘 것입니다. (우리 경영자의 75%는 이미 부자이므로, 굳이 누구 밑에서 일할 필요가 없는 사람들입니다.) 게다가 이들은 야구로 비유하면 마크 맥과이어Mark McGwire와 같은 거장이므로, 스윙에 대해서 조언할 필요가 없습니다.

그런데도 버크셔가 회사를 인수하면 최고의 경영자조차 더 능력을 발휘하게 할 수 있습니다. 첫째, 우리는 일상적으로 CEO를 따라다니는 형식적이고 비생산적인 일들을 모두 없애줍니다. 우리 경영자들은 자신의 일정을 전적으로 자신이 결정합니다. 둘째, 우리는 아주 단순한 임무만을 부여합니다. (1) 자신이 회사 지분을 100% 보유하고, (2) 회사가 자신의 유일한 자산이며, (3) 100년 이상 회사를 팔거나 합병하지 못한다는 생각으로 회사를 경영해달라고 요구합니다. 따라서 우리는 경영자들이 의사결정할 때 회계 실적을 조금도 고려할 필요가 없다고 말합니다. 우리는 경영자들이 회계 실적이 아니라 중요한 사안에 대해 생각하기를 바랍니다.

상장회사 CEO 가운데 이 정도로 재량권을 행사하는 CEO는 거의 없습니다. 이는 주주들이 단기 전망과 보고이익에 집착하기 때문입니다. 그러나 버크셔 주주들은 이와 전혀 달라서, 상장회사 주주들 가운데 투자 기간이 가장 긴 사람들입니다. (앞으로도 수십 년 동안 그럴 것입니다.) 실제로 우리 주식 대부분을 보유한 투자자들은 죽는 순간까지도 주식을 팔지 않을 것입니다. 그래서 우리는 경영자들에게 다음 분기 이익이 아니라 최장기 가치를 높이는 방향으로 회사를 경영하라고 요청합니다. 그렇다고 우리가 당기 실적을 무시하는 것은 아닙니다. 당기 실적도 대부분 매우 중요합니다. 그러나 더 강력한 경쟁력을 구축하는 대신 당기 실적을 높이는 것은 절대 원하지 않습니다.

나는 가이코 사례가 버크셔의 경영 방식을 잘 보여준다고 생각합니다. 찰리와 나는 토니에게 간섭하지 않고, 그가 재능을 중요한 일에 모두 쏟아 넣을 수 있도록 환경을 조성해주었습니다. 그는 이사회, 언론 인터뷰, 증권사 프레젠테이션, 애널리스트 면담 등에 시간이나 정력을 낭비할 필요가 없습니다. 게다가 자금 조달, 신용등급, EPS에 대한 시장의 기대 등에 대해서 단 한 순간도 고민할 필요가 없습니다. 우리의 지배구조 덕분에 이런 경영 방식이 앞으로도 수십 년 동안 계속 이어진다는 사실을 그도 잘 알고 있습니다. 이렇게 자유로운 환경에서 토니의 회사는 거의 무한한 잠재력을 사업에 투입해 탁월한 성과를 거둘 수 있습니다.

가이코와 같은 환경에서 번창할 수 있는 수익성 높은 대기업을 경영하고 있다면, 연차보고서 21쪽에 실린 우리 인수 기준을 확인하고서 전화하시기 바랍니다. 나는 신속하게 답변할 것이며, 찰리 외에는 누구에게도 당신에 대해 언급하지 않겠다고 약속합니다.

최고의 광고는 입소문 [1999]

버크셔의 보상 정책은 임직원들의 목표와 일치하면서 이해하기 쉽도록 수립됩니다. 신규 고객 획득에는 많은 비용이 들어갑니다(앞에서 언급했듯이, 이 비용은 계속 상승 중입니다). (가이코가 버크셔에 인수되기 전에 그랬듯이) 이 비용을 보너스 계산에 포함한다면 임직원들은 신규 고객 획득에 대해 불이익을 받게 됩니다. 버크셔의 이익에 크게 기여하면서도 말이지요. 그래서 임직원들에게 신규 고객 획득 비용을 우리가 부담하겠다고 말했습니다. 보험 계약자 증가율도 보상 기준에 포함되므로, 이제 임직원들은 초기에 수익성이 없는 사업에 대해서도 보상받게 되었습니다. 게다가 1년 후 갱신 계약에서 나오는 이익에 대해서도 추가로 보상받게 됩니다.

우리가 광범위하게 광고하고 있지만, 신규 고객을 획득하는 최고의 원천은 우리 가격과 서비스에 만족하는 기존 계약자들의 입소문입니다. 작년 〈키플링거즈 퍼스널 파이낸스 매거진Kiplinger's Personal Finance Magazine〉 기사에 우리 고객의 만족도가 잘 나타납니다. 이 잡지가 20개 주 보험국을 조사한 바에 의하면, 가이코에 대한 불만율이 대부분 주요 경쟁사들보다 훨씬 낮았습니다.

이렇게 강력한 고객들의 추천 덕분에, 우리는 광고비로 연 5,000만 달러만 지출해도 십중팔구 현재 계약 수준을 유지할 수 있을 것입니다. 물론 이는 추정이며, 토니는 계속해서 광고비를 늘릴 것이므로(나도 가세할 것이므로), 이 추정이 정확한지도 절대 알 수 없을 것입니다. 다만 (전화 상담원과 통신 설비에 들어가는 막대한 추가 비용은 물론) 2000년 광고비 지출액 3억~3억 5,000만 달러 중 대부분이 고객을 대폭 늘리고 가이코의 브랜드 이미지를 강화하기 위한 선택적 지출이라는 점을 강조하고자 합니다.

나는 이 지출이야말로 버크셔에서 할 수 있는 최고의 투자라고 생각합니다. 이 광고를 통해서 가이코는 해마다 평균 1,100달러를 지불할 수많은 가구와 직접적 관계를 맺게 됩니다. 즉, 우리는 미국을 선도하는 직접판매회사가 되는 셈입니다. 그리고 우리가 장기적 관계를 맺는 가구가 증가할수록 우리에게 현금이 쏟아져 들어올 것입니다(인터넷사업은 고객이 증가할수록 현금이 빠져나가지만 말이지요). 작년 가이코의 고객은 76만 6,256명 증가했고, 영업이익과 플로트가 증가하면서 현금은 5억 9,000만 달러 증가했습니다.

지난 3년 동안 개인용 자동차보험시장에서 우리 점유율은 2.7%에서 4.1%로 상승했습니다. 그러나 우리 점유율은 훨씬 더 상승할 수 있습니다.

속는 셈 치고 전화주세요 [2004]

원자재처럼 상품이 표준화된 시장에서 번창하는 다른 방법은 원가를 낮추는 것입니다. 대형 자동차보험사 중 가이코가 이 방법으로 명성을 얻은 회사입니다. 앞에서 보았듯이, 내셔널 인뎀너티는 실적의 부침이 심한 사업 모델입니다. 그러나 원가 우위를 확보한 회사는 계속해서 가차 없이 이 전략을 추진해야 합니다. 가이코가 바로 이런 전략을 추구했습니다.

1세기 전 자동차가 처음 등장했을 때, 손해보험업은 카르텔 방식으로 운영되었습니다. 대부분 북동부에 자리 잡은 대형 보험사들이 '요율'을 책정하면 그만이었습니다. 사업을 확대하려고 가격을 낮추는 보험사는 없었습니다. 대신 보험사들은 강력하고 평판 좋은 대리점을 확보하려고 경쟁하면서 대리점에는 높은 수수료를 제공했고, 고객들로부터는 비싼 보험료를 받았습니다.

1922년, 일리노이 주 머나에 사는 농부 조지 메헐은 고비용 대기업들이 유지하는 가격 제도의 허점을 이용하려고 스테이트팜을 설립했습니다. 스테이트팜은 전속 보험설계사들을 고용해, (보험사들을 손쉽게 속이는) 독립 보험대리점들보다 보험 모집 비용을 낮게 유지했습니다. 스테이트팜은 저원가 구조 덕분에 마침내 자동차와 주택 등 가계보험시장의 25%를 차지하면서, 한때 막강했던 경쟁사들을 큰 차이로 따돌렸습니다. 1931년에 설립된 올스테이트도 비슷한 유통 시스템을 가동했고, 곧 가계보험시장에서 스테이트팜에 뒤이어 2인자가 되었습니다. 이렇게 자본주의는 마법을 걸었고, 이런 저원가 영업은 막을 수 없는 대세처럼 보였습니다.

그러나 리오 굿윈이라는 사람에게는 더 효율적인 자동차보험사업 아이디어가 있었습니다. 1936년, 그는 겨우 20만 달러로 가이코를 설립했습니다. 굿윈의 계획은 대리점을 완전히 없애버리고 자동차 소유자와 직접 거래하는 것이었습니다. 자동차보험은 의무적으로 가입하는 값비싼 상품이므로, 유통 메커니즘에 비싼 중개인을 개입시킬 필요가 없다고 그는 생각했습니다. 사업보험에 가입할 때는 전문가의 조언이 필요하겠지만, 자동차보험에 대해서는 대부분 소비자가 잘 안다고 추론했습니다. 이는 강력한 통찰이었습니다.

처음에 가이코는 공무원들에게만 자사의 저비용 보험상품 홍보 우편물을 보냈습니다. 나중에는 지평을 넓혀, 방송과 인쇄물 광고로 전화 문의를 유발해 답해주는 전화 마케팅의 비중을 높였습니다. 그리고 오늘날에는 인터넷 영업의 비중을 키우고 있습니다.

1936~1975년 동안 가이코는 시장점유율을 0에서 4%로 높여 미국 4위 자동차보험사가 되었습니다. 이 대부분 기간에 매출과 이익을 동시에 대폭 증가시키는 탁월한 실적을 올렸습니다. 이 기세는 아무도 못 막을 것처럼 보였습니다. 그러나 1970년 나의 친구이자 영웅인 CEO 로리머 데이비드슨이 은퇴한 직후, 그 후계자가 손해액 준비금을 낮게 책정하는 중대한 실수를 저질렀습니다. 이로부터 원가 정보가 왜곡되어 보험료가 낮게 책정되었습니다. 1976년, 가이코는 파산 직전까지 몰렸습니다.

이후 가이코의 CEO가 된 잭 번은 보험료를 인상하는 등 영웅적 노력으로 혼자서 회사를 구하다시피 했습니다. 그러나 회사를 구하려면 보험료 인상이 불가피했지만, 고객들이 이탈한 탓에 1980년에는 시장점유율이 1.8%로 떨어졌습니다. 이후 회사에서 착수한 사업다각화가 현명하지 못했습니다. 사업을 다양하게 벌이는 과정에서 핵심 사업에 대한 초점이 흐려지면서 가이코의 성장세가 둔화해, 1993년 시장점유율은 미미하게 증가한 1.9%에 그쳤습니다. 이어서 토니 나이슬리가 회사를 맡게 되었습니다.

이후 회사는 엄청나게 바뀌었습니다. 2005년 가이코의 시장점유율은 십중팔구 6%에 이를 것입니다. 게다가 토니는 성장률만큼이나 수익성까지 끌어올렸습니다. 실제로 가이코는 관계자 모두에게 커다란 이득을 안겨주었습니다. 2004년 고객들은 자동차보험 비용을 10억 달러나 절감했고, 직원들은 이익분배금으로 평균 연봉의 24.3%에 해당하는 1억 9,100만 달러를 받았으며, 소유주인 버크셔는 탁월한 투자수익률을 거두었습니다.

좋은 소식이 더 있습니다. 잭 번이 회사를 구하던 1976년, 뉴저지 주는 수익성 유지에 필요한 적정 보험료를 인가해주지 않았습니다. 그래서 그는 즉시 (그리고 당연히) 뉴저지 주에서 사업을 철수했습니다. 이후에도 가이코는 수익성을 확보하기 어려운 지역으로 판단해 뉴저지 주와 매사추세츠 주에는 진출하지 않았습니다.

그러나 2003년, 뉴저지 주는 자동차보험의 고질적 문제들을 다시 보게 되었고, 보험 사기를 억제하며 보험사들의 공정 경쟁 환경을 조성하는 법을 제정했습니다. 그렇더라도 주(州) 당국이 주도하는 이런 변화는 오랜 기간이 걸리는 어려운 작업이라고 보아야 합니다.

그런데 정반대 상황이 벌어졌습니다. 뉴저지 주 보험국장 홀리 배키Holly Bakke는 굳은 의지로 입법 취지를 실행에 옮겼습니다. (그녀는 어떤 분야에서도 성공했을 인물입니다.) 가이코는 보험국의 협조를 얻어 뉴저지 주 재진출 관련 실무 문제들을 해결하고, 지난 8월 인가를 받아냈습니다. 이후 가이코가 뉴저지 주 운전자들로부터 받은 반응은 우리가 기대했던 것보다 몇 곱절이나 뜨거웠습니다.

현재 우리 보험 가입자 14만 명(뉴저지 시장의 약 4%)은 다른 지역의 우리 고객들처럼 막대한 비용을 절감하고 있습니다. 그리고 뉴저지 주에 퍼진 입소문 덕분에 문의 전화가 쇄도하고 있습니다. 우리가 들은 바로는, 뉴저지 주의 전환율(전화 문의가 보험 계약으로 이어지는 비율)이 다른 어떤 지역보다도 훨씬 높습니다.

물론 우리가 모든 사람에게 돈을 절약해줄 수 있다고 주장하지는 않습니다. 등급 시스템이 다른 몇몇 보험사는 일부 운전자들에게 우리보다 낮은 보험료를 제시할 수도 있습니다. 그러나 전국적으로 영업하는 어떤 보험사보다도 가이코가 가장 많은 고객에게 가장 낮은 보험료를 제시한다고 우리는 믿습니다. 게다가 뉴저지 주를 포함한 대부분 주에서 버크셔 주주들은 8% 할인 혜택을 받습니다. 따라서 속는 셈치고 15분만 들여서 GEICO.com을 방문하거나 800-847-7536으로 전화해서 비용이 대폭 절감되는지 확인하시기 바랍니다. (그러면 다른 버크셔 제품도 사고 싶어질 것입니다.)

20세 대학원생의 행운 [2010]

이제부터는 기업의 내재가치가 순자산가치보다 훨씬 높아질 수 있다는 사실을 여러분이 이해하도록 사례를 설명하겠습니다. 이 이야기 덕분에 나는 멋진 추억을 다시 맛보게 되는군요.

60년 전 지난달 가이코가 등장해 이후 내 인생의 큰 흐름을 바꿔놓았습니다. 당시 20세의 컬럼비아 대학원생이었던 나는 매주 한 번 수업을 듣던 존경하는 벤저민 그레이엄과의 인연으로 가이코를 방문하게 되었습니다.

하루는 도서관에서 《미국인명사전*Who's Who in America*》에 등재된 그레이엄 정보를 읽던 중, 그가 가이코 회장임을 알게 되었습니다. 나는 보험에 대해 아는 바가 전혀 없었고, 이 회사 이름도 들어본 적이 없었습니다. 마침 사서가 보험사 총목록을 찾아주어서 가이코 소개 페이지를 읽은 다음, 나는 이 회사를 방문하기로 했습니다. 다음 토요일, 나는 아침 일찍 워싱턴행 기차에 올랐습니다.

그러나 내가 본사에 도착했을 때, 회사는 문이 잠겨 있었습니다. 나는 미친 듯이 문을 두드렸고, 마침내 경비원이 나타났습니다. 건물에 직원이 아무도 없는지 묻자, 경비원은 홀로 근무하던 로리머 데이비드슨에게 안내해주었습니다.

이때가 행운의 순간이었습니다. 이후 네 시간 동안 데이비드슨은 내게 보험업과 가이코를 가르쳐주었습니다. 이때 멋진 우정이 시작되었습니다. 머지않아 나는 컬럼비아 대학을 졸업하고 오마하에서 주식 중개인이 되었습니다. 내가 주로 추천한 종목은 당연히 가이코였고, 덕분에 고객 수십 명을 확보해 멋지게 출발했습니다. 가이코는 내 재산도 크게 불려주었습니다. 데이비드슨을 만난 직후, 내 포트폴리오 9,800달러 중 75%를 가이코로 채웠기 때문입니다. (그런데도 분산투자가 과도하다는 느낌이었습니다.)

이후 데이비드슨은 가이코의 CEO가 되어 회사를 꿈도 꾸지 못한 수준으로 끌어올렸습니다. 그러나 그가 은퇴하고 몇 년 뒤인 1970년대 중반, 회사는 곤경에 처했습니다. 그 결과 가이코 주가가 95% 넘게 폭락했는데, 이때 버크셔는 시장에서 약 3분의 1을 사들였고, 이후 가이코가 자사주 매입을 해 버크셔의 지분이 50%로 증가했습니다. 버크셔가 지분 절반을 사들인 원가는 4,600만 달러였습니다. (이렇게 막대한 지분을 보유했지만 우리는 회사에 경영권을 행사하지 않았습니다.)

1996년 초, 우리는 가이코의 나머지 지분 50%를 사들였습니다. 이때 95

세였던 데이비드슨은 자신이 사랑하는 가이코가 영원히 버크셔 소속이 되어 무척 기쁘다는 말을 비디오테이프에 담아 보냈습니다. (그리고 "워런, 다음에는 약속부터 하고 찾아오게"라는 농담으로 말을 맺었습니다.)

지난 60년 동안 가이코에는 많은 일이 있었지만, 핵심 목표(미국인들의 자동차보험료 대폭 절감)에는 변함이 없습니다. (1-800-847-7536으로 전화하거나 GEICO.com을 찾으십시오.) 다시 말해서, 충분히 자격을 갖추어 고객을 확보하겠다는 것입니다. 이 목표에 집중함으로써 가이코는 시장점유율 8.8%에 이르는 미국 3위 자동차보험사로 성장했습니다.

1993년 토니 나이슬리가 가이코 경영을 맡기 전에는 시장점유율이 10년 넘게 2.0% 수준이었습니다. 그러나 토니가 경영하면서 가이코는 전혀 다른 회사가 되었습니다. 보험영업 원칙을 준수하고 비용을 절감하면서 끊임없이 성장했습니다.

토니의 업적을 숫자로 제시하겠습니다. 1996년, 우리는 가이코의 나머지 지분 50%를 약 23억 달러에 사들였습니다. 이는 가이코 지분 100%를 46억 달러에 사들였다는 뜻입니다. 당시 가이코의 순유형자산은 19억 달러였습니다.

순유형자산을 초과해서 우리가 지불한 금액 27억 달러가 당시 가이코의 '영업권' 가치였습니다. 이 영업권은 당시 가이코와 거래하는 보험 계약자들의 경제적 가치였습니다. 1995년, 이들 고객이 회사에 지불한 보험료는 28억 달러였습니다. 따라서 우리는 가이코 고객의 가치를 이들이 지불한 연간 보험료의 약 97%(27/28)로 평가했습니다. 보험업계 기준으로 보면 매우 높은 가격이었습니다. 그러나 가이코는 평범한 보험사가 아니었습니다. 회사의 낮은 비용 덕분에 보험 고객들에게 항상 혜택이 돌아갔고, 그래서 고객들의 충성도가 이례적으로 높았습니다.

오늘날에는 보험료 규모가 143억 달러이며, 계속 증가 중입니다. 그런데도 우리 장부에 표시된 가이코의 영업권은 겨우 14억 달러이며, 가이코의 가치가 아무리 증가해도 이 금액은 바뀌지 않을 것입니다. (회계규정에 의하면, 영업권은 경제적 가치가 감소하면 장부가액을 상각하지만, 경제적 가치가 증가할 때는 변경하지 않습니다.) 1996년 인수 시점에 사용했던 '보험료 규모의 97%' 기준을 적용하면, 오늘날 가이코 영업권의 실제 가치는 약 140억 달러에 이릅니다. 그리고 지금부터 10년, 20년 뒤에는 이 가치가 훨씬 더 커질 것입니다. (2011년에도 출발이 순조로운) 가이코는 끝없이 이익을 안겨주는 선물입니다.

중요한 주석이 있습니다. 가이코는 미국 최대 규모 가계보험 대리점들과 제휴해, 가이코 자동차보험 고객들에게 주택보험을 판매하고 있습니다. 위험은 이들이 부담하고, 우리는 이들을 대신해서 우리 고객들과 계약을 합니다. 작년에 우리가 판매한 새 계약은 76만 9,898건으로, 재작년보다 34% 증가했습니다. 이 사업을 통해서 우리는 수수료 수입을 얻게 됩니다. 또한 우리 보험 고객들과의 관계가 강화되므로 고객 유지에 도움이 된다는 점도 중요합니다.

나는 토니와 데이비드슨에게 큰 신세를 졌습니다(그러고 보니 경비원에게도).

테러보험 판매 개시 [2001]

손해보험회사들을 플로트 원가로 평가하면 사업성이 만족스러운 회사는 거의 없습니다. 다른 산업에서와는 달리, 보험사의 수익성은 규모나 브랜드에 좌우되지 않는다는 점이 흥미롭습니다. 실제로 규모가 가장 크고 유명한 보험사 다수가 계속해서 저조한 실적을 기록하고 있습니다. 이 사업에서 정말로 중요한 것은 보험영업 원칙입니다. 승자는 3대 핵심 원칙을 한결같이 고수하는 회사들이었습니다.

1. (능력범위 안에 머물면서) 희박한 손실 시나리오 등 모든 요소를 평가한 다음에도 적정 수익성을 기대할 수 있는 위험만 떠안는다. 시장점유율에 집착하지 않으므로, 어리석은 가격이나 정책을 펴는 경쟁자들에게 시장을 빼앗겨도 상심하지 않는다.

2. 단일 사고나 관련 사고로 손실이 아무리 누적되어도 절대 파산하지 않을 한도에서만 사업을 유지한다. 무관해 보이는 위험 사이에서도 상관관계 가능성을 끊임없이 탐색한다.

3. 도덕적 위험이 있는 사업은 피한다. 보험료가 아무리 높아도, 나쁜 사람과 맺는 계약에서 좋은 실적을 기대할 수는 없다. 대부분 보험 계약자와 고객 들은 정직하고 도덕적이지만, 몇몇 예외적인 거래에서 흔히 큰 비용이 발생하며 때로는 엄청난 비용이 발생한다.

9/11 사건을 계기로, 제너럴 리에서 원칙 1과 2가 위험할 정도로 취약하

다는 사실이 드러났습니다. 가격 책정과 통합 위험 평가에서 우리는 대규모 테러 위험 손실 가능성을 간과하거나 무시했습니다. 타당한 보험영업 요소였는데도 뭉개버렸던 것입니다.

예를 들어 손해보험료를 산정할 때, 우리는 과거 사례만을 조사해 폭풍, 화재, 폭발, 지진에서 예상되는 비용만을 고려했습니다. 그러나 (관련 사업 중단 보상금 포함 후) 역사상 손해보험 최대 손실로 기록될 이 사건은 이런 요소들과는 무관했습니다. 간단히 말해서, 보험업계 전체가 보험영업에서 근본적인 실수를 저질렀습니다. 실제로 떠안는 위험 대신 과거 경험에만 초점을 맞춘 탓에, 막대한 테러 위험을 보험료에 전혀 반영하지 않았기 때문입니다.

물론 대부분 보험료 산정 작업 초기에 경험은 매우 유용한 지침이 됩니다. 예를 들어 보험사가 캘리포니아에서 보험상품을 판매할 때, 지난 1세기 동안 캘리포니아에서 발생한 지진 중 리히터 6.0 이상이 몇 건이었는지를 반드시 알아야 합니다. 이런 정보가 내년에 대형 지진이 발생할 확률을 정확하게 알려주거나, 캘리포니아에서 발생할지를 알려주지는 않습니다. 그러나 최근 몇 년 동안 내셔널 인뎀너티가 그랬던 것처럼, 주 전체에 걸쳐 대형 보험을 판매한다면 통계가 유용합니다.

하지만 때로는 경험을 바탕으로 가격을 책정하는 방식이 쓸모없을뿐더러 위험하기까지 합니다. 예를 들어 강세장 말기에는 임원배상책임보험에서 발생하는 대규모 손실 사건이 비교적 드뭅니다. 주가가 상승하는 동안에는 소송당하는 임원이 드물고, 분식회계나 경영진의 속임수도 대개 발각되지 않습니다. 이런 시점에는 임원배상책임보험 한도 확대가 훌륭한 경험으로 비칠 수도 있습니다.

그러나 바로 이때가 위험이 폭발적으로 증가하는 시점입니다. 터무니없는 주식 공모, 이익 조작, 행운의 편지 방식의 주식 홍보, 기타 불미스러운 행위가 뒤섞여 일어나기 때문이지요. 주가가 내려가면 이런 죄악이 드러나고, 투자자들은 엄청난 손실을 뒤집어쓰게 됩니다. 배심원단의 평결에 따라 손실 책임은 소액 투자자들에게 돌아갈 수도 있고 대형 보험사에 돌아갈 수도 있습니다. 그러나 보험사가 강세장 기간에 판매한 보험이더라도 평결에는 아무런 영향을 미치지 못합니다. 게다가 중요한 판결 한 건만으로도 이후 재판에서 합의금 비용이 눈덩이처럼 불어날 수 있습니다. 따라서 임원배상책임보험 '한도 초과(손실 상한선 초과분에 대한 보장)'에 대한 정확한 보험료를 실제 위험 기준으로 산정하면, 경험을 기준으로 산정한 보험료의 5배 이상이 되어야 할지도 모릅니다.

보험사들은 새로운 위험을 무시할 때마다 항상 값비싼 대가를 치렀습니다. 그러나 테러 위험을 무시한다면 보험산업은 그야말로 통째로 파산할 수도 있습니다. 올해 대도시에서 핵무기가 폭발할 확률은 아무도 모릅니다. (테러 조직이 핵무기를 제조할 수 있다면 하나만 만들지는 않을 것이므로 여러 개가 폭발할 수도 있습니다.) 올해나 다른 해에 여러 사무실 빌딩과 공장 들이 치명적인 생화학 무기 공격을 동시에 받을 확률 역시 아무도 확실히 계산할 수가 없습니다. 이런 공격을 받으면 산업재해보상금이 천문학적으로 증가할 것입니다.

다음은 우리가 확실히 아는 내용입니다.

(a) 이렇게 놀라운 재해의 가능성이 지금은 매우 낮지만 제로는 아닙니다.

(b) 우리의 불운을 비는 사람들 손에 이런 무기 관련 지식과 재료가 들어가고 있으므로, 측정할 수는 없어도 이런 재해 가능성이 증가하고 있습니다.

시간이 흐르면 두려움은 감소하지만, 위험은 감소하지 않습니다. 테러에 대한 전쟁은 절대 이길 수 없습니다. 국가가 달성할 수 있는 최선은 교착 상태를 장기간 이어가는 정도입니다. 근절하기 어려운 적을 궁지로 몰 수는 없습니다.

(c) 지금까지 보험사와 재보험사 들은 내가 설명한 계산 불가능 위험을 분별없이 떠안았습니다.

(d) '최악에 가까운' 시나리오가 펼쳐지면 손실액은 1조 달러에 이를 수도 있습니다. 따라서 테러 위험 인수를 극적으로 제한하지 않는다면 보험산업이 파멸할지 모릅니다. 오로지 미국 정부에만 이런 충격을 흡수할 자원이 있습니다. 미국 정부가 진취적으로 대처하지 않는다면 일반 시민이 스스로 위험을 떠안아야 하며, 재난이 발생한 다음 정부가 구제해주길 기대해야 합니다.

여러분은 내가 9월 11일 이전에는 이 사실을 몰랐느냐고 물으실 것입니다. 애석하게도 나는 알고 있었지만 실행에 옮기지 못했습니다. 나는 노아의 원칙을 위반했습니다. 중요한 것은 홍수 예측이 아니라 방주 건조라는 원칙 말입니다. 결과적으로 나는 버크셔, 특히 제너럴 리의 위험이 위태로운 수준까지 올라가도록 내버려 두었습니다. 유감스럽게도 우리가 보상받지 못한 막대한 위험이 아직도 우리 장부에 남아 매일 흘러넘치고 있습니다.

사실 그동안 버크셔는 다른 어느 보험사가 의도적으로 떠안은 위험보다도 더 많은 위험을 기꺼이 떠안았습니다. 지금도 마찬가지입니다. 우리는 위험에 대해 적절한 보상만 받는다면 단일 사고에 대해 20~25억 달러의 손실을 얼마든지 감수할 수 있습니다. (그러나 지난 9월 11일에는 적절한 보상도 받지 못한 채 이 정도 손실을 보았습니다.)

실제로 우리는 막대한 손실을 감내할 수 있으므로 경쟁우위가 막강합니다. 버크셔는 유동자산이 풍부하고, 비보험 이익이 상당하며, 세금 면에서도 유리하고, 명석한 주주들은 이익 변동성이 높아도 기꺼이 수용해줍니다. 이런 요소들 덕분에 우리는 최대 경쟁사들보다도 훨씬 큰 위험을 떠안을 수 있습니다. 이렇게 큰 위험을 떠안으면 실적이 끔찍한 해도 주기적으로 있지만, 장기적으로는 수익성이 높습니다.

오늘의 요점은 우리가 테러 관련 보험상품도 어느 정도 판매하겠다는 뜻입니다. 테러와 무관한 몇몇 상품은 보장 한도를 대폭 높이면서 말입니다. 그러나 버크셔가 감당하기 어려울 정도로 위험을 떠안는 일은 없을 것입니다. 우리는 경쟁이 아무리 치열하더라도 통합 위험을 통제할 것입니다.

바보들에게만 싸 보이는 [2002]

보험업에서 장기적으로 저원가 플로트를 창출하려면, (a) 보험영업 원칙이 확고해야 하고, (b) 준비금을 보수적으로 적립해야 하며, (c) 지급 능력이 위태로워질 정도로 위험을 떠안는 일이 없어야 합니다. 우리 주요 보험사들은 하나만 제외하고 모두 이 기준을 충족하고 있습니다.

그 하나는 제너럴 리입니다. 작년에 이 회사는 여러모로 기준에 미달했습니다. 그러나 다행히 조 브랜든Joe Brandon의 리더십과 그의 파트너 태드 몬트로스의 조력 덕분에, 제너럴 리는 여러 방면에서 엄청나게 개선되었습니다.

1998년 내가 버크셔와 제너럴 리의 합병에 동의했을 때, 나는 이 회사가 앞에서 설명한 세 가지 원칙을 고수한다고 생각했습니다. 내가 수십 년 동안 사업을 분석한 바로는, 제너럴 리는 보험영업 원칙을 한결같이 준수했고 준비금도 보수적으로 적립했습니다. 인수 시점에 나는 제너럴 리의 기준 위반을 감지하지 못했습니다.

그러나 내가 완전히 틀렸습니다. 경영진과 내가 모르는 사이에 제너럴 리의 문화와 관행이 크게 바뀐 탓에 이 회사의 현재가치가 대단히 과대평가되어 있었습니다. 게다가 제너럴 리는 그동안 온갖 위험을 대규모로 떠안았으므로, 예컨대 테러리스트들이 미국에 대형 핵폭탄이라도 여러 개 터뜨린다면 치명상을 입을 처지였습니다. 물론 이런 재난이 일어날 가능성은 매우 희박합니다. 그러나 보험사는 이렇게 '불가능한' 사건이 일어나더라도 재무구조가 튼튼하게 유지되도록 위험을 제한해야 합니다. 실제로 제너럴 리가 버크셔에 인수되지 않았다면 세계무역센터 테러 사건만으로도 존립이 위태로웠을 것입니다.

세계무역센터 테러 사건이 일어났을 때, 제너럴 리의 사업에서 내가 감지하지 못했던 약점이 드러났습니다. 그러나 나는 운이 좋았습니다. 새로 권한을 위임받은 조와 태드가 과거의 잘못을 신속하게 바로잡기 시작했습니다. 이들은 무엇을 해야 하는지 알았고, 이를 실행에 옮겼습니다.

그러나 보험 계약을 해지하려면 시간이 걸립니다. 우리가 핵, 화학, 생물학 공격 위험을 낮추기 전에 다행히 2002년은 무사히 지나갔습니다. 이제 이 문제는 지나갔습니다.

한편 제너럴 리의 보험영업 태도가 그동안 극적으로 바뀌었습니다. 우리가 규모에 상관없이 가격이 적절한 보험만 인수하고자 한다는 점을 이제는 직원 전체가 이해하고 있습니다. 조와 태드는 보험영업 수익성만으로 제너럴 리의 실적을 평가합니다. 규모는 전혀 상관하지 않습니다.

끝으로, 우리는 적정 준비금을 적립하려고 모든 노력을 기울이고 있습니다. 그렇게 하지 못하면 진정한 원가를 알 수 없습니다. 그리고 원가를 알지 못하는 보험사는 큰 문제에 부닥칠 수밖에 없습니다.

2001년 말, 제너럴 리는 이전에 발생했으나 지급하지 않은 모든 손실에 대해 준비금을 적립하려고 했습니다. 그러나 이 시도는 완전히 실패했습니다. 따라서 우리는 이전 기간에 대한 추정 오류를 수정하려고, 제너럴 리의 2002년 보험영업 실적에서 13억 1,000만 달러를 차감했습니다. 제너럴 리에서 드러난 적립금 오류를 보니 컨트리송 가사가 떠오릅니다. "그때 내가 몰랐던 일을 지금도 모르면 좋으련만."

장담하는데, 앞으로 우리의 최우선 과제는 적정 준비금 적립이 될 것입니다. 그러나 성공한다고 보장할 수는 없습니다. 대부분 손해보험사 경영자들은 준비금을 과소 적립하는 경향이 있습니다. 그리고 이런 파괴적 성향을 바로잡으려면 특정 사고방식이 필요합니다. 놀랍게도 이는 보험통계 전문지식과 아무런 관계가 없습니다. 그리고 재보험사는 일반 보험사보다도 적정 준비금을 적립하기가 훨씬 더 어렵습니다. 그렇더라도 우리 버크셔는 전반적으로 준비금을 잘 적립하고 있으며, 제너럴 리에 대해서도 반드시 그렇게 할 것입니다.

요컨대 이제 제너럴 리는 막대한 저원가 플로트를 창출할 태세를 갖췄고 심각한 파국 위험도 제거되었다고 나는 믿습니다. 내가 과거에 보았던 강력한 경쟁력도 여전히 보유하고 있습니다. 그리고 작년에는 매우 중요한 경쟁우위도 확보했습니다. 지금까지 AAA등급을 유지하던 세계 3대 경쟁 보험사가 최근 신용평가회사 한 곳 이상에서 신용등급을 강등당했습니다. 그러나 제너럴 리는 모두 AAA등급을 받았으므로 이제 단연 우수한 재무구조를 인정받게 되었습니다.

이보다 더 중요한 특성은 없습니다. 최근 (선도적인 중개회사들이 주요 보험사에 늘 추천했던) 세계 최대 규모의 재보험사가 정당한 청구에 대해서도 보험금 지급을 거의 모두 중단했습니다. 이 재보험사로부터 보험금을 지급받지 못한 보험사 수백 개는 이제 대규모 상각을 해야 하는 처지가 되었습니다. '값싼' 재보험은 바보들에게만 싸 보이는 거래입니다. 가장 강력한 재보험사가 아니라면 10년이나 20년 뒤의 약속을 믿고 오늘 돈을 맡기는 것은 위험하며, 심지어 치명적이기 때문입니다.

나쁜 공에는 스윙하지 마세요 [2004]

보험사들의 실적이 대부분 부진했던 이유는 간단합니다.

(1) 보험사들이 판매하는 상품이 (품질이 규격화된) 원자재와 유사하기 때문입니다. 보험 계약서 양식이 표준화되어 있고, 똑같은 상품을 판매하는 보험사가 많으며, 일부 상품은 이윤 동기가 강하지 않은 상호회사(주주가 아니라 보험 가입자들이 '소유'한 회사)에서도 판매하고 있습니다. 게다가 대부분 보험 가입자들은 보험사를 가리지 않습니다. "질레트 면도날을 사야겠어" 또

는 "코카콜라를 마셔야겠어"라고 말하는 사람은 수없이 많지만, "내셔널 인뎀너티NICO 사의 보험에 가입하고 싶습니다"라고 말하는 사람은 찾아보기 어렵습니다. 따라서 보험업계에서는 늘 가격 경쟁이 치열합니다. 예컨대 항공기 탑승권을 생각하면 됩니다.

그러면 버크셔는 이렇게 경제성이 암담한 보험업계에서 어떻게 지속적인 경쟁우위를 확보했는지 궁금할 것입니다. 우리는 여러 가지 방법으로 이 문제에 대응했습니다. 먼저 NICO의 전략을 살펴봅시다.

우리가 (상업용 자동차 및 일반배상책임보험 전문 보험사) NICO를 인수할 때, 보험업계의 고질적인 문제를 극복할 만한 특성이 이 회사에는 없는 듯했습니다. 회사 인지도가 높지 않았고, 정보 우위(보험 회계사를 한 명도 둔 적이 없음)도 없었으며, 원가도 낮지 않았고, 총대리점을 통해 보험을 판매하는 낡은 방식을 쓰고 있었습니다. 그런데도 지난 38년 동안 NICO는 거의 모든 해에 탁월한 실적을 올렸습니다. NICO를 인수하지 않았다면 버크셔의 자산 규모는 현재의 절반에도 도달하지 못했을 것입니다.

우리에게는 대부분 보험사가 도저히 흉내 낼 수 없는 사고방식이 있었습니다. 다음 페이지를 보십시오. NICO처럼 1986~1999년 동안 매출이 계속 감소하는데도 이런 사업 모델을 고수하는 상장회사가 또 있을 것이라고 상상할 수 있습니까? 단언하는데, 이렇게 매출이 엄청나게 감소한 것은 매출 유지가 불가능했기 때문이 아닙니다. 보험료를 낮추기만 하면 NICO는 언제든 수십억 달러에 이르는 보험료 수입을 얻을 수 있었습니다. 그러나 우리는 지극히 낙관적인 경쟁자들을 따라 보험료를 낮추는 대신, 수익성이 유지되는 가격을 고수했습니다. 우리는 결코 고객을 저버리지 않았지만, 고객이 우리를 떠났습니다.

(2) 지속적인 매출 감소는 어떻게든 막아내는 것이 대부분 미국 기업들의 '제도적 관행'입니다. 작년에 매출이 감소했는데 앞으로도 매출이 계속 감소할 것이라고 주주들에게 보고하고 싶은 CEO가 어디 있겠습니까? 특히 보험업계에서 매출 유지 경쟁이 치열한 것은, 어리석은 가격 정책을 펴도 그 결과가 한동안 드러나지 않기 때문입니다. 보험사가 손실률을 낙관하면 보고이익이 과대평가되지만, 진정한 손실 비용은 대개 여러 해가 지나야 드러나기 때문이지요. (이런 일종의 자기기만 탓에 가이코는 1970년대 초에 파산 직전까지 몰렸습니다.)

끝으로 (3) 매출이 감소하면 해고가 따른다는 공포감이 작용합니다. 해고 통지서를 피하려고 직원들은 부당하게 낮은 보험료를 정당화합니다. 판매 조직을 온전히 유지하고 유통 시스템을 만족시키려면 적자 영업을 용인할 수밖에 없다고 이들은 생각합니다. 경영진이 이 방식을 받아들이지 않으면 이들은 조만간 틀림없이 다가올 회복세에 회사가 동참하지 못하게 된다고 주장합니다.

해고를 면하려는 이런 행태를 막으려고, NICO는 매출이 아무리 감소해도 직원을 한 사람도 해고하지 않겠다고 약속했습니다. (NICO는 도널드 트럼프가 경영하는 부동산회사와는 전혀 다릅니다.) 표에서 보듯이 NICO는 노동집약도가 높지 않아서, 간접비가 늘어나도 버틸 수 있습니다. 그러나 보험영업 원칙이 무너져 보험료가 부당하게 내려가면 생존할 수 없습니다. 올해 보험영업의 수익성에 무관심한 회사라면, 내년에도 수익성에 무관심하기 쉽습니다.

내셔널 인뎀너티의 연도별 실적

연도	수입보험료 (100만 달러)	연말 종업원 수	영업비용/ 수입보험료(%)	보험영업손익/ 보험료(%)*
1980	79.6	372	32.3	8.2
1981	59.9	353	36.1	−0.8
1982	52.5	323	36.7	−15.3
1983	58.2	308	35.6	−18.7
1984	62.2	342	35.5	−17.0
1985	160.7	380	28.0	1.9
1986	366.2	403	25.9	30.7
1987	232.3	368	29.5	27.3
1988	139.9	347	31.7	24.8
1989	98.4	320	35.9	14.8
1990	87.8	289	37.4	7.0
1991	88.3	284	35.7	13.0
1992	82.7	277	37.9	5.2
1993	86.8	279	36.1	11.3
1994	85.9	263	34.6	4.6
1995	78.0	258	36.6	9.2
1996	74.0	243	36.5	6.8
1997	65.3	240	40.4	6.2
1998	56.8	231	40.4	9.4
1999	54.5	222	41.2	4.5
2000	68.1	230	38.4	2.9
2001	161.3	254	28.8	−11.6
2002	343.5	313	24.0	16.8
2003	594.5	337	22.2	18.1
2004	605.6	340	22.5	5.1

* 한 해의 진정한 수익성은 오랜 기간이 지나야 파악됩니다. 첫째, 보험금 청구는 대개 연말이 지나야 접수되므로 청구 건수와 금액을 추정할 수밖에 없습니다. 이런 청구를 보험용어로는 미보고발생손해액이라고 합니다. 둘째, 보험금 정산에는 수년에서 심지어 수십 년도 걸리므로 이 과정에서 뜻밖의 일들이 많이 발생합니다.

따라서 위 표는 2004년에 평가한 과거 연도별 실적의 최적 추정치에 불과합니다. 1999년까지의 이익률은 십중팔구 정확할 것입니다. 이제 남아 있는 청구가 거의 없다는 점에서 '만기'에 도달했기 때문입니다. 그러나 이후 최근 연도 실적에는 추정이 많이 포함되었습니다. 특히 2003년과 2004년 실적은 대폭 변경되기 쉽습니다.

무해고 정책을 채택한 회사는 호황기에도 과도하게 고용하는 일이 없도록 특별히 주의해야 합니다. 30년 전, 캐피털시티의 CEO 톰 머피는 가상의 이야기로 이 교훈을 내게 깨우쳐주었습니다. 한 직원이 상사에게 보조원 채용을 허락해달라고 요청하면서, 연봉 2만 달러만 지급하면 되므로 큰 부담이 없다고 말했습니다. 그러나 상사는 보조원 채용을 300만 달러짜리 결정으로 보아야 한다고 말했습니다. 연봉 인상, 복리후생, 기타 비용(직원이 늘어나면 화장지 사용량도 증가)을 고려하면 평생에 걸쳐 그 직원에게 들어가는 비용이 십중팔구 그 정도 된다는 말이었습니다. 그리고 회사가 심각한 위기에 처하지 않는 한, 그 보조원의 기여도가 아무리 낮아도 해고하기 어렵다는 점도 지적했습니다.

NICO처럼 회사를 운영하려면 불굴의 용기가 회사의 문화 깊숙이 배어 있어야 합니다. 위 표에서 1986~1999년 실적은 누구나 순식간에 훑어볼 수 있습니다. 그러나 경쟁사들은 월스트리트의 찬사를 받으면서 매출 증가를 자랑하는 동안, 하루하루 매출액이 감소하는데도 끝까지 원칙을 고수할 수 있는 CEO는 거의 없습니다. 하지만 1940년 설립된 이후 회사를 맡은 CEO

4명 중 원칙에서 후퇴한 사람은 하나도 없었습니다. (CEO 4명 중 대학 졸업자는 한 사람뿐이었습니다. 우리 경험에 비춰보면 탁월한 경영 능력은 대개 천성입니다.)

NICO를 슈퍼스타로 만든 스타 경영자는 1989년 이후 회사를 맡은 돈 우스터Don Wuster입니다. (그가 유일한 '대학 졸업자'입니다.) 그가 프로 야구 선수 배리 본즈Barry Bonds처럼 탁월한 장타율을 기록한 것은, 나쁜 공에는 스윙하지 않고 걸어 나갔기 때문입니다. 돈은 지금까지 NICO의 플로트를 9억 5,000만 달러로 늘렸는데, 장기적으로 이 자금의 원가는 틀림없이 마이너스가 될 것입니다. 현재 보험료가 하락 중이므로 이 플로트 규모도 조만간 대폭 감소하겠지만, 그렇더라도 찰리와 나는 그에게 더욱 힘찬 박수를 보낼 것입니다.

버크셔의 가장 소중한 자산 [2001]

내셔널 인뎀너티 재보험사업을 이끄는 아지트 자인은 계속해서 버크셔에 엄청난 가치를 보태주고 있습니다. 겨우 직원 18명을 거느리고, 아지트는 자산 규모 기준으로는 세계 최대 수준 재보험사업을 운영하고 있으며, 개별 위험 규모 기준으로도 단연 세계 최대 위험을 떠안고 있습니다.

나는 아지트가 1986년 입사한 이래 판매한 거의 모든 보험을 자세히 알고 있는데, 3대 보험영업 원칙 위반 사례를 단 한 번도 보지 못했습니다. 물론 그가 원칙을 이례적으로 잘 지킨다고 해서 손실이 완벽하게 방지되는 것은 아닙니다. 그러나 어리석은 손실은 방지됩니다. 바로 이것이 핵심입니다. 투자와 마찬가지로, 보험사도 탁월한 결정을 내리기보다는 주로 어리석은 결정을 피할 때 장기적으로 뛰어난 실적을 올리게 됩니다.

9월 11일 이후 아지트는 유난히 바빴습니다. 우리가 판매해서 온전히 우리 계정으로 보유 중인 보험에는 다음 상품이 포함됩니다. (1) 남미 정유 시설 손해액이 10억 달러를 초과할 때 5억 7,800만 달러까지 보장하는 재산보험, (2) 여러 대형 국제항공사가 테러로 입는 손해액에 대해 10억 달러까지 보장하는 취소 불능 제3자 보상 책임보험, (3) 테러나 태업에 의해 다른 보험사와 계약한 보험에서 발생하는 손해액이 6억 파운드를 초과할 때, 대형 북해 석유 굴착용 플랫폼에 대해 5억 파운드까지 보장하는 재산보험, (4) 테러 등에 의해 시어스 타워Sears Tower에서 입는 손해액이 5억 달러를 초과할 때 거액을 보장하는 보험 등. 우리는 2002년 월드컵 축구와 2002년 동계 올림픽 등에 대해서도 거대한 보험상품을 다수 판매했습니다. 그러나 손해액 합계액이 지나치게 커지는 일이 없도록 집단적인 보험 판매는 자제했습니다. 예를 들어 핵 폭발과 화재 위험을 고려해, 한 도시 안에서 매우 많은 사무실과 아파트의 손실을 보장하는 일은 없습니다.

아지트처럼 거대 보험상품을 신속하게 제안할 수 있는 사람은 없습니다. 9월 11일 이후, 그의 신속한 제안 능력은 더욱 중요한 경쟁우위가 되었습니다. 비길 데 없는 우리의 재무건전성도 마찬가지입니다. 이른바 재재보험사로 위험 상당 부분을 상습적으로 떠넘기는 재보험사들은 입지가 약해졌으므로, 대형 재해가 한 번 더 발생하면 생존하기가 어려울 것입니다. 재재보험사들도 연쇄고리로 연결되어 있다면, 약한 고리 하나만 끊어져도 모두가 곤경에 처할 수 있습니다. 따라서 재보험의 보장 능력을 평가할 때, 보험사들은 연결고리에 포함된 모든 재보험사를 대상으로 스트레스 테스트를 해야 하며, 경제가 매우 침체한 상태에서 발생하는 재해 손실에 대해서 숙고해보아야 합니다. 썰물이 되어야 누가 벌거벗고 수영하는지 드러나니까요. 버크셔는 위험을 남에게 의지하지 않고 스스로 모두 떠안습니다. 세계에 어떤 문제가 발생하더라도 우리 신용도에는 아무 문제가 없을 것입니다.

아지트의 사업에도 부침이 있습니다. 그러나 보험영업 원칙은 흔들리지 않을 것입니다. 아지트는 버크셔에 더없이 소중한 자산입니다.

아지트부터 구해주세요! [2009]

1985년 어느 토요일, 버크셔에 대단히 중요한 사건이 일어났습니다. 아지트 자인이 오마하의 내 사무실에 찾아온 것입니다. 나는 즉시 그가 슈퍼스타임을 깨달았습니다. (그를 발굴한 마이크 골드버그Mike Goldberg는 이제 성聖 마이크로 격상되었습니다.)

우리는 고전을 면치 못하던 내셔널 인뎀너티의 소규모 재보험사업을 아지트에게 맡겼습니다. 그동안 그는 이 사업을 유례를 찾기 어려운 거대 재보험회사로 키웠습니다.

현재 겨우 직원 30명을 거느린 아지트의 사업은 보험업 여러 분야에서 거래 규모 기록을 세웠습니다. 아지트는 보험 수십억 달러를 인수하면서도, 단 한 푼도 다른 보험사에 넘기지 않고 모두 떠안습니다. 3년 전 그가 거대한 부채를 인수해준 덕분에, 로이즈Lloyds는 문제투성이 보험을 인수한 조합원 2만 7,972명과의 관계를 정리할 수 있었습니다. 그가 아니었으면 322년 전통 보험사의 생존이 위태로워졌을 것입니다. 이 단일 계약으로 받은 보험료가 71억 달러였습니다. 2009년에 그는 앞으로 약 50년에 걸쳐 보험료 500억 달러가 창출될 수 있는 생명 재보험 계약을 체결했습니다.

아지트의 사업은 가이코와 정반대입니다. 가이코에서는 수백만 건에 이르는 소액 보험이 대부분 해마다 갱신됩니다. 아지트가 인수하는 보험은 비교적 소수이며, 구성도 해마다 크게 바뀝니다. 그는 규모가 크고 이례적인 보험이 필요할 때 찾아야 하는 인물로 세계 전역에 알려졌습니다.

찰리와 나와 아지트가 탄 보트가 침몰한다면, 그리고 우리 중 한 사람만 구할 수 있다면 아지트를 구하십시오.

아들아, 지나친 성생활은 자제하거라 [2001]

나쁜 용어는 좋은 사고를 가로막는 적입니다. 기업이나 투자 전문가들이 'EBITDA(이자, 법인세, 감가상각비, 감모상각비 차감 전 순이익)'나 '형식적인 pro forma' 같은 용어를 쓰는 것은, 위험하게 왜곡된 개념을 사람들이 생각 없이 받아들이길 바라기 때문입니다. (내 골프 점수가 '형식적으로는' 흔히 언더파입니다. 나는 퍼팅 횟수를 '재조정'하는 확고한 방침이 있으므로, 그린에 도달하기 전까지의 타수만 계산합니다.)

'손해액 진전loss development'은 보험 회계에서 널리 사용되는 용어입니다. 그러나 오해의 소지가 많은 용어입니다. 먼저 정의부터 보겠습니다. 손해액 준비금은 문제를 대비해서 모아둔 돈이 아니라 단지 부채 계정입니다. 여기서 보험사의 부채는 보고일 이전에 발생했으나 아직 지급하지 않은 모든 손해액을 가리킵니다. 손해액 준비금을 계산할 때, 손해액 중에는 보험사가 통지받은 것도 있지만 아직 통지받지 못한 것도 있습니다. 이런 손해액을 미보고발생손해액(incurred but not reported: IBNR)이라고 합니다. 때로는 보험계약자 자신이 손실 발생 사실을 아직 인지하지 못한 사례(예컨대 제조물 배상 책임이나 횡령)도 있습니다.

이렇게 보고된 사건과 보고되지 않은 사건의 궁극적인 원가를 보험사가 모두 파악하기란 분명히 어렵습니다. 그래도 반드시 어느 정도는 정확하게 파악할 수 있어야 합니다. 그러지 않으면 보험사 경영진은 실제 손실 비용을 알 수 없으며, 현재 부과하는 보험료가 적정한지도 판단할 수 없기 때문입니다. 가이코는 1970년대 초에 커다란 문제에 직면했습니다. 여러 해 손해액 준비금을 과소 적립한 탓에, 보험상품의 원가가 실제보다 훨씬 낮다고 믿었기 때문입니다. 따라서 가이코는 더없이 신나게 출혈 상품을 판매했고, 판매량이 늘어날수록 손실도 커졌습니다.

과거에 보고한 손해액 준비금에 당시 배상 책임이 과소 계상된 사실이 드러나자, 회사는 '손해액 진전'이 발생했다고 말했습니다. 이런 사실이 발견된 해에는 보고이익이 감소합니다. 과거에 누락된 비용이 당기 비용에 합산되기 때문입니다. 2001년 제너럴 리에서도 이런 일이 있었습니다. 이전에 발생했으나 누락된 비용 8억 달러를 뒤늦게 작년에 발견한 탓에 당기이익에서 차감했습니다. 이는 정직한 실수였다고 장담할 수 있습니다. 그렇더라도 여러 해 손해액 준비금을 과소 적립한 탓에, 우리는 원가가 실제보다 훨씬 낮다고 착각해 상품 가격을 터무니없이 낮게 책정했습니다. 게다가 이익이 과대평가된 탓에 막대한 성과급을 잘못 지급했고 소득세도 과도하게 납부했습니다.

'손해액 진전'과 그 못생긴 쌍둥이 '준비금 강화reserve strengthening' 같은 용어는 폐기하라고 권하는 바입니다. (만일 보험사가 과도한 손해액 준비금을 정상 수준으로 줄였다면 이를 '준비금 약화'라고 표현해야 할까요?) '손해액 진전'이라고 말하면 투자자들은 통제 불능한 중립적 사건이 당기에 발생했다고 생각할 것이고, '준비금 강화'라고 말하면 투자자들은 이미 충분한 준비금을 더 강화했다고 생각할 것입니다. 그러나 사실은 경영진이 추정을 잘못한 탓에, 이전에 보고한 이익도 틀렸다는 뜻입니다. 손해액도 '진전'된 것이 아닙니다. 원래 손해액에는 변함이 없으니까요. 손실에 대한 경영진의 인식이 진전되었을 뿐입니다. (애초에 속임수였다면 경영진이 마침내 자백한다는 뜻이고요.)

이를 더 솔직 담백하게 표현한다면 '발생 시점에 인식하지 못한 손실 비용'(혹은 "아차!") 정도가 될 것입니다. 준비금 과소 적립은 손해보험업계 전반에서 흔히 일어나는 (그러나 심각한) 문제입니다. 버크셔도 1984년과 1986년에 과소 적립했다고 말씀드린 적이 있습니다. 그러나 전반적으로 보면 늘 보수적으로 적립했습니다.

생존하려고 발버둥치는 기업들은 흔히 준비금이 매우 부족합니다. 실제로 보험 회계는 스스로 채점하는 시험과 같습니다. 보험사가 넘겨주는 숫자를 감사법인은 대개 군소리 없이 수용하니까요. (그러나 감사법인은 나중에 숫자가 틀렸을 때 책임을 모면하려고 경영진으로부터 편지를 받아둡니다.) 정말로 치명적인 재정난에 빠진 기업이 스스로 엄격하게 채점하는 사례는 거의 없습니다.

누가 자신의 처형 서류를 작성하고 싶겠습니까?

선량한 기업조차 적정 준비금을 적립하기는 쉽지 않습니다. 다음은 전에 내가 했던 이야기입니다. 어떤 사람이 출장 중에 누이로부터 아버지가 돌아가셨다는 전화를 받았습니다. 그는 장례를 치르러 돌아갈 수 없는 사정을 설명하면서, 대신 장례 비용을 자신이 부담하겠다고 말했습니다. 그는 돌아오자마자 장례비 청구서 4,500달러를 즉시 지급했습니다. 1개월 뒤와 2개월 뒤에 받은 각각 10달러짜리 추가 청구서도 지급했습니다. 그러나 3개월 뒤에도 10달러짜리 청구서가 오자, 그는 누이에게 전화해서 물었습니다. 누이가 대답했습니다. "아, 말해주는 걸 깜빡 잊었는데, 아버지에게 대여용 수의를 입혀드렸어."

보험사업에는 우리가 모르는 채 묻혀 있는 '대여용 수의'가 많습니다. 때로는 석면(石綿: 1급 발암물질) 책임보험처럼 잠복기가 수십 년인 문제도 있습니다. 쉬운 일은 아니지만, 모든 가능성을 적절하게 평가하는 것은 경영진의 책임입니다. 보수주의가 반드시 필요합니다. 보상금 담당 관리자가 CEO의 사무실에 들어와서 "무슨 일이 일어났는지 맞혀보시죠"라고 말하면, 노련한 CEO는 좋은 소식을 기대하지 않습니다. 보험업에서 일어난 뜻밖의 사건은 대부분 실적에 악영향을 주었으니까요.

이런 경험을 고려하면, 장래에 지급하는 보상금의 현재가치가 액면 금액보다 적으므로 모든 손해보험 준비금을 줄여야 한다는 말은 어리석은 주장입니다. 물론 준비금을 정확하게 산출할 수 있다면 줄여도 상관없을 것입니다. 그러나 수많은 요소가 작용하면서 준비금이 계속 부족해지고 있으므로 그럴 수 없습니다. (고질적인 문제 둘만 예로 들면, 법원은 보험의 책임 범위를 계속 확대하고, 의료비는 계속 상승하고 있습니다.) 준비금을 줄이면 이미 심각한 현재 상황이 더 악화할 것이며, 준비금을 조작하려는 보험사들에 새로운 도구를 주는 꼴이 될 것입니다.

이익이 부족한 보험사의 CEO에게 준비금을 줄이라고 말하는 것은, 아버지가 열여섯 살짜리 아들에게 과하지 않은 성생활을 하라고 말하는 것과 마찬가지입니다. 둘 다 불필요한 말입니다.

뭉치면 살고 흩어지면 죽는다 [2006]

이제부터 소급재보험retroactive reinsurance을 설명합니다. 작년 버크셔는 대규모 소급재보험 계약을 체결했습니다. 소급재보험은 이미 발생했으나 금액이 확정되지 않은 손실을 보장해주는 보험입니다. 이 계약의 명세를 간략하게 설명하겠습니다. 그러나 먼저 보험의 역사를 살펴본 다음, 우리가 거래하게 된 경위를 설명하겠습니다.

이야기는 에드워드 로이드Edward Lloyd가 런던에 작은 커피숍을 연 1688년경에 시작됩니다. 스타벅스Starbucks가 아니었는데도 그의 커피숍은 세계적인 명성을 얻게 됩니다. 영국 선주(船主), 상인, 모험자본가 등 고객들의 상업활동 덕분이었습니다. 이들은 에드워드가 끓여준 커피를 마시면서, 해상 재난 위험을 선주와 화주로부터 자본가로 이전하는 계약을 체결하기 시작했습니다. 결국 자본가들은 항해가 무사히 끝나도록 보증해주었는데, 이들이 나중에 '로이즈 보험업자'라고 불리게 됩니다.

사람들은 로이즈가 보험회사라고 생각하지만 사실은 그렇지 않습니다. 수백 년 전과 마찬가지로 로이즈는 회원 보험업자들이 거래하는 '장소'를 뜻합니다.

세월이 흐르면서 보험업자들은 소극적 투자자들을 설득해 인수단에 끌어들였습니다. 게다가 사업 범위가 해상 위험은 물론 신종 보험을 포함해서 상상할 수 있는 온갖 보험으로 확대되면서 로이즈의 명성이 널리 퍼졌습니다. 이제 보험업자들은 커피숍을 떠나 거대한 본사를 설립했고, 조합 규정 일부를 공식화했습니다. 그리고 보험업자들을 소극적으로 보증해주는 사람들은 '네임즈names'라고 부르게 되었습니다.

나중에는 아무런 노력이나 위험 없이 푼돈을 벌려고 세계 곳곳에서 모여든 수천 명도 네임즈에 포함되었습니다. 물론 이들은 조합이 인수한 보험에 대해 '마지막 커프스(소맷동) 단추'까지 내놓으면서 영원히 무한책임을 지게 된다는 엄숙한 경고를 분명히 들었습니다. 그러나 사람들은 이 경고를 피상적으로 받아들였습니다. 지난 300년 동안 커프스 단추까지 내놓은 사람이 없었기 때문에, 사람들은 큰 두려움 없이 네임즈에 가입했습니다.

그런데 석면 사건이 터졌습니다. 1980년대에 환경 및 제품에 대한 손해배상 요구가 걷잡을 수 없이 밀려든 데다 막대한 비용이 추가될 것으로 예상되자, 로이즈는 무너지기 시작했습니다. 수십 년 전에 팔고 잊고 있었던 보험에서 엄청난 손실이 발생했습니다. 손실 총액을 정확하게 추정할 방법은 없었지만 수백억 달러에 이를 것이 분명했습니다. 영원한 무한 손실이라는 망령에 기존 네임즈는 겁을 먹었고, 네임즈에 가입하려던 사람들은 생각을 바꿨습니다. 네임즈 중에는 파산을 선택한 사람이 많았고, 심지어 자살을 선택한 사람도 있었습니다.

이런 참사 속에서 로이즈를 소생시키려는 필사적인 노력이 나왔습니다. 1996년, 로이즈의 실세들이 에퀴타스Eqitas를 신설해 111억 파운드를 할당한 다음, 1993년 이전에 판매한 보험에 대해 모든 책임을 지게 했습니다. 이 방법으로 곤경에 처한 여러 조합의 고통을 한곳에 모을 수 있었습니다. 물론 할당된 자금이 바닥날 수도 있었으며, 그러면 네임즈가 여전히 부족액을 책임져야 했습니다.

그러나 이 방법으로 모든 채무를 한곳에 집중했으므로 값비싼 조직 내 논쟁이 상당 부분 사라졌습니다. 게다가 손해배상 청구에 대한 평가, 협상, 소송을 전보다 더 합리적으로 진행할 수 있었습니다. 에퀴타스는 "뭉치면 살고, 흩어지면 죽는다"라는 벤저민 프랭클린의 생각을 받아들인 것입니다.

에퀴타스는 설립 초기부터 결국 파산할 것이라고 예상하는 사람이 많았습니다. 그러나 아지트와 나는 2006년(1993년 이후 13년 동안 보험금으로 113억 파운드를 지급한 시점)까지 드러난 사실들을 검토하고 나서, 이 회사는 생존할 것으로 판단했습니다. 그래서 우리는 에퀴타스에 거대 재보험을 판매하기로 했습니다.

평가 불가능한 요소가 여전히 많은 탓에, 버크셔가 에퀴타스와 네임즈 2만 7,972명에게 무한 보증을 제공할 수는 없었습니다. 그러나 요약하면, 에퀴타스가 현금과 증권으로 71억 2,000만 달러(앞에서 말한 플로트)를 주면, 우리가 139억 달러까지 장래 보험금과 비용을 모두 지급하겠다고 말했습니다. 이는 에퀴타스가 최근 추정한 채무보다 57억 달러 많은 금액이었습니다. 따라서 네임즈는 예상 밖 손실에 대해 막대한 (아마도 틀림없이 충분한) 보호를 받게 됩니다. 실제로 이 보호가 막대해서 에퀴타스는 네임즈 수천 명에게 현금 지급을 계획하고 있는데, 이는 지금까지 네임즈가 거의 꿈도 꾸지 못했던 일입니다.

그러면 버크셔의 손익은 어떻게 될까요? 여러 변수에 좌우됩니다. 이미 '알려진' 보험금 청구에서 발생하는 우리 비용이 얼마가 될 것인지, 새로 제기되는 보험금 청구 건수와 실제 비용이 얼마가 될 것인지, 보험금 지급 시점이 언제가 될 것인지, 보험금으로 지급하기 전에 우리가 플로트로 벌어들이는 이익이 얼마나 될 것인지에 따라 달라집니다. 아지트와 나는 우리에게 승산이 있다고 생각합니다. 그리고 우리 생각이 빗나가더라도 버크셔는 충분히 감당할 수 있습니다.

에퀴타스 CEO 스코트 모저Scott Moser는 이 거래를 다음과 같이 깔끔하게 요약했습니다. "네임즈는 밤잠을 편히 자고 싶었는데, 우리가 방금 세계에서 가장 좋은 매트리스를 사드렸다고 생각합니다."

경고: 달갑지 않겠지만, 지금부터 회계 문제에 대해서 말하고자 합니다. 이는 차변과 대변에 관한 설명을 즐겨 읽는 버크셔 주주들에게 드리는 말씀입니다. 이 논의가 유용하길 바랍니다. 시험은 보지 않으므로, 다른 분들은 이 섹션을 건너뛰어도 됩니다.

버크셔가 지금까지 맺은 소급재보험 계약은 많습니다. 건수와 금액이 다른 보험사의 몇 곱절이나 됩니다. 예를 들어 근로자 재해보상 보험은 보상금과 의료비 지급 기간이 50년을 넘어갈 수도 있으므로, 보험사들이 이런 채무를 이전하는 재보험사로 주로 우리를 선택하기 때문입니다. 이런 채무를 버크셔만큼 완벽하고도 공정하게 처리해줄 보험사가 달리 없는 탓이지요. 이 사실은 원(原)보험사, 보험 가입자, 규제당국 모두에 중요합니다.

소급재보험 회계처리 절차는 잘 알려지지도 않았고, 직관적으로 이해하기도 쉽지 않습니다. 따라서 주주들이 이해하기에 가장 좋은 방법은 차변과 대변 항목을 단순히 열거하는 방식입니다. 찰리와 나는 이 방식이 더 자주 사용되기를 바랍니다. 일부 회사의 주요 거래에 대한 주석은 우리가 도저히 이해할 수 없는데, 이때는 그 회사가 의도적으로 그런 주석을 단 것이 아닌지 의심하게 됩니다. (예를 들어 엔론이 과거 10-K 보고서에 '설명한' 거래는 엔론이 파산한 사실을 아는 사람조차 이해하기 어려울 정도입니다.)

이제 에퀴타스 거래에 대한 회계를 요약하겠습니다. 주요 차변 항목은 '현금과 투자', '재보험 회수 가능액Reinsurance Recoverable', '총괄인수 재보험 이연비용(Deferred Charges for Reinsurance Assumed: DCRA)'입니다. 주요 대변 항목은 '손해액 준비금', '손실조정비용'입니다. 거래 초기에는 손익이 발생하지 않지만, DCRA 자산이 상각되면서 감소함에 따라 이후 매년 보험영업손실이 발생하게 됩니다. 연간 상각비는 주로 '미래 손실 지급 시점 및 금액'에 대한 연초 추정치를 기준으로, 이 연말 추정치가 어떻게 바뀌는지에 따라 결정될 것입니다. 마침내 마지막 보험금을 지급하고 나면 DCRA 계정은 제로가 됩니다. 이는 약 50년 후가 될 것입니다.

소급재보험 계약을 맺으면 반드시 보험영업손실이 발생한다는 사실을 명심해야 합니다. 이 손실을 감당하려면 보험료로 받은 현금을 투자해서 그 이상의 이익을 내야 합니다. 최근 우리 DCRA에서 발생한 보험영업손실이 연간 약 3억 달러지만, 우리가 받은 보험료를 투자해서 얻은 이익으로 이 손실을 상쇄하고도 남았습니다. 새로 소급재보험 계약을 추가하지 않는다면 연간 DCRA 비용은 장기적으로 감소할 것입니다. 그러나 에퀴타스 거래 후 처음에는 연간 DCRA 비용이 약 4억 5,000만 달러로 증가할 것입니다. 이는 다른 보험사업에서 올리는 보험영업이익이 4억 5,000만 달러 이상이 되어야 우리 플로트가 공짜 자금이 된다는 뜻입니다. 만만치 않은 목표지만, 이 목표를 뛰어넘는 해가 많을 것으로 나는 믿습니다.

시험을 보지 않기로 해서 다행이지요?

눈발처럼 방황한 백설공주 [2008]

2008년 초, 우리는 버크셔 해서웨이 보증회사BHAC를 출범해 주, 시, 기타 지자체가 발행하는 비과세채권 보증사업을 시작했습니다. BHAC는 채권이 대중에게 판매되는 시점에 발행사에 보증을 제공하기도 했고(발행시장 거래), 나중에는 투자자들이 보유 중인 채권을 보증해주기도 했습니다(유통시장 거래).

2007년 말경, 그동안 비과세채권 보증사업을 해오던 주요 회사 6개가 모두 심각한 곤경에 빠졌습니다. 문제의 원인은 오래전 메이 웨스트Mae West(미국 영화배우)가 한 말에 들어 있습니다. "나는 백설공주였지만 눈발처럼 방황했다네."

채권보증전문회사들은 처음에는 위험이 낮은 비과세채권만 보증했습니다. 그러나 세월이 흐르면서 경쟁이 심해지자 수수료율이 하락했습니다. 이익이 정체하거나 감소할 조짐이 보이자 채권보증전문회사 경영진은 갈수록 더 위험한 사업에 눈을 돌렸습니다. 일부 회사는 주거용 담보대출 채권도 보증하기 시작했습니다. 주택 가격이 폭락했을 때, 채권보증업계는 곧 기능이 마비되고 말았습니다.

올해 초, 버크셔는 3대 채권보증전문회사가 제공한 비과세채권 보증을 모두 떠안겠다고 제안했습니다. 이들은 모두 생존이 위태로운 상황이었습니다. (물론 이들은 그렇게 말하지 않았습니다.) 약 8,220억 달러에 이르는 보증 채무를 인수하는 대가로 우리는 1.5%를 부과할 생각이었습니다. 이 제안이 수용되었다면 우리는 이 채권 보유자들이 입는 손실을 모두 보상해야 했으며, 일부 보증은 만기가 40년이나 되었습니다. 이는 가벼운 제안이 아니었습니다. 나중에 이유가 나오지만, 버크셔가 떠안는 위험이 적지 않았습니다.

채권보증전문회사들은 우리 제안을 즉각 거절했고, 일부 회사는 무례한 반응까지 덧붙였습니다. 그러나 이들의 거절이 우리에게는 매우 잘된 일이었습니다. 우리가 매긴 가격이 지나치게 낮은 것으로 명백히 드러났기 때문입니다.

이후 우리는 유통시장에서 약 156억 달러의 채권을 보증했습니다. 요약하면 약 77%는 주로 위 3대 채권보증전문회사가 이미 보증한 채권이었습니다. 우리 계약에서는 원래 보증회사가 보증채무를 이행할 수 없을 때만 우리가 손실을 보상해주면 됩니다.

우리가 '2차 보증'을 해주고 받은 보증료는 평균 3.3%였습니다. 그렇습니다. 앞에서는 1차 보증을 해주고 1.5%를 받을 계획이었지만, 이제는 2차 보증을 해주고도 보증료를 훨씬 더 많이 받았습니다. 극단적인 사례로, 채권보증전문회사가 1차 보증을 해주고 1%를 받았던 채권에 대해, 우리는 4차 보증을 해주고 약 3%를 받았습니다. 다시 말해 채권보증전문회사 3개가 모두 파산한 다음에야 우리가 손실을 보상해주는 조건이었습니다.

우리가 제안했던 3대 채권보증전문회사 중 두 곳은 나중에 자본금을 대폭 증액했습니다. 이런 자본금 증액은 우리에게 곧바로 이득이 됩니다. 적어도 단기적으로는 우리가 2차 보증 채무를 이행하게 될 확률이 낮아지기 때문입니다. 추가로 우리는 보증료 9,600만 달러를 받고 채권 37억 달러에 대해 1차 보증을 해주었습니다. 물론 1차 보증이므로, 발행사에 문제가 생기면 우리가 먼저 손실을 보상해야 합니다.

우리가 보증한 채무를 뒷받침하는 자본금은 다른 채권보증전문회사보다 몇 곱절이나 많습니다. 따라서 그들의 보증보다 우리 보증이 훨씬 가치 있습니다. 그래서 노련한 투자자들은 이미 다른 채권보증전문회사가 보증한 채권에 대해서도 우리의 2차 보증을 받았던 것입니다. BHAC는 사람들이 선호하는 보험사가 되었을 뿐 아니라, 흔히 채권 보유자들이 인정하는 유일한 보험사가 되었습니다.

그렇더라도 우리는 보증사업에 대해 여전히 매우 신중하며, 보증사업에서 꼭 보험영업이익이 발생한다고 확신하지는 않습니다. 이유는 간단합니다. 애널리스트, 신용평가회사, 채권보증전문회사 CEO 중 대충이라도 그렇게 말한 사람을 본 적이 없기 때문입니다.

비과세채권에 대한 보증 수수료율이 매우 낮은 것은 지금까지 부도 사례가 거의 없었기 때문입니다. 그러나 이 기록은 주로 무보증채권 발행사들의 실적을 반영한 것입니다. 무보증채권은 1971년 이후에 발행되었고, 그 이후에도 대부분 채권은 여전히 무보증으로 발행되었습니다.

전액 보증되는 비과세채권의 손실률은 비슷한 무보증채권과 다소 다르겠지만, 유일한 문제는 '그 차이가 얼마나 되는가'입니다. 먼저 뉴욕 시가 부도 직전까지 몰렸던 1975년으로 돌아가 봅시다. 당시 사실상 전액 무보증이었던 뉴욕 시 채권을 대량으로 보유한 주체는 부유한 뉴욕 시민, 뉴욕 은행, 기타 뉴욕 기관 들이었습니다. 이 채권 보유자들은 뉴욕 시의 재정 문제 해결을 간절히 원했습니다. 그래서 머지않아 이들 다수가 양보하고 협력해 해결 방안을 도출했습니다. 양보하고 협력하지 않으면 수많은 뉴욕 시민과 기업들이 채권에서 막대한 손실을 볼 수밖에 없었기 때문입니다.

이번에는 뉴욕 시 채권을 모두 버크셔가 보증했다고 가정해봅시다. 이 경우에도 뉴욕 사람들은 긴축 정책, 세율 인상, 노조의 양보 등에 협조했을까요? 당연히 협조하지 않았을 것입니다. 적어도 버크셔에 고통을 분담하라고 요구했을 것입니다. 그리고 우리가 돈이 많다는 점을 고려해서 틀림없이 막대한 금액을 부담하라고 요구했을 것입니다.

지방정부들이 장래에는 지금보다 훨씬 심각한 재정난에 직면하게 될 것입니다. 작년 연차보고서에서 언급했던 연금채무가 중요한 원인이 될 것입니다. 여러 주와 시가 2008년 말 재정 상태를 점검하고 나서 충격받았습니다. 연금채무의 평가액이 실제 보유 자산보다 엄청나게 많았기 때문입니다.

재정난에 빠지면, 지방정부는 무보증채권을 발행했을 때보다 보증채권을 발행했을 때, 채권 보유자(지방 은행과 거주자)들에게 더 불리한 해결 방안을 제시할 것입니다. 비과세채권도 마찬가지가 될 것입니다. 몇몇 지방정부가 채권자들의 돈을 떼어먹는다면, 다른 지방정부들도 따라서 돈을 떼어먹을 가능성이 있습니다. 멀리 떨어진 채권보증회사에 고통을 주지 않으려고, 세율을 대폭 인상해 지역 거주자들에게 고통을 주려는 시장이나 시의원이 어디 있겠습니까?

따라서 오늘날 비과세채권 보증은 자연재해 보증처럼 위험한 사업으로 보입니다. 여러 해 손실이 없었더라도, 엄청난 재해가 한 번 일어나면 그동안 벌어둔 이익으로 메울 수가 없기 때문입니다. 따라서 우리는 이 사업에 신중하게 임할 것이며, 다른 채권보증전문회사들이 자주 보증하는 다양한 채권도 피할 것입니다.

이렇게 보증채권의 손실률이 무보증채권의 손실률과 비슷한 것처럼 기만하는 오류는 다른 분야에서도 나타납니다. 여러 '사후 검증back-tested' 모델에 이런 오류가 발생할 수 있습니다. 그런데도 금융시장에서는 흔히 이런 모델을 내세워 미래 흐름을 요란하게 예측합니다. (단지 과거 재무 데이터만으로 미래 흐름을 알 수 있다면 포브스 400은 도서관 사서들이 차지할 것입니다.)

실제로 담보대출 관련 증권에서 충격적인 손실이 발생한 것도 주로 이런 오류 탓입니다. 판매원, 신용평가회사, 투자자 들이 과거 데이터에 기반을 둔 모델을 사용했기 때문입니다. 이들이 손실률을 분석한 기간에는 주택 가격 상승이 완만한 수준이었고, 주택 투기도 대수롭지 않은 정도였습니다. 그런데도 이들은 이 기간의 손실률을 척도로 삼아 미래 손실률을 평가했습니다. 주택 가격이 최근 천정부지로 치솟았고, 대출 관행이 타락했으며, 감당하기 어려운 집을 산 사람이 많다는 사실을 기꺼이 무시했습니다. 간단히 말해서 '과거' 모집단과 '현재' 모집단은 특성이 매우 달랐습니다. 그러나 대출회사, 정부, 대중매체 들은 이 지극히 중요한 사실을 인식하지 못했습니다.

투자자들은 과거 기반 모델을 의심해야 합니다. 베타, 감마, 시그마 등 난해한 용어를 써서 만든 모델들은 대개 훌륭해 보입니다. 그러나 투자자들은 이런 용어 뒤에 숨은 가정들을 간과하기가 너무도 쉽습니다. 그래서 경고합니다. 공식을 내세우는 인간들을 조심하십시오.

약속을 지키는 상대가 되렵니다 [2014]

간단히 말해서 보험은 약속을 판매하는 행위입니다. '고객'은 지금 돈을 내고, 보험사는 어떤 사건이 발생하면 장래에 돈을 지급하겠다고 약속합니다.

이런 약속은 수십 년 동안 시험받지 않을 때도 있습니다. (20대에 생명보험에 가입하는 사람들을 생각해보십시오.) 따라서 (경제가 혼란에 빠진 상황에서도) 보험사는 보험금 지급 능력과 의지를 유지하는 일이 절대적으로 중요합니다.

버크셔의 약속은 누구의 약속보다도 확실합니다. 최근 몇 년 동안 세계에서 가장 크고 수준 높은 보험사들이 보여준 행동에서도 이 사실이 확인됩니다. 일부 보험사는 석면 피해 배상금 등 초장기 대형 부채를 떨어내고자 했습니다. 즉, 자신의 부채(대부분 석면 배상금에서 발생하는 잠재 손실)를 재보험사에 양도하고 싶었습니다. 그러나 재보험사를 잘못 선정하면(즉, 재보험사가 장래에 재정난에 빠지거나 약속을 지키지 않으면) 원보험사는 그 부채를 다시 떠안게 될 위험이 있습니다.

작년, 우리는 단일 상품을 30억 달러에 판매함으로써 재보험업계 1위 자리를 재확인했습니다. 이보다 규모가 큰 상품은 2007년 71억 달러에 우리가 로이즈에 판매한 상품뿐입니다.

내가 알기로, 단일 보험료가 10억 달러를 초과한 손해보험상품은 역사상 8개뿐입니다. 그리고 이 8개 상품을 모두 버크셔가 팔았습니다. 이들 상품 중 일부는 지금부터 50여 년에 걸쳐 우리가 상당한 보험금을 지급하게 될 것입니다. 대형 보험사들이 이렇게 확실한 지급 약속이 필요할 때 선택하는 상대는 버크셔뿐이었습니다.

해가 져도 건초를 만들겠습니다 [2016]

이제 버크셔의 다양한 사업 중에서 먼저 가장 중요한 섹터인 보험을 보겠습니다. 손해보험은 1967년 860만 달러에 '내셔널 인뎀너티'와 자매회사인 '내셔널 화재해상'을 인수한 이후 우리 사업의 확장을 견인한 엔진입니다. 현재 내셔널 인뎀너티는 순자산 기준으로 세계 최대 손해보험사입니다.

우리가 손해보험사업에 매력을 느낀 이유 하나는 자금 측면에서 유리하다는 점입니다. 손해보험사는 먼저 보험료를 받고 나중에 보험금을 지급합니다. 극단적으로는 석면노출 재해보상 보험처럼 수십 년에 걸쳐 보험금을 지급하는 사례도 있습니다. 이렇게 돈을 먼저 받고 나중에 지급하는 구조이므로, 우리는 '언젠가는 남에게 지급해야 하는 자금'(플로트)을 대량으로 보유하게 됩니다. 그동안 우리는 이 플로트를 투자해서 이익을 냅니다. 개별 보험료와 보험금은 들어오고 나가는 금액이 들쭉날쭉하지만, 플로트는 규모가 훨씬 안정적으로 유지됩니다. 그 결과 사업이 성장함에 따라 플로트도 증가합니다. 다음 표는 우리 사업의 성장 과정을 보여줍니다.

최근 우리는 거액의 보험을 판매해 플로트를 1,000억 달러 이상 늘렸습니다. 이 밖에도 가이코와 여러 특수보험에서는 플로트가 거의 틀림없이 빠른 속도로 증가할 것입니다. 그러나 내셔널 인뎀너티의 재보험사업부는 이탈하는 대형 보험 계약이 많아서 플로트가 틀림없이 점차 감소할 것입니다.

장기적으로 우리 플로트는 감소할지도 모릅니다. 그렇더라도 그 속도는 매우 완만해서 기껏해야 연 3%에도 미치지 못할 것입니다. 우리 보험 계약의 특성상, 우리가 보유한 현금보다 더 많은 자금을 즉시 지급해야 하는 상

연도별 플로트 규모

(단위: 100만 달러)

연도	플로트
1970	39
1980	237
1990	1,632
2000	27,871
2010	65,832
2016	91,577

황은 절대 발생할 수 없습니다. 이는 우리가 의도적으로 만들어낸 구조로서, 우리 보험사들의 독보적인 재무건전성을 유지해주는 핵심 요소입니다. 이 구조는 어떤 경우에도 그대로 유지할 것입니다.

수입보험료가 비용과 최종 손실액 합계액을 초과하면 우리는 플로트 투자이익에 더해서 보험영업이익도 얻게 됩니다. 이렇게 보험영업이익이 발생하면 우리는 무이자 자금뿐 아니라 추가 이자까지 얻는 것입니다.

그러나 모든 보험회사가 이렇게 환상적인 실적을 얻으려고 덤벼드는 과정에서 극심한 경쟁이 벌어지는 탓에, 손해보험업종 전체로 보면 간혹 상당한 보험영업손실이 발생하고 있습니다. 이 손실은 보험업계가 플로트를 보유하려고 지불하는 비용인 셈입니다. 이렇게 치열한 경쟁 때문에, (플로트에서 이익을 얻더라도) 보험업종의 유형자산이익률은 계속해서 다른 업종의 평균에도 못 미칠 것이 거의 확실합니다.

게다가 현재 세계적인 초저금리 탓에 이런 상황은 틀림없이 계속될 것입니다. (버크셔를 제외한) 거의 모든 손해보험사들은 채권에 집중적으로 투자하고 있습니다. 기존 고수익 채권들의 만기가 도래해 저수익 채권들로 교체되면 플로트에서 나오는 이익은 꾸준히 감소할 것입니다. 이런 이유 등으로 앞으로 10년 동안 보험산업의 실적은 과거 10년 실적에 못 미치기 쉬우며, 특히 재보험 전문회사들의 실적이 나쁠 것입니다.

그렇더라도 나는 우리의 장래를 매우 낙관합니다. 버크셔는 독보적인 재무건전성 덕분에 다른 손해보험사들보다 훨씬 유연하게 투자할 수 있습니다. 우리는 대안이 많아서 항상 유리하고, 간혹 커다란 기회도 잡게 됩니다. 다른 보험사들은 대안이 부족할 때도 우리에게는 대안이 많습니다.

게다가 우리 손해보험사들은 보험영업 실적이 탁월합니다. 우리는 14년 연속 보험영업이익을 기록해 세전 이익 280억 달러를 올렸습니다. 이는 우연이 아닙니다. 우리 실적이 이렇게 좋은 것은, 우리 보험사 경영자 모두 플로트의 중요성을 알지만 무리한 영업으로 실적이 부실해지지 않도록 매일 주의하기 때문입니다. 보험사들 모두 이런 메시지를 말로만 앞세우지만, 버크셔는 구약성서 방식의 신앙으로 받아들입니다.

그러면 플로트는 내재가치에 어떤 영향을 미칠까요? 버크셔의 순자산가치를 계산할 때, 우리 플로트는 모두 내일 상환해야 하고 다시는 채워지지 않는 부채처럼 분류됩니다. 그러나 이는 정확한 관점이 아니므로 플로트는 회전자금으로 보아야 합니다. 매일 우리가 보험금 및 관련 비용을 지급할 때마다 플로트는 감소합니다. (2016년에는 600만 건이 넘는 보험금 청구에 대해 무려 270억 달러를 지급했습니다.) 마찬가지로 매일 우리가 보험을 판매할 때마다 플로트가 증가합니다.

이렇게 회전하는 플로트가 무비용이면서 장기간 유지된다면 (나는 계속 그럴 것으로 믿습니다) 이 부채는 회계상의 부채보다 실제 부담이 훨씬 적다고 생각합니다. 계속 쓸 수 있는 돈 1달러와, 내일 지급해서 사라질 돈 1달러는 완전히 다릅니다. 그러나 일반회계원칙에서는 두 가지 부채를 똑같이 취급합니다.

이렇게 과대평가된 부채에 대응하는 항목이 우리 보험회사 장부에 자산으로 잡혀 있는 '영업권' 155억 달러입니다. 실제로 이 영업권 대부분은 우리가 보험사들을 인수할 때 플로트 창출력에 대해 치른 가격을 나타냅니다. 그러나 영업권의 원가는 영업권의 진정한 가치와 아무 상관이 없습니다. 예를 들어 계속해서 거액의 보험영업손실이 발생한다면, 취득원가가 얼마이든 장부상의 영업권은 가치가 없다고 보아야 합니다.

다행히 버크셔는 그런 경우가 아닙니다. 찰리와 나는 우리 보험사 영업권의 진정한 경제적 가치가 장부가액을 훨씬 초과한다고 믿습니다. (즉, '품질이 비슷한' 플로트를 창출하는 보험사가 있다면 이 장부가액에 우리가 기꺼이 사들이겠습니다.) 우리 보험사 장부에 표시된 영업권 155억 달러는 플로트가 280억 달러였던 2000년에도 거의 같은 금액이었습니다. 그러나 이후 우리 플로트가 640억 달러나 증가했는데도 순자산가치에는 전혀 반영되지 않았습니다. 이렇게 값진 자산이 반영되지 않았다는 사실도, 버크셔의 내재가치가 장부가액보다 훨씬 높다고 믿는 (중요한) 이유 중 하나입니다.

버크셔 보험사들의 경제성이 탁월한 것은 비즈니스 모델을 복제하기 어려운 훌륭한 보험사들을 경영하는 비범한 경영자들 덕분입니다. 주요 사업부를 소개하겠습니다.

플로트 규모가 첫째인 자회사는 아지트 자인이 경영하는 버크셔 해서웨이 재보험그룹입니다. 아지트는 자본이 부족하거나 부담스러워서 다른 보험사들이 모두 꺼리는 위험을 보장합니다. 그의 영업은 능력, 속도, 결단력,

그리고 무엇보다도 보험사업에 특화된 두뇌를 결합하는 방식입니다. 그러나 그가 우리 자원으로 감당하기에 부적합한 위험을 떠안는 법은 절대 없습니다.

실제로 우리는 대부분 대형 보험사들보다 훨씬 더 보수적으로 위험을 회피합니다. 예를 들어 대참사가 일어나서 2,500억 달러에 이르는 손실(지금까지 발생했던 최대 손실액의 3배)이 발생해도, 수익원이 다양한 버크셔는 전체적으로 상당한 연간 이익을 냅니다. 게다가 우리는 여전히 현금이 넘쳐날 것이므로, 대참사로 충격에 빠진 시장에서 큼직한 투자 기회를 찾아 나설 것입니다. 그러나 다른 대형 보험사와 재보험사 들은 모두 막대한 적자를 기록하거나 파산할 것입니다.

1986년 어느 토요일 아지트가 버크셔에 입사했을 때, 그는 보험사업 경험이 전혀 없었습니다. 그런데도 당시 우리 보험사 경영자 마이크 골드버그는 그에게 재보험사업 의사결정권을 넘겨주었습니다. 당시 결정으로 마이크는 성인의 반열에 올랐습니다. 이후 아지트가 버크셔에 수백억 달러에 이르는 가치를 창출했기 때문입니다. 만일 아지트와 같은 인물이 하나 더 있어서 나와 바꿀 수 있다면 주저하지 말고 즉시 바꾸십시오!

최근까지 태드 몬트로스가 경영한 제너럴 리도 재보험업계의 강자입니다. 태드는 39년 동안 제너럴 리를 경영하고 나서 2016년 은퇴했습니다. 어느 모로 보나 걸출한 인물이었던 태드에게 깊이 감사합니다. 지금은 아지트와 16년 동안 일한 카라 레구엘Kara Raiguel이 제너럴 리의 CEO입니다.

실제로 건전한 보험영업이 되려면 네 가지 원칙을 고수해야 합니다. (1) 보험손실을 일으킬 수 있는 모든 위험 요소를 이해한다. (2) 어떤 위험이 손실로 이어져서 비용이 발생할 가능성을 보수적으로 평가한다. (3) 평균적으로 예측보험금과 영업비용을 모두 충당하고도 이익이 나오도록 보험료를 책정한다. (4) 적정 보험료를 받을 수 없을 때는 영업을 포기한다.

흔히 보험사들은 앞의 세 가지 원칙은 잘 지키지만, 네 번째 원칙을 지키지 못합니다. 이들은 경쟁자들이 적극적으로 벌이는 영업을 도저히 외면하지 못합니다. "남이 하니 우리도 해야 한다"라는 구태는 어느 사업에서나 문제를 일으키지만, 보험업계만큼 심각한 분야도 없습니다. 태드는 그런 터무니없는 주장에 귀를 기울인 적이 없으며, 카라도 그럴 것입니다.

끝으로 66년 전 내 심장을 타오르게 한 (지금도 여전히 타오르게 하는) 보험사 가이코가 있습니다. 가이코는 토니 나이슬리가 경영하는데, 그는 18세에 입사해 2016년까지 55년이나 근무했습니다.

1993년 토니가 CEO가 된 이후 회사는 날아가고 있습니다. 토니보다 훌륭한 경영자는 없습니다. 그는 탁월하고 헌신적이며 건전하게 일합니다. (지속적으로 성과를 내려면 건전한 태도가 필수적입니다. 찰리는 IQ가 160인 경영자를 쓰면 좋다고 말합니다. 자기 IQ가 180이라고 생각하지만 않는다면 말이지요.) 아지트와 마찬가지로, 토니도 버크셔에 수백억 달러에 이르는 가치를 창출해주었습니다.

1951년 1월 가이코를 처음 방문했을 때, 나는 가이코가 보유한 엄청난 원가 우위에 완전히 매료되었습니다. 나는 가이코가 성공할 자격을 갖췄으므로 틀림없이 성공할 것으로 보았습니다. 당시 가이코는 연간 매출이 800만 달러였습니다. 2016년, 가이코는 세 시간마다 매출 800만 달러를 올리고 있습니다.

자동차보험료는 대부분 가정에 적지 않은 비용입니다. 그래서 비용 절감이 중요합니다. 그러나 비용 절감은 저비용 영업으로만 달성됩니다. 실제로 이 주주 서한을 읽는 사람의 40% 이상이 가이코의 보험에 가입하면 비용을 절감할 수 있습니다. 당장 읽기를 중단하고 GEICO.com을 찾아보거나 800-847-7536으로 전화하십시오.

가이코는 낮은 원가로 강력한 해자를 만들어 경쟁자들이 넘어오지 못하게 했습니다. 그 결과 가이코의 시장점유율은 해마다 대폭 높아지고 있으며, 2016년에는 약 12%에 도달했습니다. 우리가 경영권을 인수한 1995년에는 점유율이 2.5%였습니다. 그동안 직원은 8,575명에서 3만 6,085명으로 증가했습니다.

가이코는 2016년 하반기에 성장 속도가 극적으로 높아졌습니다. 자동차보험업계 전반적으로 보험금 비용이 갑자기 증가하자, 일부 보험사들은 신규 고객 확보를 주저할 정도가 되었습니다. 그러나 가이코는 이런 상황에서 신규 고객 확보에 더 공을 들였습니다. 해는 틀림없이 다시 뜰 터이므로, 우리는 해가 졌을 때도 건초를 만듭니다.

이 서한을 작성하는 시점에도 가이코는 승승장구하고 있습니다. 보험료가 상승하면 사람들은 보험상품을 더 많이 비교하며, 그러면 가이코를 선택하게 됩니다.

운 좋은 3연승 [Q 2015-6]

버크셔는 어떻게 보험사업에서 성공을 거두었나요?

버핏: 이례적인 행운을 세 번 만난 덕분입니다.

1. 20세 시절 어느 토요일 아침, 나는 워싱턴행 기차에 올라 가이코 본사를 찾아갔습니다. 그날 근무하던 유일한 사람이 나중에 CEO가 된 로리머 데이비드슨이었는데, 20세 풋내기에게 무려 4시간에 걸쳐 보험사업을 설명해주었습니다. 어느 경영대학원에서도 이렇게 잘 배울 수는 없었을 것입니다.

2. 1967년, 잭 링월트가 홧김에 회사를 매각하기로 결정한 덕분에 내셔널 인뎀너티를 인수했습니다. 링월트는 변덕이 심한 성격이었으므로, 계약이 한 시간만 더 지체되었더라도 인수가 무산되었을 것입니다.

3. 1980년대 중반 어느 토요일, 보험업무 경험이 없는 젊은이 하나가 일자리를 구하러 버크셔 사무실에 찾아왔습니다. 이렇게 고용한 젊은이가 아지트 자인이었으니, 이런 행운이 또 있을까요?

이렇게 3연승을 달성할 확률이 얼마나 되겠습니까? 보험사업이야말로 내 적성에 가장 잘 맞는 사업이었습니다. 기회는 수시로 나타나므로 좋은 사업 아이디어에 항상 관심을 기울이고 있어야 합니다.

멍거: 오마하에서 창업한 재보험회사도 거대 기업으로 성장했습니다.

대마불사는 바둑판에서나 [Q 2015-19]

버크셔는 대마불사 기업인가요?

버핏: 유럽 규제 당국은 시스템적으로 중요한 금융기관(Systemically Important Financial Institution: SIFI), 다시 말해서 대마불사형 보험사들을 주목합니다. 이런 보험사는 9개 정도입니다. 금융안정감시위원회Financial Stability Oversight Board는 미국 대형 은행들과 GE, 메트라이프Met Life 같은 기업들을 살펴봅니다. 엑슨모빌, 애플, 월마트 같은 대기업들은 SIFI에 해당하지 않습니다. SIFI는 매출의 85% 이상이 금융사업에서 나오는 회사로 정의되기 때문입니다. 버크셔는 금융사업에서 나오는 매출이 20%에 불과합니다. 실제 관건은 '버크셔에 문제가 발생하면 미국 금융 시스템이 위태로워지는가'입니다. 버크셔는 SIFI 지정에 관해 논의해본 적이 없고, SIFI로 지정될 타당한 근거도 없습니다. 버크셔는 다른 회사에 문제가 발생해도 큰 피해를 보는 일이 없도록 항상 신중한 방식으로 사업을 운영합니다. 금융위기 기간에 금융 시스템을 지원한 유일한 회사가 버크셔였습니다. 우리는 금융위기가 고조되었을 때, 골드만삭스와 GE에 투자했습니다. 버크셔는 현금 등 모든 면에서 사업의 안전성을 확보한 독특한 기업입니다. 나는 버크셔가 SIFI로 지정될 가능성은 전혀 없다고 생각합니다.

멍거: 그래도 대규모 금융거래는 여전히 매우 위험합니다. 파생상품 거래는 무허가 중개업소나 도박장 운영만큼이나 위험합니다. 파생상품이 위험 분산에 유용하다는 주장은 터무니없는 소리입니다. 금융 시스템은 여전히 위험합니다. 우리 경쟁자들은 당국의 규제가 불필요하다고 생각하지만, 나

는 그런 생각 자체가 위험하다고 생각합니다. 오히려 규제가 부족하다고 봅니다.

버핏: 도드-프랭크법Dodd-Frank Act 탓에 2008년 연준과 재무부가 취한 조처들이 힘을 잃었습니다. 금융 시스템의 혼란을 막으려면 연준과 재무부는 조처를 취해야 합니다. 중앙은행이 필요한 조처를 모두 취하겠다고 말하면, 사람들이 그 말을 신뢰해야 합니다. 재무장관 행크 폴슨Hank Paulson이 MMF에서 원금 손실이 발생하지 않도록 정부가 보증한다고 말했을 때, 사람들이 그 말을 믿었기 때문에 금융 시스템이 혼란에 빠지지 않았습니다. 사람들이 당국을 믿지 못하면 공황 상태에 휩쓸리게 됩니다. 버냉키와 폴슨은 금융위기 기간에 공황 확산을 막아냈습니다. 과거에 은행들은 공황을 방지하려고 금을 쌓아두었습니다. 도드-프랭크법 탓에 정부가 하는 보증이 힘을 잃었습니다.

판치는 과대선전 [Q 2015-29]

이제 재보험사업은 속성이 바뀌어 대체투자사업으로 간주됩니다. 이런 상황을 어떻게 이용할 계획인가요?

버핏: 우리 경쟁자들도 알고 싶어 하는 정보가 아닐까요? 그동안 막대한 자본이 재보험업계로 유입된 탓에 보험료가 인하되면서 재보험사업의 매력도도 낮아졌습니다. 이제 재보험은 사람들에게 판매하는 유행 상품이 되었습니다. 재보험사들은 재보험을 '시장과 상관관계가 낮은 자산'으로 포장

해 연기금에도 판매하고 있습니다. 재보험을 판매하고 받은 자금으로 버뮤다에 가서 헤지펀드를 운용할 수도 있습니다. 향후 10년 동안 재보험사업의 수익성은 과거 30년 수준에 못 미칠 것입니다. 사업 전망이 전보다 어두워졌지만 버크셔가 할 수 있는 일은 많지 않습니다. 그러나 버크셔만 할 수 있는 거래도 있습니다. 지금까지 이루어진 10억 달러 이상 재보험 계약은 8건인데, 모두 버크셔가 한 거래입니다.

멍거: 경쟁이 갈수록 치열해지면서 과대선전이 판치고 있습니다.

버핏: 재보험 분야에서는 우리 평판이 최고이므로, 나가서 적극적으로 홍보할 수도 있습니다. 그러나 버크셔에 어울리는 방식이 아닙니다.

전망이 예전 같지 않습니다 [Q 2016-4]

독일에서 온 주주의 질문. 버크셔는 재보험업을 고수하면서, 왜 뮤닉 리Munich Re 주식은 팔아버리셨나요?

버핏: 연차보고서에도 밝혔지만, 나는 앞으로 10년 동안 재보험업의 실적이 지난 10년만큼 나오기 어렵다고 생각합니다. 내 생각이 틀릴지도 모르지만, 현재 재보험업의 경쟁역학을 10년 전과 비교해서 내린 판단입니다. 우리는 보유하고 있던 상당량의 뮤닉 리 주식과 스위스 리Swiss Re 주식을 모두 처분했습니다. 둘 다 경영 상태가 양호한 훌륭한 기업들입니다. 우리는 두 회사 경영진을 좋아합니다. 그러나 저금리 탓에 앞으로 10년 동안 재보험업의 전반적인 매력도는 지난 10년보다 낮다고 봅니다. 재보험사의 수입 중

상당 부분은 플로트 투자에서 나옵니다. 하지만 버크셔처럼 막대한 자본을 보유한 재보험사는 거의 없으므로 플로트 사용에 제약이 따릅니다. 다른 재보험사들은 수익력도 버크셔에 못 미칩니다. 나는 두 회사를 부정적으로 평가하는 것이 아니라 재보험업을 다소 부정적으로 보는 것입니다.

우리 버크셔는 난관에 대처할 수 있습니다. 우리는 비즈니스 모델을 유연하게 수정할 수 있으며, 실제로도 그동안 보험업과 재보험업에서 비즈니스 모델을 수정해왔습니다. 그러나 우리를 제외한 모든 대형 재보험사들은 기존 비즈니스 모델에 속박되어 있습니다. 실제로 이들은 자본배분에 선택의 여지가 많지 않습니다. 앞으로도 좋은 실적을 내겠지만 지난 10년에는 미치지 못할 것입니다. 지난 10년과 같은 방식으로 사업한다면 우리 실적 역시 좋지 않을 것입니다. 그러나 우리는 보험영업에 유연성을 발휘할 수 있습니다. 우리에게는 다른 수단이 있습니다. 재보험업계에 막대한 자금이 유입되면 기존 재보험사들은 자금을 운용하기가 더 어려워집니다. 특히 유럽에 투자처를 찾는 자금이 유입되면서 이제는 수익률이 마이너스로 바뀌었습니다. 앞으로 상당 기간 시장 전망이 (끔찍할 정도까지는 아니지만) 밝지 않습니다.

멍거: 재보험상품 신규 공급이 많아서 경쟁이 매우 치열합니다. 이미 경쟁이 치열한 재보험업계에 금융계 사람들 다수가 새로 유입되었습니다. 프리시전 캐스트파츠는 품질이 뛰어나고 신뢰도가 높아서 고객들의 충성도가 높지만, 재보험업계 고객들은 언제든 미련 없이 거래처를 바꾸려고 합니다. 우리는 경쟁우위를 확보한 시장을 선호합니다.

버핏: 경제학 기본 용어로 표현하면, 재보험상품의 공급은 증가했지만 수요는 증가하지 않았습니다. 공급을 늘린 주체는 펀드매니저들인데, 이들은 비과세 혜택을 받으면서 해외에 투자하고자 했습니다. 재보험사들은 (브로커

들이 소개하는) 극소수 거액 고객들을 통해서 확보한 자금을 세금이 유리한 곳에서 운용하기도 합니다. 실제로는 재보험업의 탈을 쓴 투자 활동이지만 모습은 재보험상품 공급으로 나타납니다. 이렇게 재보험상품 공급이 증가한 데다 플로트의 수익률도 저조하므로 재보험업의 전망은 예전 같지 않습니다.

공짜라면 많을수록 좋은 법이죠 [Q 2016-11]

미국 금리가 마이너스가 되어도 플로트 운용에서 이익이 나오나요?

버핏: 실제로 우리는 유럽에도 플로트를 보유하고 있는데, 이곳은 우량등급(AAA나 AA) 채권과 중기 채권의 수익률이 마이너스입니다. 우리는 항상 막대한 자금을 보유하고 있으므로 항상 금리의 영향을 받습니다. 그러나 수익원이 매우 다양하므로, 대부분 보험사들이 생각하지 못하는 방식으로 플로트를 사용할 수 있습니다. 현재 보유 중인 단기 국채가 500억 달러가 넘는데, 6월에는 크래프트 하인즈 우선주에서 83억 달러가 들어오므로, 다시 600억 달러가 넘어갈 것입니다. 금리가 0.25%에서 -0.25%로 바뀌는 정도라면 그다지 괴로운 수준은 아닙니다. 이제는 저금리 탓에 플로트의 가치가 10~15년 전에 못 미칩니다. 그래도 우리는 일반 보험사들보다 훨씬 가치 있게 사용할 수 있습니다. 현재 저금리는 보험사들만의 고민거리가 아닙니다. 은퇴자들에게도 고민거리입니다. 지금 고정금리 상품에 투자한 사람들은 이자소득이 미미하며, 유럽에서는 마이너스가 될 수도 있습니다. 그래도 우리는 플로트 증가를 원합니다. 플로트는 오랜 기간 우리에게 매우 유용했

으며, 장래에도 매우 유용할 것입니다. 플로트가 재무상태표에는 부채로 표시되지만 실제로는 엄청난 자산입니다.

멍거: 더 보탤 말 없습니다.

버핏: 이제 전력을 다해 답변하는군요.

비용이란 일종의 프리미엄 [Q 2016-52]

당신은 장기간 플로트를 사용하려고, 손실을 감수하면서도 재재보험사업을 하고 있습니다. 실제로 그만한 가치가 있나요?

버핏: 우리는 매우 장기간 자금을 사용하려고 손실 확률을 감수합니다. 현재는 금리가 낮아서 이런 자금의 유용성이 높지 않습니다. 그러나 이런 자금을 우리가 보유하는 기간은 매우 긴 반면, 지금과 같은 저금리가 무한정 이어지지는 않을 전망입니다. 그리고 이런 저금리 상황에서도 수익률이 꽤 괜찮은 투자 기회가 가끔은 있을 것으로 생각합니다. 우리는 자본을 매우 유연하게 배분하므로 자금을 유리한 수익률로 사용할 수 있습니다. 장기적으로 보면 높은 수익률로 자금을 사용할 기회가 한두 번은 올 것입니다.

멍거: 정말로 매력적인 기회가 나타난다면, 우리는 거금을 사용하는 대가로 어느 정도 비용을 치를 용의가 있습니다. 이런 비용은 옵션 프리미엄인 셈입니다.

버핏: 2008~2009년에는 이 옵션이 매우 유용했습니다.

위험해 보이는 거래가 유리한 거래 [Q 2017-5]

AIG의 실적을 고려할 때, 최근 실행한 소급재보험 거래가 버크셔에 유리하다고 보시나요?

버핏: 우리가 하는 거래는 모두 유리하다고 판단해서 하는 거래입니다. 아마 이 소급재보험 거래가 생소하게 들릴 것입니다. AIG는 보험책임 200억 달러를 우리에게 떠넘기는 대신, 보험료 102억 달러를 선불로 지급했습니다. 이런 거래의 타당성은 아지트 자인이 평가합니다. 지금까지 버크셔에 내가 벌어준 돈보다 그가 벌어준 돈이 훨씬 많습니다. 우리는 오늘 102억 달러를 받는 대신 장기적으로 최대 200억 달러까지 지급하는 이 대규모 거래가 유리하다고 판단했습니다. AIG도 이런 거래를 할 만한 이유가 있었습니다. 그동안 AIG는 준비금 부족 논란에 시달렸는데, 이 문제를 종식하려고 우리에게 102억 달러를 지급한 것입니다.

관건은 우리가 보험금을 지급하게 되는 시점입니다. 이에 대해 99%는 아지트가 생각하고, 1%는 내가 생각합니다. 이 거래를 우리가 어떻게 예측하든, 그 예측은 빗나갈 것입니다. 지금까지 우리는 이런 거래를 꽤 많이 했지만, 이 거래가 가장 큽니다. 그래서 더 보수적으로 접근하려고 했습니다. 과거 우리는 런던 로이즈와도 소급재보험 거래를 했습니다. 10억 달러가 넘는 보험료를 받았지만, 이 거래는 확실히 우리에게 불리한 거래였습니다. 해당 보험료로 얼마나 벌었느냐에 따라 달라지겠지만, 우리에게 불리할지 모르는 거래가 두 건 더 있습니다. 그러나 나쁘지는 않습니다. 이런 거래는 전반적으로 만족스러웠습니다.

하지만 우리 보유 현금이 900억 달러에 이른다는 점이 다소 문제입니다. 1분기에 받은 102억 달러가 현재 벌어들이는 돈은 푼돈에 불과합니다. 이 거래가 타당성을 갖추려면 이 돈을 잘 활용해야 합니다. 이 돈은 장기간 우리가 보유하게 될 것이며, 우리는 비교적 보수적으로 계산했다고 생각합니다. AIG의 계산 방식은 우리와 다릅니다. 보험책임 200억 달러를 재무상태표에서 덜어냈으므로, AIG 관점에서는 매우 좋은 거래였다고 나는 생각합니다. 투자업계도 AIG의 거래에 만족하리라 생각합니다.

멍거: 나는 본질적으로 위험해 보이는 거래가 결국 유리한 거래가 된다고 생각합니다. 이런 거래에서 아지트와 워런보다 나은 사람은 세상에 없다고 생각합니다. 이렇게 경험이 풍부한 사람은 어디에도 없기 때문입니다. 이런 거래가 대폭 증가하더라도 나는 크게 걱정하지 않을 것입니다.

버핏: 우리는 이런 대규모 보험을 고객에게 만족스러운 조건으로 판매할 수 있는 사실상 세계 유일의 보험사입니다. 50년이 지난 뒤에도 200억 달러를 지급해줄 것으로 믿기 때문에 102억 달러를 기꺼이 건네줄 만한 보험사는 극소수에 불과할 것입니다.

멍거: 여기서 극소수는 하나뿐이라는 뜻입니다.

11장
금융업

자신이 감당하기 어려운 큰 집을 욕심내고,
금융회사(대개 정부가 보증해주는 회사)가 이런 환상을 조장하면,
내 집 마련의 꿈은 악몽으로 돌변할 수도 있습니다.
미국의 사회적 목표는 가족이 환상적인 집에 사는 것이 아니라,
형편에 맞는 집에 사는 것이 되어야 합니다. [2010]

나는 간섭하지 않습니다.
멍거의 유명한 경고를 유념하기 때문입니다.
"평생 비참하게 살고 싶으면,
상대방의 행동을 바꾸려는 사람과 결혼하라." [2015]

현금이 넘치는데도 차입하는 이유 [2003]

우리는 클레이턴 인수를 통해서 대규모 조립주택 금융사업도 인수했습니다. 클레이턴도 다른 동종 기업들과 마찬가지로 지금까지는 고객에게 제공한 대출금을 증권화했습니다. 이렇게 해서 재무상태표의 부채 부담이 감소했지만, (일반회계원칙에 의해) 이익이 조기 실현되는 부작용도 있었습니다.

그러나 우리는 이익을 서둘러 실현할 필요가 없고 재무상태표도 매우 건전하므로, 대출자산을 증권화하는 것보다는 계속 보유하는 편이 장기적으로 더 유리하다고 믿습니다. 그래서 클레이턴은 대출자산을 보유하기 시작했습니다.

이자가 나오는 건전한 매출채권이라면 (은행처럼) 거의 모두 차입금으로 유지해도 문제가 없다고 생각합니다. 따라서 버크셔는 직접 자금을 차입해 1% 포인트를 가산한 금리로 클레이턴에 매출채권 유지자금을 제공할 것입니다. 이렇게 가산금리를 적용하면 버크셔는 탁월한 신용에 대해 공정한 보상을 받게 되며, 클레이턴은 여전히 매력적인 금리로 자금을 지원받게 됩니다.

2003년, 버크셔는 20억 달러를 차입해 클레이턴에 제공했고, 클레이턴은 사업을 접는 대출회사들로부터 대규모 포트폴리오를 여러 건 인수했습니다. 그리고 우리가 제공한 자금 일부로는 클레이턴이 연초에 일으켰으나 증권화하지 못한 대출채권을 유지하고 있습니다.

우리가 막대한 현금을 쌓아두고도 차입하는 이유가 궁금할 것입니다. “사람은 누구나 제 힘으로 살아야 한다”라는 철학 때문입니다. 대출을 제공하는 자회사는 모회사로부터 조달하는 자금에 대해 적정 금리를 지급해야 하지, 특혜를 받아서는 안 됩니다. 부자 아버지 탓에 자식의 판단이 흐려져서는 안 되기 때문입니다. 그리고 버크셔에 쌓아둔 현금은 기업을 인수하거나 유망한 증권을 살 자금입니다. 클레이턴의 대출 포트폴리오는 가까운 장래에 50억 달러 이상으로 증가할 것이며, 합리적인 신용 기준을 유지한다면 상당한 이익을 낼 것입니다.

훨씬 합리적인 관행 [2008]

여기서는 클레이턴 홈즈의 모기지사업을 자세히 설명하고, 다른 금융회사에 대한 설명은 섹션 끝에 요약표로 대신하겠습니다. 이는 클레이턴의 최근 경험이 주택 공급과 담보대출에 관한 공공 정책 토론에 유용하다고 생각하기 때문입니다. 먼저 그 배경을 간단히 살펴보겠습니다.

클레이턴은 조립주택산업을 선도하는 최대 기업으로서 작년에 2만 7,499가구를 공급했습니다. 이는 주택산업의 총공급량 8만 1,889가구의 약 34%에 해당합니다. 대부분 주택업체가 극심한 침체 상태이므로 2009년 우리 점유율은 상승할 것으로 보입니다. 산업 전체로 보면 주택 판매량은 1998년 37만 2,843가구로 정점을 기록한 이후 계속 감소세를 유지했습니다.

그동안 대부분 주택업체의 판매 관행은 정말 형편없었습니다. 이에 대해서는 뒤에 더 설명하겠지만, "돈을 빌려서는 안 되는 고객들에게, 빌려주어서는 안 되는 기관들이 빌려준" 꼴이었습니다.

우선, 어느 정도 계약금이 필요한데도 이를 무시하는 사례가 많았습니다. 때로는 속임수가 동원되기도 했습니다. (대출 건당 3,000달러를 수수료로 받는 대출 모집인들 눈에는 잠재 고객이 '2,000달러짜리 먹잇감'으로 보였다고 말합니다.) 게다가 고객들은 잃을 게 없다는 이유로, 도저히 감당할 수 없는 막대한 금액을 매월 상환하겠다고 약정했습니다. 이렇게 이루어진 담보대출을 월스트리트 회사들은 증권화해서 순진한 투자자들에게 팔았습니다. 이런 연쇄 범죄는 실패할 수밖에 없으며, 실제로 실패했습니다.

그러나 클레이턴은 이 기간 내내 직접 대출을 제공함으로써 훨씬 합리적인 관행을 유지했습니다. 실제로 클레이턴이 창출하고 증권화한 대출에 투자한 사람들은 원리금을 한 푼도 손해 보지 않았습니다. 그러나 클레이턴의 사례는 예외에 해당합니다. 산업 전반적으로 손실이 어마어마합니다. 그 여파가 지금까지 이어지고 있습니다.

규모가 훨씬 큰 재래주택시장은 이와 같은 1997~2000년 조립주택 파동을 '탄광 속의 카나리아'가 보내는 경고로 받아들였어야 했습니다. 그러나 투자자, 정부, 신용평가회사 들은 조립주택 파동에서 아무 교훈도 얻지 못했습니다. 급기야 2004~2007년 동안 재래주택에서도 똑같은 실수가 반복되었습니다. 금융회사들은 상환 능력이 없는 고객들에게 기꺼이 대출해주었고, 고객들은 감당할 수 없는데도 상환하겠다고 기꺼이 약정했습니다. 양자 모두 '주택 가격 상승'만 믿고 이 터무니없는 계약을 맺은 것입니다. 이는 "내일 걱정은 내일 하면 돼"라고 말한 스칼렛 오하라Scarlett O'Hara 방식이었습니다. 이제 그 여파가 우리 경제 구석구석까지 미치고 있습니다.

그러나 클레이턴의 고객 19만 8,888명이 주택시장 붕괴 기간에도 계속해서 원리금을 정상적으로 상환해준 덕분에, 우리가 예상치 못한 손실은 없었습니다. 이는 우리 고객들의 신용도가 유난히 높아서가 아니었습니다. 신용점수FICO score(신용위험의 표준 척도)를 보면, 전국 중앙값은 723이지만 우리 고객의 중앙값은 644이고, 35%는 흔히 '비우량sub-prime'으로 분류되는 620 미만입니다. 그러나 차입자의 신용점수가 훨씬 높은 재래주택담보대출에서 오히려 참사가 많이 발생했습니다.

우리가 제공한 대출의 연말 연체율은 3.6%로서, 2006년의 2.9%보다 약간 증가한 수준이었습니다. (우리는 다른 금융회사들로부터도 다양한 대출 포트폴리오를 대량으로 사들여 보유하고 있습니다.) 2008년 클레이턴이 담보권을 행사한 비율은 3.0%였는데, 2006년에는 3.8%, 2004년에는 5.3%였습니다.

그러면 소득이 많지 않고 신용점수도 전혀 높지 않은 우리 고객들의 실적이 그토록 좋았던 이유는 무엇일까요? 답은 간단합니다. 대출의 기본을 잘 지켰기 때문입니다. 우리 고객들은 대출금 상환액 전부를 자신의 (기대 소득이 아닌) 실제 소득과 비교한 다음, 상환 계약을 지킬 수 있는지 판단했습니다. 쉽게 말해서 고객들은 주택 가격이 오르든 내리든 원리금을 상환하겠다는 마음으로 대출을 받았던 것입니다.

우리 고객들이 하지 않은 행위도 마찬가지로 중요합니다. 고객들은 재융자를 받지 않고 원리금을 상환했습니다. 초기에 금리를 깎아주고 나중에 금리를 높이는 '미끼 금리'도 선택하지 않았습니다. 원리금 상환이 힘들어지면 언제든 이득을 남기고 주택을 팔 수 있을 것으로 추측하지도 않았습니다. 지미 스튜어트Jimmy Stewart(미국 영화배우)도 이런 사람들을 사랑했을 것입니다.

물론 우리 고객 중에도 곤경에 처하는 사람이 많을 것입니다. 그리고 대부분 고객은 곤경이 닥치면 이를 극복할 저축도 많지 않을 것입니다. 주로 고객의 실직 때문에 연체나 담보권 행사가 발생하지만 사망, 이혼, 병원비도 모두 문제가 될 수 있습니다. 실업률이 상승하면 (2009년에는 틀림없이 상승할 것입니다) 곤경에 처하는 클레이턴 고객이 증가할 것이며, 우리 손실도 증가할 것입니다(그래도 관리 가능한 수준일 것입니다). 그러나 이런 문제가 주택 가격 등락에 좌우되지는 않을 것입니다.

요즘 주택위기에 관한 해설을 보면 흔히 중대한 사실을 간과하고 있습니다. 담보권이 행사되는 주된 사유가 '주택 가격이 대출금보다 내려가서(이른바 '깡통주택')'가 아니라는 사실입니다. 담보권이 행사되는 것은 차입자가 계약에 따라 매월 원리금을 상환하지 못하기 때문입니다. 빌린 돈이 아니라 자기 돈으로 적지 않은 계약금을 치른 사람은 오늘 주택 가격이 대출금보다 내려갔다는 이유만으로 주택을 포기하는 일이 거의 없습니다. 그러나 매월 원리금을 상환할 수 없을 때는 주택을 포기합니다.

내 집 마련은 멋진 일입니다. 우리 가족은 현재 집에서 50년 동안 행복하게 살았고, 앞으로도 잘 살 것입니다. 집은 실제 거주 목적으로 사야지, 매매차익이나 재융자를 기대하고 사서는 안 됩니다. 그리고 자신의 소득 수준에 맞는 집을 사야 합니다.

주택 구입자, 대출회사, 중개인, 정부는 현재 주택위기에서 교훈을 얻어 장래에는 이런 혼란이 절대 발생하지 않게 해야 합니다. 주택을 살 때는 계약금을 반드시 10% 이상 내야 하고, 매월 상환액도 차입자의 소득으로 충분히 감당할 정도가 되어야 합니다. 차입자의 소득을 면밀하게 확인해야 합니다.

사람들이 집을 장만하는 것은 바람직하지만, 미국의 주된 목표가 되어서는 안 됩니다. 사람들이 집을 유지하는 것이 주된 목표가 되어야 합니다.

클레이턴의 대출사업이 고객들 탓에 피해를 보지는 않았지만, 신용위기 탓에 위기를 맞고 있습니다. 어떤 형태로든 정부의 보증을 받는 금융회사들

(연방예금보험공사가 예금을 보증해주는 은행, 연준이 기업어음을 보증해주는 대기업, 로비 등 창의적인 기법으로 정부의 보호를 받는 기타 기관들)은 조달금리가 매우 낮습니다. 반면에 버크셔처럼 신용등급이 높은 기업들은 국채 기준 가산금리가 기록적인 수준까지 올라갔습니다. 게다가 정부 보증을 받는 기관들은 자금이 풍부하지만, 다른 대출회사들은 신용도가 아무리 높아도 자금을 구하기가 어렵습니다.

이렇게 유례없는 '가산금리' 탓에, 정부의 보증을 받지 못하는 대출회사들은 보증받는 금융회사들과 도저히 경쟁할 수가 없습니다. 결국 정부가 부자와 빈자를 결정합니다. 그래서 기업들은 앞다투어 은행지주회사로 전환하고 있지만, 버크셔는 그렇게 할 수가 없습니다.

버크셔는 신용등급이 최상(미국에서 7개사뿐인 AAA등급)인데도, 정부 보증을 받는 부실한 경쟁자들보다 조달금리가 훨씬 높습니다. 지금은 정부의 보증을 받는 부실 기업이, 보증을 받지 않는 매우 견실한 기업보다 훨씬 유리합니다.

오늘날의 극단적인 상황은 곧 지나갈 것입니다. 최악에는 우리가 부분적 해결책이라도 찾아서 클레이턴이 대출사업을 이어가게 할 것입니다. 그러나 우리가 정부 보증을 받는 대출회사들과 장기간 경쟁해야만 한다면 클레이턴의 실적은 틀림없이 나빠질 것입니다.

난장판이 된 이유 [2009]

이 섹터에 속한 가장 큰 자회사는 클레이턴 홈즈로서, 미국 1위 조립주택 제조회사입니다. 클레이턴이 항상 1위였던 것은 아닙니다. 10년 전에는 3대 제조회사가 플리트우드Fleetwood, 챔피언Champion, 오크우드였는데, 이들의 생산량이 산업 전체의 44%를 차지했습니다. 그러나 이후 세 회사 모두 파산했습니다. 그동안 산업 전체의 생산량은 1999년 38만 2,000채에서 2009년에는 6만 채로 감소했습니다.

이 산업이 난장판이 된 이유는 두 가지입니다.

첫째는 미국 주택 착공 건수(아파트 포함)인데, 미국 경제가 회복되려면 감수해야 하는 요소입니다. 2009년에는 주택 착공이 55만 4,000건으로, 통계가 작성된 지난 50년 동안 단연 최저 기록입니다. 역설적이지만 이는 좋은 소식입니다.

몇 년 전만 해도 사람들은 매년 약 200만 건에 이르는 주택 착공 건수(주택 공급 측면)가 호재라고 생각했습니다. 그러나 가구 형성(주택 수요 측면)은 약 120만 건에 불과했습니다. 이런 불균형 상태가 몇 년 이어지고 나자, 미국에는 아니나 다를까 주택이 남아돌게 되었습니다.

주택 과잉 문제를 해결하는 방법은 세 가지입니다. (1) 수많은 주택을 부숴버립니다. 이는 노후 차량 보상 프로그램이 도입되었을 때 자동차를 부숴버리던 방식과 비슷합니다. (2) 가구 형성을 촉진합니다. 예컨대 10대들의 동거를 권장하는 방식입니다. 지원자가 부족할 일은 없을 듯합니다. (3) 가구 형성 숫자보다 주택 착공 건수를 훨씬 낮춥니다.

미국은 현명하게도 세 번째 방법을 선택했습니다. 이제 1~2년 지나면 주택 문제가 대부분 해결될 것입니다. 다만 주택 공급이 터무니없이 과도했던 일부 지역과 고가 주택은 예외입니다. 물론 주택 가격은 '거품' 수준보다 훨씬 낮게 유지될 것입니다. 그러나 주택 매도자가 고통받는 만큼, 주택 매수자는 이득을 보게 됩니다. 몇 년 전 돈이 부족해서 주택을 사지 못했던 사람들은 이제 거품이 터졌으므로 적당한 주택을 고를 수 있을 것입니다.

조립주택산업이 난장판이 된 두 번째 이유는 산업의 특정 요소입니다. 그것은 '조립주택'과 '재래주택'의 담보대출 금리 차이가 가혹할 정도로 크다는 점입니다. 더 설명하기 전에 분명히 밝혀두겠습니다. 지금부터는 버크셔의 이해관계가 걸린 이야기이므로 특별히 유의해서 들으셔야 합니다. 이제 경고했으니, 담보대출 금리 차이가 미국의 수많은 저소득자와 클레이턴에 왜 문제가 되는지 설명하겠습니다.

주택담보대출시장의 형태를 결정하는 것은 정부 규정이며, 이를 실행하는 기관은 연방주택국FHA, 프레디맥, 패니메이입니다. 이들 기관의 대출 기준은 매우 엄격합니다. 이들이 보증하는 담보대출은 대부분 증권화되어 사실상 미국 정부의 채무가 되기 때문입니다. 현재 이러한 보증 기준을 충족하는 '재래주택' 구입자는 약 5.25% 금리로 30년 대출을 받을 수 있습니다. 게다가 최근 연준은 이런 대출을 대규모로 매입했는데, 이는 대출 금리를 바닥 수준으로 유지하려는 조처입니다.

반면에 '조립주택'은 이런 정부 기관들이 보증하는 대출을 거의 받지 못합니다. 따라서 조립주택을 사는 사람은 대출금에 대해 약 9% 금리를 부담해야 합니다. 현금으로 사면 클레이턴의 조립주택은 매우 쌉니다. 그러나 대부분 주택 구입자와 마찬가지로 담보대출을 받아야 한다면, 대출금리 차이 때문에 저렴한 조립주택의 장점이 흔히 사라져버립니다.

대부분 저소득층인 조립주택 구입자들의 원리금 상환 실적이 왜 그토록 좋았는지는 작년에 설명했습니다. 이들의 태도가 가장 중요했습니다. 이들은 되팔거나 재융자받기 위해서가 아니라 거주하기 위해서 주택을 샀습니다. 따라서 우리 고객들은 대개 자신의 확실한 소득으로 상환할 수 있는 만큼만 대출을 받았고, 조속히 상환을 완료하고자 했습니다. 이들이 실직하거나, 건강을 잃거나, 이혼하면 우리는 원리금을 못 받을 수도 있습니다. 그러나 단지 주택 가격이 하락했다는 이유로 주택을 포기하는 고객은 거의 없었습니다. 실직 문제가 심각해지고 있는 지금도 클레이턴 고객의 연체율이나 부도율은 여전히 합리적인 수준이어서 큰 문제가 되지 않을 것입니다.

우리는 조립주택 구입자들도 재래주택 구입자와 비슷한 조건으로 대출받게 하려고 노력해왔습니다. 그러나 지금까지는 성과가 거의 없었습니다. 그래서 금리 차별 탓에 조립주택의 원리금 상환 부담이 너무 커졌고, 책임감이 있어도 소득이 낮은 사람들은 결국 내 집 마련을 포기해야 했습니다. 계약금과 소득 기준을 충족하는 사람들이 모두 저금리로 대출을 받을 수 있도록 정부 기관들의 보증 요건이 완화되지 않는다면, 조립주택산업은 계속 고전하면서 축소될 것입니다.

그러나 이런 상황에서도 클레이턴은 앞으로 (잠재력에는 크게 못 미치겠지만) 계속 이익을 낼 것으로 믿습니다. CEO 케빈 클레이턴은 버크셔의 이익을 자신의 이익처럼 생각하는 더없이 훌륭한 경영자입니다. 우리 제품은 일류이고, 저렴하며, 끊임없이 개선되고 있습니다. 게다가 우리는 클레이턴이 건전하다고 확신하므로, 버크셔의 신용으로 클레이턴의 담보대출 제도를 계속 지원할 것입니다. 그렇더라도 버크셔는 정부 기관들처럼 낮은 금리로는 자금을 조달할 수 없습니다. 이런 악조건 때문에 매출이 한계에 부딪히고, 저가 주택을 갈망하는 수많은 가족과 클레이턴이 피해를 보게 될 것입니다.

내 집 마련이 우선 [2010]

클레이턴은 업계 전체에서 생산된 조립주택 5만 46채 중 47%에 해당하는 2만 3,343채를 생산했습니다. 37만 2,843채가 생산되었던 절정기 1998년(당시 우리 점유율은 8%)과 비교해보십시오. 작년 매출도 어느 모로 보나 끔찍했지만, 내가 2009년 보고서에서 언급한 대출 문제가 계속 상황을 악화하고 있습니다. 말하자면 (연방주택국, 프레디맥, 패니메이를 통해서 대출해주는) 정부의 주택금융 정책이 일반주택에 유리해서 조립주택의 가격 이점이 힘을 잃고 있습니다.

우리는 조립주택 구입자들에게 다른 어떤 회사보다도 많은 자금을 대출해줍니다. 따라서 미국의 주택대출 관행을 재정비하려는 사람들은 우리의 경험을 참고할 필요가 있습니다. 이제부터 들여다봅시다.

클레이턴은 고객에게 제공한 주택담보대출 20만 804건을 보유하고 있습니다. (매입한 주택담보대출도 있습니다.) 대출 계약 시점에 우리 고객들의 평균 신용점수는 648이었고, 47%는 640 이하였습니다. 은행에서는 이런 점수면 신용이 의심스럽다고 간주할 것입니다.

그런데도 우리 포트폴리오는 어려운 상황에서도 좋은 실적을 냈습니다.

다음은 지난 5년 동안 우리가 제공한 대출에서 발생한 손실입니다.

대출 손실 비중

연도	평균 대출 금액 대비 손실 비중(%)
2006	1.53
2007	1.27
2008	1.17
2009	1.86
2010	1.72

우리 차입 고객들은 직장을 잃거나, 건강을 상하거나, 이혼 등을 하게 되면 곤경에 처합니다. 고객들은 경기침체에 큰 타격을 받았습니다. 그러나 이들은 집에 그대로 머물고 싶어 했고, 차입 금액이 대개 소득 대비 적정 수준이었습니다. 그리고 우리는 주택담보대출을 우리 계정으로 보유하고 있었습니다. 즉, 우리는 대출을 증권화하거나 재매각하지 않았습니다. 이는 우리가 대출을 잘못하면 우리가 대가를 치른다는 뜻입니다. 따라서 우리는 대출할 때 정신을 바짝 차렸습니다.

전국의 주택 구입자들이 우리 고객들처럼 행동했다면 미국은 지금처럼 위기를 겪지 않았을 것입니다. 우리 기법은 단지 계약금을 충분히 받고, 차입 고객의 고정수입 규모에 맞춰 월 상환액을 합리적으로 설정하는 방식이었습니다. 이 정책 덕분에 클레이턴은 파산을 면했고, 고객들은 집을 지켜냈습니다.

내 집 마련은 대부분 미국인에게 합리적인 선택이며, 특히 지금처럼 주택 가격이 싸고 금리가 낮을 때는 더욱 그러합니다. 모든 사항을 고려할 때, 내가 인생에서 세 번째로 잘한 투자는 내 집을 장만한 것이었습니다. (이보다 나은 투자 두 건은 결혼반지였습니다.) 물론 월세를 살면서 이 돈으로 주식을 샀다면 돈을 훨씬 많이 벌었을 것입니다. 그러나 3만 1,500달러로 산 집에서 내 가족은 52년 동안 아름다운 추억을 만들어냈고, 앞으로도 더 만들 것입니다.

그러나 자신이 감당하기 어려운 큰 집을 욕심내고, 금융회사(대개 정부가 보증해주는 회사)가 이런 환상을 조장하면, 내 집 마련의 꿈은 악몽으로 돌변할 수도 있습니다. 미국의 사회적 목표는 가족이 환상적인 집에 사는 것이 아니라, 형편에 맞는 집에 사는 것이 되어야 합니다.

상상력이 넘치는 투자은행들 [2015]

클레이턴의 영업에서 핵심 자산은 128억 달러에 이르는 모기지 포트폴리오입니다. 우리 모기지의 약 35%는 조립주택을 통해서 창출됩니다. 그리고 약 37%는 우리 소매 영업을 통해서 창출됩니다. 나머지는 주로 독립 소매상을 통해서 창출되는데, 그중에는 우리 주택을 판매하는 소매상도 있지만, 경쟁자들의 주택만 판매하는 소매상도 있습니다.

그동안 대출회사들은 사업을 시작하기도 하고 접기도 했습니다. 그러나 클레이턴은 공황 상태였던 2008년과 2009년 금융위기 기간에도 버크셔의 지원에 힘입어 대출을 계속 제공할 수 있었습니다. 실제로 우리는 이 기간에 클레이턴은 물론 경쟁사들의 소매사업에도 귀한 자금을 계속 제공했습니다. 우리가 골드만삭스와 GE에 자금을 제공한 사실은 주요 뉴스가 되었습니다. 그러나 우리가 클레이턴에 조용히 제공한 자금 덕분에 수천 가구가 주택을 소유하고 경쟁사들이 생존할 수 있었던 사실은 알려지지 않았습니다.

우리 소매 매장들은 항상 지역 은행 등 다른 곳에서도 대출받을 수 있다는 사실을 큰 글씨로 쉽게 작성해서 주택 구입자들에게 제공하며, 고객이 이 정보를 제공받았다는 사인까지 확보해둡니다. (우리가 사용하는 양식을 연차 보고서 119쪽에 실제 크기로 실었습니다.)

주택담보대출 관행은 차입자와 사회 양쪽에 매우 중요합니다. 주로 무모한 주택담보대출 관행이 2008년 금융위기와 이후 대침체를 불러왔다는 점에는 의문의 여지가 없습니다. 해롭고 부패한 주택담보대출 관행이 널리 퍼져 시장을 무너뜨린 과정은 이런 식입니다. (1) 예를 들어 캘리포니아 대출회사가 대출을 제공하고 나서, (2) 곧바로 이 대출을 예컨대 뉴욕 투자은행이나 상업은행에 매각하면, (3) 이들은 주택담보대출을 담보로 난해한 주택저당증권을 발행해 세계 곳곳의 순진한 기관들에 판매했습니다.

게다가 상상력 넘치는 투자은행들은 부실 주택저당증권을 가공해서 파생상품까지 만들어 혼란을 더했습니다. (월스트리트가 '혁신'을 일으킬 때는 조심하십시오!) 그리고 새로 발행되는 주택저당증권 한 종목을 평가하려고 해도 투자자는 수만 페이지에 이르는 따분한 서류를 읽어야 하는 상황이었습니다.

대출회사와 증권 발행회사 모두 자기 돈을 투입하지 않고서도 거래 규모를 키우고 가격을 높이면서 돈을 벌었습니다. 대출신청서를 허위로 작성하는 뻔뻔스러운 차입자도 많았지만, 대출회사들은 모르는 척했습니다. 당연한 일이지만, 가장 부실한 대출에서 가장 많은 이익이 나왔습니다. 언변 좋은 월스트리트 세일즈맨들은 고객들이 이해하지 못하는 상품을 만들어 팔면서 연 수백만 달러를 벌었습니다. (주요 신용평가기관들이 이렇게 복잡한 상품을 평가할 능력이 있었는지도 의문입니다. 아무튼 이들은 평가 등급을 매겼습니다.)

금융위기 당시 의회에서 아마도 금융 분야에 가장 밝은 인물이었던 바니 프랭크Barney Frank는 최근 2010년 도드-프랭크법을 이렇게 평했습니다. "이 법 집행 과정에서 나타난 커다란 약점은 당국이 주택담보대출 위험을 대출회사에 떠안기지 않았다는 점입니다." 지금도 일부 의원과 해설자 들은 최종 투자자나 보증회사와의 이해 충돌을 방지하려면 대출회사가 위험의 1~5%를 떠안아야 한다고 계속 주장합니다.

우리 클레이턴이 떠안는 위험은 100%입니다. 우리가 제공한 대출은 우리가 보유하니까요. (정부 보증 요건을 갖춘 몇 건은 제외) 따라서 대출 과정에서 잘못을 저지르면 그 대가를 우리가 치릅니다. 그 대가는 매우 커서, 주택 판매에서 나오는 이익이 무색해질 정도입니다. 작년 우리가 조립주택 8,444채에 대해 담보권을 실행하고 떠안은 손실이 1억 5,700만 달러였습니다.

2015년 우리가 제공한 대출금 평균액은 겨우 5만 9,942달러여서 다른 대출회사에 비하면 하찮은 금액이지만, 그래도 우리 저소득 차입 고객들에게는 부담스러운 거액입니다. 우리 고객들이 적당한 주택을 구입하면서 부담하는 월별 원리금 합계액은 평균 522달러입니다. (우리 주주총회 때 이 주택을 전시하므로 한번 살펴보십시오.)

물론 차입 고객 중에는 실직하는 사람도 있고, 이혼하거나 사망하는 사람도 있습니다. 과도한 카드 부채를 지거나, 자금 관리에 실패하는 사람도 있습니다. 그러면 우리는 손실을 보게 되고, 차입 고객은 계약금을 잃게 됩니다. (그래도 고객은 거주하는 동안 납부한 대출 원리금이 집세보다는 훨씬 쌌을 것입니다.) 우리 차입 고객들은 소득과 신용점수가 낮은데도, 대침체 기간 원리금 납부 실적은 소득이 몇 배나 많은 일반 차입자들보다 훨씬 좋았습니다.

우리 모기지 포트폴리오의 실적이 좋았던 이유 하나는, 우리 차입 고객들은 내 집 마련 욕구가 강했다는 점입니다. 그리고 포트폴리오 자금 중 거액을 변동금리나 단기 고정금리로 조달했던 것도 마찬가지로 중요한 이유입니다. 최근 몇 년 동안 단기금리는 믿기 힘들 정도로 내려갔으나 우리 모기지 포트폴리오에서 나오는 소득은 고정금리였으므로 금리 차이가 계속 커졌습니다. (그런데 우리가 단순히 단기로 자금을 조달해서 장기채권을 샀더라도 비슷한 수익을 얻었을 것입니다.)

그러나 클레이턴처럼 자금을 단기로 조달해서 고정금리로 장기 대출하는 사업은 일반적으로 위험합니다. 과거에 일부 주요 금융기관은 이런 방식으로 사업하다가 파산했습니다. 그러나 버크셔는 단기금리로 운용하는 현금성 자산이 항상 200억 달러 이상이므로 이런 위험이 자연스럽게 상쇄됩니다. 사실은 이런 현금성 자산이 대개 400~600억 달러 수준입니다. 예를 들어 우리가 0.25%로 운용하는 자산이 600억 달러라면, 단기금리가 급등했을 때 우리가 얻는 이익이, 클레이턴의 모기지 포트폴리오 130억 달러 조달원가 상승에서 발생하는 손실보다 훨씬 클 것입니다. 이를 금융 용어로는 버크셔의 자산민감도가 높다고(항상 높을 것입니다) 표현하며, 우리는 금리가 상승하면 유리해집니다.

내가 유난히 긍지를 느끼는 주제가 있는데, 규제당국과 관련된 이야기입니다. 대침체가 발생하자 규제당국은 모기지 대출회사, 사후관리회사, 유동화 전문회사들을 철저하게 조사해 수십억 달러에 이르는 벌금을 부과했습니다.

규제당국은 클레이턴에 대해서도 대출 관행을 계속 조사했는데, 대출, 사후관리, 채권 회수, 광고, 준법감시, 내부 통제 등을 살펴보았습니다. 우리는 연방기관 중 연방통상위원회Federal Trade Commission, 주택도시개발부the Department of Housing and Urban Development, 금융소비자보호국Consumer Financial Protection Bureau의 감독을 받습니다. 우리를 감독하는 주(州) 기관은 수십 개나 됩니다. 지난 2년 동안 연방과 25개 주의 다양한 규제당국이 65회에 걸쳐 클레이턴을 조사했습니다. 그 결과가 어땠을까요? 이 기간 우리에게 부과된 벌금은 3만 8,200달러였고, 우리가 고객에게 환불한 금액은 70만 4,678달러였습니다. 작년 우리는 조립주택담보대출 중 2.64%에 대해 담보권을 실행해야 했지만, 연말 현재 차입 고객의 95.4%는 원리금을 착실하게 상환하면서 부채를 줄여나가고 있습니다.

기대하지 않은 시너지 [2016]

클레이턴 홈즈의 매출은 대부분 조립주택 판매에서 나오지만, 이익은 대부분 대규모 모기지 포트폴리오에서 나옵니다. 작년 클레이턴은 미국 신규주택의 5%에 해당하는 4만 2,075채를 판매해 미국 최대 주택 건설업체가 되었습니다. (공평하게 말하면, 매출액은 다른 대형 건설업체들이 훨씬 많습니다. 일반주택이 조립주택보다 훨씬 비싸기 때문입니다.)

2015년, 클레이턴은 처음으로 일반주택 건설업체를 인수해 새로운 분야로 진출했습니다. 2016년에도 일반주택 건설업체 둘을 인수했고, 앞으로도 더 인수할 것입니다. 2017년에는 일반주택이 클레이턴의 주택 판매량에서 차지하는 비중은 약 3%가 되고, 매출액에서 차지하는 비중은 약 14%가 될 전망입니다.

그렇더라도 클레이턴의 주력 사업은 미국 신규 주택의 약 70%를 차지하는, 15만 달러 미만의 조립주택이 될 것입니다. 클레이턴은 전체의 절반에 육박하는 주택을 건설하고 있습니다. 따라서 버크셔에 인수되던 2003년과는 위상이 완전히 달라졌습니다. 당시에는 판매량 기준으로 업계 3위였으며, 종업원은 6,731명이었습니다. 지금은 인수한 기업들을 포함하면 종업원이 1만 4,677명입니다. 이 숫자는 장차 더 증가할 것입니다.

최근 몇 년 동안 클레이턴은 초저금리 덕분에 이익이 대폭 증가했습니다. 클레이턴이 제공하는 모기지 대출은 장기(평균 25년) 고정금리지만, 차입은 단기 변동금리이기 때문입니다. 따라서 금리가 하락하면 모기지 포트폴리오에서 나오는 이익이 대폭 증가합니다. 이런 장기 대출 단기 차입 방식은 금융기관에 심각한 문제를 일으킬 수 있으므로, 통상적으로는 우리가 피하는 방식입니다. 그러나 전체로 보면 버크셔는 항상 자산민감형asset sensitive이어서, 단기금리가 상승하면 클레이턴의 이익은 감소하더라도 우리 연결이익은 증가합니다.

작년 클레이턴은 전체 포트폴리오의 약 2.5%에 해당하는 조립주택 8,304채에 대해 담보권을 실행했습니다. 고객의 인구통계를 보면 이 비중을 이해할 수 있습니다. 클레이턴의 고객 대부분은 신용점수가 그다지 높지 않은 저소득 가구들입니다. 경기가 침체하면 실직 위험에 처하는 가장이 많습니다. 고소득 가구와는 달리, 이혼이나 사망이 발생하면 큰 타격을 받는 가구도 많습니다. 이런 위험을 부분적으로나마 완화해주는 요소는, 고객들 거의 모두 내 집 마련 욕구가 강하고, 보험료와 재산세를 포함해도 월 상환액이 평균 587달러에 불과하다는 점입니다.

클레이턴은 오래전부터 차입 고객 지원 제도를 운용하고 있습니다. 가장 인기 있는 두 가지는 대출 기간 연장과 채무 탕감입니다. 작년에는 약 1만 1,000명이 대출 기간 연장을 받았고, 3,800명이 상환액 340만 달러를 영구 탕감받았습니다. 이렇게 고객을 지원하면 회사는 이자나 수수료 수입을 얻지 못합니다. 지난 2년 동안 이렇게 지원받은 차입 고객의 93%는 지금도 주택을 보유하고 있습니다. 담보권을 실행하면 회사에도 상당한 손실이 발생하므로(작년 손실액은 모두 1억 5,000만 달러), 우리 지원 제도는 차입 고객은 물론 회사에도 유용합니다.

클레이턴과 버크셔는 훌륭한 동업자입니다. 케빈 클레이턴은 버크셔에 일류 경영진과 문화를 제공했습니다. 대신 버크셔는 대침체기에 조립주택 산업이 붕괴할 때 독보적인 생존 능력을 제공했습니다. (대출회사들이 사라졌을 때, 클레이턴은 자사 대리점은 물론 경쟁사 제품을 판매하는 대리점에도 신용을 제공했습니다.) 버크셔는 기업을 인수할 때 절대 시너지를 기대하지 않습니다. 그러나 클레이턴을 인수하고 나서 정말로 중요한 시너지가 발생했습니다

주는 시늉만 하니까 하는 시늉만 한다 [Q 2015-1]

〈시애틀 타임스The Seattle Times〉에는 클레이턴 홈즈의 '착취적 대출 관행 predatory lending practices'에 대한 기사가 실렸고, 3G 캐피털은 버크셔와 함께 팀 호턴스Tim Hortons와 하인즈를 인수하고 나서 두 회사에서 일자리를 대폭 축소했습니다. 지금까지 버크셔가 추구해온 따뜻한 자본주의가 변질된 듯해서 마음이 아픕니다.

버핏: 클레이턴 홈즈 관련 기사에는 중대한 오류가 있습니다. 클레이턴 홈즈는 탁월한 주택 건설회사로서 모범적인 주택담보대출 관행을 유지하고 있습니다. 2008년 주택시장 거품이 붕괴한 주된 원인은 주택담보대출 실행 기관들과 주택담보대출 보유 기관들이 완전히 분리된 것입니다. 주택담보대출 실행 기관들은 대출자산을 전 세계에 팔아버렸으므로, 대출자산이 부실화되어도 손실을 보지 않았습니다. 그러나 클레이턴은 주택 구입자들에게 직접 주택담보대출을 제공했고 대출자산을 계속 보유했습니다. 약 30만 가구에 제공한 주택담보대출 약 120억 달러를 지금도 보유하고 있습니다. 주택담보대출이 부실화되면 주택 구입자는 집을 잃고, 대출자산 보유 기관은 손실을 봅니다. 클레이턴은 대출자산을 100% 보유하고 있으므로 주택 구입자들의 손실을 모두 떠안게 됩니다. 따라서 부도 위험이 큰 사람들에게는 주택담보대출을 제공하려 하지 않습니다. 이에 따라 대출기준 강화에 대해서도 많은 논의가 진행되고 있습니다. 그러나 클레이턴의 고객 대부분은 저소득층이어서, 클레이턴이 대출을 제공하지 않으면 주택을 구입할 수가 없습니다. 그래서 클레이턴은 원리금을 상환할 수 있는 사람들에게 신중하

게 대출을 제공합니다. 그래도 사망, 이혼, 실직 탓에 약 3%는 원리금을 상환하지 못합니다. 우리 주주총회 행사장에 전시된 110제곱미터짜리 클레이턴 조립주택을 둘러보시기 바랍니다. 6만 9,500달러면 가전제품까지 완비된 조립주택을 배달해드립니다. 주택 구입자는 2만 5,000달러를 더 들여서 토지만 확보하면 됩니다. 이렇게 클레이턴은 저렴한 가격에 주택을 판매하면서 대출도 제공해 고객들의 내 집 마련을 지원하고 있습니다.

나도 〈시애틀 타임스〉를 읽었는데, 클레이턴의 주택 판매 이익률이 20%라는 기사는 터무니없는 오보입니다. 기사는 진술서를 인용하면서 클레이턴의 매출총이익이 20%라고 지적합니다. 그러나 매출총이익을 순이익으로 혼동했습니다. 매출총이익에는 판매비, 일반관리비, 법인세가 포함되어 있습니다. 따라서 클레이턴의 매출총이익은 20%지만, 세전 순이익은 3%이고, 세후 순이익은 2%에 불과합니다. 게다가 클레이턴 고객들은 언제든 다양한 기관으로부터 대출을 받을 수 있습니다. 여기 클레이턴이 고객들에게 제공하는 서류를 보면, 대출기관 4~5개가 작지 않은 글자로 열거되어 있습니다. 나는 지난 3년 동안 클레이턴 주택과 관련된 불만 전화를 받은 적이 한 번도 없으며, 클레이턴의 대출 관행에 대해서 사과할 일도 없습니다.

클레이턴은 거의 모든 주에서 규제를 받고 있습니다. 지난 3년 동안 여러 주에서 91차례나 조사를 받았지만, 납부한 벌금 중 최대 금액이 5,000달러였고, 환불액도 11만 달러에 불과했습니다. 차입 고객 대부분은 신용점수가 620 미만이고, 원리금 상환액 평균이 월 600달러 수준입니다. 나는 고객 3만 명이 저렴하게 주택을 장만하게 해준 클레이턴에 긍지를 느낍니다. 이들 대부분은 십중팔구 20년 이내에 원리금을 모두 상환할 것입니다. 클레이턴 주택은 정말 저렴합니다.

멍거: 내가 대출 관행은 잘 알지 못하지만, 그동안 클레이턴은 조립주택을 매우 효율적으로 생산하고 판매해 시장점유율 50%를 달성했습니다. 클레이턴은 생산성이 매우 높았습니다. 그러나 저소득층 고객들에게 대출을 제공해서 마침내 100%가 주택을 보유하게 할 수는 없습니다.

버핏: 사망, 이혼, 실직에 의한 연체는 저가 주택은 물론 고가 주택에서도 발생하는 현상입니다. 2008~2009년 침체기에 일반주택의 연체율은 클레이턴 주택의 연체율보다 몇 배나 높았습니다.

3G 캐피털은 사업 능력이 탁월합니다. 3G는 유휴 인력이 많은 기업을 인수해서 인력을 감축해 생산성을 높입니다. 예컨대 버거킹Burgerking은 3G의 인력 감축 이후 경쟁자들보다 성장률이 월등히 높아졌습니다. 내가 알기로, 정책적으로 대규모 유휴 인력을 유지하는 회사는 하나도 없습니다. 우리 버크셔에도 유휴 인력이 많지 않기를 바랍니다.

멍거: 기업에는 적정 인력이 있어야 합니다. 러시아 노동자들은 "기업이 급여를 주는 시늉만 하니까, 우리도 일하는 시늉만 한다"라고 말합니다. 이런 방식으로는 경제가 제대로 돌아가지 않습니다. 물론 버크셔는 적정 일자리에 적정 인력을 원합니다.

버핏: 과거 철도는 종업원이 160만 명에 이르는 비효율적인 사업이었습니다. 현재 철도는 종업원이 20만 명 미만인데도 훨씬 많은 화물을 훨씬 더 안전하게 운송하고 있습니다. 자본주의에는 효율성이 반드시 필요합니다. 나는 3G에 경의를 표합니다.

종업원이 3만 3,000명인 가이코에는 유휴 인력이 없어서, 3G가 더 손대기 어려울 정도로 효율성이 높다고 봅니다. 버크셔는 초창기 직물사업에서 인력을 감축할 수밖에 없었고, 이후 신문사업에서도 인력을 감축할 수밖에 없었습니다. 버크셔의 일부 자회사에는 유휴 인력이 있을지도 모르지만 비대한 수준까지는 아니라고 믿습니다. 버크셔 소유주 안내서에서는 과도한 유휴 인력 탓에 발생하는 손실을 절대 용납하지 않습니다. 우리 본사 인력은 25명에 불과합니다.

멍거: 이제 나올 이야기는 다 나온 듯합니다. 사람들은 해고를 두려워하지만, 과거 농사짓던 사람들이 모두 일자리를 유지했다면 미국은 어떻게 되었을까요? 기업에는 적정 인력이 있어야 합니다.

12장
제조, 서비스업

나는 B 여사 가족과 경쟁하느니 차라리
회색곰과 맞붙어 싸우는 편이 낫겠다고 생각했습니다.
이들은 탁월한 방식으로 제품을 구매하고
경쟁자들은 상상도 하지 못할 정도로 운영비를 낮춰,
그렇게 절감한 비용 상당액을 고객들에게 넘겨줍니다.
그야말로 이상적인 사업 방식입니다.
고객에게 이례적인 가치를 창출함으로써
기업도 이례적인 경제성을 확보하는 방식이니까요. [1983]

보트 피플의 역전 드라마 [2004]•

찰리 로즈(이하 로즈): 1983년에 네브래스카 퍼니처 마트를 인수하셨지요? 블럼킨 여사에 대해서 말씀해주시지요.

버핏: 여사는 러시아에서 탈출해 작은 보트를 타고 시애틀에 도착했습니다. 영어를 한 마디도 못했으므로 목적지가 기재된 띠를 목에 두르고 있었습니다. 여사는 띠에 쓰인 대로 아이오와 주 포트닷지Fort Dodge에 머물렀지만 영어를 배울 수가 없었으므로, 적십자사가 여사를 러시아계 유대인이 많이 살던 오마하로 이주시켜주었습니다. 여기서 큰딸이 학교에 다니면서 배운 영어를 여사에게 가르쳐주었습니다. 이후 여사는 16년 동안 500달러를 모아 사업을 시작했고, 중고 의류를 팔아 번 돈으로 1인당 50달러를 들여 부모와 형제자매를 러시아에서 미국으로 데려왔습니다. 1937년, 여사는 모든 면에서 온갖 이점을 누리던 모든 사람들과 경쟁해 모두 물리쳤습니다.

로즈: 어떤 방법으로 물리쳤나요?

버핏: 여사는 세심하고 빈틈이 없었습니다. 자기 지식의 한계를 인식했고, 능력범위를 잘 알고 있었습니다. 항상 능력범위 안에 머물면서 고객을 세심

• "In His Own Words - Conversation with Charlie Rose(그 자신의 말 - 찰리 로즈 대담)," PBS(2004. 5. 2.)

하게 관리했습니다. 제품을 싸게 팔았습니다. 오랜 기간이 걸렸지만, 인구가 70만에 불과한 오마하에서 미국 최대 가정용 가구 매장을 일궈냈습니다.

로즈: 어떻게 해서 인수하게 되었나요?

버핏: 여사는 내가 좋아하는 스타일이었습니다. 그녀가 89세일 때 인수했는데, 그녀는 103세까지 일했습니다. 중간에 2년 쉰 적도 있습니다. 나는 여사의 근사한 집을 방문한 적이 있는데, 소파와 램프와 침대에 작은 녹색 가격표가 달려 있었습니다. 여사는 가격표를 보면서 매장과 비슷한 분위기를 즐겼습니다. 여사는 정말 놀라운 사람이었습니다. 글을 읽지도 쓰지도 못했지만, 모든 경영대학원에서 연구해야 하는 인물입니다.

로즈: 연구하면 무엇을 배울 수 있나요?

버핏: 사업의 본질을 배우지요. 고객관리가 가장 중요하다는 사실을 배웁니다. 여기서 고객관리는 아무도 흉내 내지 못할 정도로 유리한 조건에 제품을 제공하는 것입니다. 여사는 그렇게 했고, 매일 미친 듯이 일했습니다. 열정적이었습니다. 포춘 500 CEO 중 10명을 선발해서 여사와 경쟁을 벌여도 여사가 승리할 것입니다.

B 여사님, 장수 만세 [1983]

67년 전, 당시 23세였던 블럼킨 여사는 러시아 국경경비대원을 적당한 말로 따돌리고 미국으로 탈출했습니다. 그녀는 중학교 수준의 정규교육조차 받지 못했으며, 영어를 전혀 몰랐습니다. 미국에서 몇 년 보낸 다음, 그녀는 딸에게 영어를 배웠습니다. 딸이 학교에서 배워온 단어를 매일 저녁 그녀에게 가르쳐주었습니다.

여러 해 중고 의류를 판 블럼킨 여사는 1937년 마침내 500달러를 모았습니다. 가구점을 열어 꿈을 실현할 밑천을 모은 것입니다. 당시 미국 가구 도매업의 중심지 시카고에서 아메리칸 퍼니처 마트American Furniture Mart를 보자마자, 그녀는 네브래스카 퍼니처 마트라는 가구점으로 꿈을 실현하겠다고 결심했습니다.

그녀는 지리나 제품상 이점도 없이 겨우 자본금 500달러로 기반이 확고하고 부유한 경쟁자들과 맞서야 했으므로 온갖 걸림돌에 부닥칠 수밖에 없었습니다. 사업 초기에 얼마 안 되던 밑천이 바닥나자, 'B 여사(이제는 오마하에서 코카콜라나 상카Sanka 커피만큼이나 유명해진 애칭임)'는 경영대학원에서는 가르쳐주지 않는 방식으로 대처했습니다. 집에 있던 가구와 가전제품을 팔아 채권자들에게 약속했던 돈을 어김없이 지불한 것입니다.

B 여사가 고객들에게 훨씬 싼 가격에 제품을 판매하자, 오마하 가구 소매상들은 가구 제조업체와 카펫 제조업체에 압력을 넣어 그녀에게 제품을 공급하지 못하게 했습니다. 그러나 그녀는 다양한 전략으로 제품을 확보해 훨씬 싸게 판매했습니다. B 여사는 공정거래법 위반 혐의로 법정에 소환당하

기도 했습니다. 그러나 그녀는 모든 소송에서 승리했을 뿐 아니라 값진 평판까지 얻게 되었습니다. 한 소송에서는 그녀가 시세보다 훨씬 싼 가격에 카펫을 팔면서도 이익을 남길 수 있음을 법정에서 입증하고 나서, 담당 판사에게도 카펫을 1,400달러어치나 팔았습니다.

현재 네브래스카 퍼니처 마트가 1만 9,000m²짜리 매장 하나에서 일으키는 매출이 연 1억 달러가 넘습니다. 미국 가정용 가구 매장 중에는 매출이 이와 비슷한 매장조차 없습니다. 이 단일 매장에서 나오는 가구, 카펫, 가전제품 매출은 오마하 모든 경쟁자의 매출 합계액보다도 많습니다.

내가 기업을 평가할 때 항상 자신에게 던지는 질문은 '내가 자본과 숙련 인력을 충분히 조달할 수 있다면 그 기업과 어떤 방식으로 경쟁할 것인가?' 입니다. 나는 B 여사 가족과 경쟁하느니 차라리 회색곰과 맞붙어 싸우는 편이 낫겠다고 생각했습니다. 이들은 탁월한 방식으로 제품을 구매하고 경쟁자들은 상상도 하지 못할 정도로 운영비를 낮춰, 그렇게 절감한 비용 상당액을 고객들에게 넘겨줍니다. 그야말로 이상적인 사업 방식입니다. 고객에게 이례적인 가치를 창출함으로써 기업도 이례적인 경제성을 확보하는 방식이니까요.

빈틈없고 현명한 B 여사는 가족의 미래를 멀리 내다보고 작년에 회사를 팔기로 했습니다. 나는 수십 년 동안 블럼킨 가족과 회사를 높이 평가했으므로 거래를 서둘러 마무리했습니다. 그러나 이제 90세가 된 B 여사는 집에 들어앉아 있으면 오히려 '실성할 위험'이 있었습니다. 그래서 그녀는 여전히 회장직을 유지하면서 주 7일 매장을 지키고 있습니다. 카펫 판매가 그녀의 전문 분야입니다. 그녀가 직접 일으키는 카펫 매출이 다른 카펫 소매상의 대형 영업부 실적과 맞먹을 것입니다.

게다가 블럼킨 가족은 모두 경영 능력이 뛰어납니다. 유전학자들은 블럼킨 가족을 보면 환호할 것입니다. B 여사의 아들 루이 블럼킨은 네브래스카 퍼니처 마트의 사장을 맡아 여러 해 경영하면서, 미국에서 가구와 가전제품을 가장 빈틈없이 구매하는 인물로 널리 인정받았습니다. 루이는 가장 훌륭한 스승을 만났다고 말하고, B 여사는 가장 훌륭한 학생을 가르쳤다고 말합니다. 두 사람 모두 옳습니다. 루이와 그의 세 아들 모두 블럼킨 가족의 사업 능력, 노동윤리에 더해서 가장 중요한 인품까지 갖추었습니다. 게다가 이들은 정말로 좋은 사람들입니다. 우리는 이들과 동업하게 되어 기쁩니다.

탭댄스를 추는 이유 [1999]

버크셔 경영자들은 여러모로 매우 이례적인 인물들입니다. 일례로 우리 경영자들 대다수는 이미 회사를 경영하면서 막대한 재산을 모은 부자입니다. 이들이 일하는 것은 돈이 필요해서도 아니고, 계약에 얽매여서도 아닙니다. 버크셔는 그런 계약을 하지 않습니다. 이들이 오래도록 열심히 일하는 것은 자신의 회사를 사랑하기 때문입니다. 내가 굳이 '자신의 회사'라고 표현한 것은 실제로 우리 경영자들이 회사를 전적으로 책임지기 때문입니다. 이들은 오마하 본사로 와서 프레젠테이션을 할 필요도 없고, 예산을 승인받을 필요도 없으며, 자본적 지출에 대해 의견을 구할 필요도 없습니다. 우리는 단지 경영자들에게 자신의 회사가 앞으로 100년 동안 가족이 보유할 유일한 자산이라고 생각하면서 경영해달라고 부탁할 뿐입니다.

찰리와 나는 버크셔 주주들을 대하듯이 우리 경영자들을 대하려고 노력하며, 입장이 뒤바뀌었을 때 우리가 받고자 하는 대우를 주주와 경영자 들에게 제공하고자 합니다. 나도 돈이 필요해서 일하는 것은 아니며, 내가 버크셔 일을 사랑하는 이유는 단순합니다. 나는 성취감을 느낄 수 있고, 옳다고 생각하는 일을 자유롭게 할 수 있으며, 내가 좋아하고 신뢰하는 사람들과 매일 소통할 수 있기 때문입니다. 탁월한 달인인 우리 경영자들이라고 다르겠습니까?

우리 경영자들은 케네디 대통령의 지시 "국가가 우리를 위해 무엇을 해줄 수 있는지 묻지 말고, 우리가 국가를 위해 무엇을 할 수 있는지 물어야 한다"를 종종 버크셔에서 따르는 듯합니다. 작년에 있었던 놀라운 이야기입니다. RC윌리는 유타 주를 지배하는 가정용 가구회사로서, 1995년 우리가 빌 차일드 가족으로부터 인수했습니다. 빌이 이끄는 경영자들은 대부분 모르몬Mormon 교도여서, RC윌리 매장은 일요일에 문을 연 적이 없습니다. 이런 방식으로는 사업하기가 어렵습니다. 일요일에 쇼핑을 즐기는 고객이 많으니까요. 그런데도 빌은 이 원칙을 고수했고, 1954년 매출 25만 달러였던 회사를 인수해 1999년 매출 3억 4,200만 달러짜리 회사로 키웠습니다.

RC윌리가 유타 주 밖에서도 성공할 수 있다고 생각한 빌은 1997년 보이시Boise(아이다호의 주도)에 매장을 개설하겠다고 제안했습니다. 기존 경쟁자들은 주 7일 영업하는 지역에 새로 진출하면서도 일요일 휴무 정책을 고수하려는 그의 생각에 나는 매우 회의적이었습니다. 그래도 경영자는 빌이었습니다. 나는 내키지는 않았지만, 그에게 자신의 사업적 판단과 종교적 신념 둘 다 따라보라고 말해주었습니다.

이때 빌이 정말로 이례적인 제안을 했습니다. 그가 개인 돈으로 토지를 사서 매장을 짓고(실제로 약 900만 달러가 들었습니다), 사업이 성공하면 원가에 버크셔로 넘기겠다고 말했습니다. 한편 매출이 그의 기대에 못 미치면 사업을 접어야 하며, 버크셔는 한 푼도 부담하지 않습니다. 그러면 빌은 막대한 투자 손실을 혼자 떠안게 됩니다. 나는 그에게 제안은 고맙지만, 사업이 잘될 때 버크셔가 이익을 얻는 조건이라면, 안 될 때 손실도 부담해야 마땅하다고 말했습니다. 그러나 빌은 주장을 굽히지 않았습니다. 자신의 종교적 신념 탓에 실패한다면, 손실도 자신이 떠안고 싶다고 말했습니다.

작년 8월 문을 연 매장은 곧바로 대성공을 거두었습니다. 그러자 빌은 곧 매장을 (가격이 급등한 여분의 토지까지 포함해서) 우리에게 넘겼고, 우리는 원가만 지급했습니다. 게다가 빌은 2년 동안 잠긴 자본에 대해서도 이자 한 푼 받지 않았습니다.

다른 상장회사에도 이런 경영자가 있다는 말을 나는 지금까지 들어본 적이 없습니다. 빌 차일드 같은 사람들과 동업할 수 있어서 나는 매일 아침 탭댄스를 추면서 출근한답니다.

※ 주석: 8월 보이시 매장을 조용히 열고서 약 한 달 뒤, 우리는 성대한 개장 행사를 치렀습니다. 당연히 나도 테이프를 끊으러 행사에 참석했습니다(여러분의 회장도 잘하는 일이 있답니다). 나는 청중 앞에 서서, 매출이 기대 수준을 훨씬 뛰어넘은 덕분에 우리 매장이 아이다호에서 단연 최대 가정용 가구 매장이 되었다고 말했습니다. 그리고 연설 도중 내 기억력이 기적적으로 개선되었습니다. 연설 끝 무렵에는 보이시 매장 개설이 내 아이디어였다는 기억까지 되살아나더군요.

항공기쯤은 가져주는 센스 [1999]

우리 항공 서비스 회사 플라이트세이프티 인터내셔널(FlightSafety International: FSI)과 이그제큐티브 제트(Executive Jet Aviation: EJA)는 둘 다 자기 분야에서 압도적인 선도기업입니다. 넷젯NetJets 프로그램으로 항공기 분할 소유권을 판매하고 관리하는 EJA는 규모가 2위 경쟁사와 3위 경쟁사를 합한 것보다 더 큽니다. 조종사 훈련을 담당하는 FSI는 규모가 2위 경쟁사의 약 5배입니다.

또 다른 공통점은 두 회사 모두 창업자가 여전히 경영하고 있다는 사실입니다. 알 울치Al Ueltschi는 1951년 1만 달러로 FSI를 설립했고, 리치 산툴리Rich Santulli는 1986년 항공기 분할소유권산업을 만들어냈습니다. 두 사람 모두 돈이 필요해서가 아니라 회사를 키우려고 일하는 놀라운 경영자들입니다.

두 회사 모두 업계를 선도하고 있지만, 경제적 특성은 다릅니다. FSI는 막대한 자본을 지출해야 합니다. 대당 가격이 1,500만 달러까지 이르는 시뮬레이터를 222대 보유하고 있기 때문입니다. 게다가 한 시뮬레이터에서 한 번에 단 한 사람만 훈련받을 수 있으므로, FSI는 매출 1달러당 자본투자가 매우 높습니다. 따라서 적정 ROE를 유지하려면 영업이익률도 높아야 합니다. 작년 FSI 및 FSI가 지분 50%를 보유한 자회사 플라이트세이프티 보잉 FlightSafety Boeing의 자본적 지출은 2억 1,500만 달러였습니다.

반면에 EJA는 고객이 항공기를 보유합니다. 물론 우리도 탁월한 서비스를 보장하려면 핵심 항공기들을 소유해야 합니다. 예를 들어 추수감사절 다음 일요일은 1년 중 가장 바쁜 날입니다. 항공기 169대의 일부를 소유한 고객 1,412명 중 다수가 오후 3~6시 사이에 항공편 귀향을 원하므로 항공기가 부족합니다. 이날 모든 고객을 원하는 시점에 원하는 곳으로 차질 없이 보내드리려면 우리는 기업 소유 항공기를 공급받아야 합니다.

그래도 항공기 대부분을 고객들이 소유하므로, 이 사업에서는 적정 수준의 세전 이익률로도 훌륭한 ROE를 달성할 수 있습니다. 현재 우리 고객들이 소유한 항공기의 가치는 20억 달러가 넘으며, 우리가 추가로 주문한 항공기가 42억 달러 상당입니다. 현재 우리 매출을 제약하는 요소는 항공기 부족입니다. 지금 우리는 전 세계 업무용 제트기 생산량의 약 8%를 공급받고 있는데, 우리 몫을 더 늘리고 싶습니다. 1999년에는 항공기 공급이 부족했는데도 EJA의 반복매출(월간 관리 보수+시간당 항공요금)은 46% 증가했습니다.

분할소유권산업은 아직 초창기입니다. EJA는 현재 유럽에서 임계 규모를 쌓아가고 있으며, 장기적으로는 세계 전역으로 사업을 확대할 것입니다. 그 과정에 막대한 비용이 들어가겠지만 우리는 얼마든지 부담할 것입니다. 규모야말로 우리와 고객 모두에게 핵심 요소입니다. 세계 전역에 항공기를 가장 많이 보유한 기업이 고객들에게 최상의 서비스를 제공할 수 있으니까요. "항공기 일부만 사도 항공단을 이용하게 됩니다"라는 EJA의 주장은 과장이 아닙니다.

EJA에는 다른 주요 이점도 있습니다. 2대 경쟁사 모두 항공기 제작사의 자회사여서 모회사의 항공기만 판매하기 때문입니다. 그래서 경쟁사들이 제공하는 객실 스타일과 임무 수행 능력에는 심각한 제약이 있습니다. 반면에 EJA는 5개 제작사의 매우 다양한 항공기를 제공합니다. 따라서 경쟁사들은 고객에게 모회사가 제작한 항공기만 제공하지만, 우리는 고객이 원하는 항공기라면 무엇이든 제공할 수 있습니다.

작년 이 보고서에서 나는 1995년부터 소유한 호커Hawker 1000의 지분 4분의 1(연 200시간)에 가족이 매우 만족했다고 설명했습니다. 나도 매우 만족했으므로, 직후 세스나 V 울트라Cessna V Ultra 지분 16분의 1도 샀습니다. 이제 EJA와 보르샤임에 대한 연간 지출액을 더하면 내 연봉의 10배나 됩니다. 여러분이 버크셔에 대한 연간 지출액을 정할 때도 이 정도를 생각해보시기 바랍니다.

작년 버크셔의 사외이사 두 사람도 EJA와 계약했습니다. (아마 우리가 지급하는 보수가 지나치게 많은 모양입니다.) 두 이사와 나도 다른 고객들과 똑같은 금액을 치렀다는 점을 밝혀둡니다. EJA는 최혜국 정책을 따르므로, 누구에게도 특별 가격을 적용하지 않습니다.

이제 여러분도 결심하십시오. 작년 EJA가 마지막 시험을 통과했습니다. 찰리도 계약한 것입니다. EJA의 서비스를 찰리처럼 웅변적으로 지지해줄 사람은 어디에도 없습니다. 1-800-848-6436으로 전화해서 분할소유권 계약서를 보내달라고 부탁하십시오.

큰돈 벌던 시대는 지나갔습니다 [2006]

우리 자회사들의 이익이 항상 증가하기만 하는 것은 아닙니다. 산업의 근본적인 경제성이 흔들리면, 유능한 경영자라고 해도 실적 둔화 속도를 늦출 수 있을 뿐입니다. 근본적인 경제성이 무너지면 유능한 경영자도 결국 쓰러

지게 됩니다. (오래전에 지혜로운 친구가 내게 말해주었습니다. "훌륭한 기업가로 명성을 얻고 싶다면 반드시 경제성 좋은 분야로 진출해야 한다네.") 신문산업은 경제성이 확실히 악화하고 있습니다. 그래서 우리 〈버팔로 뉴스〉의 실적도 하락 추세로 접어들었습니다. 이런 하락 추세는 거의 틀림없이 계속 이어질 것입니다.

찰리와 내가 젊은 시절에는 미국에서 높은 수익을 올리기에 신문사업이 가장 쉬웠습니다. 그다지 똑똑하지 않은 신문 발행인이 유명한 말을 했습니다. "내가 이렇게 출세한 것은 두 가지 훌륭한 미국 제도 덕분입니다. 하나는 족벌주의이고, 하나는 독점입니다." 신문이 아무리 부실하거나 경영진이 아무리 무능해도, 도시에 신문이 하나뿐이라면 그 신문은 돈을 쓸어 모을 수밖에 없었습니다.

신문산업이 이렇게 막대한 이익을 올린 이유는 간단합니다. 20세기 대부분 기간에 신문은 미국 대중이 정보를 얻는 주요 원천이었습니다. 주제가 스포츠든, 금융이든, 정치든, 신문이 최고의 원천이었습니다. 게다가 일자리를 찾거나 동네 슈퍼마켓의 식료품 가격을 파악하기에도 신문 광고가 가장 쉬운 방법이었습니다.

그래서 대다수 가구가 신문을 매일 보아야 했지만, 신문을 두 가지나 구독하려는 마음은 없었습니다. 광고주들은 판매 부수가 가장 많은 신문을 선호했고, 독자들은 광고와 뉴스 지면이 가장 많은 신문을 원했습니다. 이런 순환 논리에 따라 "가장 두꺼운 신문이 살아남는다Survival of the Fattest"라는 신문산업 정글의 법칙이 만들어졌습니다.

따라서 주요 도시에 신문이 둘 이상일 때는(100년 전에는 거의 모든 도시에 신문이 둘 이상이었습니다), 앞서나가는 신문이 유일한 승자로 떠올랐습니다. 경쟁이 사라진 다음에는 신문사가 광고료와 구독료를 마음대로 정했습니다.

대개 해마다 광고료와 구독료를 모두 인상했으므로 신문사는 돈을 쓸어 담았습니다. 신문사 소유주에게는 천국이 따로 없었습니다. (신문들은 예컨대 자동차산업이나 철강산업의 엄청난 수익성에 대해서는 못마땅해하는 어조로 자주 보도했지만, 돈을 쓸어 담는 신문산업에 대해서는 절대 보도하는 일이 없었습니다. 흥미로운 일이지요.)

그러나 오래전 1991년 주주 서한에서, 이렇게 세상과 격리되어 호황을 누려온 신문산업의 환경이 바뀌는 중이라고 나는 주장했습니다. "대중매체산업은 불과 몇 년 전까지 나나 산업 관계자나 대출회사들이 생각했던 것보다 경제성이 훨씬 나빠질 것입니다." 이 말과 이후 나의 경고에 일부 신문사는 불쾌감을 드러냈습니다. 그런데도 신문사 소유권은 불멸의 슬롯머신인 것처럼 계속해서 높은 가격에 거래되었습니다. 실제로 주요 세계적 사건들을 상술하고 분석하던 신문사의 똑똑한 간부들조차 자신의 발밑에서 진행되는 상황을 못 보거나 무관심했습니다.

그러나 이제는 거의 모든 신문사 소유주가 가입자 획득 전쟁에서 계속 밀리고 있다는 사실을 실감하고 있습니다. 간단히 말하면, 사람들은 신문의 존재를 잊어버린 듯, 인터넷을 비롯해서 케이블 방송과 위성 방송을 먼저 떠올립니다.

버크셔에서는 스탠 립시Stan Lipsey가 〈버팔로 뉴스〉를 훌륭하게 운영 중이고, 나는 그 편집자 마거릿 설리번을 큰 자랑으로 여깁니다. 〈버팔로 뉴스〉의 보급률은 미국 대형 신문사 중 최고입니다. 게다가 버팔로 시의 인구와 경기가 좋지 않은데도 대부분 대도시 신문사보다도 좋은 재무 실적을 유지하고 있습니다. 그렇더라도 이 사업은 끊임없이 이익률 하락 압박을 받고 있습니다.

물론 〈버팔로 뉴스〉는 인터넷 뉴스사업을 선도하고 있으며, 계속해서 더 많은 독자와 광고를 유치할 것입니다. 그러나 클릭 한 번에 무료로 제공되는 대체 정보원과 오락이 많은 탓에, 인터넷 뉴스 사이트의 수익 잠재력은 과거 경쟁이 없던 시절 종이 신문의 극히 일부에 불과합니다.

지금도 지역 거주자가 그 지역 신문을 소유하게 되면, 스포츠팀을 소유한 구단주처럼 즉시 저명인사가 됩니다. 그리고 권력과 영향력도 얻게 됩니다. 그래서 부자들은 신문사에 강한 매력을 느낍니다. 게다가 공익 정신이 있는 부자들은 지역 신문을 소유함으로써 지역 사회에 이바지할 수 있다고 생각합니다. 바로 이런 이유로 피터 키위트Peter Kiewit는 40여 년 전 〈오마하 신문〉을 샀던 것입니다.

따라서 수익성에 상관없이 주요 스포츠팀을 인수하는 사람이 있는 것처럼, 앞으로도 수익성에 상관없이 신문사를 인수하는 개인이 나타날 것입니다. 그러나 신문사 소유주를 꿈꾸는 사람들이 주의할 사항이 있습니다. 신문사의 매출이 비용에도 못 미쳐 손실이 급증하지 말란 법은 없습니다. 신문사는 고정비 비중이 커서, 판매 부수가 감소하면 타격이 큽니다. 게다가 스포츠팀 구단주는 아마도 명성을 계속 유지하겠지만, 신문의 중요성이 감소하면 신문사 소유주가 누리는 '심리적 가치'도 감소하게 됩니다.

전에도 말했듯이, 우리는 신문사가 돌이킬 수 없는 적자 상태로 빠지지 않는 한 계속 보유할 것입니다. 찰리와 나는 신문을 사랑하며 (우리는 하루에 다섯 부씩 구독합니다) 자유롭고 열정적인 신문이 훌륭한 민주주의 유지에 핵심 요소라고 믿습니다. 우리는 종이 신문과 인터넷 신문을 결합하면 신문의 파산을 막을 수 있을 것으로 기대하며, 버팔로에서 지속 가능한 사업 모델 개발에 노력을 기울일 것입니다. 나는 우리가 성공하리라 생각합니다. 그러나 신문으로 큰돈을 벌던 시대는 지나갔습니다.

나무 말고 숲 [2016]

우리 제조, 서비스, 소매회사 들은 막대 사탕에서 제트기에 이르기까지 다양한 상품을 판매합니다.

일부 기업은 경제성이 탁월해서 세후 순유형자산이익률이 100%를 초과하기도 합니다. 다른 기업들도 대부분 12~20% 수준으로 양호한 실적을 내고 있습니다.

그러나 몇몇 기업은 수익률이 매우 낮은데, 이는 내가 자본배분에 심각한 실수를 저지른 결과입니다. 대부분 그 회사나 업종의 경제 특성을 내가 잘못 평가한 탓에 지금 우리가 대가를 치르고 있습니다. 때로는 경영진의 충성도나 능력을 잘못 평가하기도 했습니다. 장담하는데, 앞으로도 나는 실수를 또 저지를 것입니다. 다행히 항상 단도직입적인 찰리가 곁에서 내 터무니없는 아이디어에 대해 '그건 아니야'라고 말해줄 것입니다.

우리 제조, 서비스, 소매 집단에 속한 기업들을 하나의 기업으로 보면 탁월합니다. 2016년에 보유한 순유형자산은 평균 256억 달러였고, 부채는 거의 없이 초과현금이 매우 많았는데도 세후 순유형자산이익률이 24%였습니다.

물론 경제성이 뛰어난 기업이더라도 인수 가격이 지나치게 높으면 부실한 투자가 될 수 있습니다. 우리는 대부분 기업을 인수할 때 순유형자산에 상당한 웃돈을 치렀으며, 이는 우리 영업권과 기타 무형자산 항목에 거액으로 나타납니다. 그렇더라도 우리는 이 섹터에서 근사한 순유형자산이익률을 기록하고 있습니다. 경기가 침체하지 않는다면 2017년 이 집단의 이익은 증가할 것입니다. 2016년 인수한 듀라셀과 프리시전 캐스트파츠도 처음으로 만 1년 이익을 이 집단에 보탤 것입니다. 게다가 2016년 듀라셀에서는 대규모 일회성 비용이 발생하기도 했습니다.

이 섹터에 속한 기업들은 너무 많아서 개별적으로 언급할 수가 없습니다. 게다가 현재 경쟁자와 잠재 경쟁자 들도 이 보고서를 읽습니다. 이들이 우리 실적을 파악하면 우리 자회사 몇몇은 불리해질 수도 있습니다. 따라서 버크셔 평가에 크게 중요하지 않은 일부 자회사에 대해서는 규정에 의한 필수 정보만 공개하겠습니다. 그러나 관건은 버크셔라는 숲이 성장하는 것입니다. 나무 한 그루에 지나치게 집중한다면 어리석은 행동입니다.

철도회사와 전력회사 [2016]

우리 BNSF 철도와 우리 지분이 90%인 공익기업 버크셔 해서웨이 에너지BHE는 다른 자회사와 주요 특성이 구분되는 대형 자회사들입니다. 따라서 이들의 연결재무제표 실적을 우리의 GAAP 기준 재무상태표 및 손익계산서에서 분리해 별도 섹션으로 다루고자 합니다. 작년 두 회사의 이익을 더하면 버크셔 세후 영업이익의 33%나 됩니다.

두 회사의 핵심 특성은 버크셔의 보증 없이 거액을 장기 부채로 조달해 규제 대상 자산에 초장기로 투자한다는 점입니다. 두 회사는 심각한 침체기에도 이자를 충분히 감당할 만큼 수익력이 강하므로 실제로 우리의 보증이 필요하지 않습니다. 예를 들어 작년에는 철도회사들의 실적이 부진했는데도 BNSF의 이자보상비율은 6배가 넘었습니다. (우리가 사용하는 이자보상비율의 정의는 '이자 및 세전 이익/이자'입니다. 흔히 사용되는 EBITDA, 즉 '이자, 법인세, 감가상각비, 감모상각비 차감 전 순이익/이자'는 심각한 결함이 있는 척도라고 봅니다.)

그리고 BHE는 어떤 상황에서도 이자를 상환할 수 있는 두 가지 요소를 갖췄습니다. 첫째는 모든 공익기업에 공통적인 요소로서, 필수 서비스를 독점적으로 제공하는 회사라서 침체기에도 이익이 잘 유지된다는 점입니다. 둘째는 다른 공익기업에서는 찾아보기 어려운 요소로서, 수익원이 매우 다양해서 당국 한 곳에서 규제를 받더라도 심각한 타격을 입지 않는다는 점입니다. BHE는 이렇게 수익원이 다양한 데다 재무구조가 건전한 버크셔의 자회사이므로 지금까지 자금 조달 비용을 대폭 낮출 수 있었습니다. 따라서 우리와 고객 모두 혜택을 보고 있습니다.

작년 BHE와 BNSF가 공장과 설비에 투자한 금액은 모두 89억 달러로서, 미국의 인프라에 막대한 자금을 투입했습니다. 합리적인 수익을 약속해주기만 한다면 우리는 이렇게 막대한 투자를 매우 좋아합니다. 그리고 우리는 공익산업의 장래성을 깊이 신뢰합니다.

이렇게 신뢰하는 근거는 우리에게 과거 경험이 있는 데다, 운송과 에너지 분야에 사회가 끝없이 막대한 투자를 해야 하기 때문입니다. 정부는 자본가들이 핵심 프로젝트에 끊임없이 자금을 투입하도록 유도해야 정부 자신에게도 이롭습니다. 그리고 우리도 정부와 국민이 인정하는 방식으로 사업을 영위해야 우리 자신에게 이롭습니다.

가격을 낮추면 정부와 국민이 매우 기뻐합니다. 아이오와에서 BHE가 공급하는 전력의 소매요금은 킬로와트시kWh당 7.1센트입니다. 그러나 아이오와에서 다른 주요 전력회사인 얼라이언트Alliant가 공급하는 소매요금은 평균 9.9센트입니다. 인접한 주의 소매요금도 비슷한 수준이어서, 네브래스카는 9.0센트, 미주리는 9.5센트, 일리노이는 9.2센트, 미네소타는 10.0센트입니다. 미국 평균은 10.3센트입니다. 우리는 아이오와 주민들에게 적어도 2029년까지는 기본요금을 인상하지 않겠다고 약속했습니다. 우리 요금이 최저이므로, 우리는 생활비에 쪼들리는 고객들에게 실제로 비용을 절감해 드리고 있습니다.

BNSF는 다른 주요 철도회사들과 가격을 비교하기가 훨씬 어렵습니다. 화물 구성과 평균 수송 거리가 매우 다르기 때문입니다. 그래도 매우 거칠게나마 비교하자면, 작년 톤-마일당 요금이 우리는 3센트 미만이었고, 나머지 4대 미국 철도회사의 요금은 4~5센트였습니다.

BHE와 BNSF 둘 다 환경친화기술 분야를 계속 선도하고 있습니다. 풍력발전 분야에서는 아이오와가 단연 앞서가는데, 작년 소매 고객들에게 판매된 풍력발전량 중 55%를 우리가 생산했습니다. (우리가 진행 중인 추가 풍력발전 프로젝트가 완료되면 2020년에는 그 비중이 89%로 증가할 것입니다.)

저렴한 전력 요금은 이차편익(二次便益, second-order benefit)까지 제공합니다. 그동안 대규모 첨단기술 시설들이 아이오와에 줄지어 들어섰는데, 전력요금이 저렴한 데다(데이터 센터들은 전력 사용량이 막대) 대부분 기술회사 CEO들은 재생에너지 사용에 열광적이기 때문입니다. 풍력발전으로 말하자면 아이오와는 미국판 사우디아라비아에 해당합니다.

BNSF 역시 다른 주요 철도회사들과 마찬가지로 화물 1톤을 500마일(800킬로미터) 운송하는 데 디젤 연료 단 1갤런(약 4리터)을 소비할 뿐입니다. 그래서 연료 효율성이 트럭보다 4배나 높습니다. 게다가 철도는 고속도로 교통정체 현상까지 대폭 줄여주므로 고속도로 유지 관리에 들어가는 세금도 절감해줍니다.

결국 BHE와 BNSF가 보유한 자산은 버크셔 주주들은 물론 미국에도 매우 중요한 자산입니다.

재생에너지 [Q 2016-9]

버크셔 해서웨이 에너지는 전력을 모두 태양광과 풍력 같은 재생에너지만으로 생산할 수 있나요?

버핏: 방금 영화에서 보여드린 결정을 포함해서 발전에 관한 모든 결정은 이른바 공익사업위원회Public Utility Commission를 통과해야 합니다. 공익사업위원회가 승인하지 않으면 아무것도 변경할 수 없습니다. 퍼시피코프는 6개 주의 규제 탓에 재생에너지를 도입할 수 없습니다. 6개 주는 우리 비용편익분석에 동의하지 않습니다. 그러나 아이오와 주는 모든 면에서 재생에너지를 적극 지원하고 있습니다. 소비자 집단과 주지사가 그 혜택을 이해하고 있었습니다. 우리 주요 경쟁자 중에 얼라이언트가 있습니다. 이 회사는 우리와 다른 방식으로 재생에너지를 생산하고 있습니다. 이 회사는 요금이 우리보다 훨씬 비싼데도, 1년 이내에 요금을 인상해야 합니다. 반면 우리는 13년 동안 요금 인상이 필요 없습니다. 주정부가 내린 결정입니다. 우리는 연방정부로부터 세금공제 혜택을 받은 덕분에 재생에너지 프로젝트를 진행할 수 있었습니다.

탄소 배출량 감소의 혜택은 전 세계에 돌아가므로 그 비용을 시민 모두가 분담해야 마땅하다고 생각합니다. 그런데 아이오와에서는 주로 석탄을 대체하는 재생에너지를 지원합니다. 천연가스에서도 탄소가 대량 배출되는데 말이지요. 나는 연방정부가 세금공제 혜택을 제공함으로써 사회 전체가 비용을 분담하는 방식이 합리적이라고 생각합니다. 풍력발전소를 세워 탄소 배출량을 줄이면 그 혜택이 아이오와 주민에게만 돌아가는 것이 아니니까요. 지금은 관할 지역에 따라 정책 지원 방식이 다르지만 지속적인 변화가 기대됩니다. 우리는 자본이 풍부합니다. 우리는 연결 기준 이익이 많아서 연방정부에 막대한 세금을 납부하고 있으므로 세금공제 혜택을 이용할 수 있습니다. 그래서 대규모 사업에 유리한 상황입니다.

멍거: 우리는 재생에너지 전환에 우리 몫보다 훨씬 많이 기여하고 있다고 생각합니다. 우리 고객에게 부과하는 전력 요금도 더 낮습니다. 다른 기업들도 모두 우리처럼 한다면, 세상이 훨씬 좋아질 것입니다. 내 견해는 기후변화를 우려하는 사람들과 다소 다릅니다. 나도 모든 재생에너지 전환을 지지하지만 이유는 다릅니다. 나는 탄화수소를 보존해서 화학공업의 원료물질 공급원chemical feedstock으로 사용하자는 입장입니다.

버핏: 네브래스카 주는 풍력발전을 적극 지원하지 않고 있습니다. 여기서 2마일 떨어진 아이오와 주의 전력 요금이 아마 오마하 요금보다 쌀 것입니다. 바람은 미주리 강은 물론 네브래스카 주 전역에도 불고 있습니다. 네브래스카 주 전력공사는 주의 지원 덕분에 비과세채권을 발행하는데도 전력 요금이 강 건너 아이오와 주보다 더 비쌉니다. 아이러니하게도 아이오와 주는 우리가 훨씬 싼 가격에 전력을 제공하는 덕분에, 전력 사용이 많은 기술 회사들의 거점이 되었습니다. 아이오와 주에는 공장들이 잇달아 들어서고, 일자리가 줄지어 창출되며, 재산세 수입도 늘어나고 있습니다. 우리가 값싼 풍력발전 전기를 제공하기 때문에 구글의 거대한 서버 팜server farm이 들어서서 일자리를 창출하고 있습니다. 네브래스카 주는 1930년대에 설립한 전력공사를 자랑으로 여기지만, 최근에는 원가 경쟁력이 약해지고 있습니다.

3G와 원가 절감 [Q 2016-39]

버크셔는 3G와 공동으로 크래프트 하인즈를 인수했습니다. 3G가 원가를 절감하는데 크래프트 하인즈의 판매량과 매출액이 감소하는 이유는 무엇인가요?

버핏: 원가 절감은 반드시 해야 할 때도 있고, 해서는 안 될 때도 있습니다. 톰 머피의 방식이 가장 좋습니다. 그는 필요 없는 사람은 절대 고용하지 않았으므로 해고할 필요도 없었습니다. 버크셔 본사에서 쓰는 방식도 비슷합니다. 지금 필요한 사람이 아니라면 처음부터 필요한 사람이 아니었습니다. 물론 철도처럼 경기순환형 사업이라면, 운송량이 감소할 때 해고가 필요할 수도 있겠지요.

아무 일도 하지 않거나 쓸데없는 일을 하는 사람들로 가득 찬 기업들이 도처에 널려 있습니다. 그동안 3G의 원가 절감을 보고 내가 받은 인상은, 매출이 감소하지 않도록 지극히 현명한 방식으로 원가를 절감했다는 것입니다. 지금은 포장 소비재산업의 매출 추세가 좋지 않습니다. 시간이 지나면 원가 절감이 성공적이었는지 밝혀질 것입니다. 과연 원가 절감 탓에 매출이 감소했을까요? 나는 그렇게 판단할 근거를 전혀 발견하지 못했습니다. 크래프트 하인즈에는 매출이 증가할 제품 라인도 있고, 매출이 감소할 제품 라인도 있다고 생각합니다. 전체적으로 보면 포장 소비재산업의 판매량은 크게 바뀌지 않을 것입니다. 약간 감소할 수는 있겠지만요. 나는 3G보다 더 합리적인 방법으로 인수 기업의 원가를 신속하게 절감한 회사를 본 적이 없습니다. 나는 매달 모든 경쟁사의 실적과 비교하면서 실적 부진의 조짐을 찾아보고 있지만, 아직 전혀 발견하지 못했습니다.

멍거: 때로는 매출 축소가 매우 현명한 선택이 될 수도 있습니다. 손실이 발생하는 매출은 포기하는 편이 나으니까요. 흔히 기업에 불필요한 종업원이 있는 것처럼, 고객들 중에도 없느니만 못한 불필요한 고객이 있습니다. 그러나 외부에서 보면 매출의 소폭 감소가 좋은 신호인지 나쁜 신호인지 판단하기 어렵습니다. 기업은 남아도는 종업원이 많을 때보다 없을 때 모든 면에서 낫다고 생각합니다. 남아도는 종업원은 도움이 되지 않습니다.

버핏: 한 분야에서 사고방식이 느슨해지면 십중팔구 다른 분야에서도 사고방식이 느슨해지기 쉽습니다. 지금까지 나는 19개 기업의 이사회에 참여했는데, 그중에는 탁월한 기업도 있었고 느슨한 기업도 있었습니다. 둘 사이의 차이는 엄청납니다. 탁월한 기업을 보유하면 느슨한 사고방식을 떨쳐낼 수 있습니다. 그러나 탁월한 기업이 없으면 자신의 사고방식이 느슨한지조차 깨닫기 어렵습니다. 예컨대 버크셔가 매년 10억 달러를 낭비해서 이익이 4% 감소해도 모르고 지나갈 수 있습니다.

멍거: 나도 모르고 지나갈 겁니다.

버핏: 찰리는 알아챌 것입니다. 오래전 담배회사들이 전형적인 사례인데, 손쉽게 거금을 벌어들이던 회사들은 돈을 함부로 낭비했습니다. 이들은 경영을 잘하지 않아도 돈벌이가 되었으므로 이런 상황을 이용했습니다.

순진하게 멍청이가 되는 법 [Q 2017-29]

프리시전 캐스트파츠의 최신 정보를 부탁합니다.

버핏: 협력회사들을 인수했습니다. 우리 경영자가 탁월하므로, 앞으로 협력회사들을 더 인수할 계획입니다. 우리는 항공기 분야에서 강력한 지위를 확보하고 있습니다. 이미 협력회사를 둘 인수했지만 합당한 인수 기회가 더 있을 것입니다. 장기간에 걸쳐 더 인수할 것입니다. 매수가격 조정 중 주요 항목은 무형자산 상각뿐인데, 연 4억 달러가 넘지만 비공제 항목입니다. 그래도 나는 4억 달러가 넘는 이익으로 생각합니다. 나는 프리시전 캐스트파츠의 경제적 영업권이 연 4억 달러씩이나 감소한다고 생각하지 않습니다. 이에 대해서는 어느 정도 설명한 바 있습니다. 매우 장기적으로 보면 3D 프린팅에 대해 걱정할 수도 있겠지만, 항공기 제작 분야에서는 걱정할 필요가 없다고 봅니다. 항공기 공급은 변동성이 매우 커질 수 있습니다. 그러나 장기 수요에 대해서는 전혀 걱정하지 않습니다. 관건은 '경쟁사가 더 잘 만들거나 더 싸게 만들든가, 3D 프린팅이 우리 시장 일부를 빼앗아가는가?'입니다.

나는 프리시전 캐스트파츠의 경쟁력이 매우 장기간에 걸쳐 대단히 강하다고 생각합니다. 프리시전 캐스트파츠를 이용하지 않는다면 신형 항공기 도입이 지연될 수도 있으니까요. 우리 전시장 옆방에 있는 엔진을 살펴보시기 바랍니다. 수백 명을 수송하는 내용 연수 20~25년 엔진을 조립할 때, 항공기 제작회사나 엔진 조립회사는 작업의 품질은 물론 공급업체의 신뢰성에 대해서도 걱정하게 됩니다. 부실한 부품 탓에 항공기나 엔진의 완성도가 99%에 그치면 곤란하니까요. 신뢰도는 지극히 중요합니다. 나는 프리시전 캐스트파츠만큼 평판 좋은 회사는 없다고 봅니다. 우리가 인수하길 정말 잘했습니다.

멍거: 우리는 적정 가격에 정말 좋은 회사를 인수했습니다. 싼 가격은 절대 아니었습니다. 옛날에는 좋은 기업도 싸게 살 수 있었지만, 지금은 훨씬 높은 가격을 치러야 합니다.

버핏: 싼 가격이 절대 아니지요. 매년 4억 달러씩 오랜 기간 상각해야 합니다. 회계처리 방식이 그렇다는 말인데 자세히 설명하지는 않겠습니다. 내년 1분기부터 기업들은 회계 탓에 악몽 같은 일을 겪게 됩니다. 월스트리트 증권회사들처럼 기업들도 보유 주식을 시가평가해야 하니까요. 코카콜라나 아메리칸 익스프레스의 평가액 변동이 매 분기나 매일 손익계산서에 반영된다는 말입니다. 그러면 정말 혼란스러워집니다. GAAP 이익을 보고할 때는 우리가 설명하겠지만, 이제 GAAP 이익만 보는 것은 의미가 더 없어지게 됩니다.

멍거: 그다지 좋은 아이디어가 아닙니다.

버핏: 형편없는 아이디어지요. 그래도 우리는 잘 대처할 수 있습니다. GAAP 회계가 버크셔 가치평가에 얼마나 유용하며 언제 가치평가를 왜곡하는지는 내가 설명하겠습니다. 회계가 가치를 평가해주지는 않습니다. 그러나 제대로 이해하면 회계는 매우 유용한 도구가 됩니다. 그리고 회계감사가 제 역할을 하지 못한다고 비난해서도 안 됩니다.

멍거: 회계감사가 역할을 못한다고 탓하는 것이야말로 정말 어리석은 짓입니다.

버핏: 동감입니다. 우리는 회계감사 내역을 항상 제공할 것이며, 어느 방향으로든 결함이 있으면 설명할 것이고, 보유 주식을 평가할 때 어느 숫자

는 이용해야 하고 어느 숫자는 무시해야 하는지도 설명할 것입니다. 우리는 여러분이 보유 주식을 제대로 이해하시길 바랍니다. 그래서 회사의 가치 추정에 정말로 중요하다고 판단되는 사항은 자세히 설명할 것입니다. 2018년부터는 새 회계규정이 시행되므로, 순이익만 보면 올해에는 순진한 사람이지만, 내년에는 터무니없는 멍청이가 됩니다.

운이 아주 좋았습니다 [Q 2017-40]

프루트 오브 룸(남성 및 소년 속옷 제조회사)이 온라인 쇼핑 때문에 고전하고 있나요?

버핏: 아직까지는 그다지 고전하지 않습니다. 인터넷은 소매업의 판도에 큰 변화를 불러온다고 보아야 하며, 이런 변화로부터 전혀 영향받지 않는 기업은 없습니다. 세상은 본격적으로 변하고 있습니다. 그러나 프루트 오브 룸은 실제로 많이 변하지 않았으며, 우리 가구사업은 올해 버크셔 주간에 매출 4,500만 달러를 달성해 또다시 신기록을 세웠습니다. 우리 가구사업은 자체 온라인 사업을 제외하면 온라인으로부터 받는 영향이 거의 없습니다. 동일 매장 매출 실적도 매우 좋습니다.

10년 전에 우리가 예상하지 못했던 일도 많이 발생했습니다. 하나는 이곳 오마하 네브래스카 퍼니처 마트의 온라인 매출이 대폭 증가했다는 사실입니다. 전체 매출의 10%에 육박하는 수준입니다. 그래도 고객 대다수는 여전히 매장에 와서 직접 가구를 고릅니다. 그리고 매장까지 오가는 시간이나 계산대 앞에 줄서서 기다리는 시간을 절약하려는 고객들은 온라인 쇼핑을 선택합니다. 우리는 계속 실적을 지켜보고 있습니다. 지금까지는 프루트 오브 룸이나 가구사업이 온라인의 영향을 크게 받지 않았습니다.

그렇다고 해서 10년 뒤에도 소매업의 모습이 지금과 비슷하리라고 내가 착각하는 것은 아닙니다. 지난 수십 년 동안 소매업의 지형은 극적으로 변화해, 백화점 매출이 온라인 매출로 진화했습니다. 과거 오마하 대형 백화점은 짜릿할 정도로 다채로운 옷 수천 벌을 보유했습니다. 당시 쇼핑센터는 획일적인 모습이었으나 이후 놀라울 정도로 다양성과 편의성을 갖추게 되었습니다. 이어서 사람들은 할인매장으로 갔습니다. 지금은 싼 가격에다 상품 구색이 극치에 이르고 집으로 배달까지 해주는 인터넷을 이용합니다. 이제 백화점은 온라인으로 연결되어 상품 구색이 확대되고 훨씬 편리해졌으며 서비스 속도도 극적으로 빨라졌습니다. 유명 브랜드들은 다양한 방식으로 시험대에 오릅니다. 이들은 직접 온라인으로 판매할 것인지, 아마존에 입점할 것인지, 아니면 과거 유통 방식을 고수할 것인지 결정해야 합니다. 소매업과 브랜드 관리에는 매우 흥미로운 관심사가 많습니다. 장담하는데, 앞으로 10년 동안 놀라운 일들이 발생할 것입니다.

멍거: 우리가 지금도 백화점사업을 하고 있다면, 마음이 영 불편하겠지요. 팔아버려서 다행이지 않은가, 워런?

버핏: 우리는 운이 아주 좋았습니다. 우리가 백화점을 운영할 때는 사업이 아주 엉망이었습니다. 사업이 그보다 조금 나았다면 계속 버텼을 겁니다. 당시 찰리와 나와 샌디 가츠먼이 동업 중이었는데, 이사였던 샌디 덕분에 백화점사업에서 벗어날 수 있었습니다. 그에게 깊이 감사합니다. 당시 인수 가격이 주당 6달러였는데, 백화점사업을 정리한 결정의 가치가 지금 주

당 10만 달러는 될 것입니다. 당시 사업이 조금 더 나았더라도 현재 주가는 10~12달러에 불과하겠죠. 가끔은 운이 따라줍니다. (멍거를 바라보며) 백화점에 대해 미련 없지?

멍거: 미련 없네.

핵발전소는 거절합니다 [Q 2017-53]

버크셔 해서웨이 에너지가 인수하려는 자산의 핵심 특성이 따로 있나요? 예컨대 배전(配電) 자산이나 발전(發電) 자산 중 어느 쪽을 선호하나요?

버핏: 발전 자산은 세월이 흐르면 구식이 되므로 본질적으로 더 위험하다고 볼 수 있습니다. 게다가 자본투자도 더 많이 해야 합니다. 그래서 발전 자산이 자본 기반의 대부분을 차지하는 경향이 있습니다. 우리는 전력사업이 대체로 나쁘지 않다고 생각합니다. 전력 수요 증가세가 과거 수준에는 못 미칩니다. 일부 자산은 구식이 될 것입니다. 그러나 관리 부실 탓에 자산이 구식이 된다면, 공익사업위원회는 이 부분에 대해서는 전력 요금 인상을 허용하지 않을 것입니다. 우리는 전력회사가 여전히 매우 근사한 자산이라고 생각합니다. 하지만 가격이 매우 높습니다. 저금리 환경 때문이지요.

장담하건대, 10년 뒤에는 우리 풍력 및 태양광 발전 자산은 물론 일반 발전 자산도 지금보다 훨씬 증가할 것입니다. 여러 주의 공익사업위원회가 우리를 선호합니다. 슬라이드 자료를 보면, 우리 전력 요금이 다른 전력회사들보다 쌉니다. 그레그 에이블이 이룬 탁월한 성과입니다. 안전성, 신뢰성, 가격, 재생에너지 등 모든 면에서 이룬 성과입니다. 버크셔 해서웨이 에너지보다 더 잘 운영되는 회사는 상상하기 어렵습니다. 실적이 이러하므로, 우리를 원하는 주(州)가 많습니다. 그러나 지금은 일부 전력회사의 인수 가격이 지나치게 높아서 버크셔 주주들이 납득하기 어려운 수준입니다. 그래서 올해에는 인수하기 어렵지만 내년이나 내후년에는 인수가 가능할지 모릅니다. 나는 기회가 있을 것으로 생각합니다.

멍거: 그레그가 우리 전력회사를 경영하는 방식은 예사롭지 않아서, 모든 면에서 다른 전력회사들보다 훨씬 낫습니다. 고객과 규제당국 들도 우리를 높이 평가하고 있습니다. 안전 기록도 더 좋습니다. 경영진도 훌륭하고, 자산의 질도 높으며, 훨씬 더 안전합니다. 그러나 누군가 버크셔에 300억 달러 규모의 핵발전소를 건설해달라고 요청하면 우리는 거절할 것입니다.

버핏: 네브래스카에는 공영 전력회사가 있습니다. 비상장회사입니다. 이 회사는 ROE 규제를 받지 않습니다. 이들은 비과세채권으로 자금을 조달할 수 있습니다. 그러나 우리는 과세채권을 발행해야 합니다. 네브래스카는 여건이 아이오와와 크게 다르지 않습니다. 하지만 우리가 여기서 강 건너 몇 마일 거리에 있는 아이오와에서 판매하는 전력 요금이 네브래스카 전력 요금보다 쌉니다. 대단한 회사입니다. 18년 전 내게 버크셔 해서웨이 에너지를 소개해준 우리 이사 월터 스코트Walter Scott에게 감사합니다. 나는 전력사업 자체가 대단하다고는 생각하지 않습니다. 내가 지금 주식 포트폴리오를 구성한다면 전력회사는 한 종목도 넣지 않을 것입니다. 그러나 우리가 버크셔 해서웨이 에너지를 보유하고 있어서 기쁩니다.

멍거: 일반 전력회사와 근본적으로 다르면서 더 좋은 회사입니다.

버핏: 훨씬 좋은 회사지요.

13장
버크셔 경영 실적 보고

1956년 기본 원칙 중
"나는 동업자들에게 실적을 보장하지 못한다"는 지금도 유효합니다.
그러나 여러분이 주식을 보유하는 동안 버크셔에서 얻는 실제 성과가,
찰리와 내가 얻는 성과와 같다는 점은 보장할 수 있습니다.
우리는 현금 보상, 양도제한 조건부 주식, 스톡옵션을 받지 않을 것이므로,
우리가 얻는 성과는 여러분보다 높지 않을 것입니다.[2001]

2001년 실적 보고 [2001]

2년 전 1999년 실적을 보고할 때, 우리는 절대실적과 상대실적 모두 역사상 최악을 기록했다고 말했습니다. 나는 "상대실적이 우리의 관심사"라고 덧붙였는데, 이는 1956년 5월 5일 처음 투자조합을 설립한 이래로 내가 세운 관점입니다. 그날 저녁 창립 동업자 7명과 만나는 자리에서 내가 나눠준 '기본 원칙'이라는 제목의 짧은 서류에는 이런 문장이 들어 있었습니다. "우리 실적이 좋은지 나쁜지는 증권 전체의 실적과 비교해 측정한다." 우리는 처음에는 다우지수를 벤치마크로 사용했지만, 이후에는 널리 사용되는 S&P500 지수로 벤치마크를 변경했습니다. 1965년 이후 상대실적은 앞에 연도별로 기록되어 있습니다. 작년 버크셔의 실적은 5.7% 포인트 더 높았습니다.

"상대실적으로는 먹고살 수 없소"라고 주장하면서, 우리의 상대실적 평가방침에 반대하는 사람도 있습니다. 그러나 버크셔 부회장 찰리 멍거와 내가 생각하듯이, S&P500을 보유해도 장기적으로 상당히 만족스러운 실적이 나온다고 기대한다면, 장기 투자자는 매년 S&P500 지수보다 조금만 높은 수익을 올려도 틀림없이 만족스러운 보상을 받게 됩니다. 시즈캔디처럼 계절성은 높으나(여름에는 상당한 적자 발생) 수익성 좋은 회사를 보유해도 1년 내내 잘 먹고 살 수 있듯이, 매년 절대실적은 아무리 변동이 심해도 S&P500을 앞서기만 한다면 우리는 항상 풍족한 수익을 거둘 수 있습니다.

작년 우리 자회사들이 올린 실적은 만족스러웠지만, 내가 올린 실적은 전혀 만족스럽지 않았습니다. 버크셔 주식 포트폴리오 대부분을 내가 운용하는데, 지난 몇 년과 마찬가지로 올해 실적도 부진했습니다. 더 중요한 사실은, 핵심 안전장치도 없는 상태에서 내가 제너럴 리의 영업을 허락했고, 9월 11일 테러 사건이 터지면서 발목을 잡혔다는 점입니다. 이 오류와 대응책에 대해서는 나중에 더 설명하겠습니다.

1956년 기본 원칙 중 "나는 동업자들에게 실적을 보장하지 못한다"는 지금도 유효합니다. 그러나 여러분이 주식을 보유하는 동안 버크셔에서 얻는 실제 성과가, 찰리와 내가 얻는 성과와 같다는 점은 보장할 수 있습니다. 우리는 현금 보상, 양도제한 조건부 주식, 스톡옵션을 받지 않을 것이므로 우리가 얻는 성과는 여러분보다 높지 않을 것입니다.

게다가 나는 재산의 99% 이상을 버크셔 주식으로 계속 보유할 것입니다. 나와 아내는 지금까지 주식을 판 적이 없고 팔 계획도 없습니다. 찰리와 나는 지난 몇 년 동안 자주 드러난 행태에 혐오감을 느낍니다. 주주들은 막대한 손실에 시달리는 동안, 시장 붕괴를 부른 CEO, 증권사, 기타 고위직 들은 막대한 돈을 벌어 떠났습니다. 실제로 이들은 투자자들에게 주식을 사라고 역설하면서, 자기 주식은 은밀한 기법까지 동원하면서 내던졌습니다. 뻔뻔스럽게도 이들은 주주를 동업자가 아니라 봉으로 취급했습니다.

엔론이 주주를 배반한 기업의 상징이 되었지만, 미국 기업계에 이런 터무니없는 행태는 아직도 얼마든지 있습니다. 경영자들의 이런 흔한 태도를 보여주는 이야기가 하나 있습니다. 어느 파티에서 아주 멋진 여성이 엉덩이를 흔들며 CEO에게 다가와 촉촉한 입술로 속삭였습니다. "원하시는 것 뭐든 해드릴게요. 뭘 원하는지 말씀만 하세요." CEO는 주저 없이 대답했습니다. "내 스톡옵션 행사가격 좀 낮춰주구려."

끝으로 하나만 덧붙이겠습니다. 장래에는 버크셔의 실적이 과거 실적의 근처에도 못 미칠 것입니다. 찰리와 나는 틀림없이 평균 실적을 초과하려고 노력할 것이며, 부진한 실적에 안주하지 않을 것입니다. 그러나 버크셔는 두 가지 조건이 과거와 확연히 달라졌습니다. 과거에는 흔히 기업과 증권을 지금보다 훨씬 싼 가격에 살 수 있었습니다. 더 중요한 사실은, 당시에는 운용자금 규모가 지금보다 훨씬 작았다는 점입니다. 과거에는 1,000만 달러짜리 투자 아이디어로도 기적을 일으킬 수 있었습니다. (1973년 워싱턴 포스트와 1976년 가이코 투자가 그런 예입니다.) 그러나 지금은 3,000만 달러짜리 투자 아이디어 10개를 동원해도 올릴 수 있는 버크셔의 순자산가치가 0.25%에 불과합니다. 이제는 상당한 이익을 내려면 '코끼리'를 잡아야 합니다. 그러나 코끼리를 찾기는 쉽지 않습니다.

대신 긍정적인 측면도 있습니다. 우리는 다른 어느 회사보다도 훌륭한 경영자를 많이 보유하고 있습니다. (우리 훌륭한 경영자 다수에 대해서는 로버트 마일즈Robert P. Miles의 새 책 《워렌 버핏이 선택한 CEO들*The Warren Buffett CEO*》을 읽어보시기 바랍니다.) 게다가 이들 대부분이 경영하는 회사들은 경제성도 양호하거나 탁월합니다. 이들의 능력, 에너지, 충성도는 정말이지 비범합니다. 지금까지 버크셔 설립 이후 37년 동안 우리 자회사 CEO 중 다른 회사로 옮긴 사람은 하나도 없습니다.

2002년 실적 보고 [2002]

작년 실적에 대해서 유의할 점이 또 있습니다. 여러분이 최근 몇 년 동안 계속 재무보고서를 읽었다면 '형식적인pro-forma' 손익계산서를 수없이 보았을 것입니다. 거의 모두 회계감사가 허용하는 것보다도 '이익'을 훨씬 불려놓은 손익계산서입니다. 이런 보고서에서 CEO들은 "이것도 계산에서 제외하고, 저것도 계산에서 제외하며, 오로지 이익을 늘려주는 요소만 계산에 포함하십시오"라고 주주들에게 말합니다. 경영진은 나쁜 소식은 모두 잊으라고 해마다 말하면서도 부끄러워할 줄을 모릅니다.

버크셔는 지금까지 형식적인 이익이 실제 이익보다 높았던 적이 없었습니다. 그러나 이번에 우리는 새 역사를 쓰게 되었습니다. 작년에는 우리가 보고한 형식적인 이익이 실제 이익보다 높았습니다. 이는 두 가지 유리한 요소에 의해서 보고이익이 증가했기 때문입니다.

첫째, 2002년에는 대규모 재해가 없었던 덕분에, 버크셔(및 기타 보험사들)의 보험사업 이익이 평균적인 해보다 많았습니다. 그러나 이와 반대로 대형 허리케인이나 지진이나 인재 등이 발생하면, 흔히 보험사들은 이런 '이례적인' 재해만 일어나지 않았다면 이익이 X가 되었을 것이라고 보고합니다. 즉, 이런 대형 재해는 드물게 발생하는 현상이므로, "진정한" 이익을 계산할 때는 제외해야 한다는 주장입니다. 그러나 이는 터무니없는 기만입니다. '이례적인' 재해는 보험사업에서 영원히 반복해서 일어날 것이며, 주주들의 돈으로 영원히 반복해서 지급해야 하기 때문입니다.

그런 의미에서 우리는 보험산업의 선례를 따르고자 합니다. 작년에는 대규모 재해가 한 건도 없었으므로, '정상' 보험영업 실적을 계산하려면 우리 실적을 하향조정해야 합니다.

둘째, 2002년에는 채권시장이 우리가 사용한 금융상품 전략에 유리한 방향으로 전개되었습니다. 우리가 이 전략으로 얻는 이익은 틀림없이 1~2년 안에 감소하거나 사라질 것입니다.

따라서 유리하게 작용한 '이례적인' 요소 두 가지가 없었다면 작년 우리 세전 이익은 약 5억 달러 감소했을 것입니다. 그렇더라도 과도한 이익을 쌓게 되어서 기쁩니다. 잭 베니Jack Benny(코미디언)는 어떤 상을 받으면서 말했습니다. "나는 이런 영예를 누릴 자격이 없습니다. 그러나 나는 관절염을 앓고 있는데 이런 병에 시달릴 이유도 없지요."

2007년 실적 보고 [2007]

작년 우리 76개 사업회사의 실적은 전반적으로 좋았습니다. 실적이 나빴던 몇몇 회사는 벽돌, 카펫, 부동산 중개 등 주로 주택 관련 사업을 하는 회사들이었습니다. 이들의 실적 부진은 심각하지 않은 수준이고 일시적인 현상에 불과합니다. 이들 기업은 여전히 강력한 경쟁력을 유지하고 있으며, 경기가 좋을 때나 나쁠 때나 우리 일류 경영자들이 올바르게 이끌고 있습니다.

그러나 일부 대형 금융회사들은 엄청난 문제를 경험하고 있습니다. 작년 주주 서한에서 설명했던 "취약한 대출 관행" 탓입니다. 웰스 파고의 CEO 존

스텀프John Stumpf는 대출회사들의 최근 행태를 다음과 같이 적절하게 분석했습니다. "과거 방식이 제대로 효과를 발휘하고 있는데도, 대출회사들은 흥미롭게도 손해 보는 새 방식을 만들어내고 있습니다."

여러분은 자동차 범퍼에 붙은 2003년 실리콘밸리 스티커의 구호를 기억하실 겁니다. "하느님, 제발 거품 한 번만 더 일으켜주세요." 불행하게도 이 소원이 즉시 이루어져서, 거의 모든 미국인이 주택 가격은 영원히 상승한다고 믿게 되었습니다. 그리고 주택 가격 상승으로 모든 문제가 해결된다고 확신한 대출회사들은 차입자의 소득과 재산은 중요하지 않다고 생각하면서 돈을 삽으로 퍼주었습니다. 오늘날 미국에서는 이런 잘못된 신념 탓에 수많은 사람이 고통받고 있습니다. 주택 가격이 하락하면서 수많은 실책이 드러나고 있습니다. 썰물이 빠져나가면 그동안 누가 벌거벗고 수영했는지 드러납니다. 이제 일부 거대 금융회사들의 추한 모습이 드러나고 있습니다.

이제는 기쁜 소식을 전하겠습니다. 버크셔가 최근 인수한 대기업 TTI(CEO 폴 앤드류스Paul Andrews)와 이스카(Iscar, CEO 제이콥 하파즈Jacob Harpaz)가 2007년에 훌륭한 실적을 올렸습니다. 작년에 보고한 바와 같이, 이스카는 지금껏 내가 본 어느 제조회사보다도 인상적이었는데, 작년 가을 훌륭한 한국 공장을 방문한 다음 나는 이 생각을 더욱 굳히게 되었습니다.•

끝으로, 버크셔의 주춧돌에 해당하는 보험사들도 탁월한 실적을 올렸습니다. 그 이유 하나는 우리가 보험업계에서 최고의 경영자들을 보유하고 있

• 이스라엘 절삭공구 업체인 이스카의 모회사 IMC 그룹이 세계 1위 텅스텐 업체인 대구텍을 인수하자 버핏은 2007년 10월 25일 대구를 방문했다. POSCO 설립의 모태가 되었던 대한중석이 대구텍의 전신이다. - 감수자

다는 점인데, 이에 대해서는 나중에 더 설명하겠습니다. 또한 2007년에는 운도 매우 좋아서 2년 연속 대규모 보험 재해가 발생하지 않았습니다.

그러나 이제는 파티가 끝났습니다. 2008년에는 우리를 포함해서 보험업계의 이익률이 틀림없이 하락할 것입니다. 보험료는 낮아지고, 위험은 대폭 증가했기 때문입니다. 미국에서 3년 연속 심각한 보험 재해가 발생하지 않는다고 하더라도 보험업계의 이익률은 십중팔구 4% 포인트가량 하락할 것입니다. 태풍이나 지진이 발생한다면 실적이 훨씬 나빠질 수도 있습니다. 따라서 앞으로 몇 년 동안 보험사업의 실적 저하에 대비해야 합니다.

버크셔의 실적 평가 척도 [2007]

버크셔의 실적은 주로 두 가지 요소로 평가합니다. 첫 번째 요소는 주식, 채권, 현금성 자산으로 구성된 투자입니다. 연말 기준으로 투자는 모두 1,410억 달러였습니다(금융 자회사와 공익 자회사의 투자분은 두 번째 요소로 분류).

우리 투자 자금 중 보험 플로트(우리 보험사들이 일시적으로 보유한 외부 자금)가 590억 달러입니다. 우리가 인수한 보험에서 본전을 유지하면, 즉 우리가 받은 보험료가 손실과 비용의 합계액과 같으면 이 플로트는 '공짜' 자금이 됩니다. 물론 인수 실적은 변동이 심해서 손실과 이익 사이를 변덕스럽게 오갑니다. 그러나 우리 과거 실적 전체를 보면 인수사업의 수익성이 높았으며, 미래에도 평균적으로 본전 이상의 실적을 기록할 것으로 기대합니다. 이렇게 된다면 우리는 무이자 자금으로 투자해 버크셔 주주들의 가치를 창출한다고 볼 수 있습니다.

두 번째 요소는 투자와 보험 인수 이외의 원천에서 나오는 이익입니다. 이는 66개 비보험회사가 가져다주는 이익입니다. 버크셔 설립 초기에는 우리가 투자에 초점을 두었습니다. 그러나 지난 20년 동안 우리는 비보험회사에서 창출되는 이익의 비중을 늘려왔고, 이런 관행은 앞으로도 이어질 것입니다.

다음 표에 이런 흐름이 나타납니다. 첫 번째 표에 14년 단위로 주당 투자액을 열거했습니다. 비지배지분은 투자액에서 제외했습니다.

비보험회사의 주당 투자액 추이

연말	주당 투자액(달러)	기간	주당 투자액 연복리 증가율(%)
1965	4		
1979	577	1965~1979	42.8
1993	13,961	1979~1993	25.6
2007	90,343	1993~2007	14.3

지난 42년 동안 주당 투자액의 연복리 증가율은 27.1%였습니다. 그러나 그동안 우리는 갈수록 사업회사 인수에 주력했으므로 증가율이 하락 추세를 보였습니다.

이런 흐름의 결과가 아래 표로서, 비보험회사의 주당 이익 추세를 보여줍니다. 역시 비지배지분은 투자액에서 제외했습니다.

비보험회사의 주당 이익 추이

연말	주당 세전 이익(달러)	기간	주당 세전 이익 연복리 증가율(%)
1965	4		
1979	18	1965~1979	11.1
1993	212	1979~1993	19.1
2007	4,093	1993~2007	23.5

전체 기간 연복리 증가율은 17.8%였으며, 우리가 사업회사 인수에 주력함에 따라 증가율이 더 빠르게 상승하고 있습니다.

두 표가 과거 실적 이해와 평가에는 유용할지 모르겠지만, 미래 실적 추정은 완전히 오도할 수 있습니다. 버크셔는 과거와 같은 실적을 반복할 수 없으며, 심지어 과거와 비슷한 실적조차 낼 수 없습니다. 이제 자산과 이익 규모가 너무도 커져서 장래에는 높은 수익률을 내기가 어렵기 때문입니다.

동업자 찰리와 나는 앞으로도 방금 설명한 두 척도로 우리 실적을 계속 평가할 것이며, 정기적으로 실적을 갱신해서 보고할 것입니다. 이제는 과거와 비슷한 실적조차 낼 수 없지만, 그래도 여러분을 실망시키지 않도록 온 힘을 다하겠습니다.

그동안 버크셔에 합류한 경영자들이 찰리와 나에게 큰 힘이 되어줄 것입니다. 우리 경영자들은 여러모로 이례적인 집단입니다. 첫째, 대부분 돈이 필요해서 일하는 사람들이 아닙니다. 이들 중 다수가 막대한 금액을 받고 회사를 우리에게 팔았으며, 돈이 필요해서가 아니라 사업을 사랑하기 때문에 지금도 회사를 경영하고 있습니다. 물론 이들도 공정한 보상을 바라지만, 단지 돈 때문에 그토록 생산적으로 열심히 일하는 것은 아닙니다.

둘째도 다소 관련된 내용이지만, 우리 CEO들은 은퇴하는 바로 그날까지 그 회사를 경영할 것입니다. 거의 모든 회사의 핵심 간부들이 피라미드의 정상을 열망합니다. 따라서 현재 경영하는 자회사나 사업부는 잠시 거쳐 가는 정류장 정도로 생각합니다. 그들이 5년 뒤에도 여전히 그 자리에 있다면 아마도 자신이 실패했다고 생각할 것입니다.

반대로 우리 CEO들의 성공 기준은 내 자리를 차지하는 것이 아니라 현재 맡은 회사의 장기 실적입니다. 이들은 현재 자리에서 영원히 근무한다는 사고방식으로 의사결정을 합니다. 나는 버크셔의 이러한 경영 구조가 매우 드물고 모방하기도 어려워서 우리의 진정한 강점이라고 생각합니다.

2008년 금융위기와 버크셔의 실적 [2008]

2008년에는 우리 순자산이 115억 달러 감소해 A주와 B주 모두 BPS가 9.6% 줄어들었습니다. 현 경영진이 회사를 맡은 지난 44년 동안, BPS는 19 달러에서 7만 530달러로 증가해 연복리 수익률로는 20.3%를 기록했습니다.

연차보고서의 '부록. 버크셔와 S&P500의 실적 비교'를 보면, 버크셔의 순자산가치와 S&P500 지수 실적 모두 2008년이 최악이었습니다. 회사채와 지방채, 부동산과 상품 실적 역시 2008년에는 참혹했습니다. 연말에는 모든 투자자가 큰 손실을 본 채 어찌할 바를 몰랐는데, 마치 셔틀콕이 되어 배드민턴 라켓에 연거푸 두들겨 맞는 작은 새와 같았습니다.

작년에는 시간이 흐르면서 세계 거대 금융기관들의 치명적인 문제점들이 잇달아 드러났습니다. 이에 따라 신용시장이 장애를 일으켰고, 머지않아 주요 기능을 상실하고 말았습니다. 내가 어린 시절 음식점 벽에서 보았던 다음 글귀가 미국 전역을 휩쓰는 표어가 되었습니다. "하느님 외에는 모두 현금만 받습니다."

4분기가 되자 주택 가격과 주가가 폭락하면서 신용위기가 미국 전체를 공포의 도가니로 몰아넣었습니다. 기업 활동이 이렇게 빠른 속도로 위축되는 모습을 나는 한 번도 본 적이 없습니다. 미국과 대부분 국가가 악순환의 고리에 갇혀버렸습니다. 공포 탓에 기업 활동이 위축되었고, 위축된 기업 활동이 더 큰 공포를 불러왔습니다.

경제가 소용돌이치면서 추락하자 정부는 초대형 대응책을 내놓았습니다. 포커 용어를 빌리면 재무부와 연준은 '올인' 했습니다. 전에는 컵으로 약물을 투여했다면, 이번에는 양동이로 약물을 퍼부었습니다. 이렇게 상상도 못할 정도로 약물을 투여하면 틀림없이 부작용이 나타날 것입니다. 정확히 어떤 부작용이 나타날지는 아무도 모르지만, 맹렬한 인플레이션이 나타날 수도 있습니다. 게다가 주요 기업들이 정부의 지원에 기대게 되었습니다. 그리고 시와 주(州) 들도 정부에 엄청난 지원을 요청할 것입니다. 이들로부터 국민의 혈세를 지켜내는 일은 정치인들에게 난제가 될 것입니다. 이들은 순순히 물러서지 않을 것입니다.

부정적 측면이 아무리 많아도, 금융 시스템의 완전 붕괴를 막으려면 정부의 강력하고도 즉각적인 조처가 필수적이었습니다. 만일 작년에 금융 시스템이 붕괴했다면 미국 경제 전체가 대재앙을 맞이했을 것입니다. 좋든 싫든 미국의 금융계와 산업계, 그리고 일반 대중 모두 한 배에 탄 상황이었습니다.

그러나 이렇게 악재가 쏟아졌지만, 미국은 과거에 이보다 훨씬 더한 고통도 겪었다는 사실을 잊어서는 안 됩니다. 20세기만 해도 미국은 세계대전을 두 번 치렀고(한 번은 미국이 초반에 밀리는 형세였음), 공황과 침체는 10여 번이나 겪었으며, 1980년에는 악성 인플레이션으로 우대금리가 21.5%까지 치솟았고, 1930년대에는 대공황으로 실업률이 장기간 15~25%까지 올라갔습니다. 미국에는 난제가 부족한 적이 없었습니다.

그러나 우리는 이 모든 난제를 극복했습니다. 이런 걸림돌이 있었는데도 미국인의 실질 생활 수준은 1900년대에 거의 7배나 개선되었고, 다우지수는 66에서 1만 1,497로 상승했습니다. 반면에 그 이전 수십 세기 동안에는 인류의 생활 수준 개선이 미미한 수준에 그쳤습니다. 미국의 경제 발전 과정이 순탄하지는 않았지만, 그동안 경제 시스템은 놀라울 정도로 효과적이었습니다. 덕분에 인간의 잠재력을 최대한 발휘할 수 있었으며, 앞으로도 계속 발휘할 수 있을 것입니다. 미국의 전성기는 아직 시작하지도 않았습니다.

'부록. 버크셔와 S&P500의 실적 비교'를 다시 보십시오. 이 44년 중 S&P500 지수가 상승한 해는 75%였습니다. 앞으로 44년 동안에도 S&P500이 상승하는 해의 비중은 비슷할 것으로 추측합니다. 그러나 어느 해에 상승하고 하락할지는 내 동업자 찰리와 나 누구도 예측할 수 없습니다. (또한 다른 어떤 사람도 예측할 수 없다고 우리는 굳게 믿습니다.) 예를 들어 우리는 미국 경제가 2009년 내내 (그리고 십중팔구 그 이후에도) 휘청거릴 것으로 확신하지만, 그래도 시장이 상승할지 하락할지는 알 수 없습니다.

실적이 좋은 해든 나쁜 해든, 찰리와 나는 오로지 네 가지 목표에 집중합니다.

(1) 버크셔의 재무 상태를 견고한 요새처럼 튼튼하게 유지합니다. 막대한 초과 유동성을 유지하고, 단기 부채를 소규모로 제한하며, 수십 가지 수익원을 확보합니다.

(2) 자회사들의 "해자(기업의 독점력을 구성하는 모든 방어 수단)"를 확대해 경쟁우위를 튼튼하게 유지합니다.

(3) 다양한 수익원을 새로 획득하고 개발합니다.

(4) 그동안 버크셔에 탁월한 실적을 안겨준 우수 경영진을 확대하고 육성합니다.

대부분 버크셔 자회사의 실적은 경제의 영향을 많이 받는 탓에 작년 이익이 잠재력에 못 미쳤으며, 2009년에도 이런 상태가 이어질 것입니다. 주택건설 관련 자회사들이 특히 큰 피해를 보았고, 소매회사들도 큰 타격을 받았습니다. 그러나 전체적으로는 우리 제조, 서비스, 소매 자회사들이 상당한 이익을 올렸고, 대부분 (특히 대기업들은) 경쟁력이 계속 강화되고 있습니다. 게다가 버크셔의 양대 사업인 보험과 공익 사업이 다행히 경제 전반과 무관하게 좋은 실적을 올려주었습니다. 두 사업 모두 2008년에 탁월한 실적을 기록했으며, 전망도 매우 밝습니다.

작년 보고서에서 예측했듯이, 우리 보험사들이 2007년에 올렸던 이례적인 보험영업이익이 2008년에는 반복되지 않았습니다. 그렇더라도 우리 보험사들은 6년 연속 보험영업이익을 기록했습니다. 이는 585억 달러에 이르는 보험 '플로트'가 공짜 자금보다도 유리하다는 뜻입니다. 실제로 우리는 2008년에 보유한 플로트에서 28억 달러를 보험영업이익으로 벌어들였습니다. 그래서 찰리와 나는 즐겁습니다.

그동안 대부분 보험사는 상당한 보험영업손실을 보았으므로 재정 상태가 우리와는 딴판입니다. 물론 우리도 언젠가는 보험영업손실을 볼 것입니다. 그러나 우리 보험사 경영진은 최고이며, 대부분 견고하고도 소중한 독점력을 보유하고 있습니다. 이런 강점을 고려하면 우리는 앞으로도 장기간 보험영업이익을 올릴 것이며, 따라서 우리 플로트는 공짜 자금이 될 것으로 나는 믿습니다. 버크셔의 핵심 사업인 우리 보험사들은 단연 최강입니다.

찰리와 나는 공익사업에 대해서도 똑같이 열성적입니다. 우리 공익사업은 작년에 이익을 기록했으며, 장래에도 이익을 낼 태세입니다. 우리 공익사업 경영자 데이비드 소콜David Sokol과 그레그 에이블은 공익사업에서 누구도 넘보지 못할 실적을 올렸습니다. 나는 이들이 가져오는 새 프로젝트를 무척 좋아합니다. 공익사업은 자본집약적 사업이라서 대개 규모가 크기 때문입니다. 이런 프로젝트를 이용하면 근사한 수익률로 막대한 자본을 투자할 수 있습니다.

작년에는 자본배분도 순조롭게 진행되었습니다. 버크셔는 항상 기업과 증권을 사는 쪽이므로, 혼란스러운 시장이 우리에게 순풍으로 작용했습니다. 투자할 때 비관론은 우리의 친구이고, 도취감은 우리의 적입니다.

우리는 정상 시장에서는 불가능했을 조건으로 대규모 투자 세 건을 했습니다. 이 투자 덕분에 버크셔의 연간 세전 이익이 약 15억 달러 증가할 것이며, 자본이득까지도 얻을 수 있습니다. 우리는 마몬 인수 작업도 마무리했습니다. (현재 지분 64%를 보유 중이며, 앞으로 6년 동안 나머지 주식도 인수할 예정입니다.) 또한 일부 자회사는 협력회사들을 인수했는데, 이를 통해서 경쟁력과 수익력이 강화될 것입니다.

지금까지는 좋은 소식이었습니다. 그러나 달갑지 않은 소식도 있습니다.

2008년에 나는 터무니없는 투자도 했습니다. 큰 실수를 적어도 하나 저질렀고, 작은 실수는 여러 번 저질렀습니다. 자세한 설명은 뒤에 하겠습니다. 게다가 주요 사항을 누락하는 실수도 저지른 탓에, 새로운 사실이 드러났을 때 즉각 대처하지 못한 채 손가락만 빨고 있었습니다.

게다가 전체 시장이 하락함에 따라, 우리가 계속 보유 중인 주식과 채권의 시장가치도 대폭 하락했습니다. 찰리와 나는 이에 대해 걱정하지 않습니다. 사실은 우리 포지션을 늘릴 자금이 있는 한, 우리는 이런 가격 하락을 오히려 즐깁니다. 오래전 벤저민 그레이엄은 "가격은 우리가 치르는 것이고, 가치는 우리가 받는 것이다"라고 가르쳐주었습니다. 주식이든 양말이든, 나는 가격이 내려갔을 때 우량 상품을 즐겨 사들입니다.

버크셔의 실적 평가 방법 [2009]

처음부터 찰리와 나는 실적을 평가하는 합리적이고도 확고한 기준이 필요하다고 믿었습니다. 이런 기준이 있어야 우리가 멋대로 자금을 운용하고 나서 뒤늦게 기준을 만들어 실적을 정당화하려는 유혹을 떨쳐낼 수 있습니다.

S&P500을 기준으로 선택한 것은, 우리 주주들이 인덱스펀드를 보유하면 거의 비용을 들이지 않고서도 얻을 수 있는 실적이기 때문입니다. 우리가 단지 S&P500 정도의 실적을 낸다면 우리에게 비용을 쓸 이유가 있을까요?

더 어려운 문제는 'S&P500과 비교할 버크셔의 실적을 어떻게 측정하는

가?'입니다. 단순하게 주가 등락률을 측정하자는 주장도 충분히 일리가 있습니다. 사실 장기적으로는 주가 등락률이 최상의 기준입니다. 그러나 연도별로는 주가가 매우 변덕스러울 수 있습니다. 심지어 10년 동안 주가 등락률을 측정하더라도 기간 중 주가가 터무니없이 상승하거나 하락해 실적이 크게 왜곡될 수 있습니다. 마이크로소프트의 스티브 발머Steve Ballmer와 GE의 제프 이멜트는 이 문제에 대해 할 말이 많을 것입니다. 이들은 경영권을 넘겨받은 이후 주가가 코피 터질 정도로 폭락했기 때문입니다.

우리의 연도별 실적을 평가하는 이상적인 기준은 버크셔의 주당 내재가치 증감일 것입니다. 그러나 내재가치는 도저히 정확하게 계산할 수가 없습니다. 그래서 우리는 다소 조잡한 대용물로 BPS를 사용합니다. 물론 이 척도에도 나름의 단점이 있습니다. 그리고 대부분 기업은 BPS가 내재가치보다 낮게 나오는데, 버크셔도 확실히 그렇습니다. 전반적으로 우리 기업들은 BPS가 내재가치보다 훨씬 낮습니다. 특히 우리 주력 기업인 보험회사들은 차이가 막대합니다. BPS는 이렇게 저평가되는 척도지만, 찰리와 나는 내재가치 변동을 추적하기에는 BPS가 가장 유용하다고 믿습니다. 이 척도를 사용하면 앞에서 설명했듯이 1965년 초부터 현재까지 버크셔 BPS의 연복리 증가율은 20.3%입니다.

만일 주가를 척도로 사용한다면 버크셔의 실적은 더 높아져서 연복리 증가율이 22%가 됩니다. 이 연복리 증가율 차이는 얼마 안 되지만, 45년간 적용하면 시장가치가 801,516% 증가한 것으로 나옵니다(BPS 증가율은 434,057%). 이는 1965년에는 버크셔 주가가 당시 직물 관련 자산의 BPS보다 낮았지만, 지금은 일류 자회사들의 BPS보다 늘 높기 때문입니다.

요약하면 부록의 표 '버크셔와 S&P500의 실적 비교'에는 긍정적인 메시지 둘과 매우 부정적인 메시지 하나가 들어 있습니다. 첫째, 1965~69년에서 2005~09년까지 5년 단위로 묶은 41개 기간 중, 우리 BPS 증가율이 S&P500 지수 상승률보다 낮았던 기간이 한 번도 없었습니다. 둘째, 시장 수익률이 플러스인 기간에는 우리가 S&P500에 뒤처질 때도 있었지만, 시장 수익률이 마이너스였던 11개 기간에는 우리가 항상 S&P500을 앞섰습니다. 다시 말해서 우리는 공격보다 방어를 더 잘했고, 앞으로도 계속 그럴 것입니다.

매우 부정적인 메시지 하나는, 우리 규모가 증가함에 따라 우리의 실적 우위가 극적으로 감소했으며 이런 추세는 앞으로도 틀림없이 이어진다는 점입니다. 그렇더라도 버크셔에는 탁월한 기업과 정말로 뛰어난 경영자가 많으며, 이들의 재능을 극대화하는 비범한 기업문화가 형성되어 있습니다. 찰리와 나는 이런 요소들 덕분에 장기적으로 평균을 뛰어넘는 실적이 앞으로도 이어질 것으로 믿습니다. 그러나 거대한 규모가 걸림돌이 될 것이므로, 장래에는 우리의 실적 우위가 과거보다 훨씬 감소할 것입니다.

2010년 실적 보고 [2010]

2010년 우리 실적의 백미는 '벌링턴 노던 산타페BNSF' 인수입니다. 이 회사는 내 기대 이상으로 잘 돌아가고 있습니다. 이 철도회사를 보유함으로써 버크셔의 '정상normal' 수익력이 세전으로는 거의 40%, 세후로는 30% 이상 증가할 것으로 보입니다. 이 회사를 인수하는 과정에서 우리 주식 수가 6% 증가했고 현금 220억 달러가 사용되었습니다. 그러나 우리는 이 현금을 곧바로 채웠으므로 이 거래는 경제성이 매우 좋았습니다.

'표준 연도'는 부회장 찰리 멍거나 내가 정확하게 정의할 수 있는 개념이 아닙니다. 그러나 현재 우리 수익력을 추정할 목적으로 생각해본다면, 보험 부문에서 대규모 재해가 발생하지 않은 해로서 사업 여건이 2010년보다는 다소 좋고 2005년이나 2006년보다는 다소 나쁜 해를 들 수 있습니다. 이렇게 가정한다면 현재 우리가 보유한 자산의 표준 수익력은 자본손익을 제외하고 세전으로는 약 170억 달러, 세후로는 약 120억 달러가 됩니다. 찰리와 나는 이 금액을 바탕으로 매일 수익 증대 방안을 모색하고 있습니다.

찰리와 나는 BNSF의 장래를 매우 밝게 봅니다. 주요 경쟁자인 트럭보다 비용과 환경 면에서 훨씬 유리하기 때문입니다. 작년 BNSF는 디젤 연료 1갤런으로 화물 1톤을 500마일 운송해 연료효율 면에서 신기록을 세웠습니다. 이는 우리 철도의 연료효율이 트럭보다 3배나 높다는 뜻이며, 영업비용 면에서 매우 유리하다는 의미입니다. 게다가 온실가스 배출이 감소하고 석유 수입 필요성도 대폭 감소하므로 나라에도 이익입니다. 철도 운송이 증가하면 우리 사회에 혜택이 돌아갑니다.

장기적으로 미국의 상품 운송량은 계속 증가할 것이며, BNSF는 여기서 발생하는 이익을 모두 차지하게 될 것입니다. 그러나 운송량 증가를 뒷받침하려면 철도에 막대한 투자를 해야 하며, 이런 자금을 공급하기에 버크셔만큼 적합한 주체도 없습니다. 아무리 경제가 침체하고 시장이 어수선해도 우리는 차질 없이 자금을 댈 수 있습니다.

작년 (미국 경제에 대한 비관론이 팽배했는데도) 버크셔는 부동산과 장비에 60

억 달러를 지출해 자본투자에 대한 열정을 과시했습니다. 이 금액 중 90%에 해당하는 54억 달러가 미국 안에서 지출되었습니다. 장래에는 우리 사업이 틀림없이 외국으로도 확장되겠지만, 그래도 미국 안에 투자되는 금액이 압도적으로 많을 것입니다. 2011년에도 자본 지출 80억 달러로 신기록을 세울 것이며, 증가액 20억 달러는 모두 미국에 투자될 것입니다.

돈은 항상 기회를 찾아 흘러가며, 미국에는 기회가 풍부합니다. 요즘 사람들은 흔히 "불확실성이 크다"라고 말합니다. 그러나 예를 들어 1941년 12월 6일(일본의 진주만 기습 전날), 1987년 10월 18일(다우지수가 하루에 22.6% 폭락한 블랙 먼데이 전날), 2001년 9월 10일(9/11 테러 전날)을 돌아봅시다. 오늘이 아무리 평온해도, 내일은 항상 불확실한 법입니다.

이런 현실에 겁먹지 마십시오. 내가 평생 사는 동안 정치인과 전문가 들은 미국이 끔찍한 문제에 직면했다고 끊임없이 탄식했습니다. 그러나 현재 미국인들의 생활 수준은 내가 태어났을 때보다 무려 여섯 배나 높아졌습니다. 비관론자들은 지극히 중요하고도 확실한 요소를 간과하고 있습니다. 인간의 잠재력은 무한하며, 이런 잠재력을 일깨워주는 미국 시스템(남북전쟁과 불황이 자주 방해했는데도 2세기에 걸쳐 기적을 일궈낸 시스템)은 여전히 활기차고 효과적이라는 사실입니다.

현재 우리는 미국 건국 시절의 선조보다 태생적으로 더 똑똑한 것도 아니고, 일을 더 열심히 하는 것도 아닙니다. 그러나 우리 주위를 돌아보면 미국은 우리 선조가 꿈도 꾸지 못하던 세상이 되었습니다. 1776년(미국 독립선언), 1861년(남북전쟁), 1932년(주가가 정점에서 10분의 1로 폭락), 1941년(진주만 기습)과 마찬가지로, 미국의 전성기는 아직 시작하지도 않았습니다.

5년 단위 실적 분석 [2010]

타인의 자금을 맡아서 운용하는 사람들은 애초에 실적 목표를 수립해놓아야 한다고 찰리와 나는 믿습니다. 이런 기준이 없으면 펀드매니저들은 멋대로 자금을 운용하고 나서 뒤늦게 기준을 만들어 실적을 정당화하기 쉽습니다.

버크셔는 오래전에 실적 목표를 말씀드렸습니다. 그것은 주당 내재가치를 S&P500 지수 상승률(배당 포함)보다 빠른 속도로 끌어올리는 것입니다. 우리는 목표 달성에 성공하는 해도 있고, 실패하는 해도 있을 것입니다. 그러나 장기적으로 이 목표를 달성하지 못한다면 우리는 투자자들에게 제 역할을 다하지 못하는 셈입니다. 투자자들이 인덱스펀드를 보유해도 그 이상의 실적을 얻을 수 있기 때문입니다.

여기서 마주치는 난제가 내재가치 계산입니다. 찰리가 계산하는 내재가치와 내가 계산하는 내재가치조차 일치하지 않을 것입니다. 내재가치는 정확한 계산이 불가능합니다.

따라서 우리는 실적 평가에서 주관성을 배제하려고, 내재가치에 비해 '과소평가되는' BPS를 대용치로 사용하고 있습니다. 실제로 일부 회사는 내재가치가 BPS보다 훨씬 높습니다. (나중에 사례 연구를 보여드리겠습니다.) 그러나 그 프리미엄(내재가치 - BPS)은 해에 따라 크게 바뀌는 일이 거의 없으므로, BPS는 우리 실적을 추적하는 합리적인 척도가 될 수 있습니다.

부록에 실린 표는 우리 실적과 S&P500의 실적을 비교한 자료입니다. 초기에는 우리 실적이 매우 좋았지만, 지금은 단지 만족스러운 정도입니다. 분명히 말씀드리지만, 우리가 초기 올렸던 탁월한 실적을 다시는 보지 못할 것입니다. 현재 운용 중인 자본이 거대한 탓에 이례적인 실적이 나올 가능성이 사라졌습니다. 그러나 우리는 지수보다 높은 실적을 얻으려고 노력할 것이며, 이것이 합리적인 평가 기준이라고 생각합니다.

그런데 연도별 실적은 무시해서도 안 되지만, 절대적으로 중시해서도 안 됩니다. 지구가 태양 둘레를 한 바퀴 도는 기간이, 어떤 투자 아이디어나 사업 판단이 결실을 보는 기간과 꼭 일치하지는 않기 때문입니다. 예를 들어 작년에 가이코는 보험 고객을 늘리려고 광고에 9억 달러를 지출했지만, 이렇게 증가한 보험 고객에서 바로 이익이 나오는 것은 아닙니다. 광고비를 두 배로 지출해도 높은 효과가 유지된다면 우리는 단기 실적이 더 나빠지더라도 기꺼이 두 배를 지출할 것입니다. 우리가 철도나 전력 사업에 대규모 투자를 하는 것도 먼 장래에 수익성 개선을 기대하기 때문입니다.

실적을 보는 장기적 관점을 제공하려고, 연도별 실적을 5년 단위 실적으로 정리해 다음 페이지에 제시했습니다. 5년 단위로 묶으면 모두 42개 기간이 되는데, 여기서 매우 흥미로운 이야기가 나옵니다. 상대실적 기준으로 보면 우리의 최고 기간은 1980년대 초에 끝났습니다. 그러나 시장의 황금기는 이후 17년 동안 이어졌고, 버크셔도 상대실적 우위는 감소했어도 절대실적 면에서는 뛰어난 성과를 올렸습니다.

1999년 이후에는 시장이 힘을 잃었습니다(이미 눈치채셨죠?). 따라서 상대실적 기준으로는 버크셔가 S&P500을 만족스러울 정도로 앞섰지만, 절대실적 기준으로는 적당한 성과에 그쳤습니다.

앞으로 우리는 S&P500보다 평균 몇 포인트 높은 실적을 올릴 것으로 기대합니다. 물론 이 정도 실적도 절대 장담할 수는 없습니다. 만일 이 목표를 달성한다면, 주식시장이 나쁜 해에는 우리가 앞서고, 주식시장이 좋은 해에는 우리가 뒤처질 것입니다.

버크셔와 S&P500의 5년 단위 실적 비교(연간 변동률)

(단위: %)

연도	버크셔의 BPS 증가율 (1)	S&P500의 상승률 (배당 포함) (2)	상대실적 (1) – (2)
1965–1969	17.2	5.0	12.2
1966–1970	14.7	3.9	10.8
1967–1971	13.9	9.2	4.7
1968–1972	16.8	7.5	9.3
1969–1973	17.7	2.0	15.7
1970–1974	15.0	–2.4	17.4
1971–1975	13.9	3.2	10.7
1972–1976	20.8	4.9	15.9
1973–1977	23.4	–0.2	23.6
1974–1978	24.4	4.3	20.1
1975–1979	30.1	14.7	15.4
1976–1980	33.4	13.9	19.5
1977–1981	29.0	8.1	20.9
1978–1982	29.9	14.1	15.8
1979–1983	31.6	17.3	14.3
1980–1984	27.0	14.8	12.2
1981–1985	32.6	14.6	18.0
1982–1986	31.5	19.8	11.7
1983–1987	27.4	16.4	11.0
1984–1988	25.0	15.2	9.8
1985–1989	31.1	20.3	10.8
1986–1990	22.9	13.1	9.8
1987–1991	25.4	15.3	10.1
1988–1992	25.6	15.8	9.8

1989-1993	24.4	14.5	9.9
1990-1994	18.6	8.7	9.9
1991-1995	25.6	16.5	9.1
1992-1996	24.2	15.2	9.0
1993-1997	26.9	20.2	6.7
1994-1998	33.7	24.0	9.7
1995-1999	30.4	28.5	1.9
1996-2000	22.9	18.3	4.6
1997-2001	14.8	10.7	4.1
1998-2002	10.4	-0.6	11.0
1999-2003	6.0	-0.6	6.6
2000-2004	8.0	-2.3	10.3
2001-2005	8.0	0.6	7.4
2002-2006	13.1	6.2	6.9
2003-2007	13.3	12.8	0.5
2004-2008	6.9	-2.2	9.1
2005-2009	8.6	0.4	8.2
2006-2010	10.0	2.3	7.7

주: '1971-1975'와 '1972-1976'은 전년도 9월 30일에 시작. '1967-1971'은 1966년 9월 30일부터 1971년 12월 31일까지 63개월 포함. 나머지 기간은 모두 역년(曆年: 1월 1일 ~ 12월 31일) 기준임.

1979년부터 회계규정이 변경되어 보험회사들이 보유 주식을 시가(市價)로 평가하게 되었음. 이전까지는 취득원가와 시가 중 낮은 가격으로 평가했음. 위 표에서 1978년까지의 버크셔 실적은 변경된 규정에 따라 수정했고, 나머지 실적은 모두 원래 보고했던 숫자로 계산했음.

S&P500의 실적은 세전 기준이나, 버크셔의 실적은 세후 기준임. 만일 버크셔가 자산을 모두 S&P500으로 보유하고 세금을 냈다면, 지수 수익률이 플러스인 해에는 실적이 S&P500에 뒤처졌을 것이고, 지수 수익률이 마이너스인 해에는 S&P500를 앞섰을 것임. 그러나 장기적으로는 세금 비용 때문에 실적이 지수보다 상당 폭 낮았을 것임.

2011년 실적 보고 [2011]

이사회의 주요 업무는 적합한 사람에게 회사 경영을 맡기고, 미래에 회사를 떠맡을 차세대 리더들을 차질 없이 발굴해 육성하는 일입니다. 내가 참여해본 이사회 19개 중에서 버크셔의 이사들이 후계 계획에 가장 많은 시간과 노력을 기울였습니다. 게다가 버크셔 이사들이 노력한 만큼 성과도 있었습니다.

2011년 초에 토드 콤즈가 버크셔에 펀드매니저로 합류했고, 연말 직후에는 테드 웨슐러가 들어왔습니다. 두 사람 모두 투자 기술이 탁월하고 버크셔에 매우 헌신적입니다. 두 사람은 2012년에 각각 수십억 달러씩 운용하게 될 것입니다. 이들은 두뇌, 판단력, 인품이 뛰어나서, 찰리와 내가 버크셔를 떠난 다음 전체 포트폴리오를 능히 관리할 수 있는 사람들입니다.

우리 이사회도 내 뒤를 이을 CEO 후보자를 열렬히 지지합니다. 이사회는 그를 여러 번 만나보았으며, 그의 경영 능력과 인품을 높이 평가합니다. (또한 탁월한 예비 후보도 둘이나 있습니다.) 때가 오면 경영권이 매끄럽게 이전될 것이고, 버크셔의 전망도 여전히 밝을 것입니다. 나는 98%가 넘는 재산을 버크셔 주식으로 갖고 있으며, 모두 다양한 자선단체에 기부하기로 했습니다. 이런 식으로 재산을 한 종목에 집중해서 보유하는 것은 통념에 어긋납니다. 그러나 나는 걱정하지 않습니다. 우리가 보유한 기업들이 다양하고도 우수하며, 그 경영자들의 뛰어난 자질도 익히 알고 있기 때문입니다. 자산이 이러하므로 내 후계자는 출발이 순조로울 것입니다. 그러나 이런 이야기를 한다고 해서 찰리와 내가 어디론가 간다고 생각하지는 마십시오. 우리는 여전히 매우 건강하고 우리 일을 사랑합니다.

우리는 보유 주식을 단기 전망에 따라 사고파는 유가증권이 아니라, 훌륭한 기업에 참여한 동업자 지분으로 생각합니다. 그러나 이들 회사의 이익 중 우리 몫은 우리 재무제표에 극히 일부만 반영됩니다. 실제로 받은 배당만 재무제표에 표시되기 때문입니다. 그러나 장기적으로는 이들 회사의 미분배 이익 중 우리 몫도 매우 중요한 역할을 합니다. 이들이 다양한 방법으로 활용되어 미래 이익과 배당을 높여주기 때문입니다. 예컨대 미분배 이익으로 자사주 매입을 하면 회사의 미래 이익 중 우리 몫이 증가하게 됩니다.

우리가 '4대 투자회사'에 대한 현재 지분을 작년 연초부터 계속 보유했다면 배당으로 8억 6,200만 달러를 받았을 것입니다. 그리고 이 금액만 버크셔 손익계산서에 나타났을 것입니다. 그러나 4대 투자회사의 이익 중 우리 몫은 훨씬 커서 33억 달러가 되었을 것입니다. 찰리와 나는 재무제표에 나타나지 않는 24억 달러도 우리의 미래 이익을 높여주므로 24억 달러 이상의 가치가 있다고 믿습니다. 이런 이유로, 배당을 포함한 4대 투자회사의 이익 합계액은 2012년에 증가할 것이며, 앞으로도 장기간 거의 매년 증가할 것으로 기대합니다. 10년 뒤에는 4대 투자회사의 현재 지분에서 나오는 우리 이익이 배당 20억 달러를 포함해서 70억 달러가 충분히 될 것입니다.

이제 좋은 소식은 모두 나왔습니다. 다음은 2011년에 발생한 고통스러운 일들입니다.

몇 년 전, 나는 텍사스 일부 지역에 전기를 공급하는 '에너지 퓨처 홀딩스 Energy Future Holdings'의 채권 몇 종목에 약 20억 달러를 투자했습니다. 이것은 실수였습니다. 그것도 큰 실수였습니다. 이 회사의 전망은 주로 천연가스 가격에 좌우되는데, 우리가 채권을 산 직후부터 가격이 폭락해 지금도 회복되지 못하고 있습니다. 이후 우리는 이자로 매년 약 1억 200만 달러를 받았지만, 가스 가격이 대폭 상승하지 않는다면 이 회사는 원리금 상환 능력을 상실하게 될 것입니다. 우리는 2010년에 투자금액 중 10억 달러를 상각했고, 작년에도 추가로 3억 9,000만 달러를 상각했습니다.

연말 현재 우리가 보유한 이 채권의 시장가격은 8억 7,800만 달러입니다. 가스 가격이 현재 수준을 유지한다면 손실이 더 증가해 아마도 현재 장부가격이 거의 제로가 될 것입니다. 반면에 가스 가격이 대폭 상승한다면 상각 금액의 일부나 전부까지도 회수할 수 있습니다. 아무튼 이 채권을 살 때 했던 나의 손익 확률 계산은 완전히 빗나갔습니다. 여러분의 회장이 중대한 실책을 저지른 것입니다.

2011년, 우리가 대량으로 보유하던 아주 매력적인 채권 세 종목이 조기 상환되었습니다. 버크셔에 매년 세전 이익 약 12억 달러를 안겨주던 채권을 스위스 리, 골드만삭스, GE가 128억 달러에 되산 것입니다. 이렇게 해서 생긴 커다란 소득 공백의 대부분을 우리는 루브리졸을 인수해서 메웠습니다.

작년에 나는 "주택 경기가 십중팔구 1~2년 안에 회복되기 시작할 것"이라고 말했습니다. 내 생각은 완전히 틀렸습니다. 우리가 보유한 다섯 회사의 실적은 주택 경기에 크게 좌우됩니다. 특히 클레이턴 홈즈가 직접적인 영향을 받는데, 이 회사는 2011년 미국 주택의 약 7%를 지은 미국 최대 주택 건설업체입니다.

주택 경기는 회복될 것입니다. 이 말은 믿어도 됩니다. 장기적으로 주택 수는 가구 수를 따라갈 수밖에 없습니다. 그러나 2008년 이전에는 가구 수보다 주택 수가 더 많아졌습니다. 그 결과 지나치게 커진 거품이 요란하게 터지면서 경제를 통째로 흔들어놓았습니다. 이 때문에 다른 문제가 발생했습니다. 침체 초기에는 가구 수 증가 추세가 둔화했고, 2009년에는 가구 수가 극적으로 감소했습니다.

그러나 끔찍했던 수급 상황이 이제는 역전되었습니다. 지금은 주택 수보다 가구 수가 매일 더 증가하고 있습니다. 불확실한 기간에는 사람들이 결혼을 미루지만, 결국은 호르몬을 억제하지 못합니다. 사람들이 침체기 초기에는 시댁이나 친정에서 함께 살더라도, 머지않아 이런 생활에서 벗어나고 싶어집니다.

현재 주택 건축 착공은 연 60만 건이어서 가구 증가 수보다 훨씬 적으므로, 이제는 주택 구입이나 임차가 증가하면서 과거의 주택 공급 과잉 상태가 빠른 속도로 해소되고 있습니다. (이 속도는 지역에 따라 다를 것입니다. 수급 상황이 지역에 따라 다르기 때문입니다.) 그러나 이렇게 수급이 개선되는 동안, 우리 주택 관련 자회사들이 고전하면서 2006년 5만 8,769명이었던 고용 인원이 현재는 4만 3,315명으로 감소했습니다. 주택 섹터는 건설뿐 아니라 온갖 관련 사업을 먹여 살리는 매우 중요한 경제 부문이지만, 아직 침체에서 벗어나지 못하고 있습니다. 경제의 거의 모든 부문이 빠른 속도로 꾸준히 회복되고 있는데도 고용 회복이 이토록 지연되는 주된 이유가 바로 여기에 있다고 생각합니다.

현명한 통화 정책과 재정 정책이 경기침체 완화에는 큰 역할을 하지만, 가구 수를 늘리거나 남아도는 주택을 없애지는 못합니다. 다행히 인구통계와 시장 시스템이 머지않아 균형을 회복시켜줄 것입니다. 그때가 되면 우리는 다시 매년 주택을 100만 채 이상 건설하게 될 것입니다. 이렇게 되면 전문가들은 급락하는 실업률을 보면서 놀랄 것입니다. 이들은 1776년 이후 항상 옳았던 사실을 다시 깨달을 것입니다. 미국의 전성기는 시작되지도 않았다는 사실 말입니다.

2012년 실적 보고 [2012]

1965년 내가 버크셔의 경영을 맡은 이후, 앞의 실적 비교표에서 보듯이 한 해에 241억 달러나 벌어들이고서도 S&P500 지수에 뒤지리라고는 꿈에도 생각하지 못했습니다.

그러나 실제로 이런 일이 벌어졌습니다. 지난 48년 중 버크셔의 BPS 증가율이 S&P500 지수 상승률(배당 포함)에 못 미친 해는 9년이었습니다. 그 9년 중 8년은 S&P500 상승률이 15% 이상이었다는 점에 주목하시기 바랍니다. 우리는 시장에 역풍이 몰아칠 때 실적이 더 좋습니다.

지금까지 우리는 5년 단위로 묶어서 실적을 비교했을 때는 43개 기간에서 단 한 번도 S&P500에 뒤진 적이 없습니다. 그러나 최근 4년 동안은 S&P500 지수 상승률이 매년 플러스를 유지하면서 우리 실적을 앞섰습니다. 2013년에도 시장이 강세를 유지한다면 우리가 세운 5년 단위 43회 연승 기록은 깨어집니다.

그래도 한 가지는 확실히 믿으셔도 됩니다. 버크셔의 실적이 어떻게 나오든, 부회장 찰리 멍거와 나는 평가 척도를 바꾸지 않을 것입니다. 우리의 임무는 내재적 기업가치(실제보다 상당히 저평가되는 BPS로 평가)를 S&P500 지수 상승률보다 더 빨리 끌어올리는 것입니다. 이렇게 하면 버크셔의 주가가 연도별로는 예측할 수 없더라도 장기적으로는 S&P500 지수를 능가할 것입니다. 그러나 이렇게 하지 못한다면 우리 경영진은 투자자들에게 아무런 가치를 제공하지 못하는 셈입니다. 저비용 인덱스펀드에 투자하면 누구나 S&P500 수익률을 얻을 수 있기 때문입니다.

찰리와 나는 버크셔의 내재적 기업가치가 장기적으로 S&P500 수익률을 약간 웃돌 것이라고 믿습니다. 이렇게 확신하는 것은 우리에게 탁월한 기업, 훌륭한 경영자들, 주주 지향적 문화가 있기 때문입니다. 하지만 우리의 상대실적은 시장이 보합이나 약세를 보일 때 거의 틀림없이 우세할 것입니다. 시장이 유난히 강세를 보이는 해에는 우리 실적이 지수에 뒤처진다고 생각하시기 바랍니다.

2013년 실적 보고 [2013]

대규모 기업 인수 두 건을 완료했습니다. 거의 180억 달러를 주고 NV 에너지NV Energy의 전체 지분과 하인즈의 대주주지분을 사들였습니다. 둘 다 우리와 잘 맞는 회사이며, 앞으로 100년 동안 번창할 것입니다.

게다가 하인즈를 인수하면서, 장래에 대기업 인수에 적용할 동업 모델도 만들어냈습니다. 이번에 우리는 '3G 캐피털' 투자자들과 동업했는데, 이 회사를 이끄는 호르헤 파울로 레만Jorge Paulo Lemann은 내 친구입니다. 그의 유능한 동료인 CEO 베르나도 히스Bernardo Hees와 회장 알렉스 베링Alex Behring

이 사업을 맡게 됩니다.

버크셔는 자금 조달을 담당합니다. 이 역할을 맡으면서 우리는 하인즈 우선주 80억 달러를 인수했습니다. 우선주의 표면금리는 9%지만 다른 조건이 붙어 있어서 연 수익률은 약 12%가 됩니다. 버크셔와 3G는 각각 42억 5,000만 달러에 하인즈 보통주 지분을 절반씩 인수했습니다.

하인즈 인수에는 '사모펀드'와 비슷한 측면도 있지만, 중요한 차이가 있습니다. 버크셔는 주식을 단 한 주도 팔 생각이 없다는 사실입니다. 우리는 오히려 주식을 더 사들일 생각이며, 실제로 그럴 가능성이 있습니다. 장래에 주식을 팔려는 3G 투자자가 나오면 우리는 지분을 늘릴 수 있습니다. 아니면 장래 어느 시점에 우리 우선주 일부를 (그 시점의 적정 가치로 평가해) 보통주로 전환하면 버크셔와 3G 모두에 이로울 수도 있습니다.

우리는 6월에 하인즈의 경영권을 인수했고, 지금까지는 영업 실적이 고무적입니다. 그러나 올해 버크셔 연차보고서에는 하인즈의 이익 중 소액만 반영되었습니다. 인수 및 사업 구조조정 과정에서 발생한 일회성 비용이 모두 13억 달러나 되기 때문입니다. 2014년에는 대규모 이익이 나올 것입니다.

이제 하인즈를 포함해서 버크셔가 보유한 포춘 500(매출 세계 상위 500사) 수준 기업이 8.5개입니다. 앞으로 491.5개만 더 인수하면 됩니다.

우리 공익 자회사 미드아메리칸 에너지가 56억 달러에 인수한 NV 에너지는 네바다 주 인구의 약 88%에 전력을 공급합니다. 이 회사는 우리의 기존 전력사업과 잘 맞으며, 재생에너지 분야에 대규모 투자 기회를 열어줄 수도 있습니다. NV 에너지는 미드아메리칸이 인수하는 마지막 대기업이 되지는 않을 것입니다.

찰리와 내가 코끼리를 찾는 동안, 우리 자회사들은 계속 협력회사 인수를 진행하고 있습니다. 작년에는 협력회사 인수 계약이 25건이었으며, 모두 31억 달러를 지출할 예정입니다. 인수 규모는 190만 달러에서 11억 달러까지 다양합니다.

찰리와 나는 이런 거래를 권장합니다. 이들은 우리 기존 사업과 잘 들어맞으며, 우리 전문 경영자들이 관리하기 때문입니다. 그 결과 일을 더 벌이지 않아도 이익이 늘어나게 됩니다. 장래에도 이런 협력회사 인수는 계속 이어질 것입니다. 전체적으로 보면 상당한 규모가 될 것입니다.

작년에 우리는 가장 확실한 협력회사 인수에 35억 달러를 투자했습니다. 이미 우리가 경영권을 확보한 두 훌륭한 회사의 주식을 추가로 사들인 것입니다. 하나는 2008년에 인수한 마몬으로서, 이제 지분을 100% 소유하게 되었습니다. 다른 하나는 2006년에 인수한 이스카로서, 베르트하이머 Wertheimer 가문이 보유 지분 20%에 대해 풋옵션을 행사했으므로 우리가 받아주었습니다.

이로써 우리의 수익력이 세전 3억 달러 증가했고, 현금도 8억 달러 늘어났습니다. 그러나 작년 주주 서한에서도 설명했던 터무니없는 회계규정 탓에 우리가 장부에 기재한 금액은 실제 지급한 금액보다 18억 달러나 감소했고, 그래서 버크셔의 순자산가치도 그만큼 감소했습니다. (그 계정과목이 '주식발행초과금'이었는데, 무슨 의미인지 생각해보십시오.) 이런 기묘한 회계 탓에 버크셔의 내재가치가 순자산가치보다 18억 달러만큼 더 높아졌습니다.

우리는 자본배분이 유연해서 언제든 비지배지분에도 소극적으로 거액을 투자할 수 있으므로, 자신이 직접 경영할 수 있는 기업만 인수하는 다른 회사들보다 월등히 유리합니다. 우디 앨런Woody Allen은 이런 아이디어를 내놓았습니다. "양성애자가 되면 토요일 밤에 데이트할 확률이 두 배로 높아진다." 과연 우리는 양성애자처럼 사업회사를 인수할 수도 있고, 비지배지분에 소극적으로 투자할 수도 있으므로, 끝없이 쏟아져 들어오는 현금을 합리적으로 사용할 확률이 두 배입니다.

2014년 실적 보고 [2014]

2014년 10월 우리는 '밴튤 오토모티브Van Tuyl Automotive' 인수계약을 체결했습니다. 탁월하게 운영되는 78개 자동차 딜러로 구성된 회사입니다. 나는 몇 년 전 이 회사 소유주 래리 밴튤Larry Van Tuyl을 만났습니다. 당시 그는 회사를 팔게 된다면 버크셔에 팔겠다고 했습니다. 최근 인수가 완료되었으므로 이제 우리는 자동차도 취급하게 되었습니다.

래리와 그의 아버지 세실Cecil은 모든 현지 경영자를 소유-동업자owner-partner로 만들면서 62년 동안 이 그룹을 키웠습니다. 이렇게 이익 공동체를 만드는 방식으로 계속 성공을 거듭했습니다. 이제 밴튤은 탁월한 딜러당 매출 실적으로 미국 5위 자동차 그룹이 되었습니다.

최근 몇 년 동안 제프 래처Jeff Rachor가 래리와 함께 일하고 있으며, 앞으로도 이런 관계가 성공적으로 이어질 것입니다. 미국에 있는 자동차 딜러는 약 1만 7,000개인데, 소유권을 이전하려면 반드시 자동차 제조회사의 승인을 받아야 합니다. 우리는 자동차 제조회사로부터 환영받으면서 자동차 딜러들을 계속 인수하려고 합니다. 우리가 이렇게 환영받으면서 합리적인 가격에 달러들을 인수하게 된다면 머지않아 밴틀의 매출 90억 달러는 몇 곱절로 늘어날 것입니다.

이제 밴틀을 포함해서 버크셔가 보유한 포춘 500 수준 기업이 9.5개(하인즈를 0.5개로 계산)입니다. 앞으로 490.5개만 더 낚으면 됩니다. 우리는 낚싯줄을 드리우고 있습니다.

2015년 실적 보고 [2015]

2015년에는 실적이 좋았습니다. 작년에는 보험사들도 실적이 개선되었지만, 비보험회사에서 가장 중요한 실적 개선이 이루어졌습니다. 2014년에는 실적이 부진했던 BNSF 철도가 작년에는 고객 서비스를 극적으로 개선했습니다. 이렇게 서비스를 개선하려고 우리가 작년에 투자한 자본적 지출이 약 58억 달러입니다. 이는 미국 어떤 철도회사의 자본적 지출보다도 압도적으로 많은 금액이며, 우리 연간 감가상각비의 3배에 육박하는 규모입니다. 이 돈은 제값을 다했습니다.

BNSF는 트럭, 철도, 해운, 항공, 파이프라인 등으로 이동하는 모든 도시간 화물의 약 17%(톤-마일 기준)를 운송하고 있습니다. 운송량 면에서 우리는 미국 7대 철도회사(2개사는 캐나다 회사) 중 강력한 1위여서, 화물 톤-마일이 2위 철도회사보다 45%나 많습니다. 따라서 우리가 일류 서비스를 유지해야 우리 화주들이 번영할 수 있을 뿐 아니라, 미국 경제도 순조롭게 돌아갈 수 있습니다.

2015년에는 대부분 철도회사의 실적이 실망스러웠습니다. 톤-마일 합계가 감소했고, 이익도 감소했습니다. 그러나 BNSF는 톤-마일이 유지되었고, 세전 이익은 68억 달러(별도로 표시하지 않는 한 모두 세전 이익 기준)로 증가해 기록을 세웠습니다. (2014년보다 6억 600만 달러나 증가했습니다.) 우리는 BNSF의 경영자 매트 로즈와 칼 아이스Carl Ice에게 감사해야 합니다.

- BNSF는 가장 수익성 높은 우리 5대 비보험회사 중에서 최대 기업입니다. 우리 5대 비보험회사(버크셔 해서웨이 에너지, BNSF, IMC, 루브리졸, 마몬 그룹)의 2015년 세전 이익은 131억 달러로서, 2014년보다 6억 5,000만 달러 증가했습니다.

이 5대 기업 중 2003년에도 우리가 보유했던 기업은 당시 세전 이익이 3억 9,300만 달러였던 버크셔 해서웨이 에너지(미드아메리칸 에너지)뿐입니다. 이후 5대 기업 중 3개는 모두 현금을 주고 사들였습니다. 그러나 BNSF를 인수할 때는 대금의 약 70%는 현금으로 지급하고, 나머지는 주식 6.1%를 발행해 지급했습니다. 따라서 이들이 벌어들인 연간 이익은 127억 달러에 이르지만, 지난 12년 동안 우리 주식은 그다지 희석되지 않았습니다. 그래서 단순한 성장 대신 주당 실적 향상을 추구하는 우리의 목표가 충족되었습니다.

- 내년에는 '6대 기업'을 논할 것입니다. 새로 들어오는 기업은 프리시전 캐스트파츠PCC로, 1개월 전 320억 달러가 넘는 현금을 지급하고 인수한 기업입니다. PCC는 버크셔 모델에 완벽하게 들어맞으므로 우리 주당 정상 수

익력을 대폭 높여줄 것입니다.

CEO 마크 도네건이 이끄는 PCC는 세계 최고의 항공기 부품 공급업체입니다. (대부분 부품이 항공기 신제품에 장착되지만, 예비용 부품의 비중도 작지 않습니다.) 마크의 업적을 보면, 우리 이스라엘 절삭공구 제조업체 IMC의 제이콥 하파즈가 생각납니다. 두 사람 모두 매우 평범한 원자재를 가공해 세계 주요 제조업체들이 사용하는 특수한 제품을 만들어냅니다. 둘 다 다빈치 Leonardo da Vinci의 솜씨입니다.

PCC 제품은 대부분 대형 항공기에 들어가는 핵심 부품이며, 대개 수년간의 장기 계약을 체결해 공급합니다. 13개국 162개 공장에서 근무하는 이 회사의 종업원 3만 466명은 다른 산업에도 제품을 공급하고 있습니다. 이 사업을 키우면서 마크는 많은 기업을 인수했으며, 앞으로도 더 인수할 것입니다. 버크셔의 자본을 그가 효율적으로 활용해줄 것으로 기대합니다.

PCC 인수에 대해서 개인적으로 감사할 일이 있습니다. 토드 콤즈가 도와주지 않았다면 나는 PCC를 인수하지 못했을 것입니다. 몇 년 전 그는 내가 이 회사에 주목하게 해주었고, 그 사업과 마크에 대해서도 가르쳐주었습니다. 토드 콤즈와 테드 웨슐러는 둘 다 본업이 펀드매니저지만(각각 운용하는 자산이 약 90억 달러), 다른 방식으로도 기꺼이 능숙한 솜씨로 버크셔에 크게 이바지합니다. 두 사람을 고용한 것은 나의 최고 업적에 속합니다.

- PCC 인수가 완료되면, 버크셔는 포춘 500대 기업 규모의 회사 10.25개를 보유하게 됩니다. (우리가 지분 27%를 보유한 크래프트 하인즈는 0.25개로 계산했습니다.) 이제 우리에게 전화해서 매각 의사를 밝힐 미국 대기업은 98%도 남지 않았습니다. 우리는 전화를 기다리고 있습니다.

- 규모가 더 작은 우리 수십 개 비보험회사의 세전 이익은 2014년 51억 달러에서 2015년 57억 달러로 증가했습니다. 이들 중 작년 이익이 7억 달러가 넘는 회사는 1개, 4~7억 달러인 회사는 2개, 2억 5,000만~4억 달러는 7개, 1~2억 5,000만 달러는 6개였으며, 5,000만~1억 달러는 11개였습니다. 우리는 이들을 모두 좋아합니다. 세월이 흐르면서 우리 소형 비보험회사들의 숫자와 이익 모두 증가할 것입니다.

- 미국의 인프라가 무너지고 있다는 이야기도 나오지만, 이는 버크셔에 대한 이야기가 아닙니다. 우리가 작년 부동산, 공장 및 설비에 투자한 금액은 160억 달러로서, 이 돈의 86%가 미국에서 지출되었습니다.

앞에서도 언급했지만, 2015년 BNSF는 자본적 지출 면에서 기록을 세웠습니다. 매해 연말 우리 철도회사의 설비는 연초보다 개선될 것입니다.

버크셔 해서웨이 에너지도 비슷합니다. 이 회사는 지금까지 재생 가능 에너지에 160억 달러를 투자했고, 현재 미국 풍력발전의 7%와 태양광발전의 6%를 차지하고 있습니다. 실제로 우리 자회사의 풍력발전량은 4,423메가와트로서, 2위 기업의 6배에 이릅니다.

그뿐이 아닙니다. 작년 버크셔 해서웨이 에너지는 '기후변화 협약Paris Climate Change Conference'을 지지해 장래 재생 가능 에너지 개발에 대규모로 투자했습니다. 우리가 이 약속을 이행하는 편이 환경 보호는 물론 버크셔의 경제성 측면에서도 매우 타당할 것입니다.

- 계속 성장하는 우리 버크셔 대형 보험사들은 2015년에도 보험영업이익을 올려 12년 연속 흑자를 기록했고 플로트도 늘렸습니다. 이 13년 동안 플

로트는 410억 달러에서 880억 달러로 증가했습니다. 플로트 규모의 성장도, 그 절대 규모도 버크셔 이익에는 반영되지 않지만, 우리는 플로트를 이용해서 막대한 투자 이익을 창출합니다.

같은 기간 우리가 벌어들인 보험영업이익은 2015년에 번 18억 달러를 포함해서 모두 260억 달러입니다. 버크셔의 미반영 순자산은 확실히 보험사업에 가장 많습니다. 우리는 이 다면적 사업을 48년 동안 키워왔으며, 아무도 모방할 수 없습니다.

- 찰리와 내가 인수 대상 기업을 찾는 동안, 우리 자회사들은 계속해서 협력회사들을 인수하고 있습니다. 작년에는 협력회사 인수 계약이 29건이었으며, 모두 6억 3,400만 달러를 지출할 예정입니다. 인수 규모는 30만 달러에서 1억 4,300만 달러까지 다양합니다.

찰리와 나는 가격이 합리적이라면 협력회사 인수를 권장합니다. (그러나 대부분 제안 가격은 합리적이지 않습니다.) 이들은 우리 기존 사업과 잘 들어맞으며, 우리 전문 경영자들이 관리하기 때문입니다. 그 결과 일을 더 벌이지 않아도 이익이 늘어나므로 매우 매력적입니다. 장래에도 이런 협력회사 인수는 계속 이어질 것입니다.

- 우리가 호르헤 파울로 레만, 알렉스 베링, 베르나도 히스와 함께 인수한 하인즈는 작년 크래프트와 합병하면서 규모가 두 배 넘게 증가했습니다. 합병 전에는 우리 지분이 약 53%였고, 취득원가는 42억 5,000만 달러였습니다. 지금은 우리 지분이 약 27%이고, 취득원가는 98억 달러이며, 보유 주식은 3억 2,540만 주입니다. 새 합병회사는 연 매출이 270억 달러이고, 크래프

트에서 나오는 오스카마이어Oscar Mayer 핫도그는 물론 곁들여 먹을 하인즈 케첩이나 겨자도 함께 제공합니다. 여기에 코카콜라를 더하면 여러분도 내가 가장 좋아하는 식사를 즐길 수 있습니다. (올해 주주총회에는 오스카마이어 위너모빌Wienermobile도 등장하니 아이들을 데려오십시오.)

우리는 크래프트 하인즈 주식을 전혀 팔지 않았는데도, 합병이 완료되자마자 '일반회계원칙'에 따라 투자액 68억 달러를 상각하게 되었습니다. 이 때문에 재무상태표에 표시된 우리 크래프트 하인즈 주식 평가액이 우리 취득원가보다는 수십억 달러 높아지고, 시가 평가액보다는 수십억 달러 낮아지게 되었습니다. 이런 결과를 보고 좋아할 사람은 회계사뿐입니다.

우리는 크래프트 하인즈 우선주도 보유하고 있습니다. 재무상태표 평가액은 77억 달러이고, 매년 우리가 받는 배당은 7억 2,000만 달러입니다. 이 우선주는 거의 틀림없이 6월(우선주 발행 계약서에서 허용하는 가장 이른 시점) 83억 2,000만 달러에 상환될 전망입니다. 이는 크래프트 하인즈에는 호재지만, 버크셔에는 악재입니다.

호르헤 파울로와 그의 동료들은 더없이 훌륭한 동업자입니다. 우리는 기본 욕구와 욕망을 채워주는 대기업들을 함께 열정적으로 인수해 보유하면서 키워나갑니다. 그러나 우리가 이 목표를 추구하는 방식은 그들과 다릅니다.

그들이 엄청나게 성공한 방식은 개선의 여지가 많은 기업을 인수해 불필요한 비용을 매우 신속하게 없애버린 것입니다. 그들의 방식은 생산성을 대폭 높여주는데, 생산성이야말로 지난 240년 동안 미국의 경제 성장을 이끈 가장 중요한 요소였습니다. '노동시간당 상품 및 서비스 산출량'(즉, 생산성)이 증가하지 않으면 경제는 침체할 수밖에 없습니다. 미국에는 생산성을 대폭 높일 수 있는 기업이 많으므로, 파울로와 그의 동료들에게는 기회가 많습니다.

버크셔 역시 생산성 향상을 갈망하고, 관료주의를 혐오합니다. 그러나 우리는 거품 낀 기업을 피하는 방식으로 이 목표를 추구합니다. 즉, PCC처럼 원가 의식이 투철하고 효율적인 경영자가 오랜 기간 운영한 기업을 인수합니다. 이런 기업을 인수하고 나서 우리가 하는 역할은 경영자(또는 사고방식이 비슷한 후계자)가 역량을 극대화하고 보람을 느낄 수 있는 환경을 조성해주는 것입니다. (나는 간섭하지 않습니다. 멍거의 유명한 경고를 유념하기 때문입니다. "평생 비참하게 살고 싶으면, 상대방의 행동을 바꾸려는 사람과 결혼하라.")

버크셔는 계속해서 전대미문의 극단적인 분권주의를 추구할 것입니다. 그러나 우리는 호르헤 파울로와 동업할 기회도 찾을 것입니다. 그가 팀 호턴스를 인수할 때처럼 우리는 자금만 빌려줄 수도 있고, 하인즈를 인수할 때처럼 우리는 주식을 사면서 자금까지 빌려줄 수도 있습니다. 우리는 버카디아Berkadia와 훌륭하게 동업했던 것처럼, 가끔 다른 사람들과 동업할 수도 있습니다.

그러나 버크셔는 우호적 인수에만 동업자로 참여할 것입니다. 물론 적대적 인수가 타당할 때도 있습니다. CEO 중 일부는 주주들을 섬겨야 한다는 사실조차 망각하며, 일부는 한심할 정도로 무능하기 때문입니다. 둘 다 이사들이 문제를 보지 못하거나 변화를 꺼리는 경우입니다. 이런 때는 새로운 인물이 필요합니다. 그렇더라도 우리는 이런 '기회'를 남들에게 넘겨줄 생각입니다. 버크셔는 우리를 환영해주는 곳에만 찾아갈 것입니다.

- 작년에도 버크셔의 '4대 투자회사(아메리칸 익스프레스, 코카콜라, IBM, 웰스 파고)' 지분이 모두 증가했습니다. IBM(2014년 7.8%가 8.4%로 증가)과 웰스 파

고(9.4%가 9.8%로 증가)는 주식을 추가로 매입했습니다. 한편, 코카콜라와 아메리칸 익스프레스는 자사주 매입을 실행한 덕분에 우리 지분이 증가했습니다. 코카콜라의 우리 지분은 9.2%에서 9.3%로 증가했고, 아메리칸 익스프레스의 우리 지분은 14.8%에서 15.6%로 증가했습니다. 이런 증가율이 대수롭지 않아 보인다면 이렇게 생각해보십시오. 4대 투자회사 전체에 대한 우리 지분이 1% 포인트 증가할 때마다, 이들의 연간 이익 중 버크셔의 몫이 5억 달러나 증가합니다.

네 회사 모두 사업성이 탁월하고, 경영자들은 유능한 동시에 주주 지향적입니다. 버크셔는 그저 그런 회사의 지분을 100% 보유하는 것보다, 훌륭한 회사의 지분 일부를 보유하는 편이 훨씬 좋습니다. 모조 다이아몬드를 통째로 소유하는 것보다는 최상급 다이아몬드의 일부를 소유하는 편이 낫기 때문입니다.

연말 보유 지분 기준으로 볼 때, 2015년 4대 투자회사의 이익 중 우리 몫은 47억 달러에 이릅니다. 그러나 우리가 보고한 이익에는 우리가 작년에 받은 배당 약 18억 달러만 포함되어 있습니다. 하지만 착오 없으시기 바랍니다. 우리 보고에 포함되지 않은 이익 약 30억 달러 역시 우리에게 똑같이 소중합니다.

4대 투자회사에 유보된 이익은 흔히 자사주 매입에 사용되거나(장래 이익에서 우리 몫을 늘려줌), 유리한 사업 기회에 투자 자금으로 사용됩니다. 두 방법 모두 장기적으로 4대 투자회사의 주당 이익을 대폭 높여줄 것입니다. 그러면 버크셔가 받는 배당이 증가할 것이며, 우리 미실현 자본이득도 증가할 것입니다.

2016년 실적 보고 [2016]

2016년 버크셔의 순자산 증가액은 275억 달러이며, A주와 B주의 BPS 증가율은 똑같이 10.7%입니다. 현 경영진이 회사를 맡은 지난 52년 동안, 주당 순자산은 19달러에서 17만 2,108달러로 증가해 연복리 수익률로는 19%를 기록했습니다.*

52년 중 전반기에는 버크셔 BPS 증가율이 '정말로 중요한 숫자인 우리 내재가치 증가율'과 대체로 일치했습니다. 이는 우리가 자산 대부분을 유가증권 형태로 보유하면서, 정기적으로 시장가격 기준으로 자산을 재평가했기 때문입니다(매도 시 부과되는 세금은 차감). 월스트리트 용어로 표현하면 당시 우리 재무제표는 대부분이 "시가로 평가"되었습니다.

그러나 1990년대 초부터 우리는 기업 소유에 중점을 두었고, 이 과정에서 재무상태표 숫자(BPS)의 타당성이 감소하게 되었습니다. 이는 소유 기업에 적용되는 회계규정GAAP이 유가증권 평가에 적용되는 회계규정과 매우 다르기 때문입니다. 즉, 우리 소유 기업에 대해서는 보유가치가 명백하게 감소하면 상각해 평가액을 낮추지만, 보유가치가 증가하면 절대 평가액을 높이지 않습니다.

우리는 두 가지 사례를 모두 경험했습니다. 결혼에서와 마찬가지로, 기업을 인수한 뒤에도 종종 뜻밖의 사실이 드러나기 때문입니다. 나는 몇몇 기업을 인수하면서 어리석게도 경제적 영업권에 대해 지나치게 높은 가격을 치렀습니다. 그래서 나중에 영업권을 상각하게 되었고, 결국 버크셔의 순자산가치가 감소했습니다. 그러나 우리가 인수한 기업 일부는 큰 성공을 거두기도 했지만, 우리는 순자산가치를 단 한 푼이라도 높인 적이 없습니다.

우리는 이런 회계 불균형에 대해 다투려는 것이 아닙니다. 그러나 이런 불균형 탓에 시간이 흐를수록 버크셔 내재가치와 BPS의 차이가 벌어질 수밖에 없습니다. 현재 우리 소유 기업들은 미반영 이익이 막대하며 계속 증가 중이므로, 버크셔의 내재가치는 BPS보다 훨씬 높습니다. 특히 우리 손해보험회사들은 그 차이가 정말로 크며, 다른 자회사들 역시 차이가 큽니다.

그러나 장기적으로 주가는 내재가치를 따라갑니다. 실제로 버크셔 주가가 그랬습니다. 그래서 부록의 표에서 보듯이, 버크셔의 52년 주가 상승률이 BPS 증가율보다 훨씬 높은 것입니다.

* 이 보고서의 주당 실적은 모두 버크셔 A주 기준임. B주의 실적은 A주의 1,500분의 1임.

우리의 목표

동업자인 버크셔 부회장 찰리 멍거와 나는 버크셔의 정상 수익력이 해마다 증가할 것으로 기대합니다. 물론 실제로는 이익이 감소하는 해도 가끔 있을 것입니다. 미국 경기가 주기적으로 침체하기 때문이지요. 게다가 미국 기업들 대부분의 실적이 좋을 때도, 대재해가 발생하거나 기타 보험산업 특유의 사건이 발생해서 버크셔의 실적이 악화할 수도 있습니다.

이렇게 기복이 있더라도 우리 책무는 장기적으로 높은 성장을 달성하는 것입니다. 여러분의 자본을 관리하는 버크셔 이사들은 결국 이익을 모두 유보하기로 했습니다. 실제로 2015년과 2016년, 버크셔는 2위 기업보다 수십억 달러나 더 유보하면서 유보이익 금액 기준으로 미국 1위 기업이 되었습니다. 이렇게 재투자된 이익은 틀림없이 제 몫을 할 것입니다.

물론 어떤 해에는 우리 이익이 빈약할 것이고, 드물지만 어떤 해에는 이익이 전혀 없을 것입니다. 찰리와 나에게 이익을 늘리는 마법 같은 계획이 있는 것은 아닙니다. 다만 큰 꿈을 갖고 심리적 · 재정적으로 대비하고 있다가, 기회가 나타나면 신속하게 대응할 생각입니다. 약 10년마다 먹구름이 우리 경제를 뒤덮고서, 잠시 금을 비처럼 퍼부을 것입니다. 이때는 반드시 티스푼이 아니라 빨래통을 들고 밖으로 뛰어나가야 합니다. 우리는 그렇게 할 것입니다.

앞에서 설명했듯이 우리는 대부분 이익을 투자 활동으로 얻는 기업에서, 기업 인수를 통해 가치를 성장시키는 기업으로 점진적으로 전환했습니다. 처음에는 신중하게 소규모 기업을 인수했으므로, 버크셔 이익에 미치는 영향이 유가증권보다 훨씬 작았습니다. 그러나 이렇게 신중하게 접근했는데도 나는 터무니없는 실수를 저질렀습니다. 특히 1993년 4억 3,400만 달러에 인수한 덱스터 슈가 대표적입니다. 덱스터의 가치는 곧바로 제로가 되었습니다. 설상가상으로 나는 인수 대금을 주식으로 지급했습니다. 당시 지급한 버크셔 주식 2만 5,203주는 2016년 말 가치로 60억 달러가 넘습니다.

이 사고 후에도 세 가지 주요 사건(긍정적 사건 둘, 부정적 사건 하나)을 거쳐 우리는 현재의 방침을 굳히게 되었습니다. 1996년 초, 우리는 가이코의 나머지 지분 절반을 현금으로 인수했습니다. 우리 포트폴리오 투자 종목이었던 가이코는 완전소유 자회사가 되었습니다. 거의 무한한 잠재력을 보유한 가이코는 현재 세계 최고라고 자부하는 우리 손해보험사업의 핵심이 되었습니다.

이후 1998년 말 제너럴 리를 인수하면서, 어리석게도 나는 또 막대한 버크셔 주식을 대가로 지급했습니다. 초기에는 다소 문제가 있었지만, 제너럴 리는 우리가 높이 평가하는 훌륭한 보험사가 되었습니다. 그렇더라도 제너럴 리를 인수하면서 버크셔 주식 27만 2,200주를 발행한 것은 나의 끔찍한 실수였습니다. 이 때문에 우리 유통 주식 수가 무려 21.8%나 증가했습니다. 나의 실수 탓에 버크셔 주주들은 받은 것보다 훨씬 많은 대가를 지불했습니다. (성경에서는 이런 행위를 추천할지 몰라도, 기업 인수에서는 절대 축복받는 행위가 아닙니다.)

2000년 초, 나는 미드아메리칸 에너지의 지분 76%(이후 90%로 증가)를 인수해 내 실수를 만회했습니다. 탁월하게 관리되는 이 공익기업은 사회적으로 유용하면서 수익성도 높은 대규모 투자 기회를 계속 가져다주고 있습니다. 미드아메리칸 현금 인수를 계기로 우리는 다음과 같은 방침을 굳혔습니다. (1) 우리 보험사업을 계속 확대하고, (2) 사업이 다각화된 비보험 대기업들을 적극적으로 인수하며, (3) 주로 내부에서 창출한 현금으로 기업을 인수한다. (요즘 나는 버크셔 주식 발행을 대장 내시경 검사 준비 과정보다도 더 싫어합니다.)

상대적으로 중요성이 감소하긴 했지만, 우리 주식 및 채권 포트폴리오도 1988년 이후 계속 증가해 막대한 자본이득, 이자, 배당을 안겨주고 있습니다. 이 포트폴리오 수익은 기업 인수 자금 조달에 큰 역할을 하고 있습니다. 색다른 기법이지만, 버크셔가 자본배분에 적용하는 이중 전략은 커다란 강점입니다.

다음은 우리가 사업 방향을 본격적으로 수정하기 시작한 1999년 이후의 재무 실적입니다. 이 18년 동안 증가한 버크셔의 유통 주식 수는 8.3%에 불과합니다. 대부분 BNSF를 인수하는 과정에서 증가했는데, 다행히 이는 합

1999년 이후 재무 실적(세후 이익)

(단위: 10억 달러)

연도	사업소득 (1)	자본이득 (2)
1999	0.67	0.89
2000	0.94	2.39
2001	−0.13	0.92
2002	3.72	0.57
2003	5.42	2.73
2004	5.05	2.26
2005	5.00	3.53
2006	9.31	1.71
2007	9.63	3.58
2008	9.64	−4.65
2009	7.57	0.49
2010	11.09	1.87
2011	10.78	−0.52
2012	12.60	2.23
2013	15.14	4.34
2014	16.55	3.32
2015	17.36	6.73
2016	17.57	6.50

(1) 투자에서 얻은 이자와 배당은 포함, 자본손익은 제외.

(2) 이 표에서는 주로 실현 자본손익만 포함. 그러나 GAAP 기준을 적용한다면 미실현 손익도 포함해야 함.

리적인 주식 발행 사례였습니다.

앞으로도 (그 시점은 전혀 알 수 없지만) 우리 투자에서 계속 상당한 소득이 발생해 기업 인수 자금 상당 부분을 공급할 것으로 기대합니다. 동시에 버크셔 자회사들을 경영하는 탁월한 CEO들은 각 회사의 이익 증대에 노력을 집중할 것이며, 간혹 협력회사 인수를 통해서도 이익을 늘릴 것입니다. 우리는 버크셔 주식 발행을 회피하고 있으므로, 버크셔의 이익이 증가하면 곧바로 주당 이익 증가로 연결될 것입니다.

14장
학습과 삶의 지혜

멍거: 돌아보면, 돈을 더 많이 벌지 못한 것이나
더 유명해지지 못한 것은 후회되지 않습니다.
더 빨리 현명해지지 못해서 유감스러울 뿐입니다.
그래도 다행스러운 것은, 내 나이 92세에도
여전히 무식해서 배울 것이 많다는 사실입니다. [Q 2016-3]

젊은이들에게 주는 조언 [Q 2015-12]

좋은 평판을 얻고 영향력 있는 사람들과 네트워크를 구축하고 싶은데, 어떻게 해야 하나요? 친구와 동료들로부터 사랑도 받고 싶습니다.

멍거: 최선을 다해서 노력하세요. 좋은 평판을 쌓으려면 오랜 기간이 걸립니다. 사람들 대부분은 천천히 쌓아갈 수밖에 없지요. 살아가면서 바르게 처신하는 것이 가장 중요합니다.

버핏: 사람은 나이가 들면 자신에게 합당한 평판을 얻게 됩니다. 한동안은 사람들을 속일 수 있겠지요. 기업도 마찬가지입니다. 버크셔는 평판의 덕을 아주 많이 보았습니다. 평판 덕분에 회사가 달라졌습니다. 정말입니다.

멍거: 젊은 시절, 나는 무례한 질문을 함부로 던지는 밉상이었습니다. 나중에 큰 부자가 되어 후하게 인심을 쓰면서부터 비로소 호감을 얻게 되었습니다.

버핏: 초창기에는 찰리와 나 둘 다 밉상이었습니다. 그러나 아주 훌륭한 선생님들을 만났습니다. 내가 존경하는 분들이었습니다. 존경받고 싶다면, 존경하는 사람들을 닮으십시오. 주변에서 존경하는 사람들을 찾아내어 그들의 장점을 적고, 그들을 닮겠다고 결심하십시오. 다른 사람들의 단점이 마음에 들지 않는다면, 그와 같은 자신의 단점을 없애십시오. 결혼 상대를 고를 때 가장 중요한 것은 지성이나 유머가 아닙니다. 기대 수준이 높지 않은 사람을 찾으세요.

멍거: 저축도 할 줄 모르는 사람은 도와줄 방법이 없습니다.

버핏: 어린 시절부터 저축 습관을 키워야 합니다. 그러면 인생이 엄청나

게 달라집니다. 버크셔는 재미있는 만화 시리즈를 통해서 어린이들에게 저축 습관을 키워주려고 노력하고 있는데, 실제로 효과가 좋다고 생각합니다. 일찌감치 자녀들에게 돈에 관해서 좋은 습관을 키워주면 인생이 달라질 수 있습니다. 자녀가 어릴 때 서둘러 시작하세요.

《국부론》과 자본주의 [Q 2015-27]

《국부론*The Wealth of Nations*》을 읽고 무엇을 배우셨나요?

버핏: 《국부론》에서 경제학을 배웠습니다. 빌 게이츠가 내게 《국부론》 원본을 주었습니다. 애덤 스미스, 케인스, 리카도David Ricardo, 《고객의 요트는 어디에 있는가》를 읽으면 지혜가 풍부해질 것입니다.

멍거: 애덤 스미스는 시대를 초월한 인물입니다. 역사상 가장 현명한 사람 중 하나죠. 그는 자본주의 시스템에서 나오는 생산성의 위력을 보여주었습니다. 공산주의가 처절하게 무너질 때, 사람들은 생산성의 위력을 뼈저리게 실감했습니다.

버핏: 자본주의 시스템에 의해서 생산성이 개선되었습니다. 자본주의는 사람들이 각자 가장 잘하는 일을 계속할 수 있게 해줍니다. 우리는 각자 생산성이 가장 높은 분야에서 일해야 합니다.

멍거: 버핏도 자신의 장 수술을 손수 하지 않습니다.

놀고먹지 못할 만큼 [Q 2015-32]

전에 상속에 대해 언급하실 때, 자녀들이 무슨 일이든 할 수 있지만 놀고먹지는 못할 만큼만 재산을 물려주겠다고 하셨지요?

버핏: 내 재산의 99% 이상을 자선단체에 기부하겠다고 약속했습니다. 그동안 상속세 면세 한도가 인상되었습니다. 상속 계획은 개인적인 일입니다. 내가 소기업 하나만 소유하고 있다면 생각이 지금과 다를 것입니다. 재산을 어떻게 할 것인지 궁리해보면 선택 대안이 많지 않습니다. 찰리가 말했듯이, 묘지에는 포브스 400 명단이 없습니다. 나는 세상에 더 필요한 것이 없으므로, 안전금고에 넣어둔 주식 증서가 아무 소용이 없습니다. 그러나 세상 사람들에게는 이 주식 증서가 엄청나게 유용할 것입니다. 주식 증서를 지금 잘 사용할 수 있는데도 안전금고에 계속 넣어두어야 할까요? 누구나 이 문제에 대해 생각해보아야 합니다. 내 돈을 어떻게 써야 가장 유용한지 자신에게 물어보아야 합니다. 내 돈은 수많은 사람들에게 대단히 유용하게 사용될 수 있습니다. 찰리와 나는 아주 소박한 생활을 좋아합니다.

멍거: 정치인들이 상속세 면세 한도를 500만 달러로 인상했습니다. 매우 건설적인 법 개정입니다. 미국 정치인들이 항상 미친 짓만 하는 것은 아니군요.

등록금 상승 [Q 2015-41]

등록금이 상승해서 대학에 가기가 어렵습니다.

멍거: 미국 평균 가구라면 등록금이 싼 대학에 다니면서 보조금을 받으면 됩니다. 대학들이 멋대로 등록금을 인상하는 것은 큰 문제입니다.

버핏: 사람들 대부분이 교육비 때문에 고생합니다. 대공황이 닥쳤을 때는 모든 대학이 과잉 인력을 해고했습니다. 적절한 유인이 없으면 대학들은 등록금만 계속 인상할 것입니다.

멍거: 흔히 사람들은 자신의 서비스가 가치 있다고 주장하면서 가격을 인상하려고 합니다. 나는 우리 고등교육 시스템에 잘못이 많다고 생각합니다. 나는 규모 적정화가 필요하다고 보지만, 이를 수용하려는 미국 대학은 하나도 없습니다. 학생들이 최선의 대안을 찾아내야 합니다. 적절한 유인이 없다면 대학들은 언제까지고 등록금만 계속 인상할 것입니다.

이례적으로 운이 좋았습니다 [Q 2016-3]

런던에서 온 주주의 질문. 인생을 돌아볼 때, 다른 방식을 선택했다면 더 행복했을 것이라고 후회되는 부분이 있습니까?

버핏: 이제 내 나이가 85세인데 나보다 더 행복한 사람을 상상할 수가 없습니다. 나는 내가 좋아하는 것을 먹으면서, 내가 사랑하는 사람들과 함께,

내가 하고 싶은 일을 하고 있습니다. 정말이지 이보다 더 좋을 수는 없습니다. 나는 어느 누구 밑에서도 일하지 않겠다고 일찌감치 결심했습니다. 이 결심 덕분에 나는 어떤 스트레스도 받지 않고 살았습니다. 당신이나 사랑하는 주위 사람의 건강 악화는 정말 비극입니다. 다른 방도가 없으므로 받아들일 수밖에 없습니다. 찰리와 나는 정말로 축복받았습니다. 찰리는 92세에도 매일 환상적인 일을 하고 있습니다. 그는 92세인데도 젊은 시절 못지않게 흥미롭고, 매력적이며, 보람 있으면서, 사회에 기여하는 일을 하고 있습니다. 우리는 이례적으로 운이 좋았습니다. 우리의 동업은 행운입니다. 함께 일하니까 더 재미있습니다. 나는 불만이 전혀 없습니다. 사업에 대해서 말하자면, 직물사업을 시작하지 않았더라면 좋았을 것입니다.

멍거: 돌아보면, 돈을 더 많이 벌지 못한 것이나 더 유명해지지 못한 것은 후회되지 않습니다. 더 빨리 현명해지지 못해서 유감스러울 뿐입니다. 그래도 다행스러운 것은, 내 나이 92세에도 여전히 무식해서 배울 것이 많다는 사실입니다.

대학의 주된 목적 [Q 2016-16]

대학 등록금이 상승하고 있습니다.

멍거: 미국 대학들의 재정 관리가 매우 효율적일 것으로 기대한다면, 그런 헛된 기대는 접으시기 바랍니다.

버핏: 찰리는 우리가 미국 대학에 기부를 더 많이 해야 한다고 말하는 것

입니다.

멍거: 대학에 대한 기부는 워런보다 내가 훨씬 많이 하고 있습니다. 어느 곳이나 독점과 관료주의가 팽배하지만 대학도 예외가 아닙니다. 누구든 대학에 기부를 더 하고자 한다면 나는 전적으로 찬성합니다.

버핏: (대학 등록금이 부담스럽다면) 매우 훌륭한 주립대학을 선택할 수도 있습니다. 미국은 교육에 막대한 자금을 지출하고 있습니다. 유치원에서 고등학교까지 5,000만 아동 교육에 미국이 지출하는 금액이 6,000억 달러에 이릅니다. 사회보장 수급권에 대해 말하는 사람은 많지만, 아동의 수급권에 대해 말하는 사람은 많지 않은 듯합니다. 일반적으로 근로연령층은 아동과 노인을 부양합니다. 지출 금액으로 보면 우리 교육 시스템의 문제는 돈이 부족해서가 아닙니다. 문제의 원인은 다른 곳에 있습니다. 내가 이사로 참여하던 대학은 800만 달러였던 기금이 10억 달러가 넘어갔지만, 등록금이 인하되지도 않았고 학생 수가 늘어나지도 않았습니다.

멍거: 오로지 총장 급여만 인상되었습니다.

버핏: 일부 명문대는 기금이 엄청나게 증가했습니다. 대학의 주된 목적이 기금 증식인 듯합니다.

멍거: 더는 언급하지 않겠습니다. 방금 내가 만들어낸 적을 감당하기도 어렵습니다.

버핏: 그래도 찰리는 공세를 늦춘 적이 없습니다.

대중을 앞서간 비결 [Q 2016-35]

당신이 대중보다 앞서간 비결은 무엇인가요?

버핏: 나는 벤저민 그레이엄 덕분에 투자에 대해 많이 배웠고, 찰리 덕분에 사업에 대해 많이 배웠습니다. 나는 평생 기업을 들여다보면서 왜 어떤 기업은 잘되고 어떤 기업은 안 되는지 패턴을 분석했습니다. 요기 베라는 "지켜보기만 해도 많이 배울 수 있다"라고 말했습니다. 바로 찰리와 내가 오랜 기간 지켜보면서 배웠습니다. 능력범위를 인식하는 것도 중요합니다. 우리는 공이 특정 코스로 들어올 때만 방망이를 휘둘렀습니다. 우리 비결은 이보다 더 복잡하지 않습니다. 다른 활동보다 투자에 더 높은 IQ가 필요한 것은 아닙니다. 그래도 감정 조절은 필요합니다. 매우 똑똑한 사람들이 어리석게도 불필요한 위험을 떠안기도 하더군요. 이런저런 자멸 행위를 되풀이하는 사람들이 많습니다. 천재까지는 필요 없지만, 자멸 행위는 하지 말아야 합니다.

멍거: 단순하면서 효과적인 방법이 있습니다. 인내심과 유연성을 겸비한 기질입니다. 기질은 대부분 유전이지만, 어느 정도는 학습이 됩니다. 지금까지 버크셔가 매우 잘한 것 하나는 항상 올바르게 행동하려고 노력한다는 점입니다. 증조할아버지가 돌아가셨을 때 목사님이 말했습니다. "공정한 방법으로 성공하고 현명하게 소비한 사람은 절대 질투하면 안 됩니다." 이것이 바로 버크셔가 추구하는 바입니다. 사람들은 부자 대부분을 증오합니다. 돈을 번 방법이 옳지 않기 때문입니다. 우리는 도박회사와 담배회사 등 죄악회사에는 투자하지 않습니다. 나는 버크셔가 단지 교활하기만 했다면 이렇

게 성공하지 못했을 것으로 생각합니다. 우리는 공정한 방법으로 성공해 현명하게 소비하는 기업으로 인정받고 싶습니다.

버핏: 우리는 운 좋게도 좋은 시절 좋은 곳에서 태어났습니다.

멍거: 프레드 삼촌처럼 훌륭한 친척을 둔 것도 워런의 커다란 행운입니다. 나도 프레드와 함께 일한 적이 있습니다. 친척 중에는 형편없는 분들도 많습니다.

버핏: 바로 어제 나의 사촌이 모두 모였습니다. 아마 40~50명 모였습니다. 사촌들이 가리킨 오래된 사진에는 고모할머니 네 분이 계셨습니다. 고모할머니 한 분만 계셔도 행운인데, 내게는 네 분이나 계셨습니다. 고모할머니들은 여러모로 나의 부족한 점을 채워주시고 키워주셨습니다.

멍거: 고모할머니가 두 분 정도 더 계셨다면 우리가 더 잘되었을 것입니다. 워런은 민주당 지지자입니다. 나는 워런의 할아버지 어니스트 밑에서 일했는데, 이름처럼 성실한 분이었습니다. 할아버지는 사회보장 제도가 자립심을 약화한다고 생각해 반대했지만, 법안이 통과되어 시행되었습니다. 당시에는 최저임금이 없었는데도 할아버지는 10시간 근무 대가로 내게 2달러를 주었습니다. 10시간 고된 근무가 끝나면 할아버지는 내 임금 중 2센트를 사회보장 분담금으로 원천징수하면서, 민주당 지지자들의 자립심이 부족하다는 등 사회 정책에 대해 잔소리를 길게 늘어놓았습니다.

버핏: 우리가 어린 시절 좋은 분들을 만난 것도 커다란 행운이었습니다.

터무니없으니까요 [Q 2016-57]

당신의 주주 서한과 인터뷰를 보면 항상 유머 감각이 빛납니다. 이런 유머 감각을 어디에서 얻으시나요?

버핏: 유머는 내가 세상을 바라보는 방식에서 나옵니다. 세상은 매우 흥미로우면서도 우스꽝스러운 곳입니다. 유머 감각은 나보다 찰리가 더 좋습니다. 찰리는 유머 감각을 어디에서 얻는지 들어봅시다.

멍거: 세상을 정확하게 바라보면 웃을 수밖에 없습니다. 터무니없으니까요.

버핏: 멍거의 멋진 답변으로 Q&A를 마무리하겠습니다.

학습 기계와 소문 [Q 2017-51]

찰리는 당신이 학습 기계라고 합니다. 지금까지 배운 것 중 무엇이 가장 흥미로웠습니까?

버핏: 찰리가 나보다 훨씬 대단한 학습 기계입니다. 나는 전문가입니다. 찰리는 내 전문 영역에 대해서도 나만큼 박식하며, 세상사에 대해서는 나보다 학습 속도가 훨씬 빠릅니다. 세상은 항상 매력이 넘치는 곳입니다. 어떤 잘못을 깨달을 때 우리는 매우 즐거워질 수 있습니다. 예컨대 낡은 아이디어가 실제로 옳지 않았음을 제대로 깨달았을 때입니다. 그러면 새로운 아이디어에 적응해야 합니다. 물론 쉬운 일은 아닙니다. 미국에서 진행되고 있는

일들, 특히 온갖 정치적 사건들이 나는 엄청나게 흥미롭습니다. 세상이 빠르게 펼쳐지듯이, 세상은 빠르게 움직이고 있습니다. 나는 미래 예측을 즐깁니다. 그러나 여러분에게 유용할 정도로 특별한 통찰이 있는 것은 아닙니다.

멍거: 버핏이 애플 주식을 매수한 것은 좋은 신호라고 봅니다. 그는 손자와 어울리면서, 태블릿 PC를 가져가도 좋은지 물어보기도 하고 시장 조사도 했습니다. 나는 우리가 계속 배웠다고 생각합니다. 더 중요한 점은 우리가 과거에 배운 것을 잊지 않았다는 사실입니다. 이것이 정말 중요합니다. 예를 들어 돈을 마구 찍어내면서 거짓말을 해댄 푸에르토리코 사람들을 보십시오. 미국령이 파산할 것이라고 누가 짐작이나 했겠습니까? 나라면 파산을 예측했을 것입니다. 그들은 천치처럼 행동했으니까요.

버핏: 우리는 푸에르토리코 채권을 사지 않았습니다.

멍거: 사지 않았지요. 우리는 유럽 시장에서도 국채로 포트폴리오를 구성합니다. 그리스 채권도 사지 않고, 오로지 독일 채권만 삽니다. 버크셔 사람들은 모두 합리적입니다. 게다가 항상 좋은 기회를 노립니다. 공황 같은 기회가 오면, 남들은 한 손을 못 쓰는 상황에 처해도 우리는 양손을 사용합니다. 그리고 다양한 선택 대안을 이용합니다. 그동안 우리는 엄청나게 많이 배웠습니다. 최근 10년 동안 온갖 경험을 했죠. 20년 전에는 생각도 못했던 일들이었습니다.

버핏: 최고의 투자서 중 하나가 1958년 필립 피셔가 쓴《위대한 기업에 투자하라》입니다. 나는 이 책에서 많은 질문을 던지는 이른바 '소문' 기법을 배웠습니다. 벤저민 그레이엄에게는 배우지 못한 기법입니다. 가끔은 이 기법이 매우 유용합니다.

멍거: 버핏은 이 기법을 샐러드유 스캔들 당시 아메리칸 익스프레스에 적

용했고, 수십 년이 지난 지금은 애플에 적용하고 있습니다.

버핏: 일부 사례에서는 많은 질문을 던져서 많이 배울 수 있습니다. 필립 피셔가 가르쳐준 기법입니다. 이 책은 매우 오래 전에 나왔습니다. 피셔가 영원한 승자로 꼽은 기업들 중 일부는 계속 쇠퇴했습니다. 그러나 단지 질문을 던지는 것으로도 우리는 많이 배울 수 있습니다. 예를 들어 내가 훨씬 젊고 열정적인데 석탄산업에 관심이 있어서 석탄회사 하나를 선택하려고 한다면, 10개 석탄회사를 방문해 사장에게 다음과 같은 질문을 던질 것입니다. "당신이 10년 동안 무인도에 가서 지내야 하고 그동안 가족의 돈을 경쟁사 중 한 곳에 모두 투자해야 한다면 어느 회사를 선택할 것이며 그 이유는 무엇입니까?" 이어서 다음과 같은 질문도 던질 것입니다. "경쟁사 중 한 곳의 주식을 공매도해야 한다면 어느 회사를 선택하겠습니까?"

사람들은 누구나 경쟁자에 대해 이야기하길 좋아합니다. 1개 회사 사람보다는 10개 회사 사람들과 경쟁자에 대해 이야기할 때, 우리는 석탄산업의 경제성을 더 잘 파악할 수 있습니다. 그러나 어떤 기법이든 유용할 때도 있고 유용하지 않을 때도 있습니다. 그래도 나는 항상 배우겠다는 생각입니다. 특히 버크셔에 유용한 것을 배우고 싶습니다. 소문 기법은 세상에 매우 유용한 태도입니다. 누가 한 말인지는 모르겠지만, 문제는 새로운 아이디어를 얻는 것이 아니라 낡은 아이디어를 버리는 것입니다. 이 말에는 많은 진실이 담겨 있습니다.

멍거: 이스카나 프리시전 캐스트파츠가 10년 전에 나타났다면 우리는 절대 인수하지 않았을 것입니다. 우리는 배우고 있습니다. 세상에나, 아직도 배우고 있다니까요!

가장 늙어 보이는 시체 [Q 2017-55]

당신은 어떤 인물로 알려지고 싶습니까?

멍거: 내가 워런에게 자신의 장례식에서 듣고 싶은 말이 무엇이냐고 물었을 때, 그가 이렇게 말했던 기억이 납니다. "지금까지 본 중 가장 늙어 보이는 시체라고 모두가 말하면 좋겠네."

버핏: 아마 지금까지 내가 한 말 중 가장 재치 있는 말일 겁니다. 내가 원하는 것은 아주 단순합니다. 나는 가르치는 것을 좋아합니다. 나는 평생 공식적으로든 비공식적으로든 가르치고 있습니다. 나는 단연 가장 훌륭한 스승으로부터 배웠습니다. 나도 훌륭한 스승이었다고 누군가 생각해준다면 매우 기쁠 것입니다.

멍거: 가르침을 잊지 않게 하려면 어느 정도 굴욕감도 안겨주어야 합니다. 우리 둘 다 그렇게 했지요.

버핏: 과거에 농구 팬이었던 분들은 윌트 체임벌린Wilt Chamberlain을 기억할 것입니다. 그의 묘비에는 "마침내 나 혼자 잠드는구나"라고 쓰여 있다고 합니다.

90세로 돌아가고 싶습니다 [Q 2017-56]

지금 당신의 꿈은 무엇입니까?

멍거: 내 꿈이오? 글쎄요….

버핏: 첫 번째 꿈은 건너뛰자고.

멍거: 가끔 다시 90세 시절로 돌아가고 싶은 마음이 간절합니다!

젊은이들에게 해주고 싶은 말이 있습니다. 정말로 하고 싶은 일이 있으면 93세가 되기 전에 하세요.

버핏: 나도 똑같은 말을 학생들에게 해주고 싶습니다. 세상에 나가면 여러분이 하고 싶은 일을 찾으십시오. 한두 번 만에 찾지는 못할 수도 있습니다. 그래도 이런 노력을 미루지는 마십시오. 키르케고르Kierkegaard는 말했습니다. 인생을 평가할 때는 뒤를 돌아보아야 하지만, 인생을 살아갈 때는 앞을 보아야 한다고. 찰리는 자신이 죽을 장소만 알면 그곳에는 절대 가지 않겠다고 말합니다. 사람들은 인생을 어느 정도 다시 구성하고 싶어 합니다. 그러나 인생에는 다시 구성할 수 없는 일도 있습니다. 나이가 들면 어떤 일을 할 때 기분이 좋은지 생각해보고, 적어도 그 방향을 유지하도록 노력하십시오. 인생에는 행운도 어느 정도 필요하지만, 불운도 어느 정도 발생한다는 사실을 받아들여야 합니다.

멍거: 장례식에서 목사가 말했습니다. "이제 누구든 나와서 고인에 관한 미담을 해주시기 바랍니다." 그러나 아무도 나오지 않자 다시 말했습니다. "아무 미담이나 해주시면 됩니다." 마침내 한 사람이 나와서 말했습니다. "그래도 고인이 그의 형만큼 못된 사람은 아니었습니다."

부록

부록 1. 버크셔와 S&P500의 실적 비교(연간 변동률) [2016]

부록 2. 유머, 명언

버크셔와 S&P500의 실적 비교 (연간 변동률) [2016]

(단위: %)

연도	버크셔의 BPS 증가율	버크셔의 주가 상승률	S&P500의 상승률 (배당 포함)
1965	23.8	49.5	10.0
1966	20.3	−3.4	−11.7
1967	11.0	13.3	30.9
1968	19.0	77.8	11.0
1969	16.2	19.4	−8.4
1970	12.0	−4.6	3.9
1971	16.4	80.5	14.6
1972	21.7	8.1	18.9
1973	4.7	−2.5	−14.8
1974	5.5	−48.7	−26.4
1975	21.9	2.5	37.2
1976	59.3	129.3	23.6
1977	31.9	46.8	−7.4
1978	24.0	14.5	6.4
1979	35.7	102.5	18.2
1980	19.3	32.8	32.3
1981	31.4	31.8	−5.0
1982	40.0	38.4	21.4
1983	32.3	69.0	22.4
1984	13.6	−2.7	6.1
1985	48.2	93.7	31.6
1986	26.1	14.2	18.6
1987	19.5	4.6	5.1
1988	20.1	59.3	16.6
1989	44.4	84.6	31.7

연도	버크셔의 BPS 증가율	버크셔의 주가 상승률	S&P500의 상승률 (배당 포함)
1990	7.4	−23.1	−3.1
1991	39.6	35.6	30.5
1992	20.3	29.8	7.6
1993	14.3	38.9	10.1
1994	13.9	25.0	1.3
1995	43.1	57.4	37.6
1996	31.8	6.2	23.0
1997	34.1	34.9	33.4
1998	48.3	52.2	28.6
1999	0.5	−19.9	21.0
2000	6.5	26.6	−9.1
2001	−6.2	6.5	−11.9
2002	10.0	−3.8	−22.1
2003	21.0	15.8	28.7
2004	10.5	4.3	10.9
2005	6.4	0.8	4.9
2006	18.4	24.1	15.8
2007	11.0	28.7	5.5
2008	−9.6	−31.8	−37.0
2009	19.8	2.7	26.5
2010	13.0	21.4	15.1
2011	4.6	−4.7	2.1
2012	14.4	16.8	16.0
2013	18.2	32.7	32.4
2014	8.3	27.0	13.7
2015	6.4	−12.5	1.4
2016	10.7	23.4	31.7
연복리 수익률 (1965~2016)	19.0	20.8	9.7
총수익률 (1964~2016)	884,319	1,972,595	12,717

※ 주: 실적은 역년(曆年: 1월 1일 ~ 12월 31일) 기준이나, 1965년과 1966년은 9월 30일 결산 기준이고, 1967년은 12월 31일 결산이되 15개월의 실적임. 1979년부터 회계규정이 변경되어 보험회사들이 보유 주식을 시가(市價)로 평가하게 되었음. 이전까지는 취득원가와 시가 중 낮은 가격으로 평가했음. 위 표에서 1978년까지의 버크셔 실적은 변경된 규정에 따라 수정했고, 나머지 실적은 모두 원래 보고했던 숫자로 계산했음. S&P500의 실적은 세전 기준이나, 버크셔의 실적은 세후 기준임. 만일 버크셔가 자산을 모두 S&P500으로 보유하고 세금을 냈다면, 지수 수익률이 플러스인 해에는 실적이 S&P500에 뒤처졌을 것이고, 지수 수익률이 마이너스인 해에는 S&P500를 앞섰을 것임. 그러나 장기적으로는 세금비용 때문에 실적이 지수보다 상당 폭 낮았을 것임.

부록 2

유머, 명언

대여용 수의 [2001]

어떤 사람이 출장 중에 누이로부터 아버지가 돌아가셨다는 전화를 받았습니다. 그는 장례를 치르러 돌아갈 수 없는 사정을 설명하면서, 대신 장례 비용을 자신이 부담하겠다고 말했습니다. 그는 돌아오자마자 장례비 청구서 4,500달러를 즉시 지급했습니다. 1개월 뒤와 2개월 뒤에 받은 각각 10달러짜리 추가 청구서도 지급했습니다. 그러나 3개월 뒤에도 10달러짜리 청구서가 오자, 그는 누이에게 전화해서 물었습니다. 누이가 대답했습니다. "아, 말해주는 걸 깜빡 잊었는데, 아버지에게 대여용 수의를 입혀드렸어."

과부의 원가 개념 [2002]

버크셔는 원가 개념을 중시합니다. 우리가 본보기로 삼는 과부 이야기를 하겠습니다. 이 과부는 남편 부고 기사를 실으러 지역 신문사에 갔습니다. 신문사 직원이 단어당 25센트라고 말하자, 그녀는 "프레드 브라운 사망"으로 실어달라고 부탁했습니다. 그러자 직원이 최소 단어가 6개라고 말했습니다. 과부가 대답했습니다. "알았어요. 그러면 '프레드 브라운 사망, 골프 클럽 판매.'로 합시다."

약삭빠른 젊은이 [2005]

우리 경영자들과 선명하게 대조되는 한 젊은이의 모습이 떠오릅니다. 그는 매우 우둔하고 못생긴 재계 거물의 외동딸과 결혼했습니다. 결혼식 후 근심에서 벗어난 재계 거물이 새 사위를 불러 장래를 논의하기 시작했습니다.

"자네는 내가 항상 원했던 둘도 없는 아들일세. 여기 회사 주식 50%를 받게. 이제부터 자네는 나와 지위가 동등한 소유주라네."

"감사합니다, 아버님."

"이제 자네는 무슨 일을 맡을 텐가? 판매는 어떤가?"

"죄송하지만 저는 사하라 사막에서 목말라 죽어가는 사람에게 물도 팔지 못합니다."

"그러면 인력관리본부를 맡으면 어떤가?"

"저는 사람들에게 전혀 관심이 없습니다."

"괜찮네. 회사에 다른 업무가 얼마든지 있으니까. 어떤 일을 하고 싶은가?"

"사실, 마음에 드는 일이 없습니다. 제 주식을 다시 사 가시면 어떨까요?"

아내 찾기 [2006]

자회사들로부터 홍수처럼 쏟아져 들어오는 현금을 활용하려면, 버크셔는 계속 "코끼리 사냥"(거대 기업 인수)을 해야 합니다. 그래서 찰리와 나는 생쥐들은 무시하고 훨씬 큰 사냥감에 노력을 집중해야 합니다.

전형적인 예가 어떤 노인의 이야기입니다. 슈퍼마켓에서 한 노인이 몰고 가던 쇼핑카트가 한 젊은이의 쇼핑카트와 충돌했습니다. 노인은 잃어버린 아내를 찾느라 몰두한 나머지 쇼핑카트를 부딪치게 되었다고 젊은이에게 사과했습니다. 젊은이도 마침 잃어버린 아내를 찾아 헤매던 중이었으므로, 두 여자를 함께 찾으면 훨씬 더 효율적일 것이라고 노인에게 제안했습니다. 노인은 이 제안을 받아들이면서, 젊은이의 아내가 어떤 모습인지 물었습니다. 젊은이는 대답했습니다. "제 아내는 아주 매력적인 금발이고, 몸매는 주교가 스테인드글라스를 깨고 들여다볼 정도로 늘씬하며, 몸에 꽉 끼는 흰색 반바지를 입었습니다. 어르신 부인은 어떤 모습이신가요?" 노인은 즉시 대답했습니다. "내 아내는 됐으니, 당신 아내를 함께 찾읍시다."

이 조건에 맞는 기업을 팔고자 한다면 밤이든 낮이든 내게 전화하시기 바랍니다. 그리고 내가 스테인드글라스를 산산조각 내는지 보십시오.

월스트리트의 오래된 농담 [2009]

고객: 5달러에 XYZ 주식을 사게 해줘서 고맙습니다. 지금은 18달러로 상승했더군요.

주식 중개인: 네. 지금은 겨우 시작 단계에 불과합니다. 사실은 현재 이 회사 실적이 기막히게 좋아서, 5달러에 거래되던 당시보다도 지금 18달러에 사는 편이 더 유리할 정도입니다.

고객: 젠장. 그때 사지 말고 기다렸어야 했는데.

한 노인의 독립적 사고 [2011]

"남이 하니 우리도 해야 한다"라는 구태는 어느 사업에서나 문제를 일으키지만, 보험업계만큼 심각한 분야도 없습니다. 보험영업을 잘하려면 다음 사례의 노인처럼 독립적인 사고방식이 필요합니다. 한 노인이 집으로 차를 몰고 가던 중 아내로부터 전화를 받았습니다. "앨버트, 조심하세요. 라디오에서 그러는데, 고속도로에서 차 한 대가 역주행하고 있대요." 앨버트가 대답했습니다. "라디오에서 하는 말은 엉터리야. 한 대가 아니라 수백 대라고."

그치지 않는 폭풍우는 없다네 [2012]

2012년에는 자본배분 결정을 내릴 때 "불확실성"을 탓하면서 부들부들 떠는 CEO들이 많았습니다. (이익과 현금 양면에서 기록적인 실적을 낸 회사가 많았는데도 말입니다.) 찰리와 나는 전문가들이 무슨 소리를 하든, 가치 있는 사업에 대규모로 투자하기를 좋아합니다. 그래서 우리는 게리 앨런Gary Allan의 새 컨트리송 가사 "그치지 않는 폭풍우는 없다네"를 마음에 새깁니다.

한 번만 제로를 곱하면 [2015]

그동안 수없이 많은 매우 똑똑한 사람들이 어렵게 배운 교훈이 있습니다. 장기간 연속해서 인상적인 실적을 올렸더라도 한 번만 제로를 곱하면 모두 제로가 된다는 사실입니다. 나 자신도 이런 경험을 하고 싶지 않지만, 내 탓에 다른 사람들이 이런 손실을 보는 것은 더더욱 원치 않습니다.

과거 재무 데이터[2008]

단지 과거 재무 데이터만으로 미래 흐름을 알 수 있다면 포브스 400은 도서관 사서들이 차지할 것입니다.

난해한 용어[2008]

투자자들은 과거 기반 모델을 의심해야 합니다. 베타, 감마, 시그마 등 난해한 용어를 써서 만든 모델들은 대개 훌륭해 보입니다. 그러나 투자자들은 이런 용어 뒤에 숨은 가정들을 간과하기가 너무도 쉽습니다. 그래서 경고합니다. 공식을 내세우는 인간들을 조심하십시오.

비관론과 도취감[2008]

투자할 때 비관론은 우리의 친구이고, 도취감은 우리의 적이다.

가격과 가치[2008]

오래전 벤저민 그레이엄은 "가격은 우리가 치르는 것이고, 가치는 우리가 받는 것이다"라고 가르쳐주었습니다. 주식이든 양말이든, 나는 가격이 내려갔을 때 우량 상품을 즐겨 사들입니다.

모조 다이아와 최상급 다이아 [2015]

버크셔는 그저 그런 회사의 지분을 100% 보유하는 것보다, 훌륭한 회사의 지분 일부를 보유하는 편이 훨씬 좋습니다. 모조 다이아몬드를 통째로 소유하는 것보다는 최상급 다이아몬드의 일부를 소유하는 편이 낫기 때문입니다.

10년마다 쏟아지는 금 [2016]

약 10년마다 먹구름이 우리 경제를 뒤덮고서, 잠시 금을 비처럼 퍼부을 것입니다. 이때는 반드시 티스푼이 아니라 빨래통을 들고 밖으로 뛰어나가야 합니다.

주식 발행만은 제발 [2016]

요즘 나는 버크셔 주식 발행을 대장 내시경 검사 준비 과정보다도 더 싫어합니다.

돈 많은 사람과 경험 많은 사람이 만나면 [2016]

"돈 많은 사람과 경험 많은 사람이 만나면, 경험 많은 사람은 돈을 얻게 되고, 돈 많은 사람은 경험을 얻게 된다."

2017년 버크셔 해서웨이 주주총회 전경. © 황준호

감수 후기

한국의 워런 버핏은 어디에 계신가요?

한국의 워런 버핏이라는 불리는 분들이 더러 있습니다. 대개는 큰 재산을 형성했다는 의미로 언론에서 붙인 별명입니다. 버핏이 큰 재산을 형성한 것은 사실이지만, 버핏의 철학과 재산 형성 과정은 매우 독특합니다. 그런 의미에서 진정한 한국의 워런 버핏은 찾기 어렵습니다. 버핏을 제대로 이해하려면 버핏의 인생, 사업, 투자에서 나타나는 독특한 점을 알아야 합니다. 그런 면에서《워런 버핏 바이블》은 버핏을 제대로 이해하기에 더없이 좋은 책입니다. 버핏의 독특한 점을 몇 가지 언급하는 것으로 감수 후기를 대신할까 합니다.

버핏은 플로트float를 활용하여 투자하기를 좋아합니다. 2017년 주총 답변을 인용하면, 플로트는 돈을 먼저 받고 비용은 나중에 지급할 때 형성되는 자금입니다. 즉, 언젠가 돌려줘야 할 가능성이 높은 자금을 잠시 보관하는 것이지요. 만기에 상환해야 하는 채무와 유사하지만 이자를 부담하지 않기 때문에 공짜입니다. 보험 사고가 발생하면 보험금으로 지급하려고 대비한 준비금은 대표적인 플로트입니다. 버핏은 주로 보험사의 플로트를 투자에 활용해 크게 성공했습니다. 남의 돈을 공짜로 쓸 수 있다는데 버핏이 마다할 리가 없겠지요. 버핏이 처음부터 플로트를 노리고 보험사를 인수했을지 궁금하네요. 아마도 가이코GEICO에서 플로트를 발견하고는 유레카를 외치지 않았을까요? 게다가 버핏은 이런 플로트 성격을 가진 자금을 다른 분야에서도 잘 찾아냈습니다.

블루칩 스탬프Blue Chip Stamps는 일종의 상품권을 발행하는 회사였습니다. 한국에서도 상품권이 많이 발행되지요. 사용된 이후에야 정산되니 그동안은 공짜 자금입니다. 가끔은 상품권을 분실해 사용되지 않기도 하지요. 그러고 보니 감수자도 백화점 상품권을 외국에서 잃어버린 아픈 추억이 있네요. 또 버핏은 파생상품에서도 플로트를 찾아냈습니다. 옵션 프리미엄을 미리 받는 대신에 조건이 성립하면 책임을 진다는 면에서 보험과 유사합니다. 2008년 주주 서한을 보면 버크셔는 15~20년 장기 주식 풋옵션을 발행했습니다. 이는 주식 투자 손실을 책임지는 손해보험이라고 볼 수 있습니다. 또 2016년 주총 답변을 보면 버핏은 철도사업에서 세무회계용 감가상각비가 재무회계용 감가상각비보다 많아서 발생한 절세 금액도 플로트로 보았습니다. 여기서 우리는 투자에 앞서 자금을 공짜로 조달하는 것이 얼마나 유리한지를 깨닫게 됩니다. 개인 투자자도 플로트가 있다면 좋겠지요. 혹시 좋은 방법을 발견하면 저에게도 알려주기 바랍니다.

버핏은 또 우량 기업을 통째로 인수하기를 즐깁니다. 다만 인수하기 어려울 때는 순수한 의미의 주식 투자도 병행합니다. 이를 이중 전략이라고 표현합니다. 하지만 버핏의 주된 전략은 우량 기업 인수입니다. 그런데 우량 기업은 비싸다는 딜레마가 존재합니다. 그래서 버핏은 매우 달콤한 당근을 제시합니다. 회사는 팔지만 경영은 당신이 하라는 것입니다. 성공한 창업주에게 마땅히 물려줄 2세가 없을 때 창업주는 회사를 매각할 수밖에 없습니다. 그러면 함께 회사를 키워온 직원들이 구조조정을 당할지도 모릅니다. 하지만 그보다 더 아쉬운 점은 창업주 본인이 뒷방 늙은이로 물러난다는 것입니다. 창업주가 경영자로 남으면 유능한 경영자도 확보하고 기존 직원과의 호흡이 유지된다는 장점도 있습니다. 버핏의 의도가 어떻든 이런 점을 절묘하게 활용하고 있다고 보입니다. 명예 또는 명함을 제공할 테니 싸게 넘기라는 것이지요. 다시 말해, 당신에게는 자리를 줄 테니 나에게는 안전마진을 내놓으시오. 참으로 기가 막힌 거래입니다. 게다가 이미 많은 재산을 확보한 창업주라 거액의 연봉을 바라지도 않습니다. 어찌 보면 사실상 '열정 페이'라고 볼 수도 있습니다.

한편 버핏은 상속세를 높여야 한다고 자주 말합니다. 이를 두고 버핏이야말로 참 개념 있는 부자라고 칭송합니다. 하지만 창업주가 상속하기 불편한 환경을 조성해 상속 대신 매각을 선택하도록 유도한다는 것입니다. 그 결과 버핏의 인수에 도움이 되도록 하려는 저의가 숨어 있다는 비판적인 시각도 있습니다. 인수든 주식 투자든 자본을 가장 효율적으로 배분하는 것이 자신의 업무라고 버핏은 말합니다. 그런 의미에서 순수한 주식 투자에 머무르는 보통의 투자자와는 상당히 다릅니다.

버크셔 해서웨이의 자사주 매입 기준도 눈에 띕니다. 버핏은 최근 버크셔 해서웨이 주가가 BPS(주당 순자산) 120% 이하로 형성되면 자사주를 매입하겠다고 밝혔습니다. 이는 버핏이 내재가치를 BPS 120% 정도로 대충 생각한다는 말입니다. 이를 두고 버핏이 DCF(현금흐름할인모형)를 사용하지 않는다고 오해하면 곤란합니다. 2013년 주주 서한을 보면 버핏은 미래 이익을 추정할 수 없다면 투자하지 말라고 단언합니다. 또 2017년 주총 답변을 보면 기업의 가치평가에 중요한 요소는 기업이 창출하는 미래 현금흐름의 현재가치라고 DCF 개념을 분명하게 말하고 있습니다. 그러면 남에게는 미래 이익을 추정하라면서 왜 버핏 본인은 BPS를 사용하는 걸까요?

이유는 이렇습니다. 버크셔는 지주회사입니다. 말하자면 펀드와 유사합니다. 펀드는 이미 모든 종목이 시가로 평가되어 있지요. 그러므로 투자된 부분이 이미 시가로 평가되어 버크셔의 BPS로 산출된 셈입니다. 그런데 버크셔에는 보험업도 있고, 비상장사도 있고, 상장사 중에도 저평가된 부분도 있어서 이를 감안해 조금 더 쳐줘서 120%로 정했다고 볼 수 있습니다. 사실 BPS의 120%도 안전마진을 고려하면 내재가치에서 30%는 저평가되었다고 내심 생각할 것입니다. 즉, 버크셔의 내재가치는 최소한 BPS의 150%는 넘어야 된다고 버핏은 생각할지도 모릅니다. 여기서 주목할 점은 BPS가 증가해야만 투자이익이라고 본다는 것입니다.

독자 여러분도 보유 종목의 BPS를 기준으로 계좌를 평가해보면 어떨까요? 그러면 수시로 변동하는 주가 등락에 일희일비하지 않게 되겠지요. 물론 더 바람직한 것은 BPS 대신 내재가치를 기준으로 계좌를 평가하는 것입니다. 주식 투자란 가격을 지불하고 가치를 획득하는 것이라는 정의를 상기해보면, 내재가치에 비해 저렴하게 매입하는 즉시 계좌 평가액은 주가에 상관없이 늘어나게 되겠네요. 어때요, 기분 좋지요?

버핏의 독특한 점은 이 외에도 수없이 많지만 지면 관계상 몇 가지만 언급했습니다. 플로트를 활용하고, 창업주를 경영자로 유지하면서 가급적 통째로 인수하고, BPS 또는 내재가치를 기준으로 투자수익을 평가하는 분이라면 진정한 한국의 워런 버핏으로 불러드리고 싶습니다. 도대체 어디 계시죠?

《워런 버핏 바이블》은 주주 서한은 물론 독자들이 쉽게 접하기 어려운 주총 답변이 포함된 유일한 책입니다. 수만 명의 주주들이 지켜보는 자리에서 다소 거칠거나 세련되지 않은 주주들의 돌직구성 질문에 순발력 있게 임기응변을 하는 버핏의 모습을 상상해보세요. 영어가 잘 들리는 분은 직접 주총 실황을 시청해보길 권합니다. 한국 재벌도 이런 멋진 주총 문화가 연출된다면 얼마나 좋을까요? 마지막으로 좋은 소식을 보태며 감수 후기를 마치겠습니다.

이 책은 기존 원서를 번역하는 것에 그치지 않고, 최근의 주주 서한과 주총 답변이 추가된 책입니다. 아마도 개정판이 출간될 때마다 최근의 주주 서한과 주총 답변이 업데이트될 것이라고 조심스럽게 예상해봅니다. 이런 방식의 출간은 감수자도 처음으로 경험하는 일입니다. 독특한 방식을 과감하게 시도한 편역자 이건 선생님께 독자의 한 사람으로 감사의 말씀을 드립니다. 또 어려운 출판업계 환경에도 불구하고 출간을 결심한 에프엔미디어 관계자 여러분께 감사드립니다.

신진오(밸류리더스 회장)

워런 버핏 바이블

초판 1쇄 | 2017년 12월 15일
19쇄 | 2023년 3월 15일

지은이 | 워런 버핏, 리처드 코너스
옮긴이 | 이건
감수 | 신진오

펴낸곳 | 에프엔미디어
펴낸이 | 김기호
편집 | 양은희
디자인 | 김보권

신고 | 2016년 1월 26일 제2018-000082호
주소 | 서울시 용산구 한강대로 295, 503호
전화 | 02-322-9792
팩스 | 0303-3445-3030
이메일 | fnmedia@fnmedia.co.kr
홈페이지 | http://www.fnmedia.co.kr

ISBN | 979-11-88754-00-7 03320

이 도서의 국립중앙도서관 출판예정도서목록(CIP)은
서지정보유통지원시스템 홈페이지(http://seoji.nl.go.kr)와
국가자료공동목록시스템(http://www.nl.go.kr/kolisnet)에서 이용하실 수 있습니다.
(CIP제어번호: CIP2017030226)

* 책값은 뒤표지에 있습니다.
* 파본이나 잘못된 책은 구입한 서점에서 바꿔드립니다.